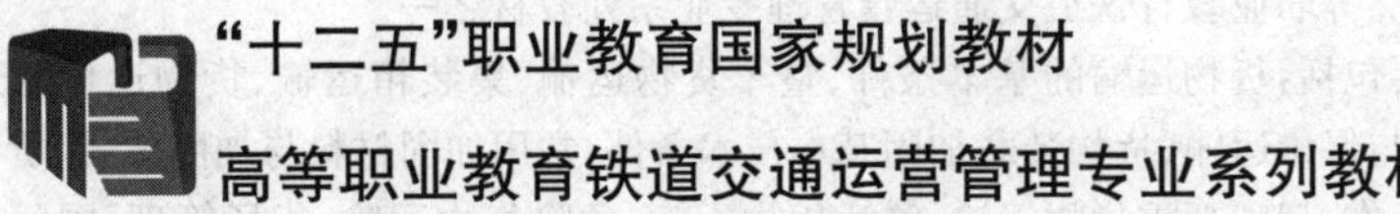

“十二五”职业教育国家规划教材

高等职业教育铁道交通运营管理专业系列教材

铁路货运组织

（第四版）

李树章　张向松◎主　编

郎茂祥◎主　审

中国铁道出版社有限公司

2025年·北　京

内容简介

本书是在2015年出版的“十二五”职业教育国家规划教材《铁路货运组织(第三版)》的基础上修订而成的，是高等职业教育铁道交通运营管理专业系列教材之一。

本书内容主要包括：货物运输的基本条件、整车货物运输、集装箱运输、货物运价与运输收入、货物损失处理与保价运输、货物装载加固基本技术条件、常用加固材料与加固方式、货物装载加固与货车满载工作、超限超重货物运输、鲜活货物运输、危险货物运输、货场管理、国际铁路货物联运与国际多式联运。

本书除供高等职业教育铁道交通运营管理专业教学使用外，还可供铁路运输有关职工学习参考。

图书在版编目(CIP)数据

铁路货运组织/李树章，张向松主编. —4版. —北京：中国铁道出版社有限公司，2024.3(2025.7重印)

“十二五”职业教育国家规划教材　高等职业教育铁道交通运营管理专业系列教材

ISBN 978-7-113-31023-3

Ⅰ. ①铁…　Ⅱ. ①李…　②张…　Ⅲ. ①铁路运输-货物运输-组织工作-高等职业教育-教材　Ⅳ. ①U294.1

中国国家版本馆CIP数据核字(2024)第026179号

书　　名：铁路货运组织
作　　者：李树章　张向松

责任编辑：悦　彩　　**编辑部电话**：(010)51873206　　**电子邮箱**：sxyuecai@163.com
编辑助理：王佳琪
封面设计：高博越
责任校对：刘　畅
责任印制：樊启鹏

出版发行：中国铁道出版社有限公司(100054，北京市西城区右安门西街8号)
网　　址：https://www.tdpress.com
印　　刷：天津嘉恒印务有限公司
版　　次：2007年1月第1版　2008年6月第2版　2015年7月第3版　2024年3月第4版　2025年7月第2次印刷
开　　本：787 mm×1 092 mm　1/16　**印张**：30.25　**字数**：755千
书　　号：ISBN 978-7-113-31023-3
定　　价：79.00元

前言

本书是在2015年出版的“十二五”职业教育国家规划教材《铁路货运组织(第三版)》的基础上,依据高等职业学校铁道交通运营管理专业教学标准、国铁集团铁路特有工种技能培训规范《铁路货运员(修订版)》修订而成。其内容包括以下几个方面:

1. 一般货物运输组织条件。适用于整车、集装箱等货物的运输组织。

2. 特殊条件货物运输组织。着重介绍超限、超重、鲜活、危险货物运输的特殊条件及运输组织。

3. 货物装载加固与满载工作。重点介绍货物装载加固的基本技术条件、常用的加固方式及加固材料、装载加固与满载工作。

4. 货运管理及其他相关内容。主要涉及铁路内部管理(包括货物运价与运输收入、货物损失处理与保价运输)的相关内容及国际联运的知识。

全书共分13个项目,每个项目包括项目描述,学习目标,相关案例,典型工作任务,项目小结,相关规范、规程与标准,复习思考题。

本书具有以下特色:

1. 基于职业岗位编写。将知识、技能和能力(素质)融为一体,融入职业道德、职业素养等内容,具备立德树人的教育功能。

2. 内容符合国家铁路局和国铁集团现行的规章和标准,同时反映四新知识,内容精练、通俗易懂。

3. 多校联合、校企合作。由河北轨道运输职业技术学院、成都工业职业技术学院、包头铁道职业技术学院、湖南铁路科技职业技术学院、西安铁路职业技术学院、兰州交通大学铁道技术学院、中国铁路北京局集团有限公司、中国铁路太原局集团有限公司共同编写。

4. 紧贴现场实际,实用性强。依据国铁集团铁路特有工种技能培训规范,结合职业教育特点,可以满足不同层次的教学、职业培训需求。在编写过程中汲取相关教材的精华并集各校多年教学经验，符合教学规律；通过生产一线管理人员审核，符合铁路生产实际。

5. 配套基于智慧职教的在线课程，配有丰富的在线学习资源，便于学员的学习和对知识的掌握。

本书由河北轨道运输职业技术学院李树章、中国铁路北京局集团有限公司张向松主编，由北京交通大学郎茂祥主审。参加编写的有成都工业职业技术学院蔡登飞（项目 1）、河北轨道运输职业技术学院李树章（项目 2、3）、中国铁路北京局集团有限公司李聪颖（项目 4 典型工作任务 1、2）、中国铁路北京局集团有限公司苑晓明（项目 4 典型工作任务 3）、中国铁路北京局集团有限公司孙孟丹（项目 4 典型工作任务 4）、中国铁路北京局集团有限公司石博（项目 4 典型工作任务 5）、中国铁路北京局集团有限公司张兵（项目 4 典型工作任务 6、7）、包头铁道职业技术学院李延岭（项目 5）、湖南铁路科技职业技术学院赵文辉（项目 6）、河北轨道运输职业技术学院张瑞（项目 7）、中国铁路太原局集团有限公司马国锋（项目 8）、中国铁路北京局集团有限公司张向松（项目 9）、河北轨道运输职业技术学院韩策策（项目 10）、西安铁路职业技术学院王公强（项目 11）、兰州交通大学铁道技术学院胡海涛（项目 12）、中国铁路北京局集团有限公司张万胜（项目 13 典型工作任务 1）、中国铁路北京局集团有限公司官丹青（项目 13 典型工作任务 2）、中国铁路北京局集团有限公司田萌（项目 13 典型工作任务 3）、中国铁路北京局集团有限公司丁琦（项目 13 典型工作任务 4）、中国铁路北京局集团有限公司刘冲（项目 13 典型工作任务 5）、中国铁路北京局集团有限公司刘振杰（项目 13 典型工作任务 6）。

在编写过程中，国铁集团货运部、中国铁路郑州局集团有限公司、各兄弟院校等单位给予了大力帮助，提出了许多宝贵意见，在此表示衷心的感谢。

由于编者水平所限，书中难免有不妥之处，恳请读者批评指正。

编　者

2023 年 10 月

数字化资源汇总表

序号	数字化资源内容	数字化资源类型	数字化资源所属项目、任务	页码
1	走进铁路货场	微课	项目 1 典型工作任务 6	31
2	装车作业程序	微课	项目 2 典型工作任务 2	53
3	货车施封与启封	微课	项目 2 典型工作任务 2	55
4	货检作业的程序	微课	项目 2 典型工作任务 3	60
5	卸车作业程序	微课	项目 2 典型工作任务 4	66
6	货物交付作业	微课	项目 2 典型工作任务 4	67
7	认识装卸防护信号	微课	项目 2 典型工作任务 5	70
8	集装箱标记	微课	项目 3 典型工作任务 1	82
9	集装箱 F-TR 锁	微课	项目 3 典型工作任务 2	93
10	集装箱施封	微课	项目 3 典型工作任务 3	96
11	集装箱的交接	微课	项目 3 典型工作任务 3	96
12	接收发送集装箱	微课	项目 3 典型工作任务 4	102
13	集装箱专用平车、共用平车装车作业	微课	项目 3 典型工作任务 4	103
14	集装箱专用平车、共用平车卸车作业	微课	项目 3 典型工作任务 4	103
15	认识货物运价	微课	项目 4 典型工作任务 1	110
16	货车延期占用费	微课	项目 4 典型工作任务 5	133
17	清算运输变更费用	微课	项目 4 典型工作任务 6	138
18	办理货物损失赔偿	微课	项目 5 典型工作任务 4	160
19	认识货车超偏载检测装置	微课	项目 6 典型工作任务 1	175
20	超长货物跨装运输时的装载技术条件	微课	项目 6 典型工作任务 6	200
21	装载加固方案管理	微课	项目 8 典型工作任务 1	236
22	绳索及其使用要求	微课	项目 8 典型工作任务 3	248
23	轻浮货物的装载	微课	项目 8 典型工作任务 4	256
24	预应力梁装载加固	微课	项目 8 典型工作任务 5	258
25	轮式、履带式货物	微课	项目 8 典型工作任务 5	261
26	铁路限界	微课	项目 9 典型工作任务 1	266
27	测量超限货物	微课	项目 9 典型工作任务 2	272
28	篷布苫盖与捆绑	微课	项目 12 典型工作任务 3	398

目录

项目1　货物运输的基本条件

项目描述

货运作业是铁路货物运输的基础。在货运作业中坚持依法经营,认真贯彻执行《中华人民共和国铁路法》(以下简称《铁路法》)、《中华人民共和国安全生产法》(以下简称《安全生产法》)等相关法律、法规和规章,正确办理货运作业,对顺利完成货物运输至关重要。只有熟悉和掌握货物运输基本条件,才能在安全的基础上,不断地优化作业程序,提高作业效率,为客户提供高质量的全流程服务。

学习目标

1.能力目标

(1)能根据货运工作具体情况准确查找法律、法规和规章依据。

(2)能描述货物运输基本条件。

2.知识目标

(1)了解货运办理场所。

(2)熟悉铁路运输的货物及装运货物的车辆。

(3)领会铁路货运服务类别。

(4)了解货运工作的基本任务,熟悉货运工作的法规依据。

(5)掌握货物运输基本条件。

(6)了解铁路货物运输合同。

3.素质目标

建立铁路货运服务意识,领会法律法规的内涵,培养在工作中“遵章守法”的职业素养。

相关案例——按章办理相关运输事务

案例一　托运前的准备

某企业生产各种仪器仪表,供销科需通过铁路运输其产品,采用何种运输种类,产品需满足什么运输条件,货物何时能到达目的地,如何签订运输协议?

该企业可根据运输货物的重量、体积、形状和性质,按照规定的铁路运输条件选择运输种类,按规定的货物运到期限预计运到时间,与铁路签订相应的书面合同,并了解其权利和义务。

案例二　如何查找法规依据

某年6月20日,北京局集团公司石家庄西站承运某机械公司一批精密仪器到广州局集团公司某站(运价里程 1 986 km),该批货物于 7 月 14 日到站后,收货人发现该仪器丧失部分功能,经查,为货物在运输途中雷击所致,该机械公司遂以货物运到逾期为由,向铁路运输法院提起诉讼,向承运方索赔货物、运费损失合计 308 903.50 元。承运方该如何应对?

根据《铁路货物运输规程》(以下简称《货规》)规定,因不可抗力造成的损失,铁路不予赔偿;该批货物的运到期限为 9 d,实际运输期间为 24 d,按逾期 15 d 处理,到站需支付运费 20% 的违约金。

典型工作任务 1　认识铁路货运产品及服务

任务引入

为客户提供安全、迅速、经济、便利和文明的服务,是铁路货运工作的重要任务。了解铁路货运生产过程及货运产品,熟悉铁路货物运输为客户提供的各种货运服务,建立铁路货运服务意识,树立人民铁路为人民的思想,是本工作任务的目标。

相关知识

知识点 1　铁路货运生产过程及货运产品

铁路运输生产的产品是货物的位置移动,以货物周转量表示,系指在一定时期内,铁路局集团公司或全路在货运工作中所完成的货物吨公里数。

铁路货物运输生产过程的内容,包括货物由承运到交付的全部作业,可用图 1-1-1 简略表示。

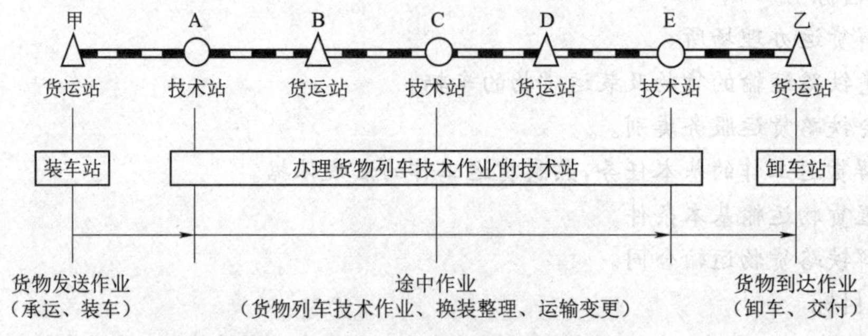

图 1-1-1　铁路货物运输生产过程示意图

在铁路货物运输生产过程中,首先把货物装入铁路货车,然后将货车编成车列,利用铁路线路、机车等技术设备,以列车的方式将货物按托运人的要求,由发送的装车站运至到达的卸车站,交收货人验收。

铁路为完成货物运输,除在货运站和中途站办理有关货运作业外,还需在技术站办理一系列的列车技术作业。

知识点 2　铁路货运工作的基本任务

铁路货运工作,融生产、管理和服务于一身,其基本任务是:

(1)铁路货运从计划全面走向市场,根据国民经济计划、社会经济发展需求及铁路运输能力,制订货运工作方案,组织合理运输、直达运输、联合运输,提高货运组织工作水平。

(2)实行负责运输,严格遵守货物运输法规,正确确定货物运输条件,正确划分和履行铁路与托运人、收货人在货物运输过程中的责任,履行有关义务,确保货物运输的安全和货物完整。

(3)采用新型货运设备,推广先进的货物运输方法和科技成果,充分利用既有设备能力,加速货车周转,提高运输效率。

(4)加强货场管理,加强铁路专用线和专用铁路(以下简称“专用线”)的作业管理,提高货场作业能力,改进货物运输生产过程的作业组织,推行作业标准化,提高作业质量和作业效率。

(5)正确分析和妥善处理货物损失,建立安全防范体系,不断提高货运质量和铁路信誉。

(6)对职工进行经常的政治思想、职业道德和技术业务的教育,不断提高职工的素质水平,更好地为货物运输服务。

知识点3 铁路货物运输服务

铁路货物运输服务是指为满足客户安全、完整、准时运送货物的需求,铁路运输企业与客户接触的经营活动和铁路运输企业内部生产活动所产生的结果。

铁路运输企业应健全货物运输安全管理制度,配备保证货物安全运输的设施设备,保障货物运输安全;运用有效的技术设备及管理手段,合理、规范制定作业流程,保证高效率的铁路货物运输;优化流程、简化程序,方便客户办理铁路货物运输业务;采用多种渠道向社会公众及时公开货物运输的服务内容,提高运输服务的透明度,并确保各项服务承诺兑现,从而为客户提供安全、高效、优质、便捷的货物运输服务。

铁路运输企业除为客户提供整车货物运输、零担货物运输、集装箱运输等基本形式的货运服务外,还为客户提供多种延伸服务。

1.特需货物运输服务

开行特需货物列车,提供特需货物运输服务。特需货物列车是为适应市场经济发展,根据客户对货物运到时限、运输条件等方面的不同需求而开行,按列车运行速度分为时速160 km、120 km及80 km三个等级。

2.快运班列运输服务

为适应市场经济的发展,提高货运服务质量,中国国家铁路集团有限公司(以下简称“国铁集团”)开办了特快班列、快速班列和普快班列服务,以满足不同客户需求。

(1)特快班列:使用最高运行速度160 km/h的25T等专用车辆编组。

(2)快速班列:使用符合最高运行速度要求的120 km/h开行技术标准的货车编组,包括中欧班列、快速货物班列、多式联运快速班列等。

(3)普快班列:使用按普通货车标尺运行的普通货车编组,包括中亚班列、多式联运普快班列等。

3.铁路门到门运输服务

铁路门到门运输是指货物从托运人指定上门取货地点装车开始,接运至发站,运输至到站,送达卸货至收货人指定收货地点止的全过程运输服务。目前,铁路开展的门到门运输服务包括门到站运输、站到门运输和门到门运输三种方式。

铁路局集团公司要加强接取送达能力建设,提高接取送达服务能力,也可整合运用社会物流资源,与社会物流企业联合,能够根据客户需求,组织主动上门取(送)货,做好接取送达服务工作。

4.货物仓储服务

货物仓储服务是铁路货物运输服务内容的重要组成部分。铁路开展货物仓储服务,一方面是铁路在货物运输服务过程中应尽的义务;另一方面有利于提高铁路货运设备的利用效率和铁路经济效益。货物仓储服务包括货物承运前有偿仓储、货物承运后发送前以及卸车后交付前的免费仓储和对外的有偿仓储服务。

5. 货运风险保障服务

(1)铁路保价运输服务

铁路保价运输是铁路运输实行限额赔偿后,为保证托运人、收货人的合法利益,依据《铁路法》的规定提供的一种风险保障服务。托运人根据自愿,可以办理保价运输,托运人做出这种选择并按规定缴纳一定的保价费后,即成为铁路运输合同的组成部分,铁路将承担相应的责任。铁路对承运的货物自承运时起到交付时止发生的灭失、短少、变质、污染、损坏承担赔偿责任。

(2)铁路保险服务

铁路国内货运保险(以下简称"铁路保险")是中国铁路财产保险自保有限公司推出的一款货运保险产品,旨在保障货物运输安全、降低运输风险,赔偿铁路运输货物因自然灾害和意外事故造成的各种损失风险。除国家有关法律法规规定禁止运输的物品,文件、账册、图表、技术资料、计算机软件、计算机数据资料外,所有的运输货物(包含大件、生鲜、易碎品等)均可投保铁路保险。

铁路保险的责任范围可以根据客户需求,自行选择门到门、站到站、站到门等保障范围。同时也适用于多种运输方式,除铁路运输外,水铁联运、公铁联运中的水路、公路运输风险也可一并投保保障。

6. 专业运输服务

(1)中铁集装箱运输有限责任公司(以下简称"集装箱公司")

集装箱公司主营国内、国际集装箱铁路运输、集装箱多式联运、国际铁路联运,仓储、装卸、包装、配送等物流服务,兼营国际、国内货运代理,以及与上述业务相关的经济、技术、信息咨询和服务业务。其主要职责是负责铁路集装箱,篷布的购置、租赁、维修,集装箱国际、国内货运代理,中欧、中亚集装箱班列经营与客户服务。

(2)中铁特货物流股份有限公司(以下简称"特货公司")

特货公司主营业务为商品汽车物流、冷藏物流和大件物流。

(3)中铁快运股份有限公司(以下简称"中铁快运")

中铁快运主要经营行李、包裹、邮件、小件等货物铁路快捷运输,仓储、装卸、搬运、包装、加工、配送等物流服务,铁路小件货物特快专递、铁路票据特快专递以及国际快递业务(信件和具有信件性质的物品除外)。

典型工作任务2　熟悉铁路运输的货物与装运货物的车辆

任务引入

铁路货物运输的货物种类繁多,货物性质各异,运输条件不尽相同。货车是运载货物的运载工具,货车的种类很多,其适用范围也不尽相同,熟悉铁路运输的货物和装运货物的车辆,正确划分货物种类,识别货车标记,确定货车的使用范围,培育科学严谨的职业素养,树立人民铁路为人民的思想,是本工作任务的目标。

相关知识

知识点1　铁路运输的货物

铁路货物运输所涉及的货物种类繁多,货物性质各异,运输条件不尽相同,组织工作复杂。为便于确定货物的运输条件和统计分析,铁路将运输的货物按不同方式进行分类。

1.按托运时的外部状态划分

根据货物托运时的外部形态不同,铁路运输的货物可分为散堆装货物、成件货物和集装箱货物。其中,成件货物按货物重量、体积、形状又分为成件包装货物和大件货物。

2.按货物运输条件划分

根据货物的运输条件,铁路运输的货物可以分为按普通条件运输的货物和按特殊条件运输的货物。

按特殊条件运输的货物包括危险货物、鲜活货物、超长货物、超限货物等,一般需使用特殊的设备或采取特殊的方法来保证货物运输的安全。

3.按品类划分

铁路运输的货物种类繁多,品名十分庞杂。为了便于计划安排、日常运输管理和统计分析以及其他运输组织管理工作的需要,铁路对所有需经铁路运输的货物都进行了归纳和分类,原有的货物名称为“品名”,归纳后的货物分类称为“品类”。

铁路货物品类主要按货物的“自然属性”和“生产特征”划分为26类(表1-2-1),另外还设有零担和集装箱两个品类,共28类。

表1-2-1　货物品类

品类代码	品类名称	品类代码	品类名称	品类代码	品类名称
01	煤	10	木材	19	农业机具
02	石油	11	粮食	20	鲜活货物
03	焦炭	12	棉花	21	农副产品
04	金属矿石	13	化肥及农药	22	饮食品及烟草制品
05	钢铁及有色金属	14	盐	23	纺织品。皮草、毛皮及其制品
06	非金属矿石	15	化工品	24	纸及文教用品
07	磷矿石	16	金属制品	25	医药品
08	矿物性建筑材料	17	工业机械	99	其他货物
09	水泥	18	电子、电气机械		

为便于统计分析,更好地服务于生产,提高货运服务水平,铁路将运输的货物在分类的基础上进行编码,即“货物品类代码”,并编写了《铁路货物运输品名检查表》(以下简称《检查表》)和“铁路货物运输品名分类与代码表”(以下简称“分类表”)作为铁路《铁路货物运价规则》(以下简称《价规》)附件。

4.按运量大小划分

铁路运输的货物按运量大小分为大宗物资和零散白货两大类。

零散白货是指“分类表”中列举的16金属制品,17工业机械,18电子、电气机械,19农业机具,21 农副产品,22 饮食品及烟草制品,23 纺织品和皮革、毛皮及其制品,24 纸及文教用品,25 医药品,99 其他货物等品类货物,以及以零散货物和集装箱装运的货物,但不包括危险货物、超限超重货物、鲜活货物、国际联运货物以及协议运输的货物。

"分类表"中列举的 05 钢铁及有色金属、06 非金属矿石、07 磷矿石、08 矿物性建筑材料、09 水泥、10 木材、11 粮食、12 棉花、13 化肥及农药、14 盐等品类货物,原则上应按零散白货办理,在实际中,铁路局集团公司结合季节、去向能力和区域能力等情况,参考客户运量大小,也可按大宗稳定物资办理。

"分类表"中列举的 01 煤、02 石油、03 焦炭、04 金属矿石、15 化工品、20 鲜活货物按大宗物资办理运输。

知识点 2　装运货物的车辆

货车是运载货物、完成铁路货物运输任务的运载工具,是铁路运输的重要设备。铁路货物运输所涉及的货物种类繁多,货物性质不同,运输条件不尽相同。只有车货匹配才能物尽其用,更好地发挥其应有的作用。

1. 货车的分类

按轨距不同,铁路货车可分为准轨车、宽轨车和窄轨车;按用途不同,分为通用货车、专用货车;按载重量不同,又可分为 60 t、70 t、80 t、90 t 等多种货车;按车体结构及外观形式分为棚车、敞车、罐车、平车等。

通用货车是为了适应日常的货物运输需求、满足大部分货物的装载和运输而设计的车辆。随着铁路运输的不断发展,其种类和功能已基本定型,包括棚车、敞车和平车。

专用货车是指专供运送某些种类的货物而设计制造的货车,包括以装运气体和液体类货物为主的罐车、用来装运阔大货物的长大货物车、用以装运对温度有特殊要求的货物的冷藏车、运送集装箱的集装箱专用车、运送有毒性货物的毒品专用车、运送各种粮食物品的粮食专用车等。

(1)棚车

棚车是有顶棚、侧墙、地板、车门和车窗的铁路货车,属于整体承载结构(图 1-2-1)。棚车主要用来装运贵重、怕湿等易受自然条件影响的货物,有的棚车还可在车内安装火炉、烟囱、床板等,必要时可以运送人员和牲畜。

图 1-2-1　铁路棚车

棚车包括普通棚车和专用棚车两类。普通棚车主要用于装运普通货物,在棚车中数量最多;专用棚车是指专门用于装运某一类货物的棚车,如行包专用车、邮政车、活顶棚车、毒品专用车等。图 1-2-2 为 W5SK 毒品专用车。

图 1-2-2　W5SK 型毒品专用车

(2)敞车

敞车是指具有端墙、侧墙、地板而无车顶的货车,属于侧壁承载结构(图 1-2-3),主要用于运送煤炭、矿石等不易受自然条件影响的货物。若在所装运的货物上苫盖篷布后,敞车还可替代棚车来装运易受自然条件影响的货物,因此敞车具有很大的通用性,在货车组成中数量最多,目前全路敞车约占货车总数的 60%以上。

图 1-2-3　铁路敞车

铁路敞车按其适用范围又可分为通用敞车和专用敞车。我国铁路专用敞车主要为大秦线运煤专用敞车(如 C76、C76A、C76B、C80、C80B 型敞车),以及用于装运矿石、矿粉、卷钢、钢板、线材、盘条等货物的 C100 型三支点专用敞车等。

(3)平车

平车属于底架承载结构,如图 1-2-4 所示。平车主要用来运送集装箱、钢材、木材、汽车、机械设备、大型混凝土桥梁、军用装备等体积重量比较大的货物。有的平车装有活动墙板,还可用来装运矿石、沙土等散堆装货物。平车具有适载性好、集载能力强的特点。

铁路平车按其适用范围分为普通平车、专用平车和集装箱—平车两用车(以下简称“共用平车”)三大类,专用平车中,以集装箱专用车数量最多。

(4)罐车

罐车属于专用货车,是用来装运液体、气体和粉末状货物的铁路车辆,罐车在铁路运输中占有很重要的地位。

图 1-2-4　N_{17A} 型普通平车

罐车按充装介质(所装载的货物)不同分为轻油类、黏油类、酸碱车、化工产品、氧化铝粉、液化石油气、水泥等罐车;按工作压力不同可分为常压罐车和压力罐车;按结构特点可分为有底架和无底架罐车;按装卸方式不同可分为上装上卸式和上装下卸式罐车。图 1-2-5 为带押运间的 GY_{80SK} 气体罐车。

图 1-2-5　带押运间的 GY_{80SK} 型气体罐车

(5)底开门车

为便于散装物料装卸作业,我国铁路设计制造了煤炭漏斗车、石砟车、散装粮食车等底开门车。

①煤炭漏斗车

煤炭漏斗车主要用来装运煤炭、矿石等散装货物,可满足固定编组、循环使用、定点装卸、大量转运的电站、港口、选煤、钢铁等企业运用。该车可快速自动卸车,也可手动卸车。目前,我国铁路煤炭漏斗车主要有 K_{18F}、K_{18DG}、K_{18DG}(Ⅱ)、K_{18DA}、K_{18AT}、K_{18AK}、KM_{70} 等车型。图 1-2-6为 KM_{70X} 煤炭漏斗车。

图 1-2-6　KM_{70X} 型煤炭漏斗车

②石砟车

石砟车是用于铁路新线铺设和旧线维修铺设石砟及运送散粒货物的专用漏斗车，主要有 K_{13} 型、K_{13N}(K_{13A})型、K_{13NA} 型、K_{13NT} 型、K_{13NK} 型、KZ_{70} 型石砟车。

③散装粮食车

散装粮食车主要用于装运玉米、小麦、大豆等散装粮食类货物，目前，我国铁路的散装粮食车有 L_{18} 型和 L_{70} 型两种，图 1-2-7 为 L_{70} 型散装粮食车。

图 1-2-7　L_{70} 型散装粮食车

(6)汽车运输车

汽车运输车自 20 世纪 80 年代开发以来，对我国商品汽车运输发挥了积极的作用，使汽车的零公里销售成为现实。1989 年研制出了我国第一代 SQ_1 型汽车运输车，随后相继研发了 SQ_2、SQ_3、SQ_4、SQ_{3K}、SQ_5 和 SQ_6 型汽车运输车。其间，J_5、J_6 两种类型的家畜车也相继改造成了 J_{5SQ}、J_{6SQ} 型汽车运输车。目前，铁路汽车运输车主要有 JSQ_5、JSQ_6 及 SQ_7 型运输汽车—普货两用车等。图 1-2-8 为 JSQ_6 型汽车运输车。

图 1-2-8　JSQ_6 型汽车运输车

2. 货车标记

为了表示车辆的性能及特殊设备，在车辆上须涂刷规定的各种标记，以便识别并合理使用车辆，即车辆标记。

(1)共同标记

车辆的共同标记包括产权标记、车种车型、车号编码、性能标记、车辆修程和检修标记、车辆方位标记等。

①产权标记

路徽是铁路企业的标志，涂刷在车辆上表示其产权所属。我国国家铁路的路徽上部是人字表示人民，下面是钢轨截面图形代表铁路，其含义是人民铁路。国铁集团的车辆，均在车辆上涂打了代表人民铁路的路徽。为了区别厂矿企业的自备车，国铁货车还在车辆侧梁的一端安装了国铁路徽标志牌。

其他铁路企业，也应按规定在车辆上涂打代表产权所属的路徽。我国各路外厂矿企业的自备车因运送货物或委托路内厂、段检修，需在正线上行驶，为避免铁路运输部门混淆使用，必须有明显的路外厂矿企业自备车辆的产权标志。

②车种车型、车号编码

货车的车种车型、车号编码，由基本型号、辅助型号及车辆制造顺序号三部分组成。

a. 基本型号。

基本型号一般由车种代码、辅助编码 1 和辅助编码 2 组成。货车车种代码见表 1-2-2。

表 1-2-2　货车车种代码

序号	车种	代码	序号	车种	代码	序号	车种	代码
1	棚车	P	6	罐车	G	11	特种车	T
2	平车	N	7	冷藏车	B	12	长大货物车	D
3	敞车	C	8	毒品车	W	13	汽车运输车	J
4	集装箱车	X	9	散装水泥车	U			
5	矿石车	K	10	散装粮食车	L			

辅助编码 1 一般用于表示车辆的用途或结构，其含义见表 1-2-3。如平车—集装箱两用车的基本型号为 NX，第 1 位 N 表示该车车种为平车，第 2 位辅助编码 1 为 X，表示集装箱车；煤炭漏斗车的基本型号为 KM，第 1 位 K 表示该车车种为矿石车，第 2 位辅助代码 1 为 M，表示煤炭。

表 1-2-3　辅助编码 1

货车车种	辅助编码 1	含　义	货车车种	辅助编码 1	含　义
平车	X	集装箱	罐车	Q	轻油类
	P	带活动棚		N	黏油类
	J	铺架机组车辆		S	酸
矿石车	M	煤炭		J	碱
	Z	石砟		L	沥青类
	S	石灰石		W	食品类
	T	铁矿石		H	其他化工类
	L	熟料		Y	压力
	F	自翻		F	粉状物

续上表

货车车种	辅助编码1	含　义	货车车种	辅助编码1	含　义
长大货物车	N	平	冷藏车	H	货物
	Q	钳夹		F	发电
	A	凹底	特种车	G	罐
	K	落下孔		P	棚
	F	机身运输		B	冷藏
	L	运粮	—	—	—

辅助编码2用于区分酸类罐车、化工类罐车、压力罐车、粉状货物罐车、食品类罐车等车型的不同用途，其含义见表1-2-4。

表1-2-4　辅助编码2

辅助编码2		含　义	辅助编码2		含　义
压力罐车	A	表示第2.1项易燃气体	化工类罐车	—	划入危险货物分类的货物
	B	表示第2.2项非易燃无毒气体		A	表示第3类易燃液体
	C	表示第2.3项毒性气体		B	表示第4类危险货物
	D	表示液体		C	表示第5类危险货物
酸类罐车	—	表示浓硫酸罐车		D	表示第6类危险货物
	A	表示浓硝酸罐车		E	强酸、强碱外第8类危险货物
	B	表示盐酸罐车		F	表示第9类危险货物
	C	表示磷酸罐车	粉状货物罐车	—	表示氧化铝粉
食品类罐车	—	表示需要加热的食品类货物		M	表示煤粉
	A	表示牛奶等需要保洁的食品	—	—	—

注：表中第×项、第×类为《铁路危险货物运输管理规则》中铁路危险货物的分类。

b.辅助型号。

货车的辅助型号由载重级别、速度级别或顺序序列、定型序号、转向架编码等部分组成，用字母或数字表示，标在基本型号的右下角。

c.车辆制造顺序号。

车辆制造顺序号又称车号，采用七位数字代码，表示某种车型的制造顺序。每一车型均有一个固定的编码域，且每辆货车的车号编码在全国范围唯一。

③货车性能标记

a.自重：车辆在空车状态时本身的全部重量，以t为单位。

b.载重：表示车辆技术条件所允许的载重量，以t为单位。

c.容积：表示货车内部容纳货物的体积，以m^3为单位。

棚车类货车应涂打容积标记，并在容积下方括号内注明车内的长×宽×高；平车、集装箱车、长大货物车不涂打容积标记，而涂打长×宽标记；罐车类货车应在容积下方涂打容量计表标记。

d.换长：换长也称为计长，是车辆长度的换算标记，标明换算标记是为了便于计算列车的总长度。其值为货车车体两端车钩在闭锁位时，两钩舌内侧之间的距离与标准长度的比值。标准长度规定为 11 m，是以 30 t 棚车的平均长度为计算标准规定的。

④车辆修程和检修标记

a. 车辆修程

为了保证行车安全，提高运输效率，保证车辆质量，每当车辆运用一定期限后，进行一定内容的修理工作，这样能有计划地使车辆恢复运用性能，保证良好的技术状态，并避免在下一次定期修理前出现重大故障。当前，我国铁路车辆实行定期检修制度，并逐步扩大实施状态修、换件修和主要零部件的专业化集中修。

铁路货车定检周期分为以时间和运行里程结合时间确定两种。以时间确定定检周期的检修分为厂修、段修、辅修，其中取消辅修的铁路货车分为厂修、段修两级修程。以里程结合时间确定定检周期的检修分为大修(厂修)、全面检查修(段修)。

厂修是指按厂修期限将车辆送到车辆修理工厂进行的定期检修。其主要任务是恢复车辆的基本性能。

段修是指按段修期限将车辆送到车辆段进行的定期检修。段修要求分解检查车辆转向架、车钩缓冲装置及制动装置等部件，并检查修理车辆的故障；其主要任务是保证车辆在检修质量保证期内，各部状态性能良好。

b. 检修标记

在车辆进行检修竣工之后，为了明确检修责任，掌握检修周期，应在车辆规定处所涂打定检标记，图 1-2-9 为车辆的段修、厂修标记。

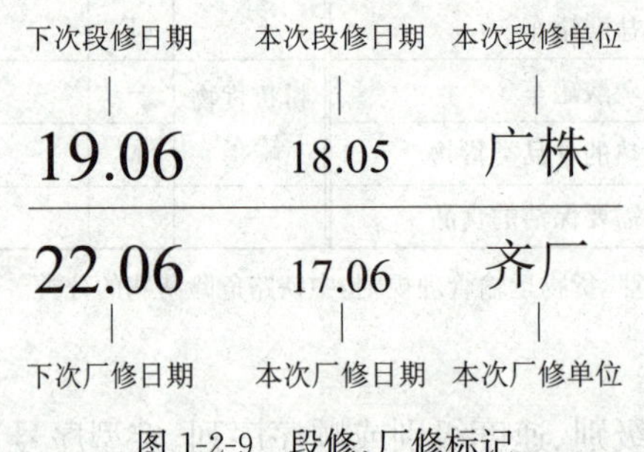

图 1-2-9　段修、厂修标记

⑤车辆方位标记

为便于运用和检修车辆，规定车辆两端分别为一位端和二位端，并在货车两侧分别涂打相应的标记，如图 1-2-10 所示。

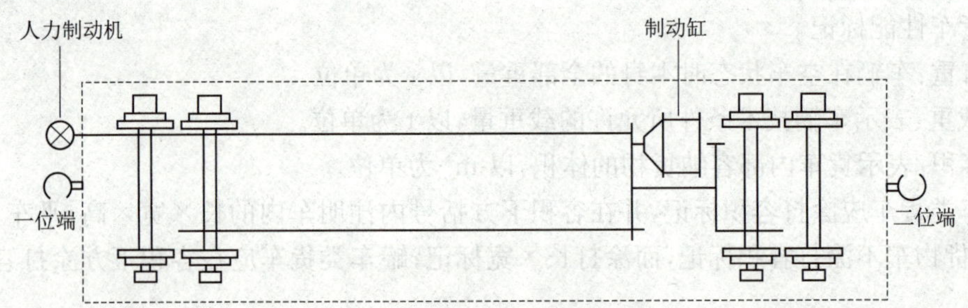

图 1-2-10　车辆方位示意图

车辆方位按制动缸活塞杆推出方向来确定，即制动缸活塞杆推出的方向为该车的一位端（人力制动机一般设在一位端），另一端为二位端。对于多制动缸的车辆以人力制动机一端为一位端。

对车辆部件称呼时，可站在车辆一位端面向二位端，对车辆两侧都装设的配件，由一位端左侧向右交互数到二位端；对非左右两侧都装设的配件称呼时，则由一位端顺序数到二位端。

(2)特殊标记

①人字标记

涂打人字标记(人)的棚车，车体两侧有较多的车窗，能通风换气，且为竹或木底板，该车可以代替客车运送人员。

②国际联运标记

货车上涂打国际联运标记(Mc)时，表示该车辆符合国际联运的技术要求，可以参加国际联运。

③关字标记

涂打关字标记(关)的平车在运行时，端板应处于立起关闭状态。特殊情况下，在安装车钩缓冲停止器后允许将端板放倒运行；或将两平车相邻端的一辆平车的端板采取可靠吊起措施后，可将另一辆平车的端板放倒运行。

④卷字标记

货车上涂打卷字标记(卷)时，表示该车辆两侧梁端部设有挂卷扬机钢丝绳的挂钩，以便进行卷扬倒车。

⑤集中载重标记

集中载重标记标明货车中部在一定长度范围内允许承受的装载质量。标重 60 t 及以上的普通平车、共用车及长大货车上均应涂打集中载重标记。

⑥毒品专用车标记

毒品专用车是主要用于装运农药等有毒货物的专用车辆，车体采用全黄色，应按规定在货车车体涂打☠标记。

3.货车使用的基本要求

货车是铁路货物运输的主要工具，装运货物的车辆必须是经国铁集团公布的货车，凡未经国铁集团公布的，技术参数不全的敞车、平车及长大货物车，一律不得使用。未按管理权限经国铁集团或铁路局集团公司批准，各类货车装载的货物不得超出货车的设计用途范围。

货车的技术参数由国铁集团有关部门公布，凡货车车体上的标记技术参数与国铁集团公布的货车技术参数不一致时，以车体上的标记技术参数为准。

货车状态的好坏，直接影响行车安全、货物质量，因此，装运货物必须使用状态良好的货车。货车状态良好主要包括以下几个方面：

(1)货车技术状态良好

所谓货车技术状态良好，是指车辆的主要部件无损坏；敞、棚车的门、窗，罐车的盖、阀完整良好，作用良好，无扣修通知、色票。

(2)定检未过期

为了保证行车安全，提高运输效率，装运货物时，不得选用定检过期的车辆。

(3)卫生状况良好

货车卫生状况良好是指车辆应清扫干净、无污染。

典型工作任务3 了解货运工作的法规依据

任务引入

依法经营是企业健康、持续、快速发展，实现企业社会效益和经济效益双丰收的保证。铁路货物运输既具有市场特性，又具有技术特性，须遵守与市场经济相关的法律法规及交通运输有关的技术规范、管理规定。领会法律法规的内涵，熟悉与铁路运输有关的法律法规、规章及管理办法，培养在工作中“遵章守法”的职业素养，是本工作任务的目标。

相关知识

知识点1 法律法规、铁路管理规章的关系

法律法规指中华人民共和国现行有效的法律、行政法规、司法解释、地方法规、地方规章、部门规章及其他规范性文件以及对于该等法律法规的不定时修改和补充。

我国法律法规按其效力高低，可分为六个层级。

第一层级：具有最高的法律效力。如《中华人民共和国宪法》(以下简称《宪法》)是国家的根本法，任何法律不能与其相抵触，在法律体系中具有最高法律效力。

第二层级：基本法律，指专门由全国人民代表大会制定和修改的法律。如《中华人民共和国民法典》(以下简称《民法典》)、《中华人民共和国刑法》(以下简称《刑法》)等。

第三层级：普通法律，由全国人民代表大会常务委员会制定和修改。如《铁路法》、《中华人民共和国邮政法》(以下简称《邮政法》)等带有部门性质，较第二级重要程度略低的法律。

第四层级：行政法规，其制定基础为宪法和法律，制定主体为国务院。行政法规一般以条例、办法、实施细则、规定等形式命名。具体来说，对某一方面的行政工作做比较全面、系统的规定，称“条例”；对某一方面的行政工作做部分的规定，称“规定”；对某一项行政工作做比较具体的规定，称“办法”。

第五层级：地方性法规和部门规章。部门规章是由国务院所属的各部、委员会根据法律和行政法规制定的规范性文件，其主要形式是命令、指示、规定等，大多与经济相关；地方性法规由省、自治区、直辖市的人民代表大会及其常务委员会制定，前提是不能和宪法、法律、行政法规相抵触。

第六层级：地方政府规章及规范性文件。地方政府规章是省、自治区、直辖市、设区的市、自治州的人民政府等制定的法律文件。规范性文件，又称“红头文件”，属于政府机关(一般是市县级政府)制定的文件。

铁路管理规章是铁路运输企业为实现安全生产、标准化作业等要求，依据国家法律、行政法规，制定的仅适用铁路内部管理的规定、办法等。

知识点2 与铁路货物运输有关的主要法律法规

(1)《民法典》是我国第一部以法典命名的法律，在法律体系中居于基础性地位，也是市场经济的基本法。

《民法典》共7编、1 260条，各编依次为总则、物权、合同、人格权、婚姻家庭、继承、侵权责任，以及附则。通篇贯穿以人民为中心的发展思想，着眼满足人民对美好生活的需要，对公民

的人身权、财产权、人格权等做出明确翔实的规定，并规定侵权责任，明确权利受到削弱、减损、侵害时的请求权和救济权等，体现了对人民权利的充分保障，被誉为“新时代人民权利的宣言书”。

《民法典》第三编合同的第十九章运输合同的第三节货运合同中，对货运合同签订原则，合同的订立、履行、变更和解除，违反合同的责任做了专款规定。

(2)《铁路法》是保障铁路运输和铁路建设顺利进行的法律规定。

就货物运输而言，《铁路法》明确规定了承运人与托运人、收货人在铁路货物运输中的权利、义务和责任，对货物运输合同做了具体的规定，包括对合同的执行及在执行中发生争议时的处理办法等内容。《铁路法》同样是组织铁路货物运输必须遵守和执行的法律依据。

(3)《安全生产法》是为了加强安全生产监督，防止和减少生产安全事故，保障人民群众生命和财产安全，促进经济发展而制定的，各生产企业(另有规定除外)都必须严格遵守。

(4)《铁路安全管理条例》是为了加强铁路安全管理，保障铁路运输安全和畅通，保护人身安全和财产安全而制定的，内容包括总则、铁路建设质量安全、铁路专用设备质量安全、铁路线路安全、铁路运营安全、监督检查、法律责任、附则等共 8 章 108 条。

(5)《危险化学品安全管理条例》是为了加强危险化学品的安全管理，预防和减少危险化学品事故，保障人民群众生命财产安全，保护环境而制定的。适用于危险化学品生产、储存、使用、经营和运输的安全管理。

(6)《铁路危险货物运输安全监督管理规定》。为了加强铁路危险货物运输安全管理，保障公众生命财产安全，保护环境，根据有关法律、行政法规，交通运输部制定了《铁路危险货物运输安全监督管理规定》。其内容包括总则、运输条件、运输安全管理、监督检查、法律责任、附则共 6 章 52 条。

(7)《铁路交通事故应急救援和调查处理条例》是为了加强交通事故的应急救援工作，规范铁路交通事故调查处理，减少人员伤亡和财产损失，保障铁路运输安全和畅通，根据《铁路法》和其他有关法律的规定而制定的。适用于铁路机车车辆在运行过程中与行人、机动车、非机动车、牲畜及其他障碍物相撞，或者铁路机车车辆发生冲突、脱轨、火灾、爆炸等影响铁路正常行车的铁路交通事故(以下简称事故)的应急救援和调查处理。

(8)《铁路交通事故调查处理规则》(以下简称《事规》)是为及时准确调查处理铁路交通事故，严肃追究事故责任，防止和减少铁路交通事故的发生，根据《铁路交通事故应急救援和调查处理条例》(国务院令第 501 号)制定的，适用于国家铁路、合资铁路、地方铁路以及专用线等发生事故的调查处理。

(9)《电气化铁路有关人员电气安全规则》(以下简称《电气安全规则》)是为保证电气化铁路沿线有关人员人身安全，防止触电伤亡事故而制定的。电气化铁路沿线路内外各单位需组织学习《电气安全规则》的相关内容。电气化铁路相关作业人员每年至少进行一次安全考试，考试合格后，方准参加作业。对于违反《电气安全规则》的单位和人员，按有关规定追究其责任。

(10)其他与铁路运输有关的法律法规，如《中华人民共和国计量法》《中华人民共和国进出境动植物检疫法》《中华人民共和国动物防疫法》《中华人民共和国环境保护法》等。

知识点 3　《货规》及其引申规则、办法

《货规》是货物运输的基本规章，它是根据国家有关方针、政策和法令，以原《中华人民共和

国经济合同法》《铁路法》以及原《铁路货物运输合同实施细则》为依据制定的。《货规》具体明确规定了铁路货物运输的基本条件、货物运输合同、货物的搬入搬出、货物的承运和交付、装车和卸车、货物损失的处理和赔偿、承托双方责任的划分,是组织铁路货物运输最直接的依据,承运人、托运人和收货人都必须遵照执行。

《货规》引申规则、办法主要有:

(1)《价规》规定了货物运输费用的计算、货物运费、杂费、国际铁路联运货物国内段的运输费用、铁路非运用车运输费用、附则等。适用于计算国家铁路及合资、地方铁路涉及与国家铁路办理直通运输的有关货物运输费用的计算方法,包括车站费用、运行费用、服务费用和额外占用铁路设备的费用等。

(2)《铁路危险货物运输管理规则》(以下简称《危规》),是为加强铁路危险货物运输管理,确保铁路运输安全,依据有关法律法规和规章制定。内容包括总则,办理限制管理,业务办理,运输包装,试运管理,运输及签认制度,押运管理,保管和交付,消防、劳动安全及防护,洗刷除污,培训与考核,危险货物货车,危险货物集装箱,剧毒品运输,放射性物品(物质)运输,危险货物进出口运输,事故应急救援,附则共18章,是组织铁路危险货物运输的依据。

(3)《铁路鲜活货物运输规则》(以下简称《鲜规》),是为加强铁路鲜活货物运输管理工作,加快铁路鲜活货物运输发展,依据有关法律法规和规章制定。内容包括总则、基本要求、易腐货物运输、活动物运输、附则共5章,是组织铁路鲜活货物运输的依据。

(4)《铁路超限超重货物运输规则》(以下简称《超规》),是为规范铁路超限超重货物运输工作,确保运输安全,依据有关法律法规和规章制定。包容包括总则,定义及等级划分,办理线路和车站,受理和承运,超限、超重车运行,途中检查和卸车,国际联运超限货物的办理,长大货物车的运用管理,附则等共9章,是组织铁路超限、超重货物运输的依据。

(5)《铁路货物装载加固规则》(以下简称《加规》)是为加强铁路货物装载加固和货车满载工作,确保铁路运输安全,依据有关法律法规和规章制定。内容包括总则、基本技术条件、特殊规定、方案管理、装载加固材料及装置管理、应急处置、满载工作、附则等共8章,是铁路货物装载加固和满载工作的依据。

(6)《铁路集装箱运输规则》(以下简称《箱规》)是为规范铁路集装箱运输管理,保证铁路运输安全,加快集装箱运输发展,依据有关法律法规和规章制定。内容包括总则、运输基本条件、业务办理、运输管理、运输组织、铁路箱管理、信息和统计、附则等共8章,是组织铁路集装箱运输的依据。

(7)《铁路保价运输规则》(以下简称《保价规则》)是为开展铁路保价运输,依据《铁路法》而制定。内容包括总则、办理程序、费用计算及核收、运输责任、损失赔偿、国际联运、委托代办、附则等共8章,是办理铁路保价运输的依据。

(8)根据《货规》精神制定的其他规则和办法。

除上述规章外,根据《货规》精神制定的引申规则、办法还包括《铁路货运计划暂行管理办法》、《货运日常工作组织办法》、《铁路货物运输杂费管理办法》(以下简称《运杂费管理办法》)、《铁路货车延期占用费核收暂行办法》等。

知识点4 铁路内部管理规章

(1)《铁路技术管理规程(普速铁路部分)》[以下简称《技规(普速铁路部分)》]是为了加强国铁集团铁路技术管理,确保国家铁路安全正点、方便快捷、高速高效,根据有关法律、法规、规章和技术标准等制定，适用于国家铁路。国家铁路工作人员必须严格遵守和执行《技规（普速铁路部分）》的规定，在自己的职责范围内，以对国家和人民负责的态度，保证安全生产。

（2）《铁路货车统计规则》（以下简称《统规》）。铁路货车统计是铁路统计的重要组成部分，是铁路运输生产和经营管理的重要基础性工作。《统规》是为统一铁路货车统计的范围、指标口径、指标含义、计算方法、报告制度和统计资料提供标准等，确保铁路货车统计质量而制定。适用于国铁集团管理（含委托管理）的铁路线路范围内的铁路货车统计。

（3）《铁路货物运输统计规则》。铁路货物运输统计是铁路统计工作的重要组成部分。《铁路货物运输统计规则》是为确保铁路货物运输统计质量，明确全国铁路货物运输统计范围、指标含义、指标口径、计算方法、报告制度、统计资料提供标准，规范铁路货物运输统计工作，根据《统计法》《统计法实施细则》以及其他有关规定，结合铁路货物运输实际而制定，适用于全国铁路货物运输统计工作。

（4）《铁路货物装卸安全技术规则》（以下简称《装卸安规》）是为适应铁路现代物流和装卸机械化发展需要，保障铁路货物装卸生产安全，依据有关法律法规和《技规》《铁路货运安全管理规则》等有关规定制定，适用于国铁集团所属铁路运输企业铁路运输货物的装卸、搬运作业。

（5）铁路内部货运管理规则与办法。

铁路内部货运管理规则与办法规定了铁路内部货物运输各个环节的作业内容和质量要求，是铁路货运工作人员从事货物运输的工作细则，不作为托运人、收货人与铁路间划分权利、义务和责任的依据。

①《铁路货运安全管理规则》是为全面加强铁路货运安全管理，落实安全生产责任，确保货运安全持续稳定，依据有关法律法规和铁路有关规定制定，适用于国铁集团及所属各铁路运输企业的货运安全管理工作。

②《铁路货物运输管理规则》（以下简称《管规》），是为提高铁路货运管理水平、工作效率和工作质量，安全、迅速、经济、便利地组织货物运输，适应市场需求，增强铁路竞争力而制定。《管规》规定了货物运输基本作业、装车与卸车、货物交接检查和换装整理、货场管理、货运监察等，适用于铁路内部货运生产管理。

③《铁路货物损失处理规则》（以下简称《货损规则》）是为了加强铁路货运安全管理，明确货物损失处理的原则、程序和铁路内部责任划分等，依据有关法律法规、铁路管理规章以及国铁集团有关规定制定。《货损规则》中规定了货物损失种类和等级、货物损失报告和勘查、记录编制、货物损失调查处理、货物损失责任划分、货物损失赔偿与清算、货物损失统计与资料保管、无法交付和无标记货物处理等，适用于国铁集团及所属铁路企业货物损失的处理工作。

④《铁路货运检查管理规则》（以下简称《检规》）是为强化铁路货运检查（以下简称“货检”）工作管理，提高货检工作质量，确保铁路运输安全，依据有关法律法规和规章制定。《检规》规定了货检站管理、货检作业及换装整理、货检应用的运用管理、基本管理制度、应急处置等内容，适用于国家铁路及国铁控股的合资铁路的货检作业。

⑤《铁路保价运输管理办法》（以下简称《保价办法》）是为保证货物运输安全，加强铁路保价运输监督管理，根据《铁路法》和《保价规则》而制定，内容包括职责划分、承运受理、安全防范、损失赔偿、保价补偿、营销管理、资金收支管理、信息与分析等，适用于国铁集团及所属铁路局集团公司、专业运输公司保价运输管理工作。

⑥《货车篷布管理规则》（以下简称《篷规》），是为了规范货车篷布（以下简称“篷布”）管理，

提高运用效率，保证铁路运输和货物安全，依据《货规》《管规》等有关规定制定。《篷规》规定了篷布基本条件、运用管理、铁路篷布回送、篷布调度和统计、篷布质量管理、信息和统计等内容，适用于国家铁路以及委托铁路局集团公司运输管理的合资铁路和地方铁路的篷布管理工作。

⑦《铁路货运票据电子化作业办法》是为规范铁路货运票据电子化有关作业，保证运输安全和生产秩序而制定，内容包括总则、需求受理、进货、装车承运、始发及途中作业、卸车、交付、其他作业及附则，适用于国家铁路货运、车务、车辆、机务等相关岗位货物运输作业组织。

⑧根据有关规定制定的其他铁路内部货运管理规则与办法。

(6)《铁路货运票据电子化管理暂行办法》是为适应货运票据电子化条件下运输生产组织需要，确保货物运输安全和信息数据质量，依据相关规定制定。内容包括总则、职责分工、管理要求、系统维护、应急处理、监督检查及附则，适用于国铁集团及所属各铁路局集团公司、专业运输公司。

(7)《铁路货运计量安全检测设备运用管理规则》(以下简称《计量规则》)是为加强和规范铁路货运计量安全检测设备和铁路货运计量安全检测监控系统的管理，依据有关法律法规和铁路管理规章制定，适用于国家铁路及国铁控股的合资铁路车站计量安全检测设备的运用管理，以及国铁集团、所属各铁路运输企业、站段(含货运中心，以下简称"站段")各级货运计量系统的运用管理工作。

(8)其他铁路内部管理规章。

铁路内部管理规章还包括《铁路消防管理办法》《铁路重点物资运输管理办法》等。

知识点 5　货运工作标准

为提高铁路货物运输服务质量，规范作业程序，制定了各种作业标准，如：

(1)《铁路货物运输服务质量》(TB/T 2968—2018)，规定了铁路运输企业货物运输和相关部门货物运输的服务质量要求。

(2)《铁路车站货运作业》(TB/T 2116—2005)，包括：

①《铁路车站货运作业　第 1 部分：通用作业》(TB/T 2116.1—2005)，规定了铁路车站货运部门接待货主、办理货运手续、导向服务、现场服务、服务质量监督的通用作业要求，适用于铁路办理货物运输业务的车站服务通用作业。

②《铁路车站货运作业　第 2 部分：整车货物作业》(TB/T 2116.2—2005)，规定了一般货物的作业程序、项目、作业内容和质量标准，不包括阔大、鲜活、危险和军事货物运输作业。

整车货物作业包括计划和受理、发送货物保管、装车作业、核收费用、卸车作业、货物交付、到达货物保管七项作业，适用于车站整车一般货物作业。

③《铁路车站货运作业　第 4 部分：专用线作业》(TB/T 2116.4—2005)，规定了专用线货物运输作业的程序、项目、内容和质量标准。内容包括：计划受理、装车作业、核算和卸车四项作业，适用于专用线的货物作业。

(3)《铁路货物装载加固技术要求》(TB/T 30004—2021)，规定了铁路货物装载加固的货物装载基本要求、避免集重装载要求、超长货物装载要求、货物装载加固基本要求、加固强度计算方法以及常用的加固方法的加固强度计算，适用于经铁路运输的货物的装载与加固。

(4)《铁路货运检查技术要求》(TB/T 30011—2024)，规定了铁路货运检查作业的基本要求、货检人员要求、货检设备设施要求、货检作业内容及程序、应急处置，以及能用集装箱在铁路车站的技术检查内容、容许损伤、非容许损伤等。适用于铁路货运检查站的作业管理，铁路车站的 20 ft 及以上通用集装箱检查。

(5)《铁路货物装卸安全技术要求》(TB/T 30009—2023)，规定了铁路货物装卸作业的通用要求，作业人员要求，设备设施、工具及备品要求，机械作业要求，人力作业要求，汽车作业要求，主要货物品类装卸作业要求以及应急处置要求等，适用于铁路运输货物的装卸、搬运、堆码作业和设备设施配置。

(6)《铁路货物损失处理作业标准》规定了货物损失处理基本要求、作业程序、项目、内容和质量要求，适用于国家铁路和与国家铁路办理直通运输的其他铁路。

(7)其他货运作业标准。

知识点6　国际联运规章

(1)对铁路、托运人和收货人均有约束力的规章，包括《国际铁路货物联运协定》(以下简称《国际货协》)、《国际铁路货物联运协定统一过境运价规程》(以下简称《统一货价》)、《国境铁路协定》和《国境铁路会议议定书》。

(2)仅同铁路有关的规章，包括《国际铁路货物联运协定办事细则》(以下简称《国际货协办事细则》)、《国际旅客联运和铁路货物联运清算规则协约和清算规则》(以下简称《清算规则》)和《国际联运货车使用规则》(以下简称《货车规则》)。

(3)《国际铁路货物联运办法》(以下简称《联运办法》)适用于通过两个以上国家铁路，使用一份运送票据并以连带责任办理的直通货物运送。该办法仅供国内使用。

(4)《国际集装箱运输管理暂行办法》适用于国际运输的 20 ft、40 ft 国际标准集装箱的铁路运输，分为单程和往返两种形式。

知识点7　其他

(1)《铁路客货运输》，是国铁集团相关主管部门登载铁路货运、客运法规部分修改的内容，使铁路及社会公众知晓的专刊。

(2)铁路局集团公司对国铁集团规章的补充规定。这类补充规定通常适用于本铁路局集团公司管内，一般是限于执行国铁集团规定的一些作业程序和方法方面的内容，并且不能同国铁集团规定相抵触。

(3)其他相关法律法规，包括国务院、国务院各部委，以及各部委与国铁集团联合发布的货物运输相关法规。

典型工作任务4　熟悉货物运输的基本条件

任务引入

铁路运输的货物种类繁多，它们的形状不同、性质各异，对运输条件的要求也各不相同。熟悉货物运输的基本条件，正确划分货物运输种类，判定货物是否可按一批办理，正确计算货物运到时期限，培养信息、资源整合意识和利用货运基本知识解决实际问题能力，是本工作任务的目标。

相关知识

知识点1　货物运输的种类

铁路运送的货物，尽管种类繁多，但根据托运货物的数量、性质、形状等条件并结合所用使用的货车，将铁路货物运输的种类划分为整车、零担和集装箱三种。

1. 整车货物运输

一批货物的重量、体积、形状或性质需要以一辆以上货车运输的，应按整车托运。我国大多数的货物运输是使用整车运输方式的。

整车运输的特殊形式：

(1)整车分卸

整车分卸是整车运输的特殊形式，是指为了充分利用货车的载重能力，限按整车办理的货物，货物数量不足一车，按托运人要求将同一径路上两个或三个到站在站内卸车的货物，装在同一货车内，作为一批整车货物运输，而在途中不同到站卸车的运输方式。

由于运输途中需要分卸，对铁路运输组织工作的影响较大，因此铁路对整车分卸规定了必要的限制条件：

一是托运的货物必须是限按整车办理的危险货物、易于污染其他货物的污秽品、未装容器的活动物及一件货物重量超过 2 t，体积超过 3 m^3 或长度超过 9 m 的货物；二是货物数量不够一车，托运人要求在同一径路上两个或三个车站卸车；三是在站内卸车。

按整车分卸办理的货物，除派有押运人外，托运人必须在每件货物上拴挂标记，分卸站卸车后，对车内货物必须整理，以防偏重或倒塌。

(2)站界内搬运

站界内搬运是指在站界内铁路营业线上或站线与专用线之间的运输。对按整车运输的货物，因特殊原因或当地没有合适的搬运工具，托运人可要求站界内搬运。

站界内搬运的办理条件是：按整车运输的货物，可在铁路局集团公司管内办理。但危险货物不得办理。

站界内搬运只按规定核收运费，不另收取送车费。

(3)途中装卸

途中装卸是指在两个车站之间的区间或在不办理货运营业的车站装卸车。办理条件同站界内搬运。

途中装卸的货物，托运人应在装车地点的前方站办理货物的托运手续，收货人应在卸车地点的后方站办理货物的领取手续。

途中装卸车的组织工作，由托运人、收货人负责。但车站应派人至装卸车地点进行防护和检查装卸车堆放货物的安全距离是否符合要求。

途中装卸，只按规定核收运费，不另收取送车费。

2. 零担货物运输

零担货物是指一批货物的重量、体积、形状和性质不需要单独使用一辆铁路货车装运的货物。

(1)零担货物办理条件

按零担托运的货物，一件体积最小不得小于 0.02 m^3(一件质量在 10 kg 以上的除外)，每批不得超过 300 件。但下列货物不得按零担托运：

①需要冷藏、保温或加温运输的货物。

②规定限按整车办理的危险货物。

③易于污染其他货物的污秽品。

④蜜蜂。

⑤不易计算件数的货物。

⑥未装容器的活动物(铁路局集团公司规定在管内可按零担运输的除外)。

⑦一件货物重量超过 2 t,体积超过 3 m^3或长度超过 9 m 的货物(经发站确认不致影响中转站和到站装卸车作业的除外)。

零担货物一般为重量较小的成件包装货物,多为怕湿货物、贵重物品、日常用品等,一般使用棚车运输。

(2)零散货物快运

在铁路总运量中,零担货物所占比重很小,但铁路需要投入比整车运输更多的人力和物力才能完成运输任务。零散货物快运是在铁路实行企业化管理,为适应市场需求,提高铁路运输的竞争力而推出的一项货运服务。包括批量零散货物快运(简称“批量”)和非批量零散货物快运(以下简称“零散货物”)两大类。目前,零散货物已停办。

批量货物适用于一批托运质量超过 40 t 或体积大于 80 m^3的 152 类小运量白货品类货物,按整车组织装运。以下货物不可办理批量运输:

①散堆装货物。

②超长、超重、超限、集重的货物。

③国际联运货物。

④需使用棚车、敞车以外的其他车型装运的货物。

批量货物一般按货物实际重量计费,但密度小于 167 kg/m^3的货物按照 167 kg/m^3计费。

3.集装箱运输

集装箱是一种现代化运输设备,使用集装箱进行的货物运输,称为集装箱运输。集装箱适用于运输精密、贵重、易损、怕湿的货物。

4.其他运输方式

(1)国家铁路与地方铁路间运输

国家铁路与地方铁路由于管理体制不同,收费标准不同,因此,双方间开展货物运输的方式包括:直通运输、换票运输和换装运输。

国家铁路与地方铁路间直通运输是指国家铁路与地方铁路间按《国家铁路与地方铁路货物直通运输规则》,办理货物一票直通的运输,分段计费。凡具备直通运输条件的地方铁路与国家铁路开办直通运输前,经地方铁路局报接轨站所在铁路局集团公司同意,并报国铁集团主管部门审批后,可开办直通运输,由国铁集团在《铁路客货运输》公布。

换票运输是指国家铁路和地方铁路分别使用各自填制的货票,在交接站办理交接的接续运输。

换装运输是指国家铁路和地方铁路在交接站办理换装作业的接续运输。货物交接及货运手续的办理,原则上由国家铁路或地方铁路各自与托运人、收货人按各自的现行规定办理。

(2)准、米轨直通运输

我国铁路线路主要是标准轨距,但昆明局集团公司管内还有部分米轨铁路。为了方便物资运输,减少托运人或收货人在运输途中的作业手续,铁路还开办了整车货物准、米轨间直通运输,即使用一份运输票据,跨及准轨与米轨铁路,将货物从发站直接运送至到站。

准、米轨间直通运输的具体要求:

①准、米轨间直通运输的整车货物,一批的重量或体积应符合下列要求:

a.重质货物重量为 30 t、50 t、60 t(不适用货车增载的规定)。

b.轻浮货物体积为 60 m^3、95 m^3、115 m^3。

之所以有以上要求，是因为我国米轨铁路货车仅有两种规格。其中标记重量为 25 t 的货车容积为 49.3 m^3，标记载重量为 30 t 的货车容积为 63 m^3。一批的重量或体积符合上述要求时，在换装过程中相互匹配，不会浪费车辆的载重力。

②下列货物不办理准、米轨间直通运输：

a. 鲜活货物及需要冷藏、保温或加温运输的货物。

b. 罐车运输的货物。

c. 每件重量超过 5 t(特别商定者除外)，长度超过 16 m 或体积超过米轨装载限界的货物。

(3)联合运输

联合运输是指铁路与其他运输工具或我国铁路与国外铁路共同参加，并以一份运输票据完成货物全程运输服务的运输形式，包括公路与铁路货物联运、水陆联运和国际铁路货物联运。

国际铁路货物联运是在两个或两个以上国家铁路全程运输中，使用一份运送票据，只使用铁路一种运输方式，并以参加铁路连带责任办理的货物运送，包括国际铁路货物直通联运和国际铁路货物轮渡直通联运。

(4)军事运输

铁路军事运输是国家指令性运输，是国家运输的组成部分，是保障部队机动和物资供应的重要手段，也是铁路和军队各有关部门的共同任务。

铁路军事运输实行计划运输。军队运送人员、物资凭军交部门签发的军运号码按军事运输办理。

知识点 2　一批

1. 一批的概念

一批是铁路承运货物和计算运输费用的一个单位，是指使用一份货物运单，按照同一运输条件运送的货物。

2. 按一批办理的条件

按一批托运的货物，托运人、收货人、发站、到站和装卸地点必须都相同(整车分卸货物除外)。按运输种类的不同，一批的具体规定是：

(1)整车货物以每车为一批，跨装、爬装及使用游车的货物，每一车组为一批，如图 1-4-1 所示。

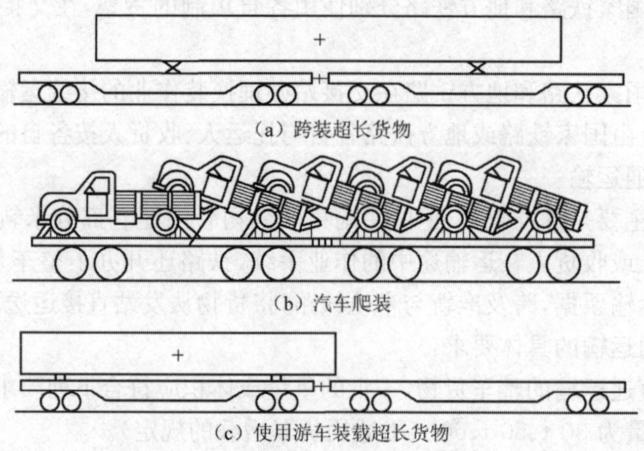

(a) 跨装超长货物

(b) 汽车爬装

(c) 使用游车装载超长货物

图 1-4-1　跨装、爬装及使用游车的货物

(2)零担、集装箱的货物,以一份货物运单为一批。

3.按一批办理的限制

由于货物性质各不相同,其运输条件也不一样。为保证货物安全运输,规定下列货物不得按一批托运:

①易腐货物与非易腐货物。

②危险货物与非危险货物(另有规定者除外)。

③根据货物的性质不能混装运输的货物,如液体货物与怕湿货物,食品与有异味的货物,配装条件不同的货物等。

④按保价运输的货物与不按保价运输的货物。

⑤投保货物运输险的货物与未投保货物运输险的货物。

⑥运输条件不同的货物,如需要卫生检疫证的货物与不需要卫生检疫证的货物,海关监管货物与非海关监管货物,不同热状态的易腐货物等。

上述不能按一批托运的货物,在特殊情况下,经铁路局集团公司承认也可按一批托运。

知识点3　货物运到期限

1.货物运到期限的概念

货物运到期限是铁路将货物由发站运至到站的最长时间限制,是根据铁路现有技术设备条件和运输工作组织水平确定的,也是铁路承运部分货物的根据。

货物运到期限是铁路运输合同的重要内容,是对铁路运输企业的要求和约束,也是对托运人或收货人合法权益的保护。铁路应当尽量缩短货物的运到期限,对因铁路责任超过货物运到期限的要负违约责任。

2.货物运到期限的计算

货物运到期由货物发送期间、运输期间和特殊作业时间三部分组成,具体规定如下:

(1)货物发送期间为1 d。

(2)货物运输期间:按一般条件运输的货物,运价里程每250 km或其未满为1 d;按快运办理的整车货物,运价里程每500 km或其未满为1 d。

(3)特殊作业时间:

①运价里程超过250 km的零担货物,另加2 d;运价里程超过1 000 km的零担货物,则另加3 d。

②整车分卸货物,每增加一个分卸站,另加1 d。

③准、米轨间直通运输的整车货物,另加1 d。

④需要上门装、卸货物,各另加1 d。

⑤需要门到发站、到站到门接取送达货物,各另加1 d。

运到期限按自然日计算,起码为3 d。

【例1-4-1】　赵某从郑州西站至株洲北站托运一批饮料,要求到站送货到门,运价里程958 km,试计算运到期限。

【解】　$T_{运到}=T_{发}+T_{运}+T_{特}=1+958/250+1\approx6(d)$

该货物的运到期限应为6 d。

【例1-4-2】　A站于3月2日承运一批整车货物到G站,运价里程456 km,托运人要求按快运办理,试计算货物运到期限。

【解】　$T_{运到}=T_{发}+T_{运}+T_{特}=1+456/500+0\approx2(d)$

《货规》规定货物运到期限按自然日计算,起码为3 d。因此,该批货物的运到期限为3 d。

3. 容许运输期限

货物容许运输期限是由托运人提出的货物运输时限，承运人据此确定在规定的运到期限内该货物是否可以承运。

托运易腐货物、“短寿命”放射性货物时，应在货物运单“托运人记事”栏记明货物的容许运输期限。货物容许运输期限至少须大于货物运到期限 3 d(即加 4 d)，方可承运。

【例 1-4-3】 章某提出自昆明东站发成都东站一批整车货物(鲜桃)，运价里程 1 109 km。注明鲜桃的容许运输期限为 10 d，试确定该货物可否承运？

【解】 $T_{运到}=T_{发}+T_{运}+T_{特}=1+1\ 109/250+0\approx6(\text{d})$

$T_{容}-T_{运到}=10-6=4(\text{d})$

因为该货物容许运输期限大于货物运到期限 3 d，所以可以承运。

4. 货物实际运到日数

货物的实际运到日数，从货物承运次日(指定装车日期的，为指定装车日的次日)起算，在到站由铁路组织卸车的，至卸车完了时终止；在到站由收货人组织卸车的，至货车调到卸车地点或货车交接地点时止。但由于下列原因之一造成的滞留时间，应从实际运到日数中扣除：

(1)因不可抗力的原因引起的。

(2)由于托运人的责任致使货物在途中发生换装、整理所产生的。

(3)因托运人或收货人要求运输变更产生的。

(4)运输活动物，由于途中上水所产生的。

(5)其他非承运人的责任发生的。

上述情况均为非承运人原因造成的滞留，发生滞留的车站，应在货物运单“承运人记事”栏内记明滞留时间和原因。到站应将各种情况所发生的滞留时间加总，加总后不足 1 d 的尾数进整为 1 d。

5. 货物运到逾期

所谓运到逾期，是指货物的实际运到日数超过规定的运到期限，这是一种违约行为。若货物运到逾期，则铁路应向收货人支付违约金。

(1)逾期违约金的支付

①一般货物运到逾期支付违约金占运费的比例见表 1-4-1。

表 1-4-1　运到逾期违约金支付比例(一)

运到期限	逾期总日数					
	1 d	2 d	3 d	4 d	5 d	6 d 以上
3 d	15%	20%				
4 d	10%	15%	20%			
5 d	10%	15%	20%			
6 d	10%	15%	15%	20%		
7 d	10%	10%	15%	20%		
8 d	10%	10%	15%	15%	20%	
9 d	10%	10%	15%	15%	20%	
10 d	5%	10%	10%	15%	15%	20%

货物运到期限在 11 d 以上，发生运到逾期时，按表 1-4-2 规定计算违约金。

表 1-4-2　运到逾期违约金支付比例(二)

逾期总日数占运到期限天数比例	违约金占运费的比例
不超过 1/10 时	5%
超过 1/10，但不超过 3/10 时	10%
超过 3/10，但不超过 5/10 时	15%
超过 5/10 时	20%

②快运货物运到逾期时，按表 1-4-3 规定的比例退还货物快运费。

表 1-4-3　退还货物快运费比例

发到站间运输里程	超过运到期限天数	退还货物快运费
1 801 km 以上	1 d	30%
	2 d	60%
	3 d 以上	100%
1 201～1 800 km	1 d	50%
	2 d 以上	100%
1 200 km 以下	1 d 以上	100%

快运货物运到逾期，除按表 1-4-3 规定的比例退还快运费外，货物运输期间按每 250 km 运价里程或其未满为 1 d，计算运到期限超过时，还应按上述规定，向收货人支付违约金。

(2)不支付违约金的货物

①超限、限速运行和免费运输的货物以及货物全部灭失。

②从铁路发出领货通知的次日起(不能实行领货通知或会同收货人卸车的货物为卸车的次日起)，如收货人在 2 d 内未将货物领出，即失去要求铁路支付违约金的权利。

【例 1-4-4】　保定站 9 月 14 日，承运一批整车货物到衡阳西站，9 月 24 日衡阳西站卸车完了，由于托运人的责任致使货物在途中发生整理所产生滞留 1 d。运价里程 1 654 km。

问：货物是否逾期？如果逾期应向收货人支付多少逾期违约金？

【解】　$T_{运到}=T_{发}+T_{运}+T_{特}=1+1\ 654/250+0\approx 8(\mathrm{d})$

实际运输时间 $T_{实}=10$ d(从 15 日起至 24 日止)

运到逾期时间 $T_{逾}=T_{实}-T_{运到}-T_{滞留}=10-8-1=1(\mathrm{d})$

查表 1-4-1，运到期限 8 d，逾期总日数 1 d，应支付运费 10%的违约金。

典型工作任务 5　认识铁路货物运输合同

任务引入

《货规》规定，托运人利用铁路运输货物，应与承运人签订货物运输合同，铁路货物运输合同中规定了承运人、托运人和收货人各方的权力、责任和义务，三方都应认真履行合同规定的有关内容。熟悉铁路货物运输合同的文件、内容、订立、变更及解除，认识到合同在经济活动中的重要性和严肃性，培养契约精神，是本工作任务的目标。

相关知识

货物运输合同，简称货运合同，是承运人将货物从起运地点运输到约定地点，托运人或者收货人支付运输费用的合同。根据运输工具的不同，货物运输合同可以分为铁路、公路、水路和航空货物运输合同四大类。

知识点1　铁路货物运输合同的组成

1.铁路货物运输合同的概念

铁路货物运输合同是铁路承运人将货物从起运地点以铁路运输的方式，运输到约定地点，托运人或者收货人支付运输费用的合同。依据《货规》的规定，托运人利用铁路运输货物，应与承运人签订货物运输合同。

2.铁路货物运输合同的特征

(1)铁路货物运输合同的标的是铁路运送货物的行为。

(2)铁路货物运输合同具有特殊的合同主体。

该特征体现在两个方面：一是合同的一方当事人是固定的，即必须是铁路运输企业；二是合同的主体不限于铁路运输企业和托运人双方，经常出现第三方，即收货人。因此，合同往往是三方面的权利义务关系。

(3)铁路货物运输合同采用标准合同的形式。

所谓标准合同是指由订立同类合同的当事人印制的、具有固定式样和特定条款内容的标准文本，双方当事人只需填写其中的空项。

(4)计划性强。

货物运输合同受国家计划的制约，大宗货物受年度、季度和月度计划的制约，其他货物运输也受运力和其他条件的限制，要有计划地进行安排。

(5)铁路货物运价实行政府定价、政府指导价和市场调节价。

运输价格包括维持产品生产的简单再生产部分和扩大再生产部分。而维持简单再生产部分就是运输成本，它是运输产品价值的主要组成部分，利润和税金则是运输产品价值的扩大再生产部分。目前，铁路货物运价实行政府定价、政府指导价和市场调节价，执行市场调节价的铁路整车货物见表1-5-1。

表1-5-1　实行市场调节价的铁路整车运输货物品类

品类代码	货物品类	包含主要货物种类
08	矿物性建筑材料	土、砂、石、石灰；砖、瓦、砌块；水泥制品；玻璃；玻璃纤维及其制品；其他矿物性建筑材料
09	水泥	水泥；水泥熟料
10	木材	原木；锯材；木片；人造板材
14	盐	食用盐；非食用盐
16	金属制品	金属结构及其构件；金属工具、模具；铝制器皿、搪瓷制品；其他金属制品
17	工业机械	普通机械设备；运输工具(不含挂运与自行的铁路机车、车辆及轨道机械)；仪器、仪表、量具
18	电子、电气机械	电力、通信、广播电视设备；日用电器；电子计算机及其外部设备；其他电子、电器机械及器材

续上表

品类代码	货物品类	包含主要货物种类
22	饮食品及烟草制品	食糖;食品;饮料;烟草制品;其他烟草制品
23	纺织品。皮革、毛皮及其制品	丝、毛、化学纤维、纱、线;纺织品、针织品;鞋、帽、服装及其他编织、缝纫品;皮革、毛皮及其制品
24	纸及文教用品	纸浆;纸及纸制品;印制品;其他文教用品
25	医药品	中药材;中成药、西药及其他医药品
99	其他货物(不含饲料、有机肥、特定货物)	家具、搬家货物、行李、日用杂品;动植物油脂、冰、水;动植物残余物;浆粕、废碎物品;工艺品、展览品;特定集装化用具

(6)货物运输合同的履行以交付货物给收货人为履行完毕。

3. 铁路货物运输合同的文件

托运人以铁路运输货物,可按年度、半年度、季度或月度签订货物运输协议,也可以签订更长期限的运输协议;在协议期内,托运人可与承运人按阶段确定需求,交运货物时,向承运人按批提出货物运单,作为运输合同的组成部分。

其他货物使用货物运单作为运输合同。

知识点2　铁路货物运输合同的内容

合同的内容规定合同各方当事人的权利义务或责任。合同各方当事人的权利义务或责任体现在或规定在合同的主要条款中,即表现为合同的条款。当事人订立货物运输合同,应当在合同中载明下列内容:

(1)托运人和收货人的名称。

(2)承运人的名称。

(3)托运货物的名称、数量、重量。

(4)托运货物的包装要求。

(5)起运地点。

(6)到达地点。

(7)运输方式。

(8)托运人的义务。

(9)承运人的义务。

(10)违约责任。

(11)双方约定的其他事项。

知识点3　铁路货物运输合同的订立

《民法典》规定,当事人订立合同,采取要约、承诺方式。

1. 要约

要约是指希望和他人订立合同的意愿表示。要约是订立合同的重要程序。发出要约的是要约人,接受要约的称为受要约人。该意愿表示应当符合下列规定:

(1)内容具体确定。

(2)表明经受要约人承诺,要约人即受该意愿表示约束。

铁路货物运输中,托运人向铁路提出运单托运货物即为要约。托运人是要约人,铁路是受要约人。

2. 承诺

承诺是指受要约人同意接受要约人全部条件以缔结合同的意愿表示。承诺的法律效力在于一经承诺并送达要约人,合同便宣告成立。

铁路货物运输中,车站受理托运人提出的货物运单、验收货物并核收运费、办理承运手续,即为承诺。

3. 合同的成立

《民法典》规定,承诺通知到达要约人时生效。承诺生效时合同成立。合同成立,托、承双方就应履行自己的权利和义务了。

铁路运输中,车站承运货物,加盖车站日期戳,并将运单托运人存查联、领货凭证联(纸质领货时)返还托运人,合同即宣告成立。

知识点 4　铁路货物运输合同各方的权利和义务

1. 托运人的权利和义务

(1)权利

托运人有权要求铁路运输企业按照合同约定的期限和到站将货物完整无损地运达约定地点,交给收货人;由于铁路运输企业的责任造成货损、货差或逾期运到时,有权要求承运人支付违约金、赔偿金。

(2)义务

按照货物运输合同约定的时间和要求向铁路运输企业交付托运的货物;按规定向铁路运输企业支付运费杂费,按国家规定包装标准或行业包装标准的要求包装货物;合同约定自行装货时,按照作业规程按时完成装卸作业;如实填报货物运单和物品清单。

2. 承运人的权利和义务

(1)权利

承运人有权依照合同规定,向托运人收取运费、杂费;有权对所承运货物的品名、重量、数量进行检查;由于托运人或收货人的责任,给铁路运输企业造成财产损失的,有权要求托运人或收货人赔偿;有权对逾期无法交付的货物按规定处理。

(2)义务

将承运的货物按照合同规定的期限完整、无损地运至到站;因承运人责任造成货损、货差时,有义务承担赔偿责任。

3. 收货人的权利和义务

(1)权利

依据托运人交付的领货凭证或能够证明其收货人身份的证明文件,有权领取货物;领取货物时,发现运单与实际不符合,有权查询;发现货物短少、损坏的,有权要求赔偿。

(2)义务

收货人应及时领取货物,逾期领取的,有义务向铁路运输企业交付保管费;有义务支付托运人未付或少付的运费和其他费用。

知识点 5　铁路货物运输合同的履行、变更、解除及违约责任

货物运输合同生效后,承托双方应当按照合同的约定履行自己的义务。

1. 完全履行

按照合同的全面履行原则,承托双方应当按照合同的约定全面履行自己的义务。承运人

应在运到期限内将货物安全、完整地运到约定地点，并及时通知收货人领取货物，方为完全履行义务。托运人则应当向承运人准确表明收货人的名称、货物名称、性质、重量、数量、收货地点等必要情况，并且当货物运到后，收货人应及时提货，方为完全履行义务。

2.不完全履行

如果承托双方未能按前述要求全面履行自己的义务，则为不完全履行义务。

例如，承运人虽将货物运至到站，却发生了丢失、损坏等问题，或收货人在接到领货通知后不及时领取货物，均属不完全履行义务。

3.铁路货物运输合同的变更和解除

当事人协商一致，可以变更、解除合同。

在承运人将货物交付收货人之前，托运人可以要求承运人终止运输、返还货物、变更到达地或者将货物交给其他收货人，但应当赔偿承运人因此受到的损失。

4.铁路货物运输合同的违约责任

当事人一方不履行合同义务或者履行合同义务不符合约定的，应当承担继续履行、采取补救措施或者赔偿损失等违约责任。

当事人双方都违反合同的，应当各自承担相应的责任。

承运人对运输过程中货物的毁损、灭失承担损害赔偿责任，但承运人证明货物的毁损、灭失是因不可抗力、货物本身的自然性质或者合理损耗以及托运人、收货人的过错造成的，不承担损害赔偿责任。赔偿的形式有保价赔偿、保险赔偿和限额赔偿。

典型工作任务6　认识货运办理场所

任务引入

铁路开办货物运输，必须具备一定的场所。货运站是办理货运营业的车站，货场是车站办理货运营业的场所。熟悉货运办理的场所、货运设备和车站营业办理限制，正确查找货运营业站的营业办理限制，锻炼信息收集与运用能力，是本工作任务的目标。

相关知识

知识点1　货运站

货运站是指专门办理或主要办理货运营业的车站。包括主要办理货物承运、仓储、装卸、中转、换装和交付等作业的车站或为专用线服务的车站。

1.货运站分类

(1)按办理的货物运输种类及货物品类分类

①综合性货运站，是指办理多种货物运输种类或多种品类货物的货运营业站和专用线作业的车站。一般设置在大城市、工业区或港口等有大量货物装卸的地点，并设有较大的货场，通常可办理各类货物的整车、零担及集装箱货物的发、到作业。

②专业性货运站，是指只办理单一运输种类或单一货物品类(办理的主要货物品类不超过3种)货运营业的车站。如为办理煤、矿石、石油、木材、粮食等大宗货物的车站或危险货物的车站，一般设置在货源产生的地点。

(2)按办理货运作业的性质分类

①装车站,指装车量大于卸车量的车站。

②卸车站,指卸车量大于装车量的车站。

③装卸站,指装卸作业量大致相等的车站。

④换装站,指办理不同轨距铁路之间或水陆联运货物换装作业的车站。港口站、国际铁路货物联运的国境站、不同轨距铁路联轨站都属于此类。

2. 货运站的作业

货运站的作业主要包括运转作业和货运作业,有的货运站还办理少量的客运作业。

(1)运转作业

货运站的运转作业主要包括接发列车、解体和编组列车、按货物装卸地点选分和取送车辆以及摘挂列车的甩挂作业等,在配有调车机车的货运站,还应包括机车的整备作业。

(2)货运作业

货运站的货运作业主要包括办理货物的承运、交付、装卸与保管,以及办理铁路与其他运输工具的联运等。某些车站还办理车辆的洗刷除污作业。

3. 营业办理限制

车站的营业办理限制是指车站办理的货物运输种类和货物种类,包括临时停限装和起重能力。车站办理货物运输种类、货物种类和起重能力在铁路 95306 网站和《货物运价里程表》(以下简称《里程表》)中公布,临时停限装事项,由车站在营业场所和铁路 95306 网站对外通告。

铁路 95306 网站中,通过"信息查询→服务场所查询→车站综合查询"可查询车站详情。车站详情的内容包括车站基本信息、车站简介、联系方式、停限装公告、铁路货场业务办理范围和专用线业务办理范围。其中,铁路货场业务办理范围和专用线业务办理范围的内容包括基本信息、起重能力、普通货物办理范围、危险货物办理范围等。

《里程表》中营业办理限制分别按整车、零担、集装箱公布。办理零担营业的车站,在零担办理站站名表中公布;办理集装箱营业的车站及办理箱型,在集装箱办理站站名表公布;办理整车营业的车站及车站起重能力,在营业线里程表中公布。

(1)营业办理限制栏

营业线里程表营业办理限制栏中,以营业办理限制符表示车站整车货物的办理范围,不能用符号表示的,用文字加以描述。

营业办理限制用符号△表示不办理;用○表示仅办理。不能用符号表示的,另加文字说明。各种营业办理限制,除明定适用于专用线者外,都指站内营业办理范围。常用的营业办理限制用符号包括:

△(货)——站内及专用线均不办理货运营业。

○(专)——仅办理专用线货运作业,具体办理内容另查《铁路专用线专用铁路名称表》。

○(路)——站内仅办理路用货物发到。

△(牲)——站内不办理活牲畜到达。

△(湿)——站内不办理怕湿货物发到。

△(散)——站内不办理散堆装货物发到。

△蜂——站内不办理蜜蜂发到。

[危]——站内办理危险货物运输，具体办理内容按《危规》的有关规定办理。

以上符号中，△货和(专)是对车站货运范围的总体描述，适用于整车、零担和集装箱，其他符号仅适用于整车。

(2)起重能力栏

起重能力栏中，数字表示车站货场其中设备的最大吊装吨数，“叉”字表示车站配有叉车。一件货物重量超过 500 kg，且到站无起重能力的，发站必须联系到站，经同意后，要按到站同意使用的车种装运。

知识点2　铁路货场

货场是车站办理货运营业的场所，是铁路运输企业的营销窗口，也是铁路与其他运输方式相衔接的场所。铁路货场以铁路承运人资格代表铁路运输企业参与市场经营，履行铁路运输企业赋予的权利和义务。除铁路运输主业外，其他任何单位都无权以铁路承运人资格和名义办理铁路货运业务。

为办理货运业务需要，铁路货场一般设有货场配线、场库设备、装卸机械设备、货运计量安全检测设备、货运生产管理信息系统等。其主要任务是为货主提供安全、迅速、经济、便利和文明的服务。

走进铁路货场

1.货场配线

为保障货场作业的顺利进行，货场必须配有适应货场作业的配线。货场配线包括货物装卸线、存车线、牵出线等。

装卸线是指办理各类货物装卸作业的线路。

大型货场的牵出线是为货场向装卸地点挑选车辆、牵出转线等调车作业而设置的，小型货场的牵出线是为摘挂列车甩挂作业和取送车作业而设置的。

存车线是指暂时存放或分选车组用的专用线路。

2.场库设备

场库设备包括货物站台、仓库、雨棚和堆放场等。

(1)货物站台

货物站台是为了便于装卸车作业，主要用于存放不受自然条件影响的货物而修建的建筑物。货物站台按其结构及高度可分为普通站台和高站台两种。

(2)仓库和雨棚

仓库是为存放怕受自然条件影响的货物、危险货物和贵重货物而修建在普通站台上的封闭式建筑物。

雨棚(货棚)是为避免货物受自然条件影响而修建在普通站台上的带有顶棚的建筑物。雨棚主要用于存放怕湿、怕晒货物。

(3)堆放场

堆放场是主要用来装卸并短期存放煤炭、砂石、木材等散堆装货物、长大笨重货物以及集装箱货物的场所。

3.装卸机械设备

为满足货场装卸、搬运作业要求，货场应按作业性质配备必要的装卸机械设备。

(1)散堆装货物的装卸机械

散堆装货物通常是指成堆运输不计件的货物，如煤、砂、矿石等。这类货物一般选用连续作业机械。常用的散堆装货物装卸机械有链斗卸煤机、链斗装砂机、螺旋卸车机、输送机，以及抓斗门式起重机、装载机、斗式铲车等。

(2)成件包装货物的装卸机械

成件包装货物通常是指一些怕湿、怕晒、需要在仓库内存放而多采用棚车装运的货物，如工业器材、日用百货、食品、药品、五金器材等。这类货物一般采用叉车并配以托盘进行装卸、搬运作业。

(3)长大笨重货物的装卸机械

长大笨重货物通常是指一件货物的重量超过 2 t、体积超过 3 m^3、长度超过 9 m，一般使用敞车、平车以及长大货物车装运的货物，如大型机器、机电设备、建筑设备、钢材、原木等。这类货物的装卸作业一般选用门式起重机、桥式起重机或旋转式起重机。

(4)集装箱货物的装卸机械

集装箱采用龙门式起重机或集装箱正面吊运机进行装卸作业，还可采用叉车、集装箱跨运车等对集装箱进行搬运和堆码作业。

4. 货运计量安全检测设备

货运计量安全检测设备是对货车、集装箱进行科学计量及安全检测，确保行车安全的重要设备，主要包括轨道衡、超偏载检测装置、汽车衡、装载机电子秤、轮重测定仪及其附属设备。货运计量安全检测设备的配置目标是满足承运人确定货物重量和安全风险防控需要，控制装车源头，强化途中监控，保证卸车质量，实现货运安全有序可控。

5. 货运生产管理信息系统

铁路货运生产管理信息系统包括电子货运票据管理系统(以下简称“货票系统”)、铁路货运电子商务系统(以下简称“电商系统”)、铁路货运站安全监控与管理系统(以下简称“货运站系统”)、铁路集装箱运输管理信息系统(以下简称“集装箱系统”)、铁路保价运输管理系统(以下简称“保价系统”)、接取送达系统、铁路危险货物运输安全管理与监控系统、铁路货运计量安全检测监控系统等。这些系统通过铁路专用网络互联，实现货运票据信息的传递，实现数据共享。铁路货运生产管理信息系统正在逐步优化、完善。

知识点 3　铁路 95306

为适应经济结构调整带来的货运需求变化，以“互联网＋”的思维带动铁路运输企业向现代物流企业转型，中国铁路总公司于 2015 年 4 月 10 日正式上线“中国铁路 95306”电子商务平台(图 1-6-1)，推出了大宗物资和小商品交易、行业资讯、物流等多功能便捷服务，主要开展三项服务业务。

一是提供铁路货运电子商务服务，开办“我要发货”“运费查询”“货物追踪”等铁路货运业务。

二是提供大宗物资交易，支持煤炭、矿石、钢铁、粮食、化工、水泥、矿建、焦炭、化肥、木材、饮食等十一个品类物资在线交易并提供配套物流服务。

三是提供小商品交易服务，包含商品选购、在线支付、物流配送、网络营销、客户服务等功能。

为进一步推动铁路货运向现代物流发展，国铁集团于 2020 年 4 月启动铁路货运电子商务系统(95306)升级工作。2021 年 12 月 8 日，95306(http://www.95306.cn/)在全路正式上线运行，如图 1-6-2 所示。

图 1-6-1　中国铁路 95306

图 1-6-2　中国铁路 95306 网站集装箱需求服务

铁路 95306 网站将既有电商系统“1＋18”分散式部署调整为国铁集团集中部署模式；对既有货运数据进行合并、去重，建立“一数一源”的货运数据处理中心；客户一个账号办理全路业务，实现用户统一服务管理；推出铁路 95306 手机 App 和微信公众号，实现了电子运单、电子支付、电子交付、电子注册、网上理赔等功能，服务渠道进一步拓展，提升客户体验；将运营条件全程信息化，使运营条件管理更加精准可控；实现货物全程追踪功能，以更精准的地图展示方式，方便客户及时了解货物发运轨迹信息；引入运价策略管理，有效防范货运价格领域的廉政风险，使得价格决策更加科学、有效，进一步提升项目质量。

95306 整体升级，是铁路货运改革的重大突破，对外实现了“让信息多跑路、让客户少跑腿”，大大提升了铁路货运便捷化程度，大幅提高了客户需求响应效率和精准度；对内为铁路货运更好地融入社会现代物流体系打下了坚实的基础。

1. 铁路 95306 外网

外网主要是为客户服务，外网为客户提供的服务主要包括：

(1)发送业务

发送业务为客户提供阶段运输需求的提报与查询、旬方案提报与查询；日运输需求提报与查询、车辆回送需求查询;集装箱需求的订箱、提箱、运单、运输及信息公告;国际联运运单填制;班列产品查询、预订;货物混装运输作业及装车信息采集等服务。

(2)到达业务

到达业务为客户提供卸车信息采集、领货手续办理、我的到达、杂费支付等服务。

(3)进站预约

进站预约服务包括进货通知查询、领货通知查询、进站预约等服务。

(4)全程追踪

全程追踪服务为客户提供办理状态查询、国内货物追踪、国际联运货物追踪、货物到达预测、电子变更查询等服务。

(5)专用线服务

专用线服务为客户提供专用线接轨申请与查询、专用线交接、集装箱作业、整车作业、运营条件维护等服务。

(6)国际联运

国际联运服务为客户提供国际联运服务的预约、订车、订箱等服务。

(7)投保理赔

投保理赔服务为客户提供在线货损理赔、行包理赔等服务。

(8)信息查询

信息查询服务包括服务场所综合信息、运价费率、货运风险保障服务、货物运输条件、车辆和集装箱参数、货运办理常见问题、法律法规及规范性文件、国际联运基础信息等信息查询服务。

(9)其他服务

除上述服务外,铁路95306外网还为客户提供统计分析、口岸代理、客户反馈等服务。

2.铁路95306内网

内网提供优化国铁集团、铁路局集团公司、货运站三级管理平台,面向各级人员提供相关业务处理、作业信息采集、基础信息维护、各类信息综合查询、统计分析、监控管理等功能。

(1)需求管理

需求管理分为阶段需求管理和日需求管理,实现对阶段需求、日需求的查询,日需求的提报等功能;车辆回送需求管理实现了车辆回送需求的提报。

(2)运单管理

运单管理可实现对国内运单、货协运单、统一运单的状态查询,根据实际运输条件审核运单,受理客户提报的运输需求。

(3)班列管理

班列管理可实现普快班列产品管理,特快快速班列产品的新增、删除、开行周期等管理。

(4)集装箱管理

集装箱管理可实现对用集装箱运输需求的管理,如提箱录入、戳记及运输记事的录入、证明文件信息采集等。

(5)专用线交接管理

专用线交接管理通过电子货车调送单,实现专用线的路企交接业务。

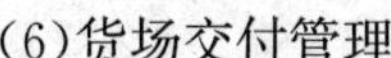

(6)货场交付管理

通过货场交付管理,可查询货场交付信息及领货人、委托书情况等,也可以重新采集领货人信息。

(7)支付管理

通过支付管理,可查询货物运单电子支付状态、支付方式、总费用等情况。

(8)运价管理

运价管理可实现对一口价项目管理、分析和社会品名管理。

(9)运条管理

通过运条管理,可实现铁路车站管理、车站营业办理限制管理,将运营条件全程信息化。

(10)其他

如用户注册管理,货物全程追踪、到过预测、运单查询、受理中心辅助查询等。

项目小结

铁路办理货物运输应具备一定的场地、设备;铁路运输的货物应满足一定的基本条件,货运作业中应严格遵守相关的法律法规,按合同办事,不断优化运输组织方法,为客户提供优质、便捷的服务,才能在市场经济条件下增强竞争力,提高市场占有率。

相关规范、规程与标准

1.《铁路货物运输规程》(铁运〔1991〕40号)。

2.《铁路货运票据电子化作业办法》(铁总货〔2018〕41号)。

3.《铁路货运计量安全检测设备运用管理规则》(铁总运〔2016〕272号)。

4.《铁路货运术语》(GB/T 7179—1997)。

5.《铁路货运服务质量》(TB/T 2968—2018)。

复习思考题

1. 简述铁路货运产品的概念及货运生产过程。

2. 简述铁路货运服务的种类。

3. 车辆的共同标记有哪些?

4. 简述货车使用的基本要求。

5. 铁路运输的货物按托运时的外部状态是如何分类的?

6. 如何理解大宗货物与零散白货?

7. 我国铁路运输的货物有哪些品类?

8. 如何根据车辆方位对车辆部件进行编号?

9.《货规》的引申规章主要有哪些?

10. 判断下列货物能否按一批托运?并说明理由。

(1)大米和梨(易腐货物)。

(2)鞭炮(危险货物)和西药。

(3)饼干与书籍。

(4)重 2.5 t 机床工件和电视机 5 台。

(5)香料与茶叶。

(6)长 16 m、重 42 t 箱装货物和土豆 10 袋。

(7)白糖与煤油(危险货物)。

(8)洗衣机 5 台(保价)和方便面 10 箱。

(9)课本与文具。

(10)服装与百货。

11. 计算货物运到期限。

(1)某托运人从甲站按整车托运一件货物到丁站,货物重 20 500 kg,试计算其运到期限(运价里程 1 003 km)。

(2)A 站按整车运输一批货物到 N 站,要求上门取货,A、N 站间运价里程为 189 km。试计算其运到期限。

(3)由 A 站发往 G 站易腐货物一车,按快运办理,运价里程 1 940 km,试计算该批货物的运到期限。

(4)某托运人欲从甲站托运一批快运易腐货物到乙站(运价里程 1 293 km),托运人在运单“托运人记载事项”栏内注明“容许运输期限 4 天”。请问甲站可否承运?为什么?

(5)石家庄西站 9 月 14 日承运一批整车货物到衡阳西站,9 月 26 日衡阳西站卸车完了,是否逾期?如果逾期应向收货人支付多少比例的逾期违约金(运价里程 1 654 km)?

12. 铁路货物运输合同的特征有哪些?

13. 铁路整车货物运输合同的文件有哪些?

14. 什么是货运站?货运站是如何分类的?

15. 简述营业办理限制的含义及规定。

16. 什么是货场?货场的主要任务是什么?

17. 什么是货运计量安全检测设备?简述货运计量安全检测设备配置的目标。

18. 登录中国铁路 95306 网站,了解 95306 网站提供的服务。

项目 2　整车货物运输

项目描述

整车货物运输是铁路货物运输的主要方式之一，普通货物中的大宗货物、特殊货物中的鲜活货物、危险货物、阔大货物基本上多以整车方式运输。因此，熟悉整车货物运输过程，掌握货物运输各个作业环节及相互联系，培养各作业环节协调一致的观念，是做好货运组织工作的基础。

学习目标

1. 能力目标

熟练掌握货物运输的各个环节及相关联系。

2. 知识目标

(1)了解货物运输组织方法。

(2)掌握货物发送作业过程。

(3)熟悉货物途中作业项目的内容。

(4)掌握货物到达主要作业过程。

(5)掌握货物装卸作业安全通用要求。

3. 素质目标

树立各个作业环节应协调一致的观念。

相关案例——货物运输过程

案例一　货物发送作业

某托运人拟托运一批服装，重 35 t，有哪些途径可以办理运输？是否必须亲自到车站办理？需要填写哪些票据？办理哪些手续？

托运人可以通过多种渠道办理托运，如通过铁路 95306 网站、95306 热线、95306 手机 App 等网上办理托运，也可以由车站客服人员代办或托运人亲自到车站托运该批货物，需填写运单并选择服务项目，办理托运手续。

案例二　货物到达作业

某收货人接到到货通知，拟接收货物，应以什么凭证办理？需要办理哪些手续？是否需亲自到车站取货？货物到达后如不及时领取有何后果？

收货人应以领货凭证或领货密码及有效证明办理领取手续，可根据托运时约定的方式取货或接收货物，如不及时领取需根据具体情况缴纳相应的仓储费。

案例三　铁路内部作业

对于托运人托运的货物，承运人通过哪些过程完成运输作业？

货物运输过程主要分为发送、途中、到达三个环节及延伸服务。其中发送作业主要包括货物的接取、受理、进货、验收、仓储、装车、制票、承运等环节；途中作业主要包括货物的交接检查及处理，整车分卸，途中上水，运输变更及运输阻碍的处理等；到达作业主要包括重车和货运票据的交接、货物的卸车、仓储、交付、送达等。

典型工作任务 1　了解货物运输组织方法

任务引入

开展铁路运输市场营销，根据货源货流变化和铁路运输设备设施情况，编制铁路货物运输生产计划，合理安排铁路运力，安全、迅速、经济、便利地运输货物，是铁路货运工作的重要任务。了解铁路货物运输的组织方法，建立优化铁路货物运输组织方法是运输任务有序完成的基本保证的概念，树立不断提高运输效率和经济效益的意识，是本工作任务的目标。

相关知识

知识点 1　运输计划的编制与下达

铁路货物运输生产计划是对铁路货物运输的具体组织和安排，是铁路与市场相联系的桥梁与纽带，是制订其他运输生产计划的依据。货物运输生产计划的编制是铁路日常运输具体组织工作的重要组成部分，也是实现铁路运输效益效率最大化的关键环节。

铁路运输生产计划由国铁集团、铁路局集团公司两级编制管理，按年、月、日等不同时间周期分为年度运输生产预期、月度运输生产计划、货运日计划三部分。

1. 年度运输生产预期

年度运输生产预期是国铁集团和各铁路局集团公司根据年度经济调查协议客户的运输需求和铁路运输能力变化，统筹平衡确定的年度铁路运输生产目标。年度运输生产预期描绘在一个年度内运输生产的总体框架，在运输生产计划体系中发挥总体规划的作用。

每年 9—10 月，各铁路局集团公司按国铁集团统一部署，走访地方政府和厂矿企业，了解当地经济发展规划，听取客户对铁路运输的需求和建议，摸清吸引区内引起货源变化的各种因素。10 月底，形成“经济调查报告”报国铁集团货运部。11 月，各铁路局集团公司结合经济调查情况和本年度实际完成、次年运输能力变化等情况，对次年运量变化进行分析预测。11 月中旬，按照国铁集团具体要求形成“运输主要指标建议”并上报。国铁集团结合各铁路局集团公司提报建议、次年国家经济发展形势、货运需求变化运输能力变化等，编制全路运输主要指标预期值，12 月下发执行。

年度预期值中货运相关指标包括：货运预期值，即货物发送量、货物周转量、重点品类发送量、日均装车数；货车运用预期值，即货车周转时间、货车运用车数、国铁现在车数；货运机车运用预期值，即货运机车日车公里、货运机车日产量、货运列车平均总重。

2. 月度运输生产计划

月度运输生产计划是根据大宗稳定物资协议客户提出的阶段运输需求，参考其他零散客户提报的月度运输需求历史经验值，结合月度市场规律特点汇总月度客户运输需求预期值，根据月度运输能力情况，综合形成的指导内部生产的阶段目标和全月轮廓性计划。月度运输生产计划向上衔接年度运输生产预期，向下指导货运日计划实施，发挥统筹执行的作用。

(1)月度运输生产计划结构与内容

铁路月度运输生产计划包括月度货运计划和月度技术计划。月计划编制内容包括：总装车数、煤(含电煤)装车数卸车数，使用车去向、客车化和直达化运输方案、运用车、周时、中停时、旅速、静载重等。

铁路局集团公司编制月度运输生产计划依据以下信息：

①国铁集团下达的次月重点运输安排。

②经货源核实的月度客户需求。

③大宗稳定物资、重点企业物资、协议客户物资、季节性物资运输需求。

④抢险救灾、军运、路料等重点物资月度需求。

⑤铁路局集团公司月度集体运输方案编制会议中确定的次月重点事项。

(2)月度运输生产计划的编制

月度运输生产计划依照国铁集团、铁路局集团公司"两级编制运力互保"的基本理念编制实施。

①国铁集团下达注意事项。每月 21 日前，国铁集团根据市场需求、能力变化、季节性特点，下达次月计划编制注意事项和重点运输计划，包括军运、电煤、油品、支农物资等，以及国家有关部门提出的能安排到次月的运输需求计划。

②铁路局集团公司收集需求并提报建议。每月 21 日 18:00 前，铁路局集团公司收集整理客户次月需求，将次月稳定物资的需求、客车化运输方案，以及根据历年变化规律和市场状况预测预留的其他物资装车需求三部分汇总，结合对次月全局状况的分析，形成铁路局集团公司次月运输需求建议，于 22 日 18:00 前通过计划编制系统报国铁集团，包括：总装车数、煤(含电煤)装车数、使用车去向、客车化和直达化运输方案、运用车及周时建议。

③国铁集团研究下达月轮廓指标。每月 23 日，将各铁路局集团公司建议汇总，形成建议方案。国铁集团副总经理或总调度长组织有关部门，研究确定次月全路局别装车及主要技术指标方案，于 24 日 18:00 前通过运输计划编制系统向铁路局集团公司下达，包括：总装车数、煤(含电煤)装车数、使用车去向、客车化和直达化运输方案、运用车、国铁现在车、周时(含管内周时)、中停时、静载重(全口径)等指标。

④铁路局集团公司安排装车计划。每月 25 日，铁路局集团公司按国铁集团下达的月度轮廓，核实货源，结合各站段实际情况，在优先安排国家重点物资的基础上，按照公平、公正、透明的原则，对客户提出的次月稳定物资运输需求进行安排，将结果反馈客户及站段。同时，进行相关技术指标细分，将细分的车种别运用车、旅速、周时(管内、移交、空车)等上报国铁集团。

⑤汇总次月运输生产计划。每月 26 日，国铁集团汇总形成全路次月运输生产计划，包括：总指标(总装车、发送吨、周转量)、品类别装车、使用车去向、车种别运用车、静载重等。铁路局集团公司同时形成本局次月运输生产计划并向站段下达相关指标。

3.货运日计划

货运日计划是各级调度部门编制日(班)计划的依据，列车工作计划、机车车辆工作计划等生产计划主要围绕货运日计划进行。

货运日计划的编制以"实货"为依据，按照"确保重点、公正公开、注重效率效益"的原则由计算机自动排定。各部门应紧密围绕货运日计划组织运输生产，货运日计划编制人员要做好方案落实情况的统计、分析工作，调度部门各调度工种间要做好配合工作，与货运站(段)相互沟通，组织落实，不断总结经验，提高货运日计划的编制质量和日常组织兑现水平。

知识点2　整车运力安排

根据国家宏观调控政策和市场需求情况，首先保证应急物品铁路运输、重点物资运输的前提下，再根据运力最大限度满足客户的运输要求。

应急物品铁路运输是指因突然发生严重自然灾害、公共卫生事件、战争、恐怖袭击或其他突发事件，造成社会生产资料、燃料、生活必需用品等物资关系突变，需要铁路紧急调运应急物品的运输。军事运输另有规定的除外。

重点物资是指在一定时期一定区域内，为平衡社会供求关系，保证国民经济正常运行和国防建设，保证关系国计民生的企业正常生产和人民群众基本生活而需要铁路运输的煤炭、石油、粮食、化肥以及进口物资、国家指令性应急物资和军用物资等。

知识点3　各类货物办理方式

1.大宗整车货物

大宗稳定物资是指货源达到一定运量，货流稳定均衡，能够提前确定月度运量，与铁路运输企业签订互保协议的物资。

大宗整车货物办理，以互保协议管理为主，路企双方签订年度或阶段运输协议，直接纳入月度安排和直达货物班列方案。

协议客户一般采取预约方式，先在线预约，后订空车。运力紧张的去向，排队直接订车。

2.客车化产品物资

客车化产品物资可选择有固定运行线和运行时刻的各类货运产品，由铁路设计公布产品，客户预订车数或舱位，先到先得。目前有中欧班列、中亚班列、大宗直达班列、多式联运班列、特快货物班列、快速班列、普快货物班列等。

3.零散白货

零散白货物资，采取敞开受理、随到随办的方式，铁路局集团公司将最大受理能力通过铁路95306网站开放，客户按时间先后排队订车，先到先得。运力能满足的，直接安排装车，不能满足的，由客户自行选择日期继续排队订车。

4.特殊条件货物

按特殊条件运输的货物包括危险货物、超限超重货物、鲜活货物，这类货物应严格按照其特殊条件规定的程序办理运输，以保证货物运输安全。

知识点4　铁路运输市场营销

市场营销是各级货运计划部门的重点工作，其主要任务是分析市场、研究市场，组织开发市场，充分利用经济、技术、行政等各种手段组织开发货源，分析研究竞争对手的情况，结合铁路运输实际，及时提出货运产品开发和改进运输生产组织的建议和措施。

加强货源分析工作，及时提出发局别、主要品类别的货源货流变化情况，经常深入厂矿企业和货物集散地组织货源，详细了解掌握托运人的生产、供应和销售情况，安排好货运计划，不断改进工作方式，方便货主，千方百计吸引货源。对管内货运市场开展调研，对货源货流进行分析预测，掌握货源分布，货流规律、货物运输需求等特点，不断改进货运计划管理工作。

货源调查是编制铁路货物运输计划的重要环节。及时掌握货源货流变化情况及其规律性，对提高货物运输计划质量，使货物运输计划更加切合实际具有重要作用。货源调查以货运中心、车站为基础。要切实做好货源摸底、核实工作，掌握吸引区内货源、生产、销售情况，全面进行经济调查，积累资料，系统分析，总结经验，认识和运用物资运输规律，不断改进货运营销工作。

铁路应本着服务客户，方便客户的态度去做营销。在条件适合的情况下为客户量身设计科学、有效的铁路运输服务方案，以热情、高效的服务，打动客户，并达成长期合作协议。

知识点5　货运作业流程

通过铁路95306网站（含手机App）、95306电话、货运营业场所受理服务电话、货运营业场所及客服人员上门受理的货物运输业务，货物接取、送达、车站作业等全程服务和作业内容如图2-1-1所示。

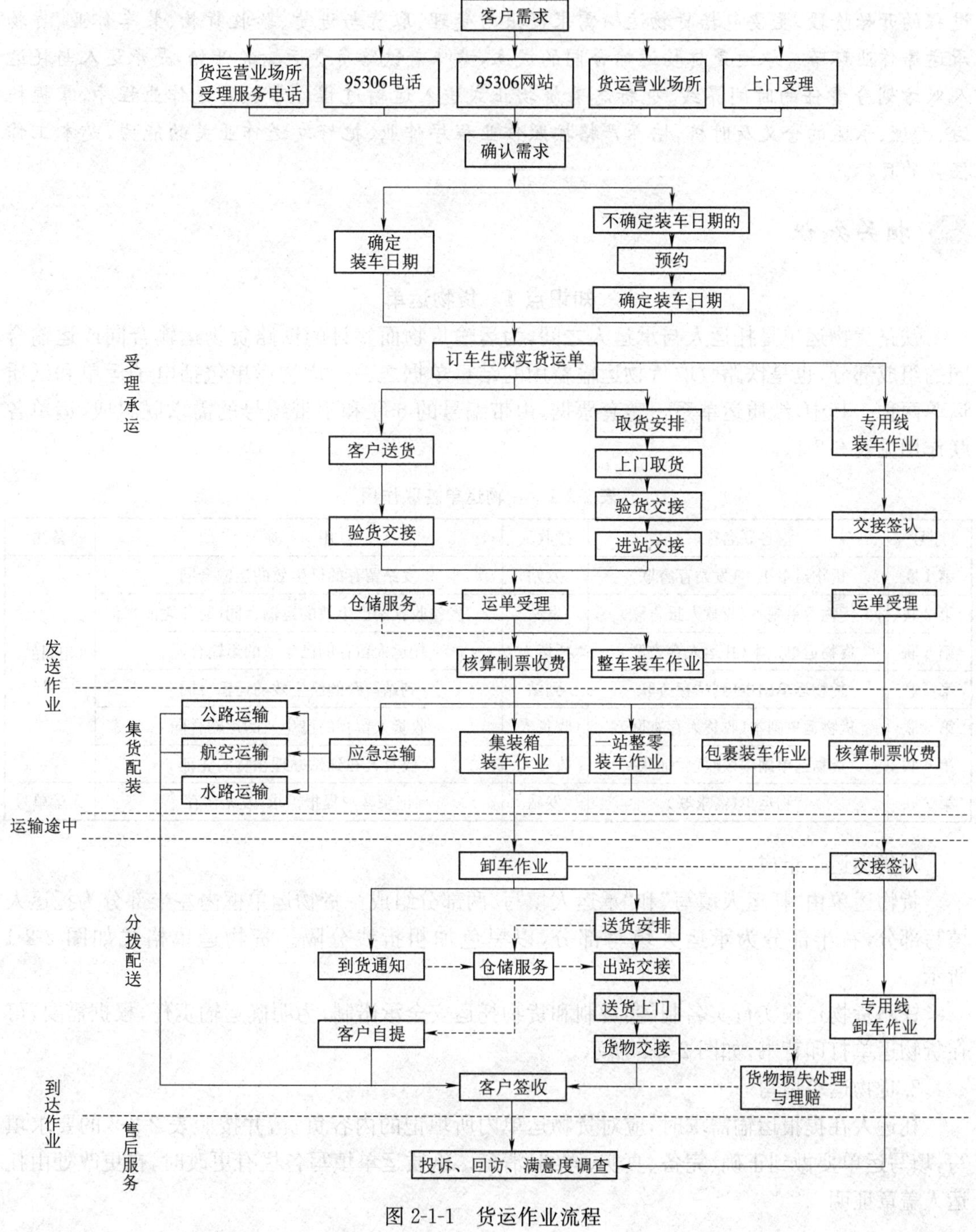

图2-1-1　货运作业流程

典型工作任务2　组织整车货物发送作业

任务引入

货物在发站所进行的各项货运作业，统称货物的发送作业。它是铁路货物运输技术作业过程的开始阶段，主要包括货物运输需求提报与受理、取货与进货、验收货物、装车作业、货物承运等作业环节。承运是货物运输合同的成立，意味着铁路负责运输的开始，是承运人与托运人双方划分责任的时间界线，也标志着货物正式进入运输过程。掌握发送作业程序，掌握托运、受理、承运的含义及时机，培养严格按照作业程序作业、把好发送作业关的能力，是本工作任务的目标。

相关知识

知识点1　货物运单

铁路货物运单是托运人与承运人之间，为运输货物而签订的铁路货物运输合同或运输合同的组成部分，也是铁路收取货物运输费用的结算单据之一。货物运单包括电子运单和纸质运单两种。其中，纸质运单系一整套票据，由带编号的6联和不带编号的需求联组成，运单各联作用见表2-2-1。

表2-2-1　货物运单各联作用

序号	各联名称	领收人	用　途	备注
第1联	货物运单正本(发站存查联)	发站	发站留存的已生效的运输合同	相同的运单号
第2联	货物运单副本(收款人报告联)	发站	发站收款的已生效的运输合同(财务凭证)	
第3联	货物运单正本(托运人存查联)	托运人	托运人留存的已生效的运输合同	
第4联	货物运单副本(到站存查联)	到站	到站留存的已生效的运输合同	
第5联	货物运单副本(收货人存查联)	收货人	收货人留存的已生效的运输合同	
第6联	货物运单副本(领货凭证联)	收货人	收货人在到站办理领货的凭证	
第7联	货物运单(需求联)	发站	记录客户提报需求，发站留存	无运单号

1.货物运单组成

货物运单由“托运人填写”和“承运人填写”两部分组成。货物运单框内左半部分为托运人填写部分，右半部分为承运人填写部分，以黑色加粗折线分隔。货物运单格式如图2-2-1所示。

铁路货物运输实行实名制、实货制和货物托运安全承诺制，为明确运输责任，根据需要，可在货物运单打印背书，如图2-2-2所示。

2.货物运单填写

托运人在提报运输需求时，应对货物运单内所填记的内容负责，并按照表2-2-2的要求填写，填写运单要做到正确、完备、真实、详细、清楚。纸质运单填写各栏有更改时，在更改处由托运人盖章证明。

需求号：201708HY666660001

中国铁路×××局集团有限公司

货 物 运 单

BKHZA0123456

（整车、集装箱、批量、零散）

					货区			
托运人	发站(公司)		专用线		货位			
	名称		经办人		车种车号			
			手机号码					
	□上门取货	取货地址	联系电话		取货里程（km）			
收货人	到站(公司)		专用线		运到期限		标重	
	名称		经办人		施封号			
			手机号码		篷布号			
	□上门送货	送货地址	联系电话		送货里程（km）			

付费方式	□现金 □支票 □银行卡 □预付款				领货方式	□电子领货□纸质领货		装车方		施封方	
货物名称	件数	包装	货物价格（元）	重量（kg）	箱型箱类	箱号	集装箱施封号	承运人确定重量（kg）	体积（m^3）	运价号	计费重量（kg）
合计											

		项目	金额(元)	税额（元）	项目	金额（元）	税额（元）
选择服务	□上门装车						
	□上门卸车						
	□保价运输 □铁路保险 □其他商业保险 □装载加固材料 □仓储 □冷藏（保温）						
	其他服务						
增值税发票类型 □普通票 □专用票	受票方名称： 纳税人名称： 地址、电话： 开户行及账号：	费用合计		大写：			
托运人记事 签章		承运人记事 卸货时间 月 日 时 通知时间 月 日 时 货运员			到站收费票据号 领货人身份证号 车站日期戳		

第×联 ×××联

收货人签章　　车站接（交）货人签章　　制单人　　制单日期

图2-2-1 铁路货物运单格式

背 书

托运人须知

1. 托运人在铁路托运货物，在本单签字或盖章，即证明愿意遵守《中华人民共和民法典》《中华人民共和国铁路法》《铁路安全管理条例》等法律法规，以及《铁路货物运输规程》等铁路规章的有关规定。

2. 托运人应签署《货物托运安全承诺书》，不得匿报、谎报货物品名，不得托运或在所托运货物中夹带国家禁止运输的物品，不得在普通货物中夹带危险货物，不得在危险货物中夹带禁止配装的货物。

3. **托运人在本单所记载的货物名称、件数、包装、价格、重量、等事项应与货物的实际完全相符，并对其真实性负责。**

4. 货物的内容、品质和价格是托运人提供的，承运人在接收和承运货物时并未全部核对。

5. **托运人应妥善保管电子领货密码或领货凭证**，并及时将电子领货密码告知或将领货凭证寄交收货人，收货人凭电子领货密码或领货凭证经到站验证后，在到站领取货物。

6. 托运人选择电子领货方式时，应在电子运单中正确填记收货人的经办人姓名、身份证号码、手机号码和电子领货密码。

7. 托运人选择保价运输时，应填写货物的实际价格，作为计算“保价金额”的依据。当货物在运输过程中发生损失时，承运人对保价货物按照货物的保价金额和损失比例赔偿，对非保价货物，按规定的限额赔偿。

8. 托运人选择保险运输时，应填写货物的实际价格，作为计算“保险金额”的依据。当货物在运输过程中发生损失时，保险公司对保险货物按规定赔偿。

9. 托运人应凭本单于**次月底**前换开增值税发票。

10. 本单于托运人和承运人双方签字或盖章之时起生效。

收货人须知

1. 托运人已设置领货密码或领取领货凭证的，**收货人应妥善保管电子领货密码或领货凭证**，接到货物到达通知后，及时领取货物。

2. 凭电子领货密码领取货物时：

选择线上办理的，应登录铁路货运电子商务系统(95306)，核验电子领货密码(托运人未设置的除外)后正确填记领货人姓名、身份证号码、手机号码等信息，并在线签署领货委托书。领货人凭本人身份证原件到车站领取货物。

选择线下办理的，收货人为个人的，应出示身份证原件，并配合完成验证电子领货密码(托运人未设置的除外)，委托他人领取货物时应同时提供电子领货密码、收货人身份证复印件、被委托人身份证原件和委托书；收货人为法人单位的，提供电子领货密码、经办人身份证原件及加盖单位公章的委托书。

3. 凭领货凭证领取货物时，收货人为个人的，应同时出示身份证原件；委托他人领取货物时应同时提供收货人身份证复印件、被委托人身份证原件和委托书。收货人为法人单位时，除提供经办人身份证原件外还需提供加盖单位公章的委托书。

4. 收货人应按规定支付相关费用。

5. 收货人接收货物时，**发现货物损失应立即向承运人提出。**

货物托运安全承诺书

根据《中华人民共和国铁路法》《铁路安全管理条例》，托运货物必须遵守国家关于禁止或者限制运输物品的规定，托运人托运货物，不得匿报、谎报货物品名、性质、重量，不得在普通货物中夹带危险货物。

依据《铁路安全管理条例》第九十六条规定，托运人托运货物时，将危险货物谎报或者匿报为普通货物托运的，或在普通货物中夹带危险货物，由铁路监督管理机构依法处置。依据《中华人民共和国铁路法》第六十条规定，以非危险品品名托运危险品，导致发生重大事故的，依照刑法有关规定追究刑事责任。

本公司（本人）已阅知上述法律法规规定。承诺申报的货物运单和物品清单所填记事项真实，与实际货物相符，没有匿报、错报货物品名。托运的货物没有危险货物，没有国家法律法规及铁路部门禁止托运或混装的货物。违反此承诺造成的一切法律责任及后果由本公司（本人）承担。

托运人（盖章/签字）：　　　　年　　月　　日

图 2-2-2　货物运单背书

表 2-2-2　货物运单托运人填写部分说明

栏号	栏目名称		内容填写说明
1		发站(公司)*	发站按《里程表》规定的站名完整填记，不得简称。(公司)名为发站所属铁路局集团公司简称
2		专用线	在专用线或专用铁路装车时，填写该专用线全称
3		名称*	填写托运单位的完整名称，如托运人为个人时，则应填记托运人姓名和身份证号码
4	托运人	经办人	填写经办人姓名。姓名超过5个汉字时，根据经办人要求填记姓名简称，并在托运人记事栏内填记姓名全称
5		手机号码	填写经办人手机号码
6		取货地址	选择上门取货服务时，应详细填写取货地点所在省、市、自治区城镇街道和门牌号码或乡、村名称及取货联系人姓名
7		联系电话	选择上门取货服务时，应填写取货联系人电话号码
8		到站(公司)*	到站按《里程表》规定的站名完整填记，不得简称。(公司)名，为发站所属铁路局集团公司简称
9		专用线	在专用线或专用铁路卸车时，填写该专用线全称
10		名称*	填写收货单位的完整名称，如收货人为个人时，则应填记收货人姓名
11	收货人	经办人	填写经办人姓名。姓名超过5个汉字时，根据经办人要求填记姓名简称，并在托运人记事栏内填记姓名全称
12		手机号码	填写经办人手机号码
13		送货地址	选择上门送货服务时，应详细填写送货地点所在省、市、自治区城镇街道和门牌号码或乡、村名称及收货联系人姓名
14		联系电话	选择上门送货服务时，应填写收货联系人电话号码

续上表

<table>
<tr><th>栏号</th><th colspan="2">栏目名称</th><th>内容填写说明</th></tr>
<tr><td>15</td><td colspan="2">付费方式＊</td><td>客户可选择现金、支票、银行卡、预付款等方式，选择预付款的，应填写预付款的凭证号码</td></tr>
<tr><td>16</td><td colspan="2">领货方式＊</td><td>客户可选择纸质领货或电子领货，选择电子领货时，须设置领货经办人身份证号码、领货密码等信息</td></tr>
<tr><td>17</td><td colspan="2">货物名称＊</td><td>应按《价规》附件三《检查表》，危险货物则按《铁路危险货物品名表》（以下简称《品名表》）所列的货物名称完整、正确填写。托运危险货物应在品名之后用括号注明危险货物编号。《检查表》或《品名表》内未经列载的货物，应填写生产或贸易上通用的具体名称，但须用《价规》附件一“分类表”相应类项的品名加括号注明
按一批托运的货物，不能逐一将品名填记在货物运单内时，须另填物品清单，承运后由车站打印，一式两份，托运人签章，一份由发站存查，一份交托运人。需要说明货物规格、用途、性质的，在“货物描述”中加以注明</td></tr>
<tr><td>18</td><td colspan="2">件数＊</td><td>应按货物名称及包装种类，分别记明件数，“合计件数”栏填写货物的总件数
承运人只按重量承运的货物，则在本栏填记“堆”“散”“罐”字样</td></tr>
<tr><td>19</td><td colspan="2">包装</td><td>记明包装种类，如“木箱”“纸箱”“麻袋”“条筐”“铁桶”“绳捆”等。按件承运的货物无包装时，填记“无”字。使用集装箱运输的货物或只按重量承运的货物，本栏可以省略不填</td></tr>
<tr><td>20</td><td colspan="2">货物价格（元）</td><td>应填写该项货物的实际价格，全批货物的实际价格为确定货物保价金额的依据（托运人选择保价运输时，为必填项）</td></tr>
<tr><td>21</td><td colspan="2">重量（kg）＊</td><td>应按货物名称及包装种类分别将货物实际重量（包括包装重量）用千克记明，“合计重量”栏，填记该批货物的总重量</td></tr>
<tr><td>22</td><td colspan="2">箱型箱类</td><td>箱型填集装箱对应箱型，如“20”“25”“40”“45”“50”。箱类填集装箱对应箱类，如“通用标准箱”“35 t敞顶箱”等</td></tr>
<tr><td>23</td><td colspan="2">箱号</td><td>填写包括箱主代码在内的11位集装箱箱号</td></tr>
<tr><td>24</td><td colspan="2">集装箱施封号</td><td>填写集装箱的铁路施封锁号码</td></tr>
<tr><td>25</td><td rowspan="4">选择服务</td><td>上门装车</td><td>选择上门装车的，需详细填记货物单件规格、重量等特约事项</td></tr>
<tr><td>26</td><td>上门卸车</td><td>选择上门卸车的，需详细填记货物单件规格、重量等特约事项</td></tr>
<tr><td>27</td><td>保价运输、铁路保险、其他商业保险、装载加固材料、仓储、冷藏（保温）</td><td>托运人根据需要选择相应服务</td></tr>
<tr><td>28</td><td>其他服务</td><td>托运人、承运人双方认可的其他服务事项</td></tr>
<tr><td>29</td><td colspan="2">增值税发票类型</td><td>需要开具增值税发票的，选择填记“普通票”“专用票”，并填记受票方名称、纳税人识别号、地址、电话、开户行及账号等信息</td></tr>
<tr><td>30</td><td colspan="2">托运人记事</td><td>填写需要由托运人声明的事项。例如：
1.货物状态有缺陷，但不致影响货物安全运输，应将其缺陷具体注明
2.需要凭证明文件运输的货物，应将证明文件名称、号码及填发日期注明
3.托运人派人押运的货物，注明押运人姓名和证件名称及号码
4.托运易腐货物或“短寿命”放射性货物时，应记明容许运输期限。选择冷链（保温）运输时，应记明具体运输条件、要求
5.使用自备货车或租用铁路货车在营业线上运输货物时，应记明“××单位自备车”或“××单位租用车”。使用自备篷布时，应记明自备篷布号码
6.国外进口危险货物，按原包装托运时，应注明“进口原包装”
7.托运零散快运货物时，应注明单件最大重量和单件最大长、宽、高
8.托运人要求办理铁路货物运输保险时，应注明“已投保运输险”
9.其他按规定需要由托运人在运单内记明的事项
10.经办人姓名超过5个汉字时，应填记姓名全称</td></tr>
<tr><td></td><td colspan="2">签章＊</td><td>托运人于货物运单打印完毕，并确认无误后，在此栏盖章或签字</td></tr>
</table>

注：带“＊”的栏目为必填项。

承运人填写货物运单时,应按表 2-2-3 要求认真填写。

表 2-2-3 货物运单承运人填写部分说明

栏号	栏目名称	内容填写说明
1	货区	填写货物堆存货区
2	货位	填写货物堆存货位
3	车种车号	填写货物装载的铁路货车车种、车型和车号
4	取货里程(km)	根据托运人填写的取货地址确定的取货里程
5	运到期限	填写按规定计算的货物运到期限日数
6	标重	填写铁路货车对应的标记载重
7	施封号	填写货车的施封号码
8	篷布号	填写所苫盖的铁路货车篷布号码
9	送货里程(km)	根据托运人填写的送货地址确定的送货里程
10	装车方	根据装车组织人,填写“托运人”或“承运人”
11	施封方	根据施封负责人,填写“托运人”或“承运人”
12	承运人确定重量(kg)	除一件重量超过车站衡器最大称量的货物外,其他货物由承运人确定货物重量,按货物名称及包装种类分别填记。“合计重量”栏填记该批货物总重量
13	体积(m^3)	按货物名称及包装种类分别填记。“合计体积”栏填记该批货物总体积
14	运价号	填记货物名称对应的运价号
15	计费重量(kg)	整车货物填记货车标记载重量或规定的计费重量;零散货物填记按规定处理尾数后的重量或起码重量
16	费目、金额(元)、税额(元)	按规定的计费科目及费用填写
17	费用合计	填写所有费用合计的小写金额
18	大写	填写所有费用合计的大写金额
19	承运人记事	填记需要由承运人记明的事项,例如: (1)货车代用记明批准的代用命令。 (2)途中装卸的货物,记明计算运费的起讫站名。 (3)需要限速运行的货物和自有动力行驶的机车,记明铁路局集团公司承认命令。 (4)对危险货物或鲜活货物,应按货物性质,在记事栏中选择“爆炸品”“氧化性物质”“毒性物质”“腐蚀性物质”“易腐货物”等记事,以及经铁路局集团公司批准按普通货物运输的危险货物记载事项。 (5)机械冷藏等有工作车的成组货车装车时,记载工作车车号。 (6)托运人要求办理铁路货物运输保险时,应记载保险单号码。 (7)“卸货时间”由到站按卸车完毕的时间填写。 (8)“通知时间”按发出领货(送货)通知的时间填写。 (9)填写“到站收费票据号码”和“领货人身份证号码”。 (10)需要由承运人记明的其他事项
20	签章	收货人签章:收货人领货时签字或盖章 车站接(交)货人签章:发站上门取货人员名章、到站上门送货人员名章

知识点 2 托运与受理

1. 托运

托运人以货物运单(需求联)向承运人提出货物运输要求,并向承运人交运货物,称为货物的托运。托运人向承运人交运货物时,应向车站按批(车)提出货物运单(需求联)一份。车站不得以任何理由拒绝收零散白货。

(1)运输需求提报方式

铁路通过网络、电话、营业场所及上门服务等渠道敞开受理客户需求,运输需求统一通过铁路95306提报。

①客户在铁路95306网站提出运输需求。

②客户拨打95306客服电话,货运客服人员根据客户提供的需求信息,在电商系统代为录入运输需求。

③客户拨打车站受理服务电话,车站营业厅工作人员根据客户提供的需求信息,在电商系统代为录入运输需求。

④客户在车站营业厅柜台办理或车站工作人员上门受理的,可由客户填写纸质货物运单(需求联),由车站工作人员代为录入电商系统。

(2)物品清单

为了正确核收运输费用以及发生灭失、损坏等情况时便于划清承运人与托运人之间的责任,托运人按一批托运的货物品名过多,不能在运单内逐一填记或托运搬家货物以及同一包装内有两种以上的货物,须提出物品清单,见表2-2-4。

表2-2-4　物品清单

发站________　　　　需求号　　　　车号/箱号________

序号	物品名称	包装	件数	重量(kg)	体积(m^3)	价格(元)	备注
合计							

托运人签章________　　　　年　　月　　日

注:1. 本清单一式二份,由托运人填写,内容必须真实、准确。发站将物品清单与实际货物核实后,打印两份,一份经托运人签字盖章后留存,一份交托运人。

2. 托运物品不得夹带物品清单未列载的物品。

3. 备注栏填记托运人需特殊说明的事项。

规格:210 mm×297 mm

(3)其他相关资料

铁路货物运输实行实名制。托运人通过铁路托运货物时,托运人必须提供有效身份证件和托运物品的详细信息;托运人为单位的,还须提供托运单位营业执照、经办人的身份证、授权委托书或介绍信等证明材料。

根据中央或省(市)、自治区法令,需凭证明文件运输的货物,托运人应将证明文件与货物运单同时提出,并在货物运单"托运人记事"栏注明文件名称和号码。

托运人对其提出的证明文件的真实性应负责任。

2. 受理

铁路货物运输实行实货制。对客户提出的运输需求由铁路局集团公司集中办理机构(以下简称"集中办理机构")进行集中受理。

(1)审核货物运单(需求联)

车站受理托运人提出的货物运单(需求联)时,应认真检查货物运单各栏填记事项是否完整;需要托运人声明事项是否在运单"托运人记事"栏内注明,如托运易腐货物、"短寿命"放射性货物时,应记明货物的容许运输期限,并审查货物运单内填记的事项是否符合铁路运输条件，审查的主要内容有：

①检查运单。

填记的货物名称是否准确，有无按一批托运的限制，是否可以承运。这关系到铁路运输货物的安全和运输费用的核收。

②审核发到站办理限制、起重能力，有无临时停限装命令；在专用线装（卸）车的，是否符合专用线的办理范围；对选择上门取货、上门送货的，应根据托运人填记的取货地址或送货地址、联系电话等信息确定取货里程或送货里程，并填记在货物运单内。

③需要证明文件运输的货物，审查证明文件是否齐全有效，采集影像资料，并在证明文件背面注明托运货物数量，加盖车站日期戳，退还托运人或按规定存查。

需凭证明文件运输的货物，托运人未按规定提出证明文件，承运人应拒绝受理。

④受理运输需求时，车站应落实货物运输实名制。托运人为个人的，查验托运人身份证原件，留存复印件；托运人为单位的，查验营业执照、经办人身份证原件，留存营业执照、经办人身份证复印件及注明经办人信息、联系方式、联系地址及所用印章的证明材料。

(2)标记“货物运输记事”

为保证运输安全和货物安全，正确核收运输费用，对符合铁路运输条件的运输需求，车站应在运单“承运人记事”栏填写“货物运输标准记事”（以下简称“运输记事”，见表 2-2-5）和承运人记事，纸质运单加盖对应的戳记。

表 2-2-5　货物运输标准记事及说明（摘录）

序号	标准记事	对应戳记	对应标记	使用说明
1	三角 1～三角 8	△1～△8	G1～G8	《技规》规定编组需要隔离的货车
2	三角丰	△丰	G0	须与蜜蜂车隔离的农药车
3	三角 K	△K	GK	装运易腐货物
4	三角 A	△A	GA	有公安人员押运的五类物资车
5	三角 B	△B	GB	重点保价货物
6	圈联	(联)	圈联	装运国际联运货物的货车，封套
7	圈密	(密)	圈密	装运保密货物的货车，封套
8	R	R	R	有押运人的货车
9	限速连挂	限速连挂	U	需限速连挂的货车
10	禁止溜放	禁止溜放	J	需禁止溜放的货车
11	停止制动	停止制动	M	
12	成组连挂　不得拆解	成组连挂　不得拆解	LC	
13	活动物	活动物	活动物	
14	超级超限	超级超限	N	
15	一级超限	一级超限	N1	根据货物性质
16	二级超限	二级超限	N2	
17	超级超重	超级超重	超级超重	
18	一级超重	一级超重	一级超重	
19	二级超重	二级超重	二级超重	
20	超长货物	超长货物	超长货物	
21	抢险救灾	抢险救灾	抢	抢险救灾货物

续上表

序号	标准记事	对应戳记	对应标记	使用说明
22	爆炸品	爆炸品	爆炸品	根据货物性质
23	烟花爆竹	烟花爆竹	烟花爆竹	
24	1.1 整体爆炸品	1.1 整体爆炸品	危 1.1	根据装运的危险货物类项
25	1.2 迸射爆炸品	1.2 迸射爆炸品	危 1.2	
26	1.3 燃烧爆炸品	1.3 燃烧爆炸品	危 1.3	
27	1.4 无重大危险爆炸品	1.4 无重大危险爆炸品	危 1.4	
28	1.5 整体爆炸不敏感物质	1.5 整体爆炸不敏感物质	危 1.5	
29	1.6 极端不敏感爆炸品	1.6 极端不敏感爆炸品	危 1.6	
30	2.1 易燃气体	2.1 易燃气体	危 2.1	
31	2.2 非易燃无毒气体	2.2 非易燃无毒气体	危 2.2	
32	2.3 毒性气体	2.3 毒性气体	危 2.3	
33	3.1 一级易燃液体	3.1 一级易燃液体	危 3.1	
34	3.2 二级易燃液体	3.2 二级易燃液体	危 3.2	
35	4.1 易燃固体	4.1 易燃固体	危 4.1	
36	4.2 易于自燃物质	4.2 易于自燃物质	危 4.2	
37	4.3 遇水易燃物质	4.3 遇水易燃物质	危 4.3	
38	5.1 氧化性物质	5.1 氧化性物质	危 5.1	
39	5.2 有机过氧化物	5.2 有机过氧化物	危 5.2	
40	6.1 毒性物质	6.1 毒性物质	危 6.1	
41	6.2 感染性物质	6.2 感染性物质	危 6.2	
42	7 放射性物质(物品)	7 放射性物质(物品)	危 7	
43	8.1 酸性腐蚀性物质	8.1 酸性腐蚀性物质	危 8.1	
44	8.2 碱性腐蚀性物质	8.2 碱性腐蚀性物质	危 8.2	
45	8.3 其他腐蚀性物质	8.3 其他腐蚀性物质	危 8.3	
46	剧毒品	☠	D	
47	调度命令:××××		部/公司令××××号	有调度命令时
48	卷钢		易窜	装运卷钢货物
49	跨装		0	货物跨装时
50	游车		0	使用游车时
51	装载加固方案号码			根据装载加固方案
52	押运人须知已发			有押运人时
53	翌			18点后生成的运单,次日支付费用
54	容许运输期限××日		容许××日	根据运输期限规定
55	证明文件名称号码			根据证明文件
56	押运人身份信息			填记押运员姓名、证件名称和号码
57	自备篷布号码			有自备篷布时
58	危险货物经办人身份信息			填记危险货物姓名、证件名称和号码
59	限速××公里		限速××公里	限速××公里运行
60	快运		快运	需要快运货物

注:1. 对应戳记规格:宽度或直径均为 10 mm,长度根据字数确定;字体为黑体小四;颜色除骷髅为黑色外其余均为红色。

2. 对应标记为现车系统中运统一货运记事栏内对应标记。

如车站受理一批保价金额在50万元及以上的整车(含批量零散快运)、集装箱货物,一批保价金额在20万元及以上零担(含零散快运)货物,或其他需要重点看护的保价货物,车站审核货物运单后,对符合上述条件的运输需求,应在"承运人记事"栏填记"三角B",纸质运单加盖Ⓑ戳记。

经审核符合铁路运输条件的运输需求(货物运单需求联),在核实货源后,报铁路局集团公司计划审批系统。经计划审批系统核准的运输需求,车站应及时确定运输方案和上货装车日期,在补充运输记事后,应及时推送至相关信息系统。

知识点3 接取货物、进货验收及仓储服务

车站凭进货通知、纸质运单需求联或需求号接收货物,在货运站系统分配货区货位,确认货物进齐。

1. 取货

物流企业应根据接取送达系统提供的物流信息,对门到门、门到站的货物根据客户的要求组织上门接取货物,将货物接取至装车地点,与车站交接货物。

2. 进货

托运人按约定交接日期将货物搬入货场指定的位置即为进货。

3. 验收

货场门卫人员和承运货运员对搬入货场的货物进行有关事项的检查核对,确认符合运输要求并同意货物进入场、库指定货位叫验收。需要检查的内容,主要有以下各项:

(1)货物名称、件数、重量是否与运单(物品清单)记载相符。

在运输过程中,保证货物重量和件数的完整是承运人必须履行的义务。因此,铁路明确规定了确定货物件数、重量的范围。

整车货物原则上按件数和重量承运。但有些非成件货物或一批货物件数过多而且规格不同,在货运作业中,点件费时费力,只按重量承运,不计件数。这些货物包括:

①散堆装货物。

②成件货物规格相同(规格在三种以内视作规格相同),一批数量超过2 000件;规格不同,一批数量超过1 600件。

有些货物价值较高,无论规格是否相同,按一批托运时,每件平均重量在10 kg以上,只要托运人能按件点交给车站的,铁路都应按件数和重量承运,如纺织品、钟表、中西成药、医疗器械、电视机、收音机和照相机等。

铁路运输货物,除有标准重量、标记重量、过秤清单以及一件重量超过车站衡器最大称量的货物外,由承运人确定重量。托运人确定重量的货物,承运人应进行抽查。

货物的重量(包括货物包装重量),不仅是承运人与托运人、收货人之间交接货物和铁路计算运费的依据,而且与货车载重力的利用和列车运行安全都有很大关系,同时也影响铁路运营指标。因此,货物重量的确定必须准确。

(2)货物的状态是否良好。

货物状态有缺陷,但不致影响货物安全,可由托运人在货物运单内具体注明后承运。

(3)货物的运输包装和标志是否符合规定。

货物的运输包装是保证货物运输安全的重要条件,也是托运人应尽的义务之一。因此,托运人托运货物,应根据货物的性质、重量、运输种类、运输距离、气候以及货车装载等条件,使用

符合运输要求、便于装卸和保证货物安全的运输包装。

托运的货物，应按国家包装标准或国铁集团包装标准（行业标准）进行包装。对没有统一规定包装标准的，车站应会同托运人研究制定货物运输包装暂时标准，共同执行。对于需要试运的货物运输包装，除另定者外，车站可与托运人商定条件组织试运。

货物的运输包装不符合要求时，应由托运人改善后承运。

某些在运输和装卸过程中需要特别注意的货物，托运人应根据货物的性质，按照国家标准，在货物包装上做好包装储运图示标志，见附录1。

（4）货物的标记（货签）是否齐全、正确。

标记（货签）简称标记（图2-2-3），是一种指示标记，是将货件与货物运单相联系的纽带，是保证货物正确运输的重要手段，在运输过程中具有重要作用，其记载内容必须与运单（物品清单）记载相符。

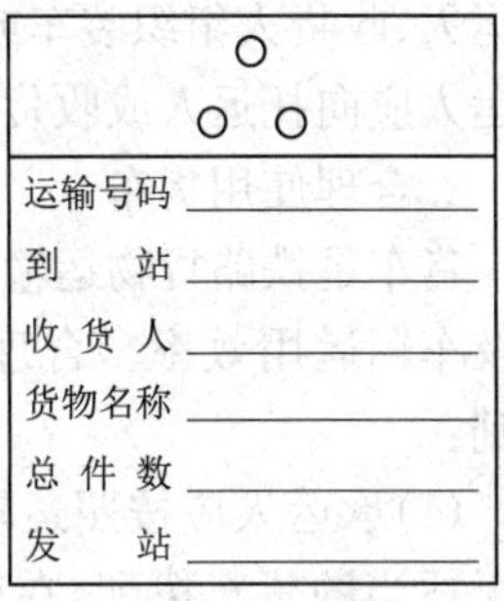

图2-2-3　货物标记（货签）式样

标记应用坚韧材料制作。在每件货物两端各粘贴或钉固一个。包装不适宜粘贴或钉固时，可适用拴挂的办法。不适宜用纸制标记的货物，应使用油漆在货件上书写标记或用金属、木质、布、塑料板等材料制成的标记。

托运行李、搬家货物除使用布质、木质、金属等坚韧的货签或书写标记外，还应在货物包装内部放置标记，以防外部标签丢失时，能迅速判明货物的到站。标记不得使用铅笔填写。货件上的旧标记应撤除或抹消。

（5）装载整车货物所需的货车装备物品或加固材料是否齐全。

装载整车货物所需的货车装备物品或货物加固材料均由托运人准备，并应在货物运单"托运人记事"栏内记明其名称和数量，在到站连同货物一并交付收货人。

4.仓储服务

货物搬入车站，经验收完毕后，一般不能立即装车，需在货场内存放，这就产生了仓储服务。整车货物可根据协议进行仓储。

知识点4　货物装车作业

装车作业是铁路货物运输工作的一个重要环节。装车质量直接影响到货物安全、货物运送速度、车辆周转时间以及列车运行安全，货运工作中历来有"装车从严、发站从严"的要求。因此，合理使用货车、合理组织劳动力和装卸机械、遵守装车作业规章制度和作业程序，对顺利完成装车作业具有重要意义。

1.装卸车责任的划分

装卸车组织工作根据装卸地点和货物性质来划分承运人与托运人、收货人的责任范围。

货物装车或卸车的组织工作，在车站公共装卸场所内由承运人负责；在其他场所，均由托运人或收货人负责。但是，下列货物由于在装卸作业中需要特殊的技术或设备、工具，所以，虽在车站公共装卸场所内进行装卸作业，仍应由托运人或收货人负责组织。

（1）罐车运输的货物。

（2）冻结的易腐货物。

（3）未装容器的活动物、蜜蜂、鱼苗等。

（4）一件重量超过1 t的放射性同位素。

(5)用人力装卸带有动力的机械和车辆。

另外，放射性物品、尖端保密物资、特别贵重的工艺品、展览品等，如托运人或收货人要求自己负责组织装车或卸车时，经承运人同意也可按其要求办理。

车站应同各专用线所有人签订运输协议，商定货车交接地点、货车取送、货车装卸、货物和备品交接等有关事项，并报主管铁路局集团公司备案。

由托运人或收货人组织装车或卸车的货车，车站应在货车调到前，将调到时间通知托运人或收货人。托运人或收货人在装卸车作业完了，应将装车完了或卸车完了的时间通知车站。托运人、收货人组织装车或卸车的货车，超过规定的装卸车时间标准或规定的停留时间标准，承运人应向托运人或收货人核收规定的货车延期占用费。

2. 合理使用货车

货车是铁路货物运输的主要工具，使用是否正确，直接影响行车安全、货物质量、车辆完整以及车辆运用效率。合理使用车辆的原则是车种适合所装货物运输条件的需要。具体要做到：

(1)承运人应按照运输合同约定的车种拨配适当的车辆。这是承运人应尽的义务之一。如无适当的货车拨配，在征得托运人同意，在保证货物安全完整和装卸作业方便的条件下可以代用。货车代用时必须遵守承认代用的批准权限，符合“货车使用限制表”(表 2-2-6)的规定。

表 2-2-6 货车使用限制表

顺号	货物名称	车种								备注
		棚车	敞车	底开门车	有端侧板平车	无端侧板平车	有端板无侧板平车	铁地板平车	共用车	
1	散装的煤、灰、焦炭、砂、石、土、矿石、砖	×				×	×	×	×	无端侧板平车或有端板(渡板)无侧板平车(共用车除外)，在使用围挡并安有支柱时，可装运煤、灰、砂、石、土、砖
2	金属块			×		×	×	×	×	无端侧板平车或有端板(渡板)无侧板平车(共用车除外)，在使用围挡并安有支柱时，可装运散装的金属块
3	空铁桶				×	×	×	×	×	应加固并外罩绳网
4	木材				×	×	×	×	×	原木不得使用棚车装运
5	超长货物	×	×	×				×		
6	超限货物	×		×				×		
7	钢轨	×		×				×		
8	组成的机动车辆	×	×	×				×		组成的摩托车，手扶拖拉机及小型车辆可以使用棚车，在到站有起重能力时，可使用敞车

注：×为不准使用的车种。

(2)保密物资、涉外物资、精密仪器、展览品，能用棚车装运的，必须使用棚车，不得用其他货车代替。

(3)对怕湿和易于被盗、丢失的货物，也应使用棚车装运。

(4)毒品专用车不得用于装运普通货物。

(5)承运人应拨配状态良好、清扫干净的货车装运货物,这也是承运人履行货物运输合同应尽的义务之一。

3.装车作业

装车作业程序

为了保证装车作业质量,各装车单位应建立健全装车岗位责任制,坚持装车从严、发站从严的原则,严格按装载加固方案或相关技术要求装车。重点货物实行装车质量签认制度,各铁路局集团公司应制定管内装车质量签认办法,并报国铁集团货运部备案。

(1)装车前的检查

为保证装车工作顺利进行,监装卸货运员在装车前应认真做好以下三检工作:

①检查货物运单。检查货物运单的记载内容是否符合运输要求,有无漏填和误填。

②检查待装货物。按照货物运单(物品清单)记载内容认真核对待装货物的品名、件数,检查标志、标签和货物状态是否符合要求。发现实际货物名称与运单(物品清单)记载不一致的,不得装车。

③检查待装货车。

装车前,认真检查货车的车体(包括透光检查)、车门、车窗、盖阀是否完整良好,有无扣修通知、色票、货车洗刷回送标签或通行限制,车内是否干净,是否被毒物污染。装载粮食、医药品、食盐、鲜活货物、饮食品、烟草制品以及有押运人押运的货物等时,还应检查车内有无恶臭异味。

检查货车时,发现有不符合使用的情况,应采取适当措施,必要时应更换车辆。如发现货车损坏不能使用的,应填记“不良货车通知单”(运统25),递送车站签收,在现车上标打货车损坏标记;发现系统显示车号与实际现车不一致的,通知行车部门处理;发现空车带有电子票据的,由车站按票车不符流程处理。

(2)装车作业要求

货物的装车,应做到安全、迅速、满载。在装车过程中,无论是谁负责装车都应遵守装载加固技术条件。

①对货物装载量的要求。

装车时,应充分利用货车载重力和容积,但不得超过货车容许载重量。一般情况下,货车容许重量包括以下三部分:

a.货车的标记载重量($P_{标}$)。

b.特殊情况可以多装的重量($P_{特}$),即货物包装、防护物重量影响货物净重或机械装载不易计算件数的货物,装车后减吨有困难时可以多装,但不得超过货车标记载重量的2%。

c.货车的增载量($P_{增}$)。根据现行规定,货车的增载量为:

(a)标重60 t的平车装载军运特殊货物允许增载10%。

(b)国际联运的中、朝、越铁路货车(C_{70}型系列、C_{76}型系列、C_{80}型系列货车除外),以标记载重量加5%为货车容许载重量。

(c)涂打有禁增标记的货车和规定不允许增载的货车,严格按照车辆标记载重量装载,不准增载,见表2-2-7。

表 2-2-7 不允许增载的货车车型

序号	车种车型
1	企业自备车中标记载重 60 t 及其以上的敞车外的其他车种车型
2	P_{62K}、P_{62T}、P_{70} 等型棚车
3	N_{17K}、N_{17AK}、N_{17AT}、N_{17GK}、N_{17GT}、N_{17T} 等型平车
4	罐车 G、矿石车 K、汽车运输车 J、散装水泥车 U、散装粮食车 L、冷藏车 B、集装箱车 X、共用车 NX、毒品车 W、长大货物车 D 及长钢轨运输车 T
5	C_{70}(含 C_{70H}、C_{70A}、C_{70C}、C_{70E}、C_{70EH}、C_{70EF}、C_{70B}、C_{70BH}),C_{76}(含 C_{76H}、C_{76A}、C_{76B}、C_{76C}),C_{80}(含 C_{80H}、C_{80A}、C_{80AH}、C_{80B}、C_{80BH}、C_{80BF}、C_{80C}、C_{80CA})型货车

(d)增载货车车型、适装货物品类、最大允许增载量按表 2-2-8 有关规定执行。

货车容许载重量可用公式表示为 $P_{容}=P_{标}+P_{特}+P_{增}$。

表 2-2-8 增载货车车型、适装货物品类及允许增载重量表

序号	增载货车车型	适于增载货物品类	最大允许增载
1	C_{62BK}、C_{62BT}、C_{64A}、C_{64H}、C_{64K}、C_{64T} 型敞车	《价规》附件一中 01 类煤,03 类焦炭,04 类金属矿石中 0410 铁矿石、0490 其他金属矿石,05 类 0510 生铁,06 类非金属矿石中 0610 硫铁矿、0620 石灰石、0630 铝矾土、0640 石膏,07 类磷矿石,08 类矿物性建筑材料中 0811 泥土、0812 砂、0813 石料、0898 灰渣等中的散堆装货物	3 t
2	C_{62BK}、C_{62BT}、C_{64A}、C_{64H}、C_{64K}、C_{64T} 型敞车	除序号 1 所述品类外的其他适合敞车装运的货物	2 t
3	C_{62AK}、C_{62AT} 型敞车	适合敞车装运的货物	2 t
4	企业自备车中标记载重 60 t 级敞车	《价规》附件一中 01 类煤	2 t
5	P_{62NK}、P_{62NT}、P_{63}(含 P_{63K})、P_{64}(含 P_{64A}、P_{64AK}、P_{64AT}、P_{64GH}、P_{64GK}、P_{64GT}、P_{64K}、P_{64T})、P_{65}(含 P_{65S})型棚车	适合棚车装运的货物	1 t(快速货物班列中 P_{65} 的装载重量按有关规定执行)

【例 2-2-1】 使用 60 t P_{62NT} 型棚车装载货物,其容许载重量有下列两种情况:

(1)装载特殊情况下可以多装的货物(如糖)时,其容许载重量为 60+60×2%+1=62.2(t)(查表 2-2-8,P_{62NT} 型棚车可增载 1 t)。

(2)装载其他货物(如机械零件)时,其容许载重量为 60+1=61(t)。

【例 2-2-2】 使用 60 t C_{62BK} 型敞车装载货物,其容许载重量有下列三种情况:

(1)装载煤、铁矿石、硫铁矿、石灰石、铝矾土、石膏、磷矿石、泥土、砂、石料等品类货物时,其容许载重量为 60+60×2%+3=64.2(t)(查表 2-2-8,C_{62BK} 型敞车装煤等可增载 3 t)。

(2)装载上述品类以外的特殊情况下可以多装的其他货物时,其容许载重量为 60+60×2%+2=63.2(t)(查表 2-2-8,C_{62BK} 型敞车装其他货物可增载 2 t)。

(3)装载其他货物时,无特殊情况,其容许载重量为 60+2=62(t)(查表 2-2-8,C_{62BK} 型敞车装其他货物可增载 2 t)。

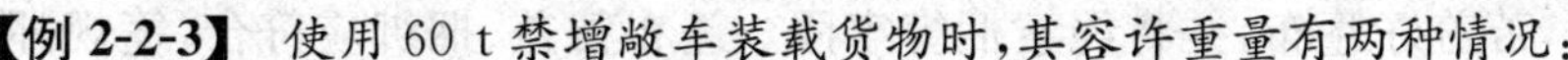

【例 2-2-3】 使用 60 t 禁增敞车装载货物时，其容许重量有两种情况：

(1)装载特殊情况可以多装的货物时，其容许载重量为 60＋60×2%＝61.2(t)。

(2)装载其他货物时，其容许载重量为 60 t。

②对货物装载高度和宽度的要求。

货物的装载高度和宽度，除超限货物和有特殊规定者外均不得超过机车车辆限界基本轮廓和特定区段的装载限制。

③其他要求。

a. 货物重量应均匀分布于车地板上，不超载、不偏载、不偏重、不集重，在运输中不发生移动、滚动、倒塌或坠落等情况。

b. 装载应堆码稳妥、紧密、捆绑牢固，认真做到轻拿轻放，大不压小，重不压轻。

c. 使用敞车装载怕湿货物时，应堆码成屋脊形，苫盖好篷布，并将绳索捆绑牢固。

d. 使用棚车装载货物时，装在车门口的货物，应与车门保持适当距离，以防挤住车门或湿损货物。敞车装载散堆装货物，顶面应予平整。

e. 使用罐车装运货物时，应装到空气包底部或装到根据货物膨胀系数计算确定的高度，既不能超装，也不能欠装。

f. 用敞、平车装载需要加固的货物、轻浮货物、成件货物，已有定型方案的，必须按定型方案装载；无定型方案的，车站应会同托运人制订装载加固方案，报上级批准后组织试运。

所装货物需进行加固的，按《加规》的规定办理。

(3)货车施封和篷布苫盖

货车施封与启封

①货车施封。

货车和集装箱施封是货物（车）交接，划分运输责任的一项手段，是贯彻责任制，保证货物运输安全的重要措施。

使用棚车、冷藏车、罐车运输的货物都应施封，但派有押运人的货物，需要通风运输的货物和组织装车单位认为不需施封的货物可以不施封。施封锁有棚车锁(FSP04)、罐车锁(FSG04)等，如图 2-2-4 所示。

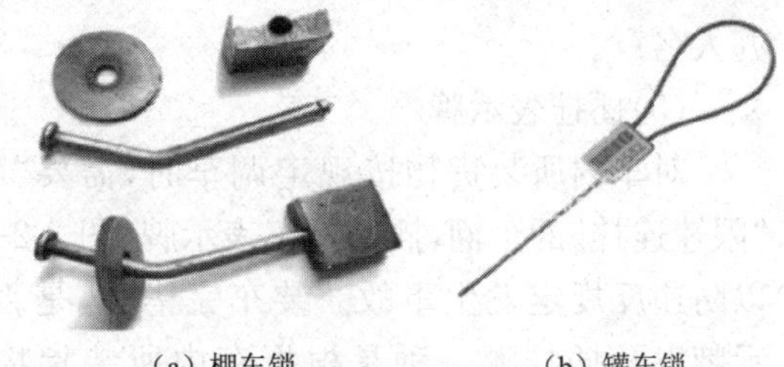

(a) 棚车锁　(b) 罐车锁

图 2-2-4 施封锁

货车施封原则上是由组织装车单位在车上施封。

棚车施封时，应使用粗铁线将两侧车门上部门扣和门鼻拧固并剪断燕尾，在每个车门下部门扣处各施施封锁一枚。施封后须对施封锁的锁闭状态进行检查，确认落锁有效，车门不能拉开。在货物运单或货运票据封套上记明 F 及号码(如 F125355)。

货车施封时，发现施封锁有下列情况时按无效封处理：

a. 钢丝绳的任何一端可以自由拔出，锁芯可以从锁套中自由拔出。

b. 钢丝绳断开后再接，重新使用。

c. 锁套上无站名、号码和站名或号码不清、被破坏。

施封及拆封的技术要求，应按《货车和集装箱施封拆封的规定》办理。

②苫盖篷布。

货车篷布是铁路货车辅助用具，对敞车装运的怕湿、易燃货物或其他需要苫盖篷布的货物，应堆码成屋脊形，苫盖好篷布，并将绳索捆绑牢固。篷布苫盖、捆绑应符合《篷规》附件 1“货车篷布苫盖方法”规定。

(4)填写运输票据

货物装车后，货运员应将车种、车号、货车标重、使用篷布张数，施封个数及特殊符号记入货物运单内，检查货物运单“承运人记事”栏是否填记完整，有无漏填项。

为了便于交接和保持运输票据的完整，国际联运货物和以车辆寄送单回送的外国铁路货车，整车分卸货物，一辆货车内装有两批以上的货物，以货运记录补送的货物，以及附有证明文件或代递单据较多的货物，按规定填记货运票据封套，如图 2-2-5 所示。

货运票据封套

车种车号＿＿＿＿＿＿＿＿＿＿ 标记载重量＿＿＿＿＿＿＿＿＿＿

货物到站＿＿＿＿＿＿＿＿ 到局＿＿＿＿＿＿ 篷布号码＿＿＿＿＿＿＿＿

运单号码＿＿＿＿＿＿＿＿＿＿＿＿＿＿＿＿＿＿＿＿＿＿＿＿

货物品名＿＿＿＿＿＿＿＿＿＿ 货物实际重量(吨)＿＿＿＿＿＿＿＿

收货人及卸车地点＿＿＿＿＿＿＿＿＿＿＿＿＿＿＿＿＿＿＿＿

施封号码＿＿＿＿＿＿＿＿＿＿＿＿＿＿＿＿＿＿＿＿＿＿＿＿

记　事＿＿＿＿＿＿＿＿＿＿＿＿＿＿＿＿＿＿＿＿＿＿＿＿＿

发站戳记

经办人章

图 2-2-5　货运票据封套

封套上各栏应按实际情况填写并加盖车站站名日期戳和带站名的人名章。封套内运输票据的正确完整由封固单位负责。除卸车站或出口国境站外，不得拆封。当途中必须拆开封套时，由拆封单位编制普通记录证明(附入封套)，并再进行封固。在封口处加盖带单位名称的经办人名章。

(5)插挂表示牌

对车内所装货物按规定调车时，需要“禁止溜放”或“限速连挂”的车辆，插挂货车表示牌(图 2-2-6)加以提示，以防违反规定发生事故。装车完毕后，是否插挂货车表示牌以及插挂哪一种是根据车内所装货物性质来确定的，具体使用范围在《超规》《危规》《鲜规》中有明确规定。到站卸车完毕后应撤除表示牌。

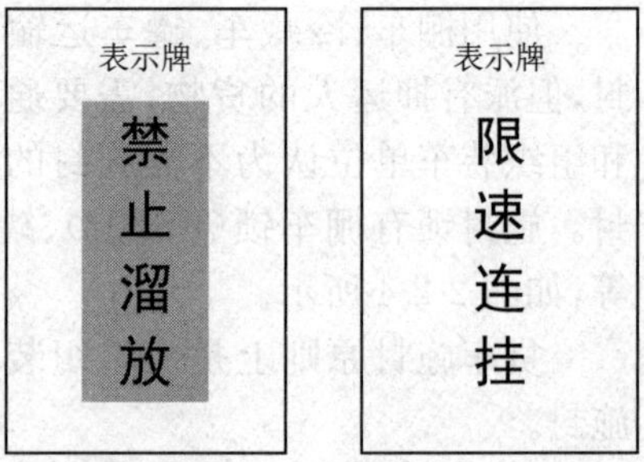

表示牌　禁止溜放

表示牌　限速连挂

图 2-2-6　货车表示牌

(6)装车后的检查

为了保证正确运送货物和行车安全，监装卸货运员还需进行装车后的检查工作，此项工作是装车作业的最后工作。具体检查内容有：

①检查重车。主要检查有无超偏载、超限现象，装载是否稳妥，捆绑是否牢固，施封是否符合要求；按方案装车的货物，货物装载加固是否符合装载加固要求；检查货车门、窗、盖、阀关闭和篷布苫盖、捆绑情况。对需要“禁止溜放”“限速连挂”的货车，检查表示牌插挂是否正确。

②检查运单。检查运单有无误填和漏填，车种、车号和运单、货运票据封套记载是否相符，“承运人记事栏”运输记事是否填记完整，有无漏填项。

③检查货位。检查货位有无误装或漏装的情况，有无剩余货物，是否按规定清扫。

经检查符合要求后，即可将运输票据移交货运室，同时将装车完了时间通知货运调度员或运转室，以便取车、挂运。

知识点5　计费制单与承运

1. 计费制单

整车货物装车完毕，货运员通过货运站系统调取并审核货物运单(需求联)信息，核对无误完成装车信息录入，并推送到货票系统。无法流转到货票系统的其他记事或确需制单时修改的信息，货运员应提供修改依据，并通知集中办理机构进行确认。

集中办理机构制单人员接到货运员制单通知后，应及时查看货票系统的制单信息，审核货物运单(需求联)各项内容及所附单据，确认托运人和承运人记事、运输戳记、计费条件、保价保险等信息，检查费用浮动等运输费用计算是否正确；特定运输及免费运输，应检查有关证明、附件是否齐全、有效，审核无误后进行计费制单。发现货物运单有计费等错误时，不得修改，只能作废，并按有关规定处理。

托运人选择电子运单的，不再打印、留存，客户自助查询或自助打印电子运单有关信息。打印的纸质文件不具备合同效力。

托运人选择纸质运单时，按需打印货物运单发站存查联、托运人存查联、领货凭证联(客户需纸质领货凭证时，下同)。有物品清单的，打印物品清单一式二份，一份由车站交托运人签章后与运单发站存查联合订留存，一份交托运人。

为保证货物运输安全，铁路实行“货物托运安全承诺制度”，自2017年9月1日起实行。承运货物时，应要求托运人在发站存查联正面的托运人签章处及背面的“货物托运安全承诺书”处签章后，车站在打印出的运单各联上加盖车站日期戳(图2-2-7)。发站留存发站存查联，托运人存查联和领货凭证联交托运人。

2. 货物承运

整车货物装车完毕并核收运费后，发站在货物运单上加盖车站日期戳时起，即为承运。

图2-2-7　车站日期戳

承运是货物运输合同的成立，是承诺的生效，从承运时起承托双方就要分别履行运输合同的权利、义务和责任。因此，承运意味着铁路负责运输的开始，是承运人与托运人双方划分责任的时间界线。同时，承运标志着货物正式进入运输过程。

知识点6　货物的押运

铁路实行负责运输，因此应对所承运的货物负责照看与防护，以保证货物状态完整，这是铁路履行货物运输合同的一项主要义务。但是，由于有些货物的性质特殊，在运输过程中需要加以特殊防护和照料，否则不能保证货物运输安全，因而需派押运人押运。需派人押运的情况有下列几种：

(1)活动物（包括活鱼、鱼苗、蜜蜂、家畜等）。需要专门人员供应饮水和照料。

(2)需要浇水运输的鲜活植物。需要专门人员根据气温条件定时、定量地浇水、照管。

(3)需要生火加温的货物。需要有人照看火炉，并适时调节车内温度、湿度。

(4)挂运的机车和轨道起重机。这类货物包括其他挂运的轨道机械（如架桥机），需要专人在途中检查其走行部分技术状态和看管零件、备品。

(5)特殊规定应派押运人的货物。如尖端保密物资、《危规》规定需要押运的危险货物、外形尺寸比较复杂的超级超限货物等。

押运人数，除特定者外，每一批货物不应超过2人。托运人要求增派押运人或对上述以外的货物要求派人押运时，须经承运人承认。

派有押运人的货物，应由托运人在货物运单内注明押运人姓名和证明文件名称及号码，经发站审核后发给押运人须知，由托运人签收，并在运单“承运人记事”栏标记“R、押运人须知已发、限速连挂”等运输记事，纸质运单加盖“R、限速连挂”戳记。对押运人核收押运人乘车费。

押运人应乘坐所押运的货车，如该货车不适于乘坐时，可乘坐车站指定的车辆。

典型工作任务3　办理整车货物途中作业

任务引入

货物在运输途中发生的各项货运作业，均称为途中作业。

货物的途中作业形式包括“货运交接检查”、“特殊作业”及“异常情况的处理”。

“货运交接检查”是途中必须进行的正常作业。

“特殊作业”包括：整车分卸货物在分卸站的分卸作业，活动物途中上水，托运人或收货人提出的货物运输变更和解除的处理等。

“异常情况的处理”是指货车运行有碍运输安全或货物完整时须做出的处理，如货车装载偏重、超载或货物装载位移须进行的换装或整理及对运输阻碍的处理。

了解货运检查、交接、货物运输变更和解除、运输阻碍的内容及问题的处理方法，培养严格按照作业程序作业、保证运输途中安全的意识，是本工作任务的目标。

相关知识

知识点1　货运交接检查

货运交接检查是为了贯彻区段负责制，保证行车安全和货物安全，划清运输责任，对运输中的货物(车)和运输票据，要进行交接检查，并按规定处理的一项作业制度。货物发送前、运输途中(途经货运检查站)和到达后均应进行交接检查。

我国铁路货物列车实行站与站间交接检查的区段负责制，即对货物列车的交接检查中，按列车运行区段划分责任的制度。

货运交接检查包括站车交接和货运检查。

1. 站车交接

站车交接是指车站指定人员按列车确报(列车编组顺序表)核对现车(特殊情况下，遇有随车纸质票据时，应同时核对纸质票据)，无误后，按规定与机车乘务员办理交接的一项制度。其目的是保证列车编组正确，做到现车、票据信息、列车编组顺序表三统一。站车交接包括票据交接和现车交接。

(1)票据交接

票据交接是指车站指定人员与机车乘务组在车站指定地点进行列车票据(列车编组顺序表、货运票据)交接，并对到达票据按规定进行检查的一项作业制度。

2018年全路实施货运票据电子化后，列车编组顺序表、货物运单等不再进行交接，目前尚未实施电子化的国际联运票据，按下列办法交接：

运输票据由机车乘务组负责传递。运输票据由编组列车的车站封固并与机车乘务组实行封票签字交接。列车运行中在车站更换机车时，由更换地所在的车站检查封固状态，并负责传递。机车乘务人员负责将票据完整地传递到列车终到站、甩挂作业站,并与车站办理票据签字交接,没有车站签字不得退勤,若票据丢失则追查当事人责任。途中临时甩挂作业时,由甩挂作业的车站编制普通记录后启封处理,并将运输票据连同普通记录重新封固。

车站与机车乘务员在商定的地点进行地面交接。

运输票据(货物运单、封套)上的到站、车号、封印号码各栏,不得任意涂改。

(2)现车交接

现车交接是车站指定人员,在规定的列车到达作业时间内,凭列车编组顺序表,对货物列车的列车编组、车辆信息进行逐一核对,检查列车编组是否符合《技规》有关列车编组隔离规定,发现问题按有关规定处理。

(3)发现问题处理

①"车、票分离""车、票不符"的处理。

在日常工作中,由于诸多因素及工作情况的变化、作业环节的把握等,会遇到"车、票分离""车、票不符"等常见问题。车、票分离是指现车应有票据信息、实际没有票据信息或空车不应有票据信息、实际有票据信息。车、票不符是指现车与票据信息记载不一致。发现车、票分离或车、票不符,应正确了解问题的特点,及时、有效地采取措施,合理补救,划分责任,消除影响。

②运输票据丢失的处理。

运输途中发生票据丢失时,丢失单位或处理站应编制普通记录继运到站,并及时拍发电报向有关站查询,全列车运输票据丢失时,还应于当日上报主管铁路局集团公司。被查询站接电后,均应于48 h内电复或继续查询。发站接到查询电报后,48 h内应按运输票据的内容拍发电报并将运输票据抄件寄送到站处理。

2.货运检查

货运检查作业(以下简称货检作业)是指在货检站,对货车、货物装载加固状态按规定内容进行检查,并对发现问题按有关规定处理的一项作业制度。其主要任务是保证货物(车)装载加固状态良好,确保行车安全。

货检作业是保证行车安全和货物安全的一项技术性较强的工作,是铁路运输安全生产的重要组成部分。铁路货运检查员(以下简称"货检员")主要承担铁路运输过程中的货物(车)交接检查工作,是铁路行车的主要工种。货检作业在货检站进行。

(1)货检站

货检站是指列车运行途经有改编或人工方式列检作业,无改编或无列检作业但停车时间在35 min及以上的编组站或区段站。

货检站分为路网性货检站和区域性货检站。

路网性货检站是指纳入国铁集团日常考核的编组站,如郑州北、丰台西、石家庄南、南仓、哈尔滨南、三间房等。

区域性货检站是指除路网性货检站外,铁路局集团公司管内有货检作业的技术作业站,如北京局的德州、阳泉等。区域性货检站由铁路局集团公司自定,报国铁集团备案后公布。

(2)货检机构及人员配备

货检站应根据货检工作需要设置相应的生产机构,并配齐管理及生产作业人员。

货检站应按班组设置货检值班员岗位,负责货检的现场组织和协调工作;按照"货检作业量适量、保证作业质量和效率"的原则,动态确定货检人员配置,并保持货检人员的相对稳定。

(3)货检作业主要内容

①货物列车中货物装载、加固状态。

②货车篷布及篷布绳网苫盖、捆绑状态。

③施封(罐车、集装箱、SQ 型或 JSQ 型车端门处施封除外)。

④货车门、窗、盖、阀关闭情况,以及罐式集装箱盖、阀关闭情况。

⑤《超规》规定的事项(不检查军用超限货物的超限超重货物运输记录)。

⑥设备检测发现的超偏载问题。

⑦货车、货物、集装箱、篷布等顶部和敞车内货物等视频监控设备可视部位的情况。

⑧危险货物押运人押运情况。

⑨对无列检作业的车站,还应检查自动制动机的空重位置,不符合时应进行调整。

⑩国铁集团规定的其他事项。

(4)货检区段负责制

铁路货检工作实行区段负责制。

货检区段负责制是指货检站按规定的检查范围、技术要求和作业标准,对货物列车(含军用列车)进行货检作业后,保证货物列车安全继运到下一个有货检作业的货检站,并承担相应的安全责任。发生问题后能有效证明货检站工作质量良好的,可不按区段负责制列货检站责任。

对中间站保留及甩挂作业的货物列车,车站发现问题后要及时处理,中间站应保证货物列车安全继运到下一货检站。

(5)货检作业的程序

货检作业的程序

货运检查基本程序为:计划安排和准备→到达列车预检→现场检查→发现问题处理。

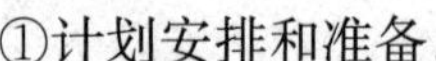
①计划安排和准备。

a.货检值班员应及时收取班计划、阶段计划、变更计划,以及到发车次、股道、时刻、编组辆数等有关信息。

运用"货检应用"的车站,货检值班员通过"货检应用"接收行车预告阶段计划,确定检查列车["货检应用"自动标注重点车,自动匹配设备检测、视频监控、车号自动识别(AEI)等信息]。

b.货检值班员根据计划,将工作内容、检查重点、安全事项及要求等向货检员传达、布置。

运用"货检应用"的车站,货检值班员通过实时监控列车到达视频(或及时通过录像回放查看列车到达视频)和查看设备报警信息,补充标注重点车和问题车,生成作业计划并发布。

c.货检员接收作业任务,应掌握到达(出发)列车车次、股道、时刻、编组内容及施封、重点车等情况。

运用"货检应用"的车站,货检员通过手持机接收作业计划;手持机故障时通过岗位终端接收作业计划。发现列车编组和实际不符时,货检值班员通过"货检应用"、货检员通过手持机重新匹配编组信息。

d.作业时,货检员应携带相关作业工具和备品。

②到达列车预检。

在列车到达前 5 min,货检员应出场立岗,在列车到达、通过时,对列车进行目测预检,并落实安全责任。目测预检列车时,对苫盖货物的篷布顶部、集装箱顶部、敞车装载的不超出端侧墙货物的装载状态,可不检查(运用"货检应用"的车站除外)。

运用"货检应用"的车站,可以通过视频监控、超偏载检测等设备对到达列车进行预检。以机检代替对到达列车现场人工检查的,在确认安全无误后,直接记录作业完成时间。

③现场检查。

a.开始检查作业前,货检员应通过电台向货检值班员报告,在征得货检值班员同意后,开始作业。

b. 货检员应从车列一端逐车进行检查。

c. 货检员应对车列首、尾车辆、重点车按规定涂打规定的检查标记，对检查重点内容进行记录，对发现的问题按规定拍照留存，并在《货检作业手册》上记载发现问题车的车种、车号、现状及处理情况。作业后，将《货检作业手册》交货检值班员转记在货检工作日志以及"货检作业检查处理情况登记表"上。

货检作业时，罐车和集装箱的封印可不检查；苫盖货物的篷布顶部、集装箱顶部、敞车装载的不超出端侧墙的货物的装载状态可不检查（运用"货检应用"的车站除外）。

对施封的货车，货物列车无改编作业时，货检站对货车的施封状态，仅凭列车编组顺序表的有关记载检查施封是否有效，不核对站名、号码；货物列车有改编作业时，交接时只核对站名，不核对号码。车站按施封办理的货车，途中不得改按不施封办理。

现场检查应严格遵守"货检作业安全"的有关规定，列车检查原则上应在规定的技术作业时间内完成。货检作业完了，货检员应通过对讲机（手持机）向货检值班员报告，以便货检值班员向车站值班员报告作业完了时间和登记有关台账；货检作业完成后，应及时登记有关台账；需途中签认的危险货物按规定签认。

运用"货检应用"的车站，货检员应通过手持机分别拍摄首、尾车照片，记录检查开始、完成时间；通过手持机对问题车、押运人证件等信息进行拍照或记录并反馈。

④发现问题处理。

货运检查中发现问题，应及时处理，问题处理方法根据在装车站或在其他站而异，包括不接收、由交方编制记录、补封、处理后继运，换装或整理、苫盖篷布、拍发电报以及编制记录等。

a. 在列整理。

货检作业中，对发生装载加固、篷布苫盖、门窗盖阀等方面问题的，不需要甩车处理时，应采取有效防护措施后对车列内需整理货车进行整理。在列整理时，货检员应按有关规定进行作业，确保人身安全。

预计整理时间超过技术作业时间时，货检员应及时向车站调度员（值班员）报告。

b. 甩车整理。

货检作业中，发现货车偏载、超载、货物撒漏等货物装载加固不良、篷布苫盖违反要求等危及行车安全的车辆，对危及行车安全，又不能在列整理的车辆，货检员应报告车站调度员（值班员）甩车整理。

遇下列情况应甩车整理：

(a)篷布苫盖不整或缺少腰绳、篷布绳网。

(b)货物发生严重倾斜、偏载、移位、窜动、坠落、倒塌和渗漏。

(c)超限货物按普通货物办理。

(d)加固支柱折断，或装载加固材料（装置）超限。

(e)棚车车门脱槽、罐车上盖张开或罐车发生泄漏或溢出。

(f)危险货物运输押运或施封等问题需甩车处理的。

(g)货车、货物、集装箱、篷布等顶部或车体上有异物且无法在列处理。

(h)火灾或货物明显被盗丢失。

(i)发生其他危及行车安全情况不能在列整理时。

甩车整理时，应做好防护工作。不允许在挂有接触网的线路（设有隔离开关的线路除外）整理车辆。

c. 换装作业。

在运输中发生甩车处理的货车，不能原车安全继运的，以及因车辆技术状态不良，经车辆部门扣留需要换车时，应进行换装处理。

d. 换装、整理处理。

需要换装整理的货车，由发现站（或铁路局集团公司指定站）及时换装整理，并在运单“承运人记事”栏记明有关事项。货检站对扣留的换装整理货车，应进行登记，并按月汇总报主管铁路局集团公司，同时通知有关铁路局集团公司。

货物换装整理所需的加固材料，由车站购置，以成本列支并保证满足使用需要。换装整理的时间一般不应超过 2 d。如 2 d 内未换装整理完毕时，应由换装站以电报通知到站，以便收货人查询。

铁路责任的货物整理费由整理站（铁路局集团公司）列销，换装费由原装车站（铁路局集团公司）负担。但由于行车事故或调车冲撞造成的换装费由责任单位负担；因车辆技术状态不良发生的换装属车辆部门责任，换装费由发生局负担。

需要向责任单位清算的换装费，由换装站将记录连同有关费用的单据按月汇总报主管局，在发生换装的次月内向责任局（或责任单位）清算，但每一责任局每月发生款额累计不足 1 000 元的不清算。

3. 货运交接检查发现问题处理

列车交接、检查的内容以及发现问题的处理方法，按表 2-3-1 规定办理，并在列车到达后 120 min 内以电报通知上一货检站，同时抄知发到站，必要时抄知有关单位和部门。

表 2-3-1　货运交接检查内容及发现问题处理

序号	检查内容	发现的问题	处理方法
1	运输票据或封套	（1）有票无货（车）或有货（车）无票	编制记录并拍发电报
		（2）货物运单或封套上记载的车号、到站与编组顺序表不符	
		（3）货物运单或封套上记载的车号、到站有涂改，未加盖带有所属单位的经办人名章时	
		（4）货物运单或封套上记载的车号与现车不符	编制记录并拍发电报，查明情况后继运
		（5）货物运单或封套上封印号码被划掉、涂改未按规定盖章	编制记录并拍发电报证明现状继运。货车上无封印时，由发现站确定是否补封
		（6）货物运单或封套以及编组顺序表记有铁路篷布，现车未盖有铁路篷布；现车盖有铁路篷布，货物运单或票据封套以及编组顺序表未记载或记载张数不符	编制记录并拍发电报
2	货车的施封	（1）封印失效、丢失、断开或不破坏封印即能开启车门	拍发电报并补封。是否清点货物由发现站确定
		（2）运输票据或封套上记载的封印站名或号码与现封不一致或发生涂改	核对站名，拍发电报。到站检查封印站名、号码
		（3）货车已施封，但未在运输票据或封套上记明封印号码。编组顺序表无“F”字样	编制记录证明现状继运
		（4）未使用施封锁施封（罐车和朝鲜进口货车除外）	拍发电报并补施施封锁
		（5）在同一车门上使用两个以上封串联施封	拍发电报并补封，如因车门技术状态无法补封时，车站以交方责任继运
		（6）货车两侧或一侧在车门上部门扣处施封	按现状拍发电报
		（7）施封货车的上部门扣未以铁线拧固（车门构造只有一个门扣或上部门扣损坏的除外）	由发现站拧固

续上表

序号	检查内容	发现的问题	处理方法
3	装有货物的货车	(1)车门窗未按规定关闭(损坏的车窗已用木板、铁箱、木箱封固的除外)	由发现站关闭并拍发电报
		(2)货物损坏、被盗	拍发电报、编制记录进行处理
		(3)棚车车体、平车或集装箱专用平车装运的集装箱箱体的可见部位损坏或集装箱箱门开启	拍发电报并由车站处理
		(4)易燃货物未按规定苫盖篷布或未采取规定的防护措施	拍发电报,编制记录补苫篷布并采取防护措施
		(5)篷布(包括自备篷布)苫盖捆绑不牢、被刮掉或被割危及运输安全	及时进行整理。丢失或补苫篷布时由发现站拍发电报并编制记录
		(6)货物装载有异状或超过货车装载限界;支柱、铁线、绳索有折断或松动,货物有坠落的可能;车门插销不严,危及运输安全;底开门车用一个扣铁关闭底开门(如所装货物能搭在车地板横梁上,且另一个搭扣用铁线捆牢者除外)	由发现站按规定换装或整理并拍发电报
		(7)超限货物无调度命令	取得调度命令后继运
4	货车使用和通行限制	(1)货车违反运行区段的通行限制	拍发电报,并由车站换装适当货车
		(2)装载金属块、木材或空铁桶使用的车种违反《加规》货车使用限制表的规定	

交接电报的内容应包括列车的车次、到达时分、车种、车号、发站、到站、品名、发现问题及简要处理情况。

车站对交接电报应建立登记制度,自编号码,妥善保管。

【例 2-3-1】 货物撒漏交接电报

铁路传真电报

签发××× 核稿××× 拟稿人××× 会签××× 电话×××××

发报所名	电报号码	等级	受理日	时分	收到日	时分	值机员

主送:上一货检站

抄送:发站、到站

报文:

2023 年 3 月 1 日 14 时 50 分,83289 次列车到达××站,货检发现:

列进第 5 位为××站发××站的烟煤,运单号××××××××××××,车号为 C_{62A}4082463,该车运行方向左侧 3 个下侧门变形,货物撒漏,危及行车安全,扣车处理。

00008 号

××站

2023 年 3 月 1 日

知识点 2 货物运输合同变更和解除

货物运输合同签订后,承托双方都应信守合同,严格履行。承、托双方均不得任意变更货物运输合同,任意变更者要负法律责任。但由于托运人或收货人的特殊原因,货物承运后,托运人可以向承运人提出变更和解除运输合同的要求。

1. 货物运输合同的变更

(1)变更的项目。

托运人在货物托运后,由于特殊原因需要变更到站和收货人时,对承运后的货物托运人可通过 95306 网站、货物所在的途中站或到站按批提出变更需求。

货物运输合同的变更,打乱了正常的运输秩序,降低货物计划运输质量,有时还要增加货车在途的调车作业和非生产停留时间,增加作业费用,延缓货物的送达。因此,铁路对货物运输合同的变更,应采取限制措施。

(2)对于下列情况,铁路不办理货物合同的变更:

①违反国家法律、行政法规、物资流向、运输限制和蜜蜂的变更。

②变更后货物运到期限大于容许运输期限。

③变更一批货物中的一部分。

④第二次变更到站。

(3)遇特殊情况货物需变更卸车站时,必须遵守下列规定:

①必须由托运人提出书面申请。

②必须和原到站在同一径路上。

③因自然灾害影响变更卸车地点时,应及时通知收货人。

④管内变更卸车站,由铁路局集团公司调度命令批准。

⑤跨铁路局集团公司变更卸车站原则上不办理,确须变更时以国铁集团调度命令批准。

(4)运输变更处理。

托运人提出变更到站、变更收货人时,应将运单托运人存查联、货物运输变更要求书(表 2-3-2)交变更处理站。凭纸质领货凭证领货的,还应将领货凭证一并交变更处理站,办理电子领货的,应向处理站提供领货密码。

表 2-3-2 货物运输变更要求书

变更号码:

变更要求人__________印章__________经办人身份信息__________ 年 月 日 调度命令号:

<table>
<tr><td rowspan="6">客户填记</td><td>变更事项</td><td>新到站</td><td></td><td>新收货人</td><td colspan="3"></td></tr>
<tr><td rowspan="5">原货物运单记载事项</td><td>运单号码</td><td>发站</td><td>到站</td><td>托运人</td><td>收货人</td><td>办理种别</td></tr>
<tr><td></td><td></td><td></td><td></td><td></td><td></td></tr>
<tr><td>车种车号</td><td colspan="2">货物名称</td><td>件数</td><td>重量</td><td>承运日期</td></tr>
<tr><td></td><td colspan="2"></td><td></td><td></td><td></td></tr>
<tr><td>变更原因</td><td colspan="5"></td></tr>
<tr><td rowspan="3">承运人填记</td><td rowspan="3">记载事项</td><td>原到站</td><td></td><td>原收货人</td><td colspan="3"></td></tr>
<tr><td>新到站</td><td></td><td>新收货人</td><td colspan="3"></td></tr>
<tr><td>未受理原因</td><td colspan="2"></td><td>变更处理站</td><td></td><td>经办人</td></tr>
</table>

注:1. 变更处理站应顺号登记,对填报内容进行审核。

2. 变更时,可以变更的填记"新到站""新收货人",不得办理变更的填记"未受理原因"。

规格:297 mm×210 mm

变更到站时，处理站应报铁路局集团公司同意后方可受理，在货票系统中录入货物运输变更要求书，运单状态变为“变更完成”，并在纸质运单托运人存查联、领货凭证上修改相关信息，加盖车站日期戳或带有站名的人名章后交托运人。电子领货的，向托运人申明，原领货密码失效，凭变更后的纸质领货凭证领货。

新到站在货运站或集装箱系统完成卸车操作，并通过货票系统打印运单到站存查联、收货人存查联、货物运输变更要求书，办理相关费用退补手续和交付手续。零散货物快运不办理变更到站。

2.货物运输合同的解除

整车货物和大型集装箱在承运后挂运前，零担和其他型集装箱在承运后装车前，托运人可向发站提出取消托运，经承运人同意，运输合同即告解除。

取消托运时，托运人应将运单托运人存查联、货物运输变更要求书交发站。凭纸质领货凭证领货的，应将领货凭证一并交发站；办理电子领货的，应向发站提供领货密码。

车站受理时应认真审核托运人提供的资料。货场装车的应在发站确认货车在本站后，专用线装车的应在路企交接前，方可受理，符合条件的收回运单托运人存查联、领货凭证。

对已受理的取消托运需求，发站货运人员通知行车人员将货车调回货场，并通过货票系统、货运站系统完成取消托运操作。

解除合同时，发站应退还全部运费、铁路建设基金和按里程计算的杂费，但应收取已发生的各项杂费不退。

知识点3　运输阻碍的处理

1.运输阻碍

因不可抗力的原因致使行车中断，货物运输发生阻碍，称为运输阻碍。以上所称的“不可抗力”，是指不能预见、不能避免并不能克服的客观情况。

2.货物运输发生阻碍时的处理方法

(1)铁路局集团公司对已承运的货物，可指示绕路运输。

(2)在必要时先将货物卸下，妥善保管，待恢复运输时再行装车继续运输，所需装卸费用，由装卸作业的铁路局集团公司负担。

(3)因货物性质特殊(如动物死亡、易腐货物腐烂、危险货物发生燃烧、爆炸等)绕路运输或卸下再装，可造成货物损失时，车站应联系托运人或收货人在要求的时间内提出处理办法。超过要求时间未接到答复或因等候答复将使货物造成损失时，比照无法交付货物处理，所得剩余价款(缴纳装卸、保管、运输、清扫、洗刷除污费后)通知托运人领取。

典型工作任务4　组织货物到达作业

任务引入

货物在到站进行的各种货运作业，称为到达作业。货物到达作业包括卸车作业、到货通知与仓储、交付工作、货物搬出与送达等。货物经过到达作业后，货物运输技术作业过程即告结束，至此，运输合同即告终止。掌握到达作业程序，掌握到货通知、交付的含义及时机，培养严格按照作业程序作业，把货物完整无误地交付收货人的能力，是本工作任务的目标。

相关知识

知识点1　重车到达与票据交接

列车到达后,车站应派指定人员按货运交接检查作业要求接收重车,运转室将到达本站卸车的重车票据登记后,移交货运室。

知识点2　货物卸车作业

卸车作业程序

卸车是整个运输过程的重要环节之一,是到站工作组织的关键。正确及时地组织卸车作业,能够缩短货车周转时间,提高货车使用效率,保证排空任务和装车的空车来源。

车站必须认真贯彻"一卸、二排、三装"的运输组织原则,认真做好卸车工作。

1. 卸车前检查

为使卸车作业顺利进行,防止误卸并确认货物在运输过程中的完整状态,便于划分责任,监装卸货运员应根据货调下达的卸车计划,在卸车前认真做好以下三方面的检查:

(1)检查货位。主要检查货位能否容纳下待卸的货物,货位的清洁状态,相邻货位上的货物与卸下货物性质有无抵触。

(2)检查运输票据。主要检查票据记载的到站与货物实际到站是否相符,了解待卸货物的情况。

(3)检查待卸车。主要检查车辆状态是否良好;货物装载状态有无异状;施封的货车施封是否良好;苫盖篷布的货车篷布苫盖是否良好,有无异状;待卸车与运输票据是否相符。发现问题,应及时按规定处理。

2. 监卸工作

作业开始之前,召开车前会,监装卸货运员应向装卸工组详细传达卸车要求和注意事项。卸车时,对施封的货车,货运员应亲自拆封,并会同装卸工一起开启车门;苫盖篷布的货车会同装卸工一起揭下苫盖的篷布。卸车过程中,要逐批核对货物、清点件数,合理使用货位,按标准进行码放,对于事故货物则应编制记录。此外,注意作业安全,加快卸车进度,加速货车周转。

3. 卸车后检查

(1)检查运输票据。检查票据上记载的货位与实际堆放货位是否相符;货物运单上的卸车日期、卸车货位是否填写。

(2)检查货物。主要检查货物件数与运输票据记载是否相符,堆码是否符合要求;卸后货物安全距离是否符合规定。

(3)检查卸后空车。主要检查车内货物是否卸净,有无漏卸货物,是否清扫干净;货车车门、窗、盖阀是否关闭严密;表示牌是否撤除。

此外,还需清理好线路,将篷布按规定折叠整齐,送到指定地点存放。托运人自备的货车装备物品和加固材料,应妥善保管。

货物卸车作业,须严格执行作业流程和作业标准,及时录入数据,并保证货运站系统数据的真实性和完整性。作业完毕,及时将卸车信息推送到相关作业系统,以便后继作业顺利展开。

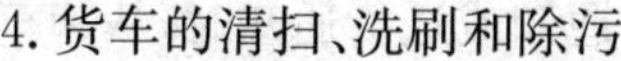

4. 货车的清扫、洗刷和除污

货车卸空后，卸车单位应将货车清扫干净，关闭好车门、车窗、端侧板、盖、阀。

下列货车除清扫干净外，还要由铁路负责洗刷并按规定或依照卫生（兽医）人员的要求进行消毒，费用由收货人负担。若收货人有洗刷、消毒设备时，也可由收货人自行洗刷、消毒。

①装过活动物、鲜鱼介类、污秽品等货物的车辆，以及受易腐货物污染的冷藏车。

②《危规》规定必须洗刷除污的货车，如装过剧毒品的货车、受到危险货物污染的货车、有刺激性异臭味的货车都必须进行洗刷除污。

收货人组织卸车的货车，未进行清扫或清扫不干净时，车站应通知收货人补扫。如收货人未补扫或仍未清扫干净，车站应以收货人的责任组织人力代行补扫，并向收货人核收相关费用。

知识点3　货物到达通知与仓储

1. 货物到达通知与查询

货物到达后，承运人应及时向收货人发出领货通知，这是承运人履行运输合同应尽的义务，同时也是为了货物尽快搬出货场，腾空货位，提高场库使用效率，加速货物流转。

承运人在车站公共装卸场所内组织卸车的货物，到站应不迟于卸车完了的次日内，用电话、短信或邮件等，向收货人发出领货通知或送货通知，并在运单内记明通知的方法和时间。收货人也可与到站商定其他通知方法。

车站接到不能按约定时间到达的货物预报后，应立即通告，必要时应发出通知。货物的运到期限期满后经过15 d，或鲜活货物超过运到期限仍不能在到站交付的，到站除按规定编制货运记录外，还必须负责货物的查询工作，依次从发站顺序查询。被查询的车站，应自接到查询的次日起两日内将查询结果电告到站，并向下一作业站（编组、区段或保留站）继续查询。到站应将查询的最终结果及时通知收货人。

收货人在到站查询所领取的货物未到时，到站应在运单（领货凭证联）背面加盖车站日期戳证明货物未到。

2. 货物仓储

对到达的货物，收货人有义务及时将货物搬出或接收，铁路也有义务提供一定时间的免费仓储服务。

免费仓储期限规定为：由承运人在车站公共装卸场所内组织卸车的货物，收货人应于承运人发出领货通知或送货通知的次日起算，不能实行领货通知、送货通知或会同收货人卸车的货物从卸车次日起算，2 d内将货物搬出或接收货物，不收取仓储费。超过此期限未将货物搬出或接收货物，对超出的期间核收货物仓储费。规定免费仓储期限的目的是避免收货人长期占用铁路货运设备，保持货场畅通，提高货运设备的使用效率。

根据具体情况，铁路局集团公司可以缩短货物免费仓储期限1 d，也可以提高仓储费费率，但提高部分最高不得超过规定费率的1倍；也可以适当延长货物免费仓储期间，并报国铁集团备案。

知识点4　交付工作

货物交付作业

1. 拒领货物和无人领取货物处理

货物运抵到站，收货人应及时领取。拒绝领取时，应出具书面说明，自拒领之日起，3 d内到站应及时通知托运人和发站，征求处理意见。托运人自接到通知之日起，30 d内提出处理意见答复到站。

从承运人发出领货通知或送货通知次日起(不能实行领货通知或送货通知时,从卸车完了的次日起),经过查找,满 30 d(搬家货物满 60 d)仍无人领取或收货人拒领,托运人又未按规定期限提出处理意见的货物,承运人可按无法交付货物处理。

对性质不宜长期保管的货物,承运人根据具体情况,可缩短通知和处理期限。

2. 货物的交付

货物在到站应向货物运单内所记载的收货人交付。交付工作包括内交付和外交付两部分。

(1)内交付

①托运人选择纸质运单的,按下列要求办理内交付。

收货人领取货物时,须向车站提出领货凭证和有效证明文件,纸质领货凭证未到或丢失时,可凭有经济担保资质的企业出具的担保书办理内交付手续。收货人为个人时,还须提供收货人身份证;收货人为单位时,还须提供委托书和经办人身份证。

车站在货票系统中调取运单信息,核实领货凭证、领货人身份等,采集收货人(经办人)身份证及头像影像资料。委托他人领取货物时应同时核实领货凭证、收货人身份证复印件、被委托人身份证原件和委托书。

确须在系统填加其他记事或修改信息的,发站应提供修改依据,通知集中办理机构办理内交付。集中办理机构接到发站通知后,及时在货票系统调取到达货物运单,补充确认到达相关信息、记事、费用等内容,填制电子运费杂费收据,核收相关费用并由集中办理机构进行支付确认后,货物运单状态变为“已内交付”。发站打印货物运单到站存查联、收货人存查联加盖车站日期戳。货物运单收货人存查联交收货人,货物运单到站存查联由收货人签章后留存。

②托运人选择电子运单的,按下列要求办理内交付。

若收货人是铁路 95306 网站(含手机 App)注册客户,在货物运单受理前,托运人可选择是否设置领货密码并告知收货人。托运人选择不设置领货密码的,应确保收货人信息准确无误。若收货人不是铁路 95306 网站(含手机 App)注册客户,托运人须设置领货密码并将领货密码告知收货人。

若收货人是铁路 95306 网站(含手机 App)注册客户,收货人可线上设置委托领货。收货人线上设置委托他人领货的,应登录铁路 95306 网站(含手机 App)验证领货密码(托运人不设置的除外),设置领货人信息、签署电子领货委托书。

a. 线上交付

若收货人是铁路 95306 网站(含手机 App)注册客户,客户可选择在铁路 95306 网站(含手机 App)上预约办理领货手续。客户选择在铁路 95306 网站(含手机 App)上预约办理领货手续的,系统自动计算待缴杂费,无杂费的自动完成内交付,运单状态变为“已内交付”;有杂费的,在客户支付费用后,由集中办理机构进行支付确认后,运单状态变为“已内交付”。

b. 线下交付

收货人凭领货密码线下领货的,须携带经办人身份证、委托证明材料等到营业室综合服务窗口办理领货手续,由综合服务窗口核验领货密码正确后,采集领货人身份证、委托书及头像影像资料;确须在系统填加其他记事或修改信息的,由营业室提供修改依据,通知集中办理机构办理内交付。集中办理机构接到营业室通知后,及时在货票系统调取到达货物运单,补充确认到达相关信息、记事、费用等内容,填制电子运费杂费收据,核收相关费用后,运单状态变为“已内交付”。

对状态为“已内交付”的货物运单,营业室综合服务窗口打印货物运单收货人存查联并加盖车站日期戳,交收货人办理货物的外交付手续。

(2)外交付

①承运人组织卸车的货物。

承运人组织卸车的货物,外交付货运员凭收货人提出的加盖车站日期戳的运单收货人存查联向收货人点交货物,并在货运站系统中进行外交付操作,然后在运单收货人存查联上加盖"货物交讫"戳记,并记明交付完毕的时间,交还收货人,即为交付完毕。

分批领取货物时,应在运单收货人存查联上逐批记载领取货物的品名、件数、重量、时间等信息,全批点交完毕后,加盖"货物交讫"戳记。

②收货人组织卸车的货物。

收货人组织卸车的货物,除派有押运人不办理交接外,承运人将货车送到卸车地点(或商定的交接地点)交接完毕,即为交付完毕。

a. 交接地点。

车站内或专用线内卸车的货物,在各该装卸地点。在特殊情况下,专用线内卸车的,也可在商定的地点。专用铁路内卸车的货物,在交接协议中指定的货车交接地点。

b. 交接方法。

到站与收货人办理交接时,施封的货车,凭封印交接。不施封的货车,棚车、冷藏车凭货车门窗关闭状态交接,敞车、平车、砂石车不苫盖篷布的,凭货物装载状态或规定标记交接,苫盖篷布的,凭篷布现状交接。

发站由承运人组织装车,到站由收货人组织卸车的货物除按上述条款规定办理交接外,到站须派员至卸车地点会同收货人拆封、卸车(在专用铁路内卸车的货物,承运人应同收货人商定卸车办法)。

发站由托运人组织装车,到站由承运人组织卸车的货物,如托运人在货物运单内声明,或收货人事先向到站提出要求办理交接手续时,到站应于卸车前通知收货人到场按上述条款规定办理交接,并会同卸车。从承运人发出卸车通知时起,超过 2 h 收货人未到场,或托运人、收货人未要求办理交接手续,到站应编制普通记录证明封印状况或货车现状后,以收货人责任拆封、卸车。

3. 合同的履行完毕

货物运输合同的履行是从承运开始至货物交付完毕时止。因此交付完毕意味着铁路履行运输合同就此终止,铁路负责运输就此结束。

货物运输过程中货物运单作为合同的重要组成部分贯穿运输整个过程,如图 2-4-1 所示。

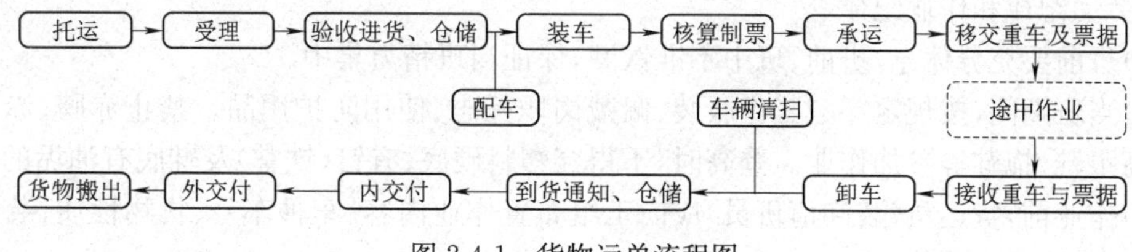

图 2-4-1　货物运单流程图

知识点 5　货物搬出与货物送达

承运人卸车的货物,收货人持有加盖"货物交讫"的运单(收货人存查联)将货物搬出货场,门卫对搬出的货物应认真检查品名、件数、交付日期与运单记载是否相符,经确认无误后放行。

对门到门、站到门货物按客户要求的送货地点和要求送达货物。

铁路局集团公司要建立健全管内零散白货的分拨、配送等物流服务机制,做好配送服务,不得以任何理由拒绝配送。

铁路局集团公司要提高接取送达服务能力；也可整合运用社会物流资源，与社会物流企业联合做好接取送达服务工作。

典型工作任务5 认识铁路装卸作业

任务引入

铁路运输中从事货物装卸、搬运作业及与此有关的工作，统称为装卸工作。铁路装卸工作是运输生产的重要环节，是铁路运输行业与其他现代物流相互联系的纽带，在铁路运输中占有重要地位。货物装(卸)车作业涉及人员、设备、货物、天气、环境等因素，由于其专业的特殊性，人与货、人与设备、车辆与设备等直接发生关系，作业环境复杂，因此，装卸作业具有极大的安全风险性，极易造成人身伤害事故、设备事故和货物损失。掌握装卸作业要求，保证装卸作业安全、有序、高效，是每位货运人员的基本要求与责任。

相关知识

知识点1 装卸作业人员

1. 基本要求

装卸生产人员，每年至少进行一次安全技术培训。新职、转职(岗)、晋升人员须经资格性培训，取得相应职业资格证书和岗位培训合格证书后，方可上岗。主要技术工种离岗半年以上复工时，应经试工考核后，方可上岗作业。

特种设备作业人员须取得“特种设备作业人员证”，特种作业人员须取得“特种作业操作证”，方准独立作业。直接从事危险货物装卸作业的人员，应按铁路危险货物运输管理有关规定建立健康档案，定期组织职业健康体检。

2. 作业人数要求

装卸作业要保证必要的人数，配备必要的辅助作业人员，叉车作业5人，门吊作业5人，起重机械装卸集装箱辅助人员不得少于2人。

为保证作业安全和作业效率，连续作业2 h或1车后，应有不少于10 min的间歇时间。

3. 劳动纪律和作业纪律

(1)班前要充分休息，班前、班中不准饮酒，保证当班精力集中。

(2)当班期间，按规定穿戴工作服装、佩戴岗职标志、使用防护用品。禁止赤膊、赤足和穿短裤、高跟鞋、拖鞋等参加作业。登高时，不得穿塑料硬底、有钉(铁掌)及鞋底有油垢的鞋。

(3)作业前，货运员(装卸值班员)应向工组布置作业内容、车种车号、货物性质、装载加固方案及安全注意事项等。

(4)作业中，要严格执行铁路装卸作业标准和技术操作规程，禁止使用手机及其他与作业无关的电子产品。

(5)严禁在货垛上(旁)、线路上、车底下坐卧休息。保持间休息室内外、工作场地、机具整齐清洁。

(6)作业工组出工、收工必须带齐工具和防护用品，按规定的行走路线集体出、退勤，做到缺人不走。

知识点2　作业线路安全

1.作业线路防护

(1)在线路附近搬运作业时,装卸、运输机具和人员不宜进入距钢轨头部外侧1.5 m以内的空间,否则必须安设防护信号。

(2)跨越货物线装卸作业时,必须安设防护信号。

(3)跨越正线、到发线装卸作业及在邻近正线、到发线装卸作业可能侵入建筑限界时,要制定防护办法。

(4)对正在进行装卸作业的车辆(包括列车作业)中途办理调车(暂时移动)时,必须事先通知货运员,由货运员通知装卸工组,装卸工组接到通知后须停止作业、整理好车内(上)货物,防止倒塌、坠落和侵限,关好车门、车窗,人员、机具全部撤出限界,撤除防护信号后方准进行调车作业。

2.防护信号的安撤

(1)防护信号的安设。

认识装卸防护信号

在货物线上进行装卸作业,须按下列规定安设带有脱轨器的红色防护信号牌(夜间及昼间能见度较低时,为红色信号灯)。

①防护信号的安设由安全员或指定人员负责。

②防护信号应安设在货物线两端来车方向左侧钢轨上(尽头线路只在道岔方向一端防护)。

③移动式防护信号设置在距离车列不小于20 m处;作业车停留位置距警冲标不足20 m时,防护信号设在与警冲标相齐处。如在同一线路上车辆分解后作业时,应在该线路的最前部与最后部车辆外端防护,分解间隔大于40 m时,可在间隔20 m以外处设置。

③同一线路上两个及以上工组作业时,由最先开班作业工组(或专人)设置防护信号。

(2)防护信号的撤除。

①防护信号撤除前,必须确认装卸作业已完成,人员已经撤出并进入安全区域。

②装卸作业中,需取送车时,必须停止作业,撤除防护信号,取送车完毕,重新安设防护信号。

③防护信号撤除应由最后结束作业的工组(或专人)负责,除作业工组(或专人)外,其他人员无权撤除防护信号。

3.通过线路必须遵守相关规定

(1)横越线路要一停、二看、三通过,遇有行驶的机车、车辆必须待车尾过去并确认邻线无来往车辆时再通过,严禁在运行的机车、车辆前抢越。横越正线前要与车站行车室联系,确认无列车通过方可横越。通过调车作业频繁的线路时,要指定专人瞭望。

(2)横越停有机车、车辆(组)的线路时,先确认机车、车辆(组)无移动可能,然后在距离该机车、车辆(组)端部5 m以外绕行通过。

(3)装卸机械通过道口时,要有专人引导,低速行驶,禁止换挡,防止熄火。履带式装卸机械横越道口时,要在钢轨上或履带上采取绝缘措施,防止产生红光带。

(4)越过线路时要注意信号导线、警冲标等障碍物,不得踩在基本轨与尖轨中间或辙叉处两轨中间。

(5)禁止从车底下钻过或在钢轨上、轨枕头上、道床上坐卧或行走。

4. 其他事项

执行装卸任务乘车时，应遵守下列规定：

(1)禁止在车辆移动时抓车、跳车、越车。

(2)禁止乘坐平板车、油罐车、棚车顶部及货物已超出车帮的敞车，也不得坐在车辆内货件空隙中或坐在车帮上。

知识点3　装卸车作业

铁路货物装(卸)车的组织工作由监装卸货运员负责，货物装(卸)车作业由装卸工组负责，货物装(卸)车作业质量应由班组自检，由监装卸货运员验收。

装卸工组应在组长带领下合理分工，指定人员负责作业前后三检、信号安撤和机具使用、保管等。作业前，工组长应根据货运员的要求布置作业方法和安全注意事项，召开工前会，针对天、地、人、货、车、机(具)具体情况，开展安全预想，进行作业分工。

1. 作业前三检制

(1)装车前，装卸工组应做到：

①配合货运员检查货车技术状态是否良好，卫生状况是否良好，定检是否过期。

②配合货运员清点货物件数；检查货物堆码是否稳固；检查货物状态是否良好，包括货物包装是否完好，有无破损、污染等；检查集装箱有无破损、异状、变形或渗漏。

③检查确认装卸机械及工索具性能是否良好，安全装置是否齐全有效，防护信号设置是否符合规定，作业区域、机械运行区域有无障碍物或非作业人员。

(2)卸车前，装卸工作应做到：

①配合货运员检查货车门、窗、盖、阀有无异状，篷布苫盖是否严密，有无破损，车门钩、销、链是否完整，插挂牢，槽轮有无异状。

②配合货运员检查货物装载有无异状，加固状态是否良好；检查集装箱有无破损、异状、变形或渗漏。

③检查确认装卸机械及工索具性能是否良好，安全装置是否齐全有效，防护信号设置是否符合规定，作业区域、机械运行区域有无障碍物或非作业人员。

2. 装车、卸车

装车时，由货运员核对车号和货物(箱号)，向装卸工组交代装载加固方案及注意事项后，装卸工组才能作业。作业时，应做到不错装、不漏装、巧装满载，防止超载、偏载、集重和超限，棚车装载的货件防止挤住车门和长大货物堵车门，对易磨损货物必要时采取防磨措施，对怕污染的货物要采取有效隔离措施。

卸车时必须由货运员启封或检查后才能开始作业，卸下的货物要件数清楚，码放稳妥，便于清点，发现破损件要通知货运员并单独码放。

3. 作业后的三检制

(1)装车后，装卸工组应做到：

①配合货运员检查货车装载是否符合规定，加固是否牢固，篷布苫盖是否严密；车门、车窗、盖阀关闭是否良好，道沿清理是否符合要求，车帮、钩头、闸盘及车体外侧清扫是否彻底。

②配合货运员检查货物(箱号)有无错装、漏装，核对和整理残货，清扫货位是否干净。

③检查装卸机械是否熄火、断电，停放状态是否正确，工索具是否齐全完好，防护信号(或

工组标识)是否撤除。

(2)卸车后,装卸工作应做到:

①配合货运员检查车帮、钩头、闸盘及车体外侧清扫是否干净,车门、车窗、盖阀关闭是否符合规定,车辆无异状。

②配合货运员检查货物堆码是否整齐稳固,苫盖是否严密,件数有无差错,卸货距离是否符合要求。

③检查装卸机械是否熄火、断电,停放状态是否正确,工索具是否齐全完好,防护信号(或工组标识)是否撤除。

4.揭苫篷布

苫盖货车篷布应遵守《篷规》有关规定。1辆车用两块以上篷布苫盖时,篷布接缝方向由货运员指定。

上下时应用梯子,并有人扶护。梯子上有人时,不准移动梯子。梯子必须坚实,不得缺层,梯子底部应有防滑措施,梯阶间距不大于0.4 m。

揭苫篷布时,车上作业人员应站在车顶部纵向中线位置,面向距车帮最近处的车外方向。刮风天苫盖篷布要先将迎风面绳子放下拴好,随放随拉随拴。揭篷布时由车的迎风端解开绳索卷起,两侧篷布随解随卷,车上作业人员应站在上风头。

篷布折叠要平整,号码朝外。遇六级以上大风、雷暴雨天气,禁止露天高处作业。

知识点4　车辆使用安全

为保证装车作业的顺利进行,保障人身安全,货物安全和避免损伤车辆,装车作业时,作业人员必须遵守有关规定。

1.基本要求

(1)装卸货物,不得损坏或腐蚀车辆。

(2)装卸棚车时,避免货物撞击车地板、内衬,严禁货物倚靠车门。进入棚车的流动装卸机械总重(含货物重量)不得超过8 t,除装卸机械的走行部外,机械其他部位不得碰触车体。

(3)敞车装大块货物时,应用碎料垫底后再缓慢装入,禁止直接向车内砸装。机械卸散装货物时,装卸机械及其工作装置不得直接撞击车地板。

(4)装卸滚动轮式、履带式车辆及军事装备时,平车、平车-集装箱共用车两端活动端板应放倒。

(5)罐车打开人孔盖时,严禁敲击活节螺栓,以防损坏。打开或关闭人孔盖时,应握紧手把缓慢操作,以防损坏或与人孔强力碰撞产生火花。

2.开关车门

(1)开关车门须使用拉门绳,迎面禁止站人,禁止手扶、肩靠门框直接推拉车门,防止车门落下或货物溜下砸伤。禁止用手推车、叉车等装卸机具顶撞车门。不得擅自拆卸车门、车窗。

(2)开启棚车车门前,要先检查确认门鼻、滑轮、轮槽无损坏、出槽及其他异状,再用拉门绳将门拉开小缝,检查车内货物有无倒塌,确认车门无脱落危险后再将车门开到最大,然后翻转门柱上的车门止铁,阻挡车门滑动。关车门时,也要先检查后用绳拉。禁止从棚车窗口装卸货物。

(3)敞车中门开启后,须固定牢靠。开启敞车下侧门时,应用拉门绳从车上拉起,将下侧门折页上的挂环挂到上侧梁的挂钩上,或用支门器支开、车门卡卡牢,不准掩夹石块等物,车上人员要防止车门开启后随货物滑落。

开关敞车车门必须逐个开关。开关下侧门时应做好呼唤应答,确认门下无人后再开启或放下;关闭中门,须确认闭锁可靠。

进出敞车车厢应从中门进出,不得从开启的敞车下侧门钻进钻出。

(4)敞车装载货物,采用钢丝绳等拉牵绳穿过下侧门进行加固时,不得强力锁闭搭扣,必要时应采用铁线等对搭扣、下侧门进行捆绑固定。

(5)开关底开门车辆的车门时,车内禁止留人,关门时必须按搭扣定位逐个扣好。开关有联动装置的底车门,松放或拧紧摇柄时,注意防止摇柄返回伤人。遇有些车型不了解车门开关方法时,应报告货运员联系车辆部门处理。

(6)作业完毕应把车门、车窗、端侧门关好,插牢全部销子和搭扣。

知识点 5　货物堆码要求

1. 基本要求

货物堆码应按照货物性质、托运人要求和和包装储运图示标志进行,做到轻拿轻放、大不压小、重不压轻、稳固整齐、标签向外、箭头向上、横竖成行、按批分清。怕湿货物露天堆码地面应进行防湿铺垫,随卸随铺,随装随撤,上部要起脊并苫盖严密。货垛码放形状要便于清点保管和下一道工序的装卸、搬运,保证人身、货物、行车安全。

(1)堆放场的货物堆码。

货物距钢轨头部外侧应保持 1.5 m 以上,并不应侵入轨行式机械走行安全警示线。

(2)站台上堆码货物。

货垛与站台边沿距离不应小于 1 m。货垛之间应留出机械或人行通道,机械通道宽度不小于机身宽度 1.3 倍,人行通道宽度不小于 1 m。货垛距电源开关、消防设施等不应小于 2 m。

(3)堆码货物时,易滚动货物应垂直于线路堆放,并做到平顺整齐,打掩挤牢,防止磕碰挤压,不应斜插交错。作业人员不应在货物上登爬、坐卧、站立和走动。

(4)作业中随时注意货物堆码稳固状态,查看货物包装(裸装时查看货物),不应损坏货物标签。作业中应呼唤应答。发现有异状、异味时不入垛,及时通知货运人员处理。

2. 散堆装货物堆码标准

散装货物(如煤、砂石土等),应集中堆放,保持自然坡度,不同品种货物不掺压;砖、瓦类货物,定型堆码,稳定整齐,碎砖、瓦收拢成堆不入垛;规格石料、条块类货物,按自然规格堆码,成行成垛,稳固整齐;木杆、毛竹类货物,理顺不杂乱,不架空,集中垂直线路堆码,需要平行线路堆码要打掩。

3. 成件包装货物堆码标准

桶装货物应纵横成行,重高压缝,分行码放,桶口朝上;空桶及桶状货物卧放时应垂直于线路码放,骑缝,两侧打掩。

袋装货物应丁字起头,分行码放,边行袋口朝里,垛形整齐;棉花、布匹等包状货物应丁字起头,分行码放,上部压缝,垛形整齐。

箱装货物分行码放,顶部压缝,垛形整齐。纸箱箱口向上,液体货物封口向上,垛高不超过包装标志层高。

杂木杆等捆状货物应集中顺码,货垛两头交叉码放,垛形整齐。

4. 集装箱货物堆码

集装箱上下对正,参差不超过箱角配件的 1/2,排列整齐,放置平稳,留有通道,必要时重箱箱门相对。空重箱堆高不超过技术参数允许层数。

知识点 6　高处作业

高处作业是指在离开地面 2 m 以上地点进行操作。为保证作业人员安全,高处作业应遵守下列规定：

(1)高处作业人员须佩戴安全帽，有安全钩挂处时须戴安全带(有防护栏除外)，穿着防滑的鞋子。患禁忌证人员，不得从事高处作业。

(2)遇有 6 级及以上大风、雷暴雨天气，禁止露天高处作业。夜间或雾霾天，地面照度不足 5 lux 时，禁止作业。

(3)装卸敞车装载的轻泡货物以及苫揭篷布，上下时应用梯子，并有人扶护。梯子上有人时，不准移动梯子。梯子必须坚实，不得缺层，梯子底部应有防滑措施，梯阶间距不大于 0.4 m。

(4)高处作业必须蹬稳抓牢，否则不得双脚站在车帮上。多人联合操作时，应执行呼唤应答确认制度，动作必须协调一致。

(5)卸敞车顶层装载的轻泡货物时，应使用滑板、滑杠溜下或用绳索吊卸一部分，腾出安全操作地点再作业。禁止直接将货物从高空摔(抛)下。

(6)高处作业使用的工具要传递，不得扔上扔下。

知识点 7 手推调车

1. 基本要求

(1)手推调车，须取得调车领导人的同意，人力制动机作用必须良好，由胜任人员负责制动。

(2)手推调车不得少于 4 人。手推调车前，应在车辆移动范围外、来车方向左侧钢轨上设置防护信号(已将道岔锁闭于不能通往该线路的位置时除外)，确认线路上无障碍物、车辆的人力制动机作用良好，由经培训合格人员负责制动(上闸台应佩戴安全带)。

(3)推车人员应在车辆两侧地面上推动车辆，禁止站在站台上推车，禁止在轨面高于地面 0.4 m 及以上的线路上推车。

(4)使用撬棍时，应把撬棍置于身体侧面，手掌向下，不得紧握或骑跨，禁止钻入车下撬动车辆。

(5)手推调车速度不得超过 3 km/h。

2. 下列情况，禁止手推调车

(1)在正线、到发线及超过 2.5‰坡度的线路上(确需手推调车时，须经铁路局集团公司批准)。

(2)在停有动车组的线路上。

(3)遇暴风雨雪或夜间无照明时。

(4)接发列车时，与接发列车进路没有隔开设备或脱轨器的线路，向能进入接发列车进路的方向。

(5)装有爆炸品、气体类危险货物的车辆。

(6)平车装载易滚动货物未装卸、加固完，或敞车装载货物高出车帮且未捆绑牢固的，禁止手推调车。

(7)严禁在带电的接触网下手推调车。

知识点 8 电气化区段作业安全

电气化铁路区段装卸作业，必须遵守《电气安全规则》和《装卸安规》有关规定。

1. 一般规定

为保证人身安全，除牵引供电专业人员按规定作业外，任何人员及所携带物件、作业工器具等须与牵引供电设备高压带电部分保持 2 m 以上的距离，与回流线、架空地线、保护线保持

1 m 以上距离，距离不足时，牵引供电设备须停电。

电气化铁路区段，具有升降、伸缩、移动平台等功能的机械设备进行施工、装卸等作业时，作业范围与牵引供电设备高压带电部分须保持 2 m 以上的距离，与回流线、架空地线、保护线保持 1 m 以上距离，距离不足时，牵引供电设备须停电。

各种车辆上方的接触网设备未停电并办理安全防护措施前，禁止任何人员攀登到车顶或车辆装载的货物上。

牵引供电设备故障时，与牵引供电设备相连接的支柱、接地引下线、综合接地线等可能出现高电压，未采取安全措施前，禁止与其接触，并保持安全距离。

发现牵引供电设备断线及其部件损坏，或发现牵引供电设备上挂有线头、绳索、塑料布或脱落搭接等异物，均不得与之接触，应立即通知附近车站，在牵引供电设备检修人员到达未采取措施以前，任何人员均应距已断线索或异物处所 10 m 以外。

2. 车辆及行人通过道口的安全规定

各种车辆和行人通过电气化铁路平交道口必须遵守下列规定：

(1)通过道口车辆限界及货物装载高度(从地面算起)不得超过 4.5 m，超过时，应绕行立交道口或进行货物倒装。

(2)通过道口车辆上部或其货物装载高度(从地面算起)超过 2 m 通过平交道口时，车辆上部及装载货物上部严禁坐人。

(3)行人持有长大、飘动等物件通过道口时，不得高举挥动，应与牵引供电设备带电部分保持 2 m 以上的距离。

3. 装卸作业安全

(1)作业人员须经电气化安全知识培训、考试合格后上岗。

(2)装卸作业应在货物线的安全作业标内进行，如图 2-5-1 所示。

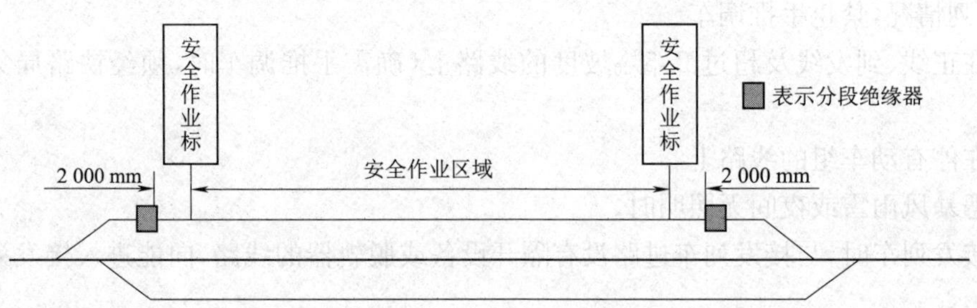

图 2-5-1　安全作业区域

各车站指定的货物装卸线的接触网上须设有分段绝缘器和隔离开关，装卸线的分段绝缘器内侧 2 m 处须埋设安全作业标，隔离开关平时处于合闸状态。

装卸作业时，必须停电进行，作业结束，值班员确认所有人员已离开危险区域，方准合上隔离开关送电。

(3)作业人员、机具(旋转、伸缩功能的机械设备，其最大活动范围)、货物与接触网等牵引供电设备高压带电部分须保持 2 m 以上距离，与回流线、架空地线、保护线须保持 1 m 以上距离。距离不足时，作业前须将牵引供电设备停电。装卸机具、货物不得碰触接触网的任何部位和支柱。

(4)起重机械、抓(扒)料机、挖掘机不得在带电的接触网下装卸作业。在邻近带电接触网附近区域作业前，机械底盘应采取接地保护措施。

(5)在带电的接触网下，作业人员不得在敞车、平车、罐车等车辆(棚车、冷藏车、双层运输汽车专用车内除外)上进行装卸作业，严禁向上投抛篷布绳索(网)、加固材料和工索具，严禁用竹竿、量尺等测量货物高度、宽度，严禁用水冲刷车辆。

(6)装卸工组通过电气化铁路道口或进入带电接触网区域时，所携带的长型工具(如铁锹、撬棍、推拉杆等)一律保持水平状态，驾驶室外禁止坐(站)人。

项目小结

货物运输流程是根据相应的设备和作业方法及长期积累的作业经验制定的，保证安全的作业程序，符合运输生产经营规律，作业中不得随意改变、简化。随着科学发展、设备更新，我们应不断优化作业过程，使其符合运输生产经营发展需要。

相关规范、规程与标准

1.《铁路货物运输规程》(铁运〔1991〕40号)。
2.《铁路货物装载加固规则》(铁总运〔2015〕296号)。
3.《铁路货物运输管理规则》(铁运〔2000〕90号)。
4.《货运作业暂行规定》(铁总运〔2013〕51号)。
5.《铁路总公司关于铁路“实货制”运输管理的实施意见》(铁总运〔2013〕13号)。
6.《铁路零散白货集货配装组织办法》(铁总运〔2013〕14号)。
7.《铁路保价运输管理办法》(铁货〔2023〕5号)。
8.《铁路货运检查管理规则》(铁总运〔2016〕21号)。
9.《铁路货运票据电子化管理暂行办法》(铁总货〔2018〕40号)。
10.《铁路货运票据电子化作业办法》(铁总货〔2018〕41号)。
11.《铁路重点物资运输管理办法》(铁总运〔2018〕113号)。
12.《铁路总公司关于开展货物门到门运输的指导意见》(铁总运〔2013〕24号)。
13.《货运日常工作组织办法》(铁运〔2005〕143号)。
14.《铁路货物装卸安全技术规则》(铁总运〔2015〕244号)。
15.《铁路货物装卸安全技术要求》(TB/T 30009—2023)。
16.《铁路车站货运作业　第1部分:通用作业》(TB/T 2116.1—2005)。
17.《铁路车站货运作业　第2部分:整车货物作业》(TB/T 2116.2—2005)。
18.《铁路车站货运作业　第5部分:货运检查作业》(TB/T 2116.5—2005)。

复习思考题

1. 试述整车货物发送作业程序。
2. 如何托运货物?
3. 托运、受理、承运的含义及时机是什么?

4. 简述铁路货物运单性质、组成及作用。

5. 试述装车前、后“三检”的内容。

6. 货物的途中作业主要有哪些?

7. 试述整车货物到达作业程序。

8. 试述卸车前、后“三检”的内容。

9. 如何办理货物内交付和外交付?

10. 交付完毕的时机是什么?

11. 试述整车货物作业过程中货物运单的流程。

12. 试述货运检查的基本程序。

13. 海拉尔区服装厂某年 8 月 26 日在海拉尔站托运一批服装 1 520 件 38 000 kg,纸箱包装。到站郑州东。收货人郑州市服装公司,保价 25 万元。用 P_{62NT}3311234 装运,施封锁两枚(059207、059208)。请填写运单(运价里程 2 578 km)。题中未给条件自拟。

14. 哈尔滨市汽车配件储运公司某年 2 月 20 日在哈尔滨东站承运到新乡站汽车维修厂一车配件 290 件,木箱包装,保价 50 万元。用 P_{64AT}3424568(标重 58 t)装运,施封锁两枚(060056、060057)。请填写运单(运价里程 1 289 km)。题中未给条件自拟。

15. 日照站发石家庄西站服装一车,运单号 BCHZA0056234,车号 P_{62K}3152846,票记施封 2 枚“F841355/841356”,保价 50 万元。

该车编 43242 次机后第 16 位,于 3 月 11 日 8:30 到达济南站,货检员发现列进右侧无封,车门打开 500 mm 左右,可视表层货零乱,车容不满。送车站倒装。请解答下列问题:

(1)试述施封的货车的货运检查过程。

(2)试述该车处理过程。

16. 哪些货物须派人押运?押运手续如何办理?

17. 车站在处理变更时,应做哪些工作?

18. 车站如何办理货物取消托运?

19. 哪些货车必须施封?

20. 为防止装卸作业过程中机车车辆闯入作业区,发生人身伤亡、货物、机械设备等意外事故,哪些情况应安装防护信号装置?

21. 简述装卸防护信号安撤要求。

22. 通过线路时应遵守哪些规定?

24. 简述货物堆码要求。

25. 简述开关车门有关规定。

26. 何谓高处作业?如何保证高处作业安全?

27. 哪些情况不得进行手推调车作业?

28. 简述电气化区段车辆及行人通过道口的安全规定。

29. 为保证装卸作业安全,电气化区段装卸作业应遵守哪些规定?

项目3　集装箱运输

项目描述

集装箱运输是我国铁路主要运输种类之一，它以安全、便捷、快速、门到门的优点迅速发展。如何发挥这一运输方式的优点，使其适应社会物质文化生活需求和生产经营需要，是铁路货物运输组织的重要内容。

学习目标

1. 能力目标

具备组织集装箱运输的基本能力。

2. 知识目标

(1)掌握集装箱的定义、分类、主要标记和技术参数。

(2)熟悉集装箱运输设备。

(3)掌握集装箱运输办理条件。

(4)掌握集装箱运输组织方法。

3. 素质目标

具备集装箱运输的基本知识，以科学、严谨的态度组织集装箱运输。

相关案例——集装箱办理托运、交接

案例一　如何托运集装箱

某托运人欲在石家庄地区用集装箱托运货物，可以在哪个站办理，使用什么规格的集装箱，对货物有何要求，重量有何要求？

按规定的办理站，可在良村、石家庄西办理20 ft、40 ft集装箱运输，货物应为适箱货物，符合按一批办理的条件，不超集装箱重量的限制。

案例二　如何进行集装箱交接

进出车站的铁路集装箱应如何办理交接，交接凭证为何？

车站与客户办理交接时，施封的凭箱号、封印和箱体外状；未施封的凭箱号和箱体外状。进出站交接凭证为"铁路箱出站单"，交接时发现问题按相关规定处理。

典型工作任务 1　认识集装箱

任务引入

集装运输是工业革命和运输生产发展变革的产物。把一定数量的物料整齐地汇集成便于装卸、搬运、存储的整体，称为集装单元，而对这些“集装单元”的运输，就是集装运输。其目的：一是使货物的集装单元与装载设备相匹配，提高运载设备载重力的利用率；二是使货物的集装单元与机械的作业能力相一致，以实现货物装卸、搬运、仓储的机械化、标准化，从而提高作业效率，降低运输费用和保证货物安全。

我国铁路集装运输包括集装箱运输和集装化运输。其中，集装箱运输已成为我国铁路货物运输主要方式之一。认识集装箱这种运输设备，正确识别集装箱标记和划分集装箱的种类，是本工作任务的目标。

相关知识

知识点 1　集装箱定义及分类

1. 集装箱定义

集装箱是指具备下列条件的运输设备：

(1)具有足够的刚度和强度，在有效使用期内可以反复使用。

(2)适于一种或多种运输方式运送货物，途中无须倒装。

(3)设有供快速装卸的装置，便于从一种运输方式转到另一种运输方式。

(4)便于箱内货物装满和卸空。

(5)内部容积不小于 1 m^3。

集装箱不包括车辆和一般包装。

2. 集装箱的分类

铁路运输的集装箱可以按箱主、长度、所装货物种类和箱体结构、是否符合标准等进行分类。

(1)按箱主分类

按箱主，集装箱分为铁路箱和自备箱。其中铁路箱是承运人提供的集装箱，自备箱是托运人自有或租用的集装箱。

(2)按长度分类

铁路运输的集装箱按长度分为 20 ft 箱、40 ft 箱、45 ft 箱以及经国铁集团货运部批准运输的其他长度的集装箱。

(3)按所装货物种类和箱体结构分类

按所装货物种类和箱体结构，铁路运输的集装箱可分为普通货物箱和特种货物箱。

①普通货物箱

普通货物箱包括通用箱和专用箱。

通用箱又称干货集装箱、杂货集装箱，是指全封闭式，具有刚性的箱顶、侧壁、端壁和箱底，至少在一面端壁上有箱门的集装箱。通用箱适合装运大多数普通货物，如文化用品、日用百货、医药、纺织品、工艺品、五金交电、电子仪器仪表、机器零件及化工制品等。

专用箱是指为便于不通过端门装卸货物或为通风等特殊用途而设有独特结构的普通货物集装箱，包括通风集装箱、敞顶集装箱、台架式集装箱和平台集装箱等。

通风集装箱是指在箱壁设有与外界进行气流交换装置的集装箱，主要用于装运食品等需要通风运输的货物。当通风口关闭或透气口关闭时，通风集装箱又可作为通用集装箱使用。

敞顶集装箱是指箱顶可以打开或无箱顶盖，货物能从上部吊装吊卸的集装箱，适于装运玻璃集装架、钢制品、机械等重质货物。近年来，随着集装箱多式联运的快速发展，20 ft 35 t 敞顶箱得到快速发展，主要用于装运煤炭、砂石料等散堆装货物。

台架式集装箱是指无刚性侧壁和箱顶，端壁也可拆掉，只靠箱底的四个角柱承受载荷的集装箱，主要用于装运长大笨重货物，如重型机械、各种钢材和木材等。

平台集装箱是指集装箱为一平台，无上部结构的集装箱。该类集装箱设有底角件，并可使用与其他集装箱相同的紧固件和起吊装置，适于装运机械、钢铁等重质、大件货物。

②特种货物箱

特种货物箱是指专门适用于运输某种状态或特殊性质的货物的集装箱，包括保温箱、罐式箱、干散货箱和按货物命名的集装箱等。

保温箱是指具有绝热的箱壁、箱门、箱底和箱顶，能阻止集装箱内外热交换的集装箱，用于装运需要控温运输的货物(如冻鱼、冻肉、鲜奶、水果、蔬菜等)。保温箱又可分为绝热集装箱、消耗制冷剂式冷藏集装箱、机械式冷藏集装箱、加热集装箱及冷藏和加热集装箱等。

罐式箱由箱体框架和罐体两部分组成，专门用于装运各类酒类、油类、液体食品、化学品等液体货物的集装箱。装货时，货物由液罐顶部的装货孔装入，卸货时，货物由排出孔靠重力自行流出或由顶部装货孔吸出。罐式箱有单罐式和多罐式两种。

干散货箱主要用于装运无包装的固体颗料粒或粉状货物，如各种散装粮食、饲料、水泥及某些化学制品等。干散货箱一般设有 2～3 个装货口，端门下设有 2 个卸货口。

按货物命名的集装箱是指专门用于装运某种货物的集装箱，包括汽车集装箱、动物集装箱、服装集装箱等。

(4)按是否符合标准分类

按是否符合集装箱标准，铁路运输的集装箱分为标准箱和非标箱。符合国家标准、行业标准或国铁集团企业标准的为标准箱，其他为非标箱。

知识点2　集装箱标记

为了在运输中更好地进行识别、管理和信息传递，须在集装箱的箱体上涂刷各种清晰、易辨、耐久的标记。国内使用的集装箱按国家标准《集装箱　代码、识别和标记》(GB/T 1836—2017)规定涂刷，国际使用的集装箱按国际标准《集装箱的代号、识别和标记》(ISO 6346:1995)规定涂刷。集装箱的主要标记如图 3-1-1 所示。

1. 识别标记

集装箱必备识别标记包括箱主代码、设备识别码、箱号和校验码(以下简称“核对数字”)。

(1)箱主代码

箱主代码是指集装箱所属单位代号。集装箱的箱主代码由三个大写拉丁字母组成；具备唯一性，且应在国际集装箱局(BIC)注册。

(2)设备识别码

设备识别码由 1 个大写拉丁字母表示：“U”代表所有集装箱；“J”表示集装箱所配置的挂装设备；“Z”表示集装箱拖挂车和底盘挂车。

(3)箱号

箱号又称为集装箱顺序号，由 6 位阿拉伯数字组成。如果有效数字不足 6 位，则在有效数字前用“0”补足六位。例如，箱号为 1234 时，则以 001234 表示。

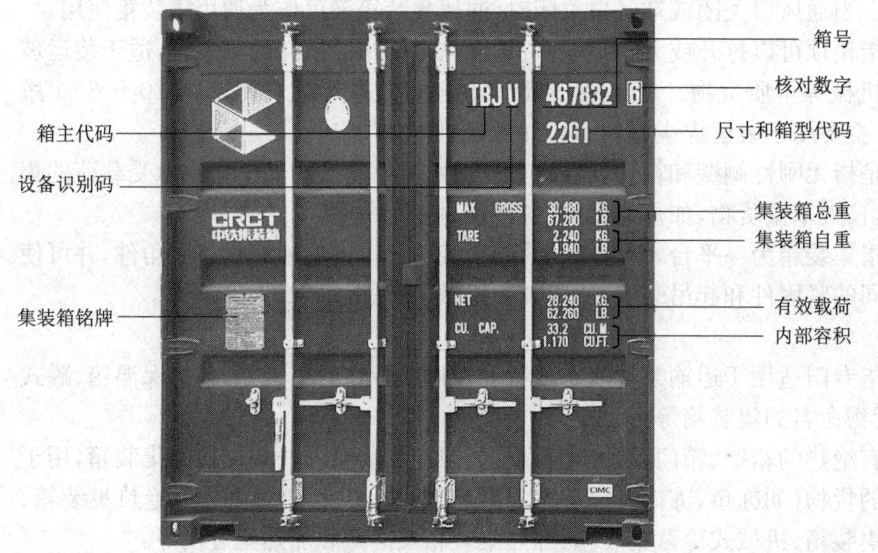

集装箱标记

图 3-1-1　集装箱的主要标记

(4)核对数字

核对数字用于检验箱主代码和箱号传递的准确性，按《集装箱　代码、识别和标记》(GB/T 1836—2017)附录 A“校验码(核对数字)的确定”所列的方法，通过箱主代码、设备识别码和箱号求得。为了与箱号区分开，集装箱的核对数字必须用方框圈出。

例如，20 ft 通用集装箱 TBJU467832 的核对数字为 6，则该集装箱的识别标记整体表示为 TBJU467832 [6]，如图 3-1-1 所示。

2. 国家代号、尺寸和箱型代码

集装箱箱体上涂打的国家代号表示国家或地区，按规定用两个拉丁字母表示。例如：CN 表示中国，US 表示美国等。我国铁路集装箱不使用国家及地区代号。

集装箱的外部尺寸和箱型均应在箱体上标出以便识别。

集装箱尺寸是指集装箱的外部尺寸，尺寸代码用两位字符表示。第一位用数字或拉丁字母表示箱长；第二位用数字或拉丁字母表示箱宽和箱高；上述两字符的细节详见《集装箱　代码、识别和标记》(GB/T 1836—2017)附录 D。

集装箱的箱型代码包括箱型及其特征信息，并用两位字符表示。第一位由 1 个拉丁字母表示箱型；第二位由 1 个数字表示该型箱的特征；上述两字符的细节详见《集装箱　代码、识别和标记》(GB/T 1836—2017)附录 E。

例如，22G1 指箱长为 20 ft(6 058 mm)，箱宽为 8 ft(2 438 mm)和箱高为 8 ft 6 in(2 591 mm)，无通风设备，货物上部空间设有透气孔的通用集装箱。

3. 性能标记

集装箱的性能标记包括集装箱的总重、自重、有效载荷、容积等。

集装箱总重(又称集装箱额定质量)是集装箱的空箱重量和箱内装载货物的最大容许重量之和。

集装箱的自重指的是空集装箱的重量,包括各种集装箱在正常工作状态时应备用的附件和各种设备的重量。

集装箱的有效载荷又称为集装箱的最大允许载货量。

集装箱的容积(CU.)是指集装箱内部尺寸的长×宽×高。

集装箱的总重、自重、有效载荷和容积应标于箱门上,如图 3-1-1 所示。其中,集装箱的总重、自重、有效载荷均以千克(集装箱上标记为 KG.)和磅(集装箱上标记为 LB.)同时标记,集装箱的容积以立方米(集装箱上标记为 CU. M.)和立方英尺(集装箱上标记为 CU. FT.)表示。

我国铁路公布的各种铁路集装箱的基本规格及主要技术参数见表 3-1-1。

表 3-1-1 我国铁路集装箱技术参数(摘自中国铁路 95306 网站)

箱型	箱类	箱主代码	自重(t)	总重(t)	内部尺寸(mm)			外部尺寸(mm)			容积(m^3)
					长	宽	高	长	宽	高	
20 ft	通用集装箱	TBJ	1.86～2.98	30.48	5 898	2 352	2 393	6 058	2 438	2 591	33.2
20 ft	改进型折叠式台架集装箱	TBP	2.1	30	—	2 886	3 330	5 663	3 165	3 745	—
20 ft	石油沥青罐式集装箱	TBG	6.3	30.48	—	—	—	6 058	2 438	2 591	24
20 ft	散装水泥罐式集装箱	TBG	4.95	30.48	—	—	—	6 058	2 438	2 896	22
20 ft	框架罐式集装箱	TBG	4～4.64	30.48	—	—	—	6 058	2 438	2 591	26
20 ft	干散货集装箱	TBB	3.1	30.48	5 900	2 370	2 323	6 058	2 438	2 591	32.5
20 ft	水煤浆罐式集装箱	TBG	4.25	30.48	—	—	—	6 058	2 438	2 591	22
20 ft	弧型罐式集装箱	TBG	6.3	30.48	—	—	—	6 058	2 438	2 896	33.5
20 ft	折叠式台架集装箱	TBP	2.5	30	—	2 868	3 180	5 610	3 155	3 400	—
25 ft	板架式汽车集装箱	TBP	4.68	34.48	—	—	—	7 675	3 300	348	—
40 ft	通用集装箱	TBJ	3.88	30.48	12 032	2 352	2 698	12 192	2 438	2 896	76.4
45 ft	冷藏集装箱	TBL	7.18	30.48	12 716	2 294	2 554	13 716	2 438	2 896	74.5
50 ft	板架式汽车集装箱	TBQ	10.9	60	—	—	—	15 400	3 300	270	—

以上所有标记均采用不同于箱体的颜色进行涂刷。我国铁路集装箱采用的是白漆涂刷。

4. 通行标记

为保证集装箱能通行全国各地和顺利通过他国国境进入他国境内,必须设立各种通行证明并标识在集装箱上,这就是集装箱的通行标记。集装箱通行标记主要有国际铁路联盟(UIC)标记、海关加封运输批准牌照(CCC)、国际集装箱安全公约(CSC)安全合格牌照、集装箱检验单位徽记及标记等,除国际铁路联盟(UIC)标记和检验单位徽记外,其他通行标记一般标记在集装箱铭牌上,如图 3-1-2 所示。

(1)国际铁路联盟(UIC)标记

国际铁路联盟(UIC),是世界铁路最大的国际标准化机构,它成立于 1922 年,其使命是"促进全球轨道交通的发展,以应对流动性和可持续性发展的挑战"。

为统一各国铁路对集装箱的技术要求,简化手续,推动集装箱运输发展,国际铁路联盟制定了《国际铁路联盟条例》，凡符合条例中对集装箱的技术要求的集装箱，经国际铁路联盟同意，即可获得此标记，表示有权在国际铁路联盟组织的各成员铁路上运行。国际铁路联盟标记的表示方法如$\frac{\mathrm{ic}}{33}$所示，其中，“i”“c”表示国际铁路联盟，33 表示中华人民共和国。

图 3-1-2　普通干货集装箱铭牌

1—批准牌照 CCC；2—检验单位标记；3—TCT 认可牌照；4—CSC 安全合格牌照；
5—箱主信息；6—制造厂信息

(2)海关加封运输批准牌照

《1972 年集装箱关务公约》(简称 CCC 公约)是 1972 年 12 月 2 日联合国和政府间海事协商组织在日内瓦共同召开的集装箱运输会议上通过的，为集装箱暂时进口及其程序，以及取得运输海关加封集装箱货物资格条件的公约，于 1975 年 12 月 6 日正式生效，原 1956 年的《集装箱海关公约》同时废止。

CCC 公约的宗旨是发展和推动国际集装箱运输。该公约要求缔约国给符合技术标准的新制造的集装箱颁发海关核准牌，方可凭海关封条在国际运输货物，缔约各国准予上述集装箱享受暂时进口待遇，免交海关税或保证金。

我国政府代表于 1986 年 1 月 22 日向联合国秘书长提交加入书，同年 7 月 22 日生效。并根据该公约的规定，制订了《中华人民共和国海关对用于装载海关监管货物的集装箱和集装箱式货车车厢的监管办法》，授权中国船级社(CCS)承担作为 CCC 公约缔约国的检验发证业务。

我国境内制造的集装箱可以申请我国海关批准牌照，也可向其他 CCC 公约缔约国当局申请外国海关的批准牌照；境外制造的集装箱，也可以申请我国海关的批准牌照。制造的集装箱的所有人在取得批准牌照后，应当在经批准的集装箱箱体规定位置标识。

(3)国际集装箱安全公约(CSC)

1972 年 12 月 1 日联合国和政府间海事协商组织(简称海协，现改称国际海事组织)在日内瓦联合召开的国际集装箱安全会议上通过了《国际集装箱安全公约》。国际集装箱安全公约是为保证集装箱的装卸、堆放和运输的安全，对集装箱结构做出统一要求的国际公约。公约适用于国际运输中所使用的集装箱，但不包括为空运专门设计的集装箱。我国于 1980 年 9 月 23 日加入该公约。

为了维护集装箱在装卸、堆码、运输时的人身安全，国际集装箱安全公约规定，集装箱在制造时，行政主管部门应审查其设计，并要亲自观察集装箱的试验，试验合格后，行政主管部门签发书面通知，取得书面通知后，制造商才有权在制造的集装箱上安装安全合格牌照，表示该集装箱已经检验，并符合制造要求，允许在流通中使用。

(4)集装箱检验单位徽记及标记

为保证集装箱及其运输工具的安全，检验机关应根据国际标准化组织的要求对集装箱进行各项试验，在符合检验规范和相关要求后，应在集装箱箱门上粘贴代表该检验机关的徽记及检验单位标记(图 3-1-2)。集装箱主要检验机关有中国船级社、劳氏船级社等。

(5)TCT 认可牌照

TCT 认可牌照(又称免疫牌)，即指对集装箱裸露木件的防疫处理方法，符合澳大利亚基础工业和能源部所颁发的《集装箱检疫检验程序》附录中列出的对集装箱裸露木件的处理方法，经相关部门认可后即可获得此牌照。TCT 的原则规定，每一只获得 TCT 批准的集装箱应当永久地装设检疫牌照，且每只集装箱体上所设木底板防疫处理的配方应当是被列入澳大利亚基础工业和能源部所颁发的《集装箱检疫检验程序》中所认可的品种，并与检疫牌照上所示的内容完全一致。如果该集装箱的裸露木件在修理和翻新中被换掉，则该项认可即行失效。

5. 其他标记

除上述标记外，还应在集装箱上选择性地标出超高标记、登箱顶触电标记等标记。

(1)超高标记。凡高度超过 2.6 m(8 ft 6 in)的集装箱，均需标出超高标记。该标记为在黄色底上标出黑色数字(箱高)，上面为米制，下面为英制，标志的四周为黑色边框。

(2)登箱顶触电标记。该标记为黄色底三角形，一般设在罐式集装箱和位于箱顶的扶梯处，以警告登顶者有触电危险。

知识点 3 集装箱的标准化

集装箱的标准化，不仅能提高集装箱作为共同运输单元在海、陆、空运输中的通用性和互换性，而且能够提高集装箱运输的安全性和经济性，促进国际集装箱多式联运的发展。同时，集装箱的标准化还给集装箱的运载工具和装卸机械提供了选型、设计、制造的依据，从而使集装箱运输成为相互衔接配套、专业化和高效率的运输系统。

1961 年 6 月国际标准化组织集装箱技术委员会成立后，进行了一系列制定国际集装箱标准的工作，集装箱的国际标准随着时间的推移和集装箱运输的实践与发展，进行了多次修改。为促进国内集装箱运输发展，我国制定了国家标准《系列 1 集装箱 分类、尺寸和额定质量》(GB/T 1413—2023)和《系列 2 集装箱 分类、尺寸和额定质量》(GB/T 35201—2017)。

系列 1 集装箱分类、尺寸和额定质量见表 3-1-2；系列 2 集装箱分类、尺寸和额定质量见表 3-1-3。

表 3-1-2　系列 1 集装箱分类、尺寸和额定质量（GB/T 1413—2023 摘录）

集装箱箱型	长度		宽度		高度		额定总质量	
	mm	ft	mm	ft	mm	ft in	kg	lb
1EEE	13 716	45	2 438	8	2 896	9 6	30 480	67 200
1EE					2 591	8 6		
1AAA	12 192	40	2 438	8	2 896	9 6		
1AA					2 591	8 6		
1A					2 438	8		
1AX					<2 438	<8		
1BBB	9 125	30	2 438	8	2 896	9 6	30 480	67 200
1BB					2 591	8 6		
1B					2 438	8		
1BX					<2 438	<8		
1CC	6 058	20	2 438	8	2 591	8 6	30 480	67 200
1C					2 438	8		
1CX					<2 438	<8		
1D	2 991	10	2 438	8	2 438	8	10 160	22 400
1DX					<2 438	<8		

表 3-1-3　系列 2 集装箱分类、尺寸和额定质量（GB/T 35201—2017 摘录）

集装箱箱型	长度		宽度	高度		额定总质量
	mm	ft	mm	mm	ft in	kg
2CCC	6 058	20	2 550	2 896	9 6	额定质量一般为 30 480 kg，额定质量可大于 30 480 kg，但不大于 35 000 kg
2CC				2 591	8 6	
2C				2 438	8	
2BBB	9 125	30		2 896	9 6	
2BB				2 591	8 6	
2B				2 438	8	
2AAA	12 192	40		2 896	9 6	
2AA				2 591	8 6	
2A				2 438	8	
2EEE	13 716	45		2 896	9 6	
2EE				2 591	8 6	

知识点 4　集装箱的方位及主要部件

1. 集装箱的主要部件

干货集装箱由角柱、角件、端侧梁、端侧墙、箱顶、地板及箱门等部件组成，如图 3-1-3 所示。

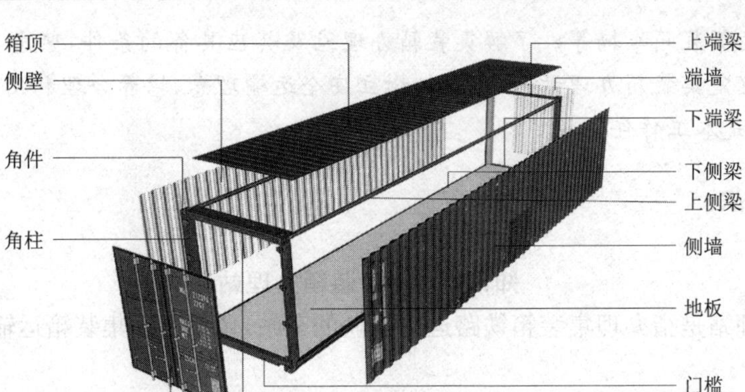

图 3-1-3 集装箱主要部件

干货集装箱的箱门由门板、锁闭装置等组成，通过铰链安装在角柱上，通过门锁装置进行关闭。箱门主要部件如图 3-1-4 所示。

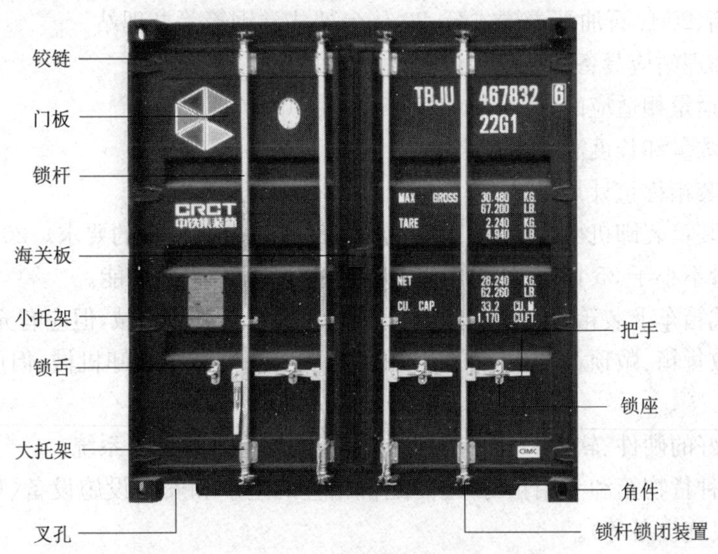

图 3-1-4 箱门主要部件

2. 集装箱的方位

为便于集装箱的运用管理，集装箱设有箱门的一端称为后端，未设箱门的一端称为前端。对未设箱门的集装箱，粘贴集装箱铭牌的一端为后端，另一端为前端。

对集装箱部件称呼时，可站在后端面向前端，对集装箱两侧都装设的配件，由后端左侧向右交互数到前端；对非左右两侧都装设的配件称呼时，则由后端顺序数到前端。

典型工作任务 2 熟悉集装箱运输设备

任务引入

开展铁路集装箱运输，必须具备与其相适应的场地和设备，如集装箱场、集装箱的装卸搬运机械以及装运集装箱车辆等。了解集装箱办理站及其应具备的条件,熟悉集装箱运输的设备、设施,正确确定集装箱办理站的输限制,树立安全运输理念,培养合理利用货运设备提高运输效率的能力,是本工作任务的目标。

相关知识

知识点1　集装箱办理站

集装箱办理站是指办理集装箱铁路运输营业的车站,包括办理集装箱运输的铁路专用线、专用铁路。

1.集装箱办理站分类

集装箱办理站按办理箱型分为:

(1)20 ft箱办理站。可办理各类20 ft箱运输业务。

(2)40(45) ft箱办理站。可办理各类40 ft、45 ft箱运输业务。

(3)特种货物箱、专用箱办理站。包括:20 ft敞顶箱、20 ft干散货箱、20 ft水泥罐式箱、20 ft液体罐式箱、20 ft石油沥青罐式箱、20 ft台架式卷钢箱等办理站。

2.集装箱办理站应具备的条件

(1)有与其运量相适应的,适合集装箱堆存、装卸的场地。

(2)装卸线数量和长度满足生产需要。

(3)具备集装箱称重计量条件。

(4)配备集装箱装卸机械,起重能力满足所装卸集装箱总重量的要求。20 ft、40 ft集装箱装卸机械起重量不小于35 t。装卸机械宜具备称重、超偏载检测功能。

仅办理罐式箱车上装箱、掏箱业务的,可不配备集装箱装卸机械,但应有充装、抽卸设施设备。仅办理干散货箱、敞顶箱车上装箱业务的,可不配备集装箱装卸机械,但应有货物装载设施设备。

(5)具备良好的硬件、软件和计算机网络环境,能够应用集装箱系统。

(6)办理特种货物箱和专用箱时,还需配备相应的生产和安全设施设备(如站台、装卸、充装、抽卸、充电设施设备等)。

3.集装箱运输业务的开办与停办

车站(包括铁路专用线、专用铁路)开办集装箱运输业务,由站段(货运中心)审核办理条件后,将车站名称、铁路专用线或专用铁路名称、起重能力、办理箱型、危险货物运输办理情况报铁路局集团公司,铁路局集团公司货运部确认满足规定的条件后,在铁路95306网站公布。

办理站停办集装箱运输业务,站段(货运中心)须提前一个月将办理站名称、停办箱型、停办原因等报铁路局集团公司,临时停办集装箱运输业务的,还需报停办日期范围。铁路局集团公司审核后在铁路95306网站公布。

车站停办集装箱运输业务时,应清查站存铁路箱,及时组织回送,并将有关信息及时、准确录入集装箱系统。

知识点2　集装箱场

铁路车站要开办集装箱业务,必须设置场地,并且配备相应的装卸机械和搬运设备,以便提高装卸作业效率,加速车辆和集装箱的周转,充分发挥集装箱运输的优越性,实现门到门运输。

1. 集装箱场分类

集装箱货场按年运量可分为五等：

(1)特大型集装箱货场：年运量在 100 万 t 以上。

(2)大型集装箱货场：年运量 50 万 t 以上，不足 100 万 t。

(3)中型集装箱货场：年运量为 30 万 t 以上，不足 50 万 t。

(4)小型集装箱货场：年运量为 10 万 t 以上，不足 30 万 t。

(5)集装箱货区：年运量不足 10 万 t。

2. 集装箱场的配置

集装箱货场主要设备应有：装卸线、到发"门到门"箱区、掏装箱区、备用箱区、空箱区、待修(定修和临修)箱区、轨行式集装箱龙门起重机、装卸搬运辅助机械、铁路箱修理点(以下简称"箱修点")、汽车停车场和生产、办公房屋等。

(1)集装箱场装卸线的配置

装卸线的有效长度应按集装箱的货运量、不平衡系数、平均静载重、箱位布置、堆码层数和占用货位时间等因素计算确定。

装卸线的有效长度，一般不宜小于 140 m，当组织集装箱直达列车时，一般应铺设两条装卸线，每列车按 50 辆计，则每条装卸线的有效长不应小于 350 m。

在采用集装箱龙门起重机装卸作业时，装卸线应设置在跨度内靠走行轨旁，这样设置较有利于龙门起重机的使用和生产的安全，也便于集装箱货场的改建和扩建。

(2)箱区的布置

箱区的布置应遵循以下原则：

①到达"门到门"箱区应设置在集装箱门式起重机跨度内，靠汽车通道箱列内；发送"门到门"箱区应设置在靠铁路装卸线的箱列内。

②掏装箱区宜设在集装箱门式起重机悬臂下，靠汽车通道的箱列内，如图 3-2-1 所示。当集装箱场为尽头式时，掏装箱区宜设在装卸线尽头端部的集装箱门式起重机下。

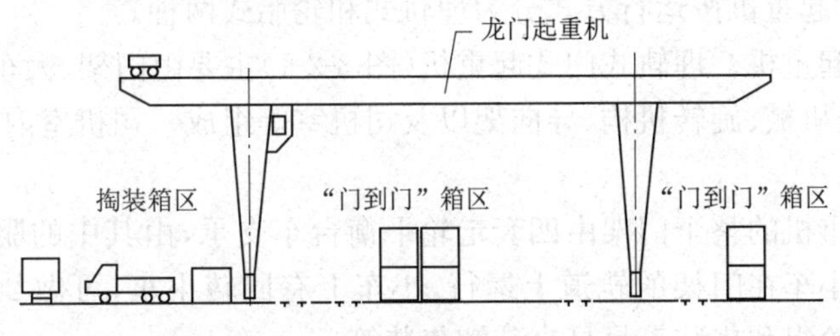

图 3-2-1　集装箱货场布置

③集装箱的空箱区宜设在集装箱门式起重机作业范围内，便于装卸铁路车辆的地点。

④大型集装箱场可在集装箱装卸作业区外，另设专用的掏装箱及堆箱场地。

⑤有箱修点时，待修箱区宜布置在龙门起重机作业范围外靠近箱修点；无箱修点时，待修箱区宜布置在龙门起重机范围内便于装卸车的地点。

⑥备用箱区宜布置在龙门起重机作业范围附近的场地。

(3)箱位的布置

①采用龙门起重机装卸时，箱位宜纵向布置；当横向布置能增加箱位数量时，也可以采用

横向布置。

②采用叉车或集装箱正面吊运机辅助作业时，箱位布置应使集装箱的叉孔面对作业区，作业区的宽度不得小于 9 m。

③集装箱货区应按横、纵划分箱位。由纵横连续的箱位组成箱组，若干箱组分别组成到发“门到门”箱区、掏装箱区、备用箱区、空箱区、待修箱区等。

(4)箱位布置的有关间距

①同一箱组内两相邻箱位边缘间距：20 ft 箱、40 ft 箱为 0.3 m。

②箱组间供工作人员走行道路的宽度应为 0.6～0.8 m；两箱门的距离一层堆码时为 0.8 m，两层堆码时为 0.9～1 m。

③掏装箱区两箱门间的距离不应小于 1.4 m，兼作“门到门”箱装汽车的通道时，其宽度不应小于 3.5 m。

④集装箱边缘至装卸线中心的距离不小于 2.5 m；集装箱边缘至道路边缘的距离不小于 0.8 m。

3. 集装箱堆码要求

集装箱应固定作业场地，分区码放，与其他货物分开存放。码放集装箱时，必须关闭箱门，码放整齐，箱门朝向一致；多层码放时，要角件对齐，不得超过限制堆码层数。系列 2 集装箱采用超宽角件，不得与系列 1 集装箱上下层混合码放。

知识点 3　集装箱装卸、搬运机械

具有快速装卸和搬运的装置，便于机械作业，极大地提高装卸、搬运作业效率，是集装箱的最大特点之一。因此，在集装箱场内都配备一定数量的集装箱装卸、搬运机械。随着集装箱运输的发展，集装箱装卸、搬运机械也得到相应的发展，其类型很多，主要有：

1. 门式起重机

集装箱门式起重机是集装箱场的主型装卸机械，一般可按运行方式或主梁结构特点进行分类。

(1)集装箱门式起重机按运行方式分为埋轨式和轮胎式两种。

①埋轨式门式起重机。埋轨式门式起重机(图 3-2-1)主要由门架、大车运行机构、小车架、小车运行机构、起升机械、旋转机构、导向架以及司机室等组成。司机室内有操纵台，操纵起重机各个机构的运转。

埋轨式门式起重机的整个门架由四套走轮平衡台车支承，由其中的驱动车轮使起重机在轨道上行驶。起升小车在门架的轨道上运行，小车上有回转小车，可做 207°的回转运动。起升机构通过导向滑轮组和集装箱吊具来装卸集装箱。

埋轨式门式起重机的特点是必须在限定的轨道上运行，作业范围受到一定的限制，但结构简单，便于铁路货车和汽车的装卸作业，经济效果好，因此在铁路货场内被普遍采用。

②轮胎式门式起重机。轮胎式门式起重机的特点是机械由充气轮胎支撑在场上走行，不受固定轨道限制，因而机动性好，作业效率高，但是该类起重机操纵比较复杂，造价高。

(2)集装箱门式起重机按悬臂分为双悬臂式、单悬臂式和无悬臂式。其中双悬臂式门式起重机由于跨度大和起升高度高，可以跨越铁路线和汽车道路，在跨度内、悬臂下直接进行集装箱的装卸、换装和堆码作业，因而被集装箱场大量采用。而单悬臂式和无悬臂式门式起重机由于缺乏双悬臂式起重机的特点，被采用的较少。

(3)集装箱门式起重机按主梁结构分为桁架式和箱型式两种,其区别主要在于主梁为桁架结构或箱型结构。

2.起升搬运机械

起升搬运机械主要包括集装箱叉车、正面吊运机和跨运车等。

(1)集装箱叉车

集装箱叉车(图 3-2-2)是铁路集装箱场所采用的性能较好、效率高、用途多的集装箱装卸、搬运机械,其主要用于装卸、搬运和堆码集装箱。

(2)集装箱正面吊运机

集装箱正面吊运机(图 3-2-3)是 20 世纪 70 年代中期开发的一种移动式集装箱装卸搬运机械,主要由车架、支承脚架、伸缩臂架和吊架组成的金属结构,采用内燃机驱动整机前进后退。采用液压驱动,使整机操作灵便、平衡。转向机构多采用叉车型式的转向机构,并装有多种操作保护装置,从而使其工作安全可靠。其作业特点是:

图 3-2-2 集装箱叉车

图 3-2-3 集装箱正面吊运机

①有可伸缩和左右旋转 120°的吊具,能用于 20 ft、40 ft 集装箱装卸作业,吊装集装箱时,吊运机可不与集装箱垂直。当吊运机与箱子成夹角时,吊起后可转动吊具使箱与吊运机处于同一轴线上,以便通过比较狭窄的通路;其吊具可左右移动 800 mm,便于在吊装时对准箱位,从而提高装卸效率,几乎可以在任何条件下的集装箱场进行作业。

②有能带载变幅的伸缩式臂架。吊运机的起升动作由臂架伸出和变幅共同完成,没有专门的起升机构。起升速度快,下降速度也较快。作业时可同时实现整车行走、变幅和臂架伸出,容易满足操作要求,有较高的效率。

③能堆码多层集装箱及跨箱作业。正面吊运机的设计吸取了叉车、跨运车等机械的优点,克服了这些机械的不足,因此它能完成其他机械所不能完成的作业。正面吊运机一般可吊装 4 个箱高,有的还可达 5 个箱高,而且可以跨箱作业,从而提高堆场的利用率。

由于集装箱正面吊运机具有机动性强,稳定性好,轮压较低,堆码层数高,堆货场利用率高等优点,是比较理想的货场装卸搬运机械,因而被广泛采用。

(3)集装箱跨运车

集装箱跨运车是随着集装箱运输的发展,为适应集装箱运输设备的配套而采用的集装箱装卸、搬运、堆码的专用机械。它以门形车跨在集装箱上,由装有集装箱吊具的液压升降系统吊起集装箱,一般以柴油机为动力,通过机械传动方式或液力传动方式驱动跨运车走行,进行集装箱的搬运和堆码工作，如图 3-2-4 所示。

图 3-2-4　集装箱跨运车

集装箱跨运车与轮胎式、埋轨式门式起重机比较，具有更大的机动性，主要用于集装箱场与门式起重机配套使用。跨运车负责将铁路车辆上卸下的集装箱搬运到集装箱场并堆码，或将集装箱场上集装箱搬至铁路装卸线附近，再由门式起重机进行装车。跨运车也可与拖挂车配合，由拖挂车担任集装箱的搬运，跨运车担任集装箱的装卸和堆码作业。

知识点 4　装运集装箱的车辆

集装箱可采用敞车、集装箱专用平车和共用平车装运。

1. 集装箱专用平车

集装箱专用平车是专门用于装运集装箱的特种车辆，有早期生产的 X_{6A}、X_{6B}、X_{6C} 型车，以及为适应集装箱运输的快速发展生产的 X_{1K}、X_{3K}、X_{4K}、X_{6K}、X_{6BK}、X_{6BT}、X_{6CK}、X_{6CT}、X_{70}、BX_{1K} 等型车。图 3-2-5 为 X_{70} 集装箱专用车。

图 3-2-5　X_{70} 集装箱专用车

部分集装箱车主要参数见表 3-2-1。

表 3-2-1　部分集装箱专用车主要参数

车型	X_{6A}	X_{6B}	X_{6C}	X_{1K}	X_{3K}	X_{4K}	X_{6H}	X_{6K}	X_{70}
自重(t)	18.2	22.2	20	20	22	21.8	21	≤18	≤22.4
载重(t)	50	60	60	61	60	72	61	61	70
承载面距轨面高(mm)	1 162	1 166	1 174	1 160	1 159	1 140	1 160	1 140	1 169
车辆长度(mm)	13 938	16 338	16 338	14 738	19 338	19 146	16 338	13 230	1 3446
车底架长(mm)	13 000	15 400	15 400	13 800	18 400	18 400	15 400	12 300	1 2500
车辆宽度(mm)	3 224	3 220	3 220	3 170	2 926	2 890	3 030	2 850	3 164
车辆定距(mm)	9 300	10 920	10 920	9 700	14 600	14 200	10 920	8 900	9 000
运行速度(km/h)	100	100	100	120	120	120	120	120	120

注：以上车辆均可装运 20 ft、40 ft 箱，部分车辆还可装运 45 ft、50 ft 箱。

2. 共用平车

共用平车上安装有可翻转的集装箱锁头，当集装箱锁头处于非工作位时，可以作为普通平车使用；当集装箱锁头处于工作位时，可作为集装箱专用车使用，可以装 2 个 20 ft 集装箱或 1 个40 ft 集装箱。

目前，运用中的共用平车主要有 NX_{17} 系列和 NX_{70} 系列，其中，NX_{17B} 系列、NX_{70} 型、NX_{70H} 型等共用车还可用来装运 45 ft 箱。图 3-2-6 为 NX_{70} 共用平车。

图 3-2-6 NX_{70} 共用平车

3. 集装箱专用平车、共用平车锁头

集装箱专用平车、共用平车锁头是用以加固集装箱的装置，锁头通过与集装箱角件连接，可有效防止集装箱发生纵向和横向水平移动；其中，F-TR 锁还可以有效防止集装箱起跳，被广泛应用于集装箱专用平车和共用平车。

(1)F-TR 锁组成及工作原理

F-TR 锁是集装箱专用平车或共用平车上安装的一种能有效保证集装箱运输安全的锁闭装置，由落箱上导向斜面、落箱下导向斜面、出箱导向斜面和锁头承载面四个面以及鹰头组成，如图 3-2-7 所示。该锁头在车上安装方向是同一箱位同端同向，异端反向，如图 3-2-8 所示。

集装箱 F-TR 锁

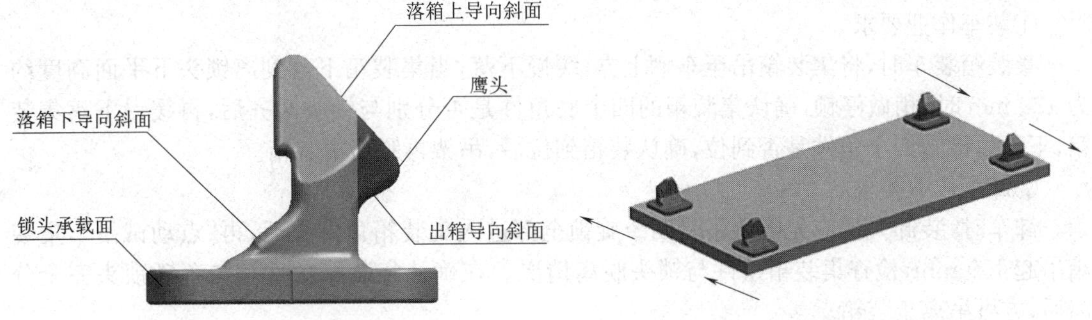

图 3-2-7 F-TR 锁组成　　图 3-2-8 F-TR 锁在车辆上的安装

装载集装箱当下角件进入锁头时，先沿着锁头背部的落箱上导斜面轻微转动至另一侧，又沿着落箱下导斜面反方向转动相同角度，使下角件卡在 F-TR 锁头的鹰头下面。当集装箱卸车起吊时，下角件沿着出箱导向斜面轻微转动脱离锁头。

在装卸集装箱时，F-TR 锁独特的鹰头结构及其在车上安装布局，在集装箱下角件起吊脱开或装载进入锁头时，使集装箱产生平面转动，将集装箱进出锁头的运动形式，由垂直运动转变为“垂直运动＋平面转动”的复合形式来锁固集装箱，从而具备防止集装箱倾覆和跳起功能，有效提高集装箱的锁固能力。无论空重集装箱，均无须采取其他加固措施，保证集装箱运输过程中的安全。

(2)F-TR 锁操作方法

按照集装箱专用平车、共用平车锁头在车辆上的安装方式，将集装箱锁头分为固定式、推拉反转式、推拉式和反转式四种方式，如图 3-2-9 所示。其中，推拉反转式、反转式和推拉式锁头统称为推拉反转式锁头。

(a) 固定式锁头　(b) 反转式锁头　(c) 推拉式锁头　(d) 推拉式转式锁头

图 3-2-9　集装箱专用平车、共用平车锁头

推拉翻转式 F-TR 锁头具有工作位和非工作位两个状态。装车作业前，应根据所装集装箱的种类，将锁头调整至正确状态。

推拉翻转式 F-TR 锁头由非工作位调整至工作位时，按图 3-2-10 步骤操作，由工作位调整至非工作位时，按图 3-2-10 反向操作即可。

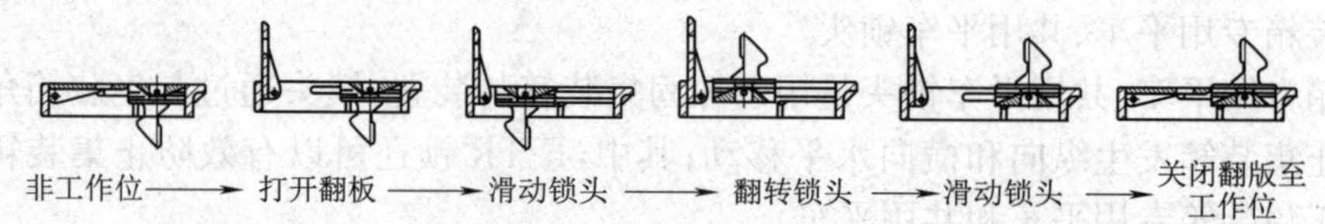

图 3-2-10　推拉翻转式 F-TR 锁头由非工作位调整至工作位

(3)装卸车作业要求

由于 F-TR 锁独特的鹰头结构，如操作不当，极易发生集装箱角件无法脱锁，甚至连同车辆一同吊起，导致车辆脱轨事故。为保证安全，集装箱专用平车、共用平车装卸作业必须遵守下列规定。

①装车作业要求

集装箱装车时，将集装箱吊至车辆上方，缓慢下落，当集装箱下落到离锁头下平面高度约为 120 mm 时，稍做停顿，确认集装箱的四个底角件是否分别与锁头对齐后，再缓慢下落集装箱，下落后检查四个角件是否到位，确认装箱到位后，吊架再脱离集装箱。

②卸车作业要求

卸车时，装卸人员应先确认吊具四个旋锁全部进入集装箱角件孔后，再“点动试吊”，集装箱吊起 100 mm，检查集装箱角件与锁头脱离情况。在确认集装箱角件孔与车辆锁头完全分离后，方可吊离集装箱。

典型工作任务 3　熟悉集装箱货物办理条件

任务引入

通过铁路运输的集装箱，必须遵守铁路运输的有关规定，如必须使用符合规定的集装箱，且只能在规定的集装箱办理站间运输;集装箱装运的货物必须是适箱货物,且单箱总重不得超过集装箱的标记总重等。其目的是保障集装箱、箱内所装货物和铁路运输安全,便于责任划分,从而维护承运人、托运人、收货人的合法权益。熟悉集装箱货物办理条件,具备集装箱运输的基本业务知识,培养科学严谨、按规章作业的职业素养,能初步进行集装箱的交接,处理集装箱交接中发现的问题,是本工作任务的目标。

相关知识

知识点1 集装箱运输的基本条件

1. 集装箱必须在规定的集装箱办理站间运输

集装箱办理站由各铁路局集团公司在铁路 95306 网站公布。在公布的集装箱办理站中,有的办理全部箱型的集装箱业务,而有的仅办理一种或几种箱型。因此,集装箱只能在办理该箱型的集装箱办理站间运输。

集装箱应采用门到门运输。托运人或收货人可自行安排集装箱汽车取送集装箱,也可委托有能力的车站办理,车站均应提供便利条件。特殊情况下,根据托运人、收货人要求也可在站内指定区域装、掏箱。

2. 必须使用符合规定的集装箱

经铁路运输的集装箱,集装箱箱主应保证集装箱质量符合国家标准、行业标准或国铁集团企业标准,按规定涂打标记和标志,具有集装箱检验单位徽记、国际集装箱安全公约(CSC)安全合格牌照、国际铁路联盟(UIC)标记,标有定期检验日期或连续检验计划标记,确保集装箱的质量满足铁路运输安全要求。

非标铁路箱满足国铁集团货运部公布运输条件和运输安全要求后,方可上路运输。非标自备箱办理海铁联运、国际铁路联运(发站或到站为港口站、国境站)以及管内运输的,由发送铁路局集团公司确认满足运输安全要求、确定运输条件后方可上路运输;其他由发送铁路局集团公司确认满足运输安全要求,提出运输条件,报国铁集团货运部批准后方可上路运输。

3. 必须是适合集装箱运输的货物

集装箱所装货物应符合所用箱型适箱货物要求,不得腐蚀、损坏箱体。铁路通用箱不得装运煤、焦炭等易污染箱体的货物。下列货物不得混装于同一集装箱内:

(1)易腐货物与非易腐货物。

(2)危险货物与非危险货物。

(3)性质互抵的货物。

(4)运输条件不同的货物。

在一定季节和区域内不易腐烂、变质、冻损的易腐货物,经托运人和承运人协商一致并签订书面协议后,在保证不影响货物质量的前提下,可使用通用集装箱装运。

4. 遵守集装箱按一批办理的条件

按一批托运的集装箱,每批必须是标记总重相同的同一类型集装箱。铁路箱和自备箱不得按一批办理。

5. 集装箱重量的限制

集装箱货物的重量由承运人确定。

集装箱办理站必须具备集装箱的称重条件，并逐箱复查发送的集装箱的重量。托运的集装箱单箱总重不得超过其标记总重，且不得超过发站和到站的集装箱起重能力（在车上直接装、掏箱的特种货物箱、专用箱等除外），对超过标记总重的集装箱，车站要纠正后方可运输，并按规定核收因检查产生的作业费用。

6.其他

集装箱军事运输按有关规定办理。

集装箱装运危险货物应严格按照《危规》的规定执行；集装箱装运鲜活货物要严格遵守《鲜规》有关规定；集装箱国际铁路联运，应遵守国际铁路货物联运的有关规定。

知识点 2　集装箱的装掏箱和施启封

集装箱的装掏箱工作应在站外进行，根据托运人（收货人）要求，可在站内指定区域装、掏箱。

1.装箱和施封

集装箱的装箱和施封工作由托运人负责。

货物装箱时应码放稳固，装载均衡，不超载、不集重、不偏重、不偏载、不撞砸箱体，采取防止货物移动、滚动或开门时倒塌的措施，保证箱内货物和集装箱运输安全。

敞顶箱装运易扬尘货物，应采取苫盖篷布或抑尘等环保措施。敞顶箱冬季运输时，托运人应按铁路局集团公司具体要求采取喷洒防冻液等防冻措施。

托运的重集装箱应当施封（结构上无法施封的除外）。通用集装箱施封时，确认左右箱门把手入座、锁舌落槽，在右侧箱门把手锁件施封孔处施封一枚；其他类型集装箱根据实际情况采取适合的施封方法。

集装箱施封

集装箱施封时，所用施封锁必须是车站出售的，或经车站同意在国铁集团定点施封锁厂定购的。集装箱施封后，托运人应在运单上填记集装箱箱号和施封号码，这是托运人施封责任的书面记载。

对已施加海关封或托运人已施加自备商业封的集装箱，可不再施加铁路封，不施加铁路封时，托运人应在货物运单“托运人记事”栏内注明“交接集装箱使用××海关封（托运人自备商业封）”，施封号码填写海关封或托运人自备商业封号码。

2.掏箱和启封

集装箱的启封和掏箱工作由收货人负责。

铁路箱掏空后，应清扫干净，将箱门关闭良好，清除与本次运输有关的附加标记，有污染的须洗刷除污；车站应对交回的空箱进行检查，发现未清扫或未洗刷的，应在清扫或洗刷干净后接收。

集装箱的交接

知识点 3　集装箱的交接

1.交接地点和交接方法

在车站装卸车的集装箱，车站与托运人或收货人交接集装箱时，施封的凭箱号、封印和箱体外状，不施封的凭箱号和箱体外状交接。

在铁路专用线、专用铁路装卸车的集装箱，交接办法由车站与铁路专用线、专用铁路的使用单位商定，并在铁路专用线、专用铁路运输协议中明确。

2.发现问题的处理

托运人在领取空集装箱时，应认真检查箱体状态，发现箱体状况不良时应及时提出，车站应予以更换。

发站在接收集装箱时,检查发现箱号或封印内容与运单记载不符或未按规定关闭箱门、施封的,应由托运人改善后接收。箱体损坏危及货物和运输安全的不得接收。

收货人在接收集装箱时,应按运单记载核对箱号,检查施封状态、封印内容和箱体外状,发现不符或有异状时,应在接收当时向车站提出,车站按有关规定及时处理。

到站在接收收货人送回的空箱时,应按票据记载核对箱号,检查箱体外状,发现不符或有异状,应在接收当时提出,并按有关规定及时处理。

3.责任划分

交接前由交方承担,交接后由接方承担。

集装箱在承运人的运输责任期内,箱体没有发生危及货物安全的损坏,箱号、施封号码与运单记载一致,施封有效时,箱内货物由托运人负责。但运输过程中由于托运人责任造成的事故和损失由托运人负责;因集装箱质量发生的问题,责任由箱主或集装箱承租人负责。

知识点4 集装箱的装运条件

1.车辆使用要求

集装箱宜使用集装箱专用平车或共用平车装运,禁止使用普通平车装运。需要使用敞车装运集装箱时,运行速度应执行有关规定,并遵守下列规定:

(1)经青藏线格拉段(不含格尔木站)运输的重集装箱禁止使用敞车装运,空集装箱禁止使用未安装 F-TR 锁的集装箱专用平车和共用平车装运。

(2)发往台州南站的集装箱不得使用敞车装运。

2.装载加固要求

(1)集装箱不得与其他货物装入同一辆货车内。

(2)端部有门的 20 ft 集装箱使用集装箱专用平车或共用平车装运时,箱门应朝向相邻集装箱。但使用 X4K 集装箱平车,两端箱位装载集装箱、中间箱位未装载集装箱时,箱门应朝向外侧门挡。

(3)使用未安装 F-TR 锁集装箱专用平车或共用平车装运空集装箱时,必须使用 4 股以上 8 号镀锌铁线捆绑。

其中,使用共用平车时,将集装箱底部角件与车辆捆绑牢固;使用专用平车时,将相邻两箱底部角件捆绑在一起,仅装运一箱时,须将集装箱底部角件与车辆底架捆绑牢固。卸车前,要将铁线剪断并清除干净,防止损坏车辆和箱体。

集装箱装车时,不得采用在货车上焊接、钉固等损坏车辆的加固方式。集装箱装车后,全车集装箱总重不得超过货车标记载重,且应符合货车装载技术条件要求,保证货车不出现超载、偏载、偏重等问题。

典型工作任务4 组织集装箱运输

任务引入

为规范集装箱运输管理,保证铁路运输安全,加快集装箱运输发展,国铁集团负责国家铁路集装箱运输组织和统一管理,铁路局集团公司负责管内集装箱运输组织和经营管理。特货公司按国铁集团确定的业务范围，负责相应的集装箱经营管理工作。

铁路集装箱运输应适应市场需要，发展铁水联运和国际联运，按照“合理集结、多装直达、均衡运输、减少回空”的原则组织集装箱运输，发展快运货物班列，提高班列运量比例，并采取有效措施加速集装箱周转。

了解集装箱的运输的管理体制、集装箱调度的职责、集装箱运输计划、集装箱调整的含义及基本方法，会计算集装箱保有量；掌握集装箱作业过程及基本作业要求；培养严格按照作业程序作业，把好发送、到达作业关，保证集装箱运输安全，是本工作任务的目标。

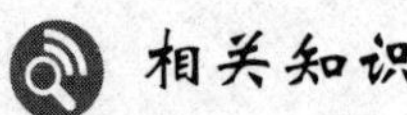

相关知识

知识点1　集装箱运输的基本原则和调度指挥

集装箱运输实行全路集中统一调度指挥，国铁集团调度中心设立集装箱调度台，统一指挥全路集装箱调度业务。各铁路局集团公司根据工作量，设立相应数量的集装箱调度台，在国铁集团集装箱调度的领导下完成集装箱运输生产任务。

1. 集装箱调度的职责

审批和下达集装箱月度装箱计划，按计划组织装箱和掌握去向，调整集装箱保有量和箱流去向，做好均衡运输；贯彻上级指示，发布调度命令；按时收取和向上级报告有关表报，检查分析运输情况，实施集装箱运输方案；处理集装箱运输中日常发生的问题。

各级集装箱调度根据国铁集团下达的月度集装箱装车计划审批和下达月度装箱计划，按计划组织装箱，调整集装箱保有量和箱流去向，组织实施集装箱班列运输方案，掌握集装箱扣修和修竣情况，全面、准确掌握集装箱运输动态，及时处理发生的问题。

2. 集装箱计划

集装箱运输实行优先审批计划、优先配车、优先挂运、优先排空箱的政策。铁路局集团公司应加强集装箱货源组织，优化运输组织方案，跨局运输的集装箱应组织一站直达车装运，局管内运输的集装箱，铁路局集团公司可制定管内中转集结规定，开展管内中转，以加快集装箱周转，提高运输效率。

集装箱月度装箱计划由车站向集装箱调度提报。其主要内容有发送箱数、发送吨数、去向、排空和接空箱型、箱数等。

3. 集装箱保有量

铁路局集团公司或全路为完成集装箱运输任务，必须保有一定数量的运用集装箱，即铁路集装箱保有量。它是集装箱运输组织中的一项重要指标，它反映出集装箱是否处于正常运输状态，集装箱保有量要保持相对平衡。

$$\text{铁路集装箱保有量}=\text{铁路箱日均发送箱数}\times\text{平均停时}$$

【例 3-4-1】 某站 20 ft 铁路集装箱月均发送箱数为 1 639，平均停时为 1.71 d。试计算集装箱保有量。

【解】 集装箱保有量$=\dfrac{1\,639}{30}\times 1.71=93.4\approx 94$(TEU)

4. 集装箱调整

集装箱调度应掌握箱流、车流动态，定期对集装箱保有量进行核定和分析，根据铁路箱运用情况、需求变化和运用效率，及时调整铁路局集团公司、车站的铁路箱保有量。

集装箱的调整以装运重箱为主，回送空箱和停限装为辅。集装箱停限装和铁路集装箱空箱回送，在铁路局集团公司管内须铁路局集团公司集装箱调度下达调度命令，跨铁路局集团公司时须国铁集团集装箱调度下达调度命令。跨局调整铁路箱空箱时，到局可根据需要调整到站，新到站限本铁路局集团公司车站；其他各铁路局集团公司均不得调整到站。

铁路箱空箱凭集装箱调度命令调整时，经铁路运输的，在“特殊货车及运送用具回送清单”（以下简称“回送清单”，如图 3-4-1 所示）上记明箱号、命令号，办理免费回送；铁路局集团公司管内，凭调度命令可经其他运输方式调整空箱、办理还箱，调度命令应发给交出站和接收站。交出站填制“铁路箱出站单”（图 3-4-2）；接收站加盖站名日期戳和经办人章，将收据交还箱人。

特殊货车及运送用具回送清单

No.

发站(公司)		到站(公司)		发送日期		回送命令号码	
车种车号		施封号码		到达日期		回送种类	
回送的货车或运送用具				承运人记事			
种类	号码	数量	重量(kg)	附注			
合计							

发站经办人：　　　　　　　　　　　　　　　到站经办人：

图 3-4-1　特殊货车及运送用具回送清单

铁路箱出站单

________站存查　　　　　　　　　　　　　　　　　　　　　甲联

No. ××××××

出站填记(空　重)							
托运/收货人						调度命令号	
到站/运单号		箱型箱号				接收站	
箱体状况	割伤C.　擦伤B.　破洞H.　凹损D. 破损BR.　部件缺失M.　污箱DR.					如有异状，请注明程度和尺寸	
领箱人						备注	
搬出汽车号		破损记录号		车站经办人		出站日期	
进站填记(空　重)							
箱体状况	割伤C.　擦伤B.　破洞H.　凹损D. 破损BR.　部件缺失M.　污箱DR.					如有异状，请注明程度和尺寸	
还箱人						备注	
搬入汽车号		破损记录号		车站经办人		进站日期	

门卫验放：　　（章）

说明：1. 铁路箱空箱出站时，将收货人、运单号抹消；重箱出站时，将托运人、到站抹消。

2. 甲、乙联可用不同颜色印制。

3. 各站可根据管理需要，增加联数。

规格：A5 纸竖印(148 mm×210 mm)

图　3-4-2

铁路箱出站单

站　随箱联　　　　　　　　　　　　　　　　　　　　　　　　　　乙联

No. ××××××

出站填记(空　重)							
托运/收货人						调度命令号	
到站/运单号			箱型箱号			接收站	
箱体状况	割伤C.　擦伤B.　破洞H.　凹损D. 破损BR.　部件缺失M.　污箱DR.					如有异状,请注明程度和尺寸	
领箱人						备注	
搬出汽车号		破损记录号		车站经办人		出站日期	
进站填记(空　重)							
箱体状况	割伤C.　擦伤B.　破洞H.　凹损D. 破损BR.　部件缺失M.　污箱DR.					如有异状,请注明程度和尺寸	
还箱人						备注	
搬入汽车号		破损记录号		车站经办人		进站日期	

门卫验放：　　（章）

领箱人须知	1. 如本单记载与实际不符,应在出站前要求更正。 2. 应及时将铁路箱送回,超过规定时间需支付集装箱延期使用费。 3. 保证箱体完好,发生损坏、丢失须赔偿。 4. 本单乙联随箱同行,还箱时将乙联交回。 5. 还箱收据盖戳后,保存60日。
还箱收据	本单记载的铁路箱已交回车站,收据请保存60日。 备注: 车站经办人:　　　　车站日期戳记: A000001

图 3-4-2　铁路箱出站单

5. 集装箱的备用和解除

根据运输的需要,车站可备用适当数量状态良好的空集装箱。集装箱备用必须满24 h,不足24 h解除备用时,自备用时起,仍按运用集装箱计算在站停留时间。

铁路集装箱的备用和解除由各铁路局集团公司集装箱调度提出申请,国铁集团集装箱调度准许后下达调度命令。

知识点 2　集装箱作业过程

集装箱货物运输过程包括发送、途中和到达三个环节。集装箱货物作业流程如图3-4-3所示。

1. 提报运输需求

集装箱运输以货物运单作为运输合同。托运人用铁路运输集装箱,应按批提出运单(需求联)一份,并准确填记货物名称、集装箱号码、施封号码、重量等各项内容。填写货物运单时,应按表2-2-2要求认真填写,并遵守下列规定:

(1)集装箱货物混装运输时,“货物名称”栏填写“混装货物”或“混装货物F”,并按箱提出物品清单。

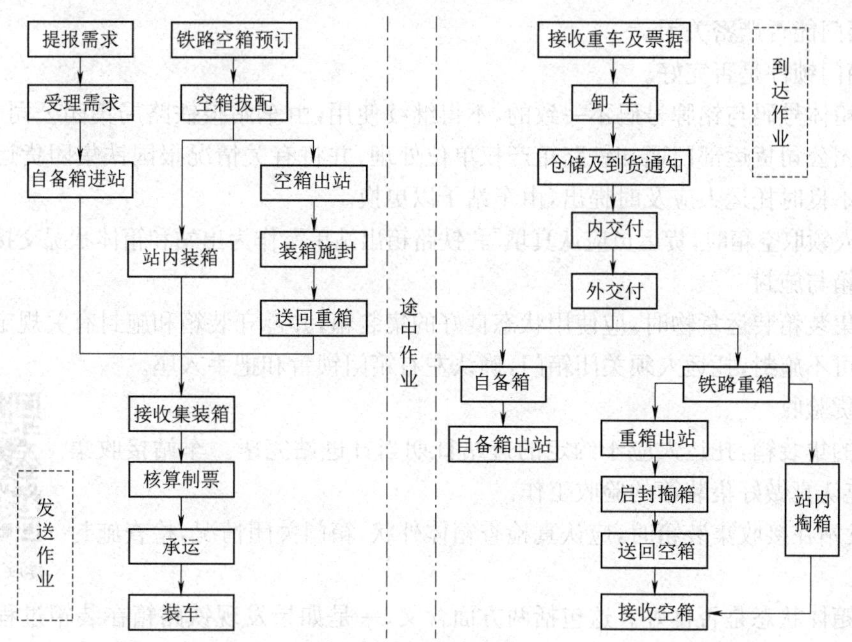

图 3-4-3　集装箱作业流程

(2)“箱型”栏填写集装箱对应箱型,如“20”“25”“40”“45”“50”;“箱类”栏填写集装箱对应箱类,如“通用标准箱”“35 吨敞顶箱”等。

(3)“箱号”栏填写包括箱主代码在内的 11 位集装箱箱号。

(4)“集装箱施封号”栏填写与“箱号”对应的施封号码。

(5)集装箱内单件货物重量超过 100 kg 时,应在运单“托运人记事”栏内分别注明实际重量。

托运的集装箱不得匿报货物品名,货物中不得夹带危险货物、易腐货物、货币、有价证券以及其他政令限制运输的物品。托运人应对其在运单、物品清单内填记内容的真实性负完全责任。

使用铁路通用箱运送货物,应通过铁路 95306 网站预订空箱,打印“提箱单”,按约定日期,凭提箱单到车站领取空箱。出站后重去重回的不需订箱。

2.受理需求

承运人通过电商系统受理电子运单(需求联)并进行实货确认。审核货物运单时,除按一般要求办理外,重点审核发到站办理限制、起重能力,有无临时停限装命令等。对符合运输条件的,在运单“承运人记事”栏标记相关运输记事,报铁路局集团公司计划审批系统。

3.空箱拨配

使用铁路集装箱运送货物时,托运人应按照约定取箱日期,凭提箱单到车站领取铁路空箱,车站应提供状态良好的集装箱。

拨配空箱时,货运员应核对批准的取箱日期及需要拨配的空箱数,并会同托运人认真检查箱体状态,检查的主要内容有:

(1)箱顶是否透亮。

(2)箱壁是否有破孔。

(3)箱门能否严密关闭。

(4)箱门锁件是否完好。

发现箱体号码与铭牌号码不一致的,不得继续使用,由车站报铁路局集团公司货运部门,铁路局集团公司货运部门通知铁路箱产权单位处理,并将有关情况报国铁集团货运部。发现箱体状况不良时托运人应及时提出,由车站予以更换。

托运人领取空箱时,货运员应认真填写"铁路箱出站单",作为出站和箱体状况交接的凭证。

4. 装箱与施封

使用集装箱装运货物时,应使用状态良好的集装箱,并遵守装箱和施封有关规定。托运的空集装箱可不施封,托运人须关闭箱门,确认左右箱门锁舌和把手入座。

5. 进货验收

接收发送集装箱

发送的集装箱,托运人应于约定的进站日期当日进站完毕。车站接收集装箱时,应认真做好集装箱的验收工作。

(1)发站在接收集装箱时,应认真检查箱体外状、箱门关闭情况,检查施封是否有效。

检查箱体状态是否良好。这包括两方面含义,一是如果发现铁路箱在装箱过程中有破坏箱体的情况,要求托运人赔偿;二是如果箱体不良可能危及货物安全的,应更换集装箱。

检查箱门是否关好,锁舌是否落槽,把手是否全部入座。锁舌不入槽,箱门是假关闭;把手不入座,装卸时极易损坏集装箱。

对施封的集装箱,应核对运单上填记的箱号和施封号码与集装箱上的是否一致,箱号和施封号码是否对应。

发站在接收集装箱时,发现未按规定关闭箱门、施封的,发现箱号或封印内容与运单记载不符,应由托运人改善后接收。检查发现箱体损坏危及货物和运输安全的不得接收。

(2)有称重条件的集装箱办理站,承运人必须逐箱复查发送的集装箱重量,并遵守集装箱重量限制的有关规定。

(3)为防止出现匿报货物品名、夹带危险货物、装载加固不良等问题,铁路局集团公司应与托运人、收货人明确约定:铁路局集团公司有权对集装箱货物品名、数量、重量、包装、装载状况等进行检查,检查比例由铁路局集团公司确定。需要开箱检查货物时,在发站应通知托运人到场;在到站应通知收货人到场;无法约见托运人或收货人时,应会同驻站公安检查,并做好记录。

托运人违反合同约定或有关规定应承担违约责任的,铁路局集团公司应按合同约定或有关规定向托运人或收货人核收违约金和因检查产生的作业费用。可继续运输的,车站应会同托运人补封,编制普通记录。

验收后的重集装箱应送入货区指定的箱位,并通过集装箱系统在货物运单上填写箱位号、验收日期等信息,补充"混装""已安检"等有关运输记事后,及时将信息推送到货票系统。

6. 核算制票与承运

接收重箱后,车站应通过"货票系统"及时检索"已检斤验货"的集装箱运单信息,根据实际补充运输记事,信息核对完整后,推送至集中办理机构,由集中办理机构生成费用信息,核实费用信息无误后进行计费制单。

托运人选择电子运单的,不再打印、留存,客户自助查询或自助打印电子运单有关信息。打印的纸质文件不具备合同效力。

托运人选择纸质运单时，按需打印运单发站存查联、托运人存查联、领货凭证联（客户需纸质领货凭证时），有物品清单的，车站打印物品清单一式二份，一份由车站交托运人签章后与运单发站存查联合订留存，一份交托运人。

在核收运输费用后，托运人应在运单发站存查联正面的托运人签章处及背面的“货物托运安全承诺书”处签章后，车站在打印出的运单各联上加盖车站日期戳。将运单托运人存查联、领货凭证联（托运人约定非电子领货时）和物品清单（有物品清单时）交托运人，货物即为承运。

7.装卸车作业

装卸和搬运集装箱应使用集装箱装卸搬运机械，对系列2集装箱应使用一侧（两侧）无导板或采用可调式（翻转式）导板的集装箱吊具。装卸和搬运作业应稳起轻放，防止刷蹭、冲撞集装箱和货车；对冷藏箱应考虑箱体重心偏离情况。

（1）装车作业

装运集装箱时，应遵守车辆使用规定和装载加固要求。

①集装箱装车前，应认真做好前三检工作。

货物装车前，货运员凭货运票据检查待装集装箱，确认待装集装箱与票据信息一致；确认箱门关闭及施封良好，箱体状态良好、无异物，符合运输要求；使用特种货物箱和专用箱的，还应检查附属件。

集装箱专用平车、共用平车装车作业

检查车辆的技术状态，确认车辆技术状态良好；必须清扫干净车地板，确认车体上无杂物。使用集装箱专用平车或共用平车时，装车前还须确认锁头齐全、状态良好。对状态不良，影响运输安全的货车、集装箱禁止装车。

②集装箱装车时，应认真做好下列工作。

集装箱装车时，应认再次核对箱号，检查箱体和施封情况，确认箱体无异物。使用特种货物箱和专用箱的，还应检查附属件。

全车集装箱总重不得超过货车标记载重，且应符合货车装载技术条件要求，保证货车不出现超载、偏载、偏重等问题。

③装车后，应认真做好下列工作。

a.集装箱装车后，按运输票据核对箱号，检查集装箱箱体外状和装载状态。

使用集装箱专用平车或共用平车装运集装箱，装车后必须确认锁头完全入位，箱门处的集装箱专用平车门挡或共用平车端板立起，需加固的空集装箱按规定加固。使用敞车装载集装箱，集装箱应均衡装载，并采取防止集装箱移动的措施，车门关闭加固符合规定。确认箱体无破损，箱体和车体无危及行车安全的悬挂物。

b.填写运输票据。

集装箱装车后，应在集装箱系统中录入货车装载清单，记明箱号、车号等信息。需要使用货运票据封套时，应在货运票据封套的右上角加盖集装箱类型戳记并填记箱号，在“货物品名”栏内按《铁路货车统计规则》（以下简称《统规》）规定填记“箱主＋箱型＋重（空）＋箱数”，在“货物实际重量”栏内填记全车集装箱总重。

（2）卸车作业

集装箱卸车时，应核对箱号，检查箱体和施封情况。使用特种货物箱和专用箱的，还应检查附属件。发现集装箱施封锁丢失、封印内容不符、施封失效时，应按《管规》《货损规则》等有关规定处理。

集装箱专用平车、共用平车卸车作业

卸车作业时，对安装 F-TR 型锁的集装箱专用平车或共用平车，须确认集装箱角件孔与车辆锁头完全分离后再进行后续作业。卸箱过程中发生集装箱角件孔与车辆锁头连挂、卡死时，应立即停止，落箱后点动缓钩排除。遇锁头卡死无法脱离时，必须通知相关人员现场组织解决。

卸车完了，卸车货运员应认真核对箱号、箱数，检查箱体外状、箱门关闭及施封等项目，在货运票据上注明箱位；检查卸后空车有无漏卸，是否按规定清扫。

集装箱装(卸)车后，货运员应及时向货调报告装(卸)车完了时间。

8.交付

收货人在收到领货凭证或接到车站的领货通知后，应及时到车站领取货物。车站应向货物运单内所记载的收货人交付。

(1)托运人选择纸质运单的，按下列要求办理内交付。

收货人要求领取货物时，须向车站提供领货凭证和有效证明文件，纸质领货凭证未到或丢失时，可凭有经济担保资质的企业出具的担保书办理内交付手续。收货人为个人时，还须提供收货人身份证；收货人为单位时，还须提供委托书和经办人身份证。

车站在货票系统中调取货物运单信息，核实领货凭证、领货人身份等，采集收货人(经办人)身份证及头像影像资料。委托他人领取货物时应同时核实领货凭证、收货人身份证复印件、被委托人身份证原件和委托书。

确须在系统填加其他记事或修改信息的，营业网点应提供修改依据，通知集中办理机构办理内交付。集中办理机构接到营业网点通知后，及时在货票系统调取到达货物运单，补充确认到达相关信息、记事、费用等内容，填制电子运费杂费收据，核收相关费用并由集中办理机构进行支付确认后，货物运单状态变为“已内交付”。营业网点打印货物运单到站存查联、收货人存查联加盖车站日期戳。货物运单收货人存查联交收货人，到站存查联由收货人签章后留存。

(2)托运人选择电子运单的，按下列要求办理内交付。

若收货人是铁路 95306 网站(含手机 App)注册客户，在货物运单受理前，托运人可选择是否设置领货密码并告知收货人。托运人选择不设置领货密码的，应确保收货人信息准确无误。若收货人不是铁路 95306 网站(含手机 App)注册客户，托运人须设置领货密码并将领货密码告知收货人。

若收货人是铁路 95306 网站(含手机 App)注册客户，收货人可线上设置委托领货。收货人线上设置委托他人领货的，应登录铁路 95306 网站(含手机 App)验证领货密码(托运人不设置的除外)，设置领货人信息、签署电子领货委托书。

①线上交付

若收货人是铁路 95306 网站(含手机 App)注册客户，客户可选择在铁路 95306 网站(含手机 App)上预约办理领货手续。客户选择在铁路 95306 网站(含手机 App)上预约办理领货手续的，系统自动计算待缴杂费，无杂费的自动完成内交付，货物运单状态变为“已内交付”；有杂费的，在客户支付费用后，由集中办理机构进行支付确认后，货物运单状态变为“已内交付”。

②线下交付

收货人凭领货密码线下领货的，需携带经办人身份证、委托证明材料等到营业网点综合服务窗口办理领货手续，由营业网点综合服务窗口核验领货密码正确后，采集领货人身份证、委托书及头像影像资料；确需在系统填加其他记事或修改信息的，由营业网点提供修改依据，通知集中办理机构办理内交付。集中办理机构接到营业网点通知后，及时在货票系统调取到达货物运单，补充确认到达相关信息、记事、费用等内容，填制电子运费杂费收据，核收相关费用后，货物运单状态变为“已内交付”。

对状态为“已内交付”的货物运单，营业网点综合服务窗口打印货物运单收货人存查联并加盖车站日期戳，交收货人办理货物的外交付手续。

(3)外交付

收货人持运单(收货人存查联)到货区领取集装箱，货运员将集装箱点交给收货人后，站外掏箱的铁路箱应填写“铁路箱出站单”，并在货物运单(收货人存查联)上加盖“交讫”戳记，收货人凭加盖“交讫”戳记的运单(收货人存查联)和“铁路箱出站单”将集装箱搬出货场。

收货人领取自备箱时，自备箱与货物应一并领取。

到达的集装箱，应于承运人发出领货通知的次日起算，2 d 内领取集装箱货物，并于领取的当日内将箱内货物掏完或将集装箱搬出。

出站的铁路箱，收货人掏箱后，应及时将集装箱送回，门到门运输重去空回或空去重回时，应于领取的次日送回；重去重回时应于领取的 3 d 内送回；站内掏箱时，应于领取的当日内掏完。铁路集装箱超过免费仓储期限和使用铁路箱超过规定期限，核收货物仓储费和集装箱延期使用费。

知识点3 铁路集装箱管理

集装箱运输应适应市场需要，根据装载货物性质和物流市场需求，发展通用箱、专用箱和特种货物箱以及满足铁路、公路等运输要求的内陆箱，形成完善的集装箱装备系列。

铁路箱产权单位(以下简称“产权单位”)负责铁路箱的维修、报废等资产管理工作。产权单位应对新造集装箱的质量和维修质量负责，对铁路箱实行定期检验或实施连续检验计划，保证质量满足铁路运输安全要求。集装箱从出厂到第一次检验的间隔期不得超过 5 年，以后检验的间隔期不得超过 2.5 年(检验时间可提前或延后 3 个月)。

铁路局集团公司应对铁路箱的运用质量负责，承担箱体质量检查和损坏箱扣修的责任。

1.购置集装箱的投入

铁路箱的号码由国铁集团货运部统一公布，应于公布的次年内投入完毕。未公布号码的铁路箱不得上路使用。

车站凭国铁集团集装箱调度命令接收新造铁路箱，逐箱核对后在“铁路箱投入交接单”上签认，并留存一份(留存时间 1 年)。

2.集装箱进出站管理

为加速集装箱周转，提高铁路箱的运用效率，车站应加强铁路箱的进出站管理。

托运人(收货人)领取铁路箱出站的，车站应与托运人(收货人)签订铁路箱出站使用协议，明确免费使用期限、延期使用费、进出站检查、损坏和丢失赔偿等事项，并可收取一定的保证金。

从车站搬出铁路箱时，车站应认真填写“铁路箱出站单”，甲联留存，将乙联交托运人(收货人)，作为出站和箱体状况交接的凭证。铁路箱送回车站时，车站应检查箱体状况，收妥集装箱并结清费用后，在乙联上加盖车站日期戳和经办人章，将收据交还箱人。

车站应及时催还未按时送回的铁路箱，定期清查站内外的铁路箱，发现与集装箱运输相关信息系统不符时，及时查明原因并按规定处理。

下列情况，应按规定核收集装箱延期使用费：

(1)在车站存放的铁路箱不得挪作他用。如有挪用，对挪用者自挪用之日起核收规定费率 2 倍的集装箱延期使用费。

(2)托运人或收货人使用铁路箱超过下列免费使用期限,自超过之日起核收集装箱延期使用费。

①站内装箱的,应于约定进货日期当日装完;站内掏箱的,应于领取的当日内掏完。

②到达的集装箱,应于承运人发出领货通知的次日起算,2 d内领取集装箱。

③集装箱出站的,重去空回或空去重回时,应于领取的次日送回;重去重回时,应于领取的3 d内送回。铁路局集团公司可延长本款规定的集装箱出站免费使用期限,但最长不得超过领取的7 d内。

④集装箱出站的,因托运人原因空去空回时,应于出站之日起核收集装箱延期使用费。

3.集装箱的损坏与丢失处理

铁路箱发生损坏、丢失时,车站编制"铁路箱破损记录"作为责任划分和赔偿依据,由责任者在"铁路箱破损记录"上签认并负责赔偿。

铁路箱丢失或因损坏报废时,赔偿标准应考虑市场重置价格和箱龄等因素,由产权单位报国铁集团货运部公布。铁路箱损坏时,按实际发生费用(包括修理费、修理回送费、延期使用费及吊装搬运费等)赔偿。

铁路箱损坏责任按下列原则划分:

(1)到站卸车发现损坏,除卸车作业导致损坏、能判明其他责任者、发站证明没有责任的以外,由发站赔偿;站内掏箱发现集装箱地板、端侧壁、顶部等内部损坏,除掏箱作业导致损坏及能判明其他责任者以外,由发站赔偿。

到站认为集装箱损坏为发站责任的,应于卸车或站内掏箱24 h内拍照,编制"铁路箱破损记录",并通过集装箱系统发给发站和产权单位。

(2)集装箱在车站(包括站内、站外、铁路专用线、专用铁路等)发生损坏,由该站赔偿;车站应拍照并编制"铁路箱破损记录"。

集装箱损坏属托运人、收货人、铁路专用线、专用铁路、接取送达单位等责任的,车站按规定索赔。

(3)铁路局集团公司应与收货人明确约定,到达的集装箱在站外发生损坏时,由收货人或接取送达单位赔偿;收货人认为属托运人装箱等原因导致地板、端侧壁、顶部等内部损坏的,由收货人向托运人索赔。

自备箱损坏、丢失时,车站应编制货运记录,按《货损规则》的规定处理。

4.集装箱的维修

为保证铁路箱、敞顶箱篷布、货车篷布的运用质量和运输安全,产权单位应与铁路局集团公司协商一致,设立箱修点,负责铁路箱、敞顶箱篷布、货车篷布的维修及报废工作。箱修点设立、取消以及临时停止修理业务,须报国铁集团货运部公布。

铁路箱扣修由车站负责,通用箱执行铁道行业标准《通用集装箱在铁路车站检查的技术要求》(TB/T 3207),特种货物箱、专用箱扣修执行其装运方案和技术标准。

铁路箱修理时,箱修点所在车站在集装箱系统中进行修理交出操作,箱修点进行修理接收操作;修竣后,箱修点进行修竣交出操作,车站进行修竣接收操作。接收操作须于交出操作的当日内完成。

在未设箱修点的车站,在集装箱系统中进行扣修,凭调度命令回送其他车站修理。待修的铁路箱只准回送到箱修点,一般在铁路局集团公司管内回送,特殊情况下需跨局回送时,须经国铁集团调度中心准许。回送时，运输票据上增加“修理箱”货物运输标准记事；运统一记事栏对应标记为“修理箱”，由集装箱系统自动生成并传递给现车系统。

产权单位应保证维修资金投入，及时维修损坏箱，加快维修作业，压缩修理时间；对不具备维修价值的集装箱和达到规定使用期限的集装箱，按有关规定报废。集装箱报废时应涂掉铁路标记和箱号、摘除铭牌。

知识点4　集装箱运输信息和统计

1. 信息管理

车站办理集装箱运输，应使用由国铁集团统一规划和推广的集装箱系统，对集装箱实行精确的号码制管理，动态跟踪每个集装箱的位置和状态，实现各作业环节信息共享和作业流程贯通，逐步实现与海关、港航企业、客户等的电子数据交换。

车站应及时将装卸车、出入线、进出站、交付、站内掏装箱、出入境、下水、修理、报废、新箱投入等信息录入集装箱系统，并于每日 18:00 做出《集装箱运用报告》，逐级上报集装箱调度。

2. 集装箱运输的主要指标

(1)集装箱统计单位

集装箱以 TEU 作为统计单位，表示一个 20 ft 的国际标准集装箱。1 个 40 ft 集装箱折合为 2 个 TEU；1 个 45 ft 集装箱折合为 2.25 个 TEU。

(2)集装箱运输的主要指标

集装箱运输的主要指标分为数量指标和质量指标。

①数量指标包括：

a. 发送箱(TEU)、到达箱(TEU)。

b. 发送吨、到达吨。

c. 运输收入。

d. 保有量(TEU)。

②质量指标包括：

a. 集装箱在站平均停留时间(d)：分发出箱和在站箱。

b. 运用率：在站运用箱÷在站箱。

c. 发出使用率：发出重箱÷在站(不含箱修点)箱。

d. 发到使用率：(发出重箱＋到达重箱)÷在站(不含箱修点)箱。

项目小结

集装箱运输以它安全、便捷、快速、门到门的优点受到物流企业的青睐，它也广泛运用在国际联运、多式联运中。随着铁路集装箱中心站的逐步开通，其优点将更加凸显，优化运输组织方式始终是我们追求的目标。

相关规范、规程与标准

1.《铁路集装箱运输规则》(铁货〔2022〕168 号)。

2.《铁路货运票据电子化作业办法》(铁总货〔2018〕41 号)。

3.《系列 1 集装箱分类、尺寸和额定质量》(GB/T 1413—2023)。

4.《系列 2 集装箱分类、尺寸和额定质量》(GB/T 35201—2017)。

5.《铁路车站集装箱货运作业标准》(TB/T 2174—1990)。

6.《通用集装箱在铁路车站检查的技术要求》(TB/T 3207—2008)。

7.《集装箱　代码、识别和标记》(GB/T 1836—2017/ISO 6346:1995)。

复习思考题

1. 简述集装箱的定义。

2. 集装箱是如何分类的？

3. 集装箱有哪些标记？

4. 集装箱的技术标准有哪些？

5. 何谓集装箱办理站？集装箱办理站应具备哪些条件？

6. 集装箱场是如何分类的？

7. 简述集装箱运输的基本条件。

8. 简述集装箱的交接地点和方法。

9. 铁路集装箱进出站的交接凭证是什么？

10. 下列货物能否用铁路通用集装箱运输？说明理由。

(1)日用百货;(2)服装;(3)生皮张;(4)电视机;(5)炭黑;(6)机械零件(零散、箱装);(7)鲜桃(鲜活货物);(8)钢锭;(9)TNT 炸药(危险货物);(10)盐。

11. 托运人在某集装箱办理站托运下列货物,该站能否受理？并说明理由。

(1)托运人按一批托运 8 个 20 ft 集装箱。

(2)托运人按一批托运 1 个 20 ft 自备集装箱和 1 个 40 ft 自备集装箱。

(3)托运人按一批托运一个 20 ft 自备集装箱和一个 20 ft 铁路集装箱。

12. 某托运人在石家庄西站托运 2 个 20 ft 集装箱,每个集装箱内装服装 18 t,货物到站为上海局集团公司北郊,运价里程 1 289 km,箱号 TBJU 462282[2]/TBJU 437090[3]。试填写运单,未知条件自设。

13. 某托运人在石家庄西站托运 2 个 20 ft 企业自备集装箱,1 个集装箱内装百货 16 t,1 个集装箱内装线材 19. 93 t,货物到站为上海局集团公司北郊。箱号 LLTU 200948[0]/LLTU 200949[1]。试填写运单,未知条件自设。

14. 某托运人在石家庄西站托运 1 个 40 ft 集装箱,内装工业机械零配件共 24 000 kg,货物到站为成都局集团公司改貌站。箱号 TBJU 715673[3],未知条件自设。

15. 集装箱装箱时应如何保证箱内货物和集装箱运输安全？

16. 集装箱交接责任是如何划分的？

17. 哪些情况应按规定核收集装箱延期使用费？

项目 4　货物运价与运输收入

项目描述

铁路在完成货物的运送过程中，需要相应人员的劳务付出以及设备的消耗，根据合同客户需要支付所发生的费用，即铁路运输费用。掌握正确确定在不同运输种类、不同运输条件下的货物运费、杂费的计算因素并计算、收取运输费用的方法，即为本项目所要解决的问题。

学习目标

1. 能力目标

掌握货物运费、杂费的计算方法，了解铁路货物运输收入基本知识。

2. 知识目标

(1)掌握《价规》的基本内容。

(2)掌握运费计算公式及各项因素的确定。

(3)正确计算各种条件下铁路货物运费。

(4)了解货物其他费用的核收方法。

(5)了解铁路货物运输收入管理的基本知识。

3. 素质目标

能正确使用《价规》、相关规章及货票系统，以严谨态度办理铁路货物的承运作业。

相关案例——计算货物运输费用

案例一　计算货物运输费用

阳泉站以一辆 P_{62NT} 运送水泥至白银站，纸袋包装货物重 58.5 t，有哪些计费因素，应按多少吨收费？

车站在办理承运作业时，应使用货票系统根据发站、到站、货物名称、使用车型等，确定货物发到站间运价里程、货物品类代码、运价号、适用的运价率、计费重量，计算和核收该批货物的运输费用。该批货物应按货车标重 60 t 计费。

案例二　铁路运输费用组成

铁路货运“一口价”包括哪些费用？

铁路货运“一口价”指货物从托运人指定上门取货地点装车开始、接运至发站、运输至到站、送达卸货至收货人指定到门收货地点止的全过程运输服务中发生的费用，包括运费、铁路建设基金、特定线路运费、特定加价运费和发站实际发生的接取送达费、取送车费、装卸费、抑尘费、保价费、集装箱使用费、押运人乘车费、装载加固材料费等杂费，以及到站发生的装卸费、取送车费、接取送达费等杂费。

认识货物运价

典型工作任务1　认识货物运价

任务引入

运输价格包括维持产品生产的简单再生产部分和扩大再生产部分。而维持简单再生产部分就是运输成本，它是运输产品价值的主要组成部分，利润和税金则是运输产品价值的扩大再生产部分。建立铁路货物运价的概念，熟悉铁路货物运价的分类及计算货物运输费用的主要规章；树立正确核收铁路货物运输费用、保证铁路运输收入和客户利益的观念，是本工作任务的目标。

相关知识

知识点1　货物运价的概念及分类

铁路运价是国家运价政策的体现，也是铁路劳务价值的具体体现。不同的运输种类及运输条件对货物运输组织有着不同的影响。合理确定运价对于保证铁路运输收入有着重要意义。

铁路货物运价实行政府定价、政府指导价和市场调节价。

1.货物运价的概念

铁路货物运价是运输价值的货币表现。由于铁路运输产品不具有实物形态，其价值追加到被运输的货物的价值上去。因此，铁路运输货物要按照政府规定的运输价格以及铁路运输企业依法自主制定的市场价格收取运输费用，以补偿运输生产所消耗的社会劳动量，这个价格就是铁路货物运价。

国家在制定货物运价总水平以及铁路运输企业依法自主制定市场价格时，不仅要补偿铁路运输中所消耗的劳动量，还必须保证国家规定的积累。由于国家的积累标准是通过国家价格集中地分配和实现的，不能直接估计并列入具体的产品价格内，因此，在具体确定运价总水平时，不是以全部货物价值作为计算依据，而是以运输价值为基础，以计划运输成本为主要依据。由于铁路运价水平直接影响铁路部门的运输收入、工农业产品的价格、国家资金的积累，因此，在制定铁路货物运价时，一般应遵循下列原则：

(1)有利于保证铁路企业正常生产。

(2)有利于促进工农业生产的发展。

(3)有利于促进生产力的合理布局。

(4)有利于促进各种运输方式间的分工与协作。

(5)有利于促使高效率地使用铁路运输工具。

(6)有利于促进人民生活水平的提高。

具体说，铁路货物运价是指铁路运输产品的销售价格，即铁路向客户核收的运输费用，是对铁路运输企业所提供的各项生产服务消耗的补偿，包括车站费用、运行费用、服务费用和额外占用铁路设备的费用等。

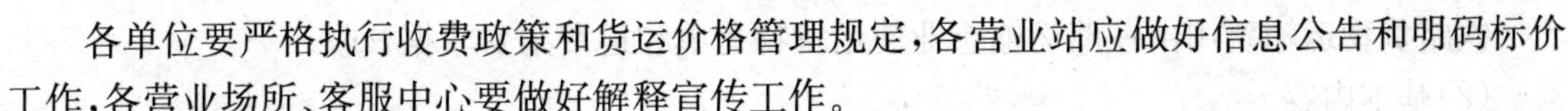

各单位要严格执行收费政策和货运价格管理规定，各营业站应做好信息公告和明码标价工作，各营业场所、客服中心要做好解释宣传工作。

2. 货物运价的分类

铁路货物运价可按适用范围和货物运输种类不同进行分类。

(1)按适用范围分类

铁路货物运价按其适用范围可以分为普通运价、特殊运价、国际联运运价、军运运价等。

①普通运价

普通运价是铁路货物运价的基本形式，是铁路计算运费的统一运价，适用于在路网上办理正式营业的国家铁路。现行铁路的整车(冷藏车)货物、零担货物、集装箱货物运价都属于普通运价。

对一些特殊条件运送的货物规定了在普通运价上加成、减成的运价。如超限货物的运价是按照超限货物的超限等级的不同分别在普通货物运价的运价率基础上加成50％(一级超限)、100％(二级超限)、150％(超级超限)计算运费；途中不需要加温(或托运人自行加温)或制冷的机械冷藏车按机械冷藏车的运价率减成20％计算运费。

②特殊运价

特殊运价是指合资、地方铁路和临时营业线以及特殊线路的运价。

③国际联运运价

国际联运运价是指为国际铁路联运的货物所规定的运价，包括进、出口货物国内段运输运价和过境运输运价。进、出口货物国内段运输运价同普通运价。过境运输运价根据《统一货价》计算。

④军运运价

军运运价是指对军事运输中军运物资所规定的运价，军运运价执行政府定价。

(2)按货物运输种类分类

①整车货物运价

整车货物运价是铁路对按整车运送的货物所规定的运价。冷藏车货物运价是铁路对按冷藏车运送的货物所规定的运价，是整车货物运价的组成部分。

②零担货物运价

零担货物运价是铁路对按零担运送的货物所规定的运价。

③集装箱货物运价

集装箱货物运价是铁路对按集装箱运送的货物所规定的运价。

知识点2　计算货物运输费用的主要规章

计算铁路货物运输费用的主要规章有《价规》《运杂费管理办法》《铁路货物装卸作业计费办法》《保价规则》《铁路货车延期占用费核收暂行办法》等。

1.《价规》

(1)适用范围

《价规》是根据《铁路法》的规定，为正确体现国家的运价政策，确定国家铁路及合资、地方铁路及与国家铁路办理直通运输的有关货物运输费用计算方法而制定，是计算国家铁路货物运输费用的依据，承运人和托运人、收货人必须遵守该规则的规定。

国家铁路营业线的货物运输，除军事运输(后付)、水陆联运、国际铁路联运过境运输及其他国铁集团另有规定的货物运输费用外，都按《价规》计算货物运输费用，其以外的货物运输费用，按国铁集团的有关规定计算核收。

铁路货物运输费用由铁路运输企业使用货物运单和运费杂费收据核收。

(2)基本内容

《价规》规定了在各种不同情况下计算货物运输费用的基本条件,各种货物运费、杂费和代收款的计算方法及国际铁路联运进出口货物国内段运输费用的计算方法。

(3)《价规》附件

《价规》有四个附件。

①附件一为“分类表”。

“分类表”是用来判定货物的品类代码和确定运价号的工具,由代码、货物品类、运价号(整车、零担)、说明与备注五项组成。代码由4位阿拉伯数字组成,是品类代码,对应运价号,前两位表示货物品类的大类,第三位数字表示中类,第四位数字表示小类。分类表是按大类、中类、小类的顺序排列的。

铁路运输的货物共分26类,其品类代码、品类名称见表1-2-1。

②附件二为“铁路货物运价率表”(以下简称“运价率表”),用来查找不同运价号的货物的运价率。

③附件三为《检查表》。它由品名、拼音码、代码、运价号(整车、零担)等组成。代码由7位阿拉伯数字组成,在“分类表”中的4位代码后面又加3位品名码。

拼音码由不超过5个汉语拼音字母、阿拉伯数字、英文字母构成。根据品名,由左向右,汉字一般是取每字拼音的首字母,构成拼音码。构成方法见表4-1-1。

表4-1-1　拼音码构成表(摘录)

品　名	拼音码	说　明
扑克牌	PKP	
电动机零配件	DDJLP	取前五字拼音的首字母
氨水(化肥)	ASH	括号内汉字说明只取第一字的字母
机动车(3～4 m)	JDC3	括号内数字说明只写第一字的数字
1,3,5-三硝基苯	135SX	前面的阿拉伯数字,直接写入
氟利昂·11	FLA11	后面的数字,直接写入
X射线探伤器	XSXTS	带英文字母的,含英文字母
F-12气体	F12QT	

《检查表》中的品名是按其第一个字汉语拼音首字母由A到Z顺序排列。《检查表》也是用来判定货物的品类代码和确定运价号的工具。

④附件四为《里程表》,是查找车站营业办理限制和货物发、到站之间运价里程的工具,包括使用说明、全国铁路管辖线路分界示意图、货物运价里程接算站示意图、零担办理站站名表、集装箱办理站站名表、线名索引表、站名索引表、营业线里程表、铁路和水路货物联运换装站至交接点里程表、国际联运国境站至国境线里程表及附录。

(4)《价规》附录

附录一为铁路电气化附加费核收办法(已并入运价浮动价差,不再单独核收)。

附录二为新路新价均摊运费核收办法(目前费率暂为零)。

附录三为铁路建设基金计算核收办法,规定了核收铁路建设基金的计费重量、费率、计费里程、计算方法与尾数的处理方法等。

2.《运杂费管理办法》

《运杂费管理办法》是铁道部在 1991 年根据《铁路法》制定的，随着货运改革的不断深化，铁路货物运输杂费在定价部门、管理方式等方面均有较大变化。

目前，铁路货物运输杂费的收费项目和收费标准，由铁路运输企业自主制定，国铁集团货运部和所属铁路运输企业货运部归口管理。

铁路货物运输杂费按照实际发生核收，但开展门到门运输服务时，可在门到门运输一口价中收取到站装卸费、取送车费等杂费。

3.《铁路货物装卸作业计费办法》

《铁路货物装卸作业计费办法》是铁道部在 2005 年根据《铁路法》制定的，规定了在国家铁路和国铁控股合资铁路的车站内进行装卸列车、汽车（或其他车辆）、船舶作业以及货场内的搬运作业（包括机械、人力和机械混合方式作业）的计费方法。

《铁路货物装卸作业计费办法》主要内容包括铁路货物装卸作业计费方法及相关附表：铁路整车货物装卸搬运作业费率表，铁路零担货物装卸搬运费率表、铁路通用集装箱装卸综合作业费率表，空集装箱装卸和中转、换装综合作业及集装箱货场内搬运费率表。

4.《保价规则》

《保价规则》是为开展铁路保价运输，依据《铁路法》制定。该规则要求办理保价运输的托运人应按规定缴纳货物保价费，并规定了保价费核收办法及承运人应承担的赔偿责任。适用于要求铁路办理保价运输的托运人及承运人。

5.《铁路货车延期占用费核收暂行办法》

《铁路货车延期占用费核收暂行办法》是为了促进铁路运输企业与其他企业合理有效地使用铁路车辆，加速铁路货车周转，提高运输效率，更好地适应国民经济发展需要，根据《铁路法》、《货规》和《价规》制定。主要内容包括货车延期占用费核收方法及相关附表：专用线（专用铁路）货车占用时间的最长标准、铁路货车延期占用费费率表、铁路货车延期占用费速算表等。适用专用线内（包括铁路的段管线、厂管线）、专用铁路内装卸的铁路货车及其他根据规定由托运人、收货人自行组织装卸的铁路货车。

典型工作任务 2　熟悉运费计算因素

任务引入

运费是货运收入的重要组成部分，理解运费计算程序及公式，掌握确定运价里程、运价号、运价率、计费重量的方法，培养科学严谨、遵章守法的职业素养和勤恳认真、精益求精的工匠精神，具备运用运费计算工具及参考资料确定运价相关因素的能力，是本工作任务的目标。

相关知识

知识点 1　运费计算程序及公式

1. 运费计算程序

（1）根据货物运单上填写的货物名称、运输种类查找“分类表”或《检查表》，确定货物品类代码和适用的运价号。

(2)根据货物品类代码并结合运输种类，查表1-5-1，确定货物适用的运价政策（执行政府指导价或市场调节价）。

(3)根据运价号和运价政策在对应的“运价率表”中查出适用的运价率（即基价1和基价2，以下同）。

(4)根据运单上记载的发、到站，按《里程表》计算出发站至到站的运价里程。

(5)根据运单上记载的货物名称、运输种类、货物重量及运输条件，确定计费重量。

(6)货物适用的基价1加上基价2与货物的运价里程相乘之积后，再与计费重量（集装箱为箱数）相乘，计算出运费。计算程序如图4-2-1所示。

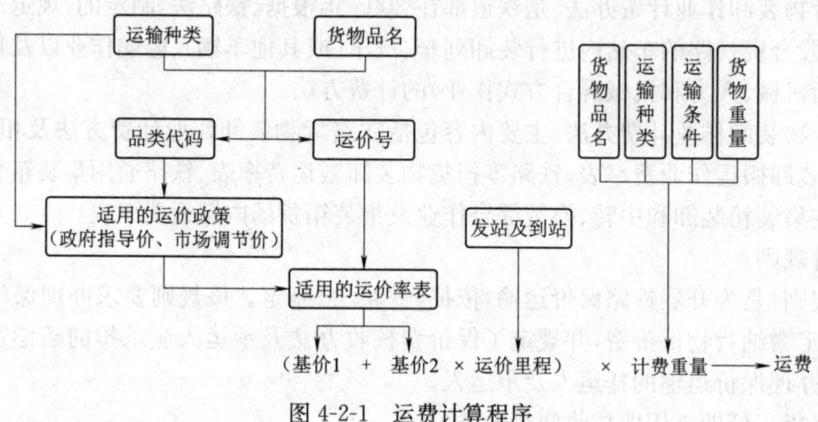

图4-2-1 运费计算程序

2.运费计算公式

按现行《价规》，不同运输种类的货物计费公式如下：

(1)整车货物

按重量计费　　运费＝(基价1＋基价2×运价里程)×计费重量

按轴数计费　　运费＝(基价2×运价里程)×轴数

(2)零担货物

运费＝(基价1＋基价2×运价里程)×计费重量÷10

(3)集装箱货物

运费＝(基价1＋基价2×运价里程)×箱数

3.尾数处理

计算出的每项运费均以元为单位，尾数不足1角时，按四舍五入处理。

知识点2　运价里程

一般情况下，运价里程应根据《里程表》按照发站至到站间国铁正式营业线最短径路（与国家铁路办理直通运输的合资、地方铁路和铁路局集团公司临管线到发的货物也按发、到站间最短径路）计算，但《里程表》内或国铁集团规定有计费径路的，按规定的计费径路计算运价里程。

1.车站和里程查找方法

首先从站名音序索引表或首字笔画索引表中，查出发站和到站在站名索引表中的页数，再根据货物运价里程接算站示意图查出发站至到站的接算站，即可从里程表中找出发站和到站至接算站间的里程，通过计算得出发到站间的里程。

用来计算跨及两条或两条以上线路车站间运价里程的车站，称为接算站。里程表上一般用“★”表示，图上一般用“○”表示，接算站在路网上位于两条以上线路的会集交叉点。

2. 最短径路

(1)最短径路概念

所谓最短径路，是指发站至到站间运价里程最小的经由路线。

如不能确定最短径路时，可将几条径路里程分别计算出来，取其最短，即为最短径路。

《里程表》下方“注：仅限发到本线各站的货物使用”的线路，不作为确定最短径路的线路，应按原定的计费径路计算运价里程。

【例 4-2-1】 沈阳局集团公司管内锦州站至海城站间有两条径路，如图 4-2-2 所示，请找出最短径路。

【解】 一条从锦州经由沟帮子、沈阳到海城为 366 km，另一条从锦州经由沟海线（沟帮子至唐王山）到海城为 172 km，以上两条径路比较，通过沟海线运价里程较近，为最短径路。但根据《里程表》沟海线下“注”，货物运价里程应按经由沟帮子、沈阳到海城的径路来确定，因此，锦州至海城的运价里程应按 366 km 计算。

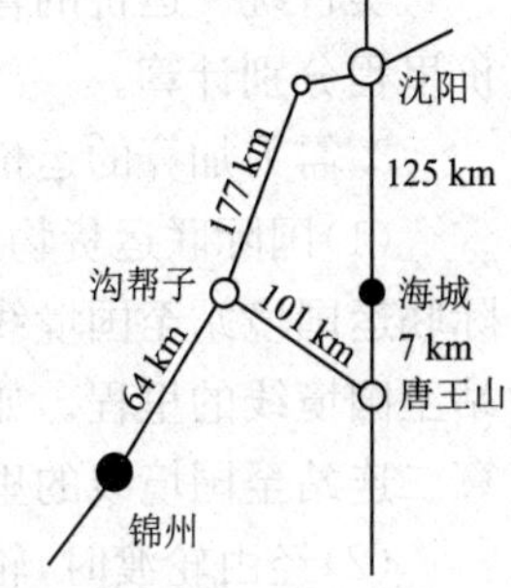

图 4-2-2　锦州、海城间的径路

(2)最短径路运价里程的计算方法

①发站和到站在同一线上

用两站到本线起点站或终点站的里程相减，即可求得两站间的运价里程。

【例 4-2-2】 计算徐州北站至洛阳东站的运价里程。

【解】 首先从站名音序索引表或首字笔画索引表中，查出徐州北站和洛阳东站均为同一线——陇海线，查出两站在里程表中的页数。然后分别用两站到本线（陇海线）的起点连云港站的里程相减或终点站兰州西站的里程相减，如图 4-2-3 所示。

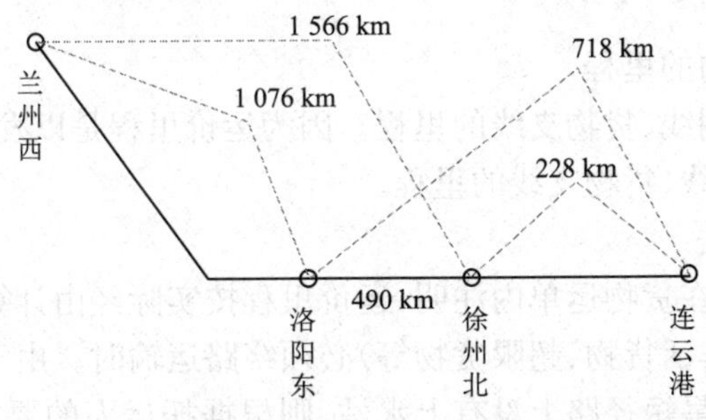

图 4-2-3　徐州北、洛阳东站间运价里程计算方法

从《里程表》中查出徐州北站至连云港站为 228 km，洛阳东站至连云港站为 718 km，则徐州北站至洛阳东站的运价里程为 718－228＝490 (km)。

也可以查出徐州北站至兰州西站的里程为 1 566 km，洛阳东站至兰州西站的里程为 1 076 km，计算出徐州北站至洛阳东站的运价里程为 1 566－1 076＝490 (km)。

②发站和到站不在同一线上

此时确定货物运价里程时，应首先参照货物运价里程接算站，查明发站至到站的最短径路，再将发站本线至接算站、到站本线至接算站里程与经由接算站间里程相加，求得发、到站间的里程。

【例 4-2-3】 计算徐州北站至沈阳西站的运价里程。

【解】 查《里程表》，徐州北站位于京沪线，沈阳西站位于沈山线。最短径路为由徐州北（京沪线）经党家庄、南仓、山海关（津山线/沈山线）到沈阳西站（沈山线），经过山海关和南仓接算站，如图 4-2-4 所示。从《里程表》中查得徐州北站至南仓站 679 km，南仓站至山海关站为 303 km，山海关站至沈阳西站为 405 km，那么徐州北至沈阳的运价里程为 679＋303＋405＝1 387(km)。

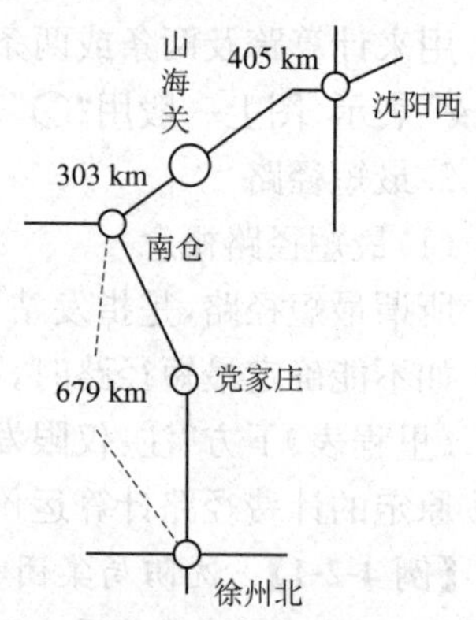

图 4-2-4 徐州北、沈阳西站间的径路

实行统一运价的营业铁路与特价营业铁路直通运输，运价里程分别计算。

3. 需另加算的运价里程

(1)国际联运货物，经由国境线时，应另加算国境站至国境线的里程（按《里程表》中的“国际联运国境站至国境线里程”确定）。因国境站不是设在国境线上，所以运价里程应加算国境站至国境线的里程。如国际联运货物从二连站经蒙古国铁路时，则国内区段的运价里程应加算二连站至国境线的里程 5 km，如图 4-2-5 所示。

(2)经由轮渡时，轮渡线里程，根据原铁道部公布的运价里程计算。见表 4-2-1。

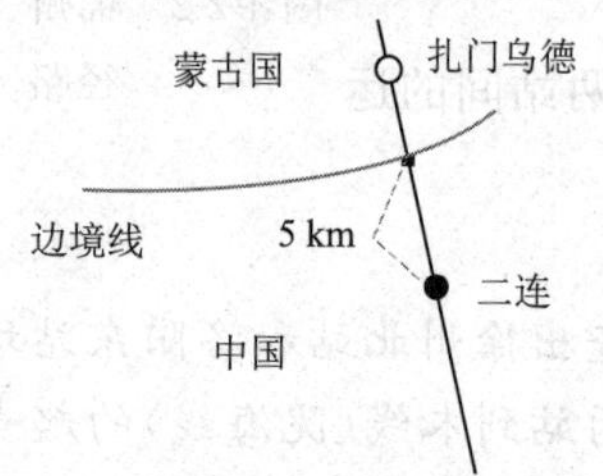

图 4-2-5 二连站至国境线的里程示意图

表 4-2-1 轮渡里程

线名	起点	终点	里程(km)
渤海轮渡线	烟台北	旅顺西	189
粤海轮渡线	海安南	海口	26
江阴轮渡线	靖江南	江阴北	6

4. 不计入运价里程内的里程

运价里程不包括专用线、货物支线的里程。因为运价里程是以发、到站中心之间的距离确定的，因而没有包括专用线、货物支线的里程。

5. 实际经由计算方法

在下列情况下，发站在货物运单内注明，运价里程按实际经由计算：

(1)因货物性质（如鲜活货物、超限货物等）必须绕路运输时。由于鲜活货物在途中有些需要途中上水的活动物，在最短径路上没有上水站，则根据托运人的要求，可以绕路经由有上水站的线路绕路运输。超限货物运输由于受最短径路上建筑限界或其他不利因素的影响，铁路可指定经由适合其运输的线路绕路运输。

(2)因自然灾害铁路中断或其他不属于铁路的原因，托运人要求绕路运输时。

(3)属于快运班列运输的货物，按班列经路运输时。

承运后的货物发生绕路运输时，仍按货物运单内记载的经路计算运费。为保护托运人的利益，由于铁路内部车流调整发生的绕路运输，未经明定按绕路计费的都不应按绕路计算运费。

知识点 3 运价号

我国现行铁路货物运价实行分号制。整车（含冷藏车）货物运价号分为 7 个（1～6、机械冷藏车）；零担货物运价号分为2个（21、22）；集装箱货物运价号分为2个（20 ft箱、40 ft箱）。

按照货物运单上填写的货物品名，查找“分类表”或《检查表》，并结合货物运输种类，确定出该批货物适用的运价号。

1.列表内的货物

列表内的货物即在货物“分类表”和《检查表》中列载了货物具体名称或概括名称的货物。

（1）先查《检查表》。从品名首字汉语拼音索引表或品名首字笔画索引表中，查出该品名在《检查表》中的页数，再根据《检查表》查出该品名的拼音码、代码和运价号。

（2）“分类表”和《检查表》中有具体名称时，按具体名称判定类别和运价号，不属该具体名称的不能比照。但由于货物的别名、俗名、地方名称等不同，而实际属于该具体名称的，仍应按该具体名称适用的类别和运价号。

（3）“分类表”和《检查表》中无该具体名称时，则按概括名称判定类别和运价号，并须遵守以下规定：

①适用制材或加工工艺概括名称的，除明定者外，均不分用途。当货物具有两种以上制材时，则按其主要制材判定类别和运价号。

②适用用途概括名称时，除明定者外，均不分制材。并在用途概括名称后加括弧注明该货物具体名称。如药用的桑皮在检查表中无此名称，则在运单上写成中药材（桑皮）。

③适用自然属性概括名称的，除明定者外，均不分用途、制材、形态、品种。

2.未列名的货物

在“分类表”和《检查表》中既无该货物的具体名称，又无概括名称或难以判定概括名称时，按小类→中类→大类的顺序逐层次判定其归属的收容类目。各类均不能归属的货物，则列入总收容类目→9990未列名的其他货物。

知识点4　运价率

铁路货物运价率是根据运价号相应制定出对应于每一运价号的基价1和基价2。其中，基价1是货物在发站及到站进行发到作业时单位重量（箱数）的运价，它只与计费重量（箱数）有关，与运价里程无关。基价2是指货物在途运输期间单位重量（箱数）每一运价公里的运价，它既与计费重量（箱数）有关又与运价里程有关。

铁路货物运价率表包括“政府指导价铁路整车货物运价率表”（表4-2-2）和“市场调节价铁路零担、集装箱及整车货物运价率表”（表4-2-3）。

表4-2-2　政府指导价铁路整车货物运价率表

办理类别	运价号	基价1		基价2	
		单位	标准	单位	标准
整车	1			元/(轴·km)	0.525
	2	元/t	9.50	元/(t·km)	0.086
	3	元/t	12.80	元/(t·km)	0.091
	4	元/t	16.30	元/(t·km)	0.098
	5	元/t	18.60	元/(t·km)	0.103
	6	元/t	26.00	元/(t·km)	0.138
	机械冷藏车	元/t	20.00	元/(t·km)	0.140

表 4-2-3　市场调节价铁路零担、集装箱及整车货物运价率表

办理类别	运价号	基价 1		基价 2	
		单位	标准	单位	标准
整车	1			元/(轴·km)	0.525
	2	元/t	9.50	元/(t·km)	0.086
	3	元/t	12.80	元/(t·km)	0.091
	4	元/t	16.30	元/(t·km)	0.098
	5	元/t	18.60	元/(t·km)	0.103
	6	元/t	26.00	元/(t·km)	0.138
零担	21	元/(10 kg)	0.22	元/(10 kg·km)	0.001 11
	22	元/(10 kg)	0.28	元/(10 kg·km)	0.001 55
集装箱	20 ft 箱	元/箱	440.00	元/(箱·km)	3.185
	40 ft 箱	元/箱	532.00	元/(箱·km)	3.357

确定整车(运价 2～6 号)货物适用的运价率前,应首先根据货物品类代码,查表 1-5-1,确定该批货物适用的货物运价政策(政府指导价、市场调节价),再查对应的运价率表,确定适用的运价率。

货物运费应按照承运货物当日实行的运价率计算。一批或一项货物适用两种以上加(减)成率时,按下列规定办理:

(1)一批或一项货物,运价率适用两种以上减成率计算运费时,只适用其中较大的一种减成率。

(2)一批或一项货物,运价率适用两种以上加成率时,应将不同的运价率相加之和作为适用的加成率。

(3)一批或一项货物,运价率同时适用加成率和减成率时,应以加成率和减成率相抵后的差额作为适用的加(减)成率。

知识点 5　计费重量

用来计算运输费用的货物重量称为计费重量。货物运费与计费重量有关,因此,计算运费时,首先应根据所运送的货物确定计费重量。

整车货物运费计费重量单位为 t(t 以下四舍五入)、轴;零担货物计费重量单位为 10 kg(不足 10 kg 进整为 10 kg);集装箱货物计费重量以箱为单位。

计费重量是根据货车标重、货物实际重量、轴数、箱数按有关规定确定的,以下各典型工作任务结合不同情况分别介绍。

典型工作任务 3　计算整车货物运费

任务引入

熟练运用规章,严格执行收费政策和货运价格管理规定,根据货物运单上填写的货物名称、运输种类、发到站确定运价里程,核定运价号、运价率和计费重量,正确计算整车货物运费,

培养科学严谨、遵章守法的职业素养和勤恳认真、精益求精的工匠精神，自觉维护铁路和客户利益，是本工作任务的目标。

相关知识

1. 一般整车货物

(1)计费重量

①一般情况下，整车货物均按货车标记载重量(以下简称标重)计算运费，货物重量超过标重时按货物重量计费。计费重量以 t 为单位，吨以下四舍五入。

②特殊情况下，使用规定车种车型装运特定货物，计费重量按表 4-3-1 所列规定计费重量计算，货物重量超过规定计费重量的按货物重量计费。

表 4-3-1　整车货物规定计费重量表

顺号	项　目	计费重量(t)
1	标重不足 30 t 的家畜车	30
2	矿石车、平车、砂石车经铁路局集团公司批准装运“分类表”中 01(煤)、0310(焦炭)、04(金属矿石)、06(非金属矿石)、081(土、砂、石、石灰)、14(盐)类货物	40
3	标重低于 50 t、车辆换长小于 1.5 的自备罐车	50
4	JSQ_5、JSQ_6、JSQ_7(汽车运输车)	100
5	GY_{95S}、GY_{95}、GH_{40}、GY_{40}、$GH_{95/22}$、$GY_{95/22}$(石油液化气罐车)	65
6	GY_{100S}、GY_{100}、$GY_{100\text{-}Ⅰ}$、$GY_{100\text{-}Ⅱ}$(石油液化气罐车)	70
7	QD_3(凹底平车)	70

③车辆换长超过 1.5 的货车(D 型长大货物车除外)，未明定计费重量的，按其超过部分以每米(不足 1 m 的部分不计)折合 5 t 与 60 t 相加之和计费。

④米、准轨间换装运输的货物，均按发站的原计费重量计费。

⑤承运人提供的 D 型长大货物车的车辆标重大于托运人要求的货车吨位时，经中铁特货公司批准可根据实际使用车辆的标重减少计费重量，但减吨量最多不得超过 60 t。

⑥整车装运“分类表”中木材(品类代码 10)时，按货物实际重量计费，当货物重量不足30 t 时，按 30 t 计费。

(2)运价率

根据托运人在货物运单上所填写的货物名称结合运输种类，在“分类表”或《检查表》中确定该批(项)货物的品类代码和所适用的运价号，根据品类代码查表 1-5-1 确定该批(项)货物适用的运价政策，根据运价政策和运价号查对应的运价率表，查出该批货物适用的运价率。计算运费时，应按当日实行的运价率计算。

按一批办理的整车货物，运价率不同时，按其中高的运价率计费。

如托运人在 A 站托运一批货物，其中空调(品类代码 1822)50 台，童车(品类代码 2494)100 套，查出空调执行市场调节价整车 6 号，童车执行市场调节价整车 5 号，因其按一批托运，故按市场调节价整车6号运价率计费。

【例4-3-1】 一般整车运费计算(不足标重)

某托运人从甲站托运一台机床至乙站,重26 t,使用标重60 t的N_{17AK}型平车一辆装运,运价里程526 km,试计算其运费。

【解】 查"分类表",机床(品类代码1713)执行市场调节价整车6号,查运价率表,基价1为26.00元/t,基价2为0.138元/(t·km),货物重量不足标重,计费重量按货车标重,即60 t。

$$运费=(26.00+0.138\times526)\times60=5\ 915.28\approx5\ 915.30\ (元)$$

【例4-3-2】 一般整车运费计算(超过标重)

某托运人从甲站托运一批食盐至乙站,重58.6 t,使用标重58 t的P_{64K}货车一辆装运,运价里程1 065 km,试计算其运费。

【解】 查"分类表",食盐(品类代码1410)执行市场调节价整车2号,查运价率表,基价1为9.50元/t,基价2为0.086元/(t·km),货物重量超过货车标重按货物重量计费,吨以下四舍五入,确定为59 t。

$$运费=(9.50+0.086\times1\ 065)\times59\approx5\ 964.30\ (元)$$

2.冷藏车货物运费

(1)铁路机械冷藏车。

①使用铁路机械冷藏车运送易腐货物按表4-3-2规定计费重量计费,超过时按货物重量计费。执行政府指导价"机械冷藏车"运价率,特殊情况按下述方法办理:

表4-3-2 冷藏车规定计费重量表

车种车型		载重(t)	计费重量(t)	附注
机械冷藏车	B_{10}	38	44	单节
	B_{22}	46	48	4辆装货
自备机械冷藏车		—	60	—

a.使用铁路机械冷藏车装运易腐货物,途中不需要加温(或托运人自行加温)或制冷的机械冷藏车按机械冷藏车的运价率减20%计费。

b.使用铁路机械冷藏车装运易腐货物,要求途中保持温度−12 ℃(不含)以下的货物,按机械冷藏车运价率加20%计费。

【例4-3-3】 请确定如下情况机械冷藏车制冷时的运价率及计费重量。

甲站发乙站冻羊肉120 t,用B_{22}型机械冷藏车组装运(4辆装货)。

(1)途中制冷且要求车内保持温度为−10 ℃。

(2)途中制冷且要求车内保持温度为−15 ℃以下。

【解】 (1)按政府指导价机械冷藏车运价率及规定的计费重量48×4 t计费。

(2)使用铁路机械冷藏车运输,要求途中保持温度−12 ℃(不含)以下的货物,按政府指导价机械冷藏车运价率加成20%及规定的计费重量48×4 t计费。

【例4-3-4】 甲站发往乙站蔬菜一批重20 t,用B_{10}型车一辆装运,途中不制冷,试确定运价率及计费重量。

【解】 途中不需要制冷的机械冷藏车,按政府指导价机械冷藏车的运价率减成20%及B_{10}计费重量44 t计费。

②使用铁路机械冷藏车代替其他货车装运非易腐货物时，按货车标重和所装货物运价率计费。

【例 4-3-5】 甲站发往乙站一批大米重 28 t，用 B_{10} 型车一辆装运，试确定运价率及计费重量。

【解】 查“分类表”和表 1-5-1 得，大米(品类代码 1130)执行政府指导价整车 4 号运价率，计费重量按 38 t 计费。

(2)自备冷藏车。

使用自备冷藏车装货，按所装货物运价率和表 4-3-2 规定重量计费，运价率减成 20%。

【例 4-3-6】 甲站发往乙站鲜蔬菜一批重 20 t，用自备 B_{10} 型车一辆装运，途中制冷，试确定运价率及计费重量。

【解】 查“分类表”和表 1-5-1 得，鲜蔬菜(品类代码 2050)执行政府指导价整车 5 号运价率减成 20%，计费重量按 60 t 计费。

(3)使用隔热车(即无冷源车)装运货物，按所装货物适用的运价率计费。

3. 货物快运运费

按快运办理的货物，其运费计算同不按快运办理的货物，但需加收快运费。货物快运费按“铁路货物运价率表”规定的该批货物适用运价率的 30%计算核收。

【例 4-3-7】 快运费

甲站发往乙站蔬菜秧苗一批重 20 t，用 B_{10} 型车一辆装运，运价里程 2 105 km，途中车内保持温度 15～20 ℃，试计算该批货物的运费及快运费。

【解】 计费重量为规定计费重量 44 t，执行政府指导价机械冷藏车运价率。

$$运费=(20.0+0.140\times 2\,105)\times 44=13\,846.80\ (元)$$

$$快运费=(20.0+0.140\times 2\,105)\times 44\times 30\%\approx 4\,154.00\ (元)$$

4. 超长、超限货物的运费

(1)超限、限速运行货物运费计算

由于超限货物和需限速运行的货物运输条件特殊，办理手续复杂，影响铁路运输效率，增加运输成本。因而运送这类货物时，发站应将超限货物的超限等级在货物运单内注明，其运费计算按下列规定进行。

①一级超限：按运价率加 50%计费。

②二级超限：按运价率加 100%计费。

③超级超限：按运价率加 150%计费。

④限速运行(不包括仅通过桥梁、隧道、出入站线限速运行)的货物，按运价率加 150%计费。需限速运行的超限货物，只核收 150%的加成运费，不另核收超限货物加成运费。

需限速运行的货物主要是指货物装车后，重车重心高超过 2 000 mm 及与限界距离或邻线列车距离较小的超级超限货物。由于限制其运行速度，因而影响铁路运输效率，增加铁路运输成本，运价率需进行加成。

【例 4-3-8】 甲站发乙站机床一件重 26 t，为二级超限，使用一辆标重 60 t 平车装运，运价里程为 634 km。运价率如何确定？试计算运费。

【解】 二级超限按运价率加 100%计费。

$$运费=(26.00+0.138\times 634)\times(1+100\%)\times 60=13\,619.00\ (元)$$

【例 4-3-9】 甲站发乙站变压器一台重 20 t,以一辆标重 60 t 平车装运,装车后货物为一级超限,重车重心高 2 260 mm,需要限速运行,试确定该批货物适用的运价率。

【解】 需限速运行的超限货物,只核收 150%的加成运费,不另核收超限货物加成运费。

(2)使用游车时货物运费计算

超长、超限货物运送时,在一些情况下,除使用负重的主车承载货物重量外,还需使用游车满足货物对长度的需要,因而需要多使用车辆,所以要核收多使用的游车运费,游车运费按下列规定计算:

①游车不装货物时,游车运费按主车货物运价率和游车标重计费。

②利用游车装运货物,按游车所装货物运价率与主车货物运价率高的核收游车运费。

③两批货物共同使用游车时,游车运费各按主车货物的运价率及游车标重的 1/2 计费。

④运输超限货物或需要限速运行的货物使用游车时,游车运费不加成。

⑤自轮运转的轨道机械,以企业自备货车或租用铁路货车作游车时,按整车 1 号运价率核收游车运费;自轮运转的轨道机械,以铁路货车作游车时,按整车 6 号运价率和游车标重核收游车运费。

⑥D 型长大货物车运输货物需用隔离车时,隔离车不另核收运费。隔离车加装货物时,按所加装货物适用的运价率核收运费。

【例 4-3-10】 甲站发乙站桥吊架一件,长 16.3 m,重 39 t,使用一辆标重 60 t N17AK 型平车一端突出装运,用一辆 N17AK 型平车做游车,超级超限,运价里程 405 km,试计算该批货物运费。

【解】 主车:查桥吊架 (品类代码 1610)适用市场调节价整车 5 号,超级超限运价率加成 150%,计费重量为 60 t。

游车:因游车上未装货物,所以按主车桥吊架的运价率,即市场调节价整车 5 号,计费重量为游车标重 60 t。

运费=主车运费+游车运费

=(18.60+0.103×405)×(1+150%)×60+(18.60+0.103×405)×60

≈12 666.20 (元)

【例 4-3-11】 甲站发乙站桥吊架一件,货物全长 16.3 m,重 42 t,用一辆标重 60 t 的 N17AK 型平车一端突出装载,用一辆 N17AK 型平车作游车,超级超限,游车上装抛光机一台,重 5 t,运价里程 405 km,试计算该批货物运费。

【解】 主车:查桥吊架(品类代码 1610)适用市场调节价整车 5 号,超级超限运价率加成 150%,计费重量为 60 t。

游车:运价率取桥吊架与抛光机高者,抛光机(品类代码 1713)适用市场调节价整车 6 号,桥吊架(品类代码 1610)适用市场调节价整车 5 号,因而游车运价率取市场调节价整车 6 号。计费重量按游车标重 60 t。

运费=主车运费+游车运费

=(18.60+0.103×405)×(1+150%)×60+(26.00+0.138×405)×60

≈13 960.70 (元)

【例 4-3-12】 甲站发乙站一批水泥电杆,货重 42 t,用一辆标重 60 t 的 N17AK 型平车装载,与另一批货物共同使用一辆 N17AK 型平车作游车,运价里程 409 km,试计算其中一批货物运费。

【解】 主车：计费重量为60 t，水泥电杆（品类代码0839）适用市场调节价整车5号，基价1为18.60元/t，基价2为0.103元/(t·km)。

游车：因两批共用游车，所以计费重量为游车标重的1/2，即30 t，运价率为该主车货物水泥电杆的运价率，即市场调节价整车5号。

运费＝主车运费＋游车运费

＝(18.6＋0.103×409)×60＋(18.6＋0.103×409)×60×1/2

＝5 465.40（元）

5.自备、租用车的运费

(1)托运人以自备货车或租用铁路货车（不论空重）用自备机车或租用铁路机车牵引时，按照全部列车（包括机车等）的轴数与整车1号运价率计费。

(2)托运人以自备货车或租用铁路货车装运货物用铁路机车牵引，或以铁路货车装运货物用该托运人机车牵引运输时，按所装货物运价率减20%计费。

(3)托运人的自备货车或租用的铁路货车空车挂运时，按整车1号运价率计费。

承运人利用自备车回空捎运货物，按所装货物适用的运价率计费，在货物运单承运记事栏内注明，免收回空运费。

(4)托运人自备或租用铁路的客车、餐车、行李车、邮政车、专用工作车挂运于货物列车时，空车按整车1号运价率加100%计费，装运货物时按其适用的运价率加100%和标重计费。但换长1.5以下的专用工作车不装货物时不加成。

(5)随车人员按押运人乘车费收费。

【例4-3-13】 某托运人从甲站装运一批石灰石到乙站，重1 200 t，以自备机车一台(6轴)，自备货车20辆（均为标重60 t的4轴敞车）装载，组成列车运输，运价里程为130 km，试计算其运费。

【解】 因该批货物用自备货车装运、自备机车牵引，所以按轴计费，即运价号按整车1号，总轴数为86。

运费＝0.525×130×86≈5 869.50（元）

【例4-3-14】 甲站发乙站一批玉米，重50 t，以一辆标重60 t企业自备棚车装运，试确定运价号及运价率。

【解】 玉米的运价号为政府指导价整车5号，该批货物属自备货车装运货物，用铁路机车牵引，所以运价率为该批货物适用的运价率减成20%。

【例4-3-15】 甲站卸后由铁路机车牵引回送乙站的某企业自备空罐车3辆（均为4轴），试确定运价号。

【解】 因是自备货车空车挂运，所以应按整车1号运价率计费。

6.自备货车装备物品及集装化用具的回送费

(1)托运人自备的货车装备物品（禽畜架、篷布支架、饲养用具、防寒棉被、粮谷挡板）、支柱等加固材料和运输长大货物用的货物转向架、活动式滑枕或滑台、货物支架、座架及车钩缓冲停止器，凭收货人提出的特价运输证明书回送时，不核收运费。

(2)托运人自备的可折叠（拆解）的专用集装箱、集装笼、托盘、网络、货车篷布，装运卷钢、带钢、钢丝绳的座架、玻璃集装架和爆炸品保险箱及货车围挡用具，凭收货人提出的特价运输证明书以整车方式回送时，整车按2号运价率计费。

7. 站界内搬运、途中装卸、整车分卸货物的运费

该三种形式为整车运输特殊形式，其运费计算如下：

(1)站界内搬运的货物，按实际运输里程(不足1 km的尾数进整为1 km)和该批货物适用的运价率计算运费，不另收取送车费。

(2)途中装卸货物，途中装车按后方货运站计算运价里程；途中卸车按前方货运站计算运价里程，不另收取送车费。

(3)整车分卸的货物，按照发站至最终到站的运价里程计算全车运费和押运人乘车费。

8. 按整车办理的危险货物的运费

由于危险货物具有爆炸、易燃、毒害、腐蚀、放射性等特性，在运输过程中需进行特殊防护，因而车站在办理危险货物运输时，按下述规定进行运费核算：

一级毒性物质(剧毒品)按运价率加100%；爆炸品、气体、一级易燃液体(代码表02石油类除外)、一级易燃固体、一级自燃物品、一级遇水易燃物品、一级氧化性物质、有机过氧化物、二级毒性物质(有毒品)、感染性物质、放射性物质按运价率加50%。

【例4-3-16】 甲站发乙站碳化钙(别名电石，铁危编号43025)58 t，以一辆标重60 t的P_{62}NT型棚车装运，运价里程为190 km，试计算运费。

【解】 碳化钙(品类代码1599)适用政府指导价整车5号，且碳化钙(铁危编号43025)是一级遇水易燃物品，因此运价率加成50%。

$$运费=(18.6+0.103\times190)\times(1+50\%)\times60=3\ 435.30(元)$$

典型工作任务4　计算零担、集装箱、批量货物运费

任务引入

熟练运用规章，严格执行收费政策和货运价格管理规定，根据货物运单上填写的货物名称、运输种类、发到站确定运价里程，核定运价号、运价率和计费重量，正确计算零担、集装箱、批量货物运费，培养科学严谨、遵章守法的职业素养和勤恳认真、精益求精的工匠精神，自觉维护铁路和客户利益，是本工作任务的目标。

相关知识

1. 零担货物运费

(1)计费重量

零担货物的计费重量以10 kg为单位，不足10 kg进为10 kg。具体确定时分为以下三种情况：

①按规定计费重量计费

表4-4-1中货物裸装运输时，按规定计费重量计费。

②按货物重量计费

“分类表”中列“童车”“室内健身车”“209其他鲜活货物”“9914搬家货物、行李”“9960特定集袋化运输用具”等裸装运输时按货物重量计费。

表 4-4-1 零担货物规定计费重量表

顺号	货物名称	计费单位	规定计费重量(kg)
1	组成的摩托车： 双轮； 三轮(包括正、侧带斗的,不包括三轮汽车)	 每辆 每辆	 750 1 500
2	组成的机动车辆、拖斗车(单轴的拖斗车除外)： 车身长度不满 3 m； 车身长度 3 m 以上,不满 5 m； 车身长度 5 m 以上,不满 7 m； 车身长度 7 m 以上	 每辆 每辆 每辆 每辆	 4 500 15 000 20 000 25 000
3	组成的自行车	每辆	100
4	轮椅,折叠式疗养车	每(辆)件	60
5	牛、马、骡、驴、骆驼	每头	500
6	未装容器的猪、羊、狗	每头	100
7	灵柩、尸体	每具(个)	1 000

③按货物重量或货物体积折合重量择大计费

除上述两种特殊情况外,零担货物的计费重量均为按货物重量或货物体积折合重量择大计费,即每立方米重量不足 500 kg 的轻浮货物,按每 1 m^3 体积折合重量 500 kg 计算。其目的是保持零担货物运价与整车货物运价之间合理的比价关系,避免货物运输中发生运费倒挂、化整为零的现象,折合重量根据托运人在货物运单“托运人记事”栏内填记的货物长×宽×高的尺寸按下式计算：

$$折合重量(kg)=500(kg/m^3)\times体积(m^3)$$

托运人托运零担货物时,除在货物运单上正确填记货物重量外,并应在货物运单“托运人记事”栏内填记货物的长×宽×高的体积,托运人托运一批同一规格的货物时,应记明单件货物的规格与体积。

外形不规则的货物的体积,应按紧密堆码状态的外廓尺寸组成的立方体确定。

货物长、宽、高的计算单位为 m,保留两位小数,第三位小数四舍五入。体积的计算单位为 m^3,保留两位小数,第三位小数四舍五入。

按折合重量计费的零担货物,应在计费重量数前记明“尺”及折合重量。

【例 4-4-1】 某站发送一批零担货物,重 225 kg,体积为 0.82 m^3,试确定计费重量。

【解】 (1)实际重量 225 kg。

(2)体积折合重量为 0.028×500=410 (kg)

(3)由于体积折合重量>实际重量,所以计费重量应为折合重量 410 kg。记为“尺 410 kg”。

发站对托运人填记的货物规格、体积等事项可进行抽查,必要时会同托运人复测更正,车站对经常运输的轻浮零担货物,可在调查研究的基础上,制定出轻浮零担货物按体积的折合重量表或采用其他简便速算办法,经铁路局集团公司核准后实行。

(2)运费计算

零担货物起码运费为每批 2.00 元。即当计算出的一批零担货物的运费不足 2.00 元时,按 2.00 元收取。

零担货物执行市场调节价，运价率按承运当日的“零担货物运价率”确定。

①运价率不同的零担货物在一个包装内或按总重量托运时，按该批或该项货物中运价率高的计费。

【例 4-4-2】 甲站发乙站货物一批，其中课本 4 件，挂图 2 件，总重 358 kg、总体积 0.94 m^3，按总重量托运，运价里程为 722 km，试计算其运费。

【解】 因该批货物按总重量托运，确定运价率时应选较高的运价率计费。课本运价号为 21 号，挂图运价号为 22 号，所以运价率应选 22 号运价率。该批货物按体积折合重量为 500×0.94=470(kg)，大于实际重量 358 kg，因此计费重量记为“尺 470 kg”。

运费=(0.28+0.001 55×722)×470÷10≈65.80(元)

②在货物运单内分项填记重量的零担货物，应分项计费，但运价率相同时，重量应合并计算。

【例 4-4-3】 甲站发乙站零担货物一批，其中羽绒睡袋 100 kg，体积 1 m^3；运动鞋 700 kg，体积 1.2 m^3；运动帽 191 kg，体积 1.35 m^3；分栏填记，运价里程 1 900 km，试计算运费。

【解】 因为羽绒睡袋的运价号为 21 号，而鞋、帽运价号均为 22 号，所以羽绒睡袋单独确定计费重量，而鞋帽重量合并为计费重量。

羽绒睡袋 100 kg，体积 1 m^3，实际重量=100 kg，折合重量=1 m^3×500 kg/m^3=500 kg，计费重量为“尺 500 kg”。

运动鞋 700 kg，体积 1.2 m^3；运动帽 191 kg，体积 1.35 m^3，实际重量=700 kg+191 kg=891 kg，体积折合重量 2.55 m^3×500 kg/m^3=1 275 kg，计费重量为“尺 1 280 kg”。

运费=(0.22+0.001 11×1 900)×500÷10+(0.28+0.001 55×1 900)×1 280÷10≈529.40(元)

③托运人自备的可折叠(拆解)的专用集装箱、集装笼、托盘、网络、货车篷布，装运卷钢、带钢、钢丝绳的座架、玻璃集装架和爆炸品保险箱及货车围挡用具，凭收货人提出的特价运输证明书回送时，零担按 22 号运价率计费。

2.集装箱货物运费

集装箱货物运费按箱计费，不再考虑箱内所装货物重量(20 ft 开顶干散货箱、20 ft 35 t 敞顶箱除外)，但所装货物重量与自重之和不得超过集装箱标记总重。

集装箱执行市场调节价。集装箱货物的运费按照使用的箱数和“铁路货物运价率表”中规定的不同箱型的运价率计费，并遵守下列规定：

(1)20 ft 罐式箱、35 t 通用集装箱、冷藏箱(使用 BX 型车为冷藏箱提供在途供电时)按“铁路货物运价率表”中规定的 20 ft 集装箱运价率分别加 5%、20%、30%计算。40 ft 罐式集装箱按“铁路货物运价率表”中规定的 40 ft 集装箱运价率加 30%计算。其他集装箱加成仍按有关规定执行。

(2)装运一级毒害品(剧毒品)的集装箱按“铁路货物运价率表”中规定的运价率加 100%计算；装运爆炸品、气体、一级易燃液体(代码表 02 石油类除外)、一级易燃固体、一级自然物品、一级遇水易燃物品、一级氧化性物质、有机过氧化物、二级毒性物质(有毒品)、感染性物质、放射性物质的集装箱按“铁路货物运价率表”中规定的运价率加 50%计算。

装运危险货物的集装箱按上述规定适用两种加成率时，只适用其中较大的一种加成率。

(3)自备集装箱空箱运价率按其适用重箱运价率的 40%计算。

(4)承运人利用自备集装箱回空捎运货物，在货物运单“承运人记事”栏内注明，免收自备集装箱箱主的回空运费。

【例 4-4-4】 甲站发乙站一批教学仪器，使用 2 个 20 ft 集装箱装运，运价里程 1 405 km，运费如何计算？

【解】 运费＝(440.0＋3.185×1 405)×2≈9 829.90(元)

【例 4-4-5】 甲站发乙站 1 个 40 ft 集装箱，内装服装，运价里程 1 369 km，运费如何计算？

【解】 运费＝(532.0＋3.357×1 369)×1≈5 127.70(元)

【例 4-4-6】 20 ft 自备集装箱运费及回送费。

甲站发乙站 2 个自备 20 ft 集装箱，到站后乙站回送甲站，运价里程 1 154 km，试分别计算甲站核收的运费及乙站核收的回空运费。

【解】 甲站发乙站运费：

运价率按 20 ft 重箱计费，计费重量 2 箱。

运费＝(440.0＋3.185×1 154)×2≈8 231.00(元)

乙站回送甲站运费：

运价率按 20 ft 重箱 40%计费，计费重量 2 箱。

运费＝(440.0＋3.185×1 154)×40%×2≈3 292.40(元)

3. 20 ft 开顶干散货箱、20 ft 35 t 敞顶箱运费计算

20 ft 开顶干散货箱、20 ft 35 t 敞顶箱装运货物时，根据托运人在货物运单上所填写的货物名称，查“分类表”或《检查表》确定该批(项)货物的品类代码和适用的整车运价号，根据品类代码确定运价政策，在适用的运价率表中选取该批货物适用的运价率。

(1)计费重量

①装运焦炭(03)、钢铁及有色金属产成品(钢锭钢坯 0520、钢材 0530、有色金属及其加工材 0571、半导体材料 0573、石油套管油管 0574)时，按货物实际重量计费。当货物重量不足集装箱载重的 60%时，按集装箱载重的 60%计算。

②装运其他货物时，20 ft 35 t 敞顶箱按 32 t 计费；总重 30.480 t 的开顶干散货箱，按 27 t 计费。

(2)自备空箱运输

自备空箱运输时，比照 20 ft 自备箱回空计费。

4. 批量货物运费

批量货物每批运费按市场调节价整车 4 号运价率、规定计费重量及其发到站间运价里程，按下列公式计算：

运费＝(基价 1＋基价 2×运价里程)×规定计费重量

批量货物计费重量以 t 为单位，t 以下四舍五入。

批量货物按货物重量或货物体积折合重量，择大作为计费重量，每立方米重量达到 333 kg 及以上的货物为重质货物，每批最低按 40 t 计费。每立方米重量不足 333 kg 的货物为轻浮货物，按每 1 m^3 体积折合重量 333 kg 计算，每批最低按 80 m^3 折合重量(27 t)计费。铁路运输企业可根据实际情况，确定折算重量，但每立方米重量不得低于 250 kg。

一批货物涉及两个及以上货物品名时，按加总后的货物重量或体积折合重量择大，确定该批货物的计费重量。

典型工作任务5　核收铁路杂费

任务引入

铁路货物运输费用除运费外，还包括货物运送过程中实际发生的各种杂费，即铁路货物运输杂费(以下简称“货运杂费”)。熟悉货运杂费种类、计费条件和计费办法，树立正确的价值导向，培养科学严谨、遵章守法的职业素养，具备运用相关资料，正确计算并核收铁路杂费的能力，自觉维护铁路利益和客户利益，是本工作任务的目标。

相关知识

1.货运杂费的概念及计算公式

铁路运输的货物(包括企业自备车或租用铁路货车)自承运至交付时的全过程中，铁路运输企业向托运人、收货人提供的辅助作业和劳务，以及托运人或收货人额外占用铁路设备、使用用具和备品所发生的费用，均属于货运杂费。

货运杂费按实际发生的项目和发生当日实行的费率核收，规定发站核收或报价的到站杂费，按照承运当日实行的费率计算，其计算公式如下：

杂费＝杂费费率×杂费计费单位

各项杂费不满一个计算单位的，均按一个计算单位计算(另定者除外)。杂费的尾数不足1角时按四舍五入处理。

货运杂费包括货运运营服务费、延期使用运输设备违约及委托费用和租占用运输设备费用，由铁路专职人员使用铁路货物运单或运杂费收据按当日实行的费率统一收费(特殊规定除外)，按规定清算。

2.货运营运服务费

货运营运服务费包括取送车费、机车作业费、押运人乘车费、接取送达费、集装箱使用费、货物装卸作业费、货物保价费、装载加固材料使用服务费、仓储费等，按实际发生的项目和费率核收。

(1)取送车费

用铁路机车往专用线或专用铁路的站外交接地点调送车辆时，核收取送车费。取送车费按下式计算：

取送车费＝费率×车数×计费里程

式中　费率——按整车8.1元/(车·km)、40 ft箱8.1元/(箱·km)、20 ft箱4.05元/(箱·km)核收；

计费里程——应自车站中心线起算，到交接地点或专用线最长线路终端止，里程往返合计(不足1 km的尾数进整为1 km)，取车不另收费。

说明：向专用线取送车，由于货物性质特殊或设备条件等原因，托运人、收货人要求加挂隔离车时，隔离车按需要使用的车数核收取送车费。但机械冷藏车组、BX型车组中的专用工作车不另计算取送车费。

【例4-5-1】 某托运人在甲站托运一批钢材到乙站，用2辆C_{70H}装运，托运人要求在××物流公司专用线装车，专用线里程18.2 km，试计算取送车费。

【解】 取送车费＝8.1×2×37＝599.40(元)

(2)机车作业费

托运人或收货人使用铁路机车进行取送车辆以外的其他作业时，另核收机车作业费。机车作业费按每半小时90元计费。

(3)押运人乘车费

派有押运人押运的货物，按3元/(人·100 km)核收押运人乘车费，运价里程不足100 km时，按照100 km计算。

【例4-5-2】 某托运人在甲站托运一批柑橘到乙站(1 206 km)，用1辆P_{64K}装运，途中通风运输，押运2人，试计算押运人乘车费。

【解】 押运人乘车费＝3×2×1 300÷100＝78.00(元)

(4)接取送达费

对货物从托运人约定交货地点至铁路车站公共装卸场所或货物从铁路车站公共装卸场所至收货人约定接货地点的短途运输，按表4-5-1规定的费率核收接取送达费。

表4-5-1 接取送达费费率表

项目			单位	费率
接取送达费	起码里程10 km	整车	元/t	13
		零担	元/(100 kg)	1.3
		20 ft集装箱	元/箱	300
		40 ft集装箱	元/箱	450
	超过起码里程的费率	整车	元/(t·km)	0.6
		零担	元/(100 kg·km)	0.06
		20 ft集装箱	元/(箱·km)	20
		40 ft集装箱	元/(箱·km)	30

注：(1)铁路局集团公司可上浮50%，下浮不限。

(2)起码里程10 km之后的里程按0、5取整，1、2去，8、9进，3、7、4、6作5。

接取送达费按下式计算：

接取送达费＝每单位重量货物接取送达费×计费重量

每单位重量货物接取送达费＝每单位重量货物起码里程费率＋(计费里程－起码里程)×超过起码里程后每公里费率

【例4-5-3】 某托运人在甲站托运2个20 ft箱到乙站(1 206 km)，内装铝锭，托运人要求上门取货，取货里程16 km，试计算接取送达费。

【解】 每单位重量货物接取送达费＝300＋5×20＝400(元/箱)

接取送达费＝400×2＝800(元)

(5)集装箱使用费

使用铁路集装箱装运货物，按表4-5-2规定的费率向托运人核收集装箱使用费。使用铁路集装箱装运危险货物时，集装箱使用费加20%核收。

表 4-5-2　铁路集装箱使用费费率表

项　　目		单位	费率
20 ft 箱	250 km 以内	元/箱	35
	250 km 以上每增加 100 km 加收(不足 100 km 的部分按 100 km 计算)	元/箱	6
40 ft 箱	250 km 以内	元/箱	70
	250 km 以上每增加 100 km 加收(不足 100 km 的部分按 100 km 计算)	元/箱	12

【例 4-5-4】 某托运人在甲站使用 1 个 20 ft 铁路箱装铝锭到乙站，运价里程 1 206 km，试计算集装箱使用费。

【解】 集装箱使用费＝35＋10×6＝95(元)

(6)货物装卸作业费

在国家铁路和国铁控股合资铁路的车站内(含按车站货场管理的铁路多经、合资货场)进行货物装卸火车、汽车(或其他车辆)、船舶作业以及货场内的搬运作业，无论是以机械还是人力或者人机混合方式进行，按《铁路货物装卸作业计费办法》规定核收货物装卸作业费。货物装卸作业费按下式计算：

货物装卸作业费＝计费重量×费率

①计费重量

a. 整车货物装卸作业费按运单计算运价计费重量计费，以 t 为单位，吨以下四舍五入。

整车货物的货物重量不足货车标重的 60％时，按货车标重的 60％计费。全车货物的单件重量均超过 200 kg 时，按货物重量计费。整车未装容器的活动物，装一层按货车标重的 50％，装两层按标重的 70％计费，装三层按货车标重计费。

b. 批量货物装卸作业费的计费重量按货物实际重量计费，以 t 为单位，吨以下四舍五入。批量货物的货物重量不足货车标重的 60％时，按货车标重的 60％计费。

c. 集装箱货物装卸作业费的计费重量以箱为单位。

②费率

铁路货物装卸作业费率实行政府指导价，货物装卸基准费率和每一铁路地区浮动幅度由国铁集团规定。铁路局集团公司货物运价管理部门对装卸费实施管理职责，在国铁集团规定的幅度内，各铁路局集团公司可根据地区、季节、货源变化及作业条件的不同，确定费率上浮或下浮标准。

a. 不同品类的整车货物按一批办理时，按其中费率高的货物适用的费率计算。

b. 一批或一项货物适用两种以上的加成时，应将不同的加成率相加之和作为其适用的加成率；适用两种以上减成率时，只适用其中较大的一种减成率；同时适用加成和减成时，应以加成率和减成率相抵后的差额作为其适用的加(减)成率。

(7)货物保价费

参加保价运输的货物，应按规定收取一定比例的保价费。货物保价费按下式计算：

货物保价费＝保价金额×保价费率

货物保价费率根据货物运输品名分类及运输方式确定，见表 4-5-3。

表 4-5-3　货物保价费率表(摘自铁路 95306 网站)

品类	费率							
	1‰	2‰	3‰	4‰	6‰	10‰	15‰	备注
01类	全部							
02类			10	其他				
03类	全部							
04类	10、90		20					
05类	10	20、30、41、42、51、52、59	72、74、79	61、62、71、73				
06类	10、20、30、40、91、99	92、93						
07类	全部							
08类	11、12、13、20、31、97、98	39、91、93 94、95、96	14、50、92				40	
09类				全部				
10类	10、21、22、30	41		49				
11类		全部						
12类			全部					
13类	22	10	21					
14类	全部							
15类			其他		70			
16类	10、91	92	20、31、32、39、93、99					
17类		11、12、13、14、15、19、25	16、22、23、24、32、35	31、34	33			21无
18类		11、93、99	12、23、29		21、22、30、91、92			
19类	10、20、99	92	91					
20类			16		13、21、22、23、31、32、40、91、92、93	11、12、14 19、50、61 62、69、94	15	
21类	11、12、13、14、19、21、22、23、24、25、26、27、31、32、33、34、35	29、39、41、51、52、93	15、42	91	92			
22类		27	21、22、23、26、29、32、33、39、49	10、31、41	24、25			
23类			全部					
24类	10、31		21、22、32、33、39、91、92、94、99	95	93			

续上表

品类	费率							
	1‰	2‰	3‰	4‰	6‰	10‰	15‰	备注
25类			全部					
99类	11、12、23、24、31、33、34、35、36、41、42、60	13、21、22	14、19、25、32 71、72、90	15、17、51、52	16、73、74			79商定

注：1. 本表所列货物品类及代码，均以《铁路货物运价规则》附件1"铁路货物运输品名分类与代码表"为准。

2. 保价费率分为五个基本级，两个特定级：一级为1‰，二级为2‰，三级为3‰，四级为4‰，五级为6‰，特六级为10‰，特七级为15‰。

3. 集装箱费率：35 t敞顶箱按所装货物适用的整车保价费率；其他箱型均按3‰(2431类课本按1‰)计算。

4. 冷藏车装运的需要制冷的货物，均按该货物保价费率的50％计算。

5. 超限货物均按该货物的保价费率加收50％计算。

6. 特快、快速货物班列混装时，保价费率按全批货物实际价格的3‰计算。

7. 仅仓储的费率按该货物保价费率的50％计算。

8. 零散货物快运的保价费率按3‰计算(保价金额在1 000元以下的，按每批3元核收)。批量货物快运保价费率按照相应的整车货物保价费率计算。

9. 一口价运输等业务中保价费率另有规定的，按规定执行。

10. 各铁路运输企业结合管内具体情况，依本表规定可浮动费率。

保价费率不同的货物按一批托运时，可分项填记品名及保价金额，保价费分别计算。保价费率不同的货物合并填记时，按其中保价费率中最高的保价费率计算保价费。保价费尾数不足1元时，按四舍五入处理至元。

【例4-5-5】 某托运人在石家庄西托运一批新闻纸60 t，到站北郊站，用标重60 t的棚车装运，保价金额20万元，试计算保价费。

【解】 根据货物品名查"分类表"或《检查表》，确定新闻纸的品类代码为2421，查表4-5-3得保价费率为3‰，则：

$$保价费=200\ 000\times 3‰=600.00(元)$$

(8)装载加固材料使用服务费

门到门运输过程中，货物因装车、换装等原因，按规定需要加固、包装、防冻、防护等处理时使用的材料，核收装载加固材料使用服务费，装载加固材料使用服务费可按所用材料成本价加15％计算，具体加成幅度由铁路局集团公司在不超过15％的幅度内自主确定。

(9)仓储费

货物承运后和交付前在车站仓储时、货物承运前和交付后仍在车站仓储或货物仅在车站仓储时，按规定核收仓储费。

①门到门运输时，货物仓储费在应收该费时间段的前三日，按表4-5-4规定费率的50％计费，自第四日起，允许铁路局集团公司根据各地的不同情况适当浮动，上浮幅度最大不得超过规定费率的100％，下浮不限，并报国铁集团备案。

②货物承运前和交付后仍在车站仓储，或货物仅在车站仓储时，按实际仓储期间核收仓储费，货物仓储费在应收该费时间段，按表4-5-4规定的费率计费，允许铁路局集团公司根据各地的不同情况适当浮动，上浮幅度最大不得超过规定费率的100％，下浮不限，并报国铁集团备案。

危险货物和易燃货物的仓储费率按普通货物费率加100％计算。

表 4-5-4　货物仓储费费率表

项　　目		单位	费率
承运后交付前	整车货物	元/(车·d)	150
	零担货物	元/(100 kg·d)	1.5
	20 ft 箱	元/(箱·d)	75
	40 ft 箱	元/(箱·d)	150
	45 ft 箱	元/(箱·d)	150
仓储服务时	20 ft 箱	元/(箱·d)	75
	40 ft 箱	元/(箱·d)	150
	45 ft 箱	元/(箱·d)	150
	其他货物	元/(t·d)	2.5

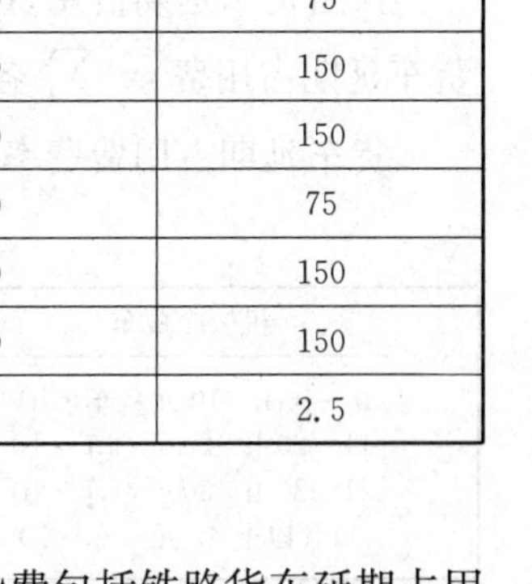

3. 延期使用运输设备、违约及委托服务费用

延期使用铁路运输设备或违约以及委托铁路提供服务发生的杂费包括铁路货车延期占用费、集装箱延期使用费、货车篷布延期使用费、违约金、运杂费迟交金、赔偿费等，按实际发生的项目和规定的费率核收。

(1)货车延期占用费

货车延期占用费

货车延期占用费是对超过规定占用时间标准额外占用铁路货车所增加成本的补偿。凡在铁路专用线(包括铁路的段管线、厂管线，下同)、专用铁路内及其他根据规定由托运人、收货人自行组织装、卸货车，其货车占用时间超过表 4-5-5规定标准的，均应按规定核收货车延期占用费(D 型长大货物车除外)。

表 4-5-5　铁路专用线、专用铁路货车占用时间的最长标准

顺号	车种	装车时(h)	卸车时(h)
1	机械冷藏车	按《鲜规》规定时间计算	
2	罐车	4.5	4.0
3	其他货车	4.5	4.0

①铁路货车延期占用费计费时间的计算

a. 专用线及其他根据规定由托运人、收货人自行组织装卸货车时，货车延期占用费计费时间，等于自铁路将货车送到规定的装卸车地点交给企业时起，至企业通知该批货车装卸完交给铁路时止的时间，减去该批货车占用时间标准。

b. 专用铁路货车延期占用计费时间，等于自铁路将货车送到约定的交接地点交给企业时起，至企业将货车送回约定的交接地点交给铁路时止的时间，减去该专用铁路货车占用时间标准。

如铁路送到专用线、专用铁路的货车数量，超过企业一批作业能力(专用线、专用铁路一批作业能力由车站和企业共同查定)，则超过的车数按另一批统计占用时间。如一批货车中占用时间标准不同，则按其中最长占用时间标准计算。

在专用线、专用铁路内进行两次作业的货车，其占用时间标准应相应增加，但不得超过两次作业占用时间标准之和。

货车延期占用费计费时间不足 1 h 的部分,不足半小时不计算,达到或超过半小时按 1 h 计算。

特殊情况按《铁路货车延期占用费核收暂行办法》有关规定办理。

②铁路货车延期占用费的计算

铁路货车延期占用费按下式计算:

货车延期占用费 = $\sum$ 各时间档次货车延期占用费率×该时间档次货车延期占用计费时间

货车延期占用费费率见表 4-5-6。

表 4-5-6　货车延期占用费费率表

机械冷藏车	罐车	其他货车
1～10 h　10 元/(车·h) 11～20 h　20 元/(车·h) 21～30 h　30 元/(车·h) 30 h 以上 40 元/(车·h)	1～10 h　6.5 元/(车·h) 11～20 h　13 元/(车·h) 21～30 h　19.5 元/(车·h) 30 h 以上 26 元/(车·h)	1～10 h　5.7 元/(车·h) 11～20 h　11.4 元/(车·h) 21～30 h　17.1 元/(车·h) 30 h 以上 22.8 元/(车·h)

③D 型长大货物车的货车延期占用费

由托运人、收货人自行装卸的 D 型长大货物车,自调到装卸地点(或交接地点)之日起的第四日起,到装卸完了(或交接地点交接完毕)之日止,按 6.5 元/(t·d)(不足一日按一日)核收货车延期占用费。

(2)集装箱延期使用费

托运人或收货人使用铁路箱超过下列期限,自超过之日起按表 4-5-7 规定费率核收集装箱延期使用费。

①站内装箱的,应于约定进货日期当日装完;站内掏箱的,应于领取的当日内掏完。

②到达的集装箱,应于承运人发出领货通知的次日起算,2 d 内领取集装箱。

③集装箱出站的,重去空回或空去重回时,应于领取的次日送回;重去重回时,应于领取的 3 d 内送回。集团公司可延长本款规定的集装箱出站免费使用期限,但最长不得超过领取的 7 d 内。

④集装箱出站的,因托运人原因空去空回时,应于出站之日起核收集装箱延期使用费。

⑤在车站存放的铁路箱不得挪作他用。如有挪用,对挪用者自挪用之日起核收规定费率 2 倍的集装箱延期使用费。

表 4-5-7　集装箱延期使用费费率表

项　目		单位	费率
20 ft 箱	前 5 日	元/(箱·d)	10
	第 6 日起	元/(箱·d)	60
40 ft 箱	前 5 日	元/(箱·d)	20
	第 6 日起	元/(箱·d)	120

(3)货车篷布延期使用费

使用铁路货车篷布超过规定使用期限的,D 型篷布按 60 元/(张·d),其他篷布按 30 元/(张·d)标准核收货车篷布延期使用费。

(4)违约金

承运后发现托运人匿报、错报货物品名填写运单,致使货物运费减收或危险货物匿报、错报货物品名按一般货物运输时,按批核收全程正当运费 2 倍的违约金,不另补收运费差额。

到站发现货物的实际重量超过发站确定的计费重量时,对超过部分应按该批货物适用的运价率补收全程正当运费。

(5)运杂费迟交金

托运人以铁路运输货物,应在发站承运货物当日支付费用。对 18:00 以后承运的货物,车站应在货物运单承运日期戳记下注明“翌”字,其运输费用,可以在次日支付。由于临时发生抢险、救灾、防疫等情况,在发站支付确有困难,经发送铁路局集团公司同意,可以后付或由收货人在到站支付。

经常托运或领取货物的托运人或收货人,可按日汇总支付运输费用,其时间在不影响运输费用送交银行的前提下,由站长根据具体情况同托运人或收货人商定。

托运人或收货人迟交运输费用时,应向承运人支付规定的运杂费迟交金。

运杂费迟交金,从应收该项运杂费之次日起至付款日止,每迟延一日,按运杂费(包括垫付款)迟交总额的 1‰核收。

(6)赔偿费

铁路集装箱、篷布、绳索和车辆配件等设备损坏、丢失时,按表 4-5-8 规定费率定向责任者核收赔偿费。

表 4-5-8　赔偿费费率表

项　目		单　位	费率
集装箱	丢失或因损坏报废	按市场重置价格赔偿	
	损坏	按实际发生费用赔偿	
篷布	损坏报废或丢失时	按当年篷布购置价格赔偿	
车辆配件	损坏丢失时	按铁路运输企业内部零部件价格和车辆维修费用标准赔偿	
绳索	弹力绳	元/根	50
	非弹力腰绳、压绳	元/根	20
	角绳、端绳、边绳	元/根	10

4. 租、占用运输设备费用

租用或占用运输设备费用包括合资、地方铁路及在建线货车占用费,合资、地方铁路货车篷布占用费,自备或租用货车停放费,车辆使用服务费,路产专用线使用服务费,机车使用服务费,货运场地使用服务费等,按实际发生的项目和规定的费率核收。

(1)合资、地方铁路及在建线货车占用费

国铁货车进入铁路工程在建线、临管线或合资、地方铁路时,按表 4-5-9 规定费率,分别向其管理单位核收合资、地方铁路及在建线货车占用费。

表 4-5-9　合资、地方铁路及在建线货车占用费费率表

项目	单位	费率
冷藏车	元/(车・h)	6.5
D 型长大车	元/(车・h)	10
其他货车	元/(车・h)	5.7

(2)合资、地方铁路货车篷布占用费

国铁的货车篷布进入未与国铁办理直通运输的合资、地方铁路时,D型篷布按60元/(张·d),其他篷布按30元/(张·d)标准向合资、地方铁路核收合资、地方铁路货车篷布占用费。

(3)自备或租用货车停放费

自备车或租用铁路货车由于托运人或收货人的原因在铁路站线或未出租的路产专用线存放,从货车到达的次日起,到调离存放地点之日止,按40元/(车·d)核收自备或租用货车停放费。存放时间不足12 h的免收。

(4)车辆使用服务费

有偿使用铁路货车,按表4-5-10规定费率向租用人核收车辆使用服务费,车辆使用服务费按车辆标重计算。

表4-5-10 车辆使用服务费费率表

项目		单位	费率
在营业线上	罐车,散装水泥、粮食专用车	元/(t·d)	3.6
	其他货车(机冷车、D型长大货物车除外)	元/(t·d)	3
在专用线、专用铁路上	罐车,散装水泥、粮食专用车	元/(t·d)	7.2
	其他货车(机械冷藏车、D型长大货物车除外)	元/(t·d)	6
机械冷藏车	单节型	元/(车·d)	160
	5辆型	元/(车组·d)	660
长大货物车	超过180 t	元/(t·d)	8.6
	标重不足180 t	元/(t·d)	5

(5)路产专用线使用服务费

有偿使用路产专用线时,应自接轨道岔尖端起,按线路总换算长度向租用人核收路产专用线使用服务费。

路产专用线使用服务费按200元/延米年计算。

(6)机车使用服务费

有偿使用铁路机车,向使用人核收机车使用服务费。机车使用服务费不分机型,按单台机车3 050元/(台·d)计算,双节机型加倍。

铁路运输企业可根据实际有偿使用的机车情况在费率标准的20%范围内上下浮动。机车使用服务费包含折旧费、大中小检修费用、油脂费以及间管费。

(7)货运场地使用服务费

有偿使用铁路货场仓库、站台、场地,按表4-5-11规定费率向使用人核收货运场地使用服务费。货运场地使用服务费均按月计算,不足一月按一月计算。

表4-5-11 货运场地使用服务费费率表

项目	单位	费率	项目	单位	费率
仓库	元/(m^2·月)	6	露天站台	元/(m^2·月)	3
带雨棚站台	元/(m^2·月)	4	露天场地(货位)	元/(m^2·月)	2

铁路运输企业可根据车站位置、地段和市场情况,比照当地实际水平,可在上浮200%、下浮50%的幅度内调整。

典型工作任务6　核收其他运输费用

任务引入

铁路建设基金是在铁路货运价格基础上收取的专门用于铁路建设的专项行业发展基金，印花税属于铁路代收款。正确核收铁路建设基金和印花税，对维护铁路利益，保证国家税收具有重要意义。掌握铁路建设基金、印花税的核收办法，了解运输变更及运输阻碍费用的清算办法，培养科学严谨、遵章守法的职业素养，具备运用相关资料，正确计算铁路建设基金和印花税的能力，自觉维护铁路和客户利益，是本工作任务的目标。

相关知识

1. 铁路建设基金

货物经由国家铁路正式营业线和实行统一运价的运营临管线时应核收铁路建设基金，其计算公式为

铁路建设基金＝费率×计费重量(箱数或轴数)×运价里程

式中　费率——见铁路建设基金费率表(表4-6-1)；

计费重量——整车、零担货物按该批货物运费的计费重量计算，集装箱货物按箱计费，货物运单内分项填记重量的货物，按运费计费重量合并计算；

运价里程——按国铁正式营业线和实行统一运价运营临管线的运价里程计算。

其他说明：

(1)费用由发站一次核收，尾数不足1角按四舍五入处理。

(2)国际联运(过境运输除外)、军事运输均需核收，国际联运国内段铁路建设基金，出口货物由发站核收，进口货物由国境站核收。

(3)免收运费的货物、站界内搬运的货物免收。

(4)承运后发生运输变更时，按《价规》处理运费方法处理。

(5)承运后发现托运人匿报、错报货物品名或货物重量不符，致使费用少收时，到站除按正当费用补收差额外，另核收该差额等额的违约金。

表4-6-1　铁路建设基金费率表

种　类			计费单位	农药	磷矿石	其他货物
整车货物			元/(t·km)	0.019	0.028	0.033
零担货物			元/(10 kg·km)	0.000 19	0.000 33	
自轮运转货物			元/(轴·km)	0.099		
集装箱	20 ft箱		元/(箱·km)	0.528 0		
	40 ft箱		元/(箱·km)	1.122 0		
	空自备箱	20 ft箱	元/(箱·km)	0.264 0		
		40 ft箱	元/(箱·km)	0.561 0		

注：整车化肥、黄磷免征铁路建设基金。

2.印花税

印花税是对在经济活动和经济交往中书立、领受具有法律效力的凭证的行为征收的一种税。其因采用在应税凭证上粘贴印花税票作为完税的标志而得名。

依据《中华人民共和国印花税法》，凡在中华人民共和国境内书立应税凭证、进行证券交易的单位和个人，为印花税的纳税人，应当依照本法规定缴纳印花税。

印花税属铁路代收费用，印花税按运费的万分之三核收。印花税以元为单位，精确至角，角以下四舍五入。印花税起码价为1角，不足1角免收印花税。

其他说明：

(1)军事物资运输。凡附有军事运输命令或使用专用的军事物资运费结算凭证，免纳印花税。

(2)抢险救灾物资运输。凡附有县级以上(含县级)人民政府抢险救灾物资运输证明文件的运费结算凭证，免纳印花税。

(3)新建铁路的工程临管线运输。为新建铁路运输施工所需物料，使用工程临管线专用运费结算凭证，免纳印花税。

(4)由于中途变更运输，所收运费需要多退少补的，不再办理印花税的退补手续。

3.运输变更及运输阻碍费用的清算

1.货物运输变更

清算运输变更费用

托运人要求货物运输变更时，应提出货物运单(托运人存查联)和货物运输变更要求书；凭纸质领货凭证领货的，应将领货凭证一并交变更处理站；办理电子领货的，应向变更处理站提供领货密码。

(1)货物发送前取消托运时，由发站按有关规定处理，运输合同即终止。

费用清算：退还全部运费、建设基金和按里程计算的杂费。

(2)货物发送后，托运人要求变更到站、变更收货人时，变更处理站应审核运单托运人存查联、领货凭证、货物运输变更要求书；电子领货的，验证领货密码，打印领货凭证。在货票系统中录入货物运输变更要求书，并在纸质运单托运人存查联、领货凭证上修改相关信息，加盖车站日期戳或带有站名的人名章后交托运人。

费用清算：运费、建设基金和按里程计算的杂费应按发站至处理站，处理站至新到站分别计算，由新到站向收货人清算。运输费用多退少补。

由于处理变更所发生的杂费，应按实际发生分别核收。

2.运输阻碍

对已承运的货物，因自然灾害发生运输阻碍变更到站时，处理站应在纸质运单托运人存查联、领货凭证上修改相关信息，加盖车站日期戳或带有站名的人名章后交托运人。新到站处理规定如下：

运费、建设基金和按里程计算的杂费，按发站至处理站与自处理站至新到站的实际经由里程合并通算。若新到站经由发站至处理站的原经路时，计算时应扣除原经路的回程里程，杂费按实际发生核收。

典型工作任务7　认识铁路货物运输收入管理

任务引入

铁路运输收入是指铁路运输企业在办理客货运输业务和辅助作业中，向旅客、托运人、收货人核收的票款、运费、杂费等运输费用的总称，其资金形态统称为运输收入进款。铁路运输收入主要用以补偿铁路运输企业成本费用的部分，是铁路运输企业产品的销售收入，是铁路维持生产和自我发展所需资金的主要来源，是铁路的经济命脉。了解铁路货运收入管理的性质、特点及任务，熟悉运输票据管理及核收、结算方法，具备铁路运输收入管理的基本知识，更好地服务铁路货运生产，自觉维护铁路利益，是本工作任务的目标。

相关知识

知识点1　认识铁路运输收入管理

铁路运输收入管理是指对铁路客货运输票据(以下简称“客货票据”)、运输进款资金运动和运输收入实现的全过程进行监督与管理。其主要任务是:运输企业收入管理部门和工作人员，通过系统、规范和专业的方法，对客货票据、运输收入进款资金运动和运输收入实现的全过程进行监督、核算与管理，保证运输收入的正确、及时、完整和安全，维护各运输企业的经济利益和铁路运输合同各方当事人的合法权益。

客货票据管理、收缴款管理、进款管理、收入审核管理、收入会计核算、收入稽查管理和信息数据管理，以及违纪追责等管理工作相互结合，形成铁路运输收入的专业管理体系。

1.铁路运输收入管理的性质

铁路运输收入管理包括四个基本环节，概括为“票”“款”“账”“表”四个字。

“票”是指有价凭证(客货票据)的管理，它是运输收入管理工作的第一个环节，是运输收入的先行，有票才有款。

“款”包含对进款管理、客货运杂费管理和上缴款的管理，是运输收入管理的核心环节。

“账”是指报账单位的各种业务账簿和主管收入部门的各种会计账簿。

“表”,是运输收入最终的归集和结果反映，是运输收入管理的最后一个环节，包括车站、列车的各种业务报表和各级主管收入部门的各种会计报表。

由上可以看出，铁路运输收入管理是具有财务会计属性的工作。它属于财会部门，从事货币计量的管理工作，是按照统一会计核算制度进行收入会计核算的，体现了会计核算的系统性、连续性、全面性三个特征。

2.铁路运输收入管理的特点

铁路运输生产具有运输生产过程和运输产品销售过程同时进行、同时完成的“产销合一”的特点，决定了铁路运输收入管理有别于其他行业销售收入管理的特点。具体体现在以下几方面:

(1)组织形式上的分散性。铁路运输生产过程所具有的特点，决定了运输收入管理具有点多、面长、线长和分散的特点。

(2)核算形式上的复杂性。铁路运输收入集中反映了铁路运输企业的产品价值，它不仅仅要依据会计法规、会计基本原理、会计核算的基本制度及其方法体系进行独立的会计活动，同时还要按照国家的政策、法令，并依据大量的客货运输法规进行铁路运杂费计算，其项目之多、范围之广、生产性之强是与其他行业销售收入核算截然不同的。

(3)核算形式上的双重性。铁路运输收入来源于运输生产。具体表现为运输收入会计核算全过程中的业务核算，它既是运输生产营销活动中不可缺少的重要内容，又是运输收入会计核算的重要基础。而作为运输收入会计核算全过程中的专业核算(会计核算)又是铁路运输企业财务管理的重要组成部分，因此具有管理和生产的双重特性。

(4)原始凭证具有数量大、种类多、多功能和有价性的特点。

3. 铁路运输收入管理的基本法律、法规依据

(1)财会法规：《中华人民共和国会计法》《企业会计准则》。

(2)会计核算制度：《中国铁路运输收入管理规定》《中国铁路运输收入会计核算规则》《中国铁路运输收入审核工作规则》《中国铁路运输收入稽查工作规则》等。

(3)运输法规：《铁路法》，客货运各类规程、规则、细则、命令、办法等。

知识点 2　铁路货物运输收入及其构成

铁路货物运输收入是铁路运输收入的重要组成部分，是指铁路运输企业在办理货物运输业务和辅助作业中，向托运人、收货人核收的运费、杂费等运输费用的总称，包括货运收入、铁路建设基金、代收款。

1. 货运收入

铁路运输企业在办理货物运输业务和辅助作业中，使用铁路货运票据，按规定向托运人、收货人核收的运费、杂费。

2. 铁路建设基金

铁路运输企业在办理货物运输业务过程中，使用铁路货运票据，按规定向托运人、收货人核收的经国家批准征收的铁路建设基金。

3. 货运代收款

代收款是指货运营业单位核收铁路运输费用时，按规定一并核收其他费用，或使用其他企业专用票据为其代收的款项等，具体包括：

(1)国际联运应清算给外国铁路货物运杂费。

(2)内地与香港直通运输中，应支付给有关铁路方货物运杂费。

(3)代收货物保险费等。

(4)托运人、收货人预付款。

(5)经批准的其他代收款等。

知识点 3　铁路货运票据

铁路办理货物运输使用的货物运单、货运杂费收据和定额收据，以及电子票据等统称为铁路货运票据。铁路货运票据分为以印刷或打印形式体现的铁路纸质票据，或以电子数据信息形式体现的铁路电子票据。

1. 铁路货运票据的性质

货运票据是铁路收取货物运输费用的结算单据和运输企业核算运输收入的原始凭证，任何单位或个人不得篡改铁路电子票据数据信息。

2. 货运票据印制与请领

纸质货运票据的格式、底纹、规格、墨色、用纸等标准由国铁集团规定(国际联运票据的样式、规格按国际铁路合作组织规章规定)。印票底纹版由国铁集团监制。

纸质货运票据应在铁路印刷企业印制。铁路印刷企业应严格遵守保密和安全制度,按季将票据印制情况报国铁集团业务主管部门备案。

运输企业收入管理部门负责统一向印刷企业订印,其他任何企业、单位和部门,一律不准印刷、使用与货运票据相同样式的收款票据。

货运票据印刷费列运营成本。运送货运票据时,按铁路客运列车运送公文管理办法的有关规定办理。

3. 货运票据使用与管理

货运票据的印制和使用应当遵守以号控票、以票控款原则。按照货运票据编码规则和票符票号顺序连续使用,不得间断或缺失。任何单位和个人不得篡改电子票号。

运输企业、货运营业单位、货运业务系统维护单位都应当设置货运票据总账、明细账,掌握货运票据动态,根据货运票据整理报告及时登账,结出票据使用数量。出现电子票号缺失或票号未连续使用时,应当分别登账,并按票据丢失事故规定计算事故金额。

运输企业及货运营业单位应当设置票据库保管纸质票据。票据库必须配备安全设施,并实施票账分管制度、票据出入库和交接制度,定期清查。纸质票据未经收入管理部门批准。不准相互调拨和借用。

知识点 4 货物运输费用的核收与结算方式

货运营业单位是货物运输费用的核收单位。非货运营业单位不得核收铁路货物运输费用。

在办理货运业务时,应当使用规定的货运票据和统一的货运业务信息系统计算核收运输费用。办理货物直通运输时,应当使用国铁集团规定的货运票据以及统一研发和运用的货运业务信息系统计算核收运输费用。

1. 核收方式

货物运输费用的核收方式分为现付、到付、后付、预付四种。

(1)现付:货物运费以及发站发生的杂费(或发站计算核收到站杂费)实行发送核算制,由发站负责计费收款,发送运输企业审核列账;由货运制票单位或站点负责计费收款,收款运输企业审核列账;95306 网站制票,通过货运业务信息系统和铁路电子支付计费和结算运输费用,由票面发站的运输企业审核列账。

(2)到付:批准按到付办理的货物运杂费、中途站和到站发生的杂费由到站负责计费收款,到达运输企业审核列账。

(3)后付:符合后付范围的军事运输发生的票款、运费、押运人乘车费,以及国铁集团批准的按后付办理的货物运输费用,由发站负责制票,发送运输企业集中核算、列账,并按国铁集团制定的结算办法向指定单位进行结算。

(4)预付:铁路货物运输费用在付款人和收款人双方自愿的原则下可签订合同按预付办理。

2. 结算方式

货物运输费用的结算方式分为现金结算和非现金结算两种。非现金结算包括支票、电子支付等。

对企业、事业单位、机关团体和签有合同的单位发生的铁路货物运输费用，可以使用支票结算。

对经常发到货物的单位，在不影响营业单位运输费用送存银行的前提下，可按日汇总结算；对符合条件的铁路签约客户，可以办理一定时期内发生铁路运输费用的汇总结算。

铁路运费不办理异地托收。

发生退款时，按原收款结算方式办理。

知识点5　运输收入事故

1. 运输收入事故分类

运输收入事故分为现金事故、票据事故和坏账损失。

(1)现金事故：现金丢失、被盗、被抢劫。

(2)票据事故：纸质铁路客货票据在印制、保管、发放、寄送、运输和使用过程中所发生的(含使用过的发送、到达客货票据和印刷过程中的半成品)丢失、灭失、被盗、短少，以及未连续使用或缺失客货电子票据号码，篡改、丢失铁路电子票据数据信息。

(3)坏账损失：因失职造成的无法收回的运输收入。

2. 运输收入事故等级

运输收入事故按损失金额分为一般事故、大事故和重大事故三个等级。

(1)一般事故：损失金额不足100万元。

(2)大事故：损失金额100万元及其以上，不足1 000万元。

(3)重大事故：损失金额1 000万元及其以上。

3. 运输收入事故金额计算

(1)现金、银行票据和坏账损失按实际损失计算。

(2)区段票每张按剪断线最高额计算。

(3)印有固定金额的纸质票据，按票面金额计算。

(4)未印金额的纸质票据，按每组(张)1 000元计算。

(5)使用过的客货票据和到达票据的事故金额按实际损失计算，不能确定的按上述相应票据计算。

(6)上述以电子数据信息形式体现的铁路电子票据事故的金额按上述相应票据计算。

发生运输收入事故时，应保护好现场并立即报告运输企业收入管理部门和公安部门，及时组织破案，并按有关规定处理。

项目小结

通过本项目的学习，达到熟练使用《价规》、《里程表》、“分类表”确定计算运输费用的因素；熟悉铁路按一般条件和特殊条件办理的整车、零担及集装箱运输的货物运输费用的计算方法；了解铁路运输收入管理中的货物运输收入及货运票据管理的相关内容。应用95306网站进行运费试算，熟悉货票系统的操作。

相关规范、规程与标准

1.《中华人民共和国印花税法》。

2.《铁路货物运价规则》(铁运〔2005〕46号)。

3.《铁路货物运输杂费管理办法》(铁运〔1991〕9号)。

4.《铁路货物装卸作业计费办法》(铁运〔2005〕5号)。

5.《铁路货车延期占用费核收暂行办法》(铁运〔2009〕214号)。

6.《铁路保价运输规则》(铁总货〔2019〕93号)。

7.《中国铁路运输收入管理规定》(铁财〔2020〕75号)。

8.《关于明确部分货物运价事项的通知》(铁总运电〔2017〕55号)。

9.《关于20英尺35吨敞顶箱计费有关事项的通知》(铁总价电〔2016〕67号)。

10.《中国铁路总公司关于调整货运杂费有关事项的通知》(铁总运〔2017〕196号)。

11.《中国铁路总公司关于调整部分铁路货运杂费有关事项的通知》(铁总货〔2019〕46号)。

12.《关于降低运杂费迟交金有关事项的通知》(铁货电〔2020〕72号)。

13.《中国铁路总公司关于铁路货运实行门到门运输及制定调整相关费目和费率的通知》(铁总运〔2013〕39号)。

14.《中国铁路总公司关于印发〈铁路门到门运输一口价实施办法(暂行)〉的通知》(铁总运〔2013〕40号)。

15.《中国铁路总公司关于调整货车占用费等3项收费标准的通知》(铁总运电〔2014〕16号)。

16.《关于木材按实重计费有关事项的通知》(铁总价电〔2016〕120号)。

复习思考题

1. 简述铁路货物运价的定义。

2. 铁路货物运价的种类是如何划分的?

3.《价规》的主要内容有哪些?

4. 货物运费计算的影响因素有哪些?

5. 整车货物运费计算公式为何?

6. 零担货物运费计算公式为何?

7. 集装箱货物运费计算公式为何?

8. 超限、限速运行的货物运费计算应注意什么问题?

9. 游车运费如何计算?

10. 发生运输阻碍和运输变更时运费计算有什么不同?

11. 一批货物适用两种以上加(减)成率时,运价率如何确定?

12. 除运费外还有哪些运输费用?

13. 杂费如何计算?

14. 简述铁路货物运输收入分类及核收方式。

15. 简述运输收入事故的种类及等级。

16. 计算题表 4-1 整车货物运费及杂费。

题表 4-1

顺号	发站	到站	货物品名	件数	包装	重量(kg)	车型/标重	备　注
1	通化	沈阳东	葡萄酒	6 000	纸箱	48 000	P_{64K}/58 t	保价金额 15 万元
2	阳泉	保定	块煤		散	61 300	C_{62A}/60 t	
3	太原北	南仓	金属架	1	木箱	20 000	N_{17AK}/60 t	一车负重,超级超限
4	南京东	徐州北	冶炼设备	1	裸	35 000	N_{17AK}/60 t	超长货物,2 车跨装
5	西安东	连云	桥吊架	1	裸	21 500	N_{17AK}/60 t	一端突出,使用游车
6	烟台	石家庄西	苹果	3 000	纸箱	24 000	B_{10}/38 t	企业自备车,途中制冷
7	石家庄西	漫口	桃	20 000	纸箱	120 000	B_{22}/46 t	4 辆装货,途中制冷
8	长沙西	大朗	活鸭	100	笼	1 000	J_{6S}/16.5 t	活动物、快运
9	张贵庄	邢台	汽油		灌	40 000	G_{60}/60 t	企业自备车,铁危编号 31001
10	佛山	邢台	卫生陶瓷	2 000	纸箱	45 000	P_{62NT}/60 t	
11	南宁南	衡阳北	皮背心	2 000	纸箱	30 000	P_{70}/70 t	
12	石家庄西	衡阳北	玉米		袋	135 000	B_{22}/46 t	4 辆装货

17. 计算题表 4-2 零担货物运费及杂费。

题表 4-2

顺号	发站	到站	货物品名	件数	包装	重量(kg)	体积(m^3)	备　注
1	石家庄西	兖州	童车	10	纸箱	8 000		
2	南宁南	重庆东	摩托车(组成的)	5	裸	325		
3	凯里	六盘水	大米	100	编织袋	2 000	3.75	
4	福州东	临沂	眼镜、放大镜	10	纸箱	100	0.3	按总重填记

18. 计算题表 4-3 集装箱货物运费及杂费。

题表 4-3

顺号	发站	到站	货物品名	箱数	内包装	重量(kg)	箱型	备　注
1	肇庆	邯郸	文件包	2	纸箱	40 000	20-通用箱	
2	韶关东	信阳	电子元件零件	1	纸箱	26 530	40-通用箱	
3	石家庄西	德州	玩具	1	纸箱	10 000	20-通用箱	自备箱
4	福州东	衡阳	空集装箱	1		自重 3 200	20-通用箱	自备箱回送
5	阳泉	邢台	煤	2	散	70 000	20 ft 35 t 敞顶箱	
6	张贵庄	邢台	汽油【31001】	2		41 000	20-罐式箱	自备箱

项目 5　货物损失处理与保价运输

项目描述

保证铁路所运货物的安全，是铁路的一项重要责任。只有将货物及时运到目的地，完整无缺地交给收货人，才能保证工农业生产和人民生活的需要，进而促进国民经济的发展。如果忽视货物的安全运输，在运输中发生货物丢失、损坏等情况，不仅铁路要赔偿，更重要的是给国家财产造成损失，使国家建设和人民生活受到影响。因此，保证货物安全运输，正确处理损失，对国家建设、人民生活、铁路信誉都十分必要。

学习目标

1. 能力目标

掌握货物损失的处理方法，运用铁路规章初步处理货物损失。

2. 知识目标

(1)掌握货物损失的定义、货物损失的种类及货物损失的等级。

(2)掌握记录的种类和编制要求。

(3)了解货物损失处理程序和要求。

(4)了解货物损失的统计与资料保管工作。

(5)掌握货物保价运输的规定。

3. 素质目标

培养"安全第一，预防为主"的观念。在货运安全管理工作中应遵循：预防为主、处理为辅；以事实为依据、以规章为准绳；秉公而断、依法办事；奖惩分明的原则。正确处理运输过程中危及行车及货物安全的问题。

相关案例——篷布被割货物短少

A 站发 B 站整车小麦一车，苫盖 D 型路布一张。送到卸车地点，会同收货人检查，车体完好，见该车后方顶部篷布有破口，且货物短少。该事件是否属于货物损失，应如何处理？

该事件是否属于货物损失应根据损失处理程序进行调查。首先进入损失发现和现场处理程序，然后进行损失调查与定责程序、损失赔偿与诉讼程序，最后进行货物损失分析与统计程序。

典型工作任务1　认识货物损失及两无货物

任务引入

货物损失处理是货运工作的重要组成部分，正确划分货物损失的种类、等级，是货物损失处理工作的基础。《货损规则》作为国内铁路货物损失处理工作的统一规程和规范，用以加强铁路货运安全管理，明确铁路内部处理货物损失的原则、程序和责任划分等，不作为承运人与托运人、收货人划分责任的依据。

理解货物损失内涵，掌握货物损失的分类、等级划分及两无货物范围；培养遵章守法的职业素养和自觉维护客户利益的观念；树立“安全第一，预防为主”的思想，自觉主动地消除运输中的安全隐患，是本工作任务的目标。

相关知识

知识点1　货物损失定义、种类及等级

1. 货物损失的定义

货物在铁路运输过程中(自铁路运输企业接收货物时起，至将货物交付收货人时止)发生灭失、短少或者损坏属于货物损失。

2. 货物损失的种类

货物损失分为五类：

(1)火灾。

(2)被盗(有被盗痕迹)。

(3)丢失(全批未到或部分短少、漏失，没有被盗痕迹的)。

(4)损坏(破裂、变形、磨伤、摔损、部件破损、湿损、冻损、腐烂、植物枯死、活动物死亡、变质、污损、染毒等)。

(5)其他(办理差错及其他原因造成的货物损失)。

火灾是指在铁路运输过程中，由于运输物资或车辆、集装箱发生失去控制的燃烧，造成货物、仓库、货车、设施、运输物资损失和人员伤亡等后果的灾害。火灾损失的原因认定以公安消防部门的《火灾原因认定书》为准。

被盗和丢失的区别在于是否有被盗痕迹。被盗痕迹以包装撕破为表面特征。对于包装封条开裂、捆匝脱落，内品短少或被调换，除有证据证明属于被盗之外，按丢失损失处理。货物全批灭失，件数短少，包破内少均按丢失损失处理。

上述(1)～(4)类损失属于货损货差损失。货损是指货物状态或质量发生变化，丧失或部分丧失货物原有的使用价值。货差是指货物数量发生变化。(5)类损失则属于严重的办理差错和其他损失。此类损失虽然可能造成经济损失，但不一定造成货物本身的直接损失。

铁路运输过程中发生的办理差错(未构成货物损失的)，如误办理(违反营业办理限制、停限装命令)、误运送、误交付等，只按《货损规则》规定的程序办理，不列入“其他”类货物损失。货物与票据信息不符、无货物或无票据信息等，按照有关规定程序处理。

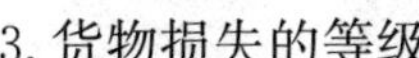

3.货物损失的等级

货物损失分为四个等级：

(1)一级损失。货物损失款额(以下简称损失款额)10万元以上的。

(2)二级损失。损失款额1万元以上未满10万元的。

(3)三级损失。损失款额1 000元以上未满1万元的。

(4)轻微损失。损失款额未满1 000元的。

货物损失等级的划分是以损失款额来确定的，损失款额是指直接损失款额，包括税款、包装费用和已发生的运输费用等。

知识点2　两无货物

两无货物是指无法交付货物和无标记货物。无法交付货物和无标记货物，是两种不同概念的货物。

1.无法交付货物

无法交付货物是指承运人无法向正当收货人进行交付的货物。下列货物属于无法交付货物：

(1)从承运人发出领货通知的次日起(不能实行领货通知时，从卸车完了的次日起)经过查找，满30 d(搬家货物满60 d)仍无人领取的货物。

(2)收货人拒领，托运人又未按规定期限提出处理意见的货物。

(3)赔偿后又找回但收货人拒领的货物。

2.无标记货物

无标记货物是指货物没有标记(货签)，无法判明发、到站及托运人、收货人而无法交付的货物。下列货物属于无标记货物：

(1)清仓(库、区)、清扫车底检查发现的无标记货物。

(2)在铁路沿线拣拾及公安部门交给车站的无标记货物。

(3)车间内散落的零件、货底以及其他无票据信息、无标记的货物。

两无货物的产生，会给国家、人民财产造成不必要的损失，因此对两无货物的处理要抱着认真负责的态度，要坚持“妥善保管、物归原主、合法移交、按章处理”的原则，于发现两无货物当日编制货运记录，核对现货，登记立卷，妥善保管，按照《货损规则》有关规定办理。

典型工作任务2　了解货物损失处理程序

任务引入

铁路货物损失处理工作是货物运输的重要环节，是衡量货运工作质量的重要标准，主动、迅速、妥善处理货物损失，是提高货运安全工作质量和服务水平、维护铁路声誉的基本要求。

对货物损失处理工作，应持积极的态度。一是对运输的货物采取必要的防范措施，确保货物运输安全；二是在发生货物损失后要积极组织抢救，采取保护措施，尽量减少损失；三是要开展调查研究，查找货物损失的原因，按照规定进行处理。

理解货物损失处理工作的方针、原则和基本要求；熟悉货物损失处理作业程序；树立按作业标准和按规章处理货物损失观念，具备正确编制货物损失报告和拍发货物损失速报的基本能力，是本工作任务的目标。

相关知识

知识点 1　货物损失处理工作的方针、原则及基本要求

铁路货物损失处理工作应贯彻预防为主、及时处置、优质服务的方针，分层管理、逐级负责。货物发生损失时，应本着对托运人和收货人负责的原则，积极抢救，采取保护措施，尽量减少损失。

对货物损失发生的原因和责任认定，必须调查研究，查清事实，根据国家法律、行政法规及国铁集团的有关规定进行处理。对于承运人责任明确的货物损失，应先对外赔付，后划分铁路内部责任，做到主动、及时、真实、合理。

货物损失处理人员负责货物损失处理工作。货物损失处理人员有权检查作业安全情况，制止违章违纪；履行货物损失勘查、调查、理赔、分析和统计上报等工作职责。货物损失处理人员行使职权时，应坚持原则，秉公办事。

知识点 2　货物损失处理程序

货物损失处理作业包括货物损失发现和现场处理、货物损失调查与定责分析、货物损失赔偿与诉讼、货物损失统计及两无货物处理等。对货物损失处理应按国铁集团印发的《铁路货物损失处理作业标准》执行。

货物损失处理作业程序如图 5-2-1 所示。

货物损失处理工作均须通过保价系统进行。各级货物损失处理人员应严格执行系统操作手册，保证录制信息的完整、准确、及时。各级信息部门应保证系统环境安全，运行稳定，网络畅通。系统发生软、硬件故障，无法正常使用时，应由其主管直属站段负责处理。

知识点 3　货物损失报告与勘查

车站发现货物损失后，发现人员应保护现场，立即向车站负责人和货物损失处理人员报告。接到报告后，车站负责人应组织有关货运人员立即赶赴现场进行货物损失勘查、清理、资料收集并编制货物损失报告，必要时通知托运人或收货人。

物流企业（包括铁路物流企业或铁路运输企业委托的社会物流企业，下同）在接取送达过程中发现货物损失时，应由物流企业相关人员对发生损失货物情况拍照留存，并编制货物损失报告连同货物损失现场照片一并交车站。

发现货物被盗、火灾等情况，发现单位（人）应立即向公安、消防部门报案。货物损失涉及铁路交通事故的，应报告铁路局集团公司列车调度、安全监督管理部门；涉及车辆技术状态的，应通知车辆部门；涉及活动物或食品污染变质的，应通知防疫、检疫部门；涉及参加保险的货物，必要时应通知保险公司；涉及海关监管的货物，应通知海关监管部门；涉及环境污染的货物，应通知环保部门；必要时还应通知托运人（收货人）。

1. 勘查货物损失

货物损失勘查、清理、资料收集工作是编制货物损失报告的基础依据之一，是认定货物损失的关键，所以发生货物损失后，应根据货物性质认真做好勘查、清理、资料收集工作。

勘查货物损失应如实记录损失状况和现场情况，充分利用现代化设备（照相机、音视频记录设备等）留存关键证据影像资料，为货物损失处理提供依据。具体勘查重点按照货物损失勘查和记录编制的重点要求和有关规定办理。

2. 编制货物损失报告

货物损失报告是发现货物损失后，由货运员或负责接取送达的物流企业相关人员根据现场勘查情况，在发现当日编制，是编制货运记录的依据。

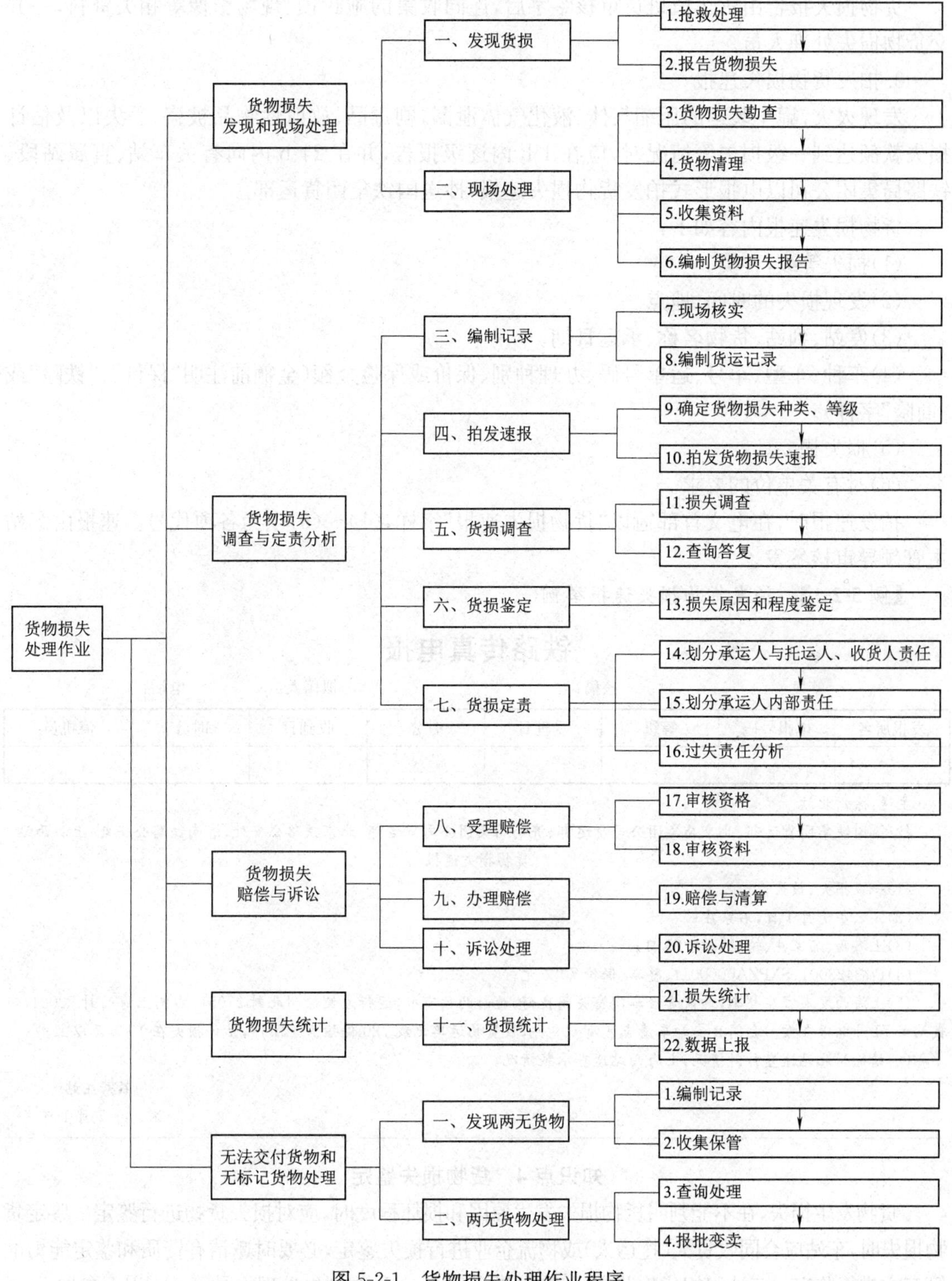

图 5-2-1　货物损失处理作业程序

货物损失报告应根据现场勘查情况，如实记载事故货物及有关方面的当时现状，填写字体要工整清晰，项目各栏填写齐全，并须编制人本人签字。其他参加检查货物(车)的有关人员也应签字，同时注明其所属单位名称。货物损失报告发生涂改时，在涂改处应加盖编制人员的人名章。

货物损失报告由货运值班员审核签字后，连同收集的施封锁、现场影像等相关资料，一并交货物损失处理人员。

3. 拍发货物损失速报

发现火灾，罐车装运的压缩气体、液化气体泄漏，剧毒品、放射性物品被盗、丢失以及估计损失款额达到一级损失等情况时，应在 1 h 内逐级报告，并在 24 h 内向有关车站、直属站段、铁路局集团公司以电报形式拍发货物损失速报，抄送国铁集团货运部。

货物损失速报内容如下：

(1)损失等级，种类。

(2)发现损失的时间、地点。

(3)发站、到站、货物名称、承运日期。

(4)车种、车型、车号、运单号码、办理种别、保价或保险金额(金额前注明“保价”、“铁险”或“商险”字样)。

(5)损失概要。

(6)对有关单位的要求。

拍发速报时，在电文首部冠以“货物损失速报”字样，(1)～(6)项为各项代号。速报由车站主管领导审核签发。

【例 5-2-1】 拍发货物损失速报举例

铁路传真电报

签发： 核稿： 拟稿人： 电话：

发报所名	电报号码	等级	受理日	时分	收到日	时分	值机员

主送：徐州北站

抄送：国铁集团货运部、北京局集团公司货运部、济南局集团公司货运部、北京铁路公安处、济南铁路公安处，上海西站

货物损失速报

(1)一级损失、被盗；

(2)××年 7 月 1 日，石家庄；

(3)上海西、石家庄、轮胎、6 月 25 日；

(4)P_{60}3423001、SXPZA0000011、整车、保价 70 万元；

(5)上海西发石家庄整车，卸前货检车门窗关闭良好，施封两枚有效，运行左侧徐州北封 27061，右侧上海西封 82001，有我站第 71 号电报在案。会同公安卸车清点实有 599 件，较货物运单记载 720 件短少 121 件，估计损失在 10 万元以上。

(6)请徐州北站速查补封情况，上海西站速查承装情况。

石家庄站

××年 7 月 1 日

知识点 4 货物损失鉴定

货物发生损失，在不能判明货物损失发生原因和损坏程度时，应对损失货物进行鉴定。鉴定货物损失时，车站应会同收货人(托运人)或物流企业进行损失鉴定，必要时邀请有资质和鉴定能力的第三方进行鉴定。车站组织货物鉴定时，应由货运负责人、货物损失处理人员等 2 人以上参加。

损失鉴定应在发现站现场就地进行，现场难以鉴定时，经与收货人(托运人)协商同意后，可以移至适当的场地进行定。

“货物损失鉴定书”是认定造成货物损失原因和程度的依据。损失货物鉴定时，应按批编制“货物损失鉴定书”，并加盖货物损失处理专用章或单位公章，参加人员应签字或盖章。第三方参加鉴定的，还需加盖鉴定单位的印章或附出具的货物损失鉴定报告。

货物损失鉴定是计算赔款的基础资料，为了快速理赔，提升服务质量，损失鉴定一般应自编制货运记录之日起 10 d 内完成，以“货物损失查复书”(以下简称“查复书”)送有关单位。情况特殊需要延期时，应以查复书或电报说明原因通知有关单位，但最长不得超过 30 d。

鉴定所支出的费用(包括整理、化验等费用)，应在货物损失鉴定书中记明。属于收货人(托运人)责任的，由收货人(托运人)支付；属于承运人责任的，由责任单位承担。

典型工作任务3　编制记录

任务引入

记录是货物损失情况的真实写照，是文字式的照片，是证明损失发生情况的原始材料，是货物损失的档案，也是正确及时地处理损失，判明损失真相，分析原因，划清责任依据。

通过对记录内容进行综合分析，还可了解某一时期货运工作质量，找出货物运输工作中的薄弱环节和损失发生规律及主要原因，以便提出防范对策，制定安全措施。

因此，必须予以高度的重视，严肃、认真地对待记录的编制工作。

掌握货运记录、普通记录的适用范围、编制要求，理解编制记录的严肃性和法律效力，培养遵章守法、科学严谨的职业素养，正确编制货运记录和普通记录，是本工作任务的目标。

相关知识

知识点1　记录的种类及作用

货物运输过程中，为划分责任，或货物发生损失时，能够正确及时地处理损失，判明损失真相，分析原因，划清责任，必须根据不同的情况分别编制相应的记录。记录分为货运记录和普通记录。

1. 货运记录

(1)货运记录的种类及使用要求

货运记录分为货主页和存查页。其中货主页为一页绿色 A4 专用纸(背面印有索赔须知)，存查页为一页白色 A4 纸。

货运记录(包括商务记录，以下同)号码由保价系统生成。各单位应加强货运记录空白货主页的使用管理，健全管理制度，防止记录丢失，且不得挪作他用。

(2)货运记录的作用

《民法典》和《铁路法》规定，货物在运输过程中发生灭失、短少、变质、污染或者损坏时，责任一方要承担赔偿责任。因此，当铁路作为承运的一方，托运人、收货人作为托运的一方，一旦发生经济纠纷，记录就是起法律效用的证明文件。

货运记录是划分责任、提出赔偿的依据，这个作用应理解为既是承运人内部各单位间，也是承运人与托运人、收货人间划分责任的依据，同时也是承运人与托运人、收货人间相互提出赔偿的依据，具有法律效力。

从各种记录中可以了解货运工作质量，还可根据记录内容进行综合分析，找出某一时期货物运输工作中的薄弱环节和损失发生规律及主要原因，以便提出防范对策，制定安全措施。可以说记录是损失情况的真实写照，是文字式的照片，是证明损失发生情况的原始材料，是损失的档案。因此，必须予以高度的重视，严肃、认真地对待记录的编制工作。

2. 普通记录

普通记录是货物在运输过程中，发生换装、整理或在交接中需要划分责任以及依照其他规定，所编制的一种现状交接证明，不能作为要求赔偿的依据。

普通记录应通过相关系统编制，编制单位打印存查，接方打印留存作为证明。普通记录号码由相关系统生成。

知识点 2　编制货运记录

1. 货运记录的适用范围

货运记录作为货物发生损失时的证明。凡是货物在铁路运输过程中发生货物损失的，车站均应在发现次日内按批(车)编制货运记录。遇有下列情况时也应编制货运记录：

(1)发生《货规》《管规》及其引申规则办法中所规定需要编制的情况时。

(2)自备篷布、自备集装箱运输发生损失时。

(3)一批货物中的部分货物补送或损失货物及误运送、误办理及其他情况货物需要回送时。

(4)发现无标记、无法交付货物，公安机关查获铁路运输中被盗、被诈骗的货物以及公安机关缴回的赃款移交车站时，沿途拾得的铁路运输货物交给车站处理时。

(5)托运人组织装车，收货人组织卸车，货车施封良好，篷布苫盖和敞车、平车、砂石车货物装载外观无异状，收货人提出货物有损失经承运人确认时。

(6)集装箱运输的货物，箱体完整、施封良好，交付完毕的次日内，收货人提出货物有损失经承运人确认时。

2. 货运记录的编制要求

货运记录由货物损失处理人员根据货物损失报告编制。货物损失处理人员在接到货物损失报告后，要核实货物损失报告各栏填写是否齐全正确，相关资料是否齐全，并在保价系统中加载货物损失报告照片。必要时，要到现场核实损失货物情况。

(1)一般要求

编制货运记录要严肃认真，如实记载损失货物及有关方面的当时现状，不得虚构、假想和臆测。记录用词必须准确、简练、明了，不能用揣测、笼统、含糊的词句，也不得在记录中做损失责任的结论，以体现记录的真实性和准确性。记录要能客观地反映出损失发生的原因和责任，使损失处理做到“原因明、定责准、结案快”。

货运记录各栏应逐项填记。

①“一般情况”栏，应根据运单及票据封套记载及到达车次、实际作业时间逐项填记。

②“货损情况”中“票据原记载”栏，应按损失货物运单记载事项详细填写。

③“货损情况”中“按照实际”栏，应按货物实际情况填写，凡经检斤的货物应在“重量”栏内加以注明。

④“货损情况”中“货物损失详细情况”栏，应记明以下内容：

a. 车辆来源及货运检查情况(货车车体、门窗、施封、篷布苫盖等情况)。

b. 损失货件的实际状态和损失程度。

c. 货物包装、装载状态、装载位置和周围的情况。

d. 对损失货件的处理情况。

通过保价系统打印的货运记录（货主页）加盖货物损失处理专用章和带有所属单位名称的人名章后生效。非系统打印、有涂改或手写的货运记录无效。

（2）货物损失勘查和记录编制的重点要求

编制货运记录应记明车（箱）体、门窗、施封或篷布的情况，货物包装及装载加固状态，损失货物装载位置、损失程度等。

货物损失涉及重量的，应将发生损失的货物和完整货物分别检斤，中途站只对成件货物中的损失货物进行检斤，填入记录的“按照实际”栏内。

货物损失在二级以上或难以描述现场状况和判明责任时，须用影像设备留存货损现场关键证据影像资料，为货物损失处理提供依据。

①火灾

a. 货车火灾：重点勘查并记明货车种类、编挂位置及上一责任货检站检查情况、邻车情况、牵引机车类型；记明车辆状态（车底板、闸瓦、防火板等）；车内货物装载现状、起火部位、四周货物烧损情况；货物装载（苫盖物）高度；可能造成起火的各种迹象。

（a）棚车装运的，重点记明门窗关闭状态、施封加固及烟囱口关闭情况，并妥善保管封印。

（b）敞车装运的，重点勘查并记明篷布苫盖、绳索捆绑状态，货物装载加固，包装、衬垫材料等情况。

（c）集装箱装运的，重点勘查并记明箱体状态、箱门关闭、施封加固情况。

b. 货场火灾：重点勘查并记明损失货物所处位置；着火点货位原来堆放何种货物和火源，仓库、雨棚、相邻设备及周围堆放货物等情况；货物入库（区）时间和货物交接检查情况；仓库电线、灯具情况；装卸作业用的叉车、吊车等作业机具的防火情况；人员出入情况。

以上均要记明火灾发生和扑灭的时间，被烧货物状态。

②被盗丢失

a. 车内货物被盗丢失：应重点勘查并记明列车车次、到达时间、开始作业和卸车完了时间、编挂位置及上一责任货检站检查情况；车（箱）体状态、施封状态；车内货物装载现状，车（箱）内货物装载状态，是否装满（能否容下少件），有无明显被盗痕迹，包装破损内货短少时，记明破损货件装载位置，破口尺寸，短少货物的具体品名、数量（无法判明短少数量时，应记明现有数量或现状），涉及重量时应检斤，并记明现有重量。

（a）棚车、冷藏车、罐车装运的，应重点勘查并记明车体、门窗关闭状态、施封加固情况。其中棚车装运的，车窗处被盗丢失时，记明货物装于车窗位置以及该车窗锁闭状态；货车两侧或一侧上部施封时，记明下部门扣是否损坏、封印的站名和号码；车门缝处货物被盗割的，记明货物现状。

（b）敞车装运的应重点勘查并记明篷布苫盖、绳索捆绑状态，货物装载情况，表层货物现状，篷布有破口时，记明破口位置、尺寸，新旧痕迹和破口处货物的状态，对篷布绳索明显被割断或割断后再接的，也要如实记明绳索现状。

（c）集装箱装运的，应重点勘查并记明箱号、箱体和箱门状态、破损部位的尺寸、新旧痕迹和箱门密封情况；施封加固及集装箱在车内的装载位置和箱距，箱内货物装载现状及容积、现有数量或短少数量。

b. 货场内货物被盗丢失：应重点勘查并记明卸车入库（区）时间，卸车班组、货运员、库区货运员的交接情况；包装破损内货短少时，查明损失货件在库区堆码情况及周围货物出库情况。

③损坏

重点勘查并记明损坏货物的损坏程度、部位、数量、包装损坏状态、破损部位、新痕旧痕、内货固定及衬垫情况，加固材料质量、加固方法，包装上标明的装卸方式；装载方法、码放位置及周围货物；在货车内或集装箱内的装载位置、高度及所接触货物有无窜动或冲撞痕迹，特别是对机械类货物包装出现破损时，记明底托、支架立柱、横梁等有无折断或变形，货物裸露表面是否有破裂、变形、零部件明显折断等现状，以及周围衬垫材料破损、脱落、丢失情况，要对该处货物裸露部位表面进行检查，记明包装上的储运标志，起重工具及吊卸方式是否符合规定。敞、平车装运的货物要记明篷布质量和苫盖、捆绑加固状态，加固材料质量、规格、加固方案是否符合《加规》的规定。

a. 货物湿损。

车内货物湿损时，应重点勘查并记明湿损货物在货车或集装箱内的装载位置、湿损数量及程度；车辆、集装箱的定检修单位和时间，车体或箱体不良部位和尺寸，是否透光，箱门配件及密封条等情况。敞车装运苫盖篷布的，记明货物装载状况、篷布质量、苫盖、绳索捆绑等情况，篷布所属单位。

货物在库（区）内发生湿损时，记明卸车时间、仓库是否漏雨，露天存放的货物是否苫盖篷布及篷布质量，有无衬垫。

b. 货物变质。

重点勘查并记明运输条件、到达时间、承运时间、卸车时间和货物运单、列车编组顺序表记载的容许运到期限、实际运到时间、易腐货物及㊋标等有关事项。

机械冷藏车、冷藏箱装运的，应记明车（箱）内外温度、货物温度、车（箱）门胶条密封现状、车（箱）门加固、施封情况，货物温度、货物在车（箱）内装载方式、高度，变质货件装载位置、货物包装及内部衬垫现状方式、质量及内部衬垫情况；机械冷藏车还需乘务员出具的普通记录证明和机械冷藏车作业单作为附件。

棚、敞车装运的，记明有无采取防寒、保温、隔热、通风等措施，货物装载方法、包装及内部衬垫和加固、苫盖、隔离等情况。

c. 活动物死亡。

活动物死亡应重点勘查并记明检疫证明的名称和号码，车辆安插货车表示牌情况，货物运单的记事内容，货物列车的编组隔离等情况。

d. 货物污染。

货物污染的，应重点勘查并记明损失货物在货车（箱）内装载位置、包装状况，周围货件装载情况及有无撒漏情况；接触本批货物的车地板、端侧墙状态；被污染货物和污染源货物的性质、名称，污染物（源）位置、面积、包装情况与被污染货物距离，车辆内外是否贴有“铁路货车洗刷回送标签”及车辆清扫、衬垫情况。

多批货物混装时，污染物和被污染货物应分别编制货运记录。

④集装货物

外部状态发生被盗、丢失、损坏可比照②、③项内容填记，还应记明集装用具状态，堆码方式。货物散落时，应检查清点并记明现有数量，若无法清点数量的可检斤，并记明全批复查重量。集装货物拆盘（捆）卸车时，要对每盘（捆）件数清点。

同一集装件内重量、规格、件数不同的货物发生被盗、丢失、损坏时，要记明该集装件全批货物重量，并分别记明完好和损坏的各种规格货件的重量、件数。

⑤其他

a. 发现有货物无运单信息，应记明货物来源；有运单信息无货物时，应记明货物运单信息记载内容；无标记货物，应重点勘查并记明包装特征或具体货物名称、件数和重量。

b. 误运送应记明判明误运送的依据，货物(车)的发站及正确到站。

c. 到站卸车发现货物包装完整，件数相符，重量短少或多出，按《货规》规定在货物运单内注明，交付时收货人提出检斤或指出包装有异状，经检斤重量不足或发现内品短少，编制货运记录，由到站调查处理。

上述情形以外的其他货物损失视具体情况进行勘查，编制货运记录。

【例 5-3-1】 丢失货运记录举例

货 运 记 录

( )

No.

补充编制货运记录时记入补充＿＿公司＿＿站所编第＿＿号记录

一、一般情况

办理种别 整车 运单号码 ××××××××× 于 ×× 年 6 月 20 日承运

发站 A 发公司 甲 托运人 ××××××××× 装车单位 A

到站 B 到公司 乙 收货人 ××××××××× 卸车单位 B

车种车型 P_{62} 车号 3123666 标重 60 吨

×× 年 7 月 1 日第 23050 次列车到达

×× 年 7 月 1 日 10 时 20 分卸车 ×× 年 7 月 1 日 12 时 10 分卸完

封印：施封单位 A 施封号码 12345/12346

篷布：篷布号码/保价/保险 保价 货物价格 50 000 元

二、货损情况：

项目	货物名称	件数	包装	重量(kg)		托运人记载事项
				托运人	承运人	
票据原记载	化肥	2 400	编织袋	60 000		
按照实际	化肥	2 390	编织袋		未检斤	
货物损失详细情况	A站发B站整车化肥，卸前检查车门、窗关闭良好无异状，施封2枚有效。上货实卸2 390件，较运单记载2 400件不足10件。全车卸空无残，车容未满可容少件。					

三、参加人签章：

车站负责人 张三 编制人 李四 审核人 王然

公安人员＿＿ 收货人＿＿ 其他人员＿＿

四、交付货物时收货人意见

＿＿年＿＿月＿＿日货运记录(货主页)已交由＿＿领取。

×× 年 7 月 1 日编制 乙局 集团公司 B 站(章)

知识点3 编制普通记录

1. 普通记录的适用范围

遇有下列情况之一，须在当日按批(车)编制普通记录：

(1)发生《货规》《管规》及其引申规则办法中所规定需要编制的情况时。

(2)货物损失涉及车辆技术状态时。

(3)货车发生换装整理时。

(4)集装箱封印失效、丢失或封印站名、号码与票据记载信息不一致或未按规定使用施封锁时。

(5)卸车(换装)发现货物件数或重量较票据信息记载多出时。

(6)依据其他有关规定,需要证明时。

在办理货检交接作业时发现问题,按规定拍发的交接电报应视为普通记录。

2.普通记录的编制要求

编制普通记录要严肃认真,如实记载有关情况,应记明交接时货车车体、门窗、施封或篷布、绳网的现状,货物包装及装载加固状态。

(1)货车封印失效、丢失、封印站名或号码无法辨认时,应记明丢失、失效和无法辨认的具体情况。

(2)封印的站名或号码与货运票据信息或补封记录记载不符时,应记明封印实际的站名或号码。

(3)施封的货车未在货运票据信息上记明施封号码时,应记明现车施封状况。

(4)车辆技术状态不良时,应记明车种、车型、车号和车辆不良的具体情况,检修单位名称及年月。

(5)发现货车两侧或一侧上部施封时,应记明下部门扣是否损坏。

(6)棚车车体及集装箱专用车、共用平车装运的集装箱箱体发生损坏时,应记明损坏位置、尺寸、新痕旧痕和箱号。

站车交接中发现的问题按规定拍发电报。其内容除包括普通记录反映的情况外,还应记明列车的车次及到达时间,货车的车种、车号,发现问题的简要处理情况。

【例 5-3-2】 补封普通记录举例

普 通 记 录

No.

<table>
<tr><td colspan="7">发站 M　　发公司 成　　托运人 ××
到站 N　　到公司 沈　　收货人 ××
运单号码 ×××××××　车型 P64K　车号 3404904
货物名称 电视机
于 ×× 年 3 月 22 日 11 时 30 分第 11047 次列车到达</td></tr>
<tr><td rowspan="4">发生的事实情况或车辆技术状态</td><td>新车号 1</td><td></td><td>新车号 2</td><td></td><td>新车号 3</td><td></td></tr>
<tr><td>新封号 1</td><td>018858</td><td>新封号 2</td><td></td><td>新封号 3</td><td></td></tr>
<tr><td>新重量 1</td><td></td><td>新重量 2</td><td></td><td>新重量 3</td><td></td></tr>
<tr><td colspan="6">该车票据记载封印 230018/230019,现车运行左侧封印 230018,右侧车门关闭良好无封,会同公安补封。
厂 修
段 修
轴 检</td></tr>
<tr><td colspan="7">参加人员:
车　　站:
车 辆 段:
其　　他:
单位戳记
×× 年 3 月 22 日</td></tr>
</table>

注:1.带号码的普通记录,编制单位打印存查,接方打印留存作为证明。

2.普通记录号码由系统自动生成。

知识点4　货运记录编制后的处理

1. 发站编制的记录

发站编制的货运记录，由发站负责处理。如确实无法联系托运人时，应在货运记录编制当日将案卷传输到站处理。

2. 中途站编制的记录

中途站编制的货运记录，应在货运记录编制当日将案卷传输到站处理，并向有关站调查，同时告知发站。

发生火灾、货物变质、活动物死亡、气体类危险货物泄漏、剧毒品、爆炸品、放射性物品被盗丢失，货物损失能在发现站处理的，发现站应积极处理；不能在发现站处理的，应在货运记录编制当日将案卷传输到站处理，由发现站负责查明原因。

一批货物中的部分货物发生损失时，应拴挂"损失货物标签"（图5-3-1）继运到站，继运到站前对发生损失的货物应采取防护措施，避免扩大损失。

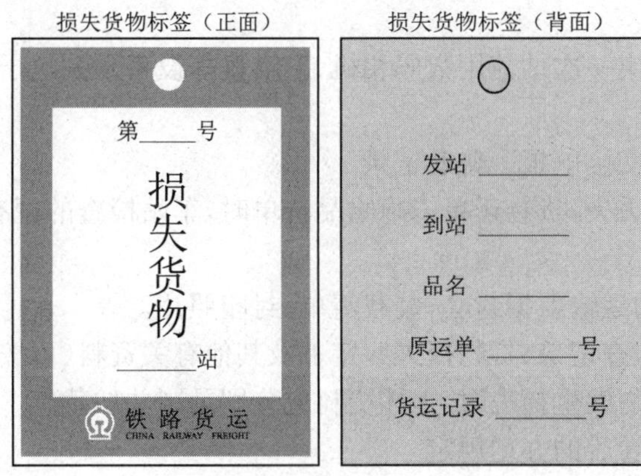

图5-3-1　货物损失标签

3. 到站编制的记录

到站编制的货运记录（货主页）应及时交给收货人。

到站卸车时，遇有发站或中途站编制的记录，应按照记录记载的情况，认真核对现货，无论情况是否相符，均需重新编制一份货运记录交收货人，原记录打印留存。

到站编制的货运记录，应在货运记录编制当日将案卷传输发站及有关站调查。调查案卷传输后，件数不足的货物补送齐全，在向收货人补交时应收回货运记录（货主页），并及时通知有关站结案。补交时发生损失的，应重新编制货运记录并调查。

整车货物变更到站，新到站检查发现货车封印或货物装载状态有异状，货物发生损失时（包括附有变更站或中途站记录的），案卷传输变更站及有关站调查。

典型工作任务4　调查、处理货物损失

任务引入

及时正确地处理货物损失，划分责任、办理货物损失赔偿，是保障客户和铁路利益的一项

重要工作。车站发现货物损失，在查明货物损失情况和原因的基础上，首先应按国家法律、行政法规及铁路企业的有关规定划清承运人与托运人、收货人之间的责任，再划分铁路内部各单位及物流企业责任。对承运人责任造成的货物损失，按照《铁路法》《货规》和铁路货物保价运输的有关规定及时赔偿。

了解货物损失调查处理的有关规定，掌握货物损失赔偿的有关规定，培养遵章守法、科学严谨和按标准作业的职业素养，具备办理货物损失赔偿和处理两无货物的基本能力，是本工作任务的目标。

相关知识

知识点1　调查货物损失

车站发现货物损失，除按规定编制记录外，还应在货运记录编制当日以查复书形式，通过保价系统对货物损失的原因和责任进行调查，必要时可派人外出调查。

1. 调查所需的资料

调查所需资料文档应一次性使用数码相机、扫描仪等设备录制电子文档，在保价系统内加载，主要包括以下内容：

(1)货物运单、站车交接电报、普通记录。

(2)货物发生被盗、丢失，货物运单未附物品清单时，车站检查的现有货物数量和包装特征的清单。

(3)分析责任所需的运输票据封套，装载清单、封印照片。

(4)车辆技术状态检查记录、货物损失鉴定书及其他有关资料(可按需要后附)。

一辆货车内多批货物发生损失时，上述资料应分别录制并加载。

2. 车站接到调查案卷后的办理规定

车站接到调查案卷后，应核对记录、附件是否齐全、正确，接到的纸质速报和查询电报，应于当日在收件上加盖收文日期戳记，登记于“货物损失(记录，调查，赔偿)登记簿”内，并按以下规定办理：

(1)初次接到调查案卷，如果核对所附材料不符合“货物损失责任调查资料”要求而影响调查时，应一次提出，自接到案卷之日起 3 d 内以查复书要求处理站补充材料。

(2)调查记录如果有误到情况，自接到之日起次日内以查复书告知处理站，同时抄送正确接收站。

(3)属于自站责任的，自接到案卷之日起 3 d 内以查复书答复送查站，告知发、到站。

对已明确为自站责任，但还需要向有关单位索取补充材料，了解货物损失、下落或到达交付情况时，应以查复书要求处理站补充。

(4)属于他站责任的，以查复书说明理由和根据，自收到案卷之日起 3 d 内答复处理站。并抄送发、到站和有关单位。一级损失的，应抄报主管铁路局集团公司。

(5)因情况复杂，责任站不能在 3 d 内调查答复(包括要求暂缓赔偿的)，需要延期时，应在 3 d 内提前提出理由，告知发、到站(铁路局集团公司)。但此项延期自收到案卷之日起，最多不得超过 30 d。

3. 铁路局集团公司接到损失调查报告的办理规定

发现货物一级损失，发现铁路局集团公司应立即深入现场组织处理。涉及他局责任时，自拍发货物损失速报之日起10 d内邀请有关铁路局集团公司参加处理，召开分析会，做出会议纪要。处理、责任局集团公司通过协商意见一致时，可以不召开分析会。涉及托运人、收货人责任和铁路局集团公司以外其他单位（包括社会物流企业）责任时，由处理铁路局集团公司负责通知相关人员参加分析会，有关单位应积极配合。

有关铁路局集团公司接到货物损失速报后，应组织调查，并按处理局通知的开会日期参加分析会，签署会议纪要。铁路局集团公司间对损失责任划分意见一致时，由处理局将会议纪要连同有关调查材料送到达局；铁路局集团公司间对损失责任划分意见有分歧时，应在会议纪要内阐明各自意见。

有关铁路局集团公司拒不参加分析会或中途擅离会议，不签署会议纪要的，对分析会确定的责任不得提出异议。

知识点2　划分货物损失责任

划分货物损失责任应以事实为根据，规章为准绳。在查明货物损失情况和原因的基础上，首先应按国家法律、行政法规及铁路企业的有关规定划清承运人与托运人、收货人之间的责任，再划分铁路内部各单位及物流企业责任。

划分铁路内部各单位及物流企业责任时，货运安全检测监控设备的影像资料、检测数据（货物重量短少2 t以上），电子施封锁的监控数据，应作为货物损失责任的依据。按照《货损规则》中"铁路内部货物损失责任划分办法"规定办理。

1. 一般要求

货物损失调查定责工作由到站（中途终止运输的，为货物终止运输站）、到达局负责，但发站承运后装车前、货物承运前在车站仓储或货物仅在车站仓储的，定责工作由发站或仓储办理站负责。发生货物损失后，记录编制站应初步判定是否为承运人责任，难以判定的应由到站进一步调查确定。

属于承运人责任的，铁路内部责任确定后，由定责单位填写查复书并下达"货物损失定责通知书"（以下简称"定责通知书"），送主管局、责任局、责任单位和发、到站及有关单位。查复书的内容应包括定责意见及定责依据。

2. 争议处理

对货物损失定责意见有争议，经一次往返查复不能取得一致时，按下列规定办理：

（1）轻微损失责任，到站应在收到要求裁定的查复书之日起3 d内裁定。

（2）三级损失责任，到站应在收到要求裁定的查复书之日起3 d内将定责意见上报主管，由到达局裁定。

（3）二级损失责任，到站应在收到要求裁定的查复书之日起3 d内将定责意见上报主管局，由到达局与相关局协商，到达局裁定。

（4）一级损失责任，到达局应将定责意见连同会议纪要等材料上报国铁集团最终裁定。

一级损失责任，国铁集团的裁定为最终裁定。二级、三级损失责任，到达局的裁定为最终裁定。轻微损失责任，到站的裁定为最终裁定。

争议单位提出要求裁定的查复书后，到站应在规定时间内按权限做出裁定或上报。对二级、三级损失责任，到站未按规定上报的，由争议单位上报主管局，协商到达局处理。到达局应及时提出裁定意见。

国铁集团、铁路局集团公司做出裁定意见后，应将裁定意见以查复书告知到站及相关单位。到站接到裁定意见后，应重新下达“定责通知书”。

争议单位未在 3 d 内提出要求裁定的查复书，不得再对定责单位提出的定责意见提出异议。

凡按规定权限定责的货物损失，责任站（铁路局集团公司）必须尊重定责意见。

3. 货物损失处理期限

对承运人责任明确的货物损失处理要坚持快速调查、快速定责。自货物损失发现之日起，对轻微、三级损失处理期限最长不得超过 10 d；对二级、一级损失处理期限最长不得超过 30 d。

货物损失案件应及时结案。责任单位收到定责通知书后，应于 10 d 内确定责任部门，超过 30 d 仍不能确定责任部门的，列货运部门责任（保价系统默认）。定责单位超过规定时间不调查、不定责的，列本单位货运部门责任（保价系统默认）。

知识点 3　办理货物损失赔偿

办理货物损失赔偿

1. 赔偿责任

承运人从承运货物时起（自铁路运输企业接收货物时起），至将货物交付收货人或依照规定移交给其他机关企业时止，对货物发生灭失、损坏负赔偿责任。但由于下列原因之一所造成的灭失、损坏除外：

（1）不可抗力。

（2）货物本身性质引起的碎裂、生锈、减量、变质或自燃等。

（3）货物的合理损耗。

（4）货物包装的缺陷，承运时无法从外部发现或未按国家规定在货物上标明包装储运图示标志。

（5）托运人自装的货物，加固材料不符合承运人规定条件或违反装载规定，交接时无法发现的。

（6）押运人未采取保证货物安全的措施。

（7）托运人或收货人的其他责任。

由于托运人、收货人的责任或押运人的过错使铁路运输工具、设备或第三者的货物造成损失时，托运人或收货人应负赔偿责任。

2. 提出赔偿有效期限和办理赔偿的期限

（1）提出赔偿有效期限

承运人同托运人或收货人相互间要求赔偿或退补费用的有效期间为 180 d，但要求承运人支付违约金的有效期间为 60 d。赔偿提出有效期间由下列日期起算：

①货物灭失、损坏或铁路运输设备损坏，为承运人交给货运记录的次日；货物全部灭失未编有货运记录，为运到期限满期的第 31 日。

②多收或少收运输费用，为核收该项费用的次日。

③要求支付违约金，为交付货物的次日。

④其他赔偿及退补多收或少收费用，为发生损失或核收该项费用的次日。

（2）办理赔偿的期限

办理赔偿的期限，承运人应自受理赔偿要求的次日起至填发“货物损失赔（补）偿通知书”（以下简称“赔通”）之日止为 2 个工作日。特殊情况下办理赔偿的最长期限为直属站段不超过 5 个工作日，铁路局集团公司不超过 10 个工作日。

3.赔偿价格

赔偿款额按照《铁路法》《货规》和铁路货物保价运输的有关规定计算。赔偿额尾数不足1元时，按进整处理。

货物损失的赔偿价格，灭失时，按灭失货物的价格；损坏时，按损坏货物所降低的价格。货物赔偿价格的标准为：

(1)执行国家定价的货物，应按照各级物价管理部门规定的价格计算。

(2)执行国家指导价格或市场调节价格的货物，比照前项国家定价货物中相同规格或类似商品价格计算。

(3)个人托运的搬家货物、行李按货物交付当日（全部灭失时，为运到期限满了的当日）当地国有企业或供销部门的零售价格计算。

但保价运输的货物，最多不能超过该批货物的保价金额，只损失一部分时，按损失货物与全批货物的比例乘以保价金额赔偿。不保价运输的，不按件数只按重量承运的货物，每吨最高赔偿100元，按件数和重量承运的货物，每吨最高赔偿2 000元；个人托运的搬家货物、行李每10千克最高赔偿30元，实际损失低于上述赔偿限额的，按货物实际损失的价格赔偿。

货物的损失由于承运人的故意行为或重大过失造成的，不适用赔偿限额的规定，按照实际损失赔偿。

投保运输险的货物由承运人与保险公司按规定赔偿。

4.赔偿提出与受理

托运人或收货人向承运人要求赔偿货物损失时，应按批向到站（货物发送前发生的损失向发站）提出赔偿要求书及相关证明材料：

(1)货运记录（货主页）原件。

(2)物品清单（发站没有填制的除外）。

(3)运单领货凭证联（货物全批灭失时须提供）。

(4)其他必要的证明材料。

如委托他人办理时，应由收货人或托运人出具委托书、委托人和被委托人的身份证明复印件和联系方式。

对承运人责任明确的货物损失，收货人或托运人向到站或发站提出赔偿要求，到站或发站均应受理。涉及物流总包业务的，由签约单位按合同约定指定车站受理。但在运输途中发生的火灾、货物变质、活动物死亡等情况就地处理时，经与托运人、收货人协商同意，可由发现站受理，并通知发、到站。

车站对收货人或托运人的赔偿要求，按《货规》规定受理。车站在受理赔偿要求时，应审核赔偿要求人的权利、有效期限、赔偿要求书内容，以及规定的证明文件，审核无误后，在“赔偿要求书收据”上加盖货物损失处理专用章，交给赔偿要求人。

通过铁路95306网站受理客户提出的赔偿要求时，受理站审核客户上传的电子赔偿材料后，需将受理情况以“客户通知书”通过铁路95306网站告知客户。

对非承运人责任的保价货物损失，收货人或托运人向到站或发站提出补偿要求时，比照赔偿程序受理。

承运人向托运人或收货人提出赔偿要求时，应提出货运记录、损失清单和必要的证明文件。

5. 赔偿办理权限

轻微损失的赔偿由受理站审核办理，三级损失的赔偿由主管直属站段审核办理，二级、一级损失的赔偿及保价货物损失补偿，由主管局审核办理。

(1)轻微损失的赔偿

赔偿要求人要求以现金支付赔款的，由车站按财务规定当日完成现金赔付；赔偿要求人要求通过银行转账的，由受理站在下达“赔通”当日将赔偿材料报主管直属站段，由直属站段转账。轻微损失赔款备用金由车站主管直属站段财务部门按照备用金管理制度办理和监督。

(2)三级损失的赔偿

三级损失的赔偿由受理站在受理当日，以查复书写明调查过程、损失款额、赔偿金额等上报主管直属站段，抄送发、到站及相关站，由主管直属站段审核办理。

(3)二级、一级损失的赔偿及保价货物损失补偿

受理站在受理当日，以查复书写明调查过程、损失款额、赔(补)偿金额等上报主管局，抄送发、到站及相关站，由主管局审核办理。

涉及物流外包业务的(包括客户以铁路方保证金冲抵违约金或向保函开立银行索赔违约金的)，由签约单位按合同约定指定车站办理赔偿；不属车站办理权限的，由车站在受理当日，按要求上报主管直属站段或铁路局集团公司，抄送发、到站及相关站，由主管直属站段或铁路局集团公司按合同约定审核办理。

车站上报直属站段、铁路局集团公司的赔偿资料，经审核确定不属于铁路责任时，直属站段、铁路局集团公司应说明理由与依据，告知受理站。受理站以盖有货物损失处理专用章或单位公章的函件答复赔偿要求人，同时将全部赔偿材料(赔偿要求书除外)复印留存后退还赔偿要求人，并告知有关单位。

6. 赔偿金的支付清算

办理赔(补)偿单位应填发“赔通”，并加盖货物损失处理专用章或单位公章。“赔通”分为正本、副本，正本为领、付款凭证，副本为赔款通知。通过铁路 95306 网站办理赔偿的，应将“赔通”加载至铁路 95306 网站告知客户。

“赔通”下达后，经办人员应于 2 个工作日内与财务部门办理交接手续并签认，财务部门接到“赔通”后，应在 5 个工作日内支付赔款。

一批赔款额或铁路局集团公司间分摊后的款额不足 1 000 元时，互不清算，由处理单位列销。1 000 元以上的跨局货物损失赔款，由处理局汇总，以“财务通知书”附“赔通”和“定责通知书”，按月向责任局清算一次，但处理局超过 3 个月未向责任局清算的，责任局可不予清算，责任局接到处理局清算的“财务通知书”后，按月向处理局支付垫赔款。责任局不得退回“赔通”。

涉及物流总包业务的，支付违约金(包括以保证金冲抵违约金、向保函开立银行索赔违约金)的签约铁路局集团公司，每季度次月 10 日前与责任局办理资金结算。

7. 其他有关规定

(1)赔偿后又找到货物的处理

在赔偿后又找到货物的，由货物所在站按无法交付货物处理，维持原来定责不变。

被盗丢失货物损失赔偿后，公安机关破案证明属其他单位责任时，按下列规定处理：

①赔款额不满一级损失的，维持原来定责不变。

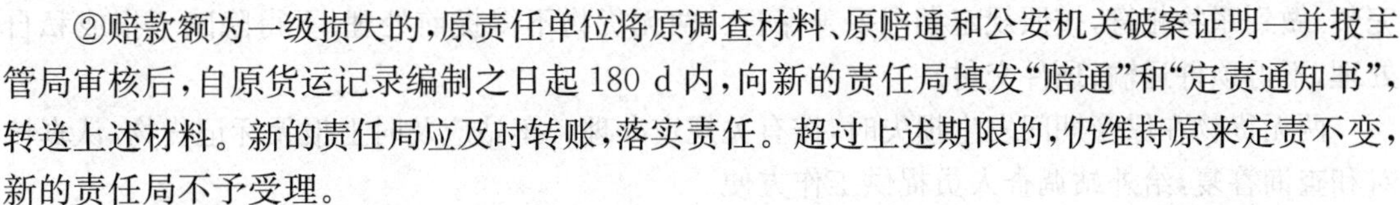

②赔款额为一级损失的，原责任单位将原调查材料、原赔通和公安机关破案证明一并报主管局审核后，自原货运记录编制之日起180 d内，向新的责任局填发"赔通"和"定责通知书"，转送上述材料。新的责任局应及时转账，落实责任。超过上述期限的，仍维持原来定责不变，新的责任局不予受理。

(2)诉讼处理

赔偿要求人向法院提起的诉讼案，按照国铁集团及所属企业法律纠纷案件处理的有关规定执行。法院调解或判决承运人责任生效后，由被告单位先行垫付铁路承担的款额，涉及被告单位以外铁路其他单位责任时，应根据法院的调解或判决和《货损规则》有关规定确定责任。

知识点4　处理两无货物

1.车站发现两无货物后的处理

车站发现两无货物后，应于当日编制货运记录，核对现货、登记立卷，妥善保管。

经核查凡能判明发、到站或托运人、收货人的，或其他单位认领的无标记货物，应拴挂"损失货物标签"，凭货运记录向发站或到站回送。对不能判明发、到站或托运人、收货人的无标记货物，应在车站货运负责人、货物损失处理人员等不少于3人的情况下开装检查，寻找能正确交付的线索，编制物品清单，注明品名、包装特征、重量、发现日期和卸下车次等有关事项，并在保价系统内详细记载货物的件数、具体品名、包装及特征，内品数量、规格、尺寸，颜色、生产厂家及每件重量，同时应加载货物照片，以便各单位查找核对，尽可能将货物交于收货人或托运人，减少损失。

车站自编制货运记录之日起经查找30 d仍无线索，填写"无标记(无法货物)处理书"上报主管局。

车站将"无标记(无法交付)货物处理书"上报铁路局集团公司后，又查找到货物的到站及收货人时，立即先用电话声明注销该项报告，然后按规定手续向到站回送。

车站不得将无标记货物交给个人取送或带送，不得自行用无标记货物顶替抵补自站责任的丢失货物。

2.发、到站收到他站回送的两无货物后的处理

发、到站收到他站回送的两无货物后，应核对现货，登记立卷，对照本站自编和他站的调查货运记录。能判明收货人或托运人的，应联系收货人或托运人处理；不能判明的，应填制"无标记(无法交付)货物处理书"上报主管局。

无标记货物交付收货人或托运人时，如原批编有货运记录的，应在交付时收回货运记录结案。

3.铁路局集团公司自收到车站上报的"无标记(无法交付)货物处理书"的处理

铁路局集团公司自收到车站上报的"无标记(无法交付)货物处理书"后，应及时指定车站变卖，并在保价系统内登记备查。但军用品、药品、危险品、国家禁止及限制运输的物品、机要文件和各种证件不得变卖，应移交公安机关或有关部门处理。

变卖款扣除有关费用后，由变卖车站按规定上缴。

各直属站段应成立两无货物管理小组，指定专人负责管理，建立健全工作制度和岗位职责，做好两无货物的管理工作。车站应为两无货物的存放提供条件，对两无货物实行分区管理，隔离设置，编号单独存放，严格按照仓库安全管理要求，做好仓库设防工作，保证货物包装

完整，做到账物相符，按照规定期限妥善保管。两无货物不得提前处理、不得隐瞒不报或私自处理，不得顶件运输、顶件交付。

两无货物在保管期间发生损失时，按有关规定办理。车站应及时上报无标记货物，认真核对和查询答复，给外站调查人员提供工作方便。

典型工作任务5　货物损失的统计与资料保管

任务引入

货物损失统计是货物损失处理工作的重要组成部分。通过对货物损失的统计，分析一定时期货运工作质量，找出货物运输工作中的薄弱环节和损失发生规律及主要原因，提出防范对策，制定安全措施，对保证货物运输安全具有重要意义。了解货物损失的统计和货物损失资料保管的规定，认识到货物损失统计与资料保管的重要性，具备从事损失案卷的登记、管理工作的基本能力，是本工作任务的目标。

相关知识

知识点1　货物损失的统计

车站、直属站段、铁路局集团公司对于货物损失的责任（不论是否发生赔偿），均须逐件统计。

1.统计时间

货物损失按结案日期统计上报。列铁路局集团公司其他责任的，由铁路局集团公司统计上报。铁路局集团公司、直属站段根据“赔通”和“定责通知书”，检查督促管内各单位及时统计上报。

2.统计方法

（1）损失统计以一批作为一件。但由于自然灾害、火灾、行车原因，在同一车站（区间）、同一列车内、同一时间发生的多批损失应按一件统计，其损失等级按损失款额总和确定。

（2）一件损失由几个责任单位共同承担时，损失件数由主要责任单位统计；无主要责任单位的，除另有规定者外，按造成损失的车站顺序，由第一个责任单位统计。

因托运人、收货人责任或押运人过错使铁路运输工具、设备或第三者的货物造成损失时，分别由发站、到站统计损失件数，责任部门列“其他路外”。

货物在接取时发生的责任货物损失，由发站统计；货物在送达时发生的责任货物损失，由到站统计；责任部门列“接送”。货物承运前和交付后仍在车站仓储或货物仅在车站仓储时发生的责任货物损失，由提供仓储服务的车站统计，责任部门列“货运”。

3.过失责任与非过失责任

货物发生的损失，凡属下列情形之一者，属非过失责任：

（1）货物在运输过程中被哄抢。

（2）在车站范围之外发生的货物被盗、丢失、损坏。

（3）非承运人过失引起的货场或列车火灾、爆炸、染毒。

（4）非承运人过失造成的货物湿损。

(5)由于铁路行车原因造成的货物损失。

(6)因自然灾害,易腐货物超过容许运输期限到达而造成的腐坏。

(7)托运人派人押运的货物,既不是押运人责任又非承运人过失发生的火灾、染毒,导致货物损失。

(8)到站由收货人组织卸车的货物在货车交接时,集装箱门到门运输的货物在卸车时,发现封印失效、丢失,造成货物丢失或损坏。

(9)托运人以自备篷布苫盖货物,在运输途中自备篷布丢失、损坏及造成货物损失时。

(10)其他非承运人过失造成的但属于承运人负责赔偿的货物损失。

虽属上述情况但查明系承运人的直接过失造成的货物损失,属过失责任。

4.统计

车站、直属站段、铁路局集团公司应按月统计货物损失,于次月5日前填写“货物损失统计报告”和“货物损失综合统计分析报告表”。非过失责任的货物损失单独统计,在“货物损失统计报告”表格部分的相应栏内画一斜线,分子表示过失责任,分母表示过失责任与非过失责任的合计数,无非过失责任时,斜线可省略。

车站、直属站段、铁路局集团公司应按季度、年度对货运安全情况进行总结分析并逐级上报。

5.对过失责任货物损失的处理

对过失责任的货物损失要严格按照“损失原因不查清不放过、损失责任者得不到处理不放过、整改措施不落实不放过、教训不吸取不放过”的原则,认真组织分析,二级、三级、轻微损失的,自接到记录之日起(自站发现的自发现之日起)10 d内,由车站主管站长主持召开分析会确定责任部门,以“货物损失责任分析报告表”报告主管直属站段、铁路局集团公司;一级损失的,自责任明确之日起10 d内,由责任局主持召开管内货物损失责任分析会,并将结果报国铁集团货运部。

知识点2　货物损失的资料保管

办理赔(补)偿的原始材料及货物损失案卷文档应保持完整,按规定时间进行保管。

1.保管单位

办理赔(补)偿的原始材料及货物损失案卷文档由受理站保存,货物损失赔偿材料分别由定责单位、责任单位和办理赔偿单位完整打印后保存。

2.保管期限

材料自结案的次年1月1日起,保管3年。

车站对施封锁(包括在专用线、专用铁路)应建立保管、请领、发放、使用、销毁或回收制度,严格做好去向登记。编有记录的施封锁,卸车站均自卸车之日起保管180 d后方可销毁。未编有记录的施封锁保管30 d后,方可销毁或回收。有源电子施封锁还应按时返厂。

遇车站更名时,自更名之日起,原站名的施封锁可继续使用半年。

【例5-6-1】　某站有2021年4月8日结案的一般损失资料一份,其中施封锁2枚(3月28日卸车),应如何保管?

【解】　其中各种记录、调查材料、赔偿材料需保管至2024年12月31日。施封锁需保管至2021年9月24日。

典型工作任务6　组织货物保价运输

任务引入

货物保价运输是为保证托运人、收货人合法利益,供托运人选择的一种赔偿制度。根据自愿,托运人在托运货物时向铁路运输企业声明实际价格,并缴纳保价费,即成为铁路运输合同的组成部分。铁路运输企业从接收货物时起,至将货物交付收货人时止,除因不可抗力的原因、货物本身的自然属性或者合理损耗、托运人(含押运人)或收货人的过错造成的货物的损失外,对保价货物发生的损失承担赔偿责任。掌握货物保价运输有关规定,运用保价运输知识,以安全运输的理念,服务于运输生产经营,是本工作任务的目标。

相关知识

知识点1　办理保价货物

1. 托运保价货物

托运人托运货物时,可根据自愿的原则选择保价运输。当选择保价运输时,托运人应在货物运单“选择服务”栏选择“保价运输”,并在“货物价格”栏内以“元”(人民币)填写全批货物的实际价格,即为该批货物的保价金额。保价费率不同的货物按一批托运时,可分项填记货物名称及保价金额。

保价运输应以全批货物的实际价格办理,不应只保其中一部分。货物的实际价格以托运人声明的价格为准,包括其本身的价格、税款、包装费用和已发生的运输费用。托运人对货物声明实际价格的真实性负责。

2. 受理保价货物

车站受理货物保价运输时,应检查托运人填记的有关事项是否清楚、齐全。如发现保价金额不符或涂改时,应要求托运人更换单据。如对保价金额有异议时,可要求托运人提交证明价格的有关依据。

3. 核收保价费

保价运输的货物,应按货物保价金额的一定比例缴纳保价费。货物的保价费按保价金额乘以所适用的保价费率计算,保价费尾数不足1元时,按四舍五入处理至元。

保价费率不同的货物按一批托运,在运单内分项填记品名及保价金额时,保价费分别计算。保价费率不同的货物合并填记时,按其中最高的保价费率计算保价费。

【例5-7-1】 某托运人在甲站托运一批新闻纸到乙站,用标重70 t棚车一辆装运,保价运输,保价金额90 000元,试计算该批货物保价费。

【解】 查《价规》附件1,新闻纸的品类代码为2421,查表4-5-3,其保价费率为3‰。则该批货物的保价费为:

$$保价费=保价金额×保价费率=90\ 000×3‰=270.00(元)$$

【例5-7-2】 某托运人在甲站托运一批新闻纸和小学课本到乙站,用标重70 t棚车一辆装运,保价运输,货物运单记载,新闻纸保价金额10 000元,小学课本保价金额50 000元,试计算该批货物保价费。

【解】 查《价规》附件1,新闻纸的品类代码为2421,小学课本品类代码为2431;查表4-5-3,其保价费率分别为3‰和1‰。则该批货物的保价费为:

$$保价费=10\,000\times3‰+50\,000\times1‰=80.00(元)$$

货物的保价费应与运费同时核收。对于运量稳定的货物或物流总包项目,铁路运输企业可与托运人协商,签订保价运输协议或运输(物流)协议,使用"运费杂费收据"定期(日、旬、月)收取保价费,并在货物运单"承运人记事"栏内注明"保价费另收"字样或加盖相同内容的戳记。

4.承运保价货物

车站受理一批保价金额在50万元及以上的整车(含批量零散快运)、集装箱货物,一批保价金额在20万元及以上零担(含零散快运)货物,或其他需要重点看护的保价货物,应建立"重点保价货物(△B)运输台账",并在货物运单"承运人记事"栏标记"三角B"纸质运单加盖△B戳记。

承运后的保价货物,货物变更到站后,保价运输继续有效。托运人在承运后发送前取消托运或因铁路运输企业责任造成的取消托运,如货物未发生损失,保价费应全部退还托运人;如货物发生损失并按有关规定处理的,保价费不再退还。

知识点2 保价货物安全防范

各单位应加强铁路运输过程中的安全防范,对△B货物采取有效的安全防范措施,保证运输安全。

发站对△B货物应组织监装、及时挂运,运送途中严格交接检查。沿途各编组站、区段站对装有△B货物的车辆应及时挂运,在站中转停留时间一般不超过24 h,发现问题及时处理。对保留列车中的装有△B货物的车辆,车站负责组织人员重点看护。△B货物运抵到站后,车站应及时组织卸车并通知收货人领取。

对装有△B货物的整车,铁路局集团公司可根据需要组织押运护送,并在货物运单"承运人记事"栏内注明"铁路保价押运"字样或加盖相同内容的戳记,押运人乘车费不再核收。

知识点3 保价货物损失赔偿

保价运输的货物在铁路运输过程中发生损失的,铁路运输企业应按照货物损失处理的有关规定办理。车站应编制证明货物损失的记录交托运人或收货人,作为托运人或收货人要求赔偿的依据。同时,应向托运人或收货人提供索赔须知,告知索赔流程、索赔时限及需要准备的证明文件。

1.提出赔偿要求的有效期限

保价运输的货物,托运人或收货人向铁路运输企业提出赔偿要求的有效期限为180 d。有效期限起算日期为铁路运输企业交给货运记录的次日;逾期未到的,为运到期限期满后的第31 d。铁路运输企业在运到期限期满后,经过30 d仍不能交付的货物,托运人或收货人可按全部灭失向铁路运输企业提出赔偿要求。

2.索赔资料

托运人或收货人向铁路运输企业要求赔偿时,应按批向到站或发站提出"赔偿要求书",并附证明保价货物损失的记录(原件)和其他有关证明文件。

3.赔偿款额

保价货物在铁路运输过程中发生承运人责任的损失时,承运人应按实际损失赔偿,赔偿额按下列标准计算:

(1)全批损失时,最高不超过该批货物的保价金额。

(2)部分损失时,按损失货物占全批货物的价值比例乘以保价金额计算。

(3)分项填记品名和保价金额的,按该项货物品名和保价金额分别计算。

赔偿额尾数不足 1 元时,按进整处理至元。起码赔偿额为 1 元。

4. 赔偿处理要求

对符合保价赔偿责任范围和赔偿条件的货物损失,铁路运输企业应按照先对外赔付、后划分铁路内部责任的原则办理赔偿。自受理赔偿要求的次日起至支付赔款之日止,货物办理赔偿的最长期限为 30 d。

知识点 4　保价货物损失补偿

保价货物在铁路运输过程中发生损失,经调查既不属于铁路承运人责任,又不是托运人、收货人以及押运人故意或过失行为造成的,对符合补偿范围的,承运人可酌情对保价货物损失进行补偿(以下简称保价补偿)。

1. 保价补偿范围

(1)集装箱运输的货物。

(2)托运人、收货人自装卸的货物。

(3)有押运人的货物。

(4)因超过运到期限造成使用价值降低的货物。

(5)其他特定条件的货物。

2. 保价补偿程序

保价补偿由铁路局集团公司负责审批和办理,不得授权下属单位。保价补偿应坚持"严格把关、谨慎处理"的原则,对保价补偿条件从严审核,严格按程序办理。

(1)托运人或收货人提出保价补偿要求时,按批提交"补偿要求书",并附有关记录(货运记录、商务记录)、其他相关证明文件。

(2)承运人受理保价补偿要求时,须审核"补偿要求书"内容及有关证明文件。确认符合保价补偿条件的,应将所有保价补偿申请材料报铁路局集团公司,并抄知有关直属车务站段和车站。

对同一客户多批同品类货物补偿,可合并办理,并附"货物损失清单"列明货物实际损失情况。

(3)铁路局集团公司收到保价补偿申请材料后,经审核同意补偿的,填制"赔通"办理保价补偿;不同意补偿的,应说明理由和依据,将保价补偿申请材料退还受理单位,并抄知有关直属车务站段和车站。

(4)受理单位应自收到铁路局集团公司不同意保价补偿的审核答复材料之日起 5 个工作日内,以正式文件或盖有公章的函件或通过铁路 95306 网站答复补偿要求人,同时将全部保价补偿材料复印(或打印)留存后退还该要求人。

3. 补偿金额计算与列支

保价补偿额比照赔偿的计算方法计算,最高不超过保价金额;托运人与发送局针对保价补偿做出特别约定的,可按特别约定办理。

保价补偿款一般由办理补偿的铁路局集团公司在"保价赔偿费"项下列支。保价补偿件数和款额由办理补偿的铁路集团公司统计。

4. 接取送达保价货物损失的补偿

在接取送达或仓储等物流过程中发生的保价货物损失，其托运人或收货人向车站提出保价补偿要求时，经审核符合保价补偿条件的，可办理保价补偿。

车站应按规定编制货运记录(商务记录)，记明货物损失情况，必要时列出货物损失清单。委托社会物流企业办理接取送达或仓储的，货物损失清单须经接取送达或仓储单位签认并加盖单位印章。因社会物流企业责任造成承运人实施补偿的，承运人应依据有关协议向其追偿。

项目小结

通过本项目的学习，掌握记录的编制及调查、货物损失的处理程序和货物损失赔偿的有关规定，本着对托运人和收货人负责的原则，对于承运人责任明确的货物损失，须先对外赔付，后划分铁路内部责任，尽量减少其损失，挽回损失产生的不良影响，做到主动、及时、真实、合理。

相关规范、规程与标准

1.《铁路货物损失处理作业标准》(铁货〔2019〕70号)。
2.《铁路货物损失处理规则》(铁总货〔2018〕182号)。
3.《铁路保价运输管理办法》(铁货〔2023〕5号)。
4.《铁路保价运输规则》(铁总货〔2019〕93号)。
5.《铁路货物运输规程》(铁运〔1991〕40号)。

复习思考题

1. 货运安全工作的方针是什么?
2. 什么叫货物损失?
3. 货物损失分哪几类?
4. 货物损失等级如何划分?
5. 记录分哪几种? 各有何作用?
6. 什么情况下需编制货运记录?
7. 什么情况下需编制普通记录?
8. 发站编制的记录如何处理?
9. 中途站编制的记录如何处理?
10. 到站编制的记录如何处理?
11. 货运记录送查时，按规定应附送哪些资料和实物?
12. 车站发现货物损失如何处理? 物流企业发现货物损失如何处理?
13. 在什么情况下拍发货物损失速报? 简述货物损失速报的内容。
14. 车站接到调查记录如何处理?
15. 货物损失责任划分的原则是什么?
16. 铁路货物运输中，什么情况下承运人不负责赔偿?

17. 赔偿权限如何划分？

18. 货物损失如何统计？

19. 编制货运记录(未给条件自拟)。

11 月 8 日，天津南站发沈阳站整车啤酒一车，车号 P62N3145666，于 41303 次挂运至沈阳站，20:40 调到货位开始卸车，22:40 卸完。卸前检查施封 2 枚 F010375/010376 有效，卸见 10 件纸箱包装破损有湿痕。

20. 攀枝花发西安东整车工字钢一批 40 件共 60 t，于 3 月 6 日承运，全批保价金额 130 万元，卸时发现货物较运单记载 40 件少 2 件，实卸 38 件。如为铁路责任，赔偿金额为多少？

21. 编制普通记录(未给条件自拟)。

阳泉发济南热电厂块煤，用 C624104322 装运，票号 000022，该车挂于第 43255 次列车机后第 6 位，于 7 月 10 日 15:11 到达德州，列检发现，车体良好，前进方向第三轴右侧车轴润滑油不良，发热扣修。德州站于 7 月 10 日 20:00 开始对货物换装，货物装于 C62A1423456 车内，换装前装层煤灰浆标记良好，原装 12.10 m×2.80 m×1.6 m(54.208 m^3)，换装后，12.10 m×2.79 m×1.6 m(54.014 4 m^3)。

22. 拍发货物损失速报(未给条件自拟)。

G 站××年 5 月 6 日承运整车卷烟一批，到站 Z 站，货物重量 30 t，1 200 件，货物保价 100 万元，车号 P623345672，票号 023575，货物到 H 站，货检见前进方向一侧无封，会同公安清点，货物丢失 125 件。

23. 托运人如何办理保价运输？

24. 保价金额有何要求？

25. 如何做好保价货物安全防范？

26. 简述保价货物发生损失时，赔偿额的计算标准。

27. 简述保价补偿范围。

项目 6　货物装载加固基本技术条件

项目描述

货物装载加固状态是影响重车运行安全的重要因素，它直接关系着列车运行安全和货物的安全，是铁路运输组织工作的重要组成部分。其主要任务是：保证货物、车辆的完整和行车安全，充分利用货车载重力和容积，安全、迅速、合理、经济地运输货物，以适应国民经济发展对铁路运输的需要。货物装载、加固是技术性较强的工作，各部门应加强领导，认真做好这项工作，努力提高装载加固质量。

学习目标

1. 能力目标

利用货物装载的技术条件，制订经济合理的装载方案。

2. 知识目标

(1)熟悉铁路阔大货物运输装备的特点和技术参数。

(2)掌握铁路货物装载加固的基本要求和基本技术条件。

(3)掌握重心水平合理位置的确定。

(4)正确计算重车重心高，确定重车的运行条件。

(5)掌握货物免于集重装载的方法。

(6)掌握超长货物装载的技术条件。

3. 素质目标

认识到装载加固工作对铁路行车和货运安全的重要性，培养工作中细致、认真、负责的工作态度。

相关案例——货物装载的基本技术条件

某站承运机械设备一件，重 50 t、长 14 m、宽 3.3 m、高 2.85 m，货物重心位于货物的几何中心，车站应如何选车、装载位置如何确定，运行上有何要求？

根据货物的特点选择平车或共用车装载，确定装载方案。如货物重心纵向有位移时，需计算货物位移量是否符合货物装载的基本技术条件；货物重心横向有位移时，应小于 100 mm；重车重心高超过 2 000 mm 时，需根据其高度采取限速运行的措施。

典型工作任务1　熟悉阔大货物运输设备

任务引入

在铁路运输中，习惯上将超长货物、超限、超重货物统称为阔大货物。随着国民经济的发展，经由铁路运输的大型机械、重型设备越来越多，货物装载问题愈显突出。熟悉铁路阔大货物运输设备的特点、技术参数及适用条件；了解货运计量安全检测设备的种类、作用；树立安全运输的理念，认识到运输装备运用在铁路行车和货运安全中的重要性，自觉地在工作中科学地利用相关设备进行安全作业，是本工作任务的目标。

相关知识

知识点1　装运阔大货物的车辆

装运阔大货物的车辆除必须满足普通货物装载的一般要求外，还应满足货物重量大、体积大、长度长的要求。车辆应具有足够的强度，尤其是承受集中载荷的能力强；要便于对货物进行装载加固，对于超限货物还应有利于降低超限等级，以保证运输安全和车辆的正常使用寿命。目前，我国铁路装运阔大货物主要使用平车和长大货物车，部分货物也可使用敞车装载。

1. 平车及其技术参数

我国铁路平车主要车型包括：N_{17}系列、NX_{17}系列、NX_{70}系列。平车属于底架承载结构，底架的主要部件有：中梁、侧梁、枕梁、横梁及纵向辅助梁。部分平车根据装运货物的需要设有可以全部翻下的活动墙板。为了提高平车承受集中载荷的能力，部分平车车底架采用了鱼腹形梁。

平车的主要参数有车辆自重、车辆标记载重量（以下简称标重）、钩舌内侧距离、车地板长度、转向架中心距（也称销距）、固定轴距、车地板高、空车重心高等，为便于货物加固，侧梁外侧装设绳栓（丁字铁）和柱插（支柱槽），如图6-1-1所示。

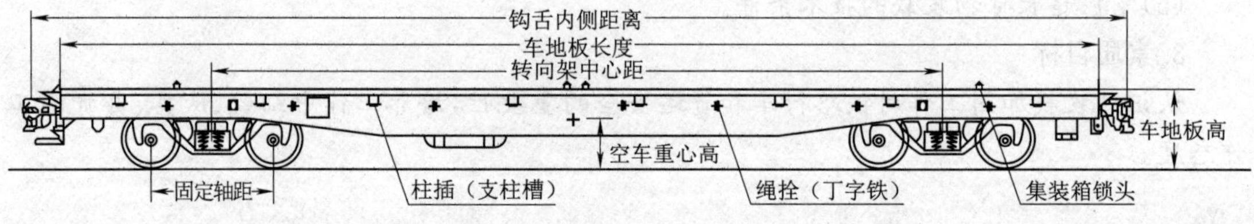

图6-1-1　平车主要参数及加固部件名称

平车主要技术参数见附录2。

2. 长大货物车及其技术参数

长大货物车是铁路运输中的一类特种货车，主要供装运平车无法装运的阔大货物。目前，我国有长大货物车400余辆。按照车体结构不同，我国现有的长大货物车可分为凹底平车、长大平车、落下孔车、双联平车、钳夹车五种。

(1)凹底平车

凹底平车的结构特点是转向架或转向架群分布于车辆的两端，中部为装载货物的凹底架，如图 6-1-2 所示。它具有结构简单、使用方便、运行安全可靠等优点，是长大货物车中适运货物范围最广的车型。由于凹底平车采用凹底部分的地板面承载，在设计时要降低地板面高度，否则货物装车后高度可能超出限界。由于此种车辆承载面占据一定的高度及不可能太长，不适合运输太高和特别长的货物。

图 6-1-2　DA_{37} 凹底平车

(2)长大平车

从底架结构形式上看，长大平车与通用平车基本上相同，其差别，主要是前者的底架长度和地板面距轨面高度都比较大。

(3)落下孔车

落下孔车是底架中部开有一定长度和宽度的落孔，装货时货物落入孔内。货物的重量由两根截面高度较大的侧梁承担，如图 6-1-3 所示。它自重系数较小，能充分利用铁路限界的高度，适于装运宽度较窄而高度很大的货物。

图 6-1-3　DK_{36A} 落下孔车

(4)双联平车

双联平车无承载底架，由两个安装于两转向架群中央心盘上的可回转鞍座支承货物。货物一般比较长，跨装在两个转向装置上，如图 6-1-4 所示。为了使货物免受过大纵向冲击力的作用，在两节车之间有缓冲装置。这种车的主要特点是自重系数小、货物支承点可根据货物长度进行调节，适合运输细长、较重、有自承载能力的货物。

(5)钳夹车

钳夹车具有独特的超限运输能力。它由两个对称的半节车构成，如图 6-1-5 所示。运输货物时，货物被悬挂在两个钳形梁之间，使货物与钳形梁成为一个整体，货物成为整个车辆的一部分;空车运行时,两个对称的半节车由辅助装置将它们连在一起,称为短连挂。

图 6-1-4　D30G 双联平车

(a) DQ45钳夹车短连接时

(b) DQ35钳夹车装运发电机定子

图 6-1-5　钳夹车

钳夹车能最有效地利用铁路限界空间,它不仅能运输有自承载能力的货物,而且通过附加的装备也可运输那些没有自承载能力的货物。它可装有多导向、侧移机构,以解决车辆在宽度方向的极度超限;大多数钳夹车设有液压起升、平移和称重机构,且钳夹车结构无承货的地板面,能最大限度地利用限界高度装载货物。除了不适合运输特别长的货物外,钳夹车是运输能力最强的铁路运输工具。

长大货物车的型号、主要技术参数和特点见附录 3。

3. 敞车及其技术参数

敞车是有端壁、侧壁、地板而无车顶的货车,主要供运送煤炭、矿石、矿建物资、木材、钢材等大宗货物用,也可用来运送重量和尺寸不特别大的机械设备,但其集中载荷承载能力不如平车。目前我国敞车载重量大多为 60 t、70 t。主型通用敞车有 C62 系列、C64 系列和 C70 系列等。部分敞车的有关技术参数见附录 4。

知识点2　货运计量安全检测设备

1. 货车超偏载检测装置

货车超偏载检测装置是在货车运行过程中按预定程序对其轮重进行测量，进而自动判定货车是否超载、偏载和偏重的一种检测装置，能够对运输途中货物装载状态进行重点监测和预警，预防和消除货物运输中的安全隐患。

货车超偏载检测装置是货运计量系统的重要组成部分，是检测货车超载、偏载、偏重的主要装置之一，是保证铁路运输安全的重要设备。

认识货车超偏载检测装置

(1)货车超偏载检测装置组成及工作原理

超偏载检测装置主要由承载平台、称重传感器及数据采集和数据处理系统等组成，如图6-1-6所示。

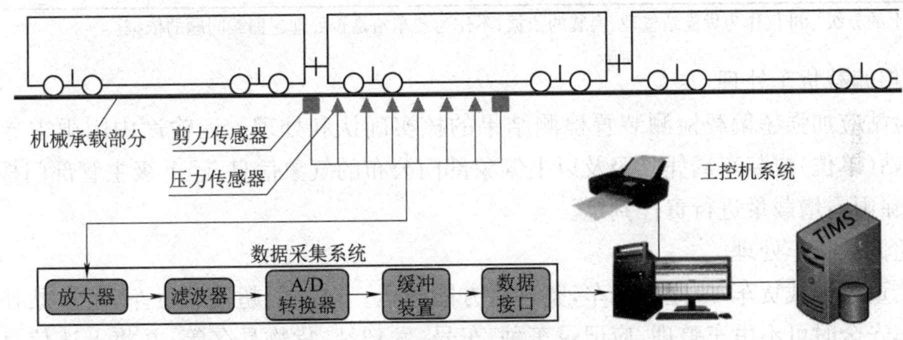

图6-1-6　货车超偏载检测装置的组成

①承载平台。承载平台由专用轨枕、纵向联结件等部分组成，用于连接、安装钢轨和压力传感器并承载货车质量。

②称重传感器。称重传感器是超偏载检测装置的核心测量元件，称重传感器将所承受的力的信号线性地转换成电压信号传送到数据采集系统中去。在超偏载检测装置中，应用到2种类型的传感器，一是压力传感器，用来测量钢轨的压力；二是剪力传感器，用来测量钢轨弯曲变形的剪力。

③数据采集和数据处理系统。数据采集系统由电源、放大器、滤波器、A/D转换器、数据接口和通信线路等组成。当车辆通过时，称重传感器产生的模拟信号通过电路传递到数据采集系统的放大器，通过滤波后，由A/D转换器转换成数字信号，经过缓冲装置和数据接口传递到数据处理系统，在称量软件的支持下，完成系统自检、数据采集和数据处理，对行进中货物列车的总重、速度、货车超偏载信息进行检测，实现对运输途中货物装载状态进行重点监测和预警。

(2)超偏载车辆的判定

超偏载检测装置仅用于铁路货车的超偏载检测，其数据不作为计费和贸易结算的依据，但作为行车事故分析依据。

装载液态货物的罐车超载判定以轨道衡或罐车容积计量为准。对D型车和自轮运转货物的检测数据，不作为判定超偏载的依据。超偏载检测装置、轨道衡在列车通过速度超过称量速度范围时，其检测数据不作为判定超偏载的依据，但可作为判断货物装载加固状态的参考。

超偏载状态包括三个方面：

①超载状态，单位为t。

②纵向偏载状态(以下简称偏重)，单位为mm。

③横向偏载状态(以下简称偏载)，单位为mm。

超偏载预警主要内容包括:时间、车速、站名、方向、列车编组、车位、车型、车号、到发站、品名、超载、偏重纵偏、偏载横偏。

货车超偏载分为严重、一般两级,具体分级标准见表 6-1-1。

表 6-1-1　货车超偏载分级标准

项目	分级	
	严　重	一　般
超载	大于货车容许载重量 10 t	大于货车容许载重量 5 t 但未达到严重程度
偏载	货物重心投影距车地板纵中心线距离大于 150 mm	货物重心投影距车地板纵中心线距离大于 100 mm,但未达到严重程度
偏重	货车两转向架承受重量之差大于 15 t	货车两转向架承受重量之差大于 10 t,但未达到严重程度

注:以上的分级标准仅作为货检站整理、换装的依据,不作为装车站是否处理超偏载问题的依据。

(3)超偏载货车处理

货检站应加强超偏载检测装置检测结果的核实确认和处理。运输途中因雨雪导致增载时,装车站(单位)或装车局凭县级及以上气象部门公布的气象信息,经上级主管部门核实确认后,可扣除雨雪增载量进行责任判定。

①超偏载货车处理。

对严重超偏载货车,应立即甩车,整理后方能挂运。对一般超偏载货车,货检站在确认不危及行车安全时可不甩车整理,应记录车种、车号、发到站、货物品名等,并将上述信息及时通知发到站,电报通知下一编组站,同时在 24 h 内将信息上报铁路局集团公司货运主管部门。

发现长钢轨运输列车(指同时具备运、收、卸长钢轨作业能力的专用设备,适用于 50 m 及以上长钢轨运输)超偏载情况时,检测站应及时通知随车人员检查处理,必要时出具书面通知。

铁路局集团公司货运管理部门应充分利用货运计量系统及时掌握管内超偏载报警车动态,并纳入每日交班内容。对严重超偏载报警车,日常超偏载盯控人员、装卸车(箱)质量主管人员和设备运用管理主管人员应加强沟通和协作,按责任分工加强原因分析、跟踪处理过程,并指定专人 3 d 内反馈给国铁集团货运管理部门。属货运装车质量问题的,应通过复衡或轮重测定仪测定等方式确定具体超偏载数值;属设备运用问题的,应分析具体的原因,明确整改措施。

②严重超偏载货车换装整理作业流程。

a. 车站货检人员应根据检测结果,核对现车无误后,及时向车站行车调度部门报告。

b. 车站行车调度部门接到货检人员报告后,值班人员及时安排甩车,并送入指定地点。

c. 车站对甩下的货车重新过衡或进行偏载偏重复核。确认超偏载后,按规定整理和拍发电报。对超载报警车,应留存复衡单;对偏载报警车拍照不少于 2 张,一张为带车号的整体照片,其他为能反映核实偏载情况的整体或局部照片;偏重报警车拍照不少于 3 张,一张为带车号的整体照片,其他为能反映车辆两端装载情况或整体的照片。

d. 车站对甩下的超载货车进行卸载处理,并确认货物重量不超过货车容许载重量且不偏载不偏重后,方可编入列车继续运行。对甩下的偏载偏重货车进行处理,并确认不偏载不偏重后方可放行。

2. 轨道衡

轨道衡是对货车、集装箱进行科学计量及安全检测监控,确保行车安全的重要设施;是检测货车装载质量的重要手段;是铁路运输安全的重要保障。

(1)轨道衡的分类

轨道衡分轻型轨道衡、静态轨道衡和动态轨道衡三种。

①轻型轨道衡

轻型轨道衡是一种小型矿车、电瓶车、配料车和轻型铁路车辆等装货时称重的衡器,通常用于 600～1 000 mm 轨距车辆的称重,称量范围多在 10～30 t,在铁路运输中较少使用。

②静态轨道衡

静态轨道衡指对独立的、静止的车辆进行计量检测工作的轨道衡,计量方式为双向整车一次称重。静态轨道衡按其工作原理分为电子式轨道衡和机械式轨道衡两类。

机械式静态轨道衡由承重台、杠杆系统和示值装置三部分构成。称量时,机车以低于 3 km/h的速度将货车准确停止在承重台上,脱钩后,司秤员移动计量杠杆上的大、小游砣使杠杆平衡,按大、小游砣在主、副杠杆上的示值之和读出称量。它具有准确度较高、性能稳定、经济实用等优点。缺点是操作复杂、效率低、不宜安装在列车出入频繁的线路上。

电子式静态轨道衡由承重台、传感器、称重显示仪表和数字打印机四部分组成,能自动显示称量数值和打印记录,具有计量准确、速度快、自动化程度高、远传信息等特点。

③动态轨道衡

动态轨道衡是一种对列车进行不停车、不摘钩连续称重的计量设备,有机电结合式和电子式两种。计量方式分为整车计量、转向架计量和轴计量。承重台有单台面、双台面、三台面等。

动态轨道衡按称重轨与引轨的联结方式又分为断轨和不断轨完全不同的两种。

断轨式动态轨道衡是指称重测量区的称重轨与引轨通过过渡块进行联结的轨道衡,即称重轨与引轨是断开的,检测精度高,长期稳定性好,维护量较少,缺点是对秤体冲击大,不称重计量时过衡速度有限制(35 km/h 以下),计量时速度 5～25 km/h。

不断轨式动态轨道衡称重测量区的称重轨与引轨通过接头夹板连接,没有独立的承重台,长期稳定性不好,使用精度相对低于断轨轨道衡,优点是对秤体冲击小,不称重计量时过衡速度不限制,计量时速度 5～35 km/h。

(2)轨道衡与超偏载检测装置的区别

轨道衡与超偏载检测装置的区别主要体现在两个方面。

一是确认重量上的区别。轨道衡是国家认可的强制检定的计量器具,它的准确性、可靠性远大于超偏载检测装置,超偏载检测装置检测发现的超载车辆必须要到轨道衡进行复衡确认重量;称重作业要求(主要是速度)比超偏载检测装置严格,所出具的数据是可进行溯源的。

二是偏载检测上的区别。超偏载检测装置是进行了偏载偏重检测的,而轨道衡的检定中没有偏载偏重检定项目,所出具的数据只可以作为本站进行偏载偏重判断依据,国铁集团是不予承认的。

(3)轨道衡的配置条件

①年运量在 50 万 t 以上的车站,应配置轨道衡或超偏载检测装置。

②发送液化气体和年运量 30 万 t 以上的铁路专用线(专用铁路),必须配置轨道衡。

3. 轮重测定仪

轮重测定仪是一种对铁路货车轮重测定的仪器,测定仪可以预先组装,提高装配精度,并且体积小、重量轻,操作方便,减小劳动强度,新型轮重测定仪安全载荷可达 16 t。

轮重测定仪按重量读数显示方式分为仪表式和数显式两种，其称重原理基本相同，数字式轮重测定仪可实现单车数据存储和打印功能，适合铁路中、小站和专用线作为主要或辅助检测仪器来控制装车点车辆的装载量，可检测出在水平线路上停放的车辆超、偏载。其缺点是必须将 8 个车轮全部检测才能得到重量数据，测定时间长、程序复杂、效率低，通常需要 2 人或以上操作且检测作业时需要进行安全防护。

典型工作任务 2　理解货物装载加固基本技术条件

任务引入

货物装载加固和货车满载工作技术性强，是铁路运输工作的重要组成部分。其主要任务是：保证货物、货车的完整和行车安全，充分利用货车载重力和容积，安全、迅速、合理、经济地运输货物。

货物装载加固的基本技术要求是：使货物均衡、稳定、合理地分布在货车上，不超载，不偏载，不偏重，不集重；能够经受正常调车作业以及列车运行中所产生各种力的作用，在运输全过程中，不发生移动、滚动、倾覆、倒塌或坠落等情况。

铁路货运工作中，应积极运用先进、成熟、经济、适用、可靠的技术和设备，不断改进和完善技术管理手段，提高货物装载加固和货车满载工作质量。

理解货物装载基本技术条件，掌握货物装载加固的基本要求，树立安全运输的理念；培养科学严谨和严格执行规章标准的职业素养，能利用货物装载的基本技术条件判断货物装载是否符合要求，是本工作任务的目标。

相关知识

知识点 1　货物装载的基本技术条件

1. 车辆使用要求

装载货物应正确选择车辆，遵守货车使用限制表及有关规定，定检不过期。未按管理权限经国铁集团或铁路局集团公司批准，各类货车装载的货物不得超出货车的设计用途范围。

选用的车辆须达到运用状态。

(1)货车的同一转向架旁承游间左右之和(弹性旁承及旁承承载结构的除外)应为 2～20 mm，常接触式旁承上下无间隙。

(2)车体弯曲下垂、胀出、倾斜允许限度应符合下列要求：

① 车体外胀，空车不得超过 80 mm，重车不得超过 150 mm。

② 中侧梁在两枕梁间下垂，空车不得超过 40 mm，重车不得超过 80 mm。

③ 车体倾斜，无论重空车均不得超过 75 mm。

2. 对货物装载量、装载高度及宽度的要求

货物装载时应充分利用货车的载重力和容积，货车装载的货物重量(包括货物包装、防护物、装载加固材料及装置)不得超过其容许载重量。

货物的装载高度、宽度和计算宽度，除超限货物外，不得超过机车车辆限界基本轮廓和特定区段装载限制。

3. 货物重心水平位置的要求

一般情况下，货物重心在水平面上的投影应落在车地板纵、横中心线的交点上（以下简称“车辆中央”）。

特殊情况下必须发生横向偏移时，偏离量不得超过 100 mm。货物重心横向偏移超过要求为偏载。

特殊情况下必须发生纵向偏移时，每个车辆转向架所承受的货物重量不得超过货车容许载重量的 1/2，且两个转向架承受的货物重量之差不大于 10 t。货物重心纵向偏移超过要求为偏重。

货运检查中，货车超偏载分严重、一般两级，具体分级标准见表 6-1-1。

4. 货物重量分布的规定

在装载货物时，货物重量应均衡稳定合理地分布在车地板上，做到不超载、不偏载、不集重、不偏重。

但在铁路实际生产中，有些货物重量大，支重面小，如果直接装车，货物重量大于所装车辆负重面长度的最大容许载重量，这种装载称为集重装载，这个货物称为集重货物。由于集重装载容易损坏车辆，因此在货物装载时，对于单件重量大，支重面小的货物不能均匀分布，需要局部承载时，应遵守《加规》的相关规定，避免集重装载。

5. 重车重心高的要求

货车和所装货物的总重心，称为重车重心。重车重心自轨面起算的高度称为重车重心高。重车重心高一般不得超过 2 000 mm，超过时，可采取配重措施，以降低重车重心高，否则应限速运行。

装运危险货物的罐车重车重心高限制高度不得超过 2 200 mm；双层集装箱车装后重车重心高不得超过 2 400 mm。

6. 货物突出车辆端梁的长度要求

使用平车装载长度超过车地板的货物，或由于其他原因，货物必须突出车辆端梁装载时，如果突出端货物半宽不大于车辆半宽时，每端各允许突出端梁 300 mm；突出端货物半宽大于车辆半宽时，每端各允许突出端梁 200 mm，超过此限时，应使用游车。

货物突出车端装载，当装载货物突出车端不加挂游车时，货物突出端不得与带风挡客车连挂。

7. 成件包装货物的装载要求

装载成件货物时，应排列紧密、整齐。当装载高度或宽度超出货车端侧墙时，应层层压缝，梯形码放，四周货物倾向中间，两侧超出侧墙的宽度应一致。对超出货车端侧墙（板）高度的成件包装货物，应用绳网或绳索串联一起捆绑牢固，也可用挡板、支柱、镀锌铁线（盘条）等加固。袋装货物袋（扎）口应朝向车内，起脊部分应用上封式绳网等进行加固。

8. 散堆装货物装载要求

散堆装货物装车应使用货运计量安全检测设备防止超载。颗粒状散堆装货物，如煤、碎石、砂、木材等货物，单位体积重量大，使用敞车装运均能达到货车标记载重量。但是，该类货物装多了影响车辆运行安全，装少了又浪费货车载重量。为了正确确定装载货物的重量，通常采用带电子计量器的装载机械装车，或者使用轨道衡确定货物重量。在不具备条件的装车点，则采用测量货物密度，计算装载高度，即量尺画线，按高度组织装车的方法来防止超载。散堆装货物装车后应采取平顶等措施防止偏载偏重。

废钢铁等废金属材料、料石等不规则货物装车后应使用轮重测定仪等超偏载检测设备进行检测。

焦炭装车超出货车端侧墙(板)时,应采取围挡措施。废金属材料超出货车端侧墙(板)装载时,应采取可靠的加固措施。

木片装运应优先采用袋装或集装方式。散装木片使用棚车装运时,不得将车门从车内反锁,并应在两侧车门处安设门挡。

知识点2 货物加固的一般要求

为保证运输安全,装载货物时,应使用必要的装载加固材料和装置。常用加固方法有拉牵加固、挡木或钢挡加固、围挡加固、掩挡加固、腰箍下压式加固、整体捆绑等。

(1)拉牵可采用八字形、倒八字形、交叉、又字形或反又字形或兜头等方式。

(2)使用多股镀锌铁线、盘条加固时,需用绞棍绞紧,绞紧程度不能损伤铁线、盘条。

(3)使用钢丝绳加固时,应采用配套的钢丝绳夹。使用紧线器或钢丝绳紧固器作连接装置时,紧线器或钢丝绳紧固器中的坚固装置与钢丝绳的强度应匹配。

(4)使用挡木或钢挡加固时,其高度不宜过大,与车地板之间要有足够的联结强度。

(5)掩挡的有效高度应符合要求,掩挡与车地板的联结强度必须足以保证掩挡自身不发生移动或倾覆。

(6)使用腰箍下压式加固时,每道腰箍的预紧力必须达到设计要求。

(7)必要时,加固线与货物、车辆棱角接触处应采取防磨措施。

(8)加固货物时,所用绳索或加固线捆绑拴结后的余尾部分,长度一般不得超过 300 mm,不短于 100 mm;超过 300 mm 时应采取有效措施予以固定。

典型工作任务3 确定货物重心水平合理位置

任务引入

由于车辆、线路、货物装载技术条件的限制,装载货物时,货物重心水平位置应限制在一定的范围以内,以防货物偏载、偏重以及在运行中发生货物移动、滚动、倾覆造成车辆的损坏或列车的颠覆。因此,制订货物装载方案时,必须正确确定货物重心水平合理位置。认识到装车工作中货物重心水平位置对铁路行车和货运安全的影响,掌握货物重心水平合理位置的判断方法,正确确定货物重心水平合理位置,根据货物特点制订合理的装载方案,是本工作任务的目标。

相关知识

1. 货物重心在车辆纵向的合理位置

货物装车时,一般应使货物重心或总重心(一车装载多件货物)在车地板上的投影落在车地板横中心线上。这样装载车辆两转向架负担的货物重量相等,同一轮对的两个车轮轮压相同,重车的运行稳定性最好。但是在实际工作中,遇到一些特殊货物,往往要求货物重心或总重心偏离车辆横中心线。例如,超长均重货物,为了节省一辆游车,采用一端突出车端的装载方案时，要求货物重心偏离横中心线；非均重货物，如果将重心落到车辆中央，一端突出端梁，需要加挂一辆游车，而另一端车地板长度尚有空余，为了节省游车，采用不突出车端的装载方案时；一车装载两件或多件货物时，各件货物的重量和外形尺寸互不相同时，很难使货物的总重心恰好落在车辆中央。

当货物重心或总重心偏离车辆横中心线，偏离横中心线的距离应保证车辆每个转向架承受的货物重量不超过货车容许载重量的1/2，且两转向架负重之差不大于10 t。

设货车容许载重量为 $P_{容}$，车辆两个转向架承受货物重量分别为 R_A、R_B，且 $R_A > R_B$，如图6-3-1所示。上述条件可用数学公式表述为

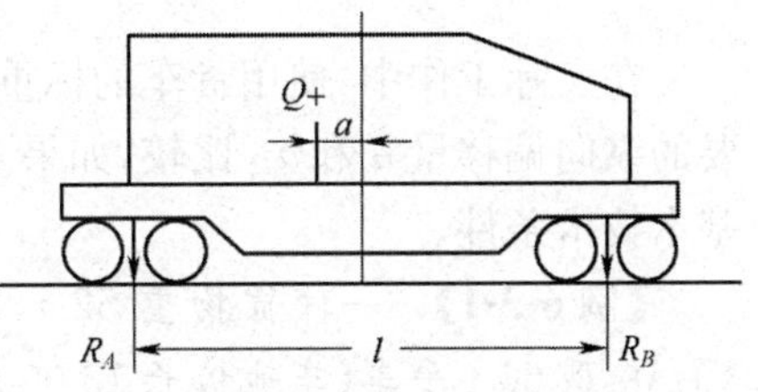

图6-3-1　货物重心纵向水平位移图

$$R_A \leqslant \frac{P_{容}}{2} \tag{6-3-1}$$

$$R_A - R_B \leqslant 10\ \text{t} \tag{6-3-2}$$

下面分装载一件货物和装载多件货物两种情况确定货物重心或总重心在车辆上纵向的合理位置。

(1)一车装载一件货物的情况

根据货物的计划装载方案，可以测量有关数据。如图6-3-1所示，设货物重量为 Q，车辆的转向架中心距(销距)为 l，货物重心纵向偏移量为 a。以 B 为支点，由力矩平衡原理 $\sum M_B = 0$ 得

$$R_A l - Q(a + 0.5l) = 0$$

$$R_A = Q\left(\frac{a}{l} + 0.5\right) \tag{6-3-3}$$

同理，以 A 为支点，由力矩平衡原理 $\sum M_A = 0$ 得

$$R_B = Q\left(0.5 - \frac{a}{l}\right) \tag{6-3-4}$$

将式(6-3-3)代入式(6-3-1)得 $Q\left(0.5 + \frac{a}{l}\right) \leqslant \frac{P_{容}}{2}$，则

$$a \leqslant \left(\frac{P_{容}}{2Q} - 0.5\right) l \tag{6-3-5}$$

将式(6-3-3)、式(6-3-4)代入式(6-3-2)得 $Q\left(0.5 + \frac{a}{l}\right) - Q\left(0.5 - \frac{a}{l}\right) \leqslant 10$，则

$$a \leqslant \frac{5l}{Q} \tag{6-3-6}$$

为了同时符合货物重心纵向偏移的两个条件，应采取式(6-3-5)、式(6-3-6)中较小的 a 值。经比较两式可知：

当 $P_{容} - Q < 10$ t时，由式(6-3-5)中计算出的 a 值较小；

当 $P_{容} - Q > 10$ t时，由式(6-3-6)中计算出的 a 值较小；

当 $P_{容} - Q = 10$ t时，两式计算出的 a 值相等。

综上所述归纳如下：设货物重心纵向最大容许偏移量为 $a_{容}$，则

当 $P_{容} - Q < 10$ t时，

$$a_{容}=\left(\frac{P}{2Q}-0.5\right)l \quad (\text{mm}) \tag{6-3-7}$$

当 $P_{容}-Q \geqslant 10$ t时，

$$a_{容}=\frac{5l}{Q} \quad (\text{mm}) \tag{6-3-8}$$

在实际工作中，使用货车的标重代替其容许载重量来计算 $a_{容}$，根据计划装载方案，确定需要的纵向偏移量 a 和 $a_{容}$ 比较，如果 $a<a_{容}$，则货物重心在车辆上的纵向位置符合货物装载的基本技术条件。

【例 6-3-1】 一件货物重 52 t，长 12 000 mm，货物重心距货物一端为 7 100 mm，选用 N17AK 型 60 t 平车（车地板长 13 000 mm，销距 l 为 9 000 mm）一辆装载，距重心较远的货端与车地板平齐，试问该装载方法是否符合重心纵向位移的技术条件？

【解】 由题意可知，$a=7\,100-\frac{13\,000}{2}=600(\text{mm})$

由于 $P_{容}-Q=60-52=8(\text{t})$，$P_{容}-Q<10$ t

则 $a_{容}=\left(\frac{P_{容}}{2Q}-0.5\right)l=\left(\frac{60}{2\times52}-0.5\right)\times9\,000=693(\text{mm})$

因为 $a<a_{容}$，所以该装载方式符合货物重心纵向位移的技术条件。

【例 6-3-2】 一件均重（重心在货物的几何中心）货物重 40 t，长 16 m，宽 2 m，高 1.8 m，拟用 N17AK 型普通平车装运，横垫木高度为 200 mm，试确定经济合理的装载方案。（车地板长 13 000 mm，销距 l 为 9 000 mm）

【解】 方案 1：使货物重心落到车辆中央，货物突出车辆两端各 1 500 mm，两端都需要使用游车，共需使用三辆货车。

方案 2：货物重心在车地板上的位置按最大容许偏离距离装载。

$$P_{容}-Q=60-40=20(\text{t})\text{，即 } P_{容}-Q>10 \text{ t}$$

则
$$a_{容}=\frac{5}{Q}l=\frac{5}{40}\times9\,000=1\,125(\text{mm})$$

当货物重心偏离车辆中心线 1 125 mm 时，货物突出车辆两端的长度分别为 375 mm 和 2 625 mm，均大于 300 mm，仍需使用两辆游车，共需使用三辆货车，如图 6-3-2 所示。

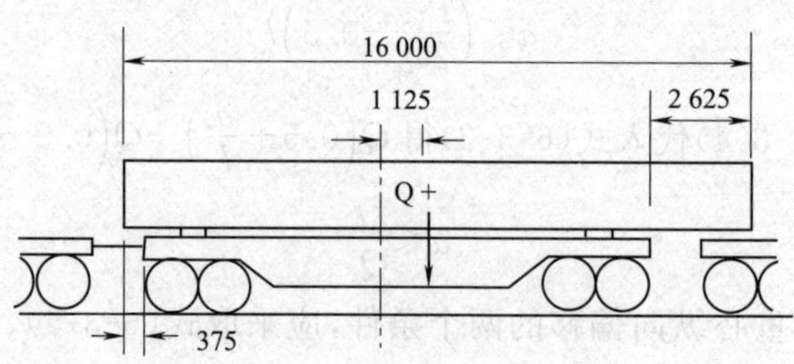

图 6-3-2　货物装载方案 2（单位：mm）

比较两方案，因两方案使用车数相同，且方案 1 货物重心纵向不位移，稳定性较好，所以采用方案 1。

(2)一车装载多件货物的情况

一车装载多件货物（图 6-3-3）时可根据拟定的装载方法先求出多件货物的总重心离横中

心线的距离，然后按一车装载一件货物的方法判断装载是否符合技术条件。不符合时，调整货物装载方案，重复上述过程，直到符合为止。因此，一车装载多件货物需要解决两个问题：一是确定多件货物的总重心距车辆横中心线距离；二是确定货物总重心纵向最大容许偏移量。

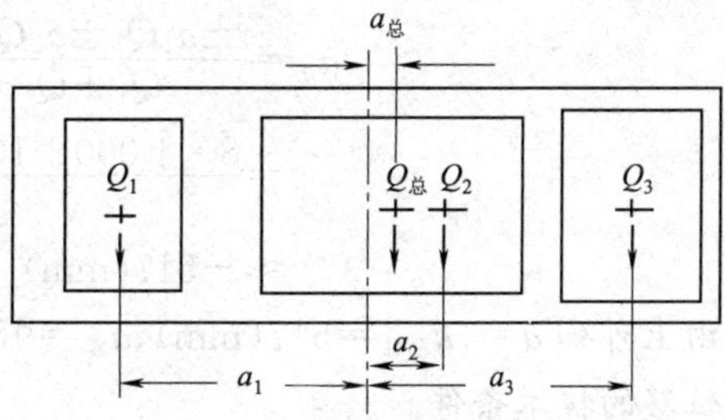

图 6-3-3 多件货物重心纵向水平位移

以货车横中心线为轴，根据力矩平衡原理可得

$$a_总(Q_1+Q_2+\cdots+Q_n)=\pm a_1Q_1\pm a_2Q_2+\cdots+a_nQ_n$$

$$a_总=\frac{\pm a_1Q_1\pm a_2Q_2\pm\cdots\pm a_nQ_n}{Q_1+Q_2+\cdots+Q_n} \tag{6-3-9}$$

式中 $Q_1,Q_2,\cdots,Q_n$——每件货物的重量，t；

$a_1,a_2,\cdots,a_n$——每件货物重心距车辆横中心线的距离，以货车横中心线为准，一侧取正号，则另一侧取负号，mm；

$a_总$——多件货物总重心距车辆横中心线的距离，mm。

多件货物总重量纵向最大容许偏移量仍按一车装载一件货物的方法使用式(6-3-7)和式(6-3-8)计算，此时，$Q=Q_1+Q_2+\cdots+Q_n$。

【例 6-3-3】 货$_1$重 26 t，长 7 m，宽 2.8 m，高 2 m；货$_2$重 6 t，长 5 m，宽 2.2 m，高 0.8 m，两件货物均为均重货物，试确定可否用一辆 N17AK 型平车装运。（车地板长 13 000 mm，销距 l 为 9 000 mm）。

【解】 将两件货物紧靠在一起，视为一件，将货$_2$一端与车辆一端平齐装载，货$_1$紧挨着货$_2$装载，如图 6-3-4 所示。

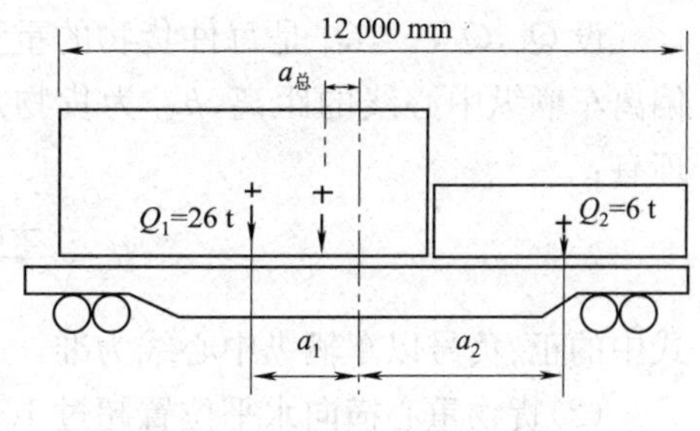

图 6-3-4 例 6-3-3 货物装载

(1)货物总重心偏离车辆横中心线的实际距离为：

$$a_总=\frac{a_1Q_1-a_2Q_2}{Q_1+Q_2}$$

$$=\frac{2\ 000\times26-4\ 000\times6}{26+6}=875(\text{mm})$$

(2)计算货物重心容许位移量 $a_容$

$$P_容-Q=60-(26+6)=28(\text{t})，即\ P_容-Q>10\ \text{t}$$

则 $a_容=\frac{5}{Q}l=\frac{5}{32}\times9\ 000\approx1\ 406(\text{mm})$

因为 $a_总<a_容$，所以可以使用一辆 N17AK 型平车装运。

如果由于某种原因，两件货物必须隔开 500 mm 的距离，情况又会怎样？请读者思考。

【例 6-3-4】 用 60 t 的 N17AK 型平车一辆装载货物 4 件，计划装载方法为：$Q_1=8$ t，$a_1=4\ 000$ mm；$Q_2=16$ t，$a_2=200$ mm；$Q_3=12$ t，$a_3=-2\ 000$ mm；$Q_4=10$ t，$a_4=-3\ 500$ mm。试确定此装载方法是否符合货物重心位置的技术条件？（车地板长 13 000 mm，销距 l 为 9 000 mm）。

【解】 $Q=Q_1+Q_2+\cdots+Q_n=8+16+12+10=46(\text{t})$

$$P_容-Q=60-46=14(\text{t})，即\ P_容-Q\geqslant10\ \text{t}$$

则 $a_容=\frac{5l}{Q}=\frac{5\times9\ 000}{46}\approx978(\text{mm})$

$$a_{总}=\frac{\pm a_1Q_1\pm a_2Q_2\pm\cdots\pm a_nQ_n}{Q_1+Q_2+\cdots+Q_n}$$

$$=\frac{8\times4\ 000+16\times200-12\times2\ 000-10\times3\ 500}{46}$$

$$\approx-517(\text{mm})$$

由上可知 $a=|a_{总}|=517(\text{mm})$，$a_{容}=978$ mm，则 $a<a_{容}$。所以该装载方法符合货物重心纵向位移的技术条件。

2.货物重心在车辆横向的合理位置

货物装车后，货物的重心或总重心的投影应位于车辆的纵中心线上，这时，同一转向架两侧轮压相同，两侧弹簧负荷均匀，有利于车辆的平稳运行。但有一些不规则的货物，其重心所在的纵向垂直平面两侧的宽度不等，当将其重心落在车辆纵中心线上时，可能超出机车车辆限界基本轮廓，甚至受限界的限制无法运输。为了避免超限或利于降低超限程度，可以采用货物重心偏离车辆纵中心线的装载方案。

货物重心偏离车辆纵中心线，将使车辆一侧弹簧负荷较大，如果偏移量过大，有可能造成车辆或线路的损毁，同时，亦可能使车辆一侧的旁承游间压死，影响车辆顺利通过曲线。实践证明，货物重心偏离车辆纵中心线距离不超过 100 mm 时，不会影响重车运行安全。

当一辆货车只装载一件货物时，货物重心的横向位置可通过测量直接确定。下面我们讨论一车装载多件货物的情况。

(1)多件货物总重心横向位置

设 $Q_1,Q_2,\cdots,Q_n$ 是每件货物的重量，以货车纵中心线为轴，$b_1,b_2\cdots,b_n$ 为每件货物重心偏离车辆纵中心线的距离，$b_{总}$ 为货物总重心偏离车辆纵中心线的距离。根据力矩平衡原理有：

$$b_{总}=\frac{\pm b_1Q_1\pm b_2Q_2\pm\cdots\pm b_nQ_n}{Q_1+Q_2+\cdots+Q_n} \tag{6-3-10}$$

式中的正、负号以车辆纵中心线为准，一侧取正号，另一侧则取负号。

(2)货物重心横向水平位置超过 100 mm 时的措施

实际工作中，遇到货物总重心偏离车辆纵中心线的距离超过 100 mm 时，应通过改变货物装载方法或配重等措施，使装车后的货物的总重心落在车辆纵中心线上或使偏移量不超过 100 mm。

①改变货物装载方法

如用标重 60 t 的 N17AK 装货物三件，第 1 件货物重 10 t，第 2 件货物重 25 t，第 3 件货物重 15 t，货物装载如图 6-3-5 所示。货物装车后，货物总重心距车辆纵中心线 130 mm。

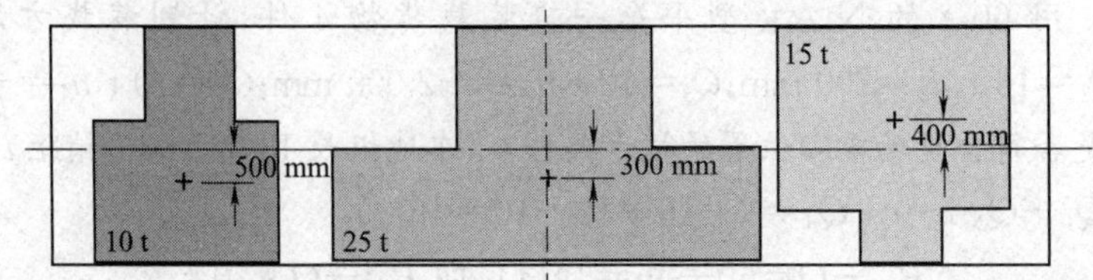

图 6-3-5　N17AK 装三件货物

为使货物装车后，货物总重心横向位移符合要求，可重新装载重 25 t 的货物，使货物总重心距车辆纵中心线的距离为 100 mm。设重 25 t 的货物重新装载后，其重心距车辆纵中心线距离为 b_2，由式(6-3-10)得

$$100=\frac{10\times500+25\times b_2-15\times400}{10+25+15}$$

整理得，$b_2=240$ mm，即重新装载第 2 件货物后，使其重心向车辆纵中心线另一侧移动 60 mm，即可使货物总重心距车辆纵中心线的距离为 100 mm。

②采取配重措施

货物装车后，当货物重心横向位移量超过 100 mm 时，在符合下列条件的前提下，亦可采用配重措施，使配重后的货物总重心横向位移符合要求：

a. 货车的载重力有富余，即货物重量远远小于货车容许载重量。

b. 货车上有可供配重的空间。

c. 有适合的配重货物。

d. 配重后，符合货物装载的基本技术条件。

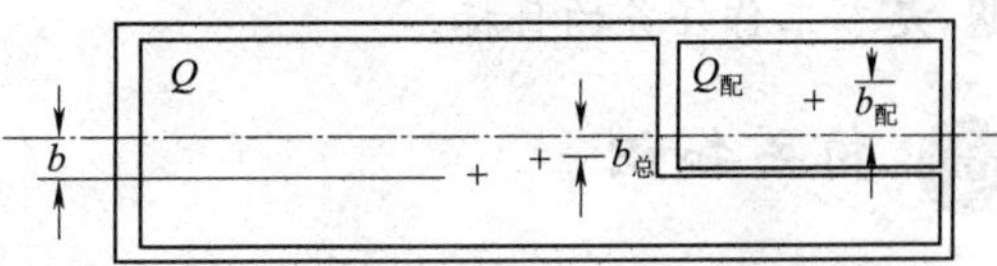

图 6-3-6　货物重心横向水平位移示意图

如图 6-3-6 所示，设原装货物重量为 Q，重心横向偏移量为 b，配重货物重量为 $Q_{配}$，配重物重心横向偏移量 $b_{配}$，配重后货物总重心距车辆纵中心线的距离 $|b_{总}|\leqslant100$ mm，由式(6-3-10)得

$$b_{总}=\frac{Qb+Q_{配}\,b_{配}}{Q+Q_{配}} \tag{6-3-11}$$

若配重后货物总重心落在车辆纵中心线上，则 $b_{总}=0$，代入式(6-3-11)得配重货物的重量或重心位置计算公式为

$$Q_{配}=\frac{Qb}{b_{配}}\quad(\text{t}) \tag{6-3-12}$$

$$b_{配}=-\frac{Qb}{Q_{配}}\quad(\text{mm}) \tag{6-3-13}$$

【例 6-3-5】 用标重 60 t 的平车装载货物一件，$Q_{主}=40$ t，$b_{主}=200$ mm，在车辆纵中心线的另一侧装载配重货物一件，$Q_{配}=10$ t。试问当配重货物重心偏离车辆纵中心线多远时，才能使总重心：(1)位于车辆纵中心线上；(2)距车辆纵中心线距离为 100 mm；(3)距车辆纵中心线距离大于 0 且小于 100 mm。

【解】 (1)总重心位于车辆纵中心线上时，由式(6-3-13)得

$$b_{配}=-\frac{Qb}{Q_{配}}=-\frac{40\times200}{10}=-800(\text{mm})$$

即：配重货物重心落在车辆纵中心线另一侧 800 mm 处。

(2)总重心距车辆纵中心线 100 mm，即 $b_{总}=100$ mm。由式(6-3-11)得

$$100=\frac{40\times200+10b_{配}}{40+10}$$

$$b_{配}=-300\text{ mm}$$

(3)总重心距车辆纵中心线大于 0 且小于 100 mm，即 $0<b_{总}<100$ mm，则得 300 mm$<b_{配}<$800 mm。

典型工作任务4　计算重车重心高

任务引入

重车重心高是铁路货物运输的一项基本技术指标，是影响重车运行稳定性和运行安全的主要因素之一。为了保证重车运行安全，我国铁路规定，重车重心高一般不得超过2 000 mm，超过此限，有条件时，应配装重心较低的货物降低重车重心高，否则应按限速运行。

因此，正确计算重车重心高，是确定重车运行条件，保证运输安全的重要措施。

认识到装车工作中重车重心高对铁路行车和货运安全的影响，掌握重车重心高计算方法、降低重车重心高的措施和重车运行条件的确定，培养科学严谨的职业素养，树立安全第一思想，是本工作任务的目标。

相关知识

1. 重车重心高的计算

一辆货车只装载一件货物(图6-4-1)，根据势能相等的原理：

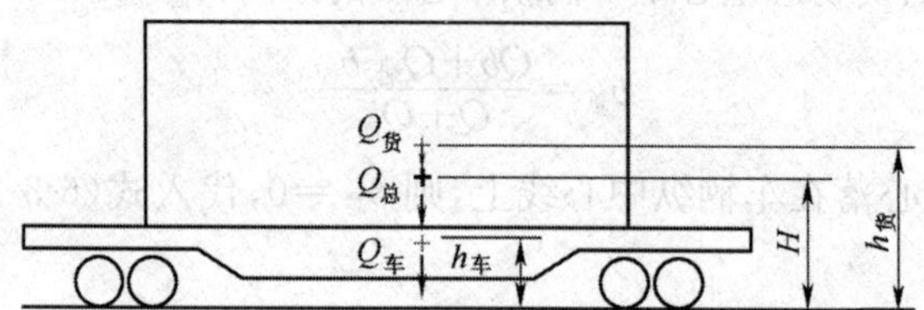

图6-4-1　单件货物重车重心高计算示意图

$$H=\frac{Q_车 h_车+Q_货 h_货}{Q_车+Q_货}\quad (mm) \tag{6-4-1}$$

式中　H——重车重心高，mm；

$Q_车$——车辆自重，t；

$h_车$——车辆重心自轨面起算的高度，mm；

$Q_货$——货物重量，t；

$h_货$——装车后货物重心自轨面起算的高度，mm，$h_货$＝车地板高＋垫木高＋货物重心高。

【例6-4-1】　一件货物重38 t，重心高为1 500 mm，使用140 mm高垫木，计划使用N17T型平车一辆装运，试计算重车重心高。

【解】　查附录2得N17T技术参数：$Q_车$＝19.5 t，$h_车$＝723 mm，$h_地$＝1 209 mm。

$$H=\frac{Q_车 h_车+Q_货 h_货}{Q_车+Q_货}=\frac{19.5\times723+38\times(1\ 500+140+1\ 209)}{19.5+38}\approx2\ 132(mm)$$

若一车装载多件货物(图6-4-2)，重车重心高H可按式(6-4-2)计算：

$$H=\frac{Q_车 h_车+Q_1 h_1+Q_2 h_2+\cdots+Q_n h_n}{Q_车+Q_1+Q_2+\cdots+Q_n}\quad (mm) \tag{6-4-2}$$

式中　$Q_1,Q_2,\cdots,Q_n$——每件货物的重量，t；

$h_1,h_2,\cdots,h_n$——装车后每件货物重心自轨面起算的高度，mm。

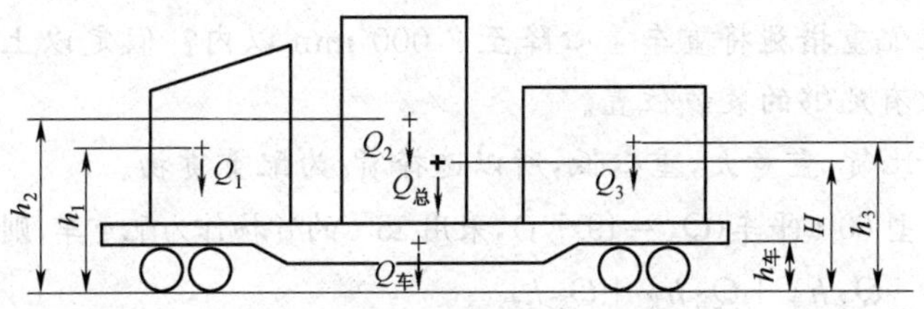

图 6-4-2 多件货物重车重心高计算示意图

同理,货物跨装运输时

$$H=\frac{Q_{车1}h_{车1}+Q_{车2}h_{车2}+Q_{货}h_{货}}{Q_{车1}+Q_{车2}+Q_{货}} \quad (\mathrm{mm}) \tag{6-4-3}$$

式中 $Q_{车1}$,$Q_{车2}$——两负重车车辆自重,t;

$h_{车1}$,$h_{车2}$——两负重车车辆重心自轨面起算的高度,mm。

2. 重车重心高超过 2 000 mm 时应采取的措施

(1)降低重车重心高

①选用能降低重车重心高的货车

由重车重心高的计算公式可以看出,选用车辆重心高度和车地板高度较低而自重较大的车辆装载货物,有利于降低重车重心高。

②采用配重措施降低重车重心高

重车重心高超过 2 000 mm 时,可以通过配装重心较低的货物降低重车重心高。

配重的条件:一是车辆的载重能力尚有富余;二是车地板上有可供配重的装载位置,且符合装载技术条件的要求。

配重后的重车重心高 H',用公式表示为

$$H'=\frac{Q_{车}h_{车}+Q_{货}h_{货}+Q_{配}h_{配}}{Q_{车}+Q_{货}+Q_{配}} \tag{6-4-4}$$

根据式(6-4-1),推出 $H'=\frac{H(Q_{车}+Q_{货})+Q_{配}h_{配}}{Q_{车}+Q_{货}+Q_{配}}=\frac{HQ_{总}+Q_{配}h_{配}}{Q_{总}+Q_{配}}$

当 $H'\leqslant 2\ 000$ mm 时,整理得

$$Q_{配}\geqslant\frac{Q_{总}(H-2\ 000)}{2\ 000-h_{配}} \quad (\mathrm{t}) \tag{6-4-5}$$

$$h_{配}\leqslant 2\ 000-\frac{Q_{总}(H-2\ 000)}{Q_{配}} \quad (\mathrm{mm}) \tag{6-4-6}$$

式中 $Q_{配}$——配重物重量,t,$Q_{配}\leqslant P_{标}-Q_{货}$;

$h_{配}$——配重物装车后重心自轨面起的高度,mm;

H——未配重前重车重心高,mm;

$Q_{总}$——未配重前重车总重,即 $Q_{总}=Q_{货}+Q_{车}$,t。

当 $Q_{配}$、$h_{配}$ 满足式(6-4-5)、式(6-4-6)时,配重后的重车重心高就会小于或等于 2 000 mm。

【例 6-4-2】 工业设备一件,重 30 t,重心高 2 162 mm,原拟用 N17AK 型 60 t 平车($Q_{车}=19.7$ t,$h_{车}=723$ mm,$h_{地}=1\ 211$ mm)装载。装车后,重车重心高为 2 322 mm。装车前还承运了二批同一到站的货物,货$_1$重 20 t,重心高 1 000 mm;货$_2$重 25 t,重心高 500 mm。车站还有标重 60 t 的 N17AK 型($Q_{车}=20.8$ t,$h_{车}=723$ mm,$h_{地}=1\ 211$ mm)车辆可供选择。

试问:能否采取配重措施将重车重心降至2 000 mm以内?假定以上货物均可直接装于车地板上,车地板上有足够的装载位置。

【解】 因为货$_2$比货$_1$重量大,重心低,所以选择货$_2$为配重货物。

(1)用原N17AK型60 t平车($Q_{车}=19.7$ t),采用25 t的货物作为配重车,则配重后重车重心高为

$$H'=\frac{Q_{车}h_{车}+Q_{货}h_{货}+Q_{配}h_{配}}{Q_{车}+Q_{货}+Q_{配}}$$

$$=\frac{19.7\times723+30\times(2\ 162+1\ 211)+25\times(500+1\ 211)}{19.7+30+25}$$

$$\approx2\ 118(\text{mm})$$

所以,$H'>2\ 000$ mm。

(2)换用N17AK型60 t平车($Q_{车}=20.8$ t),采用25 t的货物作为配重物,则配重后重车重心高为

$$H'=\frac{Q_{车}h_{车}+Q_{货}h_{货}+Q_{配}h_{配}}{Q_{车}+Q_{货}+Q_{配}}$$

$$=\frac{20.8\times723+30\times(2\ 162+1\ 211)+25\times(500+1\ 211)}{20.8+30+25}$$

$$\approx2\ 098(\text{mm})$$

所以,$H'>2\ 000$ mm。

因此,该件货物在现有的车种和配重物的情况下,不能采用配重措施将重车重心高降至2 000 mm以内。

(2)限速运行

当重车重心高超过2 000 mm,而无法将其降至2 000 mm以下时,应按表6-4-1规定限速运行。

表6-4-1 重车重心高超过2 000 mm时运行限速表

重车重心高(mm)	区间限速(km/h)	通过侧向道岔限速(km/h)
$2\ 000<H\leqslant2\ 400$	50	15
$2\ 400<H\leqslant2\ 800$	40	15
$2\ 800<H\leqslant3\ 000$	30	15

限速运行时,发站应在货物运单、票据封套上标记“限速××公里”(纸质运单加盖相应戳记),并转记到列车编组顺序表;在货车表示牌上注明“限速××公里”字样;并以文电向铁路局集团公司请示,铁路局集团公司货运管理部门以电报批示,跨铁路局集团公司运输则应同时抄送给有关铁路局集团公司货运、运输、调度、机务、工务等有关部门。

【例6-4-3】【例6-4-2】货物装车后,重车重心高为2 322 mm。采用配重措施后仍不符合要求,应如何运行?

【解】 可以采用不配重,限速运行的方式。

查表6-4-1,重车重心高为2 322 mm在2 000~2 400 mm之间,所以运行条件为区间限速50 km/h,通过侧向道岔限速15 km/h。

典型工作任务 5　避免货物集重装载

任务引入

装载货物时，货物重量应均衡稳定合理地分布在车地板上，做到不超载、不偏载、不偏重、不集重。实际工作中，部分货物支重面较短，而重量很高大，装载货物时，若装载方法不当，就会出现集重装载。由于集重装载易损伤车辆，因此应当避免。

理解集重装载的概念，认识到装车工作中集重装载对铁路行车和货运安全的影响，掌握敞车、平车装载货物免于集重的方法，能够根据规章制定合理的装载方案，避免货物集重装载，是本工作任务的目标。

相关知识

1. 关于货物装载的几个概念

(1)货物支重面长度和车地板负重面长度

货物的重量及外形尺寸是选择装运车辆和确定装载方案的重要因素。其中，货物重量、全长、支重面长度及宽度对选用车辆、确定装载方法具有重要影响。支重面长度是指承载货物重量的货物底面长度，用 $l_{支}$ 表示，如图 6-5-1 所示。

货物装车后，就有一定长度的车地板来承载货物重量，承载货物重量的车地板长度称为车地板负重面长度，用 $l_{负}$ 表示，如图 6-5-1 所示。

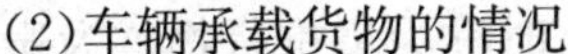

图 6-5-1　支重面与负重面

(2)车辆承载货物的情况

车辆承载货物的情况包括均布载荷和集中载荷。

①均布载荷

均布载荷是指装载货物时，将货物直接放置于车地板上，货物的重量通过货物支重面直接传递到车地板上，包括整个车地板承受均布载荷和局部车地板承受均布载荷。

由图 6-5-2 可以看出，在均布载荷的情况下，车地板负重面长度与货物支重面长度相等，即 $l_{支}=l_{负}$。

使用敞车、棚车装运散堆装货物或成件包装货物，基本上都可以做到使车辆整个车地板承受均布载荷。使用敞车、平车、长大货物车装载大件货物时，多数情况下无法做到整个车地板承受均布载荷，而采用局部车地板承受均布载荷。

②集中载荷

集中载荷是指装载货物时，在货物与车地板之间使用垫木(或支架)，货物的重量通过垫木(或支架)集中传递到车地板上，两垫木(或支架)中心线之间距离用大写字母 K 表示，如图 6-5-3 所示。以车地板横中心线为支点，集中载荷分为对称集中载荷和非对称集中载荷。

在集中载荷的情况下，车地板的负重面长度与两垫木(或支架)中心线之间的距离(K)有关，而与货物支重面长度无关。

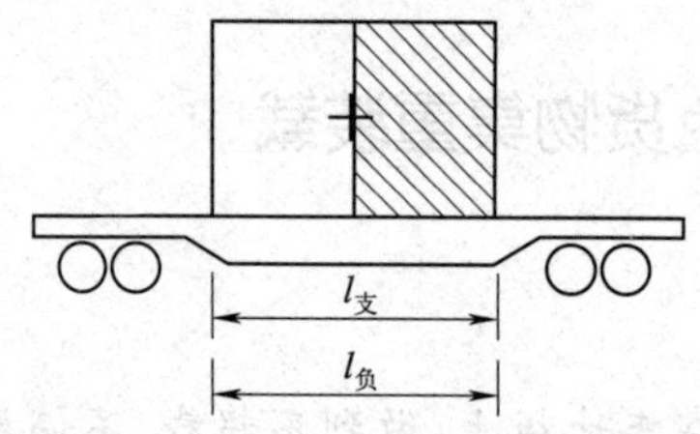

图 6-5-2　局部车地板承受均布载荷

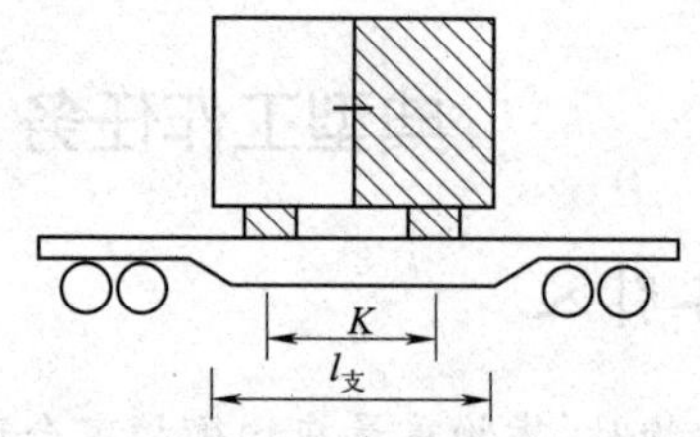

图 6-5-3　车地板承受对称集中载荷

2.平车装载货物免于集重的技术条件

(1)平车装载货物免于集重的技术条件

当平车类型一定时，其容许载重量是一定的，这并不能说明其装载货物时一定可以达到容许载重量，其装载货物重量的大小取决于所装货物对其车地板所产生的弯曲力矩(M)大小。

平车所装货物对车地板所产生的弯曲力矩(M)不得超过所装平车车地板的最大容许弯曲力矩(M_C)，即 $M \leqslant M_C$，否则将损坏车辆。

①在采用均布载荷，货物均衡装载时(图 6-5-2)，经理论计算，在车地板横中心线处货物产生的最大弯曲力矩值最大，其值为

$$M_0=\frac{9.8Q(2l-l_负)}{8} \tag{6-5-1}$$

式中　M_0——平车所装货物对车底板所产生的弯曲力矩，kN·mm；

Q——货物重量，t；

l——负重车销距，mm；

$l_负$——车地板负重面长度，mm。

当货物装载时，若 M_0 大于 M_C，此时称为集重装载，该货物此时称为集重货物。为避免集重装载的出现，装载货物前，应根据货物重量，计算出车地板负重面长度。

当选定车辆、货物重量一定时，货物装车时若采用均布载荷，由式(6-5-1)可计算出所需要的车地板负重面长度值为

$$l_负 \geqslant 2\left(l-\frac{4M_C}{9.8Q}\right) \tag{6-5-2}$$

②在采用对称集中载荷时(图 6-5-3)，经理论计算，在车地板横中心线处货物产生的最大弯曲力矩值最大，其值为

$$M_0=\frac{9.8Q(l-K)}{8} \tag{6-5-3}$$

式中　K——两垫木中心线之间的距离，mm。

当选定车辆、货物重量一定时，货物装车时若采用对称集中载荷，由式(6-5-3)可计算出所需要的车地板负重面长度值为

$$K_1 \geqslant l-\frac{4M_C}{9.8Q} \tag{6-5-4}$$

式中　K_1——两垫木中心线之间的最小距离，mm。

为便于货运组织的日常工作，国铁集团制定了“平车货车局部地板面承受均布载荷或对称集中载荷时容许载重量表”，见表 6-5-1。

表 6-5-1　平车局部地板面承受均布载荷或对称集中载荷时容许载重量　单位:t

地板负重面长度(mm)	两横垫木中心线间最小距离(mm)	车型				
		N_{17AK}、N_{17AT}、N_{17GK}、N_{17GT}、N_{17K}、N_{17T}	NX_{17AK}、NX_{17AT}、NX_{17K}、NX_{17T}	NX_{17BK}、NX_{17BT}、NX_{17BH}	NX_{70}、NX_{70H}	NX_{70A}
1 000	500	25	25	25	30	40
2 000	1 000	30	30	30	35	50
3 000	1 500	40	40	40	45	62
4 000	2 000	45	45	45	50	66
5 000	2 500	50	50	50	55	70
6 000	3 000	53	53	53	57	
7 000	3 500	55	55	55	60	
8 000	4 000	57	57	57	63	
9 000	4 500	60	60	61	65	
10 000	5 000				70	

注:当负重面长度介于上表两数之间时,可采用线性插入法确定容许载重量。

【例 6-5-1】 用 N_{17AK} 装载一件重 40 t 的货物,试确定采用局部车地板承受均布载荷和对称集中载荷时,为避免集重装载,所需要的货物支重面长度和两垫木中心线之间距离。

【解】 查表 6-5-1,N_{17AK} 承载 40 t 的货物,在采用局部车地板承受均布载荷的情况下,所需的车地板负重面最小长度为 3 000 mm,为避免集重装载,则货物支重面长度不得小于 3 000 mm;在采用对称集中载荷情况下,为避免集重装载,两垫木中心线之间最小距离不得小于 1 500 mm。

由【例 6-5-1】可以看出,采用对称集中载荷,可以增大车地板负重面长度,即车地板负重面长度等于两垫木中心线之间距离的 2 倍($l_{负}=2K_1$)。

2. 平车装载货物免于集重装载的方法

装载货物时,对支重面较短,重量较大的货物,可采用按下列方法避免集重装载。

已知某货物的重量为 Q,货物支重面长度为 $l_{支}$,使用平车装载,查 6-5-1 表,可以确定该平车承载重量为 Q 的货物所需要车地板负重面长度最小值($l_{负}$)和两横垫木中心线之间的最小距离(K_1)。

①当 $l_{支} \geqslant l_{负}$ 时,可采用局部车地板承受均布载荷,将货物直接装于车地板上。

②当 $l_{支} < l_{负}$ 且 $l_{支} \gg K_1$ 时,则应采用对称集中载荷。

【例 6-5-2】 均重货物一件,长 1 900 mm,重 30 t,用 N_{17AK} 型平车如何装载?

【解】 查表 6-5-1,N_{17AK} 型平车承载 30 t 货物,需要的车地板负重面长度最小值 $l_{负}=2\ 000$ mm,采用对称集中载荷时,需要的两垫木中心线之间最小距离 $K_1=1\ 000$ mm,因 $l_{负} > l_{支}$ 且 $l_{支} \gg K_1$,所以采用对称集中载荷,$K_1=1\ 000$ mm。

③当 $l_{支} < l_{负}$ 且 $l_{支} \leqslant K_1$ 时,则应使用纵垫木和横垫木,如图 6-5-4 所示。

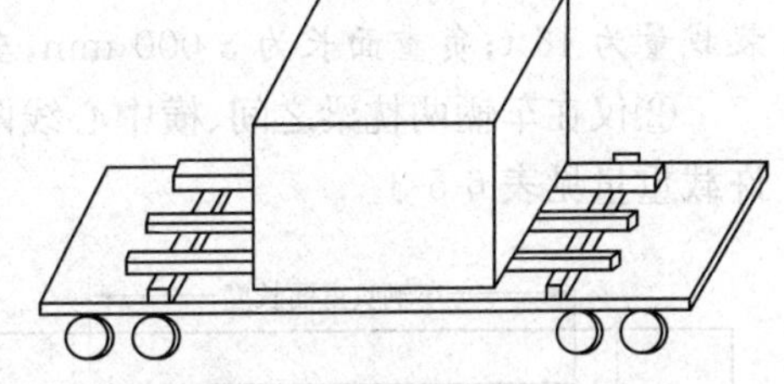

图 6-5-4　装载货物时使用纵垫木和横垫木

【例 6-5-3】 均重货物一件,长 1 800 mm,重 44 t,用 N_{17AK} 型平车如何装载?

【解】 查表 6-5-1,N_{17AK} 型平车承载 44 t 货物时,$l_{负}=3\ 800$ mm(插入法),$K_1=1\ 900$ mm,因 $l_{负} > l_{支}$ 且 $l_{支} < K_1$,故应采用对称集中载荷,并在横垫木与货物间使用纵垫木。

3. 敞车装载免于集重的技术条件

(1)60 t 敞车装载

对于 C_{62A^*}、C_{62A^*K}、C_{62AK}、C_{62A^*T}、C_{62AT}、C_{62BK}、C_{62BT}、C_{64K}、C_{64H} 及 C_{64T} 型敞车局部地板面承受货物重量时，应遵守下列规定：

①仅在车辆两枕梁之间、横中心线两侧等距离范围内承受均布载荷（图 6-5-5）时，容许载重量见表 6-5-2。

表 6-5-2　60 t、61 t 敞车两枕梁间承受均布载荷时容许装载重量

车辆负重面长度（mm）	车辆负重面宽度 B（mm）	容许装载重量（t）
2 000	1 300≤B<2 500	15
	B≥2 500	20
3 000	1 300≤B<2 500	16
	B≥2 500	23
4 000	1 300≤B<2 500	17
	B≥2 500	26
5 000	1 300≤B<2 500	18.5
	B≥2 500	29
6 000	1 300≤B<2 500	20
	B≥2 500	32
7 000	1 300≤B<2 500	23.5
	B≥2 500	35.5
8 000	1 300≤B<2 500	27
	B≥2 500	39
9 000	1 300≤B<2 500	30
	B≥2 500	43

注：当负重面长度介于上表两数之间时，可采用插入法确定容许载重量。

【例 6-5-4】 一件货物支重面长度为 3 000 mm，支重面宽分别为 2 000 mm 和 2 600 mm 时，使用 C_{62AK} 型敞车装载时，容许装载量分别为多少？

【解】 查表 6-5-2，C_{62AK} 型敞车车辆负重面长为 3 000 mm，负重面宽 2 000 mm 时，容许装载量为 16 t；负重面长为 3 000 mm，车辆负重面宽 2 600 mm 时，容许装载量为 23 t。

②仅在车辆两枕梁之间、横中心线两侧等距离范围内承受对称集中载荷（图 6-5-6）时，容许载重量见表 6-5-3。

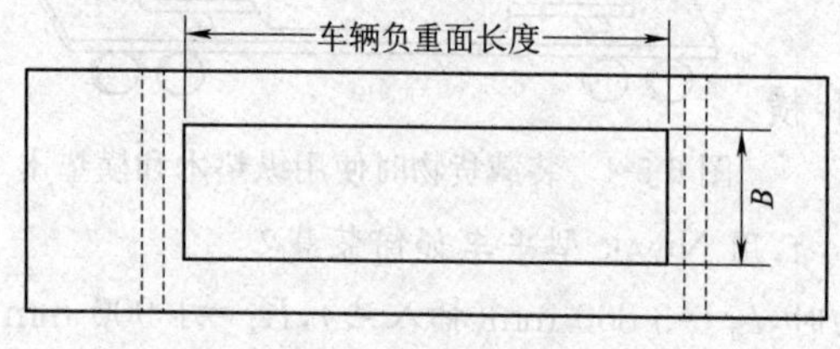

图 6-5-5　均布载荷

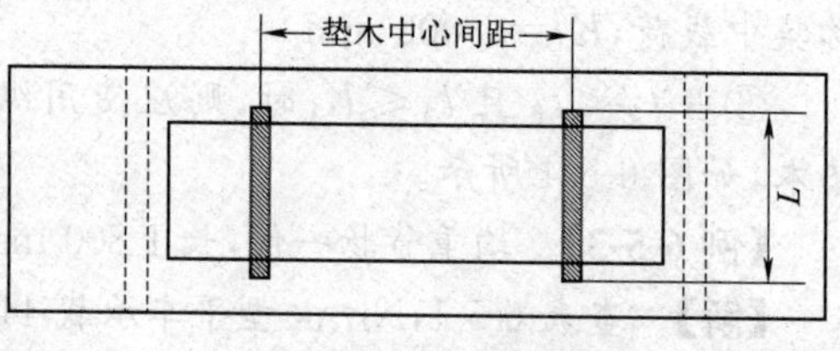

图 6-5-6　对称集中载荷

表 6-5-3　60 t、61 t 敞车两枕梁间承受对称集中载荷时容许装载重量

横垫木中心间距(mm)	横垫木长度 L(mm)	容许装载重量(t)
1 000	1 300≤L<2 500	13
	L≥2 500	17
2 000	1 300≤L<2 500	14
	L≥2 500	20
3 000	1 300≤L<2 500	17
	L≥2 500	21
4 000	1 300≤L<2 500	24
	L≥2 500	30
5 000	1 300≤L<2 500	32
	L≥2 500	42
6 000	1 300≤L<2 500	43
	L≥2 500	49
7 000	1 300≤L<2 500	46
	L≥2 500	55
8 000	1 300≤L<2 500	50
	L≥2 500	60(61)
8 700		60(61)

注：1. 当负重面长度介于上表两数之间时，可采用插入法确定容许载重量。

2. 表中括号内数据表示当使用 61 t 敞车时，两枕梁间承受对称集中载荷的容许载重量。

③两枕梁直接承受货物重量且两枕梁承受的货物重量相等(图 6-5-7)时，全车装载重量可以达到车辆容许载重量。

④在车辆两枕梁内外等距离(装载长度不超过 3.8 m)、宽度(B)不小于 1.3 m 范围内承受均布载荷时，全车装载重量可以达到车辆标记载重量，如图 6-5-8 所示。

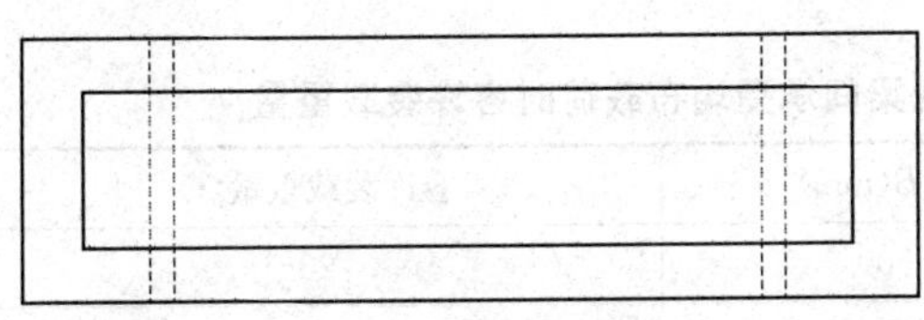

图 6-5-7　两枕梁直接承受货物重量且相等

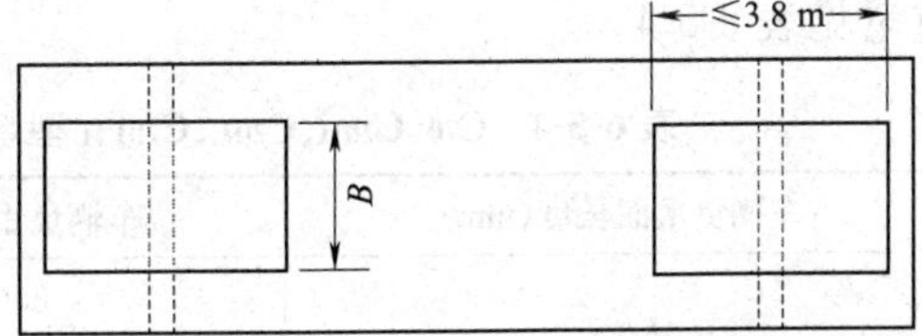

图 6-5-8　两枕梁内外等距离承受均布载荷

宽度小于 1.3 m 时加垫长度(L)，不小于 1.3 m 的横垫木，如果需要在货物下加垫横垫木或条形草支垫(稻草绳把)时，应分别加垫在枕梁上及其内外各 1 m 处，如图 6-5-9 所示。

⑤靠车辆两端墙向中部连续装载货物，每端装载长度超过 3.8 m 时(图 6-5-10)，应遵守下列规定：

a. 装载宽度 $B \geqslant 2.5$ m 时，全车装载重量可以达到车辆标记载重量。

b. 装载宽度 1.3 m$\leqslant B <$2.5 m 时，全车装载重量不得超过 55 t。

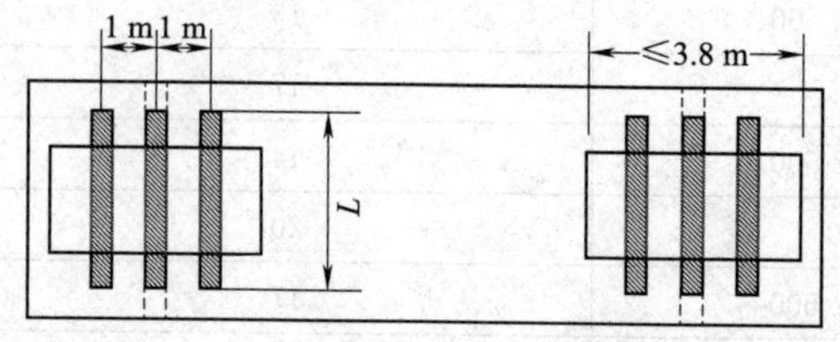

图 6-5-9　长度≤3.8 m 加横垫木装载

>3.8 m
B

图 6-5-10　长度>3.8 m 的装载荷

⑥在车辆两枕梁内外等距离、宽度不小于 1.3 m 范围内和车辆中部三处承载时，中部货物重量不得大于 13 t(图 6-5-11)，全车装载重量不得超过 57 t。

⑦靠车辆两端墙向中部连续装载，每端装载长度超过 3.8 m，且在车辆中部装载货物时(图 6-5-12)，应遵守下列规定：

a. 中部所装货物的重量不得超过 13 t。

b. 当两端货物的装载宽度 $B \geqslant 2.5$ m 时，全车装载重量不得超过 57 t。

c. 当两端货物的装载宽度 1.3 m$\leqslant B <$2.5 m 时，全车装载重量不得超过 55 t。

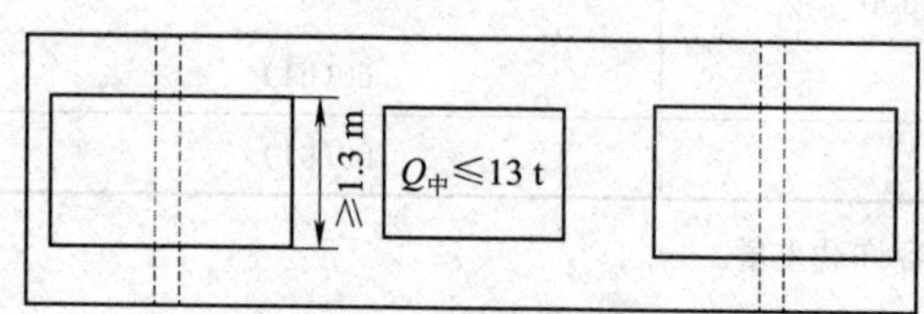

图 6-5-11　两枕梁内外等距离三处承载

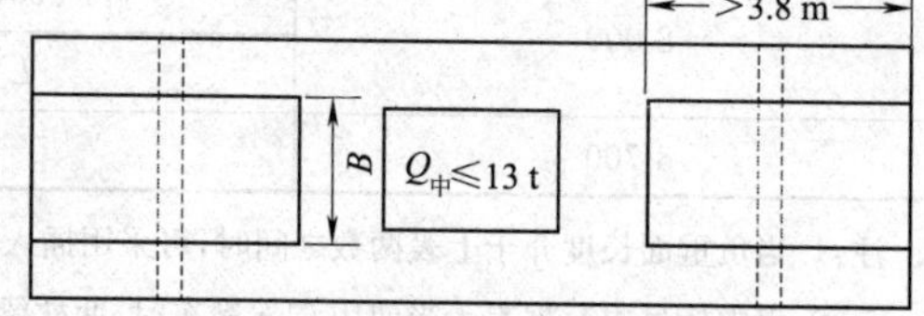

图 6-5-12　靠两端墙向中部连续装载三处承载

⑧仅靠防滑衬垫防止货物移动时，全车装载重量不得超过 55 t。

(2)70 t 敞车装载

C_{70}、C_{70H}、C_{70E}、C_{70EH} 型敞车局部地板面承受货物重量时，应遵守下列规定。

①仅在车辆两枕梁之间、横中心线两侧等距离范围内承受均布载荷时(图 6-5-5)，容许载重量见表 6-5-4。

表 6-5-4　C_{70}、C_{70H}、C_{70E}、C_{70EH} 型敞车两枕梁间承受均布载荷时容许装载重量

车辆负重面长度(mm)	车辆负重面宽度 B(mm)	容许装载重量(t)
2 000	1 300≤B<2 500	25
	B≥2 500	30
3 000	1 300≤B<2 500	28
	B≥2 500	39
4 000	1 300≤B<2 500	34
	B≥2 500	40
4 500	1 300≤B<2 500	34
	B≥2 500	40

续上表

车辆负重面长度(mm)	车辆负重面宽度 B(mm)	容许装载重量(t)
5 000	1 300≤B<2 500	36
	B≥2 500	42
6 000	1 300≤B<2 500	42
	B≥2 500	45
7 000	1 300≤B<2 500	44
	B≥2 500	48
8 000	1 300≤B<2 500	48
	B≥2 500	52
9 000	1 300≤B<2 500	52
	B≥2 500	62

注：1. 以下情况 C_{70}、C_{70H}、C_{70E}、C_{70EH} 全车装载重量可以达到车辆标记载重量：

①当车辆负重面宽度不小于 2 000 mm，在车辆两枕梁处负重面长度各为 3 800 mm 或在车辆两枕梁及中央三处负重面长度不小于 2 000 mm 且均布对称装载时；

②全车均布装载时。

2. 当负重面长度介于上表两数之间时，可采用插入法确定容许装载重量。

②仅在车辆两枕梁之间、横中心线两侧等距离范围内承受对称集中载荷时(图 6-5-6)，容许载重量见表 6-5-5。

表 6-5-5　C_{70}、C_{70H}、C_{70E}、C_{70EH} 型敞车两枕梁间承受对称集中载荷时容许装载重量

横垫木中心间距(mm)	横垫木长度 L(mm)	容许装载重量(t)
1 000	1 300≤L<2 500	26
	L≥2 500	30
2 000	1 300≤L<2 500	32
	L≥2 500	36
3 000	1 300≤L<2 500	35
	L≥2 500	39
4 000	1 300≤L<2 500	42
	L≥2 500	46
5 000	1 300≤L<2 500	48
	L≥2 500	54
6 000	1 300≤L<2 500	58
	L≥2 500	64
7 000	1 300≤L<2 500	60
	L≥2 500	68
8 000	1 300≤L<2 500	64
	L≥2 500	70

注：1. 使用横垫木在两枕梁处对称装载，当横垫木长度不小于 2 000 mm，两横垫木中心间距为 1 000 mm 时，全车装载重量可以达到车辆标记载重量。

2. 当负重面长度介于上表两数之间时，可采用插入法确定容许装载重量。

③两枕梁直接承受货物重量且两枕梁承受的货物重量相等时(图 6-5-7),全车装载重量可以达到车辆标记载重量。

④在车辆两枕梁内外等距离(装载长度不超过 3.8 m)范围内承受均布载荷时(图 6-5-8),应遵守下列规定:

a. 装载宽度 $B \geqslant 2.5$ m 时,全车装载重量可以达到车辆标记载重量。

b. 装载宽度 1.2 m$\leqslant B<$2.5 m 时,全车装载重量不得超过 65 t。

如果需要在货物下加垫横垫木或条形草支垫(稻草绳把)时,应分别加垫在枕梁上及其内外各 1 m 处,如图 6-5-9 所示。

⑤靠车辆两端墙向中部连续装载货物,每端装载长度超过 3.8 m 时(图 6-5-10),应遵守下列规定:

a. 装载宽度 $B \geqslant 2.5$ m 时,全车装载重量可以达到车辆标记载重量。

b. 装载宽度 1.2 m$\leqslant B<$2.5 m 时,全车装载重量不得超过 65 t。

⑥在车辆两枕梁内外等距离(装载长度不超过 3.8 m)范围内和车辆中部三处承载时应遵守下列规定:

a. 中部货物装载宽度 B 应不小于 1.2 m,重量不得大于 25 t,如图 6-5-13 所示。

b. 当两端货物装载宽度 $B \geqslant 2.5$ m 时,全车装载重量可以达到车辆标记载重量。

c. 当两端货物装载宽度 1.2 m$\leqslant B<$2.5 m 时,全车装载重量不得超过 65 t。

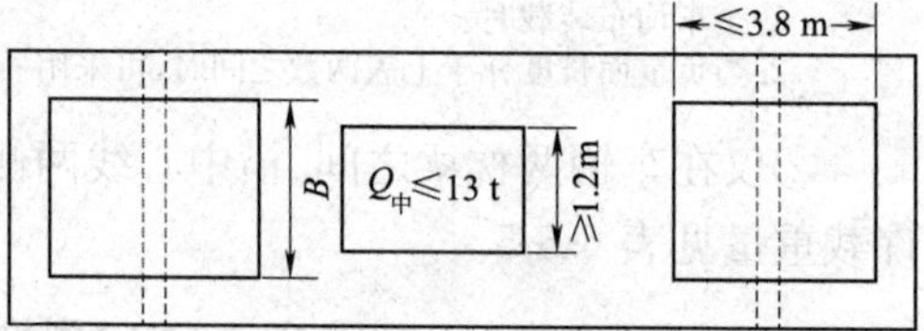

图 6-5-13　70 t 车枕梁内外等距离三处承载

⑦货物装载宽度 $B<1.2$ m 时,可双排装载或加垫长度不小于 1.2 m 的横垫木。

4. 长大货物车装载货物免于集重的技术条件

使用凹底平车、长大平车及落下孔车局部地板面承受货物重量时,为避免集重装载,应遵守表 6-5-6、表 6-5-7 有关规定。

表 6-5-6　凹底平车局部地板面承受均布载荷或对称集中载荷时容许载重量　　单位:t

地板负重面长度(mm)	两横垫木中心线间最小距离(mm)	车型																	
		D_2	D_{10}	D_{2G}	D_{2A}	D_{9A}	D_{15}	D_{25A}	D_{12K}	D_{18A}	D_{10A}	D_{15A}	D_{32}	D_{28}	QD_3	D_{15B}	D_{32A}	DA_{21}	DA_{25}
1 000	500	160													22				
1 500	750		71	172	172		129		95	165	72	130				130			
2 000	1 000														23				
3 000	1 500		72	178	178	76	131	215	100	166	76	132		250	24	132		180	220
3 500	1 750																		
4 000	2 000														25				
4 500	2 250		74	183	183	80	134	216	105	168		135		260				185	225
5 000	2 500														27				
5 500	2 750																		
6 000	3 000		77	189	189	84	137	224	109	171	83	138		270	28	140		190	230
7 000	3 500							229					300		30		300		

续上表

地板负重面长度(mm)	两横垫木中心线间最小距离(mm)	车型																	
		D_2	D_{10}	D_{2G}	D_{2A}	D_{9A}	D_{15}	D_{25A}	D_{12K}	D_{18A}	D_{10A}	D_{15A}	D_{32}	D_{28}	QD_3	D_{15B}	D_{32A}	DA_{21}	DA_{25}
7 500	3 750		81	197	197	87	142		113	175	88	142		275		145		200	240
8 000	4 000							236						280			310		
9 000	4 500		87	210	210	90	150	243	120	180	90	150	315			150	315	210	250
9 300	4 650																		
9 800	4 900							250											
10 000	5 000		90								90		320				320		

注：当负重面长度介于上表两数之间时，可采用插入法确定容许载重量。

表6-5-7　长大平车及落下孔车局部承受均布载荷或对称集中载荷时容许载重量　单位：t

地板负重面长度(mm)	两横垫木中心线间最小距(mm)	车型			
		D_{22A}	D_{26A}/D_{26AK}	D_{70}	D_{22B}
2 000	1 000	62		32	55
3 000	1 500				
4 000	2 000	64		36	58
4 500	2 250				
5 000	2 500				
6 000	3 000	68		40	62
7 500	3 750				
8 000	4 000	74	260	44	66
9 000	4 500				
10 000	5 000	77		46	71
12 000	6 000	81		48	76
14 000	7 000	86		50	82
15 000	7 500			60	
16 000	8 000	98		70	88
16 500	8 250		260		
17 800	8 900				100
18 000	9 000	120			
20 000	10 000				108
20 400	10 200				
22 000	11 000				116
24 000	12 000				120
25 000	12 000				120

注：当负重面长度介于上表两数之间时，可采用插入法确定容许载重量。

典型工作任务6　组织超长货物装载

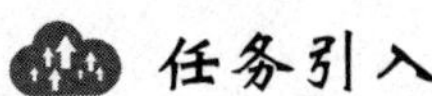

任务引入

超长货物属于特殊条件运输的货物，理解超长货物的概念，掌握超长货物常用的装载方法、超长货物一车负重时装载技术条件和超长货物跨装运输时装载加固要求，以安全运输的理念，根据规章制定超长货物装载方案，是本工作任务的目标。

相关知识

1. 超长货物的定义

(1)超长货物

超长货物系指一车负重，突出车端，需要使用游车或跨装运输的货物。

(2)判定超长货物

使用平车装运货物，满足下列条件之一，即为超长货物：

①当货物突出端半宽不大于车辆半宽时，货物突出车辆端部超过 300 mm，使用游车时。

②当货物突出端半宽大于车辆半宽时，货物突出车辆端部超过 200 mm，使用游车时。

③跨装运输时。

(3)超长货物是相对的，而不是绝对的

如均重货物一件，长 13.7 m，用车地板长 13 m 的 N17AK 型平车突出车端装载就是超长货物；用车地板长 15.4 m 的 NX70 型平车均衡装载就不是超长货物。由此可见，超长货物不是绝对的，而是相对于车辆而言的。

(4)超长货物有以下几种情况

①一车负重需要使用游车的货物。

②需跨装运输的货物。

③货物全长小于或等于车地板长，但因重心纵向位移需要使用游车的货物。

2. 超长货物的装载方法

一车负重超长货物的装载方法有：一端突出使用游车，如图 6-6-1(a)所示；两端突出一端使用游车，如图 6-6-1(b)所示；两端突出，两端均使用游车，如图 6-6-1(c)所示。

跨装超长货物的装载方法有：二车跨装，如图 6-6-1(d)所示；二车负重，中间使用游车，如图 6-6-1(e)所示；二车负重，中间、两端均使用游车。

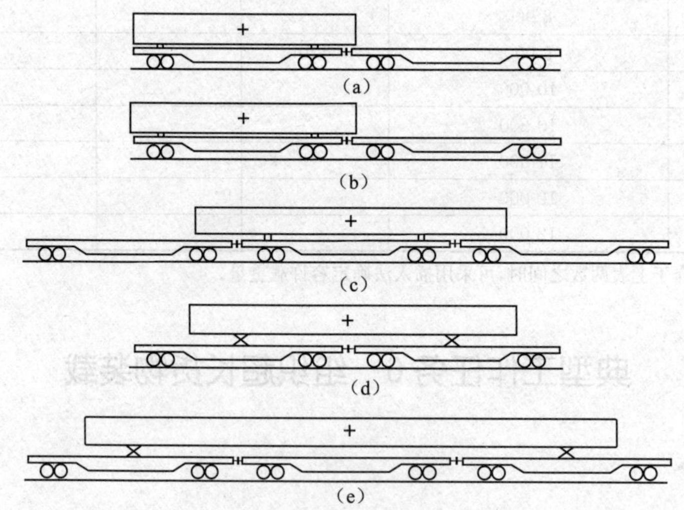

图 6-6-1　超长货物的装载方法

超长货物由于其长度超出车辆端梁，所以应根据装载的技术条件来确定一车负重或跨装的装载方案。

3. 超长货物一车负重装载的技术条件

(1)均重货物使用 60 t、61 t 平车两端均衡突出装载时，其装载量不得超过表 6-6-1 规定。

表 6-6-1　60 t、61 t 平车两端均衡突出装载量

突出车端长度 L (mm)	$L<$ 1 500	1 500$\leqslant$ $L<$2 000	2 000$\leqslant$ $L<$2 500	2 500$\leqslant$ $L<$3 000	3 000$\leqslant$ $L<$3 500	3 500$\leqslant$ $L<$4 000	4 000$\leqslant$ $L<$4 500	4 500$\leqslant$ $L\leqslant$5 000
容许载重量(t)	58	57	56	56	55	54	53	52

(2)均重或非均重货物一端突出端梁装载时，重心最大容许纵向偏移量应根据式(6-3-7)和式(6-3-8)计算确定。

(3)所用横垫木或支架高度应计算确定。

为使装有超长货物的连挂车组通过线路纵向变坡点时，防止货物突出部分的底部与游车地板相接触，以保证行车和货物安全，垫木高度($H_{垫}$)应通过计算得出最低高度，如图 6-6-2 所示。

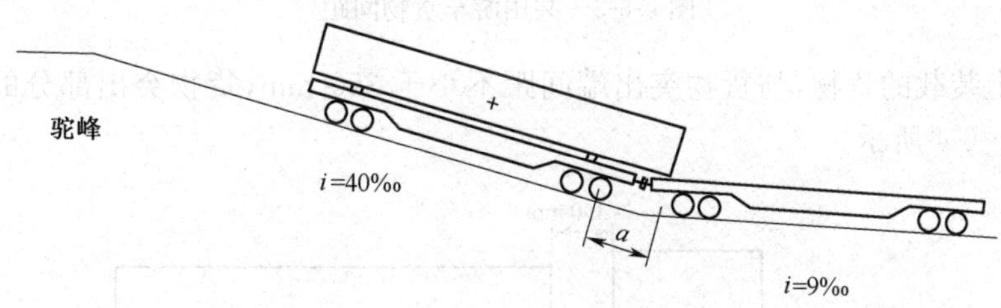

图 6-6-2　横垫木或支架高度计算

$$H_{垫}=0.031\alpha\pm h_{车差}+f+80\quad(\text{mm})\tag{6-6-1}$$

式中　α——货物突出端至负重车最近轮轴轴心所在垂直面的距离，mm；

$$a=y+\frac{L_{车}-L_{轴}-l}{2}\quad(\text{mm})$$

其中　y——货物突出车端的长度，当两端突出装载时，取突出端长的一端，mm，

$L_{车}$——负重车车地板的长度，mm，

$L_{轴}$——负重车的固定轴距，mm；

$h_{车差}$——游车地板高度与负重车地板高度差，游车地板比负重车地板高时，取正值，反之取负值，mm；

f——货物突出端的挠度，mm；

0.031——按通过驼峰的要求，货物底部与游车地板的接触点所形成的夹角的正切值；

80——负重车地板空重高度(30 mm)与安全距离(50 mm)之和。

若货物突出车端部分底部低于其支重面时，垫木高度还应加该突出部分低于货物支重面的尺寸；如果货物突出车端部分底部高于货物支重面时，垫木高度应减去突出车端部分高于货物支重面的尺寸。

【例 6-6-1】　用自重 19.7 t 的 N17AK 型 60 t 平车装均重大货一件，货重 40 t，长 15 000 mm，

货物一端与车端平齐装载，另一端突出车端装载，使用 N17T 型 60 t 平车一辆做游车。试计算垫木最低高度。

【解】 N17T 型平车参数：$h_{车地板}=1\ 209$ mm

N17AK 型参数：$L_{车}=13\ 000$ mm，$l=9\ 000$ mm，$L_{轴}=1\ 750$ mm，$h_{车地板}=1\ 211$ mm

(1)计算 a

由题意知：$y=L_{货}-L_{车}=15\ 000-13\ 000=2\ 000$(mm)，因此可得：

$$a=y+\frac{L_{车}-L_{轴}-l}{2}=2\ 000+\frac{13\ 000-1\ 750-9\ 000}{2}=3\ 125(\text{mm})$$

(2)计算 $H_{垫}$

$$H_{垫}=0.031a+h_{车差}+f+80=0.031\times 3\ 125+(1\ 209-1\ 211)+0+80\approx 175(\text{mm})$$

所以，垫木最低高度为 175 mm。

(4)共用游车时，两货物突出端间距不小于 500 mm，如图 6-6-3 所示。

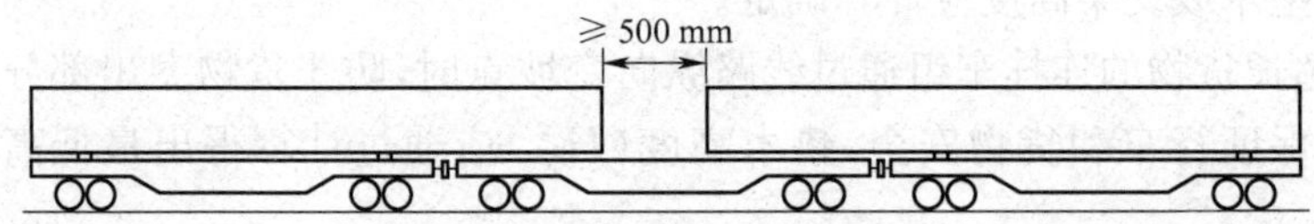

图 6-6-3 共用游车货物间距

(5)游车上装载的货物，与货物突出端间距不小于 350 mm，货物突出部分的两侧不得装载货物，如图 6-6-4 所示。

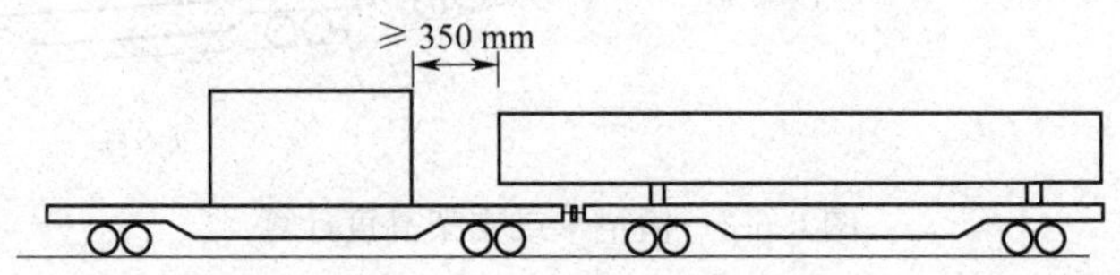

图 6-6-4 游车加装货物间距

4. 跨装货物装载的技术条件

超长货物跨装运输时的装载技术条件

跨装系指货物的长度超过一车负重的容许装载长度，其重量由两辆平车承载。跨装货物装载应遵守的规定：

(1)跨装货物只准两车负重。负重车车地板高度应相等，如高度不等时，需要垫平。对未达到容许载重量的货车，可以加装货物，但不得加装在货物的两侧，与跨装货物端部间距不小于 400 mm。

(2)跨装运输时，应使用货物转向架。

货物转向架是跨装运输时的加固装置，货物转向架分为普通型和专用型两类。普通型是指通用的货物转向架。专用型是为某种超长货物专门制备的转向架，如 8149 型混凝土桥梁转向架、25 m 钢轨六支点转向架。

货物转向架每副两个，每个转向架由上架体和下架体组成，如图 6-6-5 所示。货物转向架的下架体一个具有死心盘，中心销孔为一圆孔；另一个具有活心盘，活心盘中心销孔的长度一般不得小于 300 mm(跨装车组使用车钩缓冲停止器，不加挂中间游车时，不得小于 180 mm)。

货物转向架沿车地板横向长度一般不大于 3 000 mm；当超过 3 000 mm 时，应保证不超限。货物转向架下架体支重面长度应遵守不集重的规定。货物转向架的高度应根据负重车的车型、跨装车组有无中间游车、货物超过转向架中心销外方的长度，以及货物底面是否有突出部分等因素计算确定。

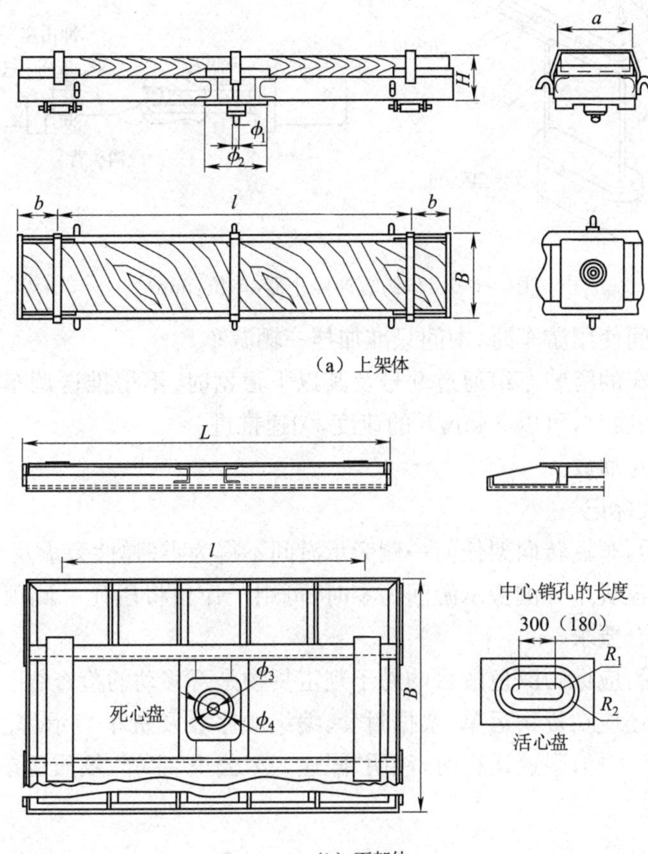

（a）上架体

（b）下架体

图 6-6-5　普通型货物转向架结构(单位：mm)

货物转向架使用前，应在中心销和销孔处满涂润滑油，保证上架体灵活旋转。货物转向架应放在车地板的横中心线上，必须纵向位移时，应符合货物重心水平合理位置的要求。转向架活心盘中心销定位应遵守下列规定：

(1)两车一组跨装货物时，活心盘中心销定位于活心盘孔的中央。

(2)三车一组跨装货物、中间加挂游车时，活心盘中心销置于活心盘孔内的位置，距中间游车一端(内侧)180 mm，距另一端(外侧)120 mm。活心盘孔在上架体上时则相反。

加固时，货物转向架的上架体与跨装货物、下架体与车辆分别加固在一起。加固方法不得影响车辆通过曲线，并将提钩杆用镀锌铁线捆紧。

当货物转向架使用旁承时，应保证其具有良好的滑动性能；在负载情况下，两侧旁承游间之和不应大于 10 mm，且任何一侧不得压死。

(3)跨装车组应使用车钩缓冲停止器。

车钩缓冲停止器(图 6-6-6)由钢板、木板和螺杆等部件组成，在车钩自然状态下，安装在车辆端梁的冲击座和车辆的钩头背之间，用以限制列车运行、车组连挂过程中车辆间相互距离的剧烈变化。

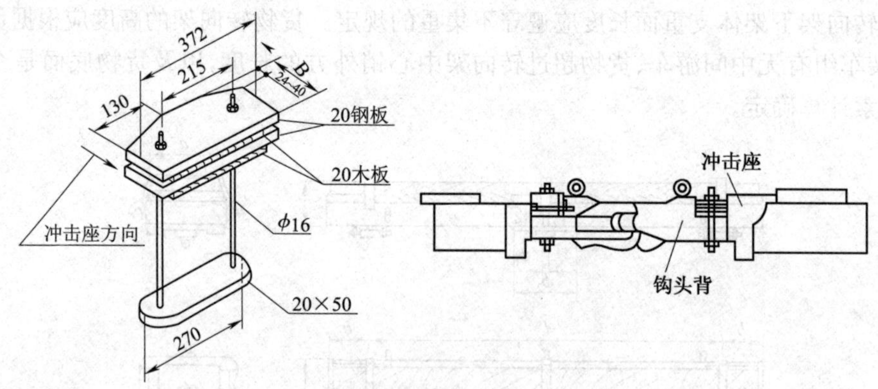

图 6-6-6　车钩缓冲停止器(单位:mm)

(4)跨装车组中间使用游车时,中间只准加挂一辆游车。

(5)中间加挂游车的跨装车组通过 9 号及其以下道岔时,不得推送调车,以防脱轨。遇设备条件不允许或尽头线时,可以 5 km/h 的速度,匀速推进。

(6)跨装车组禁止溜放。

5. 车辆的防护及标记

超长货物装车后,车辆转向架任何一侧旁承游间不得为零(弹性旁承及旁承承载结构的货车除外)。遇球形心盘货车一侧旁承游间为零时,可用千斤顶将压死一侧顶起,落顶后出现游间,表明货物装载符合要求。

超长货物装车后,应标画颜色醒目的易于判定货物是否移动的检查线。

超长货物,发站还应在货物运单、票据封套、编组顺序表及货车表示牌上注明“超长货物”“连挂车组不得分摘”字样;限速运行时,注明“限速××公里”字样,纸质运单加盖对应的戳记。

项目小结

货物装载加固的基本技术条件是货物装载加固的基础,熟悉车辆的主要技术参数,正确地选择车辆,确定合理的装载方案,对于保证重车运行安全、货物完整、避免车辆损伤至关重要,应熟练掌握。

相关规范、规程与标准

1.《铁路货物装载加固规则》(铁总运〔2015〕296 号)。

2.《铁路货运计量安全检测设备运用管理规则》(铁总运〔2016〕272 号)。

复习思考题

1. 货物装载加固的基本要求是什么?

2. 何谓车辆自重、载重(标重)?

3. 何谓超载、偏载、偏重、集重?

4. 超载、偏载、偏重如何划分等级？

5. 画出车辆示意图，并在图上标出车地板高度、钩舌内侧距离、转向架中心距、固定轴距、空车重心高度。

6. 一件货物重量为 48 t，当使用 N17AK 或 NX17BK 型两种 60 t 平车装载时，货物重心纵向最大容许偏移量各是多少？

7. 一件货物重量为 45 t，长 12 m，宽 2.5 m，高 1.5 m，重心距一端为 7 m，使用 N17AK 型 60 t 平车一辆装载，试确定经济合理的装载方案。

8. 一件货物重 30 t，使用自重 19.1 t 的 N17AK 型平车一辆装载，装车后重车重心高 2.03 m。为使重车重心高降至 2 m 以内，选用一件重心高 0.7 m 的配重货物。试求配重货物的重量范围。

9. 某站承运机械设备一件，重 50 t、长 14 m、宽 3.2 m、高 2.85 m，货物重心位于货物的几何中心，使用 N17AK 型平车一辆负重，下垫两根高 150 mm 的横垫木。计算重车重心高，并确定运行条件。

10. 三件货物使用一辆 N17AK 型 60 t 平车装运，其中：

(1)Q_1=28 t，a_1=900 mm，b_1=−170 mm，h_1=1 500 mm。

(2)Q_2=15 t，a_2=−4 000 mm，b_2=100 mm，h_2=1 500 mm。

(3)Q_3=8 t，a_3=4 000 mm，b_3=150 mm，h_3=1 000 mm。

请检查货物总重心在车辆上的水平位置是否符合装载技术条件并计算重车重心高。

11. 均重圆柱形货物一件，重 40 t，长 15 m，直径 3 200 mm，自带鞍座高 220 mm，拟用 N17AK 型普通平车装运，试确定经济合理的装载方案。

12. 以下货物分别使用 N17AK 型、NX70 型平车装载，判断以下货物是否集重，并确定装载方案。

(1)一件货物重 40 t，货物支重面长 4 000 mm。

(2)一件货物重 45 t，货物支重面长 3 000 mm。

(3)一件货物重 60 t，货物支重面长 4 000 mm。

13. 查表确定最大容许载重量：

(1)用 C62AK 型敞车装载，均布载荷时，车辆负重面长度 3 000 mm，车辆负重面宽度 2 400 mm、2 600 mm 时，最大容许载重量分别为多少？

(2)用 C64K 型敞车装载，对称集中载荷时，横垫木中心间距 4 000 mm，横垫木长度 2 000 mm、2 800 mm 时，最大容许载重量分别为多少？

(3)用 C70 型敞车装载，均布载荷时，车辆负重面长度 3 000 mm，车辆负重面宽度为 2 400 mm、2 700 mm，最大容许载重量分别为多少？

(4)用 C70 型敞车装载，对称集中载荷时，两横垫木中心线间距离 3 000 mm，横垫木长度为 2 400 mm、2 800 mm，最大容许载重量分别为多少？

14. 均重货物一件，重 48 t，长 15 000 mm，宽 2 900 mm。使用 N17T 型平车装载，一端与车辆平齐，另一端突出装载。该货物装载是否符合技术要求？

15. 均重货物一件，重 52 t，长 15 000 mm，宽 2 900 mm。使用 N17AK 型平车装载，货物一端与车辆平齐，另一端突出装载。该货物装载是否符合技术要求？如不符合应如何装载，试确定装载方案？根据确定的方案计算垫木最低高度。

16. 均重货物一件，重 58 t，长 15 000 mm，宽 2 900 mm。使用 N17T 型平车两端均衡突出装载。问该货物装载是否符合技术要求？试计算垫木最低高度。

项目 7　常用加固材料与加固方式

项目描述

货物装载加固是铁路货运组织工作的一项重要内容，是保证货物运输安全的有效措施。熟悉常用的加固材料及加固方式，根据货物的特点和不同的装载方案，选择合适的加固方法，计算加固材料的强度，正确选择材料的规格及数量，是本项目学习的主要内容。

学习目标

1. 能力目标

根据货物的特点和不同的装载方案，选择合适的加固方法，正确选择材料的规格及数量。

2. 知识目标

(1)理解外力对货物稳定性的影响。

(2)掌握检验货物稳定性的方法。

(3)熟悉常用的加固方式，正确计算加固材料的强度。

(4)熟悉常用的加固材料及其使用要求，正确选择加固材料的种类和数量。

3. 素质目标

利用安全生产的指导思想，以科学、严谨的态度，根据具体情况制订加固方案，以保证运输安全。

相关案例——大型机械设备的装载加固

某企业拟运输大型机械设备一件，重 50 t，使用木箱包装，用标重 70 t 的 NX_{17BK} 一车装运，均衡装载，铁路受理该货物后应如何进行装载加固？

首先根据货物的装载方案，计算作用在货物上的力，检验货物在水平移动、倾覆方面的稳定性。若不稳定，根据货物特点，选择合适的加固方法，计算加固材料的强度，选择加固材料的种类、规格及数量。

典型工作任务 1　计算作用在货物上的力

任务引入

列车在线路运行时，由于起动、制动以及在调车作业中车辆之间的相互冲击，风力的作用等，会使装在车上的货物受到各种外力作用，在这些外力的作用下，车上的货物可能会发生移动、滚动或倾覆。正确分析作用在货物上的外力，了解其产生的原因及特点并正确进行力值的计算；树立安全运输的理念，培养善于观察、思考和逻辑推理的能力，是本工作任务的目标。

相关知识

1. 力的产生

运行中的货物之所以受到各种外力的作用，均缘于列车在运行时运动状态改变使车辆产生较大的纵向加速度，以及线路和车辆动力的相互作用而导致货物随着车体产生的复杂振动。另外还有外界环境的影响，如风力。

车辆的主要振动有：摇头振动、点头振动、侧滚振动、沉浮振动、伸缩振动和侧摆振动等，如图 7-1-1 所示。下面对车辆的几种振动现象进行简单分析。

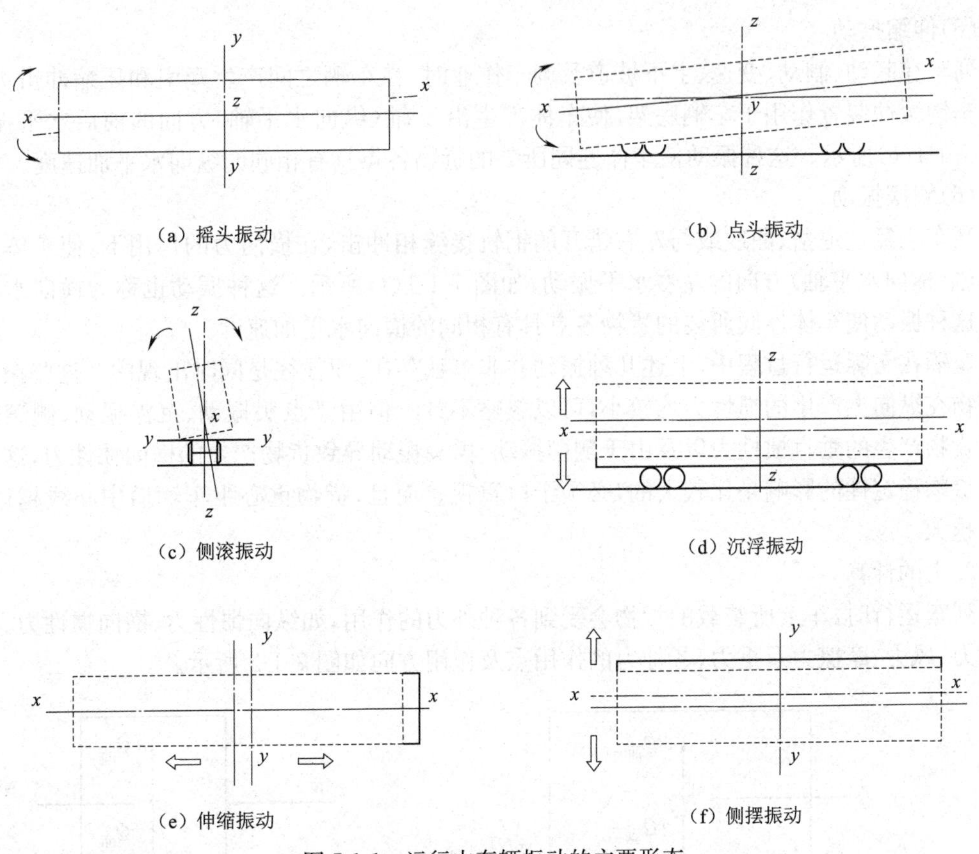

图 7-1-1 运行中车辆振动的主要形态

(1)摇头振动

车轮踏面倾斜，轮对安装不正确以及同一轮对两车轮滚圆直径大小不同等原因使车辆蛇行，将使车体围绕其垂直中心线 z 为轴回转振动，如图 7-1-1(a)所示。在这种情况下，车体及货物各点具有不同的横向水平加速度，并且离开振动(回转)中心的距离越远，加速度值越大。

(2)点头振动

当车辆行经钢轨接缝处，轮对受到冲击或因车轮踏面擦伤、线路冻害以及轮对偏心而引起的冲击，使车体围绕横向水平 y 轴的回转振动，如图 7-1-1(b)所示。这种振动使车体连同所装货物的各点具有不同的垂直加速度，在车辆纵向上，离开车辆横中心线的距离越远，垂直加速度值愈大。

(3)侧滚振动

车辆行经相互错开的钢轨接缝上的冲击，左右轨面由于线路冻害或养护不良高度不等，以及某一车轮踏面擦伤，或车辆行经道岔、曲线时离心力的作用，使车体围绕其纵向水平 x 轴的回转振动，如图 7-1-1(c)所示。在这种情况下，车体及货物各点具有不同的垂直及横向水平加速度。距振动(回转)中心轴愈远的点，其加速度值愈大。

(4)沉浮振动

车辆运行中，由于车体与走行部之间弹簧的伸缩，使车体产生沿 z 轴方向垂直振动，如图 7-1-1(d)所示。在这种振动下，车体连同所装货物的各点，都具有相同的垂直(向上或向下)加速度。

(5)伸缩振动

列车在起动、制动、变速、上下坡道及调车作业时，在车辆之间产生牵引和压缩冲击力，并通过车钩缓冲装置作用于车辆底架，使车体产生沿 x 轴(纵向水平轴)方向的前后水平振动，如图 7-1-1(e)所示。这种振动使车体连同所装的货物各点具有相同的纵向水平加速度。

(6)侧摆振动

当车辆经过道岔、曲线或与左右错开的钢轨接缝相冲击，在横向力的作用下，使车体产生沿 y 轴(横向水平轴)方向的左右水平振动，如图 7-1-1(f)所示。这种振动也称为横向水平振动。这种振动使车体连同所装的货物各点具有相同的横向水平加速度。

车辆在实际运行过程中，上述几种振动并非单独存在，而往往是同时出现的。这些振动导致货物在纵向上产生的惯性力均较小，可以忽略不计。但由于点头振动、沉浮振动、侧滚振动导致货物产生的垂直惯性力以及由于侧摆振动、摇头振动导致货物产生的横向惯性力，这两个力对货物稳定性的影响是比较大的，必须予以重视。而且，货物重心距车辆横中心线越远，其影响越大。

2.力的计算

列车运行时，车上所装载的货物会受到各种外力的作用，如纵向惯性力、横向惯性力、垂直惯性力、风力、摩擦力及重力，各种力的作用点及作用方向如图 7-1-2 所示。

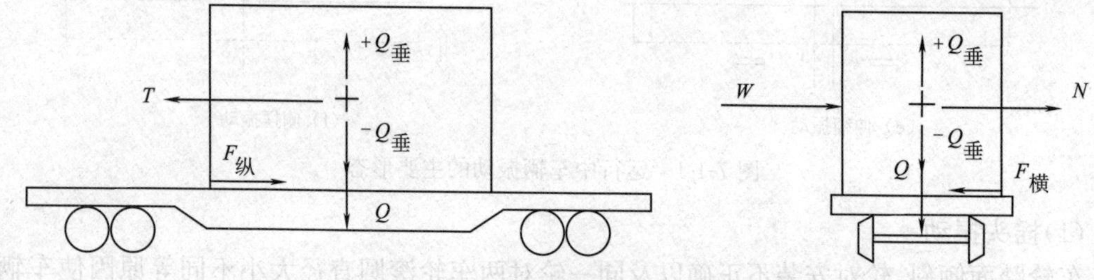

图 7-1-2 各种外力的作用点及作用方向

Q—重力；T—纵向惯性力；N—横向惯性力；$Q_{垂}$—垂直惯性力；W—风力；$F_{纵}$—纵向摩擦力；$F_{横}$—横向摩擦力

这些外力有的力对货物起稳定作用，有的力则对货物的稳定起破坏作用，所以，对货物进行加固，有必要首先认真分析这几种力及其产生的原因。货物所受外力的特性见表 7-1-1。

表 7-1-1 货物所受外力的特性

序号	力的名称	符号	作用点	方 向	稳定性
1	纵向惯性力	T	货物重心	与货车运动方向相反	不稳定
2	横向惯性力	N	货物重心	与货车运动方向相反	不稳定
3	垂直惯性力	$Q_{垂}$	货物重心	垂直于车地板所在平面	不稳定
4	风力	W	受风面中心	与风力方向相同	不稳定
5	摩擦力	$F_{纵}$、$F_{横}$	接触面	与货物移动(趋势)方向相反	稳定
6	重力	Q	货物重心	竖直向下	稳定

作用于运行中货物上的各种力值大小均是通过试验而确定的，力值计算公式均为试验公式。下面将分别介绍各种力值的计算方法。

(1)纵向惯性力

纵向惯性力主要是因为车辆运动状态发生变化而引起的。如列车起动、制动、变速运行以及调车作业时溜放车与停留车的碰撞等，该力的作用点在货物的重心处。在直线区段，该力的作用方向与线路中心线平行；在曲线区段，该力的作用方向为曲线的切线方向。纵向惯性力可用式(7-1-1)计算：

$$T=t_0Q \quad (\text{kN}) \tag{7-1-1}$$

式中 T——纵向惯性力，kN；

t_0——每吨货物的纵向惯性力，kN/t；

Q——货物的重量，t。

单位重量货物的纵向惯性力(t_0)是通过多次运行冲击试验确定的。试验表明，它的大小与采用的加固种类(柔性或刚性)有相当大的关系。

①采用柔性加固

所谓柔性加固，是指采用抗拉强度较小的加固材料(如钢丝绳、镀锌铁线、挡木、腰箍等)进行拉牵加固或下压式捆绑等弹性加固。此时，每吨货物的纵向惯性力 t_0 可用式(7-1-2)计算：

$$t_0=0.001\,2Q_{总}^2-0.32Q_{总}+29.85 \quad (\text{kN/t}) \tag{7-1-2}$$

式中 $Q_{总}$——为重车总重，t，跨装时，按跨装车组总重计算。

当 130 t$<Q_{总}\leqslant$150 t 时，$t_0=6.78$ kN/t；当 $Q_{总}>150$ t 时，$t_0=5.88$ kN/t。

②采用刚性加固

所谓刚性加固，是指采用焊接或螺栓加固方式对货物进行加固。此时，每吨货物的纵向惯性力可用式(7-1-3)计算：

$$t_0=26.69-0.13Q_{总} \quad (\text{kN/t}) \tag{7-1-3}$$

式中 $Q_{总}$——重车总重，t，当 $Q_{总}>130$ t，按 130 t 计算。

(2)横向惯性力

作用于货物上的横向惯性力是由于车辆运行中的各种振动(侧摆振动、侧滚振动、摇头振动)引起的，该力的作用点在货物的重心处。其值的大小与线路质量、车辆走行部分的性能、货物的重量、列车在曲线上的速度、曲线半径大小以及外轨超高程度等因素有关。实际上，由于各种振动是很复杂的，要准确计算横向惯性力的大小难度是较大的，一般可用式(7-1-4)、式(7-1-5)所示试验公式计算：

$$N=n_0Q \quad (\text{kN}) \tag{7-1-4}$$

式中 N——横向惯性力，kN；

Q——货物重量，t；

n_0——每吨货物的横向惯性力，kN/t，计算公式为

$$n_0=2.82+2.2\frac{a}{l} \quad (\text{kN/t}) \tag{7-1-5}$$

其中 a——货物重心的纵向位移量，mm，跨装时，为货物转向架中心销偏离车辆横中心线的距离，

l——负重车的销距（具有多层转向架群的货车为底架心盘中心距），mm。

(3)垂直惯性力

作用于货物上的垂直惯性力是由于车辆运行中的各种振动（点头振动、沉浮振动和侧滚振动）引起的，该力呈向上、向下交替产生，垂直于车地板所在的平面，作用于货物的重心位置。其大小与线路的状况、列车运行速度、货物重心位置以及车辆的类型有关系。垂直惯性力可用式(7-1-6)计算：

$$Q_{垂}=q_{垂}Q \quad (\text{kN}) \tag{7-1-6}$$

式中 $Q_{垂}$——垂直惯性力，kN；

Q——货物重量，t；

$q_{垂}$——每吨货物的垂直惯性力，kN/t，根据不同的车型计算方法有所不同。

①使用敞车和普通平车装载时：

$$q_{垂}=3.54+3.78\frac{a}{l} \quad (\text{kN/t}) \tag{7-1-7}$$

式中 a——货物重心的纵向位移量，mm，跨装时为货物转向架中心销偏离车辆横中心线的距离；

l——负重车辆的销距，mm。

②使用长大货物车装载时：

$$q_{垂}=4.53+7.84\frac{a}{l} \quad (\text{kN/t}) \tag{7-1-8}$$

(4)风力

列车在运行中，车上的货物将受到纵向、横向上的风力作用。由于在纵向上货物受到前后车辆及车上所装货物的阻挡，该力值很小，对货物的影响也小，故可忽略不计。但横向上的风力对货物的影响就很大，特别是当横向风力与横向惯性力方向一致时，很容易导致货物在车辆上产生横向位移，因此应考虑该力对货物的影响。

风力的大小与侧向迎风面的形状、投影面积以及侧向风压等因素有关，其值可用式(7-1-9)计算：

$$W=qF \quad (\text{kN}) \tag{7-1-9}$$

式中 W——风力，kN；

q——侧向计算风压，当受风面为平面时，q 取 0.49 kN/m^2，当受风面为圆球体或圆柱体的侧面时，q 取 0.245 kN/m^2；

F——侧向迎风面的投影面积，m^2。

(5)摩擦力

由于重力的作用,使货物与车地板(或垫木)间产生摩擦力,它的作用方向与货物移动(趋势)方向相反,且是阻止货物在车上产生水平移动的力,因而摩擦力对货物稳定性起着有利的作用。它的大小取决于货物本身的自重及车地板表面、货物支重面和垫木或衬垫表面的性质。

①纵向摩擦力

$$F_{纵}=9.8\mu Q \quad (\text{kN}) \tag{7-1-10}$$

②横向摩擦力

$$F_{横}=\mu(9.8Q-Q_{垂}) \quad (\text{kN}) \tag{7-1-11}$$

式中 μ——摩擦系数,其值按表7-1-2取。当货物与车地板间加有垫木或衬垫时,应取货物与垫木或衬垫间及垫木或衬垫与车地板间摩擦系数较小者计算。

表7-1-2 铁路常用摩擦系数(μ)

摩擦接触面	μ	摩擦接触面	μ	摩擦接触面	μ
木与木	0.45	履带走行机械与车辆木地板	0.70	稻草绳把与钢板	0.50
木与钢板	0.40	橡胶轮胎与车辆木地板	0.63	稻草绳把与铸钢	0.55
木与铸钢	0.60	橡胶垫与木	0.60	稻草帘与钢板	0.44
钢板与钢板	0.30	橡胶垫与钢板	0.50	草支垫与钢板	0.42

由此可见,列车在运行中,货物将受到上述各种力的作用,这几种力并非单独作用于货物上,而往往是几种力同时作用于货物上。这些力中除重力、摩擦力对货物起着稳定作用外,其他外力对货物的稳定性起破坏作用,所以当有益的力(或其产生的稳定力矩)不能抵消破坏力(或其产生的破坏稳定的力矩)时,货物就不稳定,则需加固。

【例7-1-1】 某站用标重60 t,自重19.7 t的N17AK型平车装运木质箱型均重货物一件,货重20 t,外部尺寸8 000 mm×2 400 mm×1 800 mm,均衡顺装,试计算作用于运行中货物上的各种力的大小。

【解】 N17AK型平车自重为19.7 t,车辆销距为9 000 mm。各种力的数值计算如下。

①纵向惯性力

因为N17AK型车车地板为木底,货物也为木质,所以加固方式拟用柔性加固。由式(7-1-1)、式(7-1-2)得:

$$\begin{aligned}T&=t_0Q\\&=(0.001\,2Q_{总}^2-0.32Q_{总}+29.85)Q\\&=[0.001\,2\times(19.7+20)^2-0.32\times(19.7+20)+29.85]\times20\\&\approx380.746(\text{kN})\end{aligned}$$

②横向惯性力

因为$a=0$,所以由式(7-1-4)、式(7-1-5)得:

$$N=n_0Q=\left(2.82+2.2\frac{a}{l}\right)Q=2.82\times20=56.400(\text{kN})$$

③垂直惯性力

因为采用普通平车装运,所以由式(7-1-6)、式(7-1-7)得:

$$Q_{垂}=q_{垂}Q=\left(3.54+3.78\frac{a}{l}\right)Q=3.54\times20=70.800(\text{kN})$$

④风力

因为货物侧向受风的投影面积为 8.0 m×1.8 m 的平面，q 取 0.49 kN/m²，所以由式(7-1-9)得：

$$W=qF=0.49\times8.0\times1.8=7.056(\text{kN})$$

⑤摩擦力

因为 N17AK 型车车地板为木底，货物也为木质，所以查表 7-1-2，μ 取 0.45，由式(7-1-10)、式(7-1-11)得：

$$F_{纵}=9.8\mu Q=9.8\times0.45\times20=88.200(\text{kN})$$

$$F_{横}=\mu(9.8Q-Q_{垂})=0.45\times(9.8\times20-70.800)=56.340(\text{kN})$$

【例 7-1-2】 圆柱形转轮一件，货重 50 t，直径 4 300 mm，转轮厚 2 800 mm，货物下部有钢制托架一件，使用一辆 D70 型车横向卧装(圆柱体的中轴线沿车辆横向卧装)，货物重心投影落在车地板中央，试计算作用在货物上的各种力的大小。

【解】 D70 型车自重为 26.6 t。因为货物下部、D70 型车车地板均为钢质，故拟采用刚性加固。各种力的数值计算如下：

①纵向惯性力

因采用刚性加固，由式(7-1-1)、式(7-1-3)得：

$$T=t_0Q=(26.69-0.13Q_{总})Q=[26.69-0.13\times(26.6+50)]\times50=836.600(\text{kN})$$

②横向惯性力

货物重心投影落在车地板中央，$a=0$，由式(7-1-4)、式(7-1-5)得：

$$N=n_0Q=\left(2.82+2.2\frac{a}{l}\right)Q=2.82\times50=141.000(\text{kN})$$

③垂直惯性力

使用长大货物车，由式(7-1-6)、式(7-1-8)得：

$$Q_{垂}=q_{垂}Q=\left(4.53+7.84\frac{a}{l}\right)Q=4.53\times50=226.500(\text{kN})$$

④风力

货物侧向迎风面的投影面为半径 2.15 m 的圆形，由式(7-1-9)得：

$$W=qF=q\pi R^2=0.49\times3.14\times2.15^2=7.112(\text{kN})$$

⑤摩擦力

查表 7-1-2，$\mu=0.3$，由式(7-1-10)、式(7-1-11)得：

$$F_{纵}=9.8\mu Q=9.8\times0.3\times50=147.000(\text{kN})$$

$$F_{横}=\mu(9.8Q-Q_{垂})=0.3\times(9.8\times50-226.500)=79.050(\text{kN})$$

典型工作任务 2　检验货物的稳定性

任务引入

列车在线路运行时，作用于货物上的纵向惯性力、横向惯性力，垂直惯性力、风力，会使货物发生滚动、倾覆或移动趋势，当重力、摩擦力产生的稳定的力(力矩)不能阻止这种趋势时，货物将发生滚动、倾覆或移动。正确分析和检验货物的稳定性，树立安全运输的理念；养成严谨的思维习惯，培养分析问题、解决问题的能力，指导货物装载加固，是本工作任务的目标。

相关知识

1. 货物的分类与稳定性

铁路运输的货物种类繁多，按其支重面的特点可分为平支重面货物和曲支重面货物，曲支重面货物包括圆柱形货物（含带轮货物）和球形底面货物两类。

列车在运行时，车上所装货物在外力的作用下，将产生移动、倾覆或滚动方面的不稳定趋势。

(1)平支重面货物的稳定性

平支重面货物在纵向惯性力、横向惯性力和风力的作用下，会使货物产生纵向或横向水平移动的趋势，当纵向摩擦力小于纵向惯性力或横向摩擦力小于横向惯性力与风力之和时，货物就会发生水平移动。

同时，在纵向惯性力、横向惯性力和风力的作用下，还会产生使货物倾覆的力矩，当重力产生的纵向稳定力矩小于纵向惯性力所产生的倾覆力矩或重力产生的横向稳定力矩小于横向惯性力和风力所产生的倾覆力矩之和时，货物就会发生倾覆。

(2)曲支重面货物的稳定性

圆柱形货物顺装时，当纵向摩擦力小于纵向惯性力时，会发生水平移动；当重力产生的稳定力矩小于横向惯性力与风力产生的横向滚动力矩之和时，会发生横向滚动。

圆柱形货物横装时，当横向摩擦力小于横向惯性力与风力之和时，会发生水平移动；当重力产生的稳定力矩小于纵向惯性力产生的纵向滚动力矩时，会发生纵向滚动。

球形底面货物，当纵向惯性力、横向惯性力和风力产生的滚动力矩大于货物重力所产生的稳定力矩时，会发生纵向或横向滚动。

(3)稳定系数

通过上述分析，货物稳定性主要表现在水平移动、倾覆和滚动三个方面。为便于检验货物装车后的稳定性，引入稳定系数这个概念。

稳定系数(η)是指稳定力产生的稳定力矩（力）与不稳定力产生的不稳定力矩（力）的比值，为了保证货物运输安全，该比值通常要求在1.25（或1）以上，如式(7-2-1)：

$$\eta=\frac{\sum \text{稳定的力矩(力)}}{\sum \text{不稳定的力矩(力)}}\geqslant 1.25(\text{或}\ 1) \tag{7-2-1}$$

2. 检验货物在水平移动方面的稳定性

货物装车后，在纵向惯性力、横向惯性力与风力的作用下，会产生纵向或横向水平移动的趋势，此时，在货物与车地板之间，会产生阻碍这种移动趋势的摩擦力，当摩擦力不能抵消纵向惯性力或横向惯性力与风力之和时，就会发生纵向或横向移动。

另外，由于车地板的宽度较小，运行中的货物一旦发生横向位移，很容易造成重车脱轨。为确保安全，在进行横向加固计算时，将横向惯性力和风力之和加大了25%。综上所述，货物免于水平移动的条件为

纵向
$$\Delta T=T-F_{纵}\leqslant 0 \tag{7-2-3}$$

横向
$$\Delta N=1.25(N+W)-F_{横}\leqslant 0 \tag{7-2-4}$$

式中 ΔT——需要加固材料承受的纵向力，kN；

ΔN——需要加固材料承受的横向力，kN。

【例 7-2-1】 试检验【例 7-1-1】中货物在水平移动方面的稳定性。

【解】 货物在水平移动方面的稳定性：

纵向 $\Delta T=T-F_{纵}=380.746-88.200=292.546(\text{kN})>0$

横向 $\Delta N=1.25(N+W)-F_{横}=1.25\times(56.400+7.056)-56.340=22.980(\text{kN})>0$

计算表明，该货物纵、横方向均可能发生移动，需要加固。

3. 检验货物在倾覆方面的稳定性

(1)纵向倾覆方面的稳定性

平支重面货物装车后，在纵向上将受到纵向惯性力的作用，在未进行任何加固的情况下，若货物重力所产生的稳定力矩与纵向惯性力产生的纵向倾覆力矩(不稳定力矩)之比达不到稳定条件，则货物就会发生纵向倾覆。

由图 7-2-1 可知，纵向惯性力所产生的使货物发生纵向倾覆的力矩为 Th，重力所产生的阻止货物发生纵向倾覆的稳定力矩为 $9.8Qa$，由式(7-2-1)得，货物免于纵向倾覆的条件为

$$\eta=\frac{9.8Qa}{Th}\geqslant 1.25 \tag{7-2-5}$$

式中 Q——货物重量，t；

a——货物重心所在横向垂直平面至货物倾覆点之间的距离，mm；

T——货物所受的纵向惯性力，kN；

h——货物重心自倾覆点所在水平面起算的高度，mm。

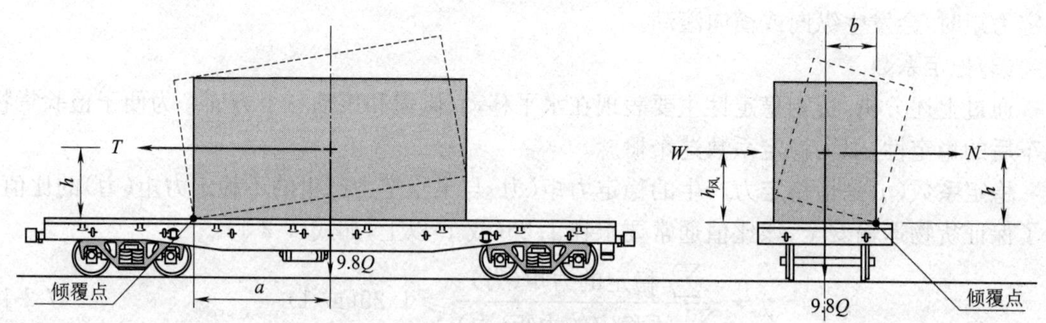

图 7-2-1 货物在车地板上倾覆趋势示意图

(2)横向倾覆方面的稳定性

平支重面货物装车后，货物在横向上受到横向惯性力和横向风力的作用，若重力产生的稳定力矩与横向惯性力和风力所产生的横向倾覆力矩之比达不到稳定条件，则货物就会发生横向倾覆。

由图 7-2-1 可知，横向惯性力和横向风力对货物所产生的横向倾覆力矩为 $Nh+Wh_{风}$，重力所产生防止货物发生横向倾覆的稳定力矩为 $9.8Qb$，由式(7-2-1)得，货物免于横向倾覆的条件为

$$\eta=\frac{9.8Qb}{Nh+Wh_{风}}\geqslant 1.25 \tag{7-2-6}$$

式中　b——货物重心所在纵向垂直平面至货物倾覆点之间距离，mm；

N——货物所受的横向惯性力，kN；

W——货物所受的风力，kN；

$h_{风}$——风力合力作用点自倾覆点所在的水平面起算的高度，mm。

【例 7-2-2】　检验【例 7-1-1】货物在倾覆方面的稳定性。

【解】　货物在倾覆方面的稳定性：

纵向 $\eta=\frac{9.8Qa}{Th}=\frac{9.8\times20\times4}{380.764\times0.9}\approx2.89\geqslant1.25$

横向 $\eta=\frac{9.8Qb}{Nh+Wh_{风}}=\frac{9.8\times20\times1.2}{56.4\times0.9+7.056\times0.9}\approx4.12\geqslant1.25$

计算表明，货物在纵、横方向均稳定。

4. 检验货物在滚动方面的稳定性

对圆柱形（含带轮货物）、球形底面货物，装在车上若不进行任何加固，货物将产生滚动现象。故此类货物须采用三角挡、凹木或掩木等掩挡类加固材料进行加固，如图 7-2-2 所示。下面以圆柱形货物为例，讨论货物免于滚动的条件。

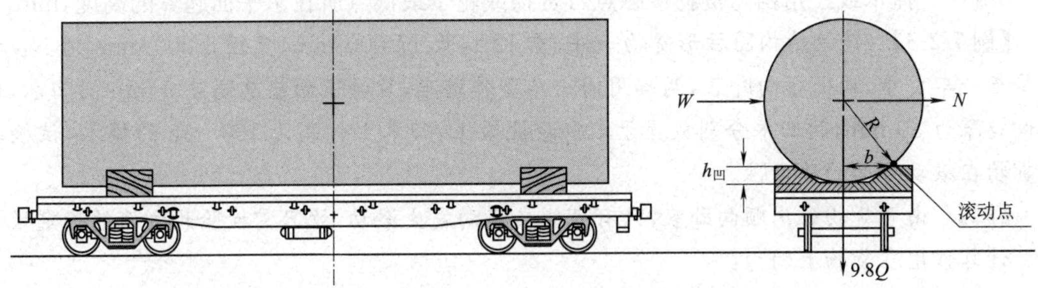

图 7-2-2　圆柱形货物顺装时，货物在车地板上滚动趋势示意图

(1)横向滚动方面稳定性

圆柱形货物顺装时，会受到横向风力和横向惯性力的作用，当横向惯性力产生的滚动力矩 $N(R-h_{凹})$ 与横向风力产生的滚动力矩 $W(R-h_{凹})$ 之和大于重力产生的稳定力矩 $9.8Qb$ 时，就会发生横向滚动。由式(7-2-1)得，货物免于横向滚动的条件为

$$\eta=\frac{9.8Qb}{(N+W)(R-h_{凹})}\geqslant1.25 \tag{7-2-7}$$

式中　R——货物或轮子的半径，mm；

$h_{凹}$——凹木（三角挡、掩木）与货物接触点自货物或轮子最低点所在水平面起算的高度，mm；

b——货物重心所在纵向垂直平面至凹木（或三角挡、掩木）与货物接触点之间距离，mm，计算方法为 $b=\sqrt{R^2-(R-h_{凹})^2}$。

(2)纵向滚动方面稳定性

圆柱形货物横装时（图 7-2-3），　会受到纵向惯性力的作用，当纵向惯性力产生的滚动力矩 $T(R-h_{掩})$ 大于重力产生的稳定力矩 $9.8Qa$ 时，极易发生纵向滚动。

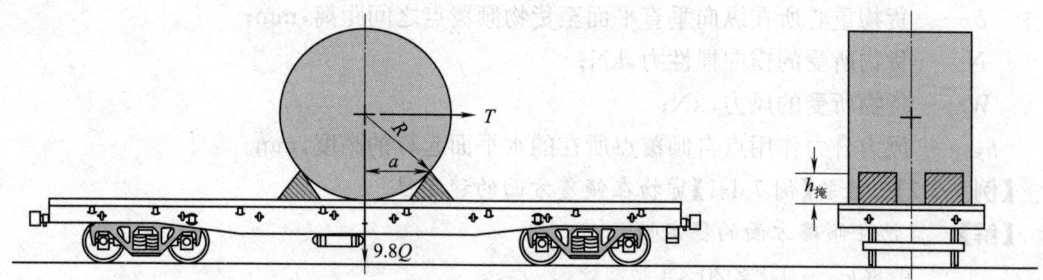

图 7-2-3 圆柱形货物横装时，货物在车地板上滚动趋势示意图

由式(7-2-1)得，货物在纵向免于滚动的条件为

$$\eta=\frac{9.8Qa}{T(R-h_{掩})}\geqslant 1.25 \tag{7-2-8}$$

式中 a——货物重心所在纵向垂直平面至三角挡(或掩木)与货物接触点之间距离，mm，计算方法如下：

$$a=\sqrt{R^2-(R-h_{掩})^2}$$

$h_{掩}$——掩木或三角挡与货物接触点自货物或轮子最低点所在水平面起算的高度，mm。

【例 7-2-3】 铸钢结构圆柱形货物一件，重 12 t，长 17 000 mm，直径 3 200 mm，用 N17AK 型平车一车负重，均衡顺向卧装，两端用同一车型作游车，货物下面垫总高 230 mm 的凹木，凹木切口深为 80 mm，两凹木分别放置于车辆两枕梁上，凹木上钉高为 100 mm 的掩木，试检验该货物在滚动方面的稳定性。

【解】 由于货物采用顺向卧装，只有可能在横向发生滚动，故只需检验此方面的稳定性。

计算作用在货物上的力：

$$N=n_0Q=\left(2.82+2.2\frac{a}{l}\right)Q=2.82\times 12=33.840(\text{kN})$$

$$W=qF=0.245\times 17\times 3.2=13.328(\text{kN})$$

检验货物的稳定性：

$$h_{凹}=100+80=180(\text{mm})$$

$$b=\sqrt{R^2-(R-h_{凹})^2}=\sqrt{1\,600^2-(1\,600-180)^2}=737.29(\text{mm})$$

$$\eta=\frac{9.8Qb}{(N+W)(R-h_{凹})}=\frac{9.8\times 12\times 737.29}{(33.840+13.328)\times(1\,600-180)}\approx 1.295>1.25$$

经计算，货物在横向滚动方面稳定，不需加固。

典型工作任务 3 使用挡木或掩挡加固货物

任务引入

挡、掩加固以其经济性和可靠性，在铁路货物加固中被广泛使用。理解挡、掩加固的原理，熟悉挡、掩加固常用的加固材料及使用要求，以科学的方法保证运输安全，是本工作任务的目标。

相关知识

1. 挡木加固

挡木加固是货物运输中常用的加固方式之一，通常用以加固平支重面货物，防止货物发生水平移动或倾覆。

(1)挡木加固后货物在倾覆方面的稳定性

由图 7-3-1 可以看出，挡木加固防止货物发生倾覆的原理是：利用挡木来提高货物的倾覆点，从而减小纵向惯性力、横向惯性力和横向风力产生不稳定力矩的力臂，减小纵向惯性力、横向惯性力和横向风力产生的不稳定力矩，从而提高货物的稳定性。

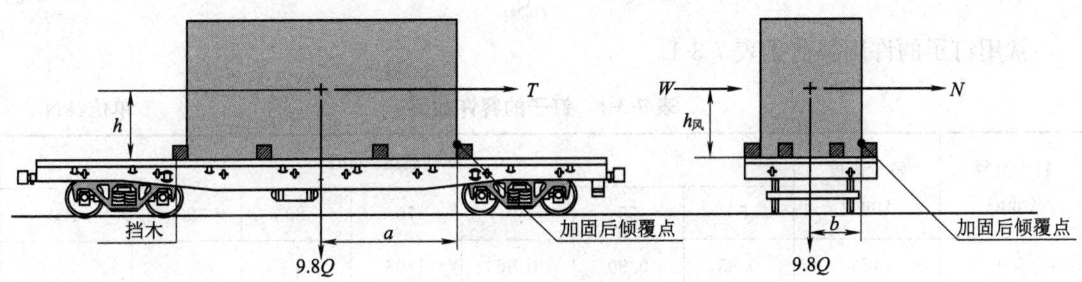

图 7-3-1　挡木加固原理图

使用挡木加固后，货物免于倾覆的条件为

纵向
$$\eta=\frac{9.8Qa}{T(h-h_{挡})}\geqslant 1.25 \tag{7-3-1}$$

横向
$$\eta=\frac{9.8Qb}{N(h-h_{挡})+W(h_{风}-h_{挡})}\geqslant 1.25 \tag{7-3-2}$$

式中　$h_{挡}$——挡木的高度，mm。

单独使用挡木加固，防止货物发生倾覆时，由式(7-3-1)、式(7-3-2)可计算出挡木的最低高度。

防止货物纵向倾覆时

$$h_{挡}=h-\frac{9.8Qa}{1.25T}\quad(\text{mm}) \tag{7-3-3}$$

防止货物横向倾覆时

$$h_{挡}=\frac{1.25(Nh+Wh_{风})-9.8Qb}{1.25(N+W)}\quad(\text{mm}) \tag{7-3-4}$$

(2)挡木加固后货物在水平移动方面的稳定性

单独使用挡木防止货物发生水平移动时，挡木应承受的力为

纵向
$$nS_{挡}=T-F_{纵}\quad(\text{kN}) \tag{7-3-5}$$

横向
$$nS_{挡}=1.25(N+W)-F_{横}\quad(\text{kN}) \tag{7-3-6}$$

式中　n——同方向挡木的个数；

$S_{挡}$——每个挡木应承受的力。

使用挡木加固防止货物水平移动，主要依靠挡木上钉子产生的力，挡木上钉子产生的力按式(7-3-7)计算：

$$nS_{挡}=nIS_{钉} \tag{7-3-7}$$

式中 I——钉子的数量；

$S_{钉}$——钉子的许用载荷，kN。

由式(7-3-7)得，单独使用挡木防止货物发生水平移动时，挡木上钉子的数量可按式(7-3-8)、式(7-3-9)计算：

纵向 $$I=\frac{T-F_{纵}}{nS_{钉}} \tag{7-3-8}$$

横向 $$I=\frac{1.25(N+W)-F_{横}}{nS_{钉}} \tag{7-3-9}$$

常用钉子的许用载荷见表 7-3-1。

表 7-3-1 钉子的容许载荷 单位：kN

钉子直径(mm)	钉子高度(mm)	部件高度(mm)						
		50	55	60	70	80	90	100
5.0	150	0.85	0.90	0.96	1.08			
5.5	175	0.94	1.03	1.08	1.18	1.18		
6.0	200	1.02	1.12	1.23	1.36	1.41	1.41	1.41
7.0	225	1.19	1.32	1.44	1.67	1.80	1.92	1.92
8.0	250	1.37	1.50	1.64	1.92	2.18	2.36	2.50

使用挡木加固时，加固用圆钢钉一般直径不小于 5 mm，圆钢钉的质量应符合冶金行业标准《一般用途圆钢钉》(YB/T 5002—2017)的要求。常用圆钢钉的规格尺寸见表 7-3-2。

表 7-3-2 常用圆钢钉的规格尺寸 单位：mm

直径	5	5.5	6	6.5
长度	100～130	120～175	150～200	160～220

(3)挡木使用要求

使用挡木加固货物时，挡木应采用材质良好，纹理清晰，无腐朽、无木节、无裂纹的木材制作，不得拼接。由于挡木需用钢钉将挡木钉固于车地板上，为防止挡木受力后翻倒，挡木高度不宜过高，常用挡木规格为 400 mm×100 mm×100 mm。

钉固挡木时，禁止使用锈蚀、无钉尖的圆钢钉。圆钢钉应交错布置、垂直钉入，并应避开车地板的缝隙或木板裂纹，圆钢钉的长度必须保证能够接近于将车地板钉穿，以提高挡木强度。

挡木除可以使用木材制作外，还可用型钢或钢板制作成钢挡。钢挡一般采用钉固或螺栓连接的方式固定，使用铁地板货车装运货物时，钢挡还可通过直接焊接的方式固定。

【例 7-3-1】 某托运人在 A 站托运均重木箱包装货物一件，重 10 t，货物全长 7 000 mm，支重面长 7 000 mm，中心高 2 400 mm 处，左右宽各 1 200 mm，货物重心高 1 200 mm。

用自重 20.2 t 的 N17AK 型平车一车负重，均衡装载，为防止货物发生纵向水平移动，在货物两端和两侧分别使用两组规格为 400 mm×100 mm×100 mm 挡木加固，每个挡木上钉 5 颗直径 7 mm 的钢钉。试检验挡木加固后货物的稳定性。

【解】 经计算得作用在货物上的力为：纵向惯性力 $T=212.805$ kN，横向惯性力 $N=28.2$ kN，风力 $W=8.232$ kN，纵向摩擦力 $F_{纵}=44.1$ kN，横向摩擦力 $F_{横}=28.17$ kN。

(1)货物在倾覆方面的稳定性。

纵向 $\eta=\dfrac{9.8Qa}{T(h-h_{挡})}=\dfrac{9.8\times10\times3\ 500}{212.805\times(1\ 200-100)}\approx1.465\geqslant1.25$

横向 $\eta=\dfrac{9.8Qb}{N(h-h_{挡})+W(h_{风}-h_{挡})}$

$=\dfrac{9.8\times10\times1\ 200}{28.2\times(1\ 200-100)+8.232\times(1\ 200-100)}\approx2.93\geqslant1.25$

结论：使用挡木加固后，货物在倾覆方面稳定，不需加固。

(2)货物在水平移动方面的稳定性。

查表 7-3-1 知直径 7 mm 的圆钢钉的许用载荷为 1.92 kN，则挡木产生的稳定的力为

$$nS_{挡}=nIS_{钉}=2\times5\times1.92=19.2(\text{kN})$$

纵向水平移动方面：$\Delta T=T-F_{纵}=212.804-44.10=168.704(\text{kN})>19.2$ kN

横向水平移动方面：$\Delta N=1.25(N+W)-F_{横}$

$=1.25(28.2+8.232)-28.17$

$=17.370(\text{kN})<19.2$ kN

结论：使用挡木加固后，货物在纵向水平移动方面不稳定，仍需加固。

2. 掩挡加固

三角挡、掩木、方木、凹木(图 7-3-2)统称为掩挡，主要用来加固圆柱形货物、带轮货物，防止货物发生滚动。

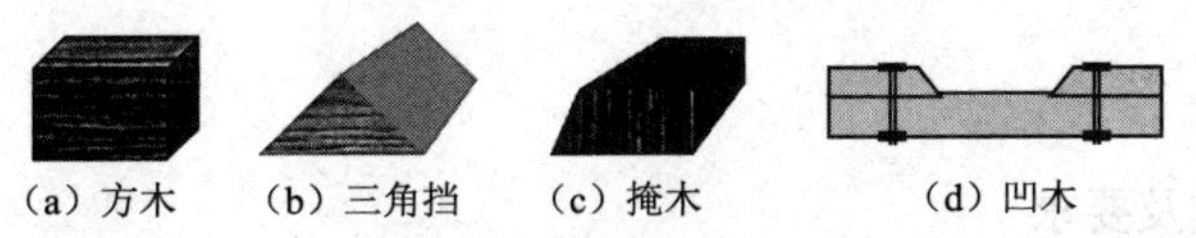

图 7-3-2　掩挡加固材料

掩挡加固的主要原理是，通过提高圆柱形货物和带轮货物的滚动点，减小滚动力矩，从而达到防止货物发生滚动的目的。掩挡加固通常和其他加固方式组合使用。

单独使用掩挡防止圆柱形、球形货物及轮式货物滚动时，掩挡的需要高度可按式(7-3-10)、式(7-3-11)计算：

纵向　$h_{掩}\geqslant(0.374\ 4-0.001\ 8Q_{总})D$　(7-3-10)

横向　$h_{掩}\geqslant0.08D$　(7-3-11)

式中　$Q_{总}$——重车总重，t；

D ——货物的直径或轮径，mm。

配合其他方法加固货物时，其高度（深度）可适当降低。

木制三角挡应选用无节、无裂纹、无虫眼的一级木材制作，掩木、方木、凹木应用坚实的二级及以上木材制作。

三角挡的底宽不得小于高度的 1.5 倍，其高度经计算不足 100 mm 时，按 100 mm 取用。

常用方木的规格（长×宽×高）为 500 mm×200 mm×160 mm。

凹木可用坚实的横垫木与掩木配合制作，必要时，掩木的斜面应尽可能按被掩圆柱体半径制作成弧面，并用螺栓与横垫木牢固连接，每块掩木使用的螺栓数不得少于 2 个。凹木的宽度不小于凹木底面至凹部最低点高度的 1.2 倍。

采用掩挡加固，掩挡与车地板或垫木的联结强度必须足以防止其自身移动或倾覆。使用三角挡或掩木掩挡轮式货物时，其一侧斜面应与货物贴实，底面与车地板接触处应平整。

固定掩挡时，常用圆钢钉和扒锔钉将掩挡钉固在车地板上。扒锔钉常用圆钢或螺纹钢制作，常用扒锔钉规格（长×直径×钉脚长度）：200 mm×10 mm×（50～60）mm。

钉固扒锔钉时，应避免钉在木质加固材料同一横纹上，同时避开车地板的缝隙或木板裂纹。为增强稳定性，扒锔钉应钉固成八字形。钉固时，应上下、左右均匀敲打，逐步推进，使加固材料与货物、车地板贴实贴紧。

典型工作任务 4　使用拉牵绳加固货物

任务引入

拉牵加固是货物加固主要方式之一。认识拉牵加固的形式及要求，理解拉牵加固的原理，熟悉拉牵加固常用的加固材料及使用要求，正确计算拉牵绳应承受的力，合理确定拉牵加固材料种类和数量，培养探究精神和分析问题、解决问题的能力，运用拉牵绳索对货物进行加固，是本工作任务的目标。

相关知识

1. 拉牵加固形式及要求

拉牵加固是货物装载加固中最常用的加固方式。拉牵加固是指用拉牵绳（如镀锌铁线、钢丝绳、盘条等）将货物拴固在车辆上，利用拉牵绳的拉力，来平衡纵向惯性力、横向惯性力和风力，从而防止货物移动和倾覆。拉牵加固主要有八字形、倒八字形、交叉捆绑等形式。各种拉牵方式可单独使用，也可两种或两种以上组合使用。拉牵应尽可能对称，拉牵绳与车地板的夹角一般应接近 45°。若加固主要用于防止货物水平移动时，拉牵绳与车地板的夹角可小于 45°；若主要用于防止货物倾覆，拉牵绳与车地板的夹角应适当大于 45°。

常见的拉牵加固方式如图 7-4-1 所示。

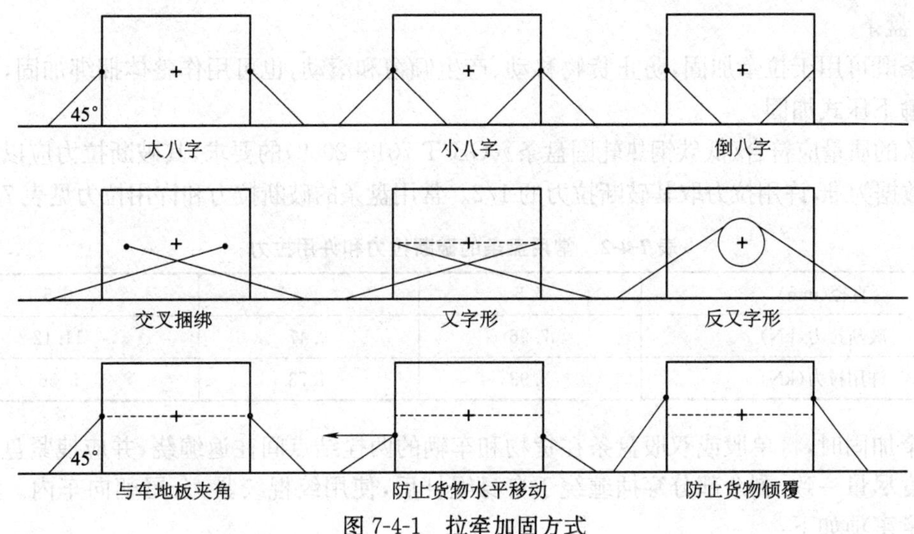

图 7-4-1　拉牵加固方式

2. 拉牵加固常用的加固材料

(1)镀锌铁线

镀锌铁线是一种适应性较强，应用广泛的加固材料。它主要用于拉牵加固和捆绑货物，可防止货物产生倾覆、水平移动和滚动。

镀锌铁线的质量应符合国家标准，其破断拉力应以产品标签上的数据为准，许用拉力取其破断拉力的 1/2。常用镀锌铁线的破断拉力和许用拉力见表 7-4-1。

表 7-4-1　常用镀锌铁线的破断拉力和许用拉力

线号	6	7	8	9	10	11	12
直径(mm)	5.0	4.5	4.0	3.5	3.2	2.9	2.6
破断拉力(kN)	6.7	5.4	4.3	3.29	2.75	2.26	1.82
许用拉力(kN)	3.35	2.7	2.15	1.64	1.37	1.13	0.91

使用镀锌铁线时，常数股拧成一根使用，并用绞棍绞紧，绞紧时不得损伤镀锌铁线。此时，由于每股受力不均匀，所以，每股铁线的拉力值应取其许用拉力的 90%，即

$$n=\frac{S}{0.9P_{许}}\quad(股) \tag{7-4-1}$$

式中　n——镀锌铁线股数；

S——需加固的力，kN；

$P_{许}$——镀锌铁线的许用拉力，kN。

拉牵加固时，将单股或双股镀锌铁线在货物和车辆的两拴结点间往返缠绕，并应拽紧镀锌铁线使各股松紧度尽量一致，剩余部分穿插缠绕于自身绳杆后，使用绞棍绞紧，余尾朝向车内。使用镀锌铁线时的注意事项如下：

①拉牵用的镀锌铁线直径不得小于 4 mm；捆绑用的镀锌铁线直径不得小于 2.6 mm。

②禁止使用已受损、捆绑过货物的铁线。

③镀锌铁线不得用作腰箍下压式加固，一般不用作整体捆绑。

(2)盘条

盘条既可用于拉牵加固,防止货物移动、产生倾覆和滚动,也可用作整体捆绑加固,但不得用作腰箍下压式加固。

盘条的质量应符合《低碳钢热轧圆盘条》(GB/T 701—2008)的要求,其破断拉力应以产品标签上的数据为准,许用拉力取其破断拉力的 1/2。常用盘条的破断拉力和许用拉力见表 7-4-2。

表 7-4-2　常用盘条的破断拉力和许用拉力

直径(mm)	5.5	6	6.5
破断拉力(kN)	7.96	9.47	11.12
许用拉力(kN)	3.98	4.73	5.56

拉牵加固时,将单股或双股盘条在货物和车辆的两拴结点间往返缠绕,并应拽紧盘条使各股松紧度尽量一致,剩余部分穿插缠绕于自身绳杆后,使用绞棍绞紧,余尾朝向车内。盘条使用的注意事项如下:

①禁止使用受损、使用过的和表面有裂纹、折叠、结疤、耳子、分层、夹杂的盘条。

②绞紧时不得损伤盘条。

③拉牵时,禁止盘条两端头相互搭接缠绕。

(3)绞棍

绞棍用于将缠绕后的镀锌铁线、盘条绞紧。绞棍应选用圆直坚实的硬杂木、钢管制件,直径一般为 50 mm,长度为 600 mm,操作困难时,可根据具体情况确定。绞棍留用时必须予以固定,如图 7-4-2(a)所示,且不得超限;绞棍不留用时应采取防松措施如图 7-4-2(b)所示。

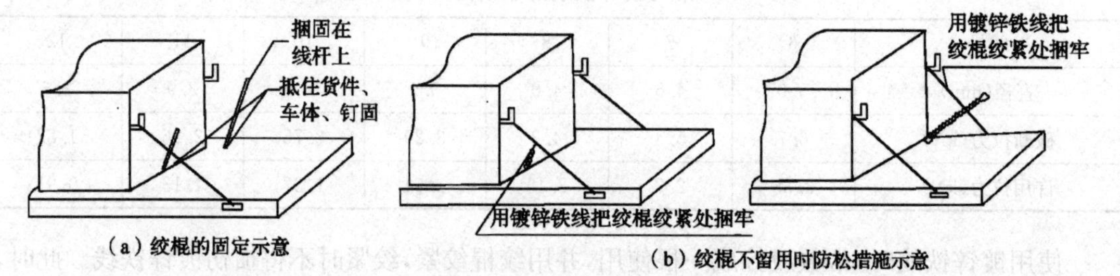

(a)绞棍的固定示意　　(b)绞棍不留用时防松措施示意

图 7-4-2　绞棍使用示意图

(4)钢丝绳和钢丝绳夹

钢丝绳是应用较为广泛的加固材料,即可用于拉牵加固,还可作腰箍下压式加固和整体捆绑。加固货物用的钢丝绳应选用柔性较好的起重、提升和牵引用钢丝绳。

钢丝绳和钢丝绳夹的质量应符合国家标准,实际使用时,钢丝绳的破断拉力应以产品标签上的数据为准,许用拉力取其破断拉力的 1/2。推荐公称抗拉强度 1 670 N/mm² 的 $6\times19_{(b)}$ (1+6+12)型钢丝绳,其规格及破断拉力见表 7-4-3。

表 7-4-3　公称抗拉强度 1 670 N/mm² 规格 $6\times19_{(b)}$ 钢丝绳的最小破断拉力和许用拉力

钢丝绳直径(mm)	6	7	7.7	8	9	9.3	10	11	12	12.5	13
最小破断拉力(kN)	18.5	25.1	31.7	32.8	41.6	45.6	51.3	62	73.8	81.04	86.6

续上表

许用拉力(kN)	9.25	12.55	15.85	16.4	20.8	22.8	25.65	31	36.9	40.52	43.3
钢丝绳直径(mm)	14	15.5	16	17	18	18.5	20	22	24	26	28
最小破断拉力(kN)	100	126.6	131	153.27	166	182.37	205	248	295	346	402
许用拉力(kN)	50	63.3	65.5	76.63	83	91.18	102.5	124	147.5	173	201

拉牵加固时，将钢丝绳穿过紧线器或绕过拴结点后，绳头折回与主绳并列，并选用配套的钢丝绳夹[图 7-4-3(a)]固定。

固定单股钢丝绳端头时，使用钢丝绳夹的数量不得少于 3 个，并按图 7-4-3(b)所示进行布置；两根钢丝绳搭接时，并列绳头应拉紧，用不少于 4 个钢丝绳夹正反扣装并紧固，如图 7-4-3(c)所示。钢丝绳夹间的距离 A 等于 6～7 倍钢丝绳直径，绳头余尾长度宜控制在 100～300 mm 间。

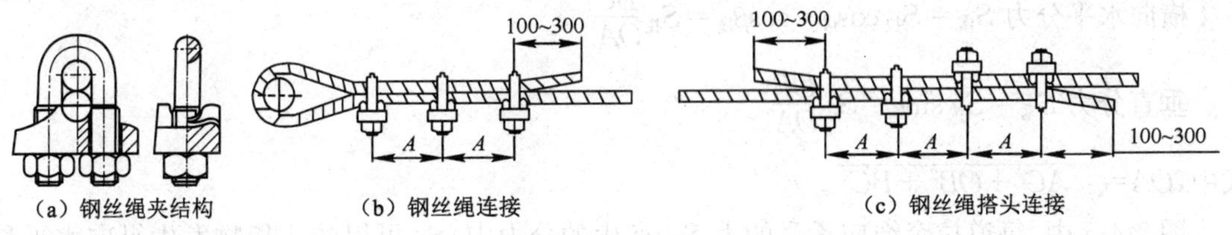

图 7-4-3 钢丝绳夹及使用示意图(单位:mm)

(5)螺旋式紧线器

螺旋式紧线器又称花兰螺栓，可与钢丝绳配合使用加固货物，主要分“OO 型”“OC 型”“CC 型”“OU 型”四种。

螺旋式紧线器与钢丝绳等配合使用时，抗拉强度应匹配。应优先使用“OO 型”和“OU 型”，如图 7-4-4 所示。

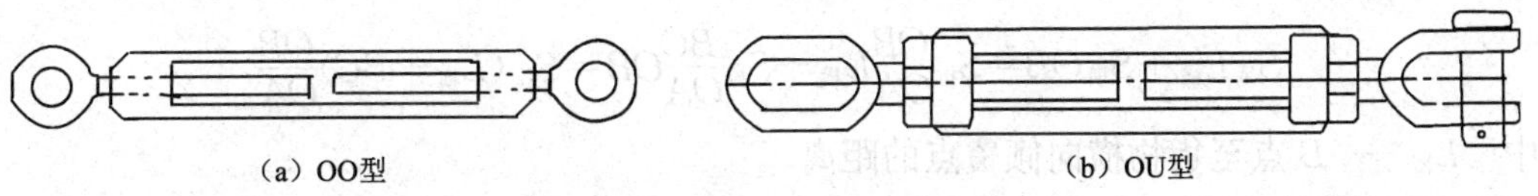

图 7-4-4 螺旋式紧线器示意图

3.拉牵绳应承受的力($S_{拉}$)计算

拉牵加固使用铁线、盘条、钢丝绳加固货物，拉牵线与车地板形成一个夹角 α，拉牵绳产生的垂直分力、纵向水平分力和横向水平分力，起着使货物不发生倾覆、滚动和水平移动的稳定作用。

平支重面货物使用镀锌铁线、钢丝绳或盘条对称拉牵加固如图 7-4-5 所示。

每道拉牵绳应承受的力 $S_{拉}$ 与其产生的垂直分力、纵向水平分力和横向水平分力之间的关系为

纵向水平分力 $S_{纵}=S_{拉}\cos\alpha\cdot\cos\beta_{纵}=S_{拉}\dfrac{AC}{OA}$

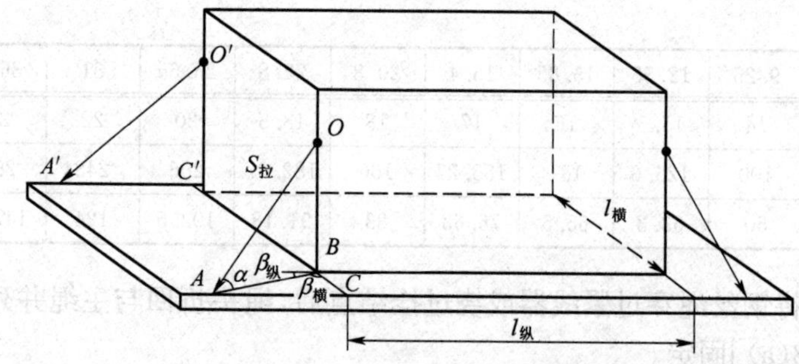

图 7-4-5　对称拉牵加固图

$S_{拉}$—每道拉牵绳应承受的力；A—拉牵绳在车辆上的拴结点；O—拉牵绳在货物上的拴结点；
B—O 点在车地板上的投影；BC—O 点所在的纵向垂直平面与车辆边线的距离；α—拉牵绳与车地板的夹角；
$β_{纵}$—拉牵绳的水平投影与纵向水平分力在车地板投影的夹角；$β_{横}$—拉牵绳的水平投影与横向水平分力在车地板投影的夹角

横向水平分力 $S_{横}=S_{拉}\cos\alpha\cdot\cos\beta_{横}=S_{拉}\dfrac{BC}{OA}$

垂直分力 $S_{垂}=S_{拉}\sin\alpha=S_{拉}\dfrac{OB}{OA}$

式中，$OA=\sqrt{AC^2+OB^2+BC^2}$。

图 7-4-5 中，每道拉牵绳应承受的力 $S_{拉}$ 产生的分力中，$S_{纵}$ 可以防止货物发生纵向水平移动；$S_{横}$ 可以防止货物发生横向水平移动；$S_{垂}$ 和 $S_{纵}$ 可产生防止货物发生纵向倾覆的力矩；$S_{垂}$ 和 $S_{横}$ 可产生防止货物发生横向倾覆的力矩。

$S_{垂}$ 和 $S_{纵}$ 可产生防止货物发生纵向倾覆的力矩，其大小为

$$S_{垂}L_{纵}+S_{纵}OB=S_{拉}\frac{OB}{OA}L_{纵}+S_{拉}\frac{AC}{OA}OB=S_{拉}(L_{纵}+AC)\frac{OB}{OA}$$

式中　$L_{纵}$——B 点至货物纵向倾覆点的距离。

$S_{垂}$ 和 $S_{横}$ 可产生防止货物发生横向倾覆的力矩，其大小为

$$S_{垂}L_{横}+S_{横}OB=S_{拉}\frac{OB}{OA}L_{横}+S_{拉}\frac{BC}{OA}OB=S_{拉}(L_{横}+BC)\frac{OB}{OA}$$

式中　$L_{横}$——B 点至货物横向倾覆点的距离。

在采用拉牵加固后，由于增加了稳定的力矩（力），从而提高货物的稳定性。由式(7-2-1)得，同一方向采用 n 道拉牵绳时，每道拉牵绳应承受的力可按下列方式确定。

(1)防止货物发生纵向倾覆，每道拉牵绳应承受的力

$$S_{拉}^{纵倾}=\frac{1.25Th-9.8Qa}{n(L_{纵}+AC)OB}OA\quad(\text{kN})\tag{7-4-2}$$

(2)防止货物发生横向倾覆，每道拉牵绳应承受的力

$$S_{拉}^{横倾}=\frac{1.25(Nh+Wh_{风})-9.8Qb}{n(L_{横}+BC)OB}OA\quad(\text{kN})\tag{7-4-3}$$

(3)防止货物发生纵向水平移动时，每道拉牵绳应承受的力

$$S_{拉}^{纵移}=\frac{\Delta T}{nAC}OA\quad(\text{kN})\tag{7-4-4}$$

(4)防止货物发生横向水平移动时，每道拉牵绳应承受的力

$$S_{拉}^{横移}=\frac{\Delta N}{nBC}OA \quad (kN) \tag{7-4-5}$$

因为拉牵绳既要防止货物倾覆，又要防止货物移动，所以，每根拉牵绳应承受的力为：

$$S_{拉}=\max\{S_{拉}^{纵移},S_{拉}^{横移},S_{拉}^{纵倾},S_{拉}^{横倾}\}$$

【例 7-4-1】　某托运人在 A 站托运水闸一件，重 18 t，货物全长 12 850 mm，支重面长 11 610 mm，中心高 3 380 mm 处，左右宽各 0 mm，一侧高 3 280 mm 处，左右宽各 1 295 mm，货物重心高 1 690 mm。水闸两侧各有两个捆绑环，共有 4 个捆绑环。使用自重为 20.2 t 的 N17AK 型车均衡装载，如图 7-4-6 所示。

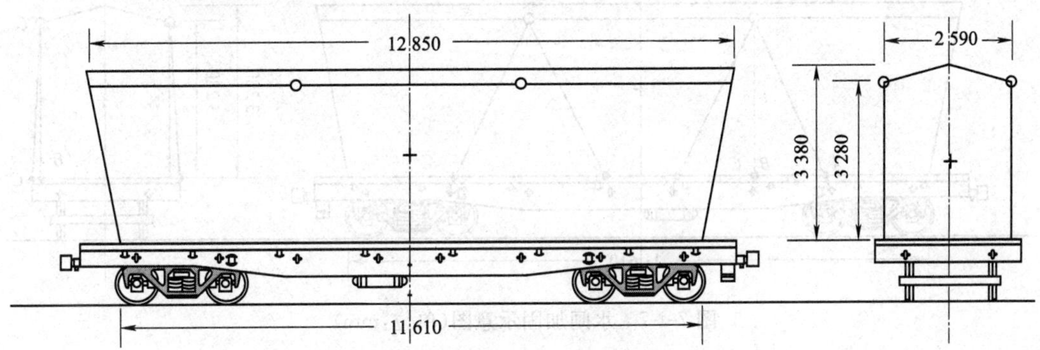

图 7-4-6　水闸装载示意图(单位：mm)

货物装车后，拟采用拉牵加固，试选择加固材料种类，并确定加固材料的数量。

【解】　1. 计算作用在货物上的力

$$\begin{aligned}T&=(0.001\,2Q_{总}^{2}-0.32Q_{总}+29.85)Q\\&=[0.001\,2\times(20.2+18)^{2}-0.32\times(20.2+18)+29.85]\times18\\&=348.788(kN)\end{aligned}$$

$$N=\left(2.82+2.2\frac{a}{l}\right)Q=2.28\times18=50.76(kN)$$

$$Q_{垂}=\left(3.54+3.78\frac{a}{l}\right)Q=3.54\times18=63.72(kN)$$

$$W=qF=0.49\times\frac{(12.85+11.61)\times3.38}{2}=20.255(kN)$$

$$F_{纵}=9.8\mu Q=9.8\times0.4\times18=70.56(kN)$$

$$F_{横}=\mu(9.8Q-Q_{垂})=0.4\times(9.8\times18-63.72)=45.072(kN)$$

2. 检验货物未加固时的稳定性

(1) 倾覆方面稳定性。

纵向 $\eta=\frac{9.8Qa}{Th}=\frac{9.8\times18\times5\,805}{348.788\times1\,690}=1.74>1.25$

横向 $\eta=\frac{9.8Qb}{Nh+Wh_{风}}=\frac{9.8\times18\times1\,295}{50.76\times1\,690+20.255\times1\,690}=1.90>1.25$

经计算，货物在倾覆方面稳定。

(2) 水平移动方面的稳定性。

$\Delta T=T-F_{纵}=348.788-70.56=278.228(kN)>0$

$\Delta N=1.25(N+W)-F_{横}=1.25\times(50.76+20.255)-45.072=43.697(\text{kN})>0$

经计算，货物在水平移动方面不稳定，需加固。

3. 选择加固方法

考虑货物上有捆绑环，适宜采用拉牵加固，加固方法如图 7-4-7 所示。其中，OB=3 280 mm，BC=195 mm，根据 N17AK 型车丁字铁、支柱槽的位置测量确定 AC=1 450 mm，则：

$$OA=\sqrt{AC^2+OB^2+BC^2}=\sqrt{1\ 450^2+195^2+3\ 280^2}\approx 3\ 592(\text{mm})$$

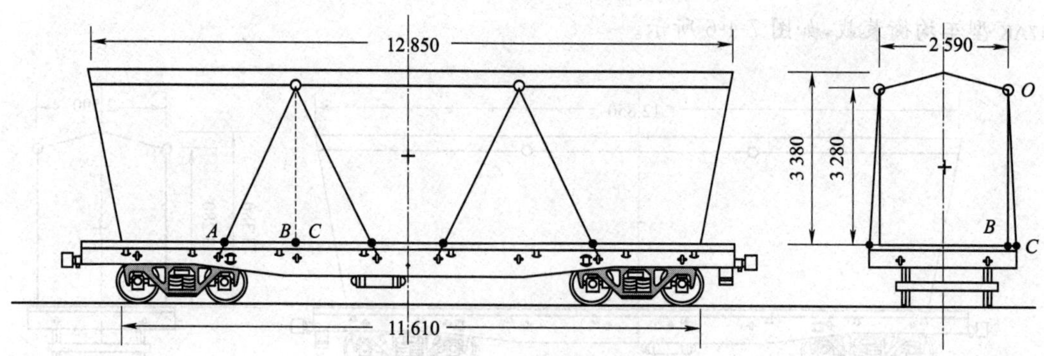

图 7-4-7　水闸加固示意图(单位:mm)

4. 每道拉牵绳应承受的力

由式(7-4-4)得：$S_{拉}^{纵移}=\dfrac{\Delta T}{nAC}OA=\dfrac{278.228}{4\times 1\ 450}\times 3\ 592=172.309(\text{kN})$

由式(7-4-5)得：$S_{拉}^{横移}=\dfrac{\Delta N}{nBC}OA=\dfrac{43.76}{4\times 195}\times 3\ 592=201.230(\text{kN})$

则每道拉牵绳承受的力 $S_{拉}=\max\{S_{拉}^{纵移},S_{拉}^{横移}\}=201.230(\text{kN})$

5. 选择加固材料

(1)采用镀锌铁线加固。

由于镀锌铁线应用较广，成本低廉，故选取常用的 8 号镀锌铁线作为拉牵绳。查表 7-4-1，8 号镀锌铁线的许用应力为 2.15 kN，由公式(7-4-1)得，每道拉牵绳索所需要的铁线股数为

$$n=\frac{S}{0.9P_{许}}=\frac{201.230}{0.9\times 2.15}\approx 104(股)$$

若用镀锌铁线作拉牵绳，需要的股数太多，不易操作。

(2)选用公称抗拉强度 1 670 N/mm² 规格 6×19(b)的钢丝绳作为拉牵绳，查表 7-4-3，其规格为 ϕ20 mm，破断拉力为 205 kN，许用拉力 102.5 kN。

$$每道钢丝绳的根数=\frac{201.23}{102.5}\approx 2(根)$$

因此，每道拉牵绳选用 2 根规格为 ϕ20 mm 的钢丝绳进行加固。

6. 总结

通过上述分析，水闸装车后在水平移动方面不稳定。考虑到货物上有捆绑环，宜采用拉牵加固。

加固材料选用 ϕ20 mm，公称抗拉强度 1 670 N/mm² 规格 $6\times 19_{(b)}$ 的钢丝绳每道拉牵 2 根。加固货物时，应选择与钢丝绳匹配的钢丝夹，在钢丝绳与车地板棱角处采取防磨措施，钢丝绳的余尾长度应不小于 100 mm，不大于 300 mm。

典型工作任务5　使用腰箍加固货物

任务引入

腰箍是指将货物捆绑(箍)在车辆上的加固材料。腰箍加固主要是通过下压捆绑增大货物与车地板或垫木间的正压力,以达到防止货物滚动或移动的目的。

理解腰箍加固原理,熟悉腰箍加固常用的加固材料及注意事项,合理确定腰箍加固材料的种类和数量,以安全运输的理念,运用腰箍对货物进行加固,是本工作任务的目标。

相关知识

1. 腰箍加固常用的加固材料

腰箍既可用钢丝绳制作,也可用扁钢制成。禁止使用镀锌铁线、盘条制作腰箍。

使用扁钢制作腰箍时,扁钢的力学性能应符合国家标准《碳素结构钢》(GB/T 700—2006)、《优质碳素结构钢》(GB/T 699—2015)、《合金结构钢》(GB/T 3077—2015)的要求。扁钢带的断面积可按式(7-5-1)计算:

$$F \geqslant \frac{10P_{腰}}{[\sigma]} \tag{7-5-1}$$

式中　F——扁钢带的断面积,cm^2;

$P_{腰}$——腰箍产生的力,kN;

$[\sigma]$——扁钢带的许用应力(拉应力),MPa,普通碳钢的许用应力取160 MPa。

制作扁钢腰箍时,应符合《加规》附件5常用装载加固材料及装置的要求。

使用腰箍加固货物的注意事项如下:

(1)货物必须能承受腰箍的压力。木箱包装的货物、外壳较薄易于损坏的货物不宜采用腰箍进行加固。

(2)腰箍两端应分别与车辆拴结点或钢座架相连,其预紧力应达到设计要求。

(3)腰箍与货物接触处可加垫橡胶垫等。

(4)禁止使用仅一端有紧固装置的扁钢腰箍。

2. 每道腰箍应承受的力($P_{腰}$)计算

(1)顺向卧装圆柱形货物的加固

顺向卧装的圆柱形货物在外力的作用下可能发生水平移动和横向滚动,为防止圆柱形货物发生移动和滚动,选用横腰箍加固,如图7-5-1所示。每道腰箍会产生向下的垂直分力$P_{垂}$和横向水平分力$P_{横}$,由于横向水平分力很小,通常忽略不计。

每道腰箍产生的垂直分力大小为

$$2P_{垂}=2P_{腰}\cos\gamma \tag{7-5-2}$$

式中　$P_{垂}$——腰箍产生的垂直分力,kN;

$\cos\gamma$——腰箍两端拉直部分与车辆纵向垂直平面的夹角的余弦,其值为

$$\cos\gamma=\frac{EF}{EG}$$

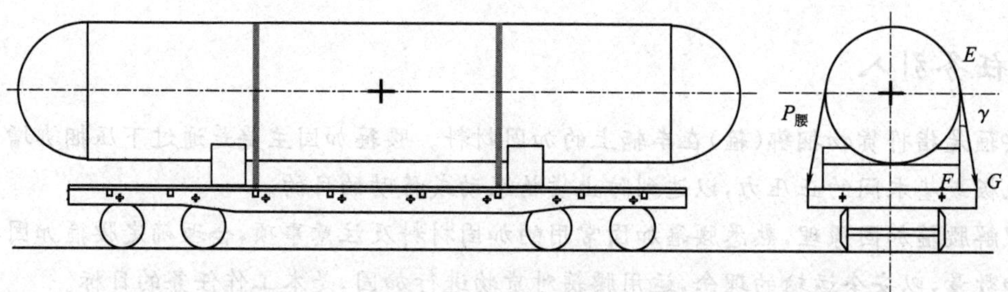

图 7-5-1　腰箍下压加固圆柱形货物示意图

$P_腰$—腰箍需加固的力；E—下压腰箍与圆柱形货物的切点；EF—E 到车地板的距离；EG—E 到腰箍在车辆上的拴结点的距离；γ—拉牵绳与 E 点所在纵向垂面的夹角

①防止货物横向滚动时每道腰箍应承受的力

腰箍产生的垂直分力既可以防止货物发生横向滚动，又可以防止货物发生水平移动。防止货物横向滚动时，每道腰箍产生的稳定力矩为 $2bP_腰\cos\gamma$。根据稳定性的检验公式，防止货物横向滚动时，每道腰箍应承受的力为

$$P_{腰}^{滚}=\frac{1.25(N+W)(R-h_{掩}-h_{凹})-9.8Qb}{2nb\cos\gamma}\quad(\mathrm{kN})\tag{7-5-3}$$

式中　$P_{腰}^{滚}$——防止货物横向滚动时，每道腰箍应承受的力，kN；

n——腰箍的道数；

R——货物的半径，mm；

$h_掩$——掩木或三角挡与货物接触点的高度，mm；

$h_凹$——凹木切口的深度，mm；

b——货物重心所在纵向垂直平面至货物与掩木或三角挡接触点之间的距离，mm。

②防止货物水平移动时每道腰箍应承受的力

由于腰箍产生的垂直分力增大了货物与凹木（凹木与车地板）之间的正压力，每道腰箍使货物与凹木（凹木与车地板）之间增加了 $2\mu P_腰\cos\gamma$ 大小的摩擦力，根据稳定性的检验公式，防止货物发生移动时，每道腰箍应承受的力为

$$P_{腰}^{移}=\frac{\max\{\Delta T,\Delta N\}}{2n\mu\cos\gamma}\quad(\mathrm{kN})\tag{7-5-4}$$

式中　$P_{腰}^{移}$——同时防止纵向和横向水平移动，每道腰箍应承受的力，kN；

ΔT——防止纵向水平移动需加固的力，kN；

ΔN——防止横向水平移动需加固的力，kN。

③同时防止货物发生滚动和移动时每道腰箍应承受的力

$$P_腰=\max\{P_{腰}^{移},P_{腰}^{滚}\}$$

【例 7-5-1】　某托运人在 A 站托运钢制圆柱形货物一件，重 30 t，长 11 500 mm，直径 2 000 mm，自带高度为 210 mm 钢鞍座 2 个，鞍座鞍口深度为 160 mm，货物与鞍座间有 10 mm厚的橡胶垫，拟用自重 19.7 t 的 N17AK 型平车一车负重，均衡装载，两鞍座中心线之间距离为 8 000 mm。该货物拟采用 4 道腰箍加固，确定加固材料种类和数量。

【解】 1.计算作用在货物上的力

$$T=(0.001\,2Q_{总}^2-0.32Q_{总}+29.85)Q$$
$$=[0.001\,2\times(19.7+30)^2-0.32\times(19.7+30)+29.85]\times30$$
$$=507.303(\text{kN})$$

$$N=\left(2.82+2.2\frac{a}{l}\right)Q=2.82\times30=84.6(\text{kN})$$

$$Q_{垂}=\left(3.54+3.78\frac{a}{l}\right)Q=3.54\times30=106.2(\text{kN})$$

$$W=qF=0.245\times(11.5\times2)=5.635(\text{kN})$$

$$F_{纵}=9.8\mu Q=9.8\times0.4\times30=117.6(\text{kN})$$

$$F_{横}=\mu(9.8Q-Q_{垂})=0.4\times(9.8\times30-106.2)=75.12(\text{kN})$$

2.检验货物的稳定性

(1)货物在横向滚动方面的稳定性

$$b=\sqrt{R^2-(R-h_{凹})^2}=\sqrt{1\,000^2-(1\,000-160)^2}\approx543(\text{mm})$$

$$\eta=\frac{9.8Qb}{(N+W)(R-h_{凹})}=\frac{9.8\times30\times543}{(84.6+5.635)\times(1\,000-160)}\approx2.1\geqslant1.25$$

经计算,货物在横向滚动方面稳定。

圆柱形货物单独使用掩挡加固时,掩挡的高度 $h_{掩}=0.08D=0.08\times2\,000=160(\text{mm})$,与鞍座鞍口深度相同,故货物在横向滚动方面稳定,无须加固。

(2)水平移动方面的稳定性

$$\Delta T=T-F_{纵}=507.303-117.6=389.703(\text{kN})>0$$

$$\Delta N=1.25(N+W)-F_{横}=1.25\times(84.6+5.635)-75.12=37.674(\text{kN})>0$$

经计算,货物在水平移动方面不稳定,需加固。

3.采用4道腰箍加固(图7-5-2),计算每道腰箍应承受的力

$$EG=\sqrt{OG^2-OE^2}=\sqrt{OD^2+DG^2-OE^2}=\sqrt{(1\,000+50)^2+1\,490^2-1\,000^2}\approx1\,524(\text{mm})$$

$$FG\approx DG-R=1\,490-1\,000=490(\text{mm})$$

$$EF=\sqrt{EG^2-FG^2}=\sqrt{1\,524^2-490^2}\approx1\,443(\text{mm})$$

$$\cos\gamma=\frac{EF}{EG}=\frac{1\,443}{1\,524}\approx0.947$$

$$P_{腰}=\frac{\max\{\Delta T,\Delta N\}}{2n\mu\cos\gamma}=\frac{398.703}{2\times4\times0.4\times0.947}\approx128.568(\text{kN})$$

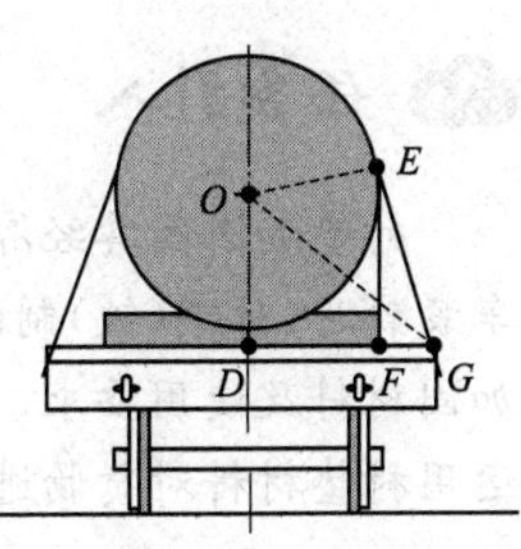

图7-5-2 【例7-5-1】加固图

4.选择加固材料种类及数量。

(1)选用公称抗拉强度1 670 N/mm² 规格 $6\times19_{(b)}$ 的钢丝绳作为拉牵绳,其规格为 ϕ24 mm,每道一根;或 ϕ16 mm,每道2根。

(2)选用许用应力[σ]=160 MPa的低碳钢制作扁带钢,其断面积:

$$F\geqslant\frac{10P_{腰}}{[\sigma]}=\frac{10\times128.568}{160}\approx8.233(\text{cm}^2)$$

(2)箱形货物的加固

箱形货物常采用拉牵加固,对无拴结点的箱型货物,可采用腰箍加固,如图7-5-3所示。

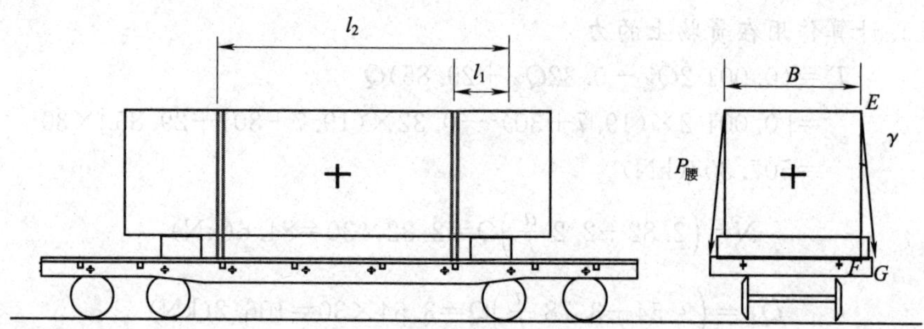

图 7-5-3　腰箍加固箱形货物示意图

$P_{腰}$—下压腰箍需加固的力；E—下压腰箍与货物的接触点；EF—E 到车地板的距离；EG—E 到腰箍在车辆上拴结点的距离；γ—下压腰箍与 E 点所在纵向垂面的夹角

下压式加固防止货物发生倾覆时，每道加固线应承受的力可按式(7-5-5)、式(7-5-6)计算：

纵向
$$P_{腰}^{纵倾}=\frac{1.25Th-9.8Qa}{2(l_1+l_2+\cdots+l_n)\cos\gamma}\quad(\text{kN})\tag{7-5-5}$$

横向
$$P_{腰}^{横倾}=\frac{1.25(Nh+Wh_{风})-9.8Qb}{nB\cos\gamma}\quad(\text{kN})\tag{7-5-6}$$

式中　$P_{腰}^{纵倾}$——克服纵向倾覆时，每道加固线应承受的力，kN；

$P_{腰}^{横倾}$——克服横向倾覆时，每道加固线应承受的力，kN；

n——采用的下压腰箍的道数；

B——腰箍垂直分力到货物横向倾覆点的距离，mm；

$l_1,l_2,\cdots,l_n$——腰箍各垂直分力至货物纵向倾覆点之间的距离，mm。

防止货物水平移动时每道腰箍应承受的力同式(7-5-4)。

同时防止货物倾覆和水平移动时每道加固线应承受的力为

$$P_{腰}=\max\{P_{腰}^{移},P_{腰}^{纵倾},P_{腰}^{横倾}\}$$

典型工作任务 6　运用衬垫材料或焊接方式加固货物

任务引入

衬垫加固因其经济性和简便易行的特点，在货物加固中被广泛运用；使用铁地板长大货物车装载时，对钢(铁)制的加固材料(如钢挡、钢制底座)可采用焊接加固。熟悉衬垫加固常用的加固材料及使用要求，了解焊接加固的基本要求，以安全运输的理念和认真细致的工作态度，运用衬垫材料对货物进行加固，是本工作任务的目标。

相关知识

1. 衬垫加固

衬垫加固是指装运超长货物时使用的横垫木，为避免集重载荷使用的纵垫木或横垫木，以及为防止货物移动而使用的条形草支垫、稻草绳把、稻草垫等加固材料对货物进行的加固。

(1)垫木和隔木

装运货物时，为增大车地板负重面的长度和宽度避免集装重载荷、降低超限等级或防止超长货物突出部分底部与游车车地板接触，必要时需使用纵、横垫木。在分层装载货物时，特别是金属制品，为防止层间货物滑动，必须使用隔木。

垫木和隔木必须使用无削弱强度的木节和裂纹、坚实、纹理清晰、无腐烂的整块木材制作。

①横垫木

常用横垫木的规格为(2 700～3 000)mm×150 mm×140 mm，装载超长货物时横垫木的高度根据突出车端长度计算确定。

使用横垫木时，垫木长度不应小于货物底宽(特殊情况除外)，不大于车地板宽度；垫木宽度不应小于垫木高度；两垫木中心线之间距离应符合货物免于集重装载的技术条件，必要时应使用纵垫木和横垫木。

②纵垫木

纵垫木常配合横垫木使用，以防止出现集重载荷。纵垫木的长度应根据实际需要确定，常用纵垫木的宽度为 150 mm，高度为 140 mm。

③隔木

装运金属制品时，为防止层间货物滑动，必须使用隔木。隔木的长度应根据实际需要确定，常用隔木的宽度为 100 mm，高度为 35 mm。横向铺放隔木时，长度不得小于货物的装载宽度，但不大于车辆的宽度。

(2)稻草绳把

加固货物时，稻草绳把常用于支承货物并起防滑作用，既可置于车地板之上，也可置于货物层间。

稻草绳把的长度可根据实际需要确定，常用稻草绳把的直径为 ϕ(110～120)mm，长度为 1 450 mm；单根稻草绳把允许承载 150 kN，且压实后高度不得小于 40 mm。

使用稻草绳把加固货物时，应严格控制货物的装车温度，以防稻草绳把焦煳、燃烧造成失效；同层货物下衬垫的稻草绳把应规格应相同；装车后每端露出货物边缘不小于 100 mm(货物装载宽度与货车内宽接近时除外)；避免集重装载时，稻草绳把在车地板上的铺垫位置应满足货物免于集重装载的技术条件。

稻草绳把应采用优质、干燥稻草和直径不小于 0.7 mm 的镀锌铁线制作，并符合《加规》附件 5 有关规定。禁止使用腐烂变质的稻草或有伤痕、锈蚀的镀锌铁线制作的稻草绳把。

(3)稻草垫

稻草垫一般铺垫于货物与车地板间或货物层间用作防滑衬垫材料。稻草垫应采用优质、干燥稻草密实编织成型。稻草垫厚度不得小于 30 mm，压实后不得小于 10 mm。

使用稻草垫加固货物时，应严格控制货物装车时的温度，以防稻草垫焦煳、燃烧造成失效；货物装车后，其露出货物边缘四周的余量不得小于 100 mm(货物装载宽度与货车内宽接近时除外)。

(4)条形草支垫

条形草支垫用于支承货物并起防滑作用，既可置于车地板之上，也可置于货物层间。

条形草支垫应采用优质、干燥稻草和镀锌铁线制作，禁止使用腐烂变质的稻草或有伤痕、锈蚀的镀锌铁线制作的条形草支垫。条形草支垫的质量应满足铁道行业标准《装载加固材料和装置　第 2 部分：条形草支垫》(TB/T 3079.2—2003)的要求，常用条形草支垫规格尺寸见表 7-6-1。

表 7-6-1　常用条形草支垫规格尺寸　　单位：mm

型号	D30	D70	D100	D120
长度	1 450±10	1 450±10	1 450±10	1 450±10
宽度	160+5	160+5	160+5	160+5
高度	30+10	70+10	100+10	120+10

注：1. 长度可根据实际需要确定，装车后每端露出货物边缘不小于 100 mm(货物装载宽度与货车内宽接近时除外)；

2. 本表规定的规格，如不能适应所装货物需要，应在具体装载加固方案中明确。

单根条形草支垫允许承载重量和压实后高度值应符合表 7-6-2 的要求。

表 7-6-2　条形草支垫允许承载重量和压实后高度值

型号	单根允许承载负荷(kN)	压实后高度(mm)
D30	150	≥10
D70		≥40
D100		≥40
D120		≥40

使用条形草支垫加固货物时，应严格控制货物装车时的温度，以防条形草支垫焦煳、燃烧造成失效；装车后每端露出货物边缘不小于 100 mm(货物装载宽度与货车内宽接近时除外)；避免集重装载时，条形草支垫在车地板上的铺垫位置应满足货物免于集重装载的技术条件。

(5)橡胶垫

加固货物时，常使用橡胶垫作为缓冲材料、防磨材料和防滑材料。

橡胶垫用作衬垫、防滑材料时，一般置于货物与车地板间或货物层间；用作防磨材料时，置于拉牵加固材料与货物、车辆棱角接触处；作为缓冲材料时，一般置于货物与阻挡加固材料间。

橡胶垫的尺寸可根据实际情况确定，不得使用再生橡胶制作。用作衬垫的橡胶垫，要求抗压强度高，硬度适中；用作防磨的橡胶垫，要求抗拉强度高。

橡胶垫在安放、使用过程中，应避免与油脂等油类物质以及其他对橡胶有害的物质接触。

2. 焊接加固

使用铁地板长大货物车装载货物时，对钢(铁)制的加固材料(如钢挡、钢制底座)可采用焊接加固。焊接加固属于刚性加固。

使用铁地板长大货物车装载的货物，在货物两端或两侧焊接钢挡时，每个钢挡焊缝长度 l 可按下式计算：

防止纵向移动时：

$$l_{纵}=\frac{10\Delta T}{0.7nK[\tau]}\quad(\text{cm})\tag{7-6-1}$$

防止横向移动时：

$$l_{横}=\frac{10\Delta N}{0.7nK[\tau]}\quad(\text{cm})\tag{7-6-2}$$

式中　K——焊缝高度，cm；

n——同一端或同一侧钢挡的个数；

$[\tau]$——焊缝的许用剪切应力，MPa，一般取 60～70 MPa。

焊接加固时应采取安全接地措施，禁止在车辆上挖孔。卸车时应由卸车单位恢复车辆原状。

【例 7-6-1】　某托运人在 A 站托运圆形过滤器一件，重 15 t，全长 8 210 mm，直径 4 060 mm，重心位于圆心高度处，下部焊接长度为 5 300 mm，宽 2 180 mm，高 70 mm 的凹型钢垫架。用自重 36 t 的 D_{10} 型车一辆装运，货物装载如图 7-6-1 所示。

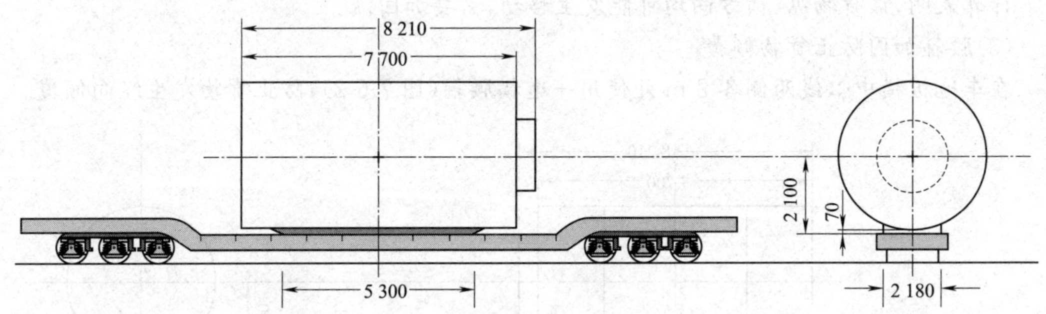

图 7-6-1　过滤器装载示意图(单位：mm)

试确定加固方法及加固材料。

【解】　D_{10} 型车为铁地板长大货物车，由于该货物底座架为钢制造，若货物在水平移动方面不稳定，可采用刚性焊接加固；若货物在倾覆方面不稳定，可采用腰箍加固防止货物发生倾覆。

1. 计算作用在货物上的力

(1)纵向惯性力

柔性腰箍加固时：

$$
\begin{aligned}
T &= (0.001\,2Q_{总}^2 - 0.32Q_{总} + 29.85)Q \\
&= [0.001\,2\times(36+15)^2 - 0.32\times(36+15) + 29.85]\times 15 \\
&= 249.768(\text{kN})
\end{aligned}
$$

焊接加固时：

$$T=(26.69-0.13Q_{总})Q=[26.69-0.13\times(36+15)]\times 15=300.9(\text{kN})$$

(2)横向惯性力：$N=\left(2.82+2.2\dfrac{a}{l}\right)Q=2.82\times 15=42.3(\text{kN})$

(3)垂直惯性力：$Q_{垂}=\left(4.53+7.84\dfrac{a}{l}\right)Q=4.53\times 15=67.95(\text{kN})$

(4)风力：$W=qF=0.245\times(7.7\times 4.06)\approx 7.659(\text{kN})$

(5)摩擦力

$$F_{纵}=9.8\mu Q=9.8\times 0.3\times 15=44.10(\text{kN})$$

$$F_{横}=\mu(9.8Q-Q_{垂})=0.3\times(9.8\times 15-67.95)=23.715(\text{kN})$$

2. 检验货物稳定性

(1)货物在倾覆方面的稳定性

纵向 $\eta=\dfrac{9.8Qa}{Th}=\dfrac{9.8\times 15\times 2\,650}{249.768\times 2\,100}\approx 0.743<1.25$

横向 $\eta=\dfrac{9.8Qb}{Nh+Wh_{风}}=\dfrac{9.8\times 15\times 1\,090}{42.3\times 2\,100+7.659\times 2\,100}\approx 1.527>1.25$

经检验，货物在纵向倾覆方面不稳定，需加固。

(2)货物在水平移动方面的稳定性

纵向 $\Delta T = T - F_{纵} = 300.9 - 44.1 = 256.8(\text{kN}) > 0$

横向 $\Delta N = 1.25(N+W) - F_{横}$

$= 1.25 \times (42.3 + 7.659) - 23.715 = 38.734(\text{kN}) > 0$

计算表明,该货物纵、横方向均可能发生移动,需要加固。

(3)腰箍加固防止货物倾覆

在车地板横中心线两侧各 2 m 处使用一道横腰箍(图 7-6-2),防止货物发生纵向倾覆。

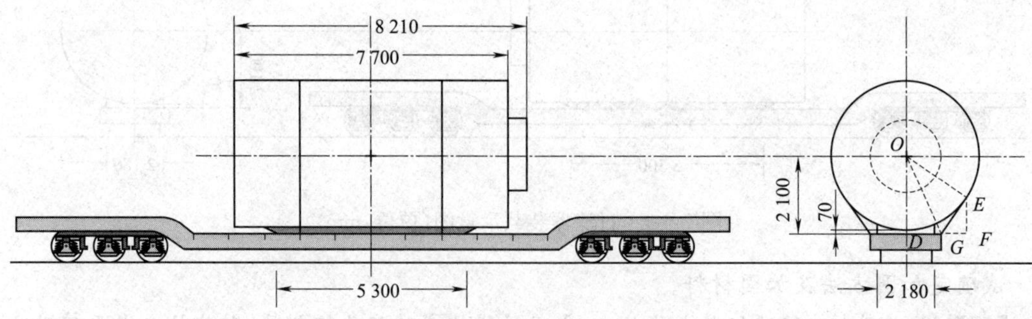

图 7-6-2 过滤器腰箍加固示意图(单位:mm)

$OD = 2\ 030 + 70 = 2\ 100(\text{mm})$,$DG = 1\ 500$ mm,$FG \approx 530$ mm,则:

$$EG = \sqrt{OD^2 + DG^2 - OE^2}$$
$$= \sqrt{2\ 100^2 + 1\ 500^2 - 2\ 030^2}$$
$$\approx 1\ 593(\text{mm})$$

$$EF = \sqrt{EG^2 - FG^2} = \sqrt{1\ 593^2 - 530^2} \approx 1\ 502(\text{mm})$$

$$\cos\gamma = \frac{EF}{EG} = \frac{1\ 502}{1\ 593} \approx 0.94$$

$$l_1 = 2\ 650 - 2\ 000 = 650(\text{mm})$$

$$l_2 = 2\ 650 + 2\ 000 = 4\ 650(\text{mm})$$

$$P_{腰} = \frac{1.25Th - 9.8Qa}{2n(l_1 + l_2)\cos\gamma} = \frac{1.25 \times 249.768 - 9.8 \times 15 \times 2\ 650}{2 \times 2 \times (650 + 4\ 650) \times 0.94} \approx 13.353(\text{kN})$$

由于每道腰箍应承受的力较小,故选用公称抗拉强度为 1 670 N/mm² 规格 $6 \times 19_{(b)}$,规格为 $\phi 7.7$ mm,许用拉力为 15.85 kN 的钢丝绳作为拉牵绳,每道一根。

(4)焊接加固防止货物发生移动

采用腰箍加固后,货物底座架与车地板间增加的摩擦力为

$$F = 2n\mu P_{许}\cos\gamma = 2 \times 2 \times 0.3 \times 15.85 \times 0.94 = 17.878\ 8(\text{kN})$$

焊缝高度 K 取 1 cm,$[\tau]$取 70 MPa。

纵向上焊缝总长度由式(7-6-1)得

$$l_{纵} = \frac{10\Delta T}{0.7K[\tau]} = \frac{10 \times (300.9 - 44.1 - 17.878\ 8)}{0.7 \times 1 \times 70} \approx 48.8(\text{cm})$$

横向上焊缝总长度由式(7-6-2)得

$$l_{横} = \frac{10\Delta N}{0.7K[\tau]} = \frac{10 \times (38.734 - 17.878\ 8)}{0.7 \times 1 \times 70} \approx 4.3(\text{cm})$$

总结，该货物采用柔性加固与刚性加固相结合的方法。

柔性加固采用两道横腰箍加固，分别拉牵在车地板横中心线两侧各 2 m 处，加固材料选用公称抗拉强度 1 670 N/mm^2 规格 $6\times19_{(b)}$，规格为 ϕ7.7 mm 钢丝绳作为拉牵绳，每道一根。

刚性加固采用焊接加固，焊缝高度 K 取 1 cm，$[\tau]$取 70 MPa，纵向每端焊接长度不得小于 48.8 cm，横向每侧焊接长度不得小于 4.3 cm。

项目小结

通过本项目的学习，熟悉运行中作用在货物上的力，正确检验货物稳定性，能选择合适的加固方法，计算加固材料强度，选择合适的加固材料，初步具备制订货物加固方案的能力。贯彻安全生产的指导思想，以科学、严谨的态度，根据具体情况制订加固方案，以保证运输安全。

相关规范、规程与标准

《铁路货物装载加固规则》(铁总运〔2015〕296 号)。

复习思考题

1. 简述三角挡在货物加固中的作用及使用要求。
2. 简述拉牵加固的形式及要求。
3. 使用镀锌铁线作为拉牵加固材料，加固货物时有哪些要求?
4. 使用钢丝绳作为拉牵加固材料，加固货物时有哪些要求?
5. 简述焊接加固的使用条件及注意事项。
6. 简述横垫木的使用要求。
7. 简述稻草绳把的使用要求。
8. 简述条形草支垫的使用要求。
9. 简述橡胶垫的使用要求。
10. 木箱包装货物一件，重 15 t，长 8 400 mm，宽 2 700 m，高 3 400 m，货物重心高 1.5 m，用自重 19.7 t 的 N17AK 型平车一辆装运，均衡装载，在纵向、横向均采用规格为 400 mm×100 mm×100 mm 两组档木加固，每个挡木上钉直径 6 mm 的钢钉 5 颗。

要求：

(1)计算作用在货物上的力。

(2)检验货物的稳定性。

11. 木箱包装设备一件，重 15 t，货物规格 8 000 mm×2 400 mm×3 000 mm，货物重心高 1 450 mm，在货物两侧，距货物每端各 1 000 mm 处有一拴结点，拴结点距货物支重面 1 400 mm。用自重 19.7 t 的 N17AK 型平车装载，货物重心投影落在车地板纵横中心线的交叉点上。

要求：

(1)计算作用在货物上的力。

(2)检验货物装车后的稳定性。

(3)若货物装车后不稳定,选择加固方式并确定加固材料种类及数量。

12. 圆柱形金属化工设备(非铸钢)一件,重 22 t,长 16 600 mm,直径 3 500 mm,货物自带高度为 540 mm 的凹木两根,其中凹木切口深度为 300 mm,垫木高度为 240 mm,用 NX17AK 型车一车负重,一端突出装载,使用 NX17AK 型车一辆做游车,两垫木分别放置于车辆的枕梁上。

要求:

(1)计算作用在货物上的力。

(2)检验货物装车后的稳定性。

(3)若货物装车后不稳定,选择加固方式并确定加固材料种类及数量。

13. 蒸球一件,重 7.5 t,直径 3 400 mm,自带一个铸钢底座,底座总高 450 mm,底座深 150 mm,用自重 19.7 t 的 N17AK 型车一车负重,均衡装载,货物装载加固如题图 7-1 所示。

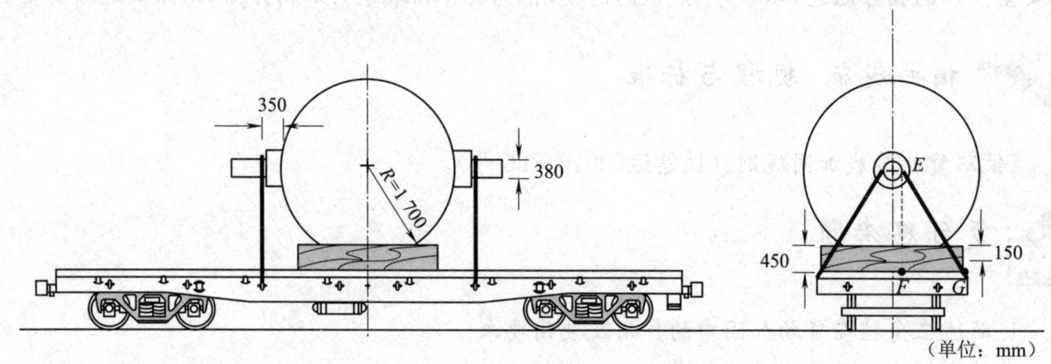

题图 7-1

要求:确定加固材料的种类和数量。

14. 钢铸件一件,货重 30 t,货物全长 14 200 mm,货物支重面长 14 200 mm,货物重心高 1 400 mm,中心高 3 000 mm 处,左宽 1 400 mm,右宽 1 400 mm,用自重 19.7 t 的 N17AK 型车一车负重,一端突出装载,用 N17AK 型车一辆作游车,使用规格为 2 980 mm×200 mm×180 mm横垫木,两垫木分别放置于车辆两枕梁上,货物装载如题图 7-2 所示。

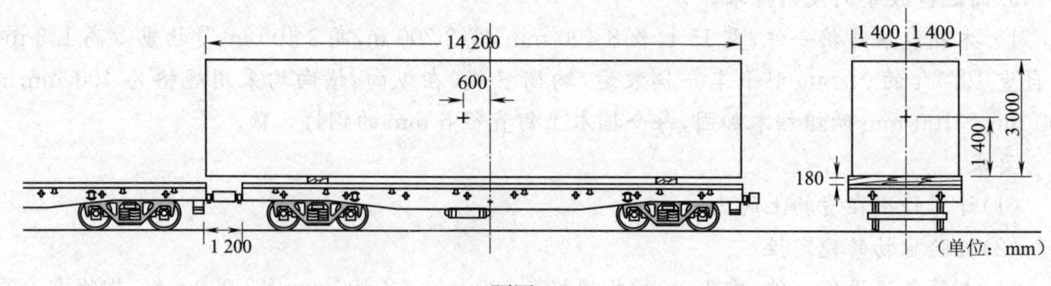

题图 7-2

要求:

(1)计算作用在货物上的力。

(2)检验货物装车后的稳定性。

(3)若货物装车后不稳定,选择加固方式并确定加固材料种类及数量。

项目8　货物装载加固与货车满载工作

项目描述

装载加固与满载工作是保证货物运输安全和提高铁路运输经济效益的有效措施与途径。了解货车满载工作方法,依据满载工作及装载加固的基本原理,遵守按方案装车的基本要求,根据现场工作的具体情况,制订或选择货物装载加固方案,在保证安全的前提下,做好货物装载加固和货车满载工作,提高铁路运输的经济效益,是本项目学习的主要内容。

学习目标

1.能力目标

根据现场工作的具体情况,制订或选择货物装载加固方案,在保证安全的前提下,做好货物装载加固和满载工作。

2.知识目标

(1)了解国铁集团现行装载加固方案。

(2)掌握成件包装货物、散堆装货物、典型货物装载加固要求。

(3)了解货车满载工作方法,掌握货车满载工作考核指标。

(4)了解集装化运输形式,掌握组织集装化运输条件。

3.素质目标

认识到货物装载加固及满载工作在铁路货运生产中的重要性,以科学、严谨的态度,根据装载加固方案要求组织装车,在保证安全运输前提下,做好货车满载工作。

相关案例——大型机械设备的装载加固

某企业拟运输WY型挖掘机一台,重38.5 t,货物外形尺寸10 840 mm×3 000 mm×3 450 mm,重心距尾端3 300 mm,货物重心高1 250 mm,铁路受理该货物后应如何进行装载加固?

首先根据《铁路货物装载加固定型方案》选取该货物的装载加固方案(方案号080401),根据确定的方案,选择装运车辆(木地板平车)和加固材料,之后根据方案进行货物的装载、加固,以保证货物运输安全。

典型工作任务1　理解装载加固方案设计与管理

任务引入

货物装载加固是保证运输安全的重要措施。装载加固方案是一项技术工程,它包含着工程设计,是规章的具体落实。了解装载加固方案设计的要求及步骤,熟悉铁路装载加固方案管理,增强按规章作业保证运输安全的意识,能够根据货物分类查找相应的定型方案或暂行方案;能对指定货物参照定型方案或暂行方案选择比照方案,进行货物装载加固工作,是本工作任务的目标。

相关知识

知识点1　装载加固方案设计

装载加固方案管理

1. 装载加固方案设计要求

货物装载加固方案是货物装载与加固工作的重要依据,也是铁路运输安全的重要保障。货物装载加固方案设计是一项技术性较强的工作。在制订货物装载加固方案时,应充分考虑货物的特点及运输要求,并严格遵守《加规》《超规》等有关铁路规章规定,制订出经济合理的装载加固方案。

经济合理的装载加固方案应包括以下几个方面:

(1)首先这个方案是合理的,符合《加规》规定,能够保证运输安全。

(2)其次它又是经济的,有比较好的经济技术指标。

①对车辆载重力的利用率较高。

②对车辆的运行条件要求最低。如超限货物在尽量避免下部超限的情况下,选择超限程度最低的装载方案,最大限度降低重车重心高(重车重心高最好不超过2 000 mm)等。

③装载加固方法简便,易于实施,加固材料最节省等。

④运输费用较低。

2. 影响装载加固方案设计的因素

影响货物装载加固方案设计的因素很多,主要包括以下两个方面:

一是车辆因素。目前,我国铁路装运大件货物的车辆主要有敞车、普通平车和长大货物车,这些车辆各有不同的特点,如敞车为侧壁承载结构,车底架采用直梁,集中载荷能力较小;普通平车一般为车底架承载结构,为提高集中载荷能力一般采用鱼腹形梁。因此在设计货物装载方案时,应根据货物特点选择合适的车辆。

二是货物的自身特点。铁路运输的货物种类繁多,不同货物具有不同的特点,在选择装载方案和加固方案时,应充分考虑货物的重量、重心高度及外形尺寸。

3. 装载加固方案设计的步骤

(1)了解货物的特点及运输要求

设计装载加固方案前,应充分了解并掌握制订方案时依据的货物所有技术数据,这些数据包括货物重量、外形尺寸、结构特点、重心位置、支重面尺寸、加固点的位置等。必要时应通过对现货进行实际测量,精确掌握货物的有关技术数据。

了解货物的技术数据时，应考虑到可能采取的装载加固方案以及进行装载加固方案计算所需要的相关数据。

(2)制订装载方案

①根据货物的特点及运输要求，合理选择货车。

选择车辆时应根据货物重量、外形尺寸、结构特点、重心位置、支重面尺寸等有关数据，计划采用的装载方法以及车辆的承载结构及特点，综合考虑，选用合适的货车。如装运上部超限等级比较高或重心比较高的货物，为降低上部超限程度或降低重车重心高，选择车辆时可选用凹底平车。

②选择装运件数和装载方法，并画出货物装载示意图。

根据货物重量，结合货物的外形结构特点，选择装运件数和合适的装载方法。选择货物装载方法时，应优先考虑均布载荷，均布载荷的优点在于装车作业简单，货物装车后重心较低，稳定性较高等。

③验证装载方案。

选择货物装载方法后，应按《加规》规定的货物装载的基本技术条件，逐项验证各项要求是否符合规定。

a. 是否符合《加规》有关避免集重装载的技术条件，如果不符合要求，请重复①或②。

b. 检验货物重心水平位置是否符合要求，如果不符合要求，请重复①或②。

c. 若货物突出车端装载时，应检验货物突出车辆端梁的长度是否符合《加规》要求。

对需要使用游车或跨装运输的货物，应按规定计算垫木(或货物转向架)的最低高度，货物自带垫木(支架)或货物转向架时，应检验垫木(支架)或货物转向架高度是否符合要求，垫木(支架)装载位置应遵守《加规》有关避免集重装载的技术条件，货物转向架放置位置应符合重心水平位置的要求。

d. 计算重车重心高，并确定运行条件。若重车重心高超过 2 000 mm，可考虑能否降低重车重心高，若可以，请重复①或②。

e. 检查货物是否超限。

非超限货物装车后，如果超限请重复①或②。

超限货物装车后，选择货物检定断面计算点，确定超限等级。如果出现货物下部或上部超限程度过大时，可考虑重复①或②，以降低超限等级。

④选择最优装载方案。

如果一批货物有多个可选的装载方案，而不能确定已选方案为最优方案时，请重复①、②、③步，将每个可选方案逐一检验，选出各可选的合理装载方案，然后将各合理方案的技术经济指标进行比较，优选出经济合理的装载方案。

(3)制订加固方案

加固方案设计的工作主要包括：

①计算作用在货物上的力。

②检验货物的稳定性。

根据货物的外形特点，结合装载方法，检验货物在水平移动、倾覆或滚动方面的稳定性。

③选择加固方法。

首先，选择加固方法时，应根据货物的稳定性，结合货物装载方法、货物外形、车辆结构特点、货物上拴结点位置等情况，综合考虑，选择适用的加固方法。如用木地板平车装运的平支重面货物，在水平移动方面不稳定时，货物上有合适的拴结点时，可采用拉牵加固；如在货物上无法进行拴结时，可选用腰箍加固。

其次，选择加固方法时，对于有防震要求的货物，应避免采用刚性加固。必须采用钢挡加固时，应在钢挡与货物间加缓冲胶垫，此时纵向惯性力仍按柔性加固计算。

最后，选择加固方法时，对同一件货物，一般不要同时采用两种不同的加固方法，特别应避免刚性加固和柔性加固同时并用。

④计算加固材料的强度。

⑤确定加固材料种类和加固材料的数量。

知识点 2　装载加固方案

装载加固方案是一项技术工程，它包含着工程设计，是规章的具体落实。在国外，设计装载加固方案有上百年的历史。在我国，铁路货运工作者在长期实践的基础上，汲取国外好的做法，结合我国国情和铁路运输实际，总结制订出一套具有中国特色的铁路运输装载加固方案。它的公布实施，对于保证铁路运输安全起到了重要作用。但是，装载加固方案并非一成不变，随着科技进步，新产品层出不穷，为了方便托运部门，且能保证安全，要求不断完善、修订装载加固方案，并且逐步走向规格化、标准化。

1. 装载加固方案的种类和作用

铁路货物装载加固方案分为装载加固定型方案（以下简称定型方案）、装载加固暂行方案（以下简称暂行方案）和装载加固试运方案（以下简称试运方案）。

定型方案系《加规》附件 1 所列方案，是铁路明定品名与规格的定型方案，此方案系列化程度较强、覆盖范围也比较广，是一个规范性的文件，与《加规》具有同等效力，是执行“按方案装车”和“装车质量签认”制度的基本依据。托运人和承运人签订有关协议时都应该严格遵守和执行。

暂行方案系由铁路局集团公司审批报国铁集团备案的铁路局集团公司明定的货物装载加固方案，是对定型方案的有效补充，这些方案很可能在适当时机被纳入定型方案。同时，暂行方案不应与定型方案相抵触，也不应重复。铁路局集团公司审批的暂行方案适用范围均为管内各装车站和托运人。

试运方案是根据货物特性，其装载加固方案可能突破《加规》规定，但经过论证、试验证明其安全性，且需要实际运输进一步检验的方案。

无论是定型方案、暂行方案，还是试运方案，对现场来讲都具有较强的实用性和可操作性。

2. 定型方案的内容

定型方案包括 11 类 49 项，涉及货物装载品类千余种。具体分为：01 类成件包装货物，02 类集装件及箱装设备，03 类水泥制品、料石及箱装玻璃，04 类木材、竹子，05 类起重机梁及钢结构梁、柱、架，06 类轧辊、轮对、电缆、钢丝绳、变压器及卧式锅炉，07 类金属材料及制品，08 类轮式、履带式货物，09 类圆柱形、球形货物，10 类大型机电设备，11 类国际联运进口设备。

每个方案用一个编号来编码。编号由六位阿拉伯数字组成。从左至右，第 1、2 位为类别代码，第 3、4 位为项别代码，第 5、6 位为顺序码。

每个定型方案都包括以下内容：

①定型方案示意图。

②货物规格。指明了货物的重量范围、外形尺寸情况及货物性质。在此内容中，还应指明

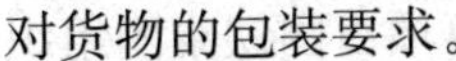

对货物的包装要求。

③准用货车。指明了车辆的使用限制情况。

④加固材料(装置)。指出所用加固材料的种类。

⑤装载方法。确定出了合理、具体的装车方案。

⑥加固方法。确定了装车后，具体的加固措施，按方案加固即是严格按本条规定进行加固。

⑦其他要求。本条规定的是一些有关装载加固的特殊规定或强调装载加固后的附属工作。

【例 8-1-1】 装载加固方案举例

方案编号:020202 表示 02 类 02 项顺号 02 箱装设备(Ⅱ)，如图 8-1-1 所示。

(1)货物规格:外形尺寸长≤13 m，宽≤3.4 m，高≤2.6 m，重心高度≤1/2 箱高，件重 30～55 t。

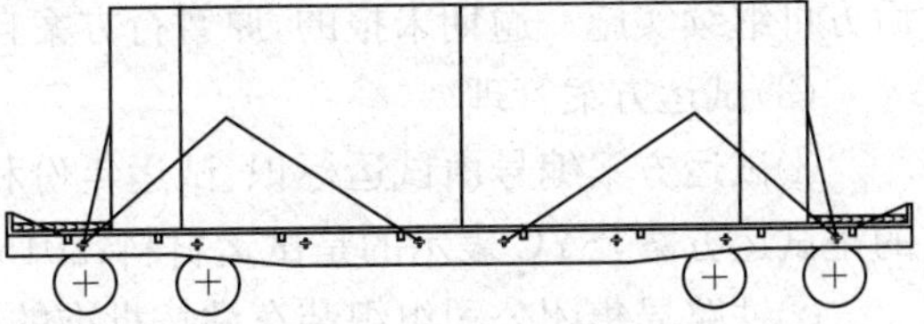

图 8-1-1　箱装设备(Ⅱ)

(2)准用货车:有端板的木地板平车。

(3)加固材料:8 号镀锌铁线，ϕ15.5 mm 钢丝绳(破断力不小于 126.6 kN)或 ϕ14 mm 钢丝绳(破断拉力不小于 100 kN)，钢丝绳夹，垫木，挡木。

(4)装载方法:

①货物装于车辆中部，重心投影位于货车的纵、横中心线的交叉点上。

②箱宽大于 3 200 mm 的必须使用横垫木，将货物底面垫高至距轨面 1 250 mm 以上。

(5)加固方法:

①货物重量小于 40 t 时，用 ϕ14 mm 钢丝绳 2 股，在每侧各拉牵 2 个八字形加固，端部用镀锌铁线 10 股作交叉拉牵捆绑，拉牵绳一端应捆绑在货物本体上或包装箱的底盘上。

②货物重量 40～55 t 时，用 ϕ15.5 mm 钢丝绳 2 股，在每侧各拉牵 2 个八字形加固，端部用镀锌铁线 14 股作交叉拉牵捆绑，拉牵绳一端应捆绑在货物本体上或包装箱的底盘上。

③箱的两端各用 3 根挡木，顶固至车辆端板，并用镀锌铁线 14 股(7 周)将车端丁字铁与同侧车侧第一位支柱槽拉牵捆绑 1 道。

(6)其他要求:箱内设备必须固定在包装箱底座(底盘)上，箱体应具有足够的强度。

3. 装载加固方案的管理

(1)定型方案管理

定型方案的补充、优化和试运方案的审批管理工作由国铁集团负责，定型方案长期有效。

国铁集团货运部负责组织不定期按区域对铁路局集团公司暂行方案质量进行检查，组织每年增补一次定型方案。铁路局集团公司应于每年 6 月底前提出增补定型方案申请，申请增补为定型方案的应是符合《加规》规定、铁路局集团公司组织装运过、经实践检验安全可靠、方案内容(格式、表述、制图、计算说明书或论证试验报告)符合要求的暂行方案；铁路局集团公司应同时提供执行方案的主要装车站、近 3 年的装车总数和执行简况以备核查。

(2)暂行方案管理

暂行方案的审批管理工作由铁路局集团公司货物装载加固主管部门负责。铁路局集团公司应明确直属货运站段装载加固方案审批的范围并严格控制审批权限，加强方案制订工作的监督检查；一经发现站段违规批复或出现方案质量严重问题，应立即停止执行相应方案并及时收回相应的审批职权。

卷钢暂行方案应由铁路局集团公司审批。重大并涉及普遍性的试运事项由国铁集团组织立项专题研究。

铁路局集团公司及其直属货运站段应明确方案审批流程和工作标准，并对装载加固方案实行集体审核制度。

铁路局集团公司应建立暂行方案电子化档案，每月月底前将批准的暂行方案电子版报国铁集团货运部备案。

暂行方案有效期由铁路局集团公司规定。到期后凡需继续执行的，方案执行单位应在有效期结束前一个月将方案执行情况和下一步运用请求逐级审核上报铁路局集团公司，经批准后方可继续实施。逾期未报的，原暂行方案自行废止。

(3)试运方案管理

①试运方案编号由试运标识、试运年份和顺序代码组成。如：SY(SYC)2015-01，SY 表示的是试运方案，SYC 表示的是试运材料；2015 年执行时的顺号为 01。

②铁路局集团公司组织装车站按批准的试运方案组织试运。试运工作要精心组织，根据实际情况进行押运或跟踪监测。

③铁路局集团公司和装车站应严格控制和掌握试运方案的试运范围，未经国铁集团货运部批准，任何单位不得扩大试运范围。

④装车站要建立试运方案管理台账，对试运方案从严掌握。装后对货物装载加固状态进行影像留存，并在货物运单"承运人记事"栏内记明方案编号；装车铁路局集团公司要组织提出按试运方案装车的货物装载加固状况检查重点表，随同货物运单一同寄送到站；到站要按照检查重点表内容进行重点检查和确认，并留存备查；到站、中途站发现问题时，除按规定处理外，同时向国铁集团货运部及发送局、发站拍发电报，未拍发电报的，追究到站或中途站责任。

国铁集团货运部和装车铁路局集团公司对试运过程中出现严重安全隐患的，应予立即停止试运、分析原因，整改到位后可继续试运。

⑤每年年底前，装车铁路局集团公司应将试运总结(装车量，装车过程或到站、中途站发现的主要问题及解决措施)和下步运用建议以局函(电)报国铁集团货运部。试运满 1 年后且能证明试运效果良好的，可提出扩大试运范围申请。对匿报、谎报试运问题并经查实的，予以通报批评；情节严重的，取消其试运资格。

⑥试运方案不跨年度，连续试运期限一般不超过 3 年。试运到期后，装车铁路局集团公司应将整体试运情况以及下步运用建议以局函(电)报国铁集团货运部，经专家审查后，将安全可靠的方案纳入定型方案管理。

4.装载加固方案的执行

托运人托运货物时，应详细提供货物的外形尺寸、单件重量、重心位置、支重面长度及宽度、货物运输安全的特殊要求等相关资料；对货物的活动部位(部件)、货物的装载加固特殊要求以及涉及货物和运输安全方面的其他重要情况，托运人须提出书面说明并盖章或签字，对内容的真实性负完全责任。

凡使用铁路敞车、平车、长大货物车及敞、平车类专用货车装运的成件货物，有定型方案、暂行方案和试运方案的，一律严格按方案装车。

与既有定型方案和暂行方案中货物规格(包括单件重量、重心位置、外形尺寸、支重面长度和宽度等)相近，装载加固方法相同并且使用相同车辆装载的货物，由装车站提出比照申请(试运方案和超过有效期的暂行方案不得比照)，发送局或直属货运站段按权限确认后批准装车站执行，并纳入暂行方案管理。

暂无方案的，由托运人向装车站申报计划装载加固方案(以下简称计划方案)，或由装车站组织制定计划方案并经托运人同意，必要时还应同时提出装载加固计算说明书或论证报告，并按权限报批。经专家审查合格后，准许试运。试运方案的论证、试验程序和管理必须遵守《加规》有关规定。

知识点3　货物装载加固的应急处置

1.抢险、救灾、事故救援等特殊原因运输

抢险、救灾、事故救援等特殊原因运输时，装车单位可现场参照货物装载加固基本技术要求确定安全快捷的加固方法，保证快速运输和运输安全。

2.列车运行途中发现问题的处理

(1)需立即停车处理

列车运行途中，发现卧装卷钢，发生滚动；货物活动部件发生旋转、开放，会刮打行车设备或影响邻线机车车辆；存在直接危及行车安全的其他情形，应立即停车处理。

(2)应在前方站停车处理

列车运行途中，发现焦炭围挡倒塌或存在危及行车安全的其他情形，应在前方站停车处理。

(3)应在前方停车站处理(若途经货检站，应在货检站停车处理)

列车运行途中，发现加固材料松动，但不会发生货物活动部件旋转、开放；或存在行车安全隐患的其他情形，应在前方停车站处理(若途经货检站，应在货检站停车处理)。

典型工作任务2　认识货车满载工作

任务引入

货车是铁路装载货物的工具，车辆的使用效率越高，则运输成本越低。提高货车使用效率，就意味着用同样多的货车，可以运送更多的货物，运输经济效益越高。建立满载的概念，熟悉常用的满载工作方法和满载工作的考核指标；正确运用满载工作方法，充分运用设备特点挖潜提效，不断提高铁路运输的经济效益，是本工作任务的目标。

相关知识

知识点1　满载工作意义及指标

货车满载工作是在安全运输的前提下，提高货车静载重。其意义在于铁路能以同样数量的货车完成更多的货运量，为国民经济持续、高速、稳定的发展提供必需的运能。做好货车满载工作可以降低铁路运输成本，加速商品流通，节省运输支出，提高社会经济效益，缓和铁路紧张区段的通过能力，并减少车辆使用数量。

其基本要求是：一是装载货物应合理选择车辆，货种适合车种，充分利用货车的有效载重力和容积；二是满载工作应逐步做到货物捆包机械化、包装标准化、装载定型化、运输集装化。铁路局集团公司和装车站要加强货车满载组织管理，不断改进货物包装和装载方法，优化装载方案，总结工作经验，实现巧装满载。

1. 货车平均静载重

货车平均静载重是指车站、铁路局集团公司或全路在一定时期内平均每辆货车装载货物吨数。

货车平均静载重反映了货车在静止状态下载重量的利用程度。它是铁路衡量装车质量的主要指标之一，也是铁路运营工作的主要指标之一，其计算公式如下：

$$P_{静} = \frac{\sum P_{发}}{\sum U_{装}} \quad (\text{t/车}) \tag{8-2-1}$$

式中 $P_{静}$——货车平均静载重，t/车；

$\sum P_{发}$——一定时期内发送货物总吨数，t；

$\sum U_{装}$——一定时期内总装车数，车。

货车平均静载重有平均静载重和品类别静载重。

货车平均静载重的大小，直接影响到为完成一定发送货物吨数所需要的运用车数。货车平均静载重提高时，就可以减少运用车数，或者用相同数量的运用车可以完成更多的货物发送吨数。

由于受货车类型、货物性质、包装状态、装载方法等多个因素的影响，货车平均静载重只说明装车时货车标记载重量的利用程度，并不能真实反映每辆货车载重能力被利用的程度。

2. 货车载重力利用率

货车载重力利用率是指车站、铁路局集团公司或全路在一定时期内全部所装货车的载重能力被利用的百分率。它是检查货车标记载重量是否充分利用的一项重要指标，其计算公式如下：

$$\lambda = \frac{P_{静}}{P_{标平}} \times 100\% \tag{8-2-2}$$

式中 λ——货车载重力利用率；

$P_{标平}$——货车平均标重，t/车，其计算公式为

$$P_{标平} = \frac{\sum P_{标}}{\sum U_{装}} \quad (\text{t/车})$$

其中，$\sum P_{标}$ 表示一定时期、一定范围内的货车标记载重量总吨数，单位为 t。

无论运用车中大、小型车比重如何变动，货车载重力利用率指标都可以正确反映货车载重力利用程度，真实反映现场工作中满载工作的完成质量。

知识点 2　满载工作的主要方法

货车满载工作的方法有很多，如改善货物包装及其状态、整车货物轻重配装、合理装载货物、集装化运输等。

1. 改善货物包装及其状态

货物的包装不仅是保证货物安全、适合运输条件的必要条件，而且与车辆载重量的利用率也有密切关系，货物的外形状态则更是直接影响车辆能否满载的重要因素。

改善货物包装目标主要包括两个方面：一是提高货物的单位重量，使其接近或等于车辆的

比重；二是使货物外形尺寸与货车内部的长、宽、高相匹配。通过改善货物包装，可以有效提高货车载重量的利用率。

(1)机械打包。机械打包主要是对可以压紧的轻浮货物(如棉、麻、毛)使用机械打包，从而提高单位体积重量，从而提高货车载重量。

(2)包装标准化。对包装无一定规格、大小不等的货物，或包装尺寸不适应车辆的尺寸、不能充分利用货车容积的货物，通过改变包装，统一包装规格，使其与使用的主要车型的长、宽、高相适应，减少货件之间的空隙，充分利用货车的有效容积，提高装载量。

(3)改变货物的包装外形。对一些不能压缩体积的货物，如蛋品、鲜蔬菜、鲜果品等，把货物的包装由圆锥体改为长方体，以减少货物装载空隙，提高货车装载量。

(4)机械的拆解运输。铁路上运输的各种工农业机械，大部分体积庞大，占用很多空间，货车载重量利用率很低，对这类货物的运输，可以在不影响机械质量、便于拆后重装的前提下，组织拆解运输，提高货车静载重。

2.整车货物轻重配装

以整车托运的重质货物和轻质货物，由铁路组织配合装载，称为整车货物轻重配装。装车时应先装重质货物然后装轻质货物。

重质货物是指未装满货车容积，但已达到货车标记载重量的货物；轻质货物是指装满货车容积，但未达到货车标记载重量的货物。

轻重配装是为了充分利用货车标重和容积，根据这一原理可以得出一组关系式：

$$\begin{cases} P_{标}=P_{轻}+P_{重} \\ V_{有效}=V_{轻}+V_{重}=\dfrac{P_{轻}}{\gamma_{轻}}+\dfrac{P_{重}}{\gamma_{重}} \end{cases}$$

解之得出：

$$P_{重}=\frac{\gamma_{重}(P_{标}-V_{有效}\gamma_{轻})}{\gamma_{重}-\gamma_{轻}} \tag{8-2-3}$$

$$P_{轻}=P_{标}-P_{重} \tag{8-2-4}$$

式中　$P_{标}$——货车标记载重量，t；

$V_{有效}$——货车有效容积，m^3；

$P_{重}$——应装的重质货物吨数，t；

$P_{轻}$——应装的轻浮货物吨数，t；

$V_{重}$——应装的重质货物体积，m^3；

$V_{轻}$——应装的轻浮货物体积，m^3；

$\gamma_{重}$——重质货物单位体积重量，t/m^3；

$\gamma_{轻}$——轻浮货物单位体积重量，t/m^3。

3.合理装载货物

合理装载货物就是不断改进货物装载方法，提高装载技术，充分利用货车的有效容积，合理利用车辆的长、宽、高，提高货车的装载量。

(1)合理配置货物，做到紧密装载，减少车辆空余容积。

装载货物时，根据货物性质、规格和形状，结合使用的货车类型，采用不同的装载法，做到最大限度地缩小货物相互之间的空隙，以充分利用货车的有效容积，从而达到提高货车载重力利用率的目的。如采用各种套装方法，大小件货物层层套装，大小头掉头装载。

(2)合理利用限界空间进行装载，提高货车装载量。

装载货物时，充分利用敞、平车在长度、宽度、高度方面限界条件，以提高货车载重力利用率。如装运木材采用外插支柱、装运竹子采用支柱与挡壁、轻浮货物起脊装载、散装货物采用货车加围挡或起脊装载、装运汽车采用爬装法、装运畜禽类应尽量组织多层装载等。

(3)正确测定货物体积，防止亏吨。

散堆装货物，如煤、碎石、砂、矿石等货物，单位体积重量大，使用敞车装运均能达到货车容许载重量。确定货物重量可采用轨道衡、电子秤，但并不是所有的装车点都有轨道衡或电子秤。对不具备称重条件的装车站，在装运此类货物时，可利用货物比重乘以体积的方法来确定货物重量。利用货物比重乘以体积的方法来确定货物重量时，应正确测定货物比重和货物体积，防止超载和减少亏吨。

知识点3　货物集装化运输

凡使用集装用具和自货包装、捆扎等方法，将散装、小件包装、不易使用装卸机械作业的货物，按规定集装成特定的单元后运往到站的，皆为集装化运输。

1. 集装化运输的优越性

(1)减少了货损货差，保证了货物运输安全。

(2)便于实现装卸机械化，提高作业效率。

(3)简化包装，节约包装材料。

(4)提高库存数量和货位利用率。

(5)简化点件交接作业。

(6)提高货车载重力的利用率。

(7)有利于开展联运，实现门到门运输。

(8)有利于货场整洁畅通。

2. 集装用具的基本条件

在集装化运输中，组织货物集装货件的方法可分为两种不同的基本形式：一种是借助集装用具的货物集装件；另一种则是借助捆扎索夹具或捆扎材料的货物集装件。我们将用以货物集装化的箱、盘、笼、袋、架、夹、预垫绳等称为集装用具。

选用集装用具时，凡能够采用一次性集装用具的货物，必须采用一次性用具；循环使用的用具采用折叠、套装、拆解等形式。集装用具应具备下列条件：

(1)有足够的刚度和强度。

(2)有利于货物的码放，能够保证货物、人身、行车安全，不损坏车辆。

(3)具有机械作业需要的起吊装置或叉孔。

(4)能够充分利用货车容积或载重力。

(5)循环使用的用具，能够拆解、折叠、套装，便于回送，满足最大利用货车装载能力及容积的要求。

集装用具应根据集装方式及货物性质涂打以下标记：配属单位、编号，站名，自重及最大载重能力，外形尺寸或容积，制造单位、制造日期，货物储运图示标志等。

3. 集装化运输的形式

(1)托盘。托盘是具有载货平面、设有叉孔、便于叉车作业的一种用于装卸、搬运和堆放货物的集装用具。使用时，将货物定型码放在托盘上，用塑料套、纸带或其他材料与托盘加固成一个整体进行运输。托盘适用于外形比较规则的货物，如图 8-2-1(a)所示。

(2)集装桶。集装桶是用钢材制造的桶状容器，如图 8-2-1(b)所示。集装桶适宜用来装运粉末或颗粒状货物。这种容器经久耐用，可以长期使用，特别是能与工厂的生产流水线相衔接，全部可以使用机械作业。

(3)集装捆。集装捆是指用某一材料通过捆扎的方法，将货物集装成一定规格的集装货件。如对钢管、钢板的打捆，对金属块，有色金属锭、氧气瓶的捆扎等，这是最简易的集装方法，具有用料少、效果好的特点。

(4)集装网。集装网是用维纶绳、丙纶绳或钢丝编成的网络。适用于集装带有包装的粮食、化肥、食盐、滑石粉等袋装货物和不带包装的片石、石灰石、铁矿石等块状货物，如图 8-2-1(c)所示。

(5)集装笼。集装笼是钢制的笼式容器，如图 8-2-1(d)所示。适宜于装载砖瓦、小型水泥预制件、瓷器、水果及其他杂货。其规格形状可根据货物和车辆的要求进行制造。如砖瓦重，笼形可低些；水果、杂货轻，笼形就可大一些。有盖无盖可视货物要求而定。

(6)集装袋。集装袋是用坚韧材料制作的大口袋(如用布涂橡胶、丙纶编织布、维纶帆布等)。可用于敞车运输，适宜装运粉末或颗粒货物。使用丙纶编织布制成的集装袋，每袋可载重 1 t，底部设有卸料口，在卸料时抽动卸料的活结绳头，袋内货物自动从卸料口下落，其造价低，只需使用 2～4 次即可收回成本，如图 8-2-1(e)所示。

(7)集装架。集装架是一种比集装笼更简易的集装用具，具有与集装盘功能相类似的底座，并有向空间延伸的框架结构。其结构有 L 字形、A 字形和方形等多种形式。集装架主要用于集装平板玻璃[图 8-2-1(f)]、耐火砖等，构造简单，实用价值高。

(8)预垫运输。预垫运输是对长形货物(如竹、木、钢管、塑料管、钢筋、角铁等)，在装车时预先用钢丝绳或尼龙绳绞绕，绳的两端做有套扣，以便在卸车时可以整捆一次用机械起吊。托运人也可自货预垫，如装运竹、木在货车地板或每层货物间放置预垫用具，在敞车侧板与货物间放置立柱。预垫用具的高度和立柱的大小，以能方便地穿引起吊钢丝绳为度，为货物在到站卸车创造方便条件。此项预垫工作，可以从运输全过程，包括装卸车和短途搬运的汽车都进行预垫，效果更为显著，如图 8-2-1(g)所示。

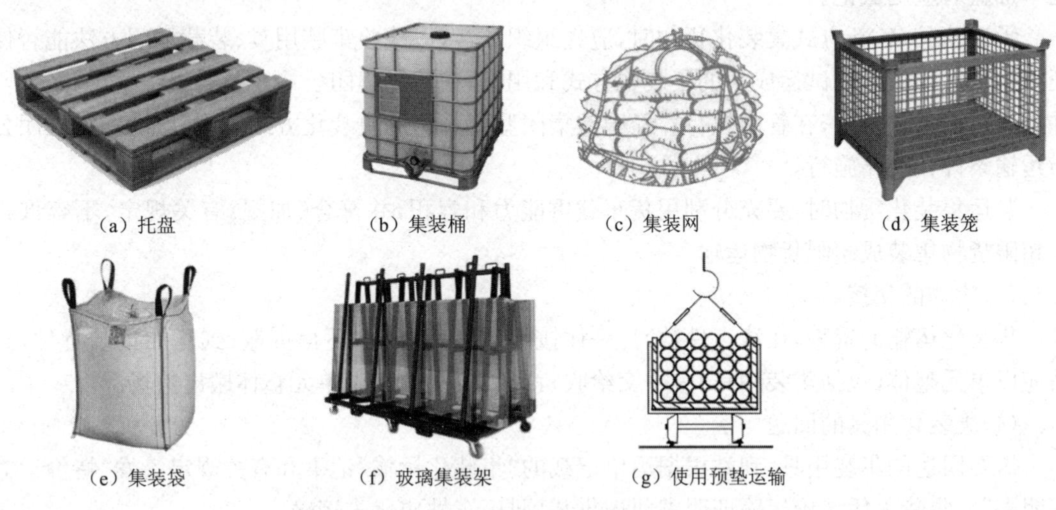
(a) 托盘　(b) 集装桶　(c) 集装网　(d) 集装笼
(e) 集装袋　(f) 玻璃集装架　(g) 使用预垫运输

图 8-2-1　集装化用具

(9)铸件改形。铸件改形是在浇铸时将一些可铸性的货件(如铝锭、粗铜等)由小件改为大件,不需要任何容器或捆扎。

(10)拆解集装。拆解集装就是把大件货物拆解为若干小件,或把外形不规则的货物拆解为集装单元的运输。

4.集装化运输条件

(1)集装化货件应捆绑牢固,表面平整,适合多层码放;码放要整齐、严密,并按规定做好包装储运的标志。以绳索等预垫方式运输竹、木等货物时,必须满足卸车时机械作业的要求。

(2)集装化运输的货物,以集装后组成的特定单元(盘、笼、箱、袋、网、捆等)为一件。每一件集装货件的体积应不小于0.5 m^3,或重量不小于0.5 t。

(3)集装货件的重量、外形尺寸应与装运货物的车辆以及发到站起重能力相匹配。

棚车装运的集装化货物,每件重量不得超过1 t,长度不得超过1.5 m,体积不得超过2 m^3,到站限制为叉车配属站。

敞车装运的集装化货物,每件重量不得超过到站最大起重能力(征得到站同意时除外)。

(4)集装化货物与非集装化货物不能按一批运输。一批运输的多件集装化货物,以零担方式运输时,应采用同一集装方式。

5.集装化运输组织

车站在受理发货人提报的运输计划时,应认真审核,凡能采用集装化运输的货物,都应采用集装化运输。

(1)货物的托运

发货人托运集装化货物,应在运单"托运人记事"栏内注明"集装化"记事。运单中"件数"一栏应填写集装货物的件数,"包装"一栏填写集装化方式名称。

(2)受理和承运

发站受理集装化货物时,应在货物运单"承运人记事"栏标记"集装化运输"运输记事,纸质运单加盖对应的戳记。

承运新品名、新方式集装化货物时,应先组织试运,以检验集装用具、装载加固方法能否保证货物及运输安全。试运成功的集装化方式和用具,铁路局集团公司应及时组织鉴定和定型,并作为运输条件公布,在管内执行。经国铁集团鉴定合格的集装化方式的用具,由国铁集团公布运输条件在全路施行。

装运集装化货物时,要充分利用货车载重能力和容积,并符合《加规》有关规定,不容许将非超限货物集装成超限货物运输。

(3)货物的交接

集装化运输的货物,在清点件数时,一律按集装货件办理,不得拆散;到达的集装货件,到站应以单元整体(包括集装用具)一并交给收货人。收货人应以单元整体搬出货场。

(4)集装化用具的回送

需要回送的集装用具,到站根据运单记载的"集装化运输"记事和有关规定签发"特价运输证明书"。收货人凭特价运输证明书回送集装用具,车站应优先运输。

典型工作任务3　组织成件包装货物装载加固

任务引入

铁路运输的货物中，成件包装货物数量是仅次于散堆装货物的一类货物。了解成件包装货物范围，熟悉装运成件包装货物的车辆、常用的加固材料及装载加固要求，利用安全运输理念和满载工作的方法，合理选择车辆，挖潜提效，做好成件包装货物的装载加固，是本工作任务的目标。

相关知识

1.成件包装货物的范围及装运车辆

(1)成件包装货物的范围

铁路运输的货物中，成件包装货物数量是仅次于散堆装货物的一类货物。这类货物的共同特点是：

①成件包装货物具有外形规则，体积较小、重量轻的特点。多数成件包装货物的体积小于 2 m^3，长度小于 5 m、重量小于或等于 1 t，货物装卸作业中，多使用叉车或人力装卸，为便于装卸机械作业，常采用集装化运输。

②成件包装货物一般价值较高，多具有运输包装。为保证货物品质，在运输过程中，多使用运输包装，如冰箱、电视机等。

③成件包装货物性质或包装易受自然条件影响。成件包装货物具有价值较高，在外部自然条件的影响下，可能会影响货物的品质而影响货物的销售。这类货物在仓储时，多存储于仓库，在货物站台露天堆放时应使用防湿垫木和篷布。

(2)装运成件包装货物的车辆

根据成件包装货物的特点，成件包装货物一般使用棚车装运。当棚车数量不足时，在征得托运人同意，并保证货物安全的前提下，可使用敞车装运。

2.棚车装载成件包装货物的要求

使用棚车装载成件包装货物时，应从车辆的两端向车辆中部连续装载货物，均衡装载，防止偏载、偏重。货物堆码应排列紧密、整齐，做到紧密装载，大不压小、重不压轻，大件、重件不堵车门。

(1)巧装满载，充分利用货车的载重力和容积。

①紧密装载。装载成件包装货物时，应根据货物的性质、形状及所使用的车辆，采用不同的装载方法，最大限度地减小货物之间的空隙。

②多层装载。在保证货物安全的前提下，尽可能地利用车辆的长度、宽度、高度的空间装载货物。

③合理配置货物。根据货物的外形尺寸选择合理的配置方案，选择能充分利用车辆容积的装载方法，可以使车辆装载容积得到最大限度的利用。

(2)货物码放要求。

一批货物既有重质货物，又有轻浮货物时，应先装重质货物，后装轻质货物。做到大不压小、重不压轻、大件打底、小件放高、堆码整齐、巧装满载、便于清点，破包、散件不上车。

圆形、易窜动、易倒塌、易倾覆等特殊货物装载措施须安全有效，确保在运输过程中不发生移动、滚动、窜动、倒塌或倾覆等情况。

车门处货物应向内层层收缩，梯形码放；货物距离车门不得少于 100 mm，不准挤靠车门、堵塞车门。

(3)一车装运多批货物时的要求。

①先装多件货物，后装零星货物。

②装有食品的车内，严禁配装易于污染、有异味的货物。

③易磨损货物要采取防磨措施，易污染货物要采取隔离措施，流质、易磨损货物不得与易窜动或有尖锐棱角的货物码放在一起。

3. 敞车装载成件包装货物的要求

在棚车数量不足时，经托运人同意，成件包装货物可使用敞车装运。使用敞车装载成件包装货物时，应合理配置货物，做到均衡装载，货物排列紧密、整齐、稳固，防止出现偏重、偏载。

为提高货车载重力的利用率，对比重较小的成件包装货物，可超出车辆端侧墙装载。对超出端侧墙装载的货物，应层层压缝，并逐层向内收缩，码放成梯形，顶部装载应起脊，不得形成马鞍形；并配合使用绳网、挡板(壁)、绳索等加固材料，防止货物移动、倒塌或坠落。

为保证货物安全，使用敞车装载的怕湿货物、易燃货物、散装硫黄以及托运人认为需要苫盖篷布的货物，应苫盖篷布。篷布的苫盖应遵守《篷规》的有关规定。

4. 绳索及其使用要求

绳索及其使用要求

绳索是用优质棕、麻制作或尼龙丝等材料制作而成的加固材料，其破断拉力不得小于 7.84 kN，加固轻浮货物时其破断拉力不得小于 2.94 kN，绳索 80%破断拉力时的伸长率不大于 15%。

使用绳索时，应根据货物装载情况，可采用横向下压捆绑、纵向下压捆绑、端部交叉捆绑和货件串联捆绑等形式。横向下压捆绑应垂直下压，操作有困难时，也可采用横向扇形下压捆绑。

超出车辆端侧板(墙)装载的成件包装货物可采用端部双交叉捆绑，如图 8-3-8(c)所示；也可采用端部单交叉捆绑，如图 8-3-1 所示。

敞车装载的货物，禁止使用绳索在车侧拴结点上拴结后，绕过货物侧面、顶面和端面与车端拴结点拴结的交叉捆绑，如图 8-3-2(a)所示。禁止使用绳索仅绕过货物侧面和端面，而不绕过货物顶面的捆绑，如图 8-3-2(b)所示。

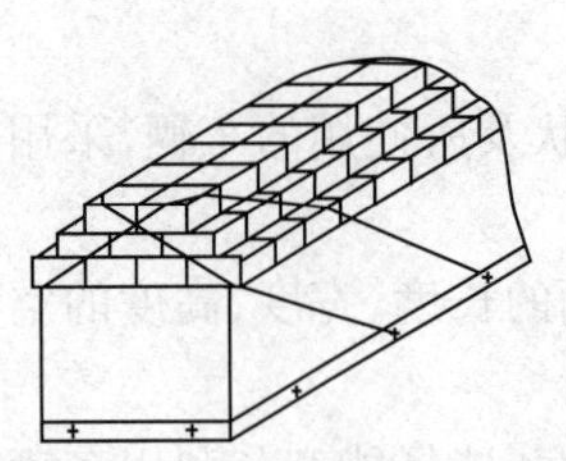
图 8-3-1　绳索单交叉捆绑示意

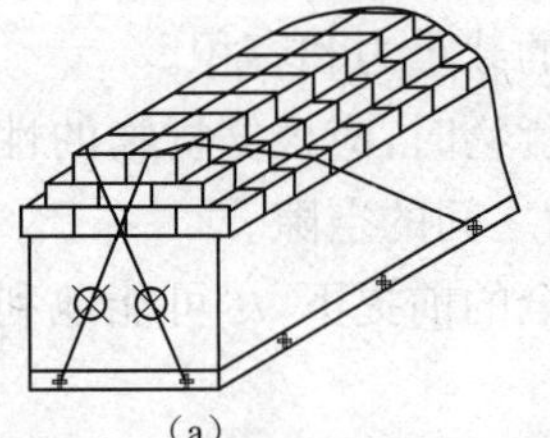
(a)

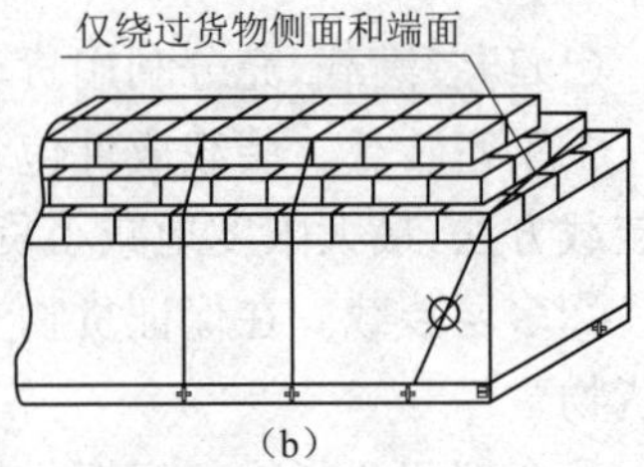

(b)

图 8-3-2　禁止使用的绳索拴结方法

使用绳索捆绑加固货物时必须两人以上配合操作，一部分人理顺绳索走向，一部分人不断收拉绳索，必须使之紧实有力。也可使用紧线器收拉绳索。

(1)横向下压捆绑时，捆绑绳索不允许有接头，并拴结在车侧丁字铁或支柱槽上，不得拴结在牵引钩上。

(2)纵向下压捆绑时，绳索应拴结在车辆端梁丁字铁或提钩杆支座上，禁止在提钩杆和制动手闸拴结。捆绑绳索经过手闸制动台时，应从其上方绕过；经过手闸制动杆或提钩杆时应从其内侧穿过，不得妨碍提钩杆和制动手闸等正常使用。

(3)拴结绳索时应采用蝴蝶套结拴结法或链扣抽结拴结法。绳索拴结后，应缠绕在自身绳杆上并至少打两个死结，绳头余尾长度不得超过 300 mm，一般不小于 100 mm。

5. 绳网及其使用要求

绳网一般用于加固起脊装载的轻浮货物，由网筋、围筋和系绳组成。根据使用特点，绳网分为上封式绳网(图 8-3-3)和下捆式绳网(图 8-3-4)两种。

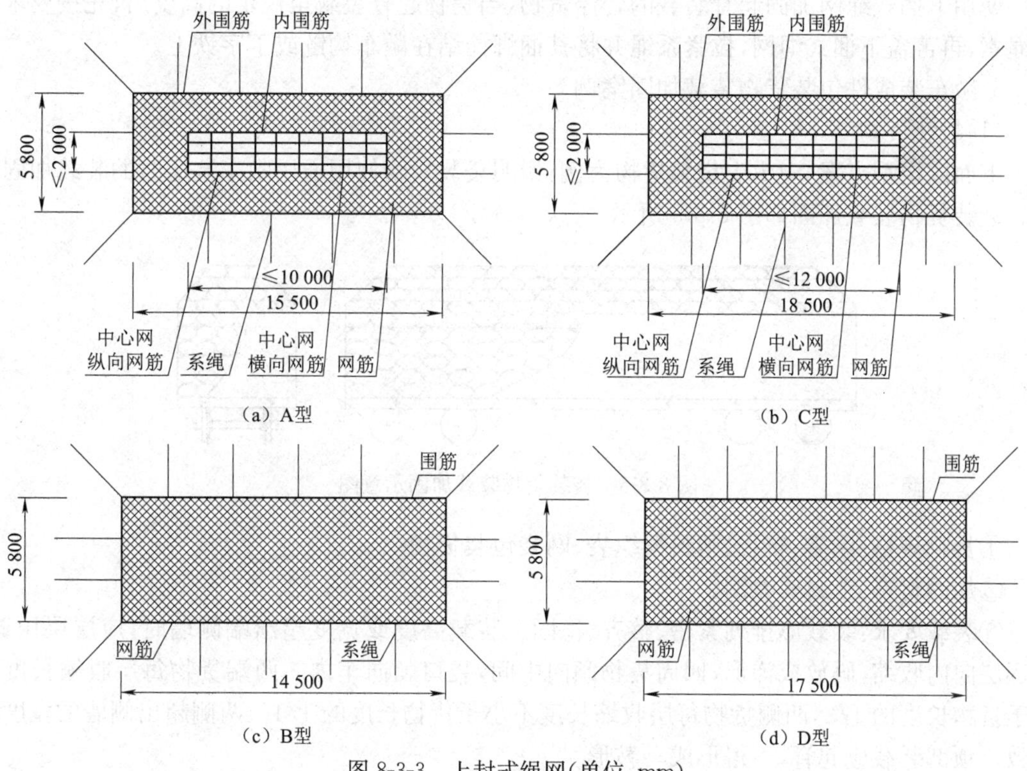

图 8-3-3　上封式绳网(单位：mm)

(1)绳网质量要求

①绳网一般采用优质棕、熟麻、丙纶等材料制作，禁止使用腐烂、腐蚀及再生材料制作的绳网。

②一张绳网上同种构件的材质、规格和制作方法应一致，绳网结点应编织牢固；网眼为正方形或菱形，网眼边长 250～350 mm。

③端部系绳应均匀分布。上封式绳网两侧系绳交叉分布，下捆式绳网两侧系绳对称布置。

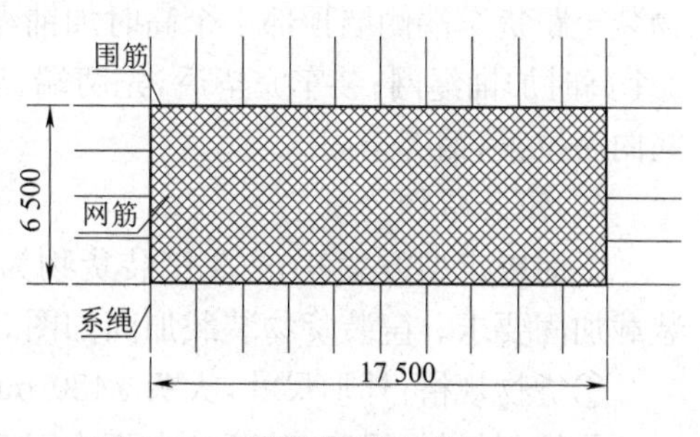

图 8-3-4　下捆式绳网(单位：mm)

④A(C)型上封式绳网中心网的纵横向网筋均

匀分布，中心网位于绳网的中心位置。

⑤绳网的系绳、内外围筋和中心网的纵横向网筋的破断拉力不小于 2.94 kN，伸长率不大于 15%；网筋的破断拉力不小于 1.0 kN，80%破断拉力时的伸长率不大于 15%。

⑥上封式绳网的质量应符合铁道行业标准《装载加固材料和装置　第 4 部分：上封式绳网》(TB/T 3079.4)的要求。

(2)上封式绳网使用要求

使用上封式绳网加固起脊装载的轻浮货物时，应需预埋在未超出敞车端侧墙的货物下，继续装载货物至规定的层数，然后向上翻起绳网，拉紧系绳，将起脊货物通过绳网上的系绳捆绑成一体。

(3)下捆式绳网使用要求

使用下捆式绳网加固起脊装载的轻浮货物，当货物起脊装载至规定的高度后，先按要求捆绑绳索，再苫盖下捆式绳网，拉紧系绳并将其捆绑拴结在敞车钩链或丁字铁上。

6. 敞车装成件包装货物装载加固案例

(1)袋装货物

下面以定型方案 010101 袋装货物为例，说明袋装货物使用通用敞车装运时的装载加固要求。袋装货物装载加固如图 8-3-5 所示。

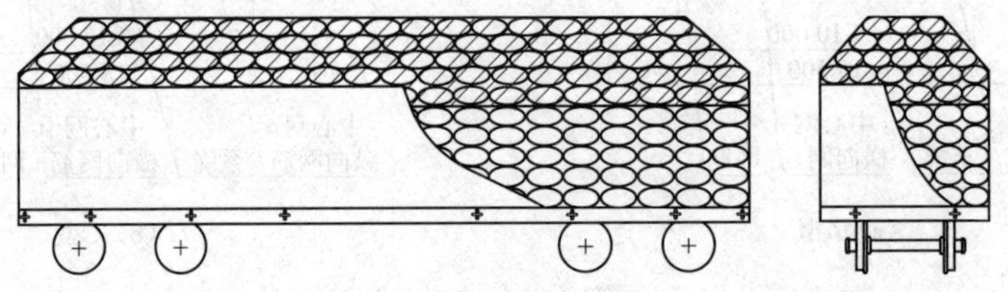

图 8-3-5　袋装货物装载加固示意图

①货物规格：麻袋、布袋、塑料编织袋、网袋包装货物。

②加固材料：上封式绳网。

③装载要求：装载应排列紧密、整齐、稳固。装载高度或宽度超出端侧墙时，应层层压缝，并逐层向内收缩，码放成梯形，四周货物倾向中间，袋口朝向车内。两端货物每层收缩长度不小于货物长度的 1/2，两侧货物每层收缩长度不小于货物长度的 1/4。两侧超出侧墙的宽度应一致。顶部装载应起脊，不得形成马鞍形。

④加固要求：超出货车端侧墙 1 层及以上时，应使用上封式绳网。件重 80 kg 及其以上货物装至距货车端侧墙顶部 1 个高时加铺绳网；件重不足 80 kg 的货物装至距货车端侧墙顶部 2 个高时加铺绳网；装车完毕后，先两端、后两侧分别将绳网折回拉向车顶，用边绳穿过对侧围筋向后拉紧，捆绑牢固。

(2)筐装货物

下面以定型方案 010201 筐装货物为例，说明筐装货物使用标重 60 t，61 t 敞车装运时的装载加固要求。筐装货物装载加固如图 8-3-6 所示。

①货物规格：外形尺寸，大头 ϕ480 mm，小头 ϕ350 mm，高 400 mm，件重 26 kg。

②加固材料：绳索(破断拉力不小于 7.84 kN)，上封式绳网。

③装载方法：每车装载 9 层，共计 1 150 件，各层装载件数及装载方法见表 8-3-1。

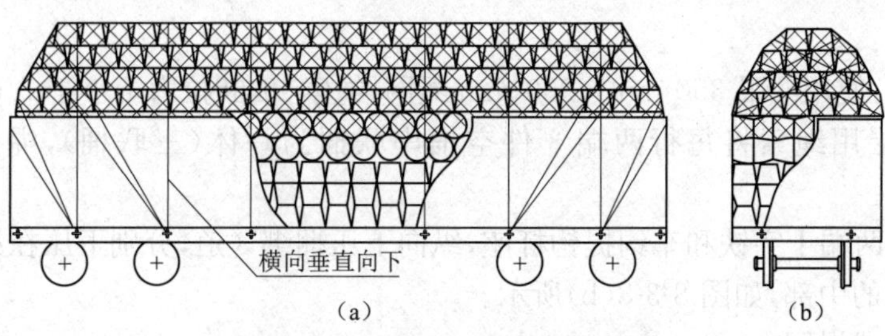

图 8-3-6　筐装货物装载加固示意图

表 8-3-1　筐装货物各层装载件数及装载方法

层数	每层行数	每行件数	小计	装载方法
1	6	25	150	大头向下立装
2	6	25	150	小头向下立装
3	6	25	150	大头向下立装
4	6	25	150	横向卧装，相邻行间掉头装载
5	6	24	144	横向卧装，与第四层各行间掉头装载
6	6	25	150	大头向下立装
7	5	24	120	大头向下立装
8	4	23	92	大头向下立装
9	2	22	44	大头向下立装

④加固方法：装完第 4 层加铺绳网，装完第 9 层后，先两端、后两侧将绳网折回车顶，用边绳穿过对侧围筋向后拉紧，捆绑牢固；车辆两端用绳索双交叉捆绑，中部用绳索横向下压捆绑 6 道。

(3)空铁桶

下面以定型方案 010401 空铁桶为例，说明外形尺寸 ϕ590 mm×900 mm、件重 22 kg 的空铁桶使用标重 60 t，61 t 敞车装运时的装载加固要求。其装载加固如图 8-3-7 所示。

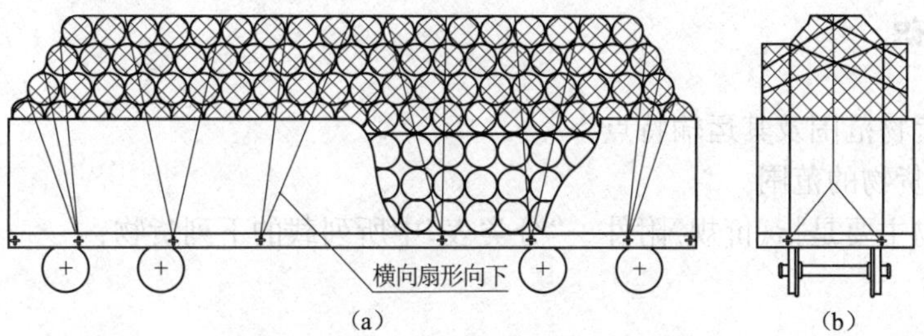

图 8-3-7　空铁桶装载加固示意图

①装载方法：横向卧装，详见表 8-3-2。

表 8-3-2　空铁桶装载方法

层　数	60 t、61 t 敞车		
	行数	每行件数	小计
1～4	3	21	252
5	3	20	60
6	3	19	57
7	1	18	18
合计	—	—	387

②加固要求：

a. 加固材料：使用网眼 350 mm×350 mm 绳网，绳索(破断拉力不小于 7.84 kN)。

b. 第 4～7 层用绳索将每行两端 3 件空桶串联捆为一体(三联桶)，绳头打成死结，如图 8-3-8(a)所示。

c. 通过车辆两端丁字铁和车钩提钩杆座，纵向下压捆绑 3 道，分别下压在第 6 层两侧每一行和第 7 层货物的中部，如图 8-3-8(b)所示。

d. 覆盖下捆式绳网。

e. 横向下压捆绑不少于 4 道，两端双交叉捆绑加固，如图 8-3-8(c)所示。

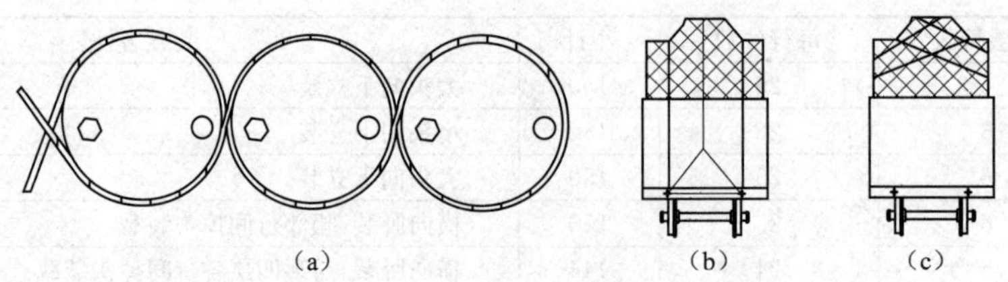

图 8-3-8　空铁桶装载加固要求

典型工作任务 4　组织散堆装货物装载加固

任务引入

散堆装货物运量一直居铁路货物运输之首。了解散堆装货物范围和特点，熟悉散堆装货物的装运车辆，分析散堆装货物在运输中的典型问题，利用安全运输的理念和满载工作的方法，采取提高散堆装货物装载质量的措施，组织散堆装货物运输，是本工作任务的目标。

相关知识

1. 散堆装货物范围及其运输特点

(1)散堆装货物的范围

散堆装货物主要是指《价规》附件一“分类表”中所列载的下列货物：

01 类煤；

03 类焦炭；

04 类金属矿石中　0410 铁矿石、0490 其他金属矿石；

05 类　0510 生铁；

06 类非金属矿石中　0610 硫铁矿、0620 石灰石、0630 铝矾土、0640 石膏；

07 类磷矿石；

08 类矿物性建筑材料中　0811 泥土、0812 砂、0813 石料、0898 灰渣等中的散堆装货物。

一般情况下，铁路依据重量和件数来承运和交付货物，而散堆装货物的共同特点是在无包装状态下运输，都只能依据货物重量进行承运和交付。

(2)散堆装货物运输的特点

①散堆装货物运量一直居铁路货物运输之首。如 2023 年，国家铁路货物总发送量约 39.1 亿 t，其中煤炭发送量 19.2 亿 t，约占总运量的 49%。

②装车集中、成组装车比重大。

③货物重量易受外界自然条件的影响。散堆装货物一般多在露天堆放场堆放，以敞车装运为主，货物重量易受天气影响。

2.装运散堆装货物的车辆

散堆装货物一般价值相对较低，货物品质不易受自然条件的影响，对装运车辆及运输条件的要求不高，主要以敞车装运，部分散堆装货物使用专用车辆（如矿石车）、带端侧板的普通平车装运。为保证货物运输安全，应熟悉车辆的特点和使用要求。

(1)敞车的侧开门

敞车是指具有端墙、侧墙、地板而无车顶的货车，属于侧壁承载结构。通用敞车侧开门设置在铁路货车侧墙中部，每侧侧墙上设置一个，全车共两个。目前我国铁路通用敞车的侧开门主要有直通式插销拉杆侧开门（图8-4-1）和直杆式插销拉杆侧开门两种。

直通式插销拉杆敞车侧开门的强度较大，但容易出现假锁闭现象，且不易发现。直杆式插销拉杆敞车侧开门的缺点是车门强度较小，货物装载不当时，容易出现车门外胀。目前，通用敞车多采用直通式插销拉杆敞车侧开门。

(2)敞车的下侧门

我国铁路通用敞车下侧门对称分布在侧墙中门两侧，每侧侧墙上设置6个，全车共12个。各型敞车采用相同结构的下侧门，主要包括门板、门轴、门带、挂环、折页、门搭扣、钩链等部件，如图8-4-2所示。

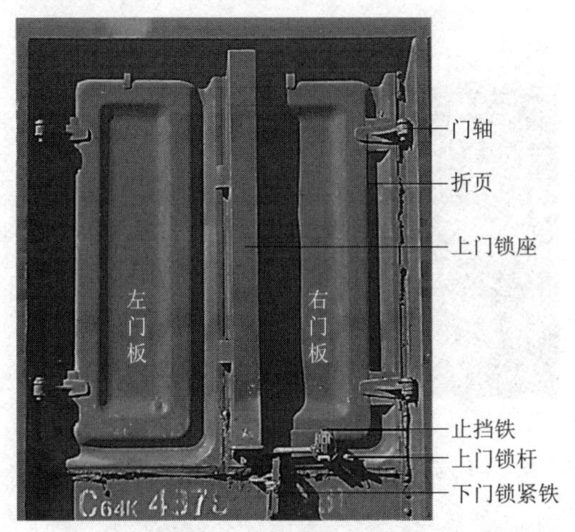

图8-4-1　直通式插销拉杆敞车侧开门

图8-4-2　敞车下侧门结构

由于敞车下侧门部件较多，在使用过程中由于门轴开焊，门带、折页及门搭扣断裂或门搭扣未落槽等问题，易造成下侧门开放，造成货物撒漏，危及行车和货物安全。

3.散堆装货物运输中的典型问题

(1)超载

20××年5月，A站用焦炭专用车（C_{70}C154××××）装运原煤，到站B站，途经C站时，超偏载检测装置报警超载35.3 t（表8-4-1），C站扣整。

(2)偏载、偏重

20××年5月，A站用C_{70}159××××装末煤，到站B站，途经C站时，超偏载检测装置报警偏重 16.2 t(表 8-4-2),C 站扣整。

表 8-4-1　车号:154××××车辆追踪信息

序号	车站	测点	检测设备	通过时间	车种车型	车号	发站	到站	品名	自重(t)	标重(t)	允增(t)	总重(t)	净重	超载(t)	偏载(mm)	偏重(t)
1	D站	a	超偏载	20××/05/11 20:02	C70C	154××××	—	B站	原煤	23.80	70	0	85.10	61.30	0	右0	前1.44
2	C站	a	超偏载	20××/05/05 03:20	C70C	154××××	—	B站	原煤	23.80	70	0	124.30	100.50	35.30	右0	前0.30
3	C站	b	TPDS	20××/05/05 02:42	C70C	154××××	—	B站	原煤	23.80	70	0	118.60	94.80	24.80	左10	后0.17

表 8-4-2　车号:159××××车辆追踪信息

序号	车站	测点	检测设备	通过时间	车种车型	车号	发站	到站	品名	自重(t)	标重(t)	允增(t)	总重(t)	净重	超载(t)	偏载(mm)	偏重(t)
1	A站	c	TPDS	20××/05/08 03:36	C70	159××××	—	B站	末煤	23.80	70	0	52.30	28.50	0	左8	前14.7
2	A站	d	超偏载	20××/05/08 04:32	C70	159××××	—	B站	末煤	23.80	70	0	49.50	25.70	0	右3	前14.6
3	C站	e	超偏载	20××/05/08 07:13	C70	159××××	—	B站	末煤	23.80	70	0	52.80	29.00	0	左6	前16.2

(3)货物撒漏

散堆装货物运输中,货物撒漏的主要原因:一是车门关闭或封堵不良,造成货物外露或撒漏,给行车安全带来隐患,如图 8-4-3 所示;二是由于选车不当,造成货物外露或撒漏,如图 8-4-4 所示。

(a) 车外货物撒漏情况

(b) 车内货物撒漏情况

图 8-4-3　车门关闭不良、车内货物撒漏

(a) 车地板破损

(b) 下侧门门轴开焊

图 8-4-4　选车不当,货物撒漏或外露

货物撒漏的危害是：一是污染沿线环境，造成虚靡运输；二是抛撒物还可能对线路旁的人员、设备造成伤害；三是因货物撒漏造成货车偏载、偏重，给行车安全带来隐患。

(4)车体残留物清理不彻底

车体残留物清理不彻底，列车运行中，残留物抛撒可能对线路旁的人员、设备造成伤害，给行车安全带来隐患。

如某日，5××××次列车内挂有甲站装运到达乙站烧结球50车，当列车运行至京广下行线丙站至丁站间，由于车上残留货物清理不彻底，途中抛撒，造成与其交会的D×××次司机室风挡玻璃被撒落的烧结球击打炸裂，构成一般C类事故。

(5)扬尘

对颗粒较小的货物，若抑尘措施不当，在运输过程中极易出现扬尘，污染线路周围的环境。

(6)冻车

在冬季气温较低时，煤炭、矿粉等含水散堆装货物在运输过程中极易发生冻结现象，产生冻车，造成卸车站卸车困难，严重影响铁路运用车的正常周转。

4. 提高散堆装货物装载质量的措施

(1)正确选用车辆

装运货物应正确选择车辆，货种适合车种，遵守货车使用限制表的有关规定。

装车前，装车站及装车单位应认真检查车辆的运用状态，发现车地板、车门、车体破损有洞，敞车车门轴、折页开焊以及部件缺失、短少等不能保证装载安全的货车禁止装车使用。敞车车体外涨超过80 mm的货车禁止装车使用。

装车单位对车体及车门完好，车门处有缝隙易造成货物撒漏的货车，装车前应采取铺垫、掩挡、喷胶等防止货物撒漏的措施。

(2)正确确定货车容许载重量

散堆装货物装车前，应确认车辆载重、车内长、宽等信息，再根据使用车辆及所装货物，按照《货规》《加规》有关规定，正确确定货车容许载重量。

(3)正确确定货物装载量，防止超载

①使用货运计量安全检测设备确定货物重量。

装运散堆装货物时，应使用轨道衡、汽车衡、装载机电子秤等货运计量安全检测设备防止超载。计量衡器须有国家计量部门签发的检定合格证书，并在检定合格有效期内。

使用轨道衡确定重量的，必须严格按国家规定的计量标准(衡器最大公差±1%)，并在货物运单记事栏内加盖“衡”字戳记。使用其他衡器确定重量的要提出准确的磅码单。

②采用测比画线来确定货物重量。

对未安装轨道衡，也不具备利用装载机具计量条件的车站，可采用画线装车的方法，确定货物装载量。即通过测量货物比重后，并按下式确定货物装载高度：

$$H_{货}=\frac{P_{容}}{LB\gamma}\quad(\mathrm{m}) \tag{8-4-1}$$

式中　$H_{货}$——货物装载高度，m，计算结果一般保留2位小数；

$P_{容}$——货车容许载重量，t；

L——车辆内部长度，m；

B——车辆内部宽度，m；

γ——货物比重，t/m³。

为了工作需要，对各种车型可事先计算出货物应装载的高度。

采用测比画线来确定货物重量步骤如下：

a. 使用固定容器(图 8-4-5)定期测定货物比重。一般货物应每季测比一次，一般测定三次以上，然后取平均值(小数保留 2 位，第 3 位采用进一法)。测比容器的体积不得小于 0.5 m³。

b. 根据使用车，正确计算装载高度。

图 8-4-5　测比容器

c. 打尺画线。根据算出的装载高度画线。货物装载高度线，每车画 6 条，即车辆内两侧板各两条，每端板各一条。画线长度不应小于 300 mm。

d. 装车后，必须平整货物顶面，做到“不压线、不超线、四角满、顶面平”，并复查装载高度。

e. 在货物运单内记明货物的“长×宽×高”及货物比重。

(4)合理装载货物，防止偏载偏重

货物装车时，应从车辆两端向中部连续装载，做到均衡装载。货物装车后按规定平整货物面，货物平顶要做到“四角满、顶面平”。

(5)清扫车体残留物

装车作业完毕后，应将车体外墙、端侧墙顶部、端部横梁、车门搭扣、丁字铁、车钩、手闸台等部位清扫干净，无残留货物和杂物，防止列车运行中车体残留物抛撒带来的安全隐患。

(6)装车后检查

散堆装货物装车后，应认真检查货物平顶情况、车门关闭及封堵等情况，发现车门关闭不严、货物外露、货物顶面未平整或车体残留物未清扫，应采取措施及时处理。

(7)防冻车

装车作业应为到站卸车创造条件。在冬季气温较低时，装运煤炭、矿粉等含水散堆装货物时，应采取防冻措施，防止冻车问题发生，给到站卸车造成困难。

车站应积极加强与托运单位或装车单位的合作，共同做好冬季防冻车工作，按标准喷洒防冻液，双方要建立装车检查、考核制度，对不按标准喷洒防冻液的问题要落实考核，防止冻车的发生。

(8)抑尘

抑尘是指通过向煤炭等散装物料表面喷洒抑尘剂，抑尘剂在煤等散装物料表面均匀渗透，将煤炭等散装物料大小颗粒黏结在一起，形成一定厚度、一定强度和韧性的固化层，从而有效防范煤炭在运输过程中产生扬尘的过程。

凡经国家铁路使用敞车等敞口运输工具装运的粒度在 35 mm 及以下的散装煤炭，未采取苫盖篷布等遮盖措施的，必须进行抑尘处理。

5. 轻浮货物的装载

轻浮货物的装载

散堆装货物一般使用端侧墙较高的敞车或矿石车装运，有时候也使用带端侧板的普通平车或低边敞车装运。散堆装货物中，有些比重较小的货物(如焦炭)，在装满车容后，仍无法达到货车容许载重量。为了提高货车载重力的利用率，可以利用限界空间，起脊装载或使用围挡超出车辆端侧墙装载。

(1)起脊装载

在超出车辆端侧墙起脊装载时，相当于在上面加了一个帽子。帽子的形式有三角形锥体、半圆柱形和棱台形式，其中以采用三角形锥体和棱台形式最多，如图 8-4-6 所示。

三角锥形
安息角
α
车辆内宽
棱台形式
α
车辆内宽
半圆柱形
起脊高度
车辆内宽

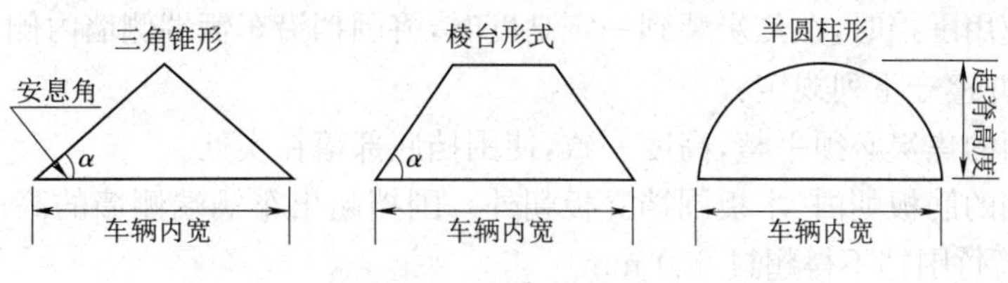

图 8-4-6　起脊装载视图

在采用起脊装载时，煤、砂、碎石的安息角一般不小于 30°，依据理论分析，起脊高度 800 mm 以内是安全的，因为车辆振动，货物安息角有所变小，所以实际起脊的高度不超过 500 mm，如果起脊高度需要增大时，可先试运，通过实践加以确定。

(2)使用围挡超出车辆端侧墙装载

散堆装货物中，有些比重较小的货物(如焦炭)，为提高货车载重力利用率，常使用围挡加固超出车辆端侧墙装载货物。

常用的围挡包括竹笆围挡、竹板围挡、箭竹围挡、木板围挡与钢网围挡，如图 8-4-7 所示。围挡的制作应遵守《加规》附件 5 有关规定。

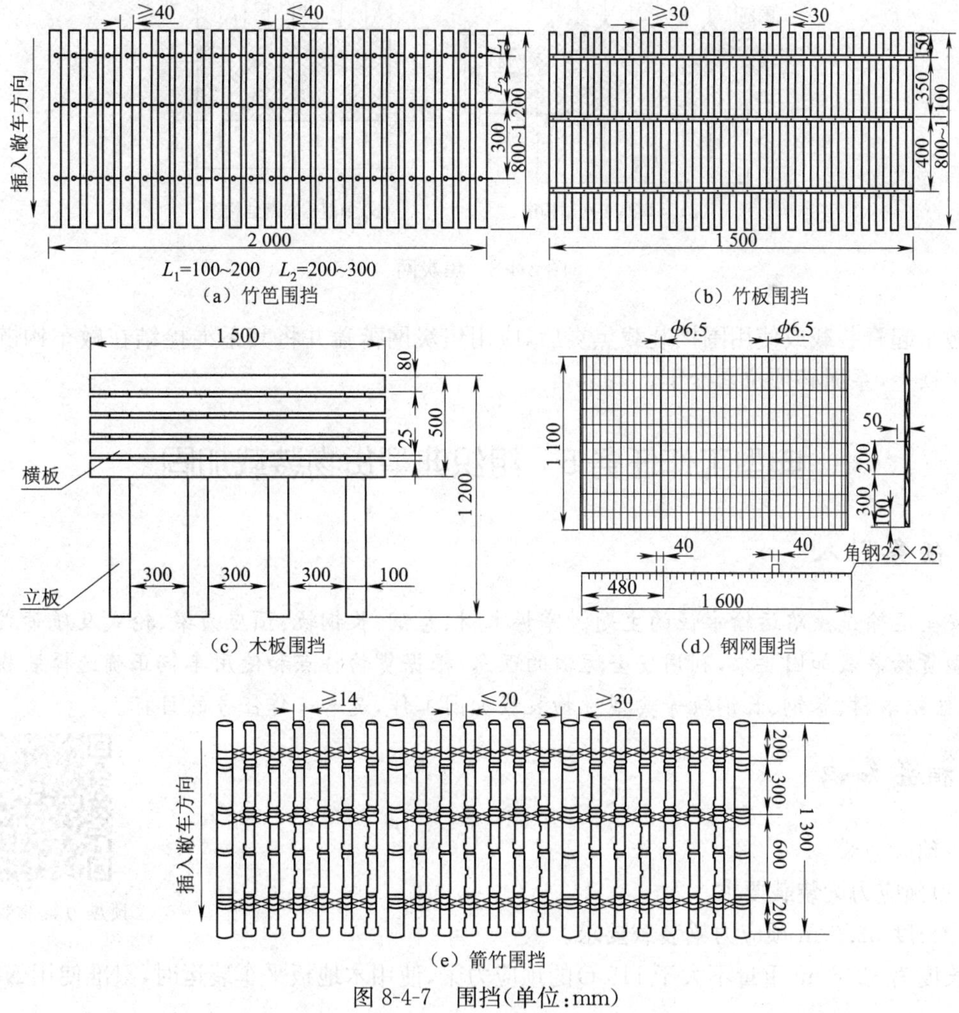

≥40
≤40
插入敞车方向
L1
L2
300
800~1 200
2 000
L1=100~200　L2=200~300
(a) 竹笆围挡
≥30
≤30
150
350
400
800~1 100
1 500
(b) 竹板围挡
1 500
80
25
500
1 200
横板
立板
300
300
300
100
(c) 木板围挡
ϕ6.5
ϕ6.5
1 100
50
200
300
100
40
40
角钢25×25
480
1 600
(d) 钢网围挡
≥14
≤20
≥30
插入敞车方向
200
300
600
200
1 300
(e) 箭竹围挡

图 8-4-7　围挡(单位：mm)

装运焦炭使用围挡时，在焦炭装到一定高度时，将围挡沿车辆端侧墙内侧一周安插在端侧墙与焦炭之间，并遵守下列规定：

①围挡下面的焦炭必须平整，高度一致，使围挡底部落在实处。

②竹板围挡的筋板朝内(木板围挡立板朝外)，围挡超出车辆端侧墙的高度不得超过围挡总高度的 1/2(箭竹围挡不得超过 600 mm)。

③围挡的搭接长度不得小于 100 mm(钢网围挡不得小于 30 mm)，每个搭接部分用直径不小于 3.2 mm 的镀锌铁线 2 股上下均匀拧固 4 处(箭竹围挡拧固 3 处、6 道)，将围挡连成一体。

④安装后的围挡不得超限。

(3)焦炭网

焦炭网是运输焦炭时防坠落的下捆式绳网，一般采用尼龙等聚合料绳纺织制成，分为 A 型和 B 型两种，如图 8-4-8 所示。焦炭网网筋的破断拉力不得小于 60 N，围筋和系绳的破断拉力不小于 150 N，80%破断拉力时的伸长率不大于 18%。

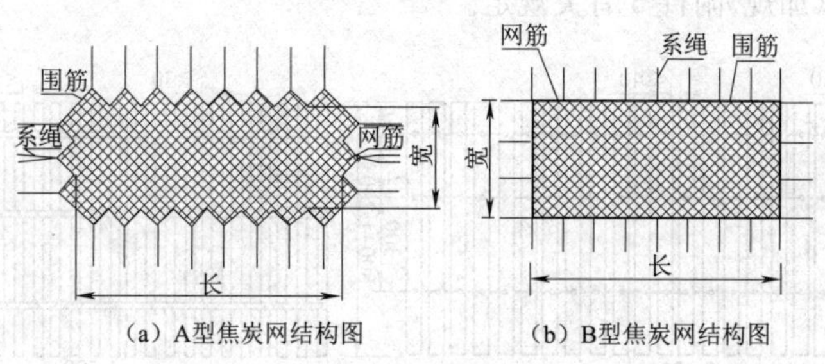

图 8-4-8　焦炭网

敞车起脊装载或使用围挡装载焦炭后，应用焦炭网苫盖并将其系绳拴结在敞车钩链或车侧丁字铁上，系绳必须拉紧拴牢。

典型工作任务 5　组织典型货物装载加固

任务引入

安全运输是铁路运输永恒的主题。掌握木材、卷钢、长钢轨、预应力梁、轮式及履带式货物等典型货物装载加固要求，利用安全运输的理念，根据货物特点和使用车辆正确选择装载加固方案，组织木材、卷钢、长钢轨等典型货物装载加固工作，是本工作任务的目标。

相关知识

预应力梁装载加固

1. 预应力梁

(1)预应力梁装载要求

①长度 32.6 m 预应力梁装载要求。

长度为 32.6 m(重量不大于 115 t)的预应力梁，使用木地板平车装运时，只准使用 N17AK、

N17AT、N17GK、N17GT、N17K、N17T、NX型共用车，可不受“平车局部地板面承受均布载荷或对称集中载荷时容许载重量”表的限制。跨装支距一般为27～28 m并根据梁型确定，使用两辆平车负重跨装(中间加挂游车一辆)运送时，负重车及游车限用13 m长木地板平车。

②长度24.6 m预应力梁装载要求。

长度为24.6 m的预应力梁，使用两辆平车跨装运送时，限用NX17B、NX17BH、NX17BK、NX17BT、NX70、NX70H型共用车，跨装支距一般为17.6～18 m并根据梁型确定。

(2)预应力梁加固要求。

货物转向架上架体与桥梁底部之间，需加防滑垫木。防滑垫木上应加铺一层橡胶垫，桥梁底部两侧与货物转向架上架体挡铁之间，用木楔楔紧卡牢。

在货物转向架上架体预应力梁的两侧，分别使用斜支撑进行加固。斜支撑顶部与预应力梁体必须密贴顶牢，并用8号镀锌铁线或盘条将斜支撑与转向架上架体捆牢。

货物转向架下架体每端用8号镀锌铁线、盘条或钢丝绳拉牵成八字形，捆绑在车侧丁字铁或支柱槽上。

货物运送过程中，横向位移不超过20 mm，长度为32.6 m梁的纵向窜动不超过250 mm，长度为24.6 m及以下梁的纵向窜动不超过150 mm时，可以继续运行；但斜支撑产生纵向倾斜时，必须进行整理。

2.木材

使用敞车装载木材时，为提高货车载重力利用率，充分利用限界空间，木材常采用起脊装载并使用支柱或围挡进行加固。腐朽木材应采取防火措施。

(1)支柱的使用要求

支柱可使用木支柱或钢管支柱。木支柱必须选用坚实圆直木材，支柱底面必须与敞车车地板接触，支柱折断时，必须更换。每垛木材使用支柱对数应符合表8-5-1的规定。

表8-5-1　支柱的对数

每垛木材的长度L(mm)	每垛木材使用支柱对数
$2\,500\leqslant L<5\,000$	3
$5\,000\leqslant L<8\,000$	4
$L\geqslant 8\,000$	5

每对支柱捆绑腰线1道。腰线不得卡侧墙，捆绑松紧适度，应使上层木材与下层木材密贴。每对支柱使用封顶线1道。腰线及封顶线的捆绑周数应符合表8-5-2的规定。

表8-5-2　腰线及封顶线的捆绑周数

捆绑材料	规格	腰线周数	封顶线周数
镀锌铁线	ϕ4 mm	3	2

注：1.装载杉木时，腰线周数可按封顶线周数办理；
2.每道封顶线与每根(块)木材的接触处使用2个U形钉钉固。

(2)起脊装载要求

装载木材时，应大小头颠倒，紧密排摆，紧靠支柱，压缝挤紧；两端水材应倾向货车中部，不准形成向外溜坡。紧靠支柱的木材不得超出支柱，两端超出支柱的长度，由支柱中心线算起不得小于 200 mm。紧靠支柱的原木，其树节、枝丫、弯曲部分或根部，两侧允许超出支柱。木材装车后中心高度不得大于 4 600 mm。

装载原木、坑木、小径木、板方材时，应对每垛起脊部分做整体捆绑，每道整体捆绑线的铺设位置距车辆端、侧墙顶面向下不小于 100 mm。材长大于 4 m 的，每垛整体捆绑 5 道，4 m 及以下的每垛整体捆绑 3 道。

整体捆绑线应使用直径不小于 7 mm 的钢丝绳或破断拉力不小于 21 kN 的专用捆绑加固器材；整体捆绑线的余尾部分折向车内，并用 U 形钉钉固。

腰线使用专用捆绑加固器材时，整体捆绑线可使用 ϕ6.5 mm 盘条 2 股。

为防止起脊部分货物发生纵向窜动，装运板、方材时，货物高度超出车辆端侧墙的，应在车辆两端安装挡板（围装除外），并使用 8 号镀锌铁线对挡板进行拦护；不使用挡板时，靠车辆两端的起脊部分的顶层，应使用 8 号镀锌铁线 2 股对原木端部向支柱方向兜头拦护，镀锌铁线与每根原木端部接触处用 U 形钉钉固。

(3)短材的装载要求

长度不足 2.5 m 的木材不能全部成捆时，需用长材或成捆材压顶。其装载方法可根据木材长度，分别采取：

①围装：将木材沿车辆端侧墙内侧竖立一周，超出端侧墙部分，不得大于端侧墙高度（立装木材长度）的 1/2。围板厚度不得小于 40 mm，围板四周用 8 号镀锌铁线 2 股串联，并用 U 形钉钉固。

②顺装：每垛内插 2 对支柱，垛间距离须小于木材本身长度的 1/5。

3. 长钢轨

(1)普通平车使用六支点专用货物转向架装运 25 m 长钢轨

两平车地板面高度差超过 20 mm 时，必须垫平，可不安装车钩缓冲停止器。遇有涂打㊇的平车，允许放下端侧板进行装运，提钩杆和放下的端侧板要捆紧锁牢。

(2)普通平车使用长钢轨专用座架装运长钢轨（含道岔轨）

①车辆选取与使用。

普通平车装运长钢轨（含道岔轨）时，应根据长钢轨的规格，选用一定数量车地板长度和标重合适的木地板平车；相邻车辆间不得使用车钩缓冲停止器。

对涂打㊇的平车，允许放下端侧板进行装运。装车前，要将车辆提钩杆和放下的端侧板捆紧锁牢。

②长钢轨专用座架选用和安装要求。

装载长钢轨时，应使用同一型号的长钢轨专用座架和紧固装置，相邻车辆上的座架底面高度（相对轨面）应相等，如高度不等超过规定限度时，需要垫平。

③长钢轨装载要求。

a. 长钢轨应沿车辆纵向对称装载，正向摆放，分层装载。相同长度的长钢轨端部应尽量对齐，因技术原因不能对齐时，则端部长短差不得大于 200 mm。

b. 长钢轨采用横向整层紧固方式进行固定，每一层钢轨装载完毕后，在该层锁定座架处使用对应型号紧固装置将本层钢轨紧固并与座架固定为一体。专用座架每层隔梁装后应锁定，每个锁定座架应捆绑加固在车侧丁字铁或支柱槽上。

c.其他要求

短尺长钢轨与定尺长钢轨混装时，应横向靠内侧、沿车辆纵中心线对称装载。必要时，应采取配重措施。

不同型号的道岔轨混装时，同层钢轨型号必须相同，且较重型号钢轨应自下而上从底层装起。

专用车组固定循环运输长钢轨、专用座架原车回送时，座架在平车上保持原位置及加固方式不变，紧固装置和隔梁应采取有效措施固定。

④重车车组禁止通过驼峰和溜放。

4.卷钢

(1)车辆的使用

卷钢应优先使用专用车和木地板平车装运。使用敞车装运时，仅限使用C$_{62A*}$、C$_{62A*K}$、C$_{62AK}$、C$_{62A*T}$、C$_{62AT}$、C$_{62BK}$、C$_{62BT}$、C$_{64K}$、C$_{64H}$、C$_{64T}$、C$_{70}$、C$_{70H}$、C$_{70E}$、C$_{70EH}$等敞车装载。

装运卷钢应选用车地板状况良好的平、敞车和专用车，装车前装车单位要对车地板上残留的煤渣、矿石及其他杂物进行彻底清理。

(2)装载加固要求

卷钢可立装、卧装或集束立装。装运时，优先采用立装方式装运卷钢，优先使用钢座架卧装卷钢。卷钢装车时应严格控制温度，禁止卷钢与其他货物混装。

立装时，卷钢的直径宜大于本身高度，不满足时应采取有效的防止倾覆和位移的措施。

卧装时，可使用钢座架(座架须与车体加固)；用木地板平车卧装时，可将相邻卷钢用夹具或镀锌铁线(盘条等)捆在一起，并用三角挡掩紧钉固。

集束立装时，集束端最短距离应大于集束高度，卷钢中部用镀锌铁线(盘条等)捆绑在一起，并采取防止镀锌铁线(盘条等)下滑措施。

卷钢无论立装、卧装或集束立装，均应采取有效的防滑措施。

除装载在座架上外，卷钢(组)本身应用镀锌铁线、盘条或钢丝绳等与车体捆绑加固，加固线与货物、车辆的棱角处应采取防磨措施，余尾处理符合要求。

5.轮式、履带式货物

轮式、履带式货物经铁路运输时，除使用专用货车装运外，还可使用普通平车、共用平车或集装箱装运。

轮式、履带式货物

(1)对货物本身的加固要求

轮式、履带式货物一般带有驾驶室，货物本身附件较多，部分货物还带有回转装置。货物装载加固不良，运输过程中，在外力作用下，容易造成驾驶室门开放、附件脱落、货物移动等，危及行车安全。

因此，轮式、履带式货物其本身有制动装置的，装车后应制动，门窗闭锁并将变速手柄放在初速位置(运输轿车时，挡位放在空挡或P挡上)，制动手柄或拉杆应处于制动位置。驮背运输时，托运人应采取有效措施防止汽车车厢内或拖车上物品位移、倾覆、倒塌或坠落，装车单位应重点检查确认。

(2)轮式、履带式货物使用平车装运时

轮式、履带式货物应使用木地板平车、共用车装载(专用货车装运时除外)。使用共用车装载时，应将锁头置于非工作位。

①顺装时

轮式、履带式货物顺装时，相邻两辆间距不小于100 mm，如图8-5-1(a)所示。轮径1 000 mm

以下的前轮(组)前端、后轮(组)后端以及轮径 1 000 mm 及以上的前后轮(组)前后端,均应安放相应规格的掩挡,掩紧钉固,并采用八字形拉牵加固。双排顺装时,相邻两车间距不小于 50 mm,如图 8-5-1(b)所示。

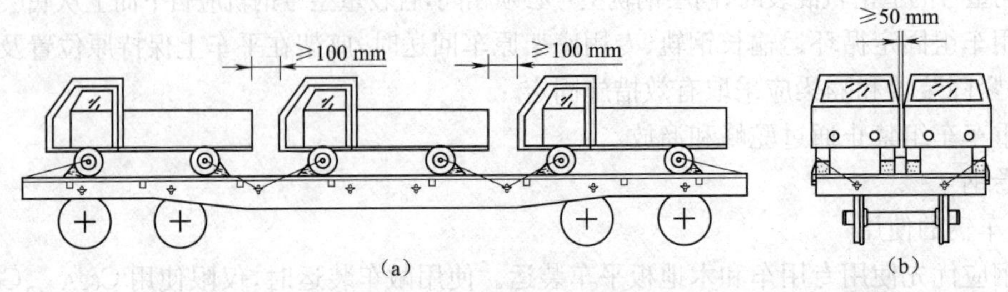

图 8-5-1　轮式货物顺装

装载履带式货物时,在履带前后放置方木或挡木掩紧钉固。对回转式货物应采取防止转动措施,并根据货物结构特点在平衡铁处放置支架。

②横装时

轮式、履带式货物横装时,相邻两辆应头尾颠倒,间距不小于 50 mm,每辆前轮后端、后轮前端或前轮前端、后轮后端安放三角挡并掩紧钉固。

③跨装时

轮式货物跨装运输时,跨装在两平车上的汽车,其头部与前辆汽车的尾部间距不小于 350 mm,跨及两平车的汽车应在其前轮外侧或内侧 50 mm 处钉固侧挡(不用三角挡及捆绑),后轮前后均用三角挡掩紧钉固,并采用小八字形等拉牵加固,如图 8-5-2 所示。

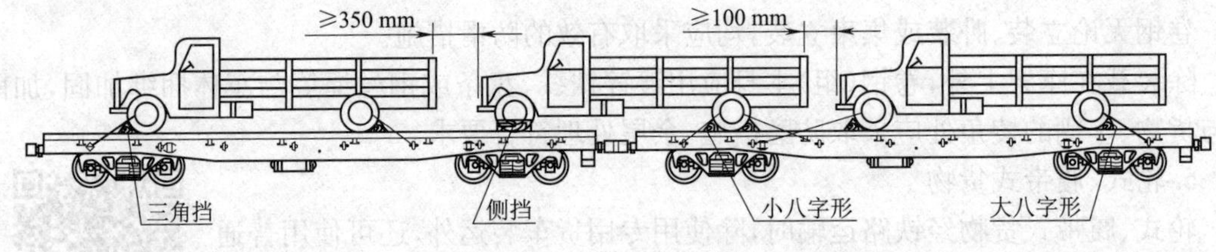

图 8-5-2　汽车跨装运输

④爬装时

有厢汽车爬装时,爬装在前部车厢内的前轮不需加固,但后轮前后均用三角挡掩紧钉固,并用镀锌铁线斜拉(斜拉线与水平夹角不大于 60°)。爬装车组最后一辆的后轮,应采用小八字形拉牵加固,如图 8-5-3 所示。

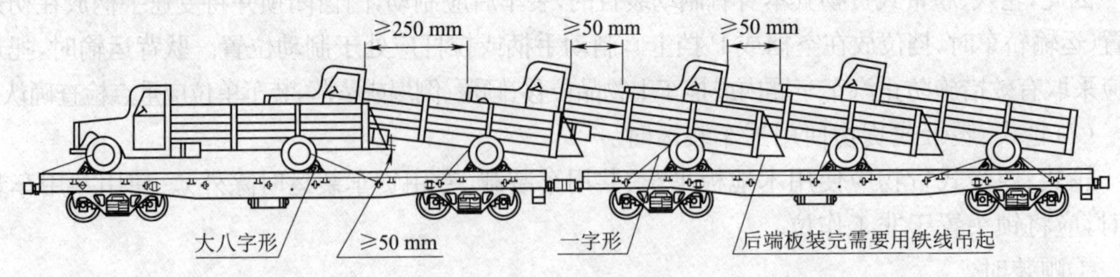

图 8-5-3　有厢汽车爬装

无车厢的汽车爬装时，应将第二辆及其后各辆的前轮依次放在前辆的后轮上对齐，重叠装载两轮轴应上下对齐，并捆在一起(不宜过紧)，后轮前后均用三角挡掩紧钉固，并采用小八字形等拉牵加固，如图 8-5-4 所示。

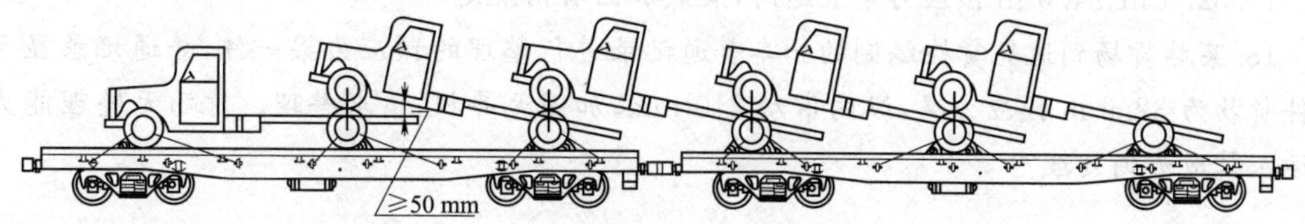

图 8-5-4　无厢汽车爬装

项目小结

通过本项目的学习，熟悉货物装载加固方案管理，了解货车满工作的方法，掌握包装件货物、散堆装货物及典型货物的装载加固要求。依据满载工作及装载加固的基本原理，遵守按方案装车的基本要求，根据现场工作的具体情况，制订或选择货物装载加固方案，在保证安全的前提下，做好货物装载加固和货车满载工作，提高铁路运输的经济效益。

相关规范、规程与标准

《铁路货物装载加固规则》(铁总运〔2015〕296 号)。

复习思考题

1. 简述装载加固方案的种类及有效期。
2. 如何理解按方案装车?
3. 简述货车满载工作的含义及要求。
4. 何谓货车平均静载重和货车载重力的利用率?
5. 货车满载工作的方法有哪些?
6. 什么是集装化运输?
7. 简述集装化运输的条件。
8. 棚车装运成件包装货物时，应遵守哪些要求?
9. 敞车装载成件包装货物时，应遵守哪些要求?
10. 简述绳网种类及其使用要求。
11. 简述使用绳索加固时的捆绑要求。
12. 简述散堆装货物的范围及特点。
13. 敞车装运散堆装货物时，应做好哪些工作?

14. 使用敞车装运木材时，装载加固有何要求？

15. 汽车顺装时，装载加固有何规定？

16. 有厢汽车爬装时，装载加固有何规定？

17. 32.6 m、24.6 m 预应力梁装运时，装载加固有何规定？

18. 某站货场到达凭货检编制的扣车普通记录进行整理的预应力梁一件，普通记录显示：该件货物为 32.6 m 预应力梁，纵向窜动 210 mm，加固无异状，请求整理。货场无整理能力，货运人员应如何处理？

项目9 超限超重货物运输

项目描述

超限超重货物多为国家重点项目、工程使用的大型设备,有些需要采取特殊措施或限速来保证运输安全,因此它们的运输对正常运输条件有很大影响,需要相关部门协调组织以保证运输过程中货物、车辆及沿途线路、建筑物、设备不发生损坏。

学习目标

1. 能力目标

(1)掌握超限货物测量方法。

(2)正确确定超限等级和超重等级。

(3)初步具备组织超限、超重货物运输能力。

2. 知识目标

(1)掌握铁路各种限界的限制尺寸。

(2)掌握超限货物定义、类型及超限等级划分。

(3)掌握超重货物定义及超重等级划分。

(4)了解拍发超限超重货物运输电报的格式、内容。

(5)掌握超限超重货物运输组织方法。

3. 素质目标

以科学严谨的态度,认真负责地组织超限超重货物运输,保证货物、车辆及线路、建筑物的安全。

相关案例——超限设备运输

案例一　大型超限设备运输

某企业有大型超限设备一件,需经铁路运输,途中跨越数个铁路局集团公司管辖地段,经过桥梁、隧道等各种建筑物。承运人应如何组织运输。

承运人应根据托运时货主提供的相应技术资料,测量货物的尺寸和重心位置、选择车辆,按照定型方案(或制订装载方案),确定其超限等级、制订装运办法,组织途中检查,保证货物安全到达目的地,同时也保证沿途建筑物及设备完好。

案例二　组织超限超重货物运输专列

××××年×月×日15:20,由编组为4辆平板车、1辆D_{45}型车、1辆试验车等12辆车编成的70002次超限超重货物运输专列由A站驶出，在甲局集团公司管内运行了154 km后，9月10日11:50，抵达乙局集团公司管内的B站。12:00该专列平稳驶出B站。12:40专列以10 km/h的速度平稳驶过通让线上长1 245 m的280大桥。随后专列以50 km/h限速运行。而专列所经路途，早已提前12 h停止一切施工。技术人员全程监控专列运行状态，特别是对近70处运行限制处所严格监控。9月11日22:26，在乙局集团公司管内经过34 h 26 min，运行了806 km，70002次超限超重货物运输专列安全抵达终点站——C站。

思考：超限超重等级、限速运行条件是如何确定的，什么条件可开专列？

典型工作任务1　认识超限超重货物

任务引入

超限超重货物是超出机车车辆限界基本轮廓的货物，需占用机车车辆限界和建筑限界之间的安全空间进行运输，熟悉铁路限界，掌握超限、超重货物定义及等级划分，培养科学严谨的职业素养，严格按照特殊运输条件办理超限超重货物运输，是本工作任务的目标。

相关知识

知识点1　铁路限界

铁路限界

为了确保机车车辆运行安全，防止机车车辆在运行中与建筑物或设备相接触，铁路规定了线路四周建筑物或设备不得侵入的和机车车辆本身不得超出的轮廓尺寸线，即限界，主要有机车车辆限界、建筑限界、机车车辆限界基本轮廓、各级超限限界和特定区段的装载限制等。

1. 机车车辆限界

机车车辆限界系与线路中心线垂直的，限制机车车辆外形尺寸的极限横断面轮廓。

《技规(普速铁路部分)》规定的客货共线铁路机车车辆上部限界如图9-1-1所示。其最大半宽为1 700 mm，最大高度为4 800 mm。

机车车辆的任何部位，在任何情况下都不得超出机车车辆限界规定的尺寸，特殊情况除外。

2. 建筑限界

建筑限界是指与线路中心线垂直的极限横断面轮廓，此轮廓内，除机车车辆和与机车车辆有相互作用及相关的设备外，其他设备或建筑物均不得侵入。

《技规(普速铁路部分)》规定的铁路建筑限界包括客货共线建筑限界($v \leqslant 160$ km/h)、客货共线建筑限界($v > 160$ km/h)和客货共线双层集装箱上部装载限界。铁路超限货物运输研究中采用的建筑限界是客货共线建筑限界($v \leqslant 160$ km/h)，分为基本建筑限界、隧道建筑限界和桥梁建筑限界。

客货共线基本建筑限界($v \leqslant 160$ km/h)如图9-1-2所示。其最大半宽为2 440 mm，最大高度为5 500 mm。

3. 机车车辆限界基本轮廓和特定区段装载限制

《加规》以机车车辆限界基本轮廓作为货物装载的限界，如图9-1-3所示。

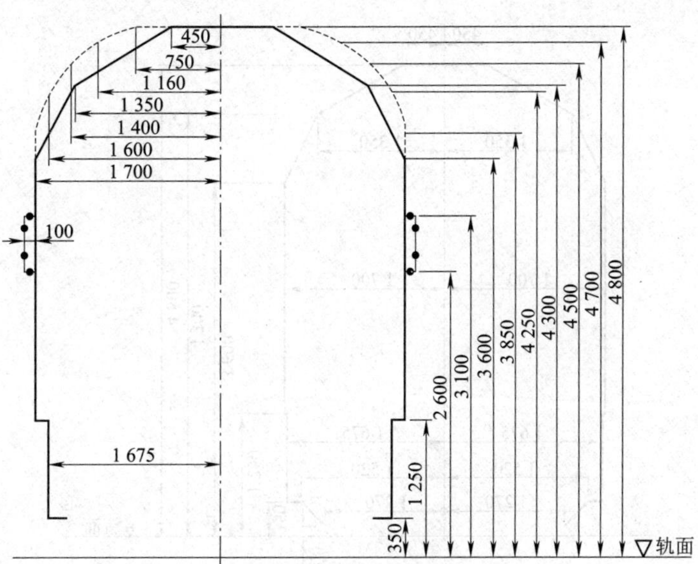

图 9-1-1　客货共线机车车辆上部限界图(单位:mm)

——— 机车车辆限界基本轮廓。

- - - - 电力机车限界轮廓。

—•—•— 列车信号、后视镜装置限界轮廓。

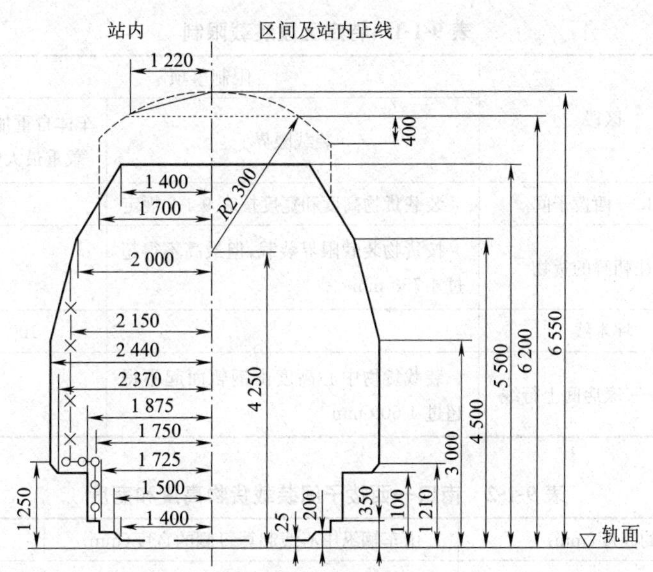

图 9-1-2　客货共线铁路基本建筑限界(v≤160 km/h)(单位:mm)

—×—×— 信号机、高架候车室结构柱和接触网、跨线桥、天桥、电力照明、雨棚等杆柱的建筑限界(正线不适用)。

—○—○— 站台建筑限界(正线不适用)。

——— 各种建(构)筑物的基本限界。

- - - - 适用于电力牵引区段的跨线桥、天桥及雨棚等建(构)筑物。

······ 电力牵引区段的跨线桥在困难条件下的最小高度。

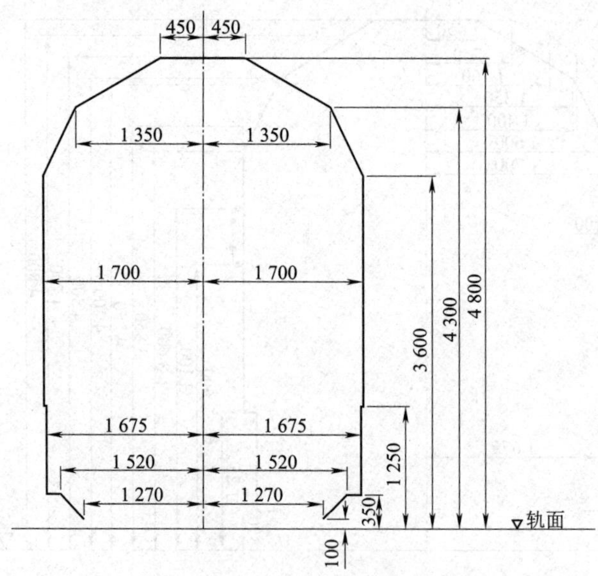

图 9-1-3　机车车辆限界基本轮廓(单位:mm)

修建线路时,应严格执行建筑限界的要求,由于受地理条件限制或其他因素影响,我国铁路有个别区段的建筑限界小于《技规》所规定的建筑限界,为保证行车的安全,对通过或到达这些特定区段的货物,应严格遵守《加规》中公布的"特定区段装载限制",见表 9-1-1。

表 9-1-1　特定区段装载限制

序号	线名	区段	限制事项		附记
			装载限界	车体自重加实际载重最大吨数	
1	京包线	南口—西拨子间	装载货物高度和宽度按表 9-1-2 规定		
2		运往朝鲜的货物	按货物装载限界装载,但最高不得超过 4 750 mm		
3	京广线	坪木线		100	坪石站出岔
4	丰沙线	沙城—三家店间上行线	装载货物中心高度由钢轨面起不得超过 4 600 mm		

表 9-1-2　南口—西拨子间装载货物高度和宽度

由钢轨面起算的高度(mm)	由车辆纵中心线起算每侧的宽度(mm)	全部宽度(mm)
4 300	1 050	2 100
4 200	1 150	2 300
4 100	1 250	2 500
4 000	1 350	2 700
3 900	1 450	2 900
1 250 以上至 3 600	1 600	3 200

《加规》规定:装载货物时,货物的装载高度、宽度和计算宽度,除超限货物外,不得超过机车车辆限界基本轮廓和特定区段装载限制。

4.《超规》规定的各级超限限界

为便于超限车的运行组织,《超规》规定了一级超限限界和二级超限限界。

(1)一级超限限界。一级超限货物装载的最大轮廓尺寸图如图 9-1-4 所示,超过此限界即为二级超限,其最大半宽为 1 900 mm,最大高度为 4 950 mm。

(2)二级超限限界。二级超限货物装载的最大轮廓尺寸图如图 9-1-5 所示,超过此限界即为超级超限,其最大半宽为 1 940 mm,最大高度为 5 000 mm。

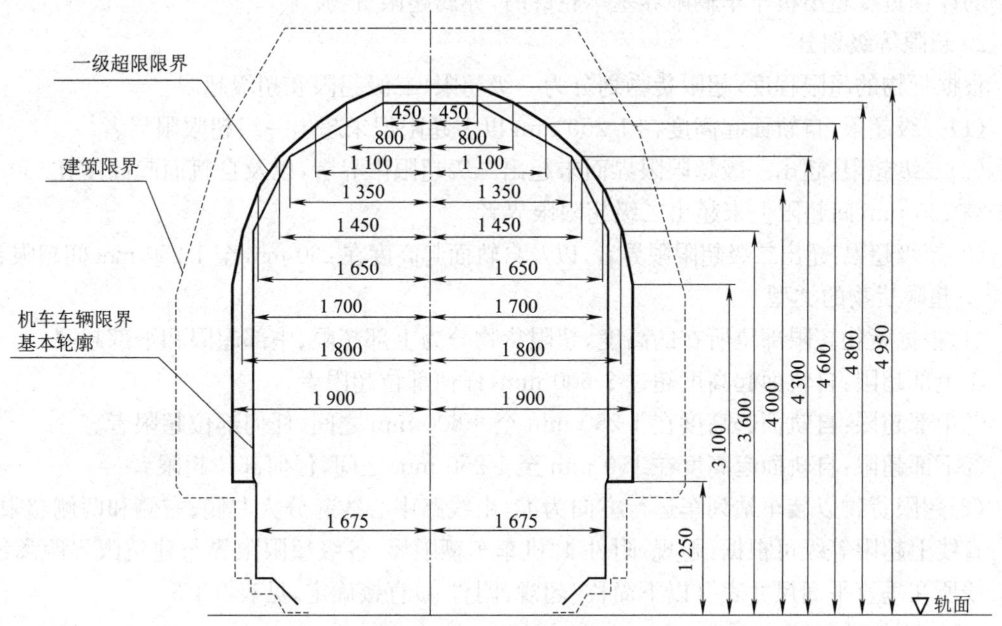

图 9-1-4 《超规》采用的一级超限限界(单位:mm)

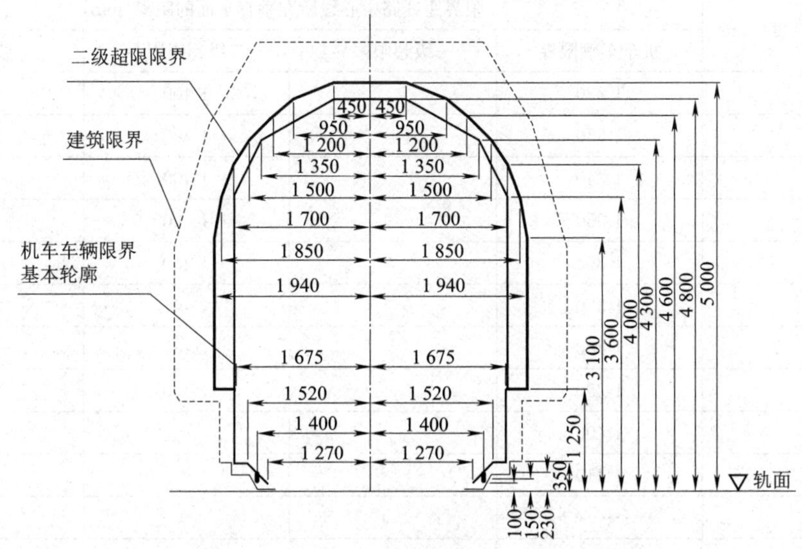

图 9-1-5 《超规》采用的二级超限限界(单位:mm)

知识点 2 认识超限货物

1. 超限货物定义

货物装车后，车辆停留在水平直线上，货物的任何部位超出机车车辆限界基本轮廓者或车辆行经半径为 300 m 的曲线时，货物的计算宽度超出机车车辆限界基本轮廓者，均为超限货物。具体可分为下列两种情况：

(1)货物装车后，在平直线路上停留时，货物的任何部位超出机车车辆限界基本轮廓，称为超限货物。

(2)货物装车后，在平直线路上虽然不超限，但当行经在半径为 300 m 的曲线线路上时，货物的计算宽度超出机车车辆限界基本轮廓时，亦属超限货物。

2. 超限等级划分

根据货物的超限程度，超限货物划分为一级超限、二级超限和超级超限。

(1)一级超限：自轨面起高度在 1 250 mm 以上超限但未超出一级超限限界者。

(2)二级超限：超出一级超限限界而未超出二级超限限界者，以及自轨面起高度在150 mm 至未满 230 mm 间超限但未超出二级超限限界者。

(3)超级超限：超出二级超限限界者，以及自轨面起高度在 230 mm 至 1 250 mm 间超限者。

3. 超限货物的类型

(1)根据货物超限部位所在的高度，超限货物分为上部超限、中部超限和下部超限。

①上部超限：自轨面起高度超过 3 600 mm，任何部位超限者。

②中部超限：自轨面起高度在 1 250 mm 至 3 600 mm 之间，任何部位超限者。

③下部超限：自轨面起高度在 150 mm 至 1 250 mm 之间，任何部位超限者。

(2)超限货物以装车站列车运行方向为准，由线路中心线起分为左侧、右侧和两侧超限。

直线上超限等级可根据《超规》附件 4“机车车辆限界、各级超限限界与建筑限界距离线路中心线所在垂直平面尺寸表”(以下简称《超规》附件 4)直接确定，见表 9-1-3。

表 9-1-3 机车车辆限界、各级超限限界与建筑限界距离线路中心线所在垂直平面尺寸表(摘录)

自轨面起算的高度(mm)	限界距线路中心线所在垂直平面的距离(mm)			
	机车车辆限界	一级超限限界	二级超限限界	建筑限界
150	1 320		1 400	1 471
160	1 330		1 400	1 477
170	1 340		1 400	1 482
180	1 350		1 400	1 488
190	1 360		1 400	1 494
200	1 370		1 400	1 500
210	1 380		1 400	1 725
220	1 390		1 400	1 725
230	1 400			1 725
240	1 410			1 725
……	……			……
350(不含)	1 520			1 725

续上表

自轨面起算的高度(mm)	限界距线路中心线所在垂直平面的距离(mm)			
	机车车辆限界	一级超限限界	二级超限限界	建筑限界
350～1 100(含)	1 675			1 725
1 110	1 675			2 376
……	……			……
1 200	1 675			2 433
1 210～1 250(含)	1675			2 440
1 250～3 000	1 700	1 900	1 940	2 440
3 010～3 100	1 700	1 900	1 940	2 437
3 600	1 700	1 800	1 850	2 264
4 010	1 495	1 643	1 693	2 143
4 000	1 500	1 650	1 700	2 146
4 300	1 350	1 450	1 500	2 058
4 600	810	1 100	1 200	1 940
4 800	450	800	950	1 820
4 810		777	925	1 814
4 950		450	575	1 730
4 960			550	1 724
5 000			450	1 700
5 010				1 694
5 500				1 400

【例 9-1-1】 一件货物装车后,高度为 3 020 mm,半宽分别为左 1 700 mm、右 1 934 mm。试确定直线上的超限等级。

【解】 查表 9-1-3,高度为 3 020 mm,半宽为 1 700 mm 时,未超出机车车辆限界基本轮廓,则为不超限;高度为 3 020 mm,半宽为 1 934 mm 则超出一级超限限界 1 900 mm,在二级超限限界 1 940 mm 之内,应为二级超限;该货物综合考虑为中部右侧二级超限。

知识点 3 认识超重货物

装车后,重车总重活载效应超过桥涵设计标准活载(中—活载)的货物,称为超重货物。

根据货物的超重程度,超重货物分为三个等级:一级超重、二级超重和超级超重。

设 Q 代表活载系数,则一级超重:$1.00<Q\leqslant1.05$;二级超重:$1.05<Q\leqslant1.09$;超级超重:$Q>1.09$。

超重货物分级根据《超规》附件 5 确定,见表 9-1-4。

【例 9-1-2】 使用 D_{2G} 型货车装货物 200 t,货车自重 148.5 t,总重 348.5 t,试确定超重等级。

【解】 查表 9-1-4,D_{2G} 型车在总重大于 342 t,小于等于 355 t 时为二级超重。

表 9-1-4　超重货物分级表

等级	项　目		等级	项　目	
	长大货车型号	重车总重 P(t)		长大货车型号	重车总重 P(t)
一级	D_{2}	$314<P$	一级	D_{28}	$369<P\leqslant 388$
	D_{2A}	$P>329$		DK_{29}	$370.8<P\leqslant 389.5$
	D_{2G}	$326<P\leqslant 342$		D_{30G}	$437<P\leqslant 459$
	D_{18A}	$P>310$		D_{32}	$491<P\leqslant 515$
	DK_{23}	$P>296$		350 t 落下孔车	$490<P\leqslant 514$
	D_{23G}	$310<P\leqslant 326$		DQ_{35}	$P>508$
	D_{25A}	$P>374$		DK_{36}	$P>545.7$
	DA_{25}	$P>361$		DK_{36A}	$P>521.3$
	D_{32A}	$P>545$		D_{38}	$543<P\leqslant 571$
	D_{26}	$371<P\leqslant 390$		D_{45}	$580<P\leqslant 609$
	D_{26AK}	$P>332$		DA_{37}	$P>542.2$
	D_{26B}	$371<P\leqslant 390$		DQ_{45}	$585<P\leqslant 615$
二级	D_{2G}	$342<P\leqslant 355$	二级	350 t 落下孔车	$P>514$
	D_{23G}	$P>326$		D_{32}	$515<P\leqslant 535$
	D_{26}	$P>390$		D_{38}	$571<P\leqslant 592$
	D_{26B}	$P>390$		D_{45}	$609<P\leqslant 632$
	D_{28}	$P>388$		DQ_{45}	$615<P\leqslant 638$
	D_{30G}	$P>459$		DK_{29}	$P>389.5$
超级	D_{2G}	$P>355$	超级	D_{45}	$P>632$
	D_{32}	$P>535$		DQ_{45}	$P>638$
	D_{38}	$P>592$			

注：以上均为货物装载无偏心情况，如有偏心，则应按实际装载偏心另行计算等级。

典型工作任务 2　测量超限货物、拍发超限超重货物运输电报

任务引入

超限货物的测量系指货物在装车前测量各部位的尺寸和装车后复测各部位的尺寸，测量的尺寸是计算超限等级、确定运行条件的重要依据。因此，要求测量的尺寸要准确，能如实地反映出货物外形的实际情况，以防从严或降低货物的运输条件。

掌握装车前测量和装车后测量方法及要求，了解超限超重货物运输电报格式及内容，具备正确测量货物、重车以及拍发申请电报和挂运电报的基本能力，是本工作任务的目标。

相关知识

测量超限货物

1. 测量超限货物的基本要求

超限货物测量包括装车前测量和装车后测量。

(1)装车前测量

装车前测量的对象为待装货物。测量前要合理制订计划装载方案,它是装车前进行测量的依据。测量时,以超限车的运行方向为前方,按计划装载方案进行测量。测量货物的各不同高度均从货物底部支重面起算,测量其各不同高度处的宽度均从货物重心所在的纵向垂直平面起算。测量结果应与“超限超重货物托运说明书”中有关数据进行核对并相符。

(2)装车后测量

超限货物装车后,以发站超限车的运行方向为前方,按实际装载进行复测。测量货物的各不同高度均从轨面起算;测量各不同高度处的宽度均从车辆纵中心线所在的垂直平面起算,宽度应包括篷布、绳索、支柱等加固材料在内。测量结果应与“超限超重货物确认电报”(以下简称“确认电报”)的尺寸相对照,若尺寸不符时,应以实际尺寸再进行请示。

为了准确测量超限货物的尺寸,车站必须备有质量良好的测量工具,并指定专人进行保管。常用的测量工具包括主要包括钢卷尺、皮尺、水平尺、铅锤及其他辅助测量工具。测量时,高度应严格按垂直距离测量,宽度应按水平距离测量,以 mm 为单位,必须尺寸准确、数据齐全、记录完整。

2. 装车前测量

装车前的测量是测量货物本身的有关尺寸,是确定货物装载方案和拟定超限超重货物申请电报(以下简称“申请电报”)的依据。

(1)长度

测量其全长(即货物的最大长度)、货物支重面长度、重心至端部的距离、重心至检定断面的距离,如图 9-2-1 所示。

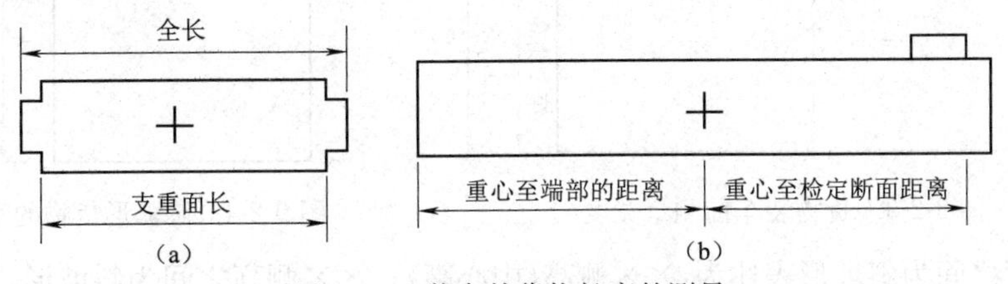

图 9-2-1　装车前货物长度的测量

(2)高度

自支重面起,测量其中心高度、侧高度和重心高度。

①中心高度:自支重面起至货物的最大高度为中心高度。

②侧高度:中心高度以下各测点至支重面的高度。如有数个不同侧高度时,应由上至下测出每一个不同的侧高度。

测量侧高度时,按发站超限车的运行方向为前方,以货物重心所在的纵向垂直平面为准分左、右两侧测量。由货物支重面起,自上而下顺序按第一侧高、第二侧高……分别测出其不同高度,如图 9-2-2 所示。

(3)宽度

按发站超限车的运行方向,由货物重心所在的纵向垂直平面起,测量中心高度处的宽度和不同侧高度处的宽度,如图 9-2-3 所示。

①中心高度处的宽度:测量中心高度处,在货物重心所在纵向垂直平面左侧和右侧的最大宽度。

②侧高度处的宽度:分别测量每一侧高度处,在货物重心所在纵向垂直平面左侧和右侧的最大宽度。

③其他情况的宽度

货物为圆形,中心高度为直径,中心宽左右为零,最大宽度为半径。

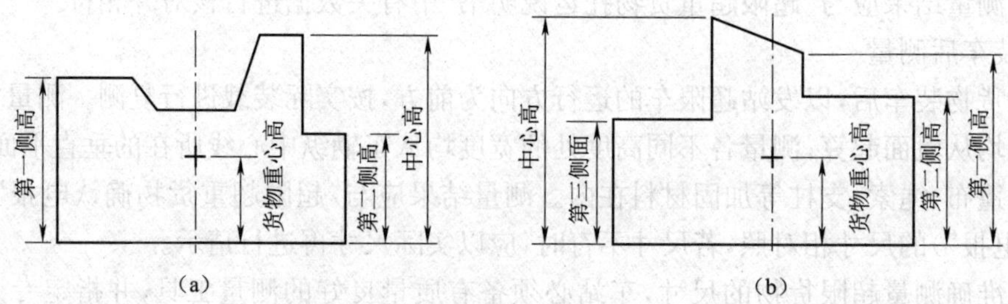

图 9-2-2 货物装车前测量货物高度

货物上部为圆弧形,应测量并记录表述为:自 h mm 以上为半径 R mm 的圆弧,如图 9-2-4 所示。货物上部为椭圆形,可选定几个高度分别测量其不同高度和宽度。

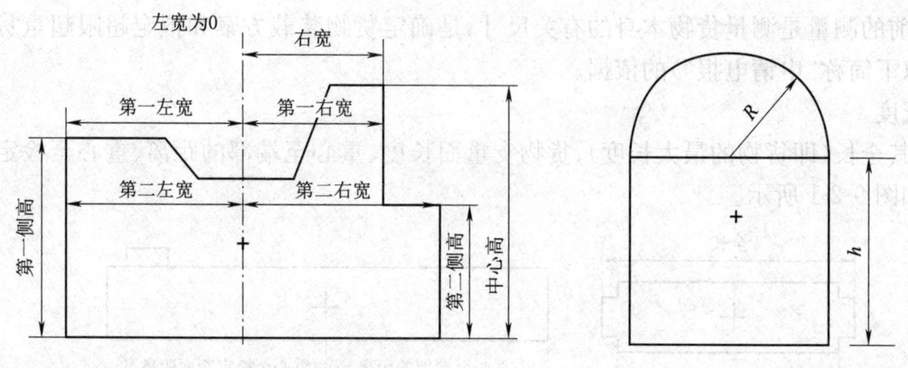

图 9-2-3 货物装车前测量宽度

图 9-2-4 圆弧形货物的宽度

不同高度之间为斜坡形表述为:××侧高(中心高)—××侧高之间为斜坡形,如图 9-2-2(b)所示。

3. 装车后测量

装车后测量是对货物及车辆总体的测量。超限货物装车后应进行复测,其目的是检查装载状态是否与确认电报尺寸相符,按照装载实际情况填写“超限超重货物运输记录”。

(1)长度

①突出车辆端梁装载时,测量突出车辆端梁的长度,如图 9-2-5(a)所示。如两端突出不相等时,应分别测量。

②跨装时,分别测量跨装支距和两支点外方的长度,如图 9-2-5(b)所示。

(2)高度

由轨面起测量货物中心高度和侧高度。

货物装车后,计算点低于 1 250 mm 或使用凹型车、落下孔车装运时,应测量货物计算点至轨面的高度。

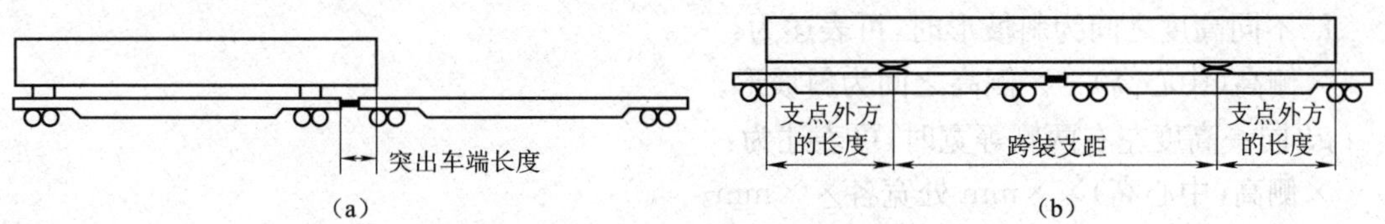

图 9-2-5　货物装车后测量长度

(3)宽度

按发站超限车运行方向，自车辆纵中心线所在的纵向垂直平面起，分别测量中心高度和不同侧高度处在其左侧和右侧宽度。

4. 超限超重货物运输电报

铁路超限超重货物运输电报包括申请电报、确认电报和“超限超重车辆挂运申请电报”(以下简称“挂运电报”)。

(1)申请电报

车站申请电报主送铁路局集团公司货运部。铁路局集团公司申请电报主送国铁集团货运部。

申请电报主要内容包括：

①发站、到局、到站。

②货物概况。货物概况应注明货物品名、件数、重量、全长、支重面长度、货物重心高度。自轮运转货物还应注明自重、轴数、轴距、固定轴距、转向架中心销间距离、运行限制条件以及其他特殊运输条件要求等。

货物重量含装载加固装置和材料等重量。货物重心高度含垫木或支架等高度，并须注明其中垫木或支架等高度为××mm。支重面长度为垫木或支架等之间距离时，须注明两横垫木或支架之间距离为××mm。

③货物外形尺寸。货物外形尺寸应包括固定包装、装载加固材料或装置，表述必须完整、准确。不同高度处的宽度按自上而下顺序排列，尺寸均以 mm 为单位：

a. 一个高度时，可表述为：

中心高××—××mm 处左宽××mm，右宽××mm。

b. 两个高度时，可表述为：

中心高××mm 处左宽××mm，右宽××mm；

侧高××mm 处左宽××mm，右宽××mm。

c. 三个及以上高度时，可表述为：

中心高××mm 处左宽××mm，右宽××mm；

一侧高××mm 处左宽××mm，右宽××mm；

二侧高××mm 处左宽××mm，右宽××mm；

……

d. 圆弧形货物可表述为：

×侧高(中心高)××—××mm 处为××mm 半径圆弧，并注明圆心位置。

e. 不同高度之间为等宽时，可表述为：

×侧高(中心高)××—××mm 处左宽××mm，右宽××mm。

f. 不同高度之间为斜坡形时,可表述为:

×侧高(中心高)—×侧高之间为斜坡形。

g. 同一高度左右两侧等宽时,可表述为:

×侧高(中心高)××mm 处宽各××mm。

一般情况下,货物外形尺寸采用同一高度处左右等宽方式表述,等宽宽度取左右宽度的最大数值。特殊需要时,采用左右宽度实际数值表述。

④拟使用车种、车型及辆数。

⑤装载方法。装载方法主要包括:不突出车端板装载、突出车端板装载和两车跨装装载等三种方式。

a. 不突出车端装载:注明每车装载件数及合装、分装等具体装载方法。

b. 突出车端装载:除注明每车装载件数及合装、分装等具体装载方法外,还应注明货物突出车端的长度、突出端的宽度及高度,两端同时突出的应分别注明。需要使用游车的,注明使用游车的车种、车型及辆数。

c. 两车跨装装载:两负重车中间或两端需要使用游车的,注明中间或两端使用游车的车种、车型及辆数。注明货物跨装支距、突出支点长度和突出端的宽度及高度,同时突出两支点的应分别注明。货物突出支点后,又突出负重车车端的,注明突出端底部距游车车地板的高度,两端同时突出的应分别注明。注明货物转向架的高度及重量。

⑥预计装后尺寸。预计装后高度自轨面开始计算,宽度自车辆纵中心线所在垂直平面开始计算。预计装后尺寸必须完整、准确,保证预计货物装后的各不同高度处的最大计算宽度对应的部位不遗漏。

⑦其他特殊运输条件要求。

特殊运输要求是指为保证货物和超限车的运输安全,根据货物自身性质及超限车的技术条件,必须明确的特殊运输限制条件等。如:变压器运输时,托运人提出的途中运输加速度不得超过 $3g$;自轮运转货物的最高运行速度、曲线限速、侧向过岔限速及通过最小曲线半径限制;超限车的最高运行速度、曲线限速、侧向过岔限速及通过最小曲线半径限制等。

(2)确认电报

国铁集团货运部确认电报主送始发、经由和到达局货运主管部门。铁路局集团公司接到发布的确认电报后,应结合管内的实际情况及时确认转发。对需临时改变建筑物、固定设备的,应在电报中详细指明。

铁路局集团公司确认电报主送发站、本局调度所、发站所在地车辆段及沿途货检站等;根据需要主送本局其他相关站段,抄送本局运输、工务、电务、车辆、机务部等。铁路局集团公司直接确认的本局发送的超限超重货物运输电报须抄送经由和到达局货运主管部门。

确认电报主要内容包括:

①发站、经由、到站。发到站和经由的铁路线路须已开办超限超重货物运输业务。经由的铁路正线(区段),根据超限货物装后尺寸、超重货物等级,相关铁路正线(区段)的限界、线桥承载能力,结合车流径路、列车编组计划等正确确定。超限超重货物应经由最短径路运输,但受到建筑限界或其他不利因素影响时,可指定径路运输。跨局运输的,经由以铁路局集团公司间分界站表述。

②货物概况。

③使用车种、车型及辆数。确定使用车种、车型及辆数时,除一般要求外,还应根据货物重

量和经由铁路线桥承载能力，确定超限超重车两端加挂的隔离车车种、辆数等。

【例 9-2-1】 申请电报举例

铁路传真电报

签发×××　　核稿××　　拟稿人×××　　电话×××××

发报所名	电报号码	等级	受理日	时分	收到日	时分	值机员

主送：北京局集团公司货运部

抄送：北京局集团公司丰台货运中心安技科

报文：

我站发郑州局集团公司信阳站卧式锅炉一件，重 28 t，长 7 400 mm，支重面长 7 400 mm，货物本身重心高 1 630 mm，重心位置均衡。

中心高 3 520 mm 处，左右宽各 0 mm；

一侧高 3 080 mm 处，左右宽各 1 520 mm；

二侧高 1 200 mm 处，左右宽各 1 560 mm；

中心高与第一侧高之间为半径 440 mm 的圆弧。

拟使用 N17AK 型平车一辆装运。

预计装后尺寸：

中心高 4 729 mm 处，左右宽各 0 mm；

一侧高 4 289 mm 处，左右宽各 1 520 mm；

二侧高 2 409 mm 处，左右宽各 1 560 mm。

中心高与第一侧高之间为半径 440 mm 的圆弧。

请示装运办法。

丰台站(京)超限超重 00005 号

××年××月××日

④装载方法。

⑤货物装后尺寸。装后高度自轨面开始计算，宽度自车辆纵中心线所在垂直平面开始计算。

⑥装运办法。

装运办法必须准确、具体、完整。使用“铁路超限超重货物运输电报代号”(表 9-2-1)中规定的电报代号加文字表述，无代号的应直接用文字准确、具体、完整、规范表述。

表 9-2-1　超限超重货物运输电报代号

顺序	代字	被代用的文字	附　注
1	A	超限等级	代号后写几级
2	C	凡距线路中心线几毫米，高度超过几毫米，如道岔表示器等设备，在列车通过前拆除，通过后立即恢复正常位置	代号后分子为距线路中心线宽度的毫米数，分母为自轨面起高度的毫米数
3	D	通过接近限界的限制速度，按《超规》第 42 条办理	
4	E	禁止接入距离线路中心线几毫米，高度超过几毫米的站台线路	代号后分子为距线路中心线宽度的毫米数，分母为自轨面起高度的毫米数

续上表

顺序	代字	被代用的文字	附注
5	G	最高运行速度	代号后写限速值
6	K	会车条件按《超规》第 41 条办理	
7	L	通过 300 m 及以下半径曲线线路时的限制速度	代号后写限速值
8	M	途中货检站按规定检查无碍后继续运送	
9	N	各邻接调度所密切联系注意运行状态，接运和挂运按《超规》第 36 条和第 39 条办理	
10	P	需要货物转向架和使用车钩缓冲停止器	
11	R	货物重心高度	代号后写毫米数
12	S	重车重心高度	代号后写毫米数
13	W	经过侧向道岔的限制速度	代号后写限速值
14	Z	超重等级	代号后写几级

例如，重车重心不超高时表述为：(1)A×级超限；(2)Z×级超重；(3)电报代字。重车重心超高时表述为：(1)A×级超限；(2)Z×级超重；(3)R 1 950 mm；(4)S 2 029 mm；(5)G 50 km；(6)L 20 km；(7)W 15 km；(8)KNM。

较复杂情况时根据具体情况批示。

【例 9-2-2】 确认电报举例

铁路传真电报

签发××× 核稿××× 拟稿人××× 会签××× 电话×××××

发报所名	电报号码	等级	受理日	时分	收到日	时分	值机员

主送：丰台站、北京局集团公司调度所、北京局集团公司丰台车辆段、石家庄南、邯郸南站

抄送：北京局集团公司运输部、北京局集团公司工务部、北京局集团公司电务部、北京局集团公司车辆部、北京局集团公司机务部、郑州局集团公司货运部

报文：

丰台站发信阳站(郑)卧式锅炉一件，重 28 t，长 7 400 mm，货物本身重心高 1 630 mm。

使用 N_{17AK} 型平车一辆装载。

装后尺寸：

中心高 4 729 mm 处，左右宽各 0 mm；

一侧高 4 289 mm 处，左右宽各 1 520 mm；

二侧高 2 409 mm 处，左右宽各 1 560 mm；

中心高与第一侧高之间为 440 mm 半径的圆弧。

装运办法：

(1)A 超级超限；(2)KNM。

京超限超重 0025 号

北京局集团公司货运部

××年××月××日

(3)挂运电报

车站装车完毕应向主管局拍发挂运电报，主送铁路局集团公司调度所，抄送铁路局集团公司货运主管部门。

挂运电报主要内容包括：确认电报号，发站、到站，货物品名、件数，使用车种、车型、车号(含游车、隔离车)及辆数，装载完毕时间，装后尺寸复测情况，装后货物装载加固状态及车辆状态检查确认情况等。

【例 9-2-3】 挂运电报举例

铁路传真电报

签发×××　核稿×××　拟稿人×××　会签×××　电话×××××

发报所名	电报号码	等级	受理日	时分	收到日	时分	值机员
主送：北京局集团公司调度所 抄送：北京局集团公司货运部							
报文：							
奉京局京超限超重 00025 号电报，丰台站发信阳站(郑)的卧式锅炉一件，使用 N17AK/5030067 一辆装运，超级超限、禁止溜放。 上货已于×月×日×时装载(检查)完毕，经复核装载加固状态良好，符合确认电报要求，请求挂运。 丰台站 008 号 ××××年××月××日							

典型工作任务3　计算超限等级

任务引入

超限货物运输是占用机车车辆限界和建筑限界之间的安全空间进行的运输，需要特殊的运行条件，并增加了运输组织难度。超限等级是确定超限货物装运办法、运输条件以及核算运输费用的依据，因此，正确确定超限等级，才能科学地组织超限货物运输，保证运输安全。树立安全运输的理念，掌握超限等级确定方法，是本工作任务的目标。

相关知识

超限等级是以计算点所在检定断面的计算宽度(或实测宽度)和相对应的计算高度，通过查《超规》附件 4 而确定。

计算点系指超限货物任意一个部位，需要计算超限等级的点。此点是以计算点至线路中心线垂直面的宽度和至钢轨平面的高度而确定的。

检定断面系指计算点所在的与线路中心线垂直的横断面，是以钢轨平面为横坐标，以线路中心线的垂直线为纵坐标的坐标轴，它是确定超限等级的横断面。

当超限车行经在平直线路上时，确定超限等级的宽度是实测宽度；当超限货物车行经在曲线线路上时，确定超限等级的宽度是计算宽度。

1. 确定计算宽度的主要因素

确定计算宽度(X)的主要因素有货物检定断面的实测宽度(B)、货物偏差量(C)、偏差量增大值(K)、曲线线路建筑限界内外侧水平距离的加宽值。

(1)货物检定断面的实测宽度

货物检定断面的实测宽度系指计算点至负重车纵中心线垂直面的水平距离。通常用米尺测量而定。

(2)货物偏差量

当超限车行经在平直线路上时,两转向架中心销的垂直投影落在线路中心线上,货车纵中心线与线路中心线相重合。当超限车行经在曲线线路上时,两转向架中心销的垂直投影落在线路中心线上,而货车纵中心线在两销间偏向线路中心线内方,称为内偏差;在两销之外偏向线路中心线外方,称为外偏差。此值可计算确定。

(3)货物偏差量增大值

货物偏差量增大值是由于车辆走行部分游间和曲线处轨距加宽及转向架中心销偏离线路中心所产生的偏差量。此值仅在计算外偏差量时才计算。

(4)曲线线路建筑限界内外侧水平距离的加宽值

《超规》所采用的曲线内、外侧水平距离加宽值为 36 mm,它是以车长为 13.2 m,销距为 9.35 m 的平车,行经半径为 300 m 的曲线线路时,所产生的内、外偏差量最大值(均为 36 mm)作为曲线线路建筑接近限界内外侧水平距离的加宽值。在确定曲线线路建筑接近限界的实际宽度时,已考虑了该值,所以确定计算宽度时,须减去 36 mm。

计算宽度为上述因素的代数和,即 $X=B+C+K-36$(mm)。

2. 货物偏差量(C)

(1)偏差量的命名

如图 9-3-1 中,圆弧为半径 300 m 曲线的线路中心线;AB 直线为货车纵中心线;M,N 为货车两转向架中心销在线路中心线上的投影。

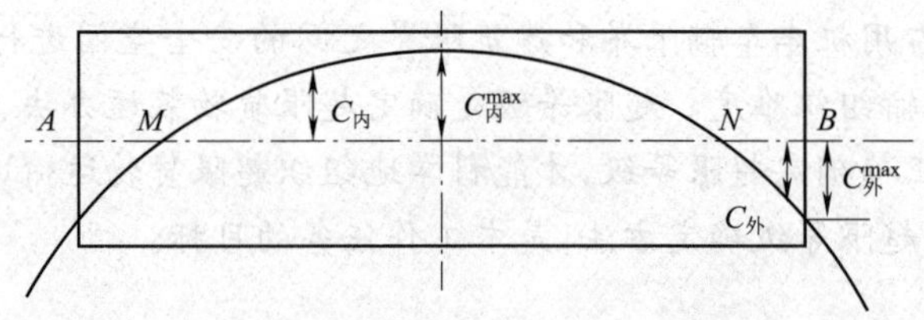

图 9-3-1　货物偏差量的命名

当货物的检定断面位于装载车两转向架中心销之间任何部位时,检定断面向线路中心线内侧偏离的距离,称为内偏差,以“$C_内$”表示。由图 9-3-1 可以看出,内偏差特点是,货物的检定断面越靠近装载车两转向架中心销之间的中央部位,内偏差值越大,当货物的检定断面位于装载车两转向架中心销之间的中央部位时,内偏差值为最大。

当货物的检定断面位于装载车两转向架中心销外方货物的任何部位时,检定断面向线路中心线外侧偏离的距离,称为外偏差,以“$C_外$”表示。由图 9-3-1 可以看出,外偏差特点是,货物的检定断面越远离装载车转向架中心销靠近货物端部,外偏差值越大,当货物的检定断面位于装载车两转向架中心销外方的端部时,外偏差值为最大。

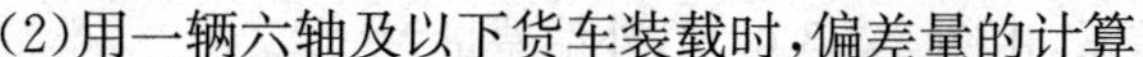

(2)用一辆六轴及以下货车装载时，偏差量的计算

用一辆六轴及以下货车装载时，偏差量的计算如图 9-3-2、图 9-3-3 所示。

图 9-3-2、图 9-3-3 中 AB 为车辆纵中心线，KD 为曲线直径，M、N 为车辆转向架中心销在线路中心线上的投影，l 为车辆转向架中心距。

图 9-3-2 中，要计算 S 点的偏差量，只需计算 EE' 的值，即：$C_{内}=EE'=FG=KG-KF$。

在直角 ΔKGN 和直角 ΔNGD 中 GN 为 KG 和 DG 的比例中项，所以有：

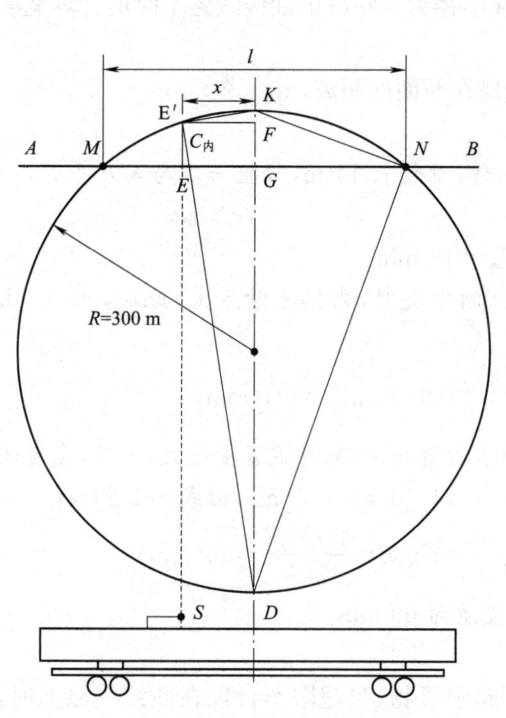

图 9-3-2　货物内偏量计算

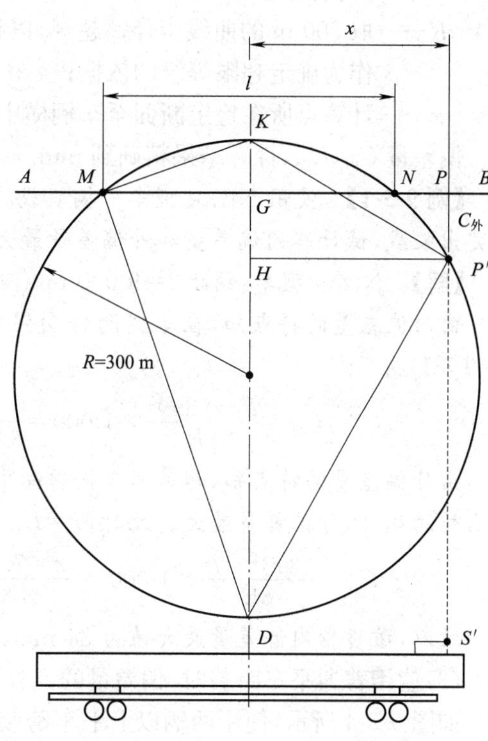

图 9-3-3　货物外偏量计算

$$KG=\frac{GN^2}{GD}=\frac{GN^2}{KD-KG}=\frac{(\frac{l}{2})^2}{2R-KG}$$

由于 $2R\gg KG$，将 $2R-KG$ 中的 KG 忽略不计，由上式得

$$KG\approx\frac{l^2}{8R}$$

设 x 为计算点所在检定断面至车辆横中心线所在断面的距离，同理可得

$$KF\approx\frac{(2x)^2}{8R}$$

由 $C_{内}=EE'=FG=KG-KF$ 得

$$C_{内}=\frac{l^2-(2x)^2}{8R}\times 1\,000\quad(\text{mm})\tag{9-3-1}$$

当 $x=0$ 时，内偏差量的最大值为

$$C_{内}^{max}=\frac{l^2}{8R}\times 1\,000\quad(\text{mm})$$

同理，要计算图 9-3-3 中 S' 点的偏差量，由图 9-3-3 可知，外偏差量为

$$C_{外}=PP'=GH=KH-KG$$

将 $KH=\frac{(2x)^2}{8R}$，$KG=\frac{l^2}{8R}$ 代入上式得

$$C_{外}=\frac{(2x)^2-l^2}{8R}\times 1\ 000 \quad (\text{mm}) \qquad (9\text{-}3\text{-}2)$$

式中 l——车辆转向架中心距，m；

R——取 300 m 的曲线半径，《超规》以行经在半径为 300 m 的曲线线路上时的计算宽度作为确定超限等级的依据；

x——计算点所在检定断面至车辆横中心线所在断面的距离，m。

偏差量 $C_{内}$、$C_{外}$，计算结果精确到 mm。

【例 9-3-1】 使用 N17AK 型车一辆装载货物一件，货物长 14 m，货物一端与车端平齐，一端突出装载，试计算内偏差量和外偏差量最大值。

【解】 N17AK 型车：销距 $l=9\ 000$ mm，车长 $l_{车}=13$ mm。

由内偏差量的特点知，在车辆两转向架中心销的中央时，内偏差量最大，此时，$x=0$，由式(9-3-1)得

$$C_{内}=\frac{l^2-(2x)^2}{8R}\times 1\ 000=\frac{9^2}{8\times 300}\times 1\ 000=33.75\approx 34(\text{mm})$$

由外偏差量的特点知，越远离车辆转向中心销靠近货物端部，外偏差量越大，因此，在货物突出端的端部，外偏差量最大。此时，$x=L_{货}-l_{车}/2=14-6.5=7.5(\text{m})$，由式(9-3-2)，得

$$C_{外}=\frac{(2x)^2-l^2}{8R}\times 1\ 000=\frac{(2\times 7.5)^2-9^2}{8\times 300}\times 1\ 000=\frac{15^2-9^2}{2.4}=60(\text{mm})$$

所以，该货物内偏差量最大值为 34 mm，外偏差量为 60 mm。

(3)使用普通平车跨装时，偏差量的计算

如图 9-3-4 所示，使用两辆以上平车跨装运送超限货物，当超限车行经在曲线线路上时，由于跨装负重车上货物转向架中心销向曲线内方位移，货物在曲线内侧的偏差量将有所增大。其数值取决于负重车销距的长度及货物转向架的跨装支距长度。

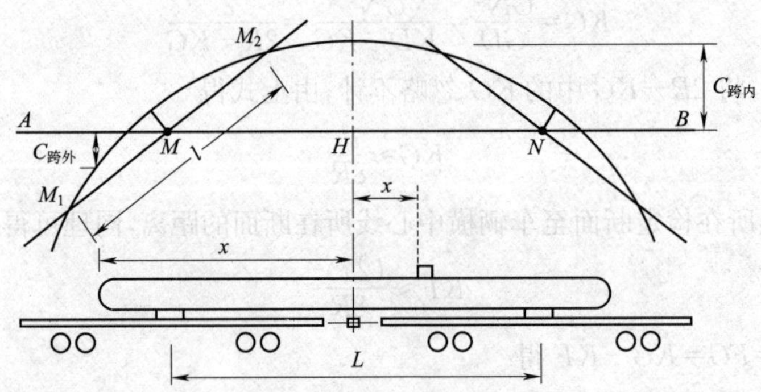

图 9-3-4 跨装货物偏差量计算

①当货物检定断面位于两货物转向架中心销之间时，其内偏差用“$C_{跨内}$”表示。

$$C_{跨内}=\frac{L^2+l^2-(2a)^2-(2x)^2}{8R}\times 1\ 000 \quad (\text{mm}) \qquad (9\text{-}3\text{-}3)$$

②当货物检定断面位于两货物转向架中心销外方时，其外偏差用“$C_{跨外}$”表示。

$$C_{跨外}=\frac{(2x)^2-L^2-l^2+(2a)^2}{8R}\times 1\,000\quad (\text{mm}) \tag{9-3-4}$$

式中　L——跨装支距，m；

a——货物转向架中心销偏离所在车辆横中心线的距离，m。

(4)使用六轴以上长大货物车装载时，偏差量的计算

使用多层转向架的特种平车装载超限货物，当超限车行经在曲线线路上时，由于特种平车转向架群的中心销向曲线内方位移，货物在曲线内侧的偏差量将有所增大。其数值取决于负重车销距的长度及特种平车转向架群的支距长度。

①当货物的检定断面位于大底架两心盘中心之间时，其计算公式为

$$C_{内}=\frac{L_1^2+\cdots+L_n^2-(2x)^2}{8R}\times 1\,000\ (\text{mm}) \tag{9-3-5}$$

②当货物的检定断面位于大底架两心盘中心外方时，其计算公式为

$$C_{外}=\frac{(2x)^2-L_1^2-\cdots-L_n^2}{8R}\times 1\,000\quad (\text{mm}) \tag{9-3-6}$$

式中　$L_1,\cdots,L_n$——长大货物车由上向下各层底架心盘中心距，m，其中，n 为长大货物车底架层数。

3. 货物偏差量增大值(K)

超限车行经在曲线线路上时，还必须考虑由于车辆走行部分的游间、曲线线路轨距的加宽量及车辆在线路上蛇行运动的摆动量及转向架中心销偏离线路中心而产生的偏差量，称为货物偏差量增大值。K 的计算如下：

(1)用一辆六轴及以下货车装载时

$$K=75\left(\frac{2x}{l}-1.4\right)\quad (\text{mm}) \tag{9-3-7}$$

(2)用普通平车跨装时

$$K=75\left(\frac{2x}{L}-1.4\right)\quad (\text{mm}) \tag{9-3-8}$$

(3)用六轴以上长大货物车装载时

$$K=75\left(\frac{2x}{L_1}-1.4\right)\quad (\text{mm}) \tag{9-3-9}$$

注：当$\frac{2x}{l}\leqslant 1.4$、$\frac{2x}{L}\leqslant 1.4$、$\frac{2x}{L_1}\leqslant 1.4$ 时，货物偏差量增大值不计算；同一件货物，计算点不同时，K 值亦不同。

4. 确定计算宽度

(1)用一辆六轴及以下货车装载货物计算宽度

当货物的检定断面位于车辆两心盘中心之间时，其计算公式为

$$X_{内}=B+C_{内}-36\quad (\text{mm}) \tag{9-3-10}$$

当货物的检定断面位于车辆两心盘中心外方时，其计算公式为

$$X_{外}=B+C_{外}+K-36\quad (\text{mm}) \tag{9-3-11}$$

(2)用普通平车跨装货物计算宽度

当货物的检定断面位于车辆两心盘中心之间时，其计算公式为

$$X_{跨内}=B+C_{跨内}-36\quad(\text{mm})\tag{9-3-12}$$

当货物的检定断面位于车辆两心盘中心外方时，其计算公式为

$$X_{跨外}=B+C_{跨外}+K-36\quad(\text{mm})\tag{9-3-13}$$

(3)用六轴以上长大货物车装载货物计算宽度

当货物的检定断面位于大底架两心盘中心之间时，其计算公式为

$$X_{内}=B+C_{内}-36\quad(\text{mm})\tag{9-3-14}$$

当货物的检定断面位于大底架两心盘中心外方时，其计算公式为

$$X_{外}=B+C_{外}+K-36\quad(\text{mm})\tag{9-3-15}$$

5. 超限等级的确定

超限等级是以计算点所在检定断面的计算点宽度及相对应的计算点高度的数值，查《超规》附件 4 而确定，见表 9-1-3。具体步骤如下：

(1)标点——标出需要计算的点。

在端视图上标出不同高度、不同宽度的点。

在等宽条件下，高度超过 1 250 mm 时，标高不标低；高度在 1 250 mm 及以下时，标低不标高。

(2)选面——选择检定断面。

在主视图上选出与所标出的点相对应的检定断面，当高度和宽度相同时，应选偏差量大的检定断面。

在两转向架中心销之间，应选近(靠近货车横中心线)，不选远；在两转向架中心销外方，应选远(距转向架中心销)，不选近。

(3)计算——确定计算点高度、宽度。

计算点高度($h_{计}$)一般包括货车地板高度($h_{车地板}$)、垫木(或转向架)高度($h_{垫}$)和计算点至货物支重面的高度($h_{货计}$)，即 $h_{计}=h_{车地板}+h_{垫}+h_{货计}$。

计算点宽度是由线路中心线的垂直面至计算点的宽度。在直线线路上为货物的实测宽度 B；在曲线线路上为货物的计算宽度 X。

(4)查表

根据计算点高度和计算点宽度查《超规》附件 4，确定超限等级。

6. 超限等级计算实例

【例 9-3-2】 木箱包装均重货物一件，重 45 t，长 9 000 mm，宽 3 600 mm，高 1 400 mm，使用 N_{17T} 型 60 t 平车装运，货物直接装在车地板上，货物重心落在车辆纵横中心线交叉点上，如图 9-3-5所示。试确定超限等级。

【解】 N_{17T} 型车数据：$l=9\ 000$ mm，$h_{车地板}=1\ 209$ mm。

(1)标点

在等宽条件下，高度超过 1 250 mm 时，标高不标低；高度在 1 250 mm 及以下时，标低不标高。所以在端视图上标 A、D 两点。

(2)选面

当高度和宽度相同时，在两转向架中心销之间，应选近(靠近货车横中心线)，不选远。所以 A、D 点在主视图上相对应的检定断面应在两销间中央部位 A、D 处，应计算 $C_{内}$($x=0$)。

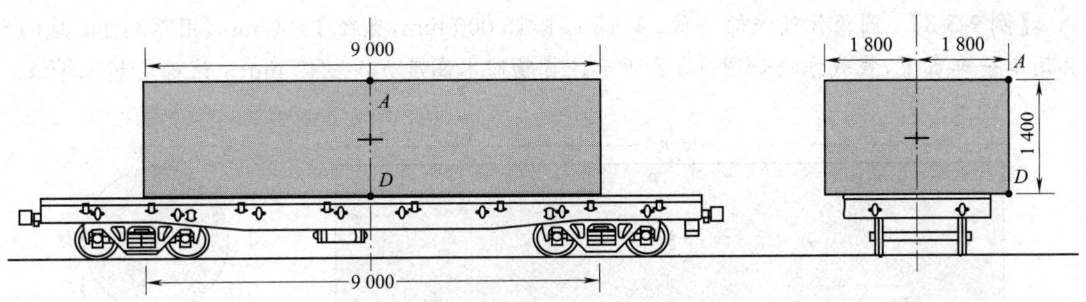

图 9-3-5　木箱装载示意 1(单位:mm)

$$C_内=\frac{l^2-(2x)^2}{8R}\times1\ 000=\frac{9^2}{8\times300}\times1\ 000=33.75\approx34(\text{mm})$$

(3)确定计算点的高度和宽度

计算点的高度

$$h_{A计}=h_{车地板}+h_{A货计}=1\ 209+1\ 400=2\ 609(\text{mm})$$

$$h_{D计}=h_{车地板}=1\ 209\ \text{mm}$$

A、D 点应计算 $X_内$

$$X_内=B+C_内-36=1\ 800+34-36=1\ 798(\text{mm})$$

计算宽度小于实测宽度时,按实测宽度 B 取 1 800 mm。

(4)确定超限等级

根据计算点的高度和宽度查《超规》附件 4(表 9-1-1)。

$h_{A计}=2\ 609$ mm,$X_内=1\ 800$ mm,超出机车车辆限界 1 700 mm,但未超出一级限界 1 900 mm,在 A 点为中部一级超限;$h_{D计}=1\ 209$ mm,$X_内=1\ 800$ mm,超出机车车辆限界基本轮廓,在 D 点为下部超级超限。综上,该货物为下部两侧超级超限。

为消除下部超限,可垫高度为 140 mm 横垫木 2 块。装载方法如图 9-3-6 所示。

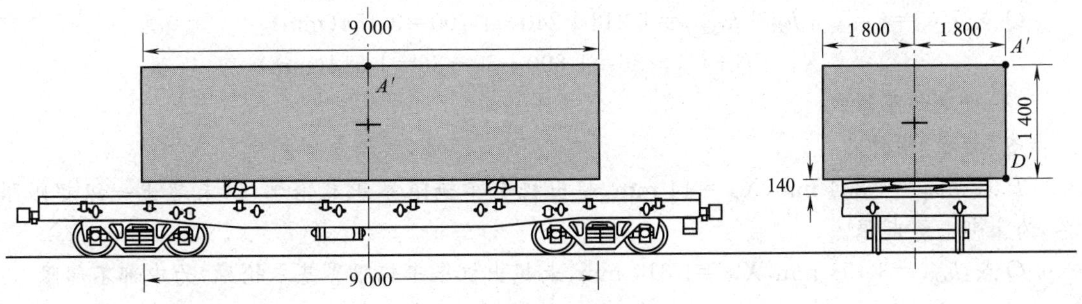

图 9-3-6　木箱装载示意 2(单位:mm)

在等宽条件下,因 A'、D' 两点高度均超过 1 250 mm,标高不标低,计算点确定为 A',检定断面仍在两销间中央部位 A'。

查《超规》附件 4,$h_{A'计}=2\ 749$ mm,$X_内=1\ 800$ mm,超出机车车辆限界 1 700 mm,但未超出一级限界 1 900 mm,仍为中部一级超限。所以该货物为中部两侧一级超限。

综上,在货物装车后高度在 1 250 mm 及以下,且宽度超出车地板宽度时,可通过加横垫木以避免下部超限,降低货物的超限等级。

【例 9-3-3】 圆筒体储液罐一件,重 15 t,长 15 000 mm,直径 3 400 mm,用 NX17BK 型 61 t 共用车一车负重,装载方法如图 9-3-7 所示。货物凹木高度 $h_{凹}=240$ mm。试确定超限等级。

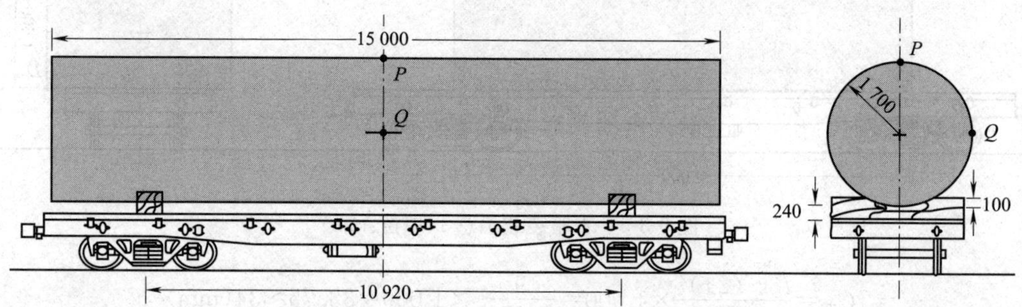

图 9-3-7 储液罐装载示意(单位:mm)

【解】 NX17BK 型车数据:$l=10\ 920$ mm,$l_{车}=15\ 400$ mm,$h_{车}=1\ 214$ mm。

(1)标点

在端视图上标出不同高度、不同宽度的 P、Q 两点。

(2)选面

当高度和宽度相同时,在两转向架中心销之间,应选近(靠近货车横中心线)不选远,在两销外方应选外不选内。因 $\frac{2x}{l}=\frac{2\times 7.5}{10.92}\approx 1.37<1.4$,所以检定断面应选在货物中部 P、Q 两点。

应计算 $C_{内}(x=0)$:

$$C_{内}=\frac{l^2}{8R}\times 1\ 000=\frac{10.92^2}{2.4}=49.686\approx 50(\text{mm})$$

(3)确定计算点高度和计算宽度

P 点:$h_{P计}=h_{车地板}+h_{凹}+h_{P货计}=1\ 214+240+3\ 400=4\ 854(\text{mm})$

$$X_{内}=B+C_{内}-36=0+50-36=14(\text{mm})$$

Q 点:$h_{Q计}=h_{车地板}+h_{凹}+h_{Q货计}=1\ 214+240+1\ 700=3\ 154(\text{mm})$

$$X_{内}=B+C_{内}-36=1\ 600+50-36=1\ 614(\text{mm})$$

(4)确定超限等级

查《超规》附件 4

P 点:$h_{P计}=4\ 854$ mm,$X_{内}=14$ mm,超出机车车辆限界基本轮廓,但未超出一级超限限界,为上部一级超限。

Q 点:$h_{Q计}=3\ 154$ mm,$X_{内}=1\ 614$ mm,未超出机车车辆限界基本轮廓,为中部不超限。

综上,该货物为上部两侧一级超限。

【例 9-3-4】 钢梁一件重 45 t,长 15 000 mm,宽 3 400 mm,高 2 000 mm,使用 N17T 型60 t 平车一辆一端突出装运,用 N17T 型平车一辆做游车,使用垫木高度 180 mm。装载方法如图 9-3-8所示。试确定超限等级。

【解】 N17T 型平车数据:$l=9\ 000$ mm,$l_{车}=13\ 000$ mm,$h_{车地板}=1\ 209$ mm。

(1)标点

在端视图上有高度不同的 E、F 两点,两点高度均超过 1 250 mm,应标上不标下,计算点应标在 E 处。

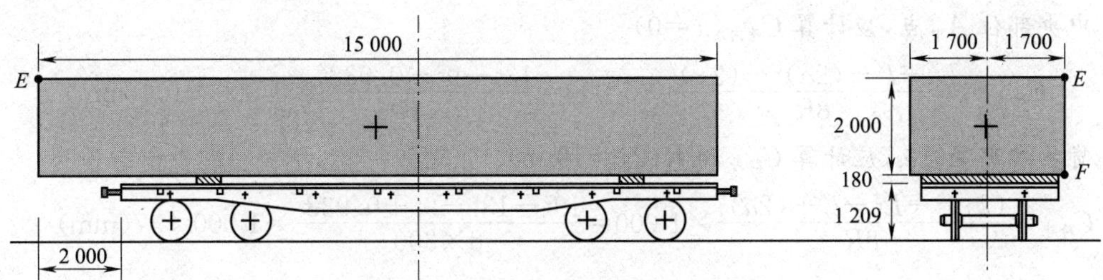

图 9-3-8　钢梁装载示意(单位:mm)

(2)选面

当高度和宽度相同时,在两转向架中心销之间,应选近(靠近货车横中心线)不选远,在两销外方应选外不选内。因$\frac{2x}{l}=\frac{2\times8.5}{9}=1.9>1.4$,所以检定断面应选在货物突出长端$E$点。

(3)计算偏差量$C_{外}$和偏差量增大值K

$$C_{外}=\frac{(2x)^2-l^2}{8R}\times1\ 000=\frac{17^2-9^2}{8\times300}\times1\ 000\approx87(\text{mm})$$

$$K=75(\frac{2x}{l}-1.4)=75\times(\frac{17}{9}-1.4)\approx37(\text{mm})$$

(4)计算高度和宽度

$$h_{计}=h_{车地板}+h_{垫}+h_{货计}=1\ 209+180+2\ 000=3\ 389(\text{mm})$$

$$X_{外}=B+C_{外}+K-36=1\ 700+87+37-36=1\ 788(\text{mm})$$

(5)确定超限等级

根据$h_{计}=3\ 389$ mm,$X_{外}=1\ 788$ mm,查《超规》附件4,超出机车车辆限界基本轮廓1 700 mm,但未超出一级限界1 842 mm,所以该货物属于中部两侧一级超限。

【例9-3-5】　长方体金属构架一件,重45 t,长19 000 mm,宽2 900 mm,高3 300 mm。用NX17AT型60 t车两辆跨装,如图9-3-9所示。货物转向架高度$h_{转}=550$ mm,货物转向架中心销偏离所在车辆横中心线469 mm,跨装支距$L=13\ 000$ mm。试确定超限等级。

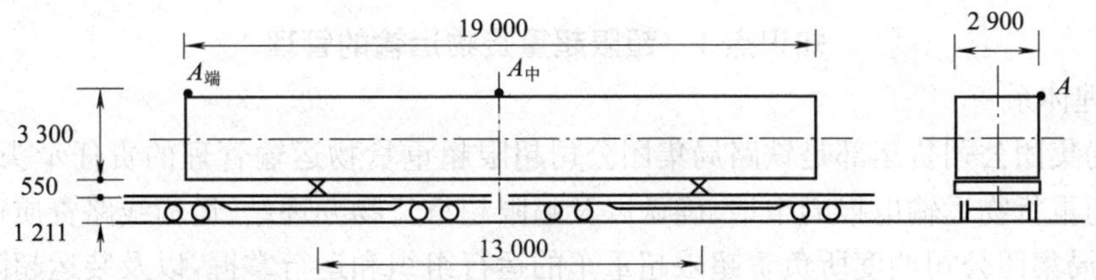

图 9-3-9　长方体金属构架装载示意(单位:mm)

【解】　NX17AT型车数据:$l=9\ 000$ mm,$l_{车}=13\ 000$ mm,$h_{车}=1\ 211$ mm。

(1)标点

在端视图上标出A点。

(2)选面

当高度和宽度相同时,在两货物转向架中心销之间,应选近不选远,在两货物转向架中心销外方应选外不选内。选择检定断面计算点A在主视图上相对的点$A_{端}$、$A_{中}$。

中央部位 $A_{中}$ 点,应计算 $C_{跨内}(x=0)$。

$$C_{跨内}=\frac{L^2+l^2-(2a)^2-(2x)^2}{8R}\times 1\ 000=\frac{13^2+9^2-0.938^2}{8\times 300}\times 1\ 000\approx 104(\text{mm})$$

货物端部 $A_{端}$ 点,应计算 $C_{跨外}$ 和 $K(2x=19\ \text{m})$

$$C_{跨外}=\frac{(2x)^2-L^2-l^2+(2a)^2}{8R}\times 1\ 000=\frac{19^2-13^2-9^2+0.938^2}{8\times 300}\times 1\ 000\approx 47(\text{mm})$$

$$K=75\left(\frac{2x}{L}-1.4\right)=75\times\left(\frac{19}{13}-1.4\right)\approx 5(\text{mm})$$

因为内偏差大于外偏差与偏差量增量之和,所以检定断面选在两支点间中央部位 $A_{中}$ 处。

(3)确定计算点宽度和计算点高度

$$A_{中}点:h_{A计}=h_{车地板}+h_{转}+h_{货计}=1\ 211+550+3\ 300=5\ 061(\text{mm})$$

$$X_{跨内}=B+C_{跨内}-36=1\ 450+104-36=1\ 518(\text{mm})$$

(4)确定超限等级

根据 $h_{A计}=5\ 061$ mm,$X_{跨内}=1\ 518$ mm,查《超规》附件4,高度超出二级超限限界,为上部超级超限。所以该货物为上部两侧超级超限。

典型工作任务4　组织超限超重货物运输

任务引入

超限超重货物运输作业是铁路货物运输作业的重要组成部分,对保障国家重点工程建设和国防建设需要、促进国民经济发展具有重要意义。了解超限超重货物运输组织过程,熟悉超限超重货物运输过程中(托运、承运、装车、运行、途中检查、达到作业)的特点、注意事项及作业要求,严格按照作业程序、科学地进行组织,保证运输安全,是本工作任务的目标。

相关知识

知识点1　超限超重货物运输的管理

1. 管理体系

铁路局集团公司货运部是铁路局集团公司超限超重货物运输管理的责任牵头部门,主要负责超限超重货物运输电报的申请、确认以及超限超重货物办理站、运输线路资质审批和申报工作;铁路局集团公司调度所负责超限超重车的运行组织和运行掌握,以及装运超限超重货物所需空车的调配。

超限超重货物运输组织管理工作实行AB岗双人负责制。铁路局集团公司应成立以主管副总经理、总工程师为主任,各有关部室负责人为成员的铁路局集团公司超限超重货物运输及限界管理委员会。管理委员会应建立工作制度,明确工作职责,协调解决超限超重货物运输和限界管理工作中的重大问题。各单位必须高度重视,加强组织领导,强化业务培训,配备专人负责超限超重货物运输工作。

2. 办理限制

除军事运输外,线路办理超限超重货物运输,应经国铁集团货运部审核公布。车站(含与车站接轨的专用线、专用铁路，下同）办理超限超重货物运输，由铁路局集团公司审批后报国铁集团货运部备案，并及时在中国铁路 95306 网站公布。

国铁集团和铁路局集团公司应加强日常监督检查，对不满足超限超重货物运输安全要求的线路、车站，暂停其超限超重货物运输业务并责令限期整改，整改合格后方可恢复办理。

3. 作业签认制度

超限超重货物运输实行关键作业质量签认制度和关键作业工序间交接签认制度。货物受理和装车作业须填记“超限超重货物发送作业质量监控表”，见表 9-4-1，超限超重车装车质量由装车站段主管站段长签认，特殊情况时可由站段长授权货运主任签认。

表 9-4-1　××车站超限超重货物发送作业质量控制表

<table>
<tr><td>到站</td><td colspan="2"></td><td>品名</td><td colspan="2"></td><td>超限等级</td><td></td><td>超重等级</td><td></td></tr>
<tr><td>托运人</td><td colspan="5"></td><td>车　号</td><td></td><td>装车工班</td><td></td></tr>
<tr><td>件数</td><td></td><td>件重</td><td colspan="2">A　B　C　D</td><td>总重</td><td></td><td>装车日期</td><td colspan="2">年　　月　　日</td></tr>
<tr><td>程序</td><td colspan="2">控　制　项　目</td><td colspan="7">控　制　记　录</td></tr>
<tr><td rowspan="4">一、货物受理</td><td colspan="2">1. 审查受理资料</td><td colspan="7">1. 超限超重货物托运说明书。（　　）
2. 过轨技术检查合格证。（　　）</td></tr>
<tr><td colspan="2">2. 对照资料核对货物</td><td colspan="7">1. 全长　　mm。2. 支重面长　　mm。3. 重心高度：　　mm。
4. 中心高　　　mm 处宽各　　　mm；
一侧高　　　mm 处宽各　　　mm；
二侧高　　　mm 处宽各　　　mm；
三侧高　　　mm 处宽各　　　mm；
四侧高　　　mm 处宽各　　　mm；
五侧高　　　mm 处宽各　　　mm。
5. 自轮运转货物(1)轴数　　　(2)轴距　　　　mm；
(3)固定轴距　　mm；(4)转向架中心销距　　mm。</td></tr>
<tr><td colspan="2">3. 确定货物运输条件</td><td colspan="7">1. 装载加固方案编号：
2. 超限超重货物运输申请电报号：
3. 超限超重货物运输确认电报号：</td></tr>
<tr><td colspan="2">4. 签认</td><td colspan="4">主控人：</td><td colspan="3">互控人：</td></tr>
<tr><td rowspan="3">二、装车作业</td><td colspan="2">1. 装车前准备</td><td colspan="7">1. 车型、车数符合电报要求，车况良好。（　　）
2. 车地板：(1)长度　　mm；(2)宽度　　mm；
(3)平均高度　　mm。
3. 已标划车地板纵横中心线。（　　）</td></tr>
<tr><td colspan="2">2. 检查货物装载加固状态</td><td colspan="7">1. 货物重心偏移车地板中心线量：纵向　　mm，横向　　mm。
2. 重车重心高：　　mm。
3. 车辆转向架旁承符合要求。（　　）
4. 加固材料、装置和加固方法符合方案要求。（　　）
5. 跨装车组提钩杆已捆绑牢固，车钩缓冲停止器已安装。（　　）
6. 带动力的设备传动装置已断开，制动装置全部制动，变速器已置于初速位置，旋转位置已锁定牢固。（　　）</td></tr>
<tr><td colspan="2">3. 对照电报复核</td><td colspan="7">1. 货物突出端梁尺寸：　　mm，符合要求。（　　）
2. 货物突出端与游车所装货物距离　　mm，符合要求。（　　）
3. 超限货物装车后尺寸不大于确认电报尺寸。（　　）
4. 重车重心高　　mm，货物支重面长度　　mm，符合要求。（　　）</td></tr>
</table>

续上表

程序	控 制 项 目	控 制 记 录	
二、装车作业	4. 标划货物检查线及拴挂、书写表示牌	1. 超限货物已标划货物检查线。（　） 2. 已拴挂或书写超限超重货物表示牌。（　） 3. 已安插货车表示牌。（　）	
	5. 填写超限超重货物运输记录	1. 已填写正确，相关单位已确认。（　） 2. 一份已随运输票据同行。（　） 3. 一份已留站存查。（　）	
	6. 检查票据记载事项	运单已填写"×级超限×级超重货物"或"禁止溜放"、"限速连挂"、"运行限速×× km/h"、"连挂车组，不得分摘"等内容。（　）	
	7. 签认	主控人：	互控人：
主管领导签认			

注：空白处请如实填写，括号内请确认后打钩。

超限超重货物运输作业主要流程如图 9-4-1 所示。

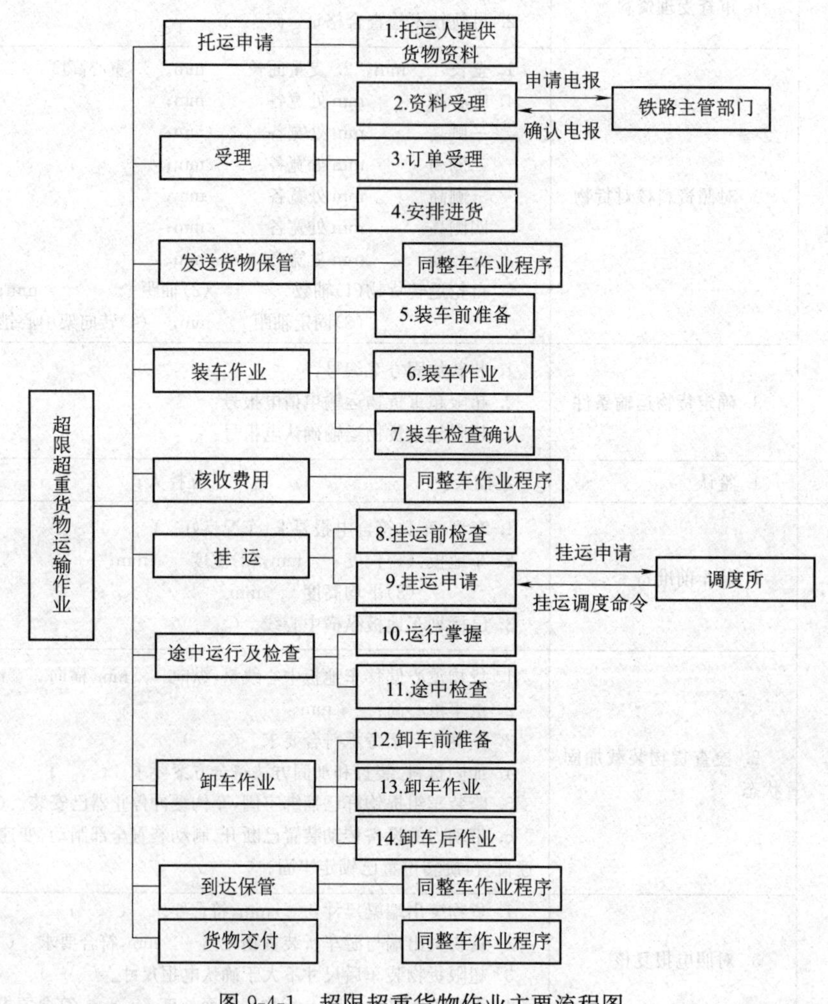

图 9-4-1 超限超重货物作业主要流程图

知识点2　托运与受理

1. 超限超重货物的托运

托运超限超重货物时，除按一般手续办理外，还需提供下列资料：

（1）超限超重货物托运说明书，见表9-4-2。

表9-4-2　超限超重货物托运说明书

<table>
<tr><td colspan="2">发　局</td><td colspan="2"></td><td>装车站</td><td colspan="2"></td><td colspan="4">预计装后尺寸</td></tr>
<tr><td colspan="2">到　局</td><td colspan="2"></td><td>到　站</td><td colspan="2"></td><td colspan="2" rowspan="2">由轨面起高度</td><td colspan="2">由车辆纵中心线起</td></tr>
<tr><td colspan="2">品　名</td><td colspan="2"></td><td>件　数</td><td colspan="2"></td><td>左　宽</td><td>右　宽</td></tr>
<tr><td colspan="2">每件重量</td><td></td><td>总重量</td><td></td><td>重心位置</td><td></td><td>中心高</td><td></td><td></td><td></td></tr>
<tr><td colspan="2">货物长度</td><td colspan="2"></td><td>支重面长度</td><td colspan="2"></td><td>侧　高</td><td></td><td></td><td></td></tr>
<tr><td rowspan="4">高度</td><td>中心高</td><td></td><td rowspan="4">宽度</td><td>左</td><td colspan="2">右</td><td>侧　高</td><td></td><td></td><td></td></tr>
<tr><td>侧　高</td><td></td><td>左</td><td colspan="2">右</td><td>侧　高</td><td></td><td></td><td></td></tr>
<tr><td>侧　高</td><td></td><td>左</td><td colspan="2">右</td><td>侧　高</td><td></td><td></td><td></td></tr>
<tr><td>侧　高</td><td></td><td>左</td><td colspan="2">右</td><td>侧　高</td><td></td><td></td><td></td></tr>
<tr><td colspan="2">要求使用车种</td><td colspan="2"></td><td>标记载重</td><td colspan="2"></td><td rowspan="2">侧　高</td><td rowspan="2"></td><td rowspan="2"></td><td rowspan="2"></td></tr>
<tr><td colspan="2">装卸时的要求</td><td colspan="5"></td></tr>
<tr><td rowspan="4">其他要求</td><td colspan="6" rowspan="4"></td><td colspan="3">车地板高度</td><td></td></tr>
<tr><td colspan="3">垫木或转向架高度</td><td></td></tr>
<tr><td colspan="3">预计装在车上货物重心
位置距轨面的高度</td><td></td></tr>
<tr><td colspan="3">重车重心高度</td><td></td></tr>
</table>

注：粗线栏内由铁路填记。

发货单位戳记　　　　20　　年　月　日提出

（2）货物外形的三视图。图中应标明货物的有关尺寸、支重面长度、货物重量，并以“+”号标明重心位置。

（3）自轮运转货物，应有自重、长度、轴数、轴距、固定轴距、转向架中心销间距离、运行限制条件，以及过轨技术检查合格证。

（4）申请使用的车种、车型、车数及装载加固建议方案。

（5）超过承运人计量能力的货物由托运人确定货物重量，并应有货物生产厂家出具的货物重量证明文件（数据应为货物运输状态时的重量，重量数据如不含装载加固材料或装置重量，须单独注明），对变压器、电抗器等货物，残余油料重量须单独注明；货物生产厂家具备货物称重计量条件的，应要求托运人提供经厂家计量衡器称重的货物重量数据。

（6）其他规定的资料。

托运人应在超限超重货物托运说明书、装载加固建议方案和所提供的资料上签字盖章，并对内容的真实性负责。

2. 受理

托运人提出运输需求后，车站应审核托运人提供的资料，如托运人提供的技术资料及证明文件齐全有效，符合规定，且发到站（含专用线、专用铁路）具备超限超重货物运输条件的，发站应受理资料。

发站资料受理后，发站须认真审查资料，应对照资料核查货物实际，复核货物重量，测量核对货物外形尺寸和重心位置；拟定使用货车的车种、车型及车数；拟定货物装载加固方案，并向铁路局集团公司货运部申请装载加固方案。

拟定装载加固方案时应综合考虑下列因素，必要时应组织有关部门共同研究。

（1）根据货物的外形、重量和结构特点，结合装运车辆的技术条件，综合考虑装车方案。

（2）根据货物外形情况研究顺装、横装或立装等方案，以确定最有利的装载方法。

（3）必要时应采取改变货物包装、解体货体或某个部件的措施，以降低超限等级。

（4）货物如不能解体，为通过个别区段的建筑限界，经铁路局集团公司确定，准许将木制车地板拆下，以容纳货物的突出部分。拆下的车地板必须原装在车上，并应在运单内说明。

（5）计算超限（装后尺寸）等级和超重等级。

装后超出机车车辆限界基本轮廓的货物，经国铁集团批准，可不按超限货物办理。

3. 申请电报与确认电报

方案拟定后，车站应向主管铁路局集团公司货运部拍发申请电报，申请装运办法。对跨三个及以上铁路局集团公司的各级超重货物和超级超限货物，铁路局集团公司审查后向国铁集团货运部提出申请。

国铁集团货运部、铁路局集团公司接到申请电报后，及时向各有关单位发布确认电报，明确装运办法。发布确认电报时，应加强与相关铁路局集团公司的沟通协调，确保限界满足安全要求。

铁路局集团公司接到发布的确认电报后，应结合管内的实际情况及时确认转发。对需临时改变建筑物、固定设备的，应在电报中详细指明。管内通行确有困难时，应在收到电报之日起 3 个工作日内以电话和电报形式通知发送局和确认电报发布单位。

车站接到铁路局集团公司货运部下发的确认电报后，通知托运人办理其他货运手续，并及时组织装车。超限超重货物禁止无确认电报装车。

4. 作业签认

超限超重货物受理作业实行签认制度，内容包括审核受理资料，对照资料核对货物、确定货物运输条件等。

知识点 3 组织装车

1. 装车前工作

发站装车前，应严格按批复的电文内容和要求选择车辆，通知车辆部门进行技术检查；所选用的车种、车型、车数经货运人员确认符合确认电报和装车要求，方能使用。

（1）选择在平直的线路上测量车地板的高度、长度和宽度。

①普通平车或敞车：分别测量出车地板四角至轨面的高度，然后取其平均值为车地板高度。

②凹底平车：取车地板中部为车地板高度；若货物装在大底架悬臂上，以悬臂高度为准。

③球形心盘的长大货物车：分别测量出车地板中部到两侧钢轨面的高度，取其平均值为车地板高度。

（2）在负重车上标画车辆纵、横中心线。车辆纵、横中心线是货物装载位置的依据，又是装后测量各部位尺寸的标准线。

（3）在货物上标明重心位置（投影）、索点。货物装车前应按货物重心的位置，在货物的两端或两侧，标画货物纵、横重心的垂直线。货物重心的垂直线是确定货物重心装载位置的主要依据。

(4)确认加固材料和加固装置的规格、数量及质量符合装载加固方案规定。

(5)开好车前会，向装车人员布置装车事项。

2. 装车

装车时，站段应派超限超重运输和装载加固专业技术人员到装车现场进行指导。装载和加固作业须严格按装载加固方案进行。

3. 装车后检查

超限超重货物装车后，车站应对照确认电报进行复核，确认货物装载加固符合规定要求。发现货物装后尺寸、重车重心高度等数据超出确认电报范围的，发站须重新向铁路局集团公司拍发申请电报。

(1)重点检查、确认。

①货物实际装载位置符合装载加固方案。

②车辆转向架旁承游间符合规定。

货物装车后，车辆转向架任何一侧旁承游间不得为零(结构规定为常接触式旁承的货车除外)。遇球形心盘货车一侧旁承游间为零时，可用千斤顶将压死一侧顶起，落顶后出现游间，表明货物装载符合要求。

③使用的加固材料和装置规格、数量、质量和加固方法、措施、质量符合装载加固方案。

④垫木、支(座)架等加固装置，状态良好，完好无损坏。

⑤钢丝绳等加固线已采取防磨措施，捆绑拴结牢固，拴结点无损坏。

⑥焊接处焊缝长度、高度符合规定，焊接质量良好。

⑦跨装车组连接处的提钩杆捆绑牢固，车钩缓冲停止器已按规定安装。

⑧带有制动装置、变速器和旋转装置的货物，制动装置全部制动，变速器置于初速位置，旋转部位锁定牢固。

⑨自轮运转货物的动力传动装置已断开(机车车辆除外)，制动手柄在重联位置并固定良好。

(2)确认货物装载加固符合规定要求后，须对照确认电报重点复核、确认。

①货物突出车端的尺寸、货物突出端与游车上所装货物的距离符合要求。

②超限货物装后各部位的尺寸(高度和宽度)、重车重心高未超出确认电报范围。

如使用落下孔、钳夹式车辆装载的货物，装后货物底部与轨面的距离不得少于150 mm。

③货物支重面长度(跨装货物支距)符合要求。

④其他各有关数据符合要求。

4. 标记

装车完毕，确认符合确认电报条件后标画相关标记，按规定在车辆上插挂货车表示牌。

(1)按规定需要"禁止溜放"的货车，应在货车两侧插挂表示牌。如二级以上超限货物、跨装运输的货物、使用长大货物车装运的货物需要插挂"禁止溜放"表示牌。

(2)用颜色醒目的油漆标画易于判定货物是否移动的检查线。

(3)在货物两侧明显处用油漆书写、刷印或粘贴"×级超限、×级超重"，书写困难时亦可挂牌标识。

5. 填写"超限超重货物运输记录"

车站装车后要以确认电报为依据进行复测，复测应与上级批准的计划装车尺寸相符，对复测后各超限部位的尺寸，以及运输有关事项，车站应会同工务、车辆等有关部门确认与实际情况相符无误后,填写“超限超重货物运输记录”(表 9-4-3)。

6. 检查运输票据

检查在货物运单、票据封套已填写“超限货物”、“超重货物”或“超限超重货物”或加盖对应的戳记;以连挂车组装运时,已填写“连挂车组,不得分摘”;限速运行时,已填写“限速××公里”,纸质票据应加盖相应的戳记。

7. 装车质量签认

超限超重货物装车作业实行签认制度,内容包括:装车前准备、检查货物装载加固状态、对照电报复核、标画货物检查线及拴挂书写表示牌、填写超限超重货物运输记录、检查票据记载事项等。

表 9-4-3 超限超重货物运输记录

甲页　　运单号　　　　　　　　　　级超限　　　级超重　　　　　　　　　　　(单位:mm)

<table>
<tr><td>装车局</td><td colspan="2"></td><td>发　站</td><td></td><td>经由线名</td><td colspan="2"></td></tr>
<tr><td>到达局</td><td colspan="2"></td><td>到　站</td><td></td><td>经由站名</td><td colspan="2"></td></tr>
<tr><td>品　名</td><td colspan="2"></td><td>件　数</td><td></td><td>每件重　吨</td><td>配重　吨</td><td>总重　吨</td></tr>
<tr><td>货物长度</td><td></td><td>支重面长度</td><td></td><td>转向架中心销间距离</td><td></td><td>重车重心高</td><td></td></tr>
<tr><td rowspan="8">装车后尺寸</td><td rowspan="2">中心高</td><td rowspan="2"></td><td rowspan="2">中心高的宽</td><td>左</td><td rowspan="8">记事</td><td colspan="2" rowspan="8"></td></tr>
<tr><td>右</td></tr>
<tr><td rowspan="2">第一侧高</td><td rowspan="2"></td><td rowspan="2">侧高的宽</td><td>左</td></tr>
<tr><td>右</td></tr>
<tr><td rowspan="2">第二侧高</td><td rowspan="2"></td><td rowspan="2">侧高的宽</td><td>左</td></tr>
<tr><td>右</td></tr>
<tr><td rowspan="2">第三侧高</td><td rowspan="2"></td><td rowspan="2">侧高的宽</td><td>左</td></tr>
<tr><td>右</td></tr>
<tr><td></td><td rowspan="2">第四侧高</td><td rowspan="2"></td><td rowspan="2">侧高的宽</td><td>左</td><td colspan="3"></td></tr>
<tr><td></td><td>右</td><td colspan="3"></td></tr>
<tr><td>车　种</td><td></td><td>车　号</td><td></td><td>标记载重</td><td>吨</td><td>轴数</td><td></td></tr>
<tr><td rowspan="3">文电内
有关指示</td><td colspan="7">国铁集团　　年　　月　　日　超限超重　　　　号　批准使用　　　　车</td></tr>
<tr><td colspan="7">集团公司　　年　　月　　日　超限超重　　　　号　批准使用　　　　车</td></tr>
<tr><td colspan="4"></td><td colspan="3">本记录在　站作成,经检查
符合确认的条件
发　　站　　签字
段　　签字
段　　签字
段　　签字
段　　签字
年　　月　　日</td></tr>
</table>

注:1. 不用的各栏应划去;
2. 按确认电报尺寸填记,小于确认电报尺寸时,将实际尺寸填于记事栏内,大于确认电报尺寸时,必须重新申请;
3. “重车重心高”栏在不超出 2 000 mm 时须以[/]号标示之;发站相关人员及途中站货检人员检查后在系统中标注检查情况并确认。

规格:210 mm×297 mm

知识点4　超限超重车的运行

1. 选择挂运方案

对挂运超限超重货物的列车,原则上按最短径路办理,在最短径路通行有困难时,为了通过限制区段,在装载方法和货物本身无法解决时,可采取下列措施组织运输。

(1)绕路运输。

(2)反方向行车。由于上、下行方向建筑限界不同,经特别批准允许专开反方向超限超重货物列车。

(3)改变建筑物和固定设备。遇有特殊情况,需临时改变建筑物和固定设备,如对线路落坡、拨道、拆除道岔表示器、信号机柱,由铁路有关部门承担。

(4)安装检查架试运。由于超限货物与某个区段的建筑限界尺寸十分接近,在通过时把握不大,为确保超限货物列车的运行安全,必要时应由托运人员装检查架试运。

2. 超限超重车的挂运

(1)车站挂运工作

发站挂运超限超重车辆前,应向铁路局集团公司调度所拍发挂运电报,条件不具备时可使用传真或电话申请。

车站接到挂运命令后,应及时做好车辆挂运准备工作。列车编组时,对运行上有限制条件的超限超重货物车,除有特殊指示外,禁止编入直达、直通列车;列车出发时,应将调度命令交值乘司机。

挂有超限超重车辆的列车,按《车站行车工作细则》(以下简称《站细》)规定的线路办理到发或通过。遇到特殊情况需要临时变更线路时,须得到铁路局集团公司批准。

(2)调度指挥工作

铁路局集团公司调度所接到车站挂运电报或邻局预报后,应根据确认电报认真核对,制定管内具体运行条件,填写“超限超重车辆挂运通知单”(表 9-4-4),交计划调度员纳入日(班)计划,由列车调度员以调度命令形式将管内具体运行条件下达有关站段。

表 9-4-4　超限超重车辆挂运通知单

号　　　　　　　　　　　　　　　　　　　　　　级超限，　　级超重

<table>
<tr><td colspan="2">铁超限超重号</td><td colspan="2">(外局)超限超重</td><td colspan="2">(自局)超限超重号</td></tr>
<tr><td>发　站</td><td></td><td>到　站</td><td></td><td>品　名</td><td></td></tr>
<tr><td colspan="2">月　　日　　口　　次接入</td><td colspan="2">月　　日　　口　　次交出</td><td>件　数</td><td></td></tr>
<tr><td rowspan="10">车种车号</td><td rowspan="2">中心高　　mm 处</td><td>左宽　　mm</td><td rowspan="10">运行条件</td><td colspan="2" rowspan="10"></td></tr>
<tr><td>右宽　　mm</td></tr>
<tr><td rowspan="2">一侧高　　mm 处</td><td>左宽　　mm</td></tr>
<tr><td>右宽　　mm</td></tr>
<tr><td rowspan="2">二侧高　　mm 处</td><td>左宽　　mm</td></tr>
<tr><td>右宽　　mm</td></tr>
<tr><td rowspan="2">三侧高　　mm 处</td><td>左宽　　mm</td></tr>
<tr><td>右宽　　mm</td></tr>
<tr><td rowspan="2">四侧高　　mm 处</td><td>左宽　　mm</td></tr>
<tr><td>右宽　　mm</td></tr>
</table>

通知者　　　　　　　　　　　　　签认者　　　　　　　　　　　年　月　日　时　分

挂运跨及两个铁路局集团公司的超限超重车辆前,需向邻局进行预报,并征得邻局调度所的同意后方可挂运。

相邻调度所间的预确报内容应包括挂运车次、确认电报号码、车种、车号(含游车、隔离车)、到站、品名、超限等级、超重等级和有关注意事项。

(3)超限车的运行

①挂有超限车的列车运行在双线、多线或并行单线的直线地段与邻线列车会车时,应遵守下列规定:

a. 邻线列车运行速度小于等于120 km/h的,两运行列车之间的最小距离大于350 mm者不限速,300~350 mm之间者运行速度不得超过30 km/h,小于300 mm者禁止会车。

b. 邻线列车运行速度大于120 km/h小于等于160 km/h的,两运行列车之间的最小距离大于450 mm者不限速,400~450 mm之间者运行速度不得超过30 km/h,小于400 mm者禁止会车。

c. 邻线列车运行速度大于160 km/h的,禁止会车。

曲线地段与邻线列车会车必须根据规定相应加宽。

②超限车在运行过程中,如超限货物的任何部位接近建筑物或设备时,应遵守下列规定:

a. 超限货物的任何超限部位与建筑物或设备之间的距离(以下简称限界距离),在100~150 mm之间时,速度不得超过15 km/h。

b. 限界距离在超过150~200 mm之间时,速度不得超过25 km/h。

c. 限界距离不足100 mm时,由铁路局集团公司根据实际情况制定办法。

③电气化区段,超限货物顶部距接触网导线的垂直距离$L \geqslant 350$ mm时,可不停电运输。超限货物顶部距接触网导线的垂直距离,在线路平面海拔高度超过1 000 m时,应按每超过100 m增加3.5 mm的附加安全距离计算(不足100 m时四舍五入计算)。

知识点5　超限超重车的途中作业

1. 货运检查作业

由于超限超重车在运行中受到各种力的影响,货物不可避免地有时会发生移动。各集团公司必须加强对超限、超重车运行途中的检查,落实区段负责制。

为确保行车安全,除在发站开车前认真检查外,途中检查站应按下列内容检查超限、超重车,并在超限超重货物运输记录上记录、签认检查结果。

(1)有无超限超重货物运输记录及其填写是否完整。

(2)货物两侧明显位置,是否有超限、超重等级标识。

(3)是否标画有检查线,货物装载加固是否良好,加固材料是否有松动和损坏。

如发现问题,应按照《检规》和《管规》等文件中的有关规定处理。

2. 运输变更

超限超重货物变更到站时,除按普通货物变更有关规定办理外,还应遵守下列规定:

(1)受理变更的车站应为超限超重货物办理站。

(2)受理变更的车站应对货物的装载加固状况进行检查,确认状态良好后以电报向铁路局集团公司重新申请,并注明原确认电报发布单位、电报号码、新到站及车号。

(3)受理变更的铁路局集团公司按规定确认或申请,变更后的运输要求按新确认电报执行。

(4)受理变更的车站应在“超限超重货物运输记录”中签认。

知识点6　超限超重货物到达作业

超限超重货物到站应根据确认电报正确选择、确定卸车地点和货位，科学制订卸车方案，严格加强卸车组织，确保安全。

收货人组织自卸的，车站应与收货人签订自卸车协议，明确安全责任，并在卸车前与收货人办理完货物交付手续。

知识点7　长大货物车管理

1. 基本要求

国铁长大货物车的备用、解除、使用和回送，应根据国铁集团的调度命令办理。长大货物车应严格按照国铁集团车辆部门公布的技术条件运用。

铁路局集团公司应在每月25日前向国铁集团提报次月长大货物车使用计划。铁路局集团公司应于每月5日前，统计上月本局管内超限货物装车数和超重货物装车数，填写“超限货物运量统计表”“超重货物运量统计表”，并报国铁集团货运部。

2. 长大货物车回送

国铁长大货物车的回送应根据国铁集团的调度命令办理。铁路局集团公司在接到国铁集团下达的调度命令或接到邻局的预报后，根据超限超重货物运输电报、限速电报等有关文电及车辆技术条件，制定管内运行条件，并及时纳入日(班)计划(DL1空车除外)，将车辆向指定到站挂运。沿途各站应快速挂运，不得积压。

跨铁路局集团公司回送长大货物车时，铁路局集团公司调度所间须互相进行预报。预报内容应包括挂运车次、命令号码、车型车号、发站、到站，以及有关文电号码(超限、超重、限速电报)。

车站回送国铁长大货物车时，应填写“回送清单”，并注明到站和调度命令号码。

自备车按运输票据指定到站挂运，日常运行比照国铁车要求执行。

知识点8　超限超重货物专列

使用钳夹车、标记载重260 t及以上的落下孔车以及标记载重300 t及以上的凹底平车装运的超限超重货物，应开行超限超重货物专列。其他需要采取全程派人监护、监测运行等特殊安全保障措施的重车，也可组织开行超限超重货物运输专列。

超限超重货物专列开行需求由特货公司或始发局受理。跨三个及以上铁路局集团公司的专列，由国铁集团批准；跨及两个铁路局集团公司运输时，由相关局协商决定；铁路局集团公司管内运输时，由铁路局集团公司自定。

专列开行前，批准单位应召开运输协调会议，组织相关单位和部门研究制订运输方案和安全保障措施。

铁路局集团公司须成立专列运输领导小组，负责组织专列运输方案在本集团公司管内的实施。

项目小结

超限货物运输是占用机车车辆限界和建筑限界之间的安全空间进行的运输，需要特殊的运行条件，并增加了运输组织难度，增大了运输成本。运输中要高度关注其安全，严格按照作业程序科学地进行组织。

相关规范、规程与标准

1.《铁路技术管理规程(普速铁路部分)》(铁总科技〔2014〕172号)。

2.《铁路超限超重货物运输规则》(铁总运〔2016〕260号)。

3.《铁路货物装载加固规则》(铁总运〔2015〕296号)。

4.《铁路货运票据电子化管理暂行办法》(铁总运〔2018〕40号)。

复习思考题

1. 何谓超限货物?

2. 铁路限界有哪些?其最大高度和宽度是多少?

3. 何谓装车前测量?应测量哪些内容?

4. 何谓装车后测量?它与装车前测量有哪些不同?

5. 何谓偏差量?在何时需计算?

6. 偏差量增大值在何时需计算?

7. 一车负重计算宽度如何计算?

8. 如何计算跨装货物的计算宽度?

9. 简述确定超限等级的步骤。

10. 托运人托运超限货物时应提供哪些资料?

11. 简述超限超重货物申请电报、确认电报的内容。

12. 超限超重货物装车前后应做哪些工作?

13. 何时填写超限货物运输记录?

14. 超限车的检查包括哪些内容?

15. 某站运输箱装均重货物一件,规格为12 000 mm×3 600 mm×3 200 mm,使用N17AK型平车一辆装载,货物重心投影落在车辆纵横中心线交叉点上,试确定超限等级。

16. 某站运输钢构架一件,外形尺寸为16 000 mm×3 200 mm×3 200 mm,使用N17T型平车一辆负重两端均衡突出装载,货物重心投影落在车辆纵横中心线交叉点上,试确定超限等级。

17. 某站运输大货一件,货物装载如题图9-1所示(未给条件设),要求:

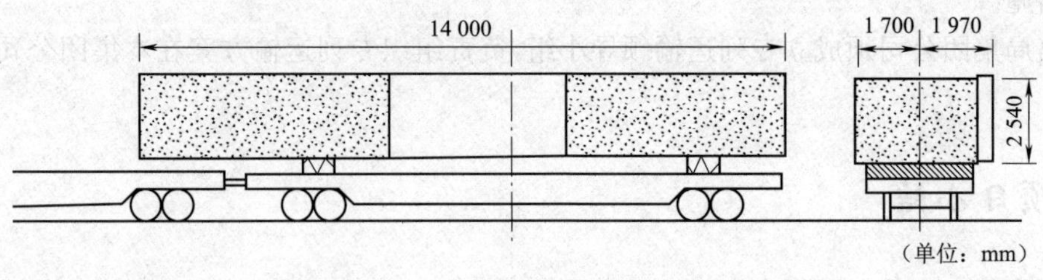

题图 9-1

(1)确定超限等级。

(2)填写超限超重货物托运说明书。

(3)填写货物运单。

(4)填写超限超重货物运输记录。

(5)填写申请电报。

(6)试填写确认电报。

(7)试填写填挂运电报。

18. 使用N17AK型平车两车负重跨装运输货物一件,尺寸如题图9-2所示,试确定超限等级。

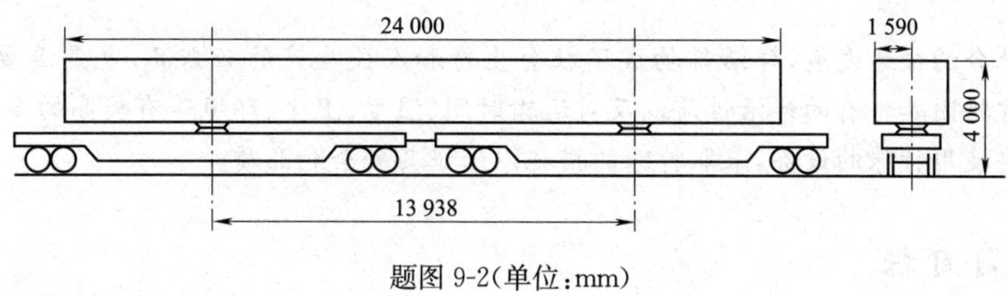

题图9-2(单位:mm)

项目 10　鲜活货物运输

项目描述

随着社会的快速发展，鲜活货物成了社会生产和人民生产的必需品，也是重要的外贸物资。鲜活货物因其特有的鲜活性质以及对运输时间、温度、卫生、环境等有较高的要求，在运输过程中需要使用特殊的设备，采取特殊的措施以保证其安全和品质。

学习目标

1. 能力目标

能正确按规章办理铁路鲜活货物运输业务与作业。

2. 知识目标

(1)掌握鲜活货物的定义、分类，了解鲜活货物的运输特点和要求。

(2)理解冷藏运输原理，熟悉冷藏运输设备。

(3)掌握易腐货物的运输组织及运输特殊条件。

(4)掌握活动物的运输组织及运输特殊条件。

3. 素质目标

掌握鲜活货物运输特点，合理地利用设备，采取相应的特殊措施，保证运输安全。

相关案例——运输冷却的芹菜

湛江站 3 月份欲承运一批冷却的芹菜(叶菜类)至保定站，运输路途远、外界气温较高，为将货物安全地运到目的地，托运人、铁路货运工作人员如何确定该批货物应满足的运输条件和采取的防护措施?

托运人托运货物时，认真填写货物运单(需求联)，根据《鲜规》"易腐货物机械冷藏车运输条件表"规定，在货物运单"托运人记事"栏内记明货物的热状态、品类顺号和容许运到期限。

承运人应按《鲜规》"易腐货物机械冷藏车运输条件表"规定，提供适合的车辆，进行冷藏车预冷，填写"机械冷藏车(BX 型车)作业单"，进行装车工作并在票据上标记相关标记；冷藏车乘务员应在途中监督运行期间的温度状况，保证安全运输。

典型工作任务1　认识鲜活货物

任务引入

鲜活货物主要是农、林、牧、渔和养殖业产品及其加工产品，大多是具有生命特征的货物，部分是经过冷工艺处理的货物。鲜活货物与其他货物最大的不同是货物质量极易受到外界气温和所处环境的卫生条件等影响。运输过程中，需要使用相应的技术设备或采取特殊的措施来保持货物的质量；运输组织上，要求发送、途中、到达作业的各环节都应做到密切衔接配合，及时快捷，确保鲜活货物运输安全。

掌握铁路鲜活货物的定义、分类，了解鲜活货物运输的特点与要求，重视鲜活货物的特殊性质对运输安全的特殊要求，是本工作任务的目标。

相关知识

知识点1　鲜活货物定义及分类

1. 鲜活货物定义

《鲜规》规定，鲜活货物系指在铁路运输过程中需要采取制冷、加温、保温、通风、上水等特殊措施，以防止出现腐烂、变质、冻损、生理病害、病残死亡等问题的货物。

2. 鲜活货物分类

鲜活货物分为易腐货物和活动物两大类。

(1)易腐货物

易腐货物包括肉、蛋、乳制品、速冻食品、冻水产品、鲜蔬菜、鲜水果、花卉植物等。

易腐货物按其热状态又分为冻结货物、冷却货物和未冷却货物。

①冻结货物是指经过冷冻加工成为冻结状态的易腐货物，如速冻荔枝、冻鱼、冰激凌等。承运时货物的温度一般在－12 ℃以下。

②冷却货物是指经过冷却处理后，温度在冻结点以上的易腐货物，如经过冷却的肉类制品、奶、水果、蔬菜等。承运时货物的温度一般在0 ℃以上。

③未冷却货物是指未经过任何冷处理，完全处于自然状态的易腐货物，如采收后以初始状态提交运输的水果、蔬菜，还有花卉、盆景等鲜活植物。

(2)活动物

活动物包括禽、畜、兽、蜜蜂、水产品等。

知识点2　了解鲜活货物运输的意义和特点

1. 鲜活货物运输的意义

鲜活货物是社会生产和人民生活的必需品，也是重要的外贸物资。随着我国经济建设和改革开放的发展，鲜活货物的品种和运量逐步增长。搞好铁路鲜活货物运输，对促进我国经济和外贸的发展，提高人们生活水平起着重要的作用。

2. 鲜活货物运输的特点

(1)季节性强，运量波动大

大部分鲜活货物的生产具有季节性，如水果集中在三、四季度，南菜北运集中在冬春两季，水产品集中在春秋汛期，从而形成了鲜活货物运输的旺季和淡季，旺季运量集中，运输时间紧迫，淡季运量减少，专用运输设备利用率低。

(2)品种多,运输工作复杂

我国物产丰富,鲜活货物品种多,性质不一。不同的鲜活货物运输条件各异,运输时需要采取冷藏、保温、加温、通风等不同的运输方式,需要提供预冷、制冷、供暖、上水等运输服务,故运输工作复杂。

(3)运距长,运输时间要求短

我国地域辽阔,鲜活货物分布不同,需要通过运输来调节,满足各地消费市场的需求,但是鲜活货物产地集中、销地分散,运输距离一般较长。如运输时间过长,易腐货物的养分减少,干耗增大,质量下降甚至腐烂变质;活动物则有可能掉膘、病残、死亡。运输易腐货物有严格的容许运输期限,运输活动物也须注意容许在途时间。

(4)批量小,去向分散

近年来,鲜活货物市场总体需求量增大,但各地市场则呈现需求品种多、批量小的发展趋势,除少数大宗鲜活货物的流向流量较为稳定外,多数货物的流向流量都较为分散。

(5)货物质量易受外界气温、湿度和卫生条件的影响

鲜活货物较一般货物最大的不同是具有鲜活的特性,其质量易受外界气温、湿度和卫生条件的影响,尤其是易腐货物,热了易腐烂,冷了易冻损,干了易干缩,湿了易发霉,对温度、湿度都有特定的要求。运输活动物则要注意热天防暑降温,冷天防寒防冻。另外,储运环境卫生条件不好,鲜活货物受到污染,不仅直接影响到货物的质量和外观,也使货物易被微生物侵害而腐烂变质或病残死亡。

(6)货物品质要求高

随着社会和经济的发展,人们生活水平不断提高,对鲜活货物质量的要求也越来越高,更加注重食品的营养价值、风味口感、色泽外观和卫生安全。

知识点3　鲜活货物运输的要求

1. 承运货物要符合运输条件的规定

易腐货物的热状态、承运质量、承运温度、包装和容许运输期限等要符合运输条件的规定;活动物应无病残,有规定的检疫证明,需要的容器、饲料和装车备品也应符合运输安全和卫生要求。

2. 需配备相应的运输车辆、运载器具和运输设施

为保证鲜活货物的运输质量,需要有冷藏车、冷藏集装箱等运输运载器具以及为鲜活货物运输服务的预冷、制冷、加温、保温、通风、上水、供电等设施。

3. 运输中需保持适宜的温度和湿度

易腐货物在储运过程中,需要始终保持适宜的温度和湿度。例如,香蕉储运最适宜的温度为11.7 ℃,相对湿度为80%~85%,用机械冷藏车装运时,运输过程中车内保持的运输温度要求控制在11~15 ℃的范围内。

4. 要有良好的卫生和通风条件

鲜活货物的储运环境应符合卫生防疫的要求,必须按规定严格对货车、货位进行清扫、洗刷除污和消毒,使用的装卸搬运机具、用品应清洁,运输需要的饮用水要卫生,防止货物受到污染和微生物侵害,还要有良好的通风条件,便于散热降温,排除有害气体、异味和多余水汽,保持空气清新适宜。

5. 做到灵活、快速运输

为适应易腐货物运输去向分散、批量小的发展趋势,需要增加适应市场需求的单节式机械冷藏车、隔热冷藏车、冷藏集装箱等专用货车和运载工具,采用灵活多样的运输方式。

针对鲜活货物运输季节性强、运量波动大、时间要求快的特点,必须改革冷藏运输管理体制,加强运输组织工作,坚持优先安排运输计划、优先进货装车、优先配空、优先取送、优先编组、优先挂运,做到快速运输。在鲜活货物运量集中的区段,应开行鲜活货物或以鲜活货物为

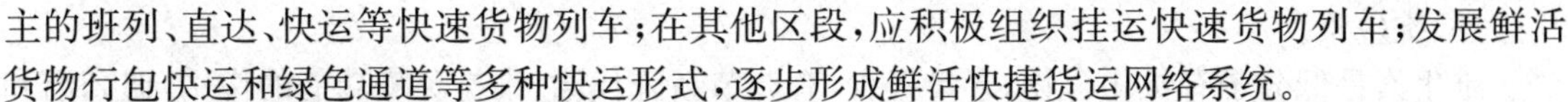

主的班列、直达、快运等快速货物列车；在其他区段，应积极组织挂运快速货物列车；发展鲜活货物行包快运和绿色通道等多种快运形式，逐步形成鲜活快捷货运网络系统。

6. 提供冷藏物流服务

为高度保持货物的鲜活特性，铁路应以冷藏运输为主体，逐步构建和拓展易腐货物产储运销一体化的冷藏链，实现冷藏运输网络与冷藏仓储配送网络的无缝对接，形成具有铁路特色的冷藏物流网络体系，为易腐货物提供更优质的物流服务。

典型工作任务2　了解冷藏运输原理、熟悉冷藏运输设备

任务引入

鲜活货物较一般货物最大的不同是具有鲜活的特性，其质量易受外界气温、湿度和卫生条件的影响，在对鲜活货物的保藏方法中，冷藏法简便易行、经济实用、安全有效，在鲜活货物运输中得到普遍采用。冷藏运输是冷藏方法在易腐货物运输中的运用，需要在运输技术上提供适合货物性质的低温运输条件。

理解冷藏运输原理，熟悉冷藏运输设备，养成科学态度与严谨的工作作风，正确、合理地运用冷藏运输设备，是本工作任务的目标。

相关知识

低温是防止易腐货物发生腐烂的重要条件。大部分易腐货物适宜的运输温度，多数情况下都低于外界气温，需要在技术设备上提供适合货物性质的低温环境，进行冷藏运输。

知识点1　冷藏运输原理

通过分析易腐货物的化学成分、特性及其变化规律与易腐货物腐烂的机理，有助于正确采取相应的防护措施，保持易腐货物的质量。

1. 易腐货物的化学成分和特性

易腐货物中含有机物和无机物两大类物质。有机物主要包括蛋白质、脂肪、糖类、维生素和酶等；无机物主要包括各种矿物质、无机盐和水。肉、鱼、奶等动物性易腐货物，蛋白质、脂肪、酶、水等含量较多；水果、蔬菜等植物性易腐货物，糖类、水含量较多。

(1)蛋白质

蛋白质是高分子含氮有机化合物。在微生物的作用下，蛋白质会发生分解，产生硫化氢、氨等恶臭气体和有害物质。

(2)脂肪

脂肪是甘油和脂肪酸的化合物。在微生物作用下，脂肪会发生水解，被分解成甘油和脂肪酸，脂肪酸再被氧化分解为醛类、酮类和酸类等有害物质。

(3)糖类

糖是碳氢化合物，包括葡萄糖、蔗糖、乳糖、淀粉、纤维素等，是生物热量的重要来源。在呼吸作用下，植物性易腐货物中的糖会被氧化成二氧化碳、水，并产生热量，而在缺氧环境下，则氧化分解成乙醇、二氧化碳，产生较少的热。

(4)酶

酶是特殊的蛋白质，起着生物催化剂的作用，能够加速各种生物化学反应。

(5)维生素

维生素是低分子有机化合物,含量极少,有调节新陈代谢、维持免疫功能的作用,遇高温和氧化作用会受到破坏。

(6)水

水是生命存在的条件,为生物(包括微生物)的繁殖提供了条件;同时,水也是一种溶剂,直接参与并渗透、扩散生物化学反应。易腐货物含水量大,则显得鲜嫩,但也易于腐烂;而水分蒸发,则会使货物干缩变质,失去新鲜的外观和品质。

2. 易腐货物腐烂的原因

易腐货物发生腐烂,其实质就是货物的物质成分在一定的外界条件作用下发生分解变化而引起货物性质的改变。

(1)微生物作用

微生物作用是一种生物作用,主要发生在动物性易腐货物。细菌、酵母菌、霉菌、病毒等微生物在易腐货物内滋生繁殖,引起蛋白质、脂肪等有机物分解而使货物发霉、发酵、腐烂,产生恶臭和有害物质。例如,黑霉、青霉、白霉等霉菌的生长繁殖,会使易腐货物发酵、变酸、发臭。

(2)呼吸作用

呼吸作用是一种生物化学作用,主要发生在植物性易腐货物。水果、蔬菜等植物性易腐货物,采收后仍有呼吸作用的生命现象,为取得维持生命活动所必需的能量,不断吸收氧气,在氧化酶的催化下,消耗糖类、维生素等养分,排出二氧化碳、水蒸气和热,但因养分不断消耗,特别是维生素受到破坏,货物抵御微生物的抗病能力减弱,易造成货物腐烂;而缺氧呼吸,会产生乙醇,加快易腐货物腐烂。

(3)氧化作用

氧化作用是一种化学作用。因碰撞、振动、挤压等物理作用,水果、蔬菜等植物性易腐货物的表皮组织受到机械损伤后,失去保护作用,微生物易于侵入,而且在酶的催化下,破损处也易发生氧化,使货物从点到面、由表及里地逐渐变色、变味和腐烂。动物性易腐货物的脂肪在酶的作用下也会被氧化。

以上导致易腐货物腐烂的原因并非孤立而是互相影响的。例如,苹果表皮擦伤后,伤口处就会被氧化变黄,同时细菌、霉菌等微生物也从伤口乘虚而入,苹果因自发愈伤和抵御微生物侵袭又引起呼吸作用加强,从而加速了苹果的腐烂。

3. 冷藏原理与方法

各种保藏方法中,冷藏法以其简便易行,经济实用,安全有效,在我国铁路易腐货物运输中得到了普遍采用。

(1)冷藏原理

导致易腐货物腐烂变质的主要原因是微生物作用、呼吸作用和氧化作用。

微生物的繁殖速度与温度密切相关。多数细菌在温度低于 25 ℃时,繁殖速度都会减慢;在温度为−12～−8 ℃时,繁殖基本停止;在温度低于−18 ℃时,繁殖完全停止。

呼吸作用和氧化作用需要氧化酶的催化,而酶在温度较高时活性增强,温度较低时活性减弱,降低温度可使酶的活性降低,呼吸作用和氧化作用也随之减弱。

由于微生物作用、呼吸作用和氧化作用的强弱均与温度高低有关,温度是造成易腐货物腐烂的重要条件。因此,采用冷藏方法,保持适度的低温,既可有效地抑制微生物的繁殖,又能减弱呼吸、氧化作用,对防止易腐货物腐烂是相当有效的,而且较其他保藏方法,冷藏法通常以空气为热交换的介质,不会给易腐货物带来有害的化学物质,有利于保护消费者的健康。

(2)冷藏方法

冷藏是将易腐货物的温度降低，按温度降低的程度分为冻结和冷却两种方法。

冻结方法是将易腐货物的温度降低到使货物中大部分水都变成冰的低温，在冻结状态下储运。常温下，易腐货物中的水是以自由水和结合水的形式存在的。自由水中含微量盐类，结合水则与蛋白质或碳水化合物结合，都具有在低于0 ℃的温度下才能结冰的特点。在冷冻加工过程中，有快速冻结和慢速冻结的区别，快速冻结的效果比慢速冻结好。

快速冻结，易腐货物液汁中的水能很快结冰析出，迅速形成分布均匀的微小冰晶体，不致损伤细胞组织结构，能增大变化的可逆性，解冻时液汁融化后能充分地渗回到细胞组织中，货物的营养成分和滋味都能得到较好的保持。

慢速冻结，易腐货物液汁中的水结晶过程长，形成的冰晶体大，破坏了细胞组织结构，解冻时液汁融化后不能充分地渗回到细胞组织中，甚至有部分液汁流出，形成不可逆过程，从而使货物的品质下降。

冻结方法能做到在低于0 ℃的低温下储藏易腐货物，可取得较理想的保质效果。在冻结货物中，一般还将经过深度冷冻(温度低于－18 ℃)的冻结货物称为深度冷冻货物(以下简称深冷货物)，经普通冷冻(温度高于－18 ℃)的冻结货物称为普通冷冻货物(以下简称普冷货物)。动物性易腐货物含水量小，耐冻性强，适宜用冻结的方法冷藏，特别是冻鱼、冰激凌等易腐货物，采用深冷运输，能更好地保持货物的品质和风味。水果、蔬菜等植物性易腐货物含水量大，如用冻结的方法冷藏，应采用快速冻结，以免破坏细胞组织结构，造成冻损。

冷却方法是将易腐货物的温度降低到适宜储藏又不至于使货物冻结的低温。虽然降低温度，可有效地抑制微生物的繁殖，减弱氧化、呼吸作用，有利于保持货物的质量，但对水果、蔬菜等植物性易腐货物，温度又不宜过低，温度低于0 ℃，易造成货物发生冷害冻损而变质，通常只是将货物冷却到适宜的温度进行储运。多数水果、蔬菜的适宜储运温度为0～4 ℃。

冷却加工时，水果、蔬菜等多用冷空气冷却，鱼虾可用夹冰冷却。

4. 冷藏运输

冷藏运输是冷藏方法在易腐货物运输中的运用，需要在运输技术上提供适合货物性质的低温运输条件，在运输组织上尽量缩短运输时间。

(1)冷藏运输技术要求

冷藏运输最重要的技术要求是保持适当的低温。铁路冷藏运输主要是使用机械冷藏车和冷藏集装箱等运输车辆、运载器具，采用机械制冷和冷板制冷等技术，将易腐货物置于适宜的低温防护下进行运输，以保持货物的质量，防止腐烂变质。此外，采用预冷技术，运输前在预冷站或冷库将易腐货物降温处理成冻结货物或冷却货物，装车前对车辆、集装箱进行预冷，运输时能将货物温度尽快降低到适宜的运输温度，更有利于保持易腐货物的质量。

运输过程中调湿也是一项关键的技术条件。湿度是指空气中含水蒸气的程度，通常用相对湿度(绝对湿度与饱和湿度的百分比)来表示。湿度过大，微生物繁殖快，呼吸作用强，货物容易腐烂；湿度过小，水分蒸发快，货物干耗增大，使货物失去新鲜状态，质量和数量都受到损失。目前铁路冷藏运输车辆、运载器具仍缺乏自动调湿技术，一般是通过降低温度，使空气中的水蒸气冷凝，降低空气的湿度，而采用洒水来增大湿度。

冷藏运输还应注意及时通风换气，排除热量、有害气体和多余水汽，补充新鲜空气，并保持良好的卫生环境，防止易腐货物受到污损和被微生物侵染。冷藏运输如能有选择地结合使用其他保藏技术，可更有效地保持易腐货物的品质。例如，可将水果、蔬菜、肉类等用气调法或减压法密闭包装后冷藏运输，能更好地保持货物的鲜度、风味和色泽。

(2)冷藏运输组织方法

冷藏运输尽管采取了低温和其他特殊的防护措施来保持易腐货物的质量,但也只能延缓而不能停止货物的物理、化学、生物变化过程,货物质量仍有缓慢的降低,如营养成分减少,水分干耗增大,色泽风味改变等,运输时间越长,质量降低的程度越大。因此,应积极组织快速运输,尽量缩短运输时间,以利于保持易腐货物的初始质量。

(3)冷藏链与保鲜链

铁路冷藏运输只是易腐货物整个物流过程中的一个环节,如采用冷藏链技术,将易腐货物从生产、加工、分拣、仓储、运输、配送、销售乃至消费的全过程,均置于低温防护下,可最大限度地保护易腐货物的原有质量。而进一步采用保鲜链技术,综合运用各种适宜的无污染的保藏方法和手段,则可以使易腐货物在生产、加工、分拣、仓储、运输、配送、销售乃至消费的各环节中,最大限度地保持鲜的特性和品质。

知识点2　冷藏运输设备

1. 机械冷藏车

机械冷藏车采用机械制冷,车体采用夹层结构和隔热材料,具有制冷量大、制冷速度快、调温范围宽和控温稳定可靠的特点,是运输易腐货物的专用货车。

(1)B_{22}型机械冷藏车组

B_{22}型为5节机械冷藏车组,由1辆发电乘务车和4辆货物车组成。发电乘务车在车组中部,两端各连挂2辆货物车。

B_{22}型机械冷藏车组采用成组集中供电,单车制冷、加温、控温的形式。发电乘务车上设有机械间、变配电间和乘务员工作生活设施。发电乘务车的两套柴油发电机,分别为两端的货物车供电。

货物车(图10-2-1)的两端各设一套制冷机组、电加热器,对空气进行冷却、加温,用循环风机将冷、热空气从出风口吹入车顶棚与循环挡板间的通风道,沿两侧通风条吹到车地板上,从底格板(离水格子)吹出,在车内进行热交换,使车内获得均匀稳定的温度,然后从两端通风隔墙回到循环风机的进风口,再次循环(图10-2-2)。车内温度可通过测温、控温装置进行测温、控温。控温范围−24～+14 ℃。车上设有通风换气装置,需要时可对车内进行通风换气。

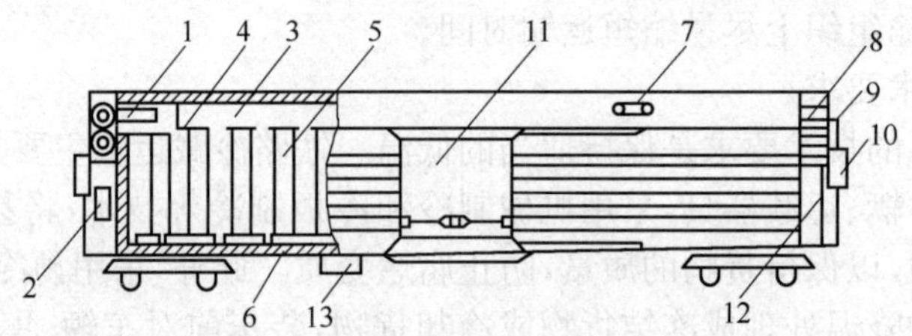

图10-2-1　机械冷藏车货物车设备示意

1—制冷机组;2—冷藏车总控柜;3—风道;4—循环挡板;5—通风条;6—底格板(离水格子);7—通风换气排气口;8—机组通风百叶窗;9—护栏;10—工作台;11—车门;12—工作间侧门;13—备件箱。

B_{22}机械冷藏车组技术含量高,维修复杂,需配备专业乘务人员负责操作和维护,设置专门的车辆段负责维修、运用和管理。

(2)B_{10}型机械冷藏车

B_{10}为单节机械冷藏车,设有发电工作间为装货间供电,控温范围−24～+14 ℃,具有单车运用、灵活方便的优点,能更好地适应易

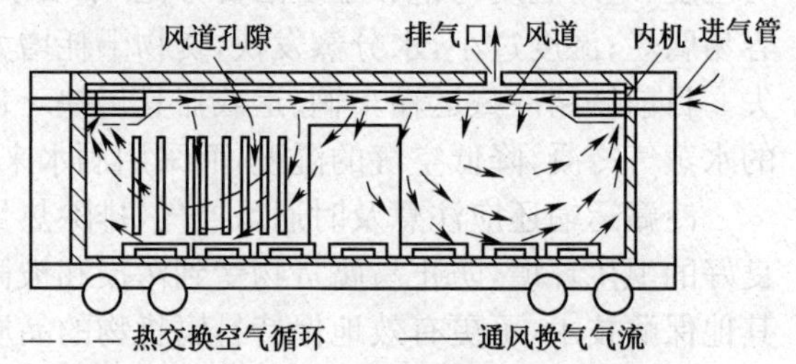

图10-2-2　机械冷藏车货物车空气循环图

腐货物运输去向分散、批量小的发展趋势，其基本性能见表 10-2-1。其缺点是需配冷藏车乘务员值守。

表 10-2-1　机械冷藏车的基本性能表

车型	自重(t)	载重(t)	容积(m^3)	装货面积(m^2)	车内装载尺寸长×宽×高(m)	最大外部尺寸长×宽×高(mm)	门孔尺寸宽×高(mm)	车组自重(t)	车组载重(t)	车组全长(m)	车内可保持的温度(℃)	特　点
B_{22}	38	46	105	46	18.0×2.558×2.3	21 938×3 020×4 670	2 700×2 300	206	184	107.7	−24～+14	5节机械冷藏车组，1辆工作车，两端各2辆货车
B_{10}	41.1	38	100	43.6	17.3×2.56×2.314	21 938×3 094×4 700	2 700×2 300	—	—	—	−24～+14	单节机械冷藏车

(3)BH_{10} 型机械冷藏车

BH_{10} 型机械冷藏车(图 10-2-3)是由中车长江集团与特货公司创新研制的我国全新一代铁路机械冷藏车，2023 年 3 月 8 日实现首次发运，与 B_{10} 型机械冷藏车相比较，该车具有以下特点：

图 10-2-3　BH_{10} 型机械冷藏车

①控温性好。采用国际上运用成熟的冷王制冷机组，性能稳定，车辆运用可靠性高。采用国内外冷藏运输装备广泛运用的车顶远端送风结构，货物间温度均匀性好，货物质量有保证。

②隔热性能好。车顶、侧墙、端墙、车体和车门采用整体发泡结构，底架采用整体发泡块拼装结构，车辆隔热性能好。

③气密性好。排水孔采用我国冷藏集装箱运用成熟的常闭式排水装置；车门采用三道密封胶条密封装置；新风装置采用制冷机组自带通风装置；车体连接焊缝涂密封胶，车辆气密性好。

④载重量大，满足机械化作业要求。车辆载重 60 t，容积达 143 m^3，最高运行速度可达 120 km/h，比 B_{10} 型机械冷藏车载重有了较大的提升；底架采用有中梁结构，车辆综合地板承载能力强，可满足大吨位叉车机械化作业，有效提高装卸效率。

⑤远程监控、无人值守。加装了铁路冷藏车控制系统及软件平台，通过物联网和信息化技术，实现了无人值守、远程监控，提高了信息化水平，可随时掌握货物运输情况及位置，易于货物的组织和车辆调配。

⑥运维成本低。取消押运人员生活设施，采用无人押运；采货车通用转向架；采用通用发泡模具，工装投入低等，使车辆的制造成本、运维成本大大降低。

2. BH_1 型隔热保温车

BH_1 型隔热保温车(图 10-2-4)无制冷和押运设施，全车大部件采用预制整体发泡结构，车辆结构简单，隔热性能好；底架采用有中梁结构，地板承载能力好、上表面平整，能够满足叉车等机械化装卸作业要求；车上设有监测通讯主机、通讯天线和车外温度检测元件等远程监测装置，监测通讯主机与运营管理平台之间采用 2G/4G 移动网络进行信息传输通讯，采用信息化技术可远程监测车内温度，实现数据监测、报警、断点信息续传和车辆定位等功能。主要用于牛奶、啤酒和矿泉水等隔热保温类货物的运输。

3. 冷藏集装箱

冷藏集装箱是一种先进的易腐货物冷藏运载工具，也是冷藏链的一项重要技术基础，除具有一般集装箱载货量相对小、运用灵活、市场适应性强、“门到门”运输的优点外，还能减少易腐货物在不同运输工具间换装和在待装、待搬、装卸、搬运、中转、配送等作业过程中的暴露时间，使货物免受外温影响而导致温升软化变质或发生低温冷害冻损，也减少了货物被污染的可能性，有利于保持货物的质量。

铁路冷藏集装箱有供电式冷藏集装箱、柴电一体式冷藏集装箱、新能源锂电池冷藏集装箱和蓄冷型冷藏集装箱等。

(1)柴电一体式冷藏集装箱

柴电一体式冷藏集装箱(图 10-2-5)采用柴电双系统驱动制冷机组，具备发电功能，配置有远程监控系统，可实时监测冷藏集装箱位置、温度、油箱燃油液位等数据，主要用于装运冷藏、保鲜运输的鱼虾、肉类、新鲜水果、蔬菜等易腐食品以及鲜花、蛋白质、药品或其他商品，能在-40 ℃以下环境运行，续航能力可达到 10～16 d。

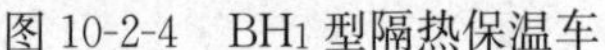
图 10-2-4　BH_1 型隔热保温车

图 10-2-5　柴电一体式冷藏集装箱

柴电一体式冷藏集装箱优点是可以无人值守，因而使用灵活。其缺点是自重大、载重小，运用成本高，适合在无供电设施的铁路上使用。柴电一体式冷藏集装箱技术参数见表 10-2-2。

表 10-2-2　铁路柴电一体式冷藏集装箱技术参数

箱型	自重(kg)	最大总重(kg)	容积(m^3)	最大外部尺寸长×宽×高(mm)	最大内部尺寸长×宽×高(mm)	允许堆码重量(kg)	接电电压(V)	使用环境温度(℃)	油箱容积(L)	箱内控温范围(℃)	持续运行时间
40 ft	6 400(油箱装满)	34 000	64	12 192×2 438×2 986	11 468×2 290×2 528	68 000	380	−40～+80	800	−29～+27	取决于货物、外部温度等因素，一般为 16 d
45 ft	6 900～7 180(油箱装满)	34 000	74.5/73.8	13 716×2 438×2 896	12 716/12 598×2 294×2 554	68 000	380	−40～+80	400/470/543	−29～+27	取决于货物、外部温度等因素，一般为 10 d

(2)供电式冷藏集装箱

供电式冷藏集装箱(图 10-2-6)具备双向通讯、自动监测、远程控制、数据存储、故障报警等智能化功能，广泛应用于铁路、公路、海运。其优点是：自重小、载重大，运用成本低，可多式联运，供电操作人员可值守，适应长距离运输。其缺点是必须有供电设备，使用不灵活。目前，供电式冷藏集装箱箱型主要为 40 ft 箱，其主要技术参数见表 10-2-3。

图 10-2-6　供电式冷藏集装箱

表 10-2-3　40 ft 供电式冷藏集装箱主要技术参数

箱型	自重(kg)	最大总重(kg)	容积(m^3)	最大外部尺寸 长×宽×高(mm)	最大内部尺寸 长×宽×高(mm)	供电制式	使用环境温度(℃)	箱内控温范围(℃)
40 ft	4 630	34 000	67.9	12 192×2 348×2 896	11 582×2 294×2 554	AC 400～500 V、3 相；60×(1±2.5%)Hz 和 AC 360～460 V、3 相；50×(1±2.5%)Hz	−40～+80	−40～+27

为拓展供电式冷藏集装箱使用范围，特货公司购置了冷藏集装箱外挂式柴油发电机组[以下简称"背包"，如图 10-2-7(a)所示]以解决外供电式冷藏集装箱的供电问题。背包可外挂于外供电式冷藏集装箱的端部，如图 10-2-7(b)所示，内置柴油发电机组，通过机组发电为冷藏集装箱提供电力供应。背包具备双向通信、自动检测、远程控制等智能化功能。背包装有容量为410 L的柴油燃油箱，可通过远程监控系统实现自动启动和运行，可满足不间断开机工作 7～8 d，也可以设定自选开机停机周期的自循环模式运行，选择自循环运行续航能力可提升至 12～17 d。

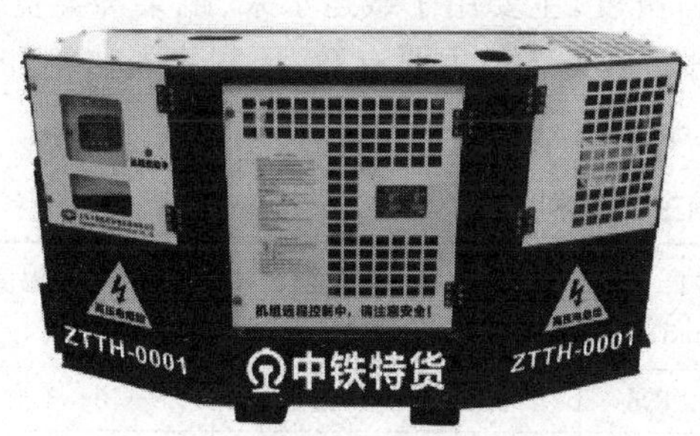

(a) 外挂式柴油发电机组

(b) 加挂背包的供电式冷藏集装箱

图 10-2-7　冷藏集装箱外挂式柴油发电机组

(3)新能源锂电池冷藏集装箱

新能源锂电池冷藏集装箱(图 10-2-8)是由锂电池(也可采用冷机直供电方式)驱动的冷藏集装箱，它能满足铁路、公路、水路等多种运输需求。箱体采用大功率纯电动变频制冷机组，具有制冷速度快、耗电量低、保温性能好等诸多优势，同时锂电池冷藏集装箱具备双向通讯、自动监测、远程控制、数据存储、状态预警、故障报警等智能化功能，提升了运输可靠性。新能源锂电池冷藏集装箱主要技术参数见表 10-2-4。

图 10-2-8　45 ft 新能源锂电池冷藏集装箱

表 10-2-4　45 ft 新能源锂电池冷藏集装箱主要技术参数

箱型	自重(kg)	最大总重(kg)	容积(m^3)	最大外部尺寸 长×宽×高(mm)	最大内部尺寸 长×宽×高(mm)	使用环境温度(℃)	箱内控温范围(℃)
45 ft	9 000	35 000	72.3	13 716×2 550×2 896	12 678×2 294×2 486	−20～+60	−20～+27

(4)蓄冷型冷藏集装箱

蓄冷型冷藏集装箱是运用箱体顶部储存的蓄冷剂释放冷量进行鲜活货物运输。通过加装智能化远程监控系统,可实时感知箱内温度及湿度,方便快捷,实现铁公水路运输及其联运,如图 10-2-9 所示。

图 10-2-9　蓄冷式集装箱

4. 隔热集装箱

隔热集装箱主要由箱体监测装置等部分构成,无冷却和加温设备,箱壁有导热率低的泡沫塑料等隔热材料,可防止箱内温度上升,使货物保持鲜度,主要用于载运水果、蔬菜等类货物,同时还具有定位及远程温度监测功能。目前,铁路隔热集装箱主要有 20 ft 宽体隔热箱和 40 ft 宽体隔热箱两种箱型,其主要技术参数见表 10-2-5。

表 10-2-5　隔热集装箱主要技术参数

箱型	自重(kg)	最大总重(kg)	容积(m^3)	最大外部尺寸 长×宽×高(mm)	最大内部尺寸 长×宽×高(mm)	使用环境温度(℃)
20 ft	2 800	35 000	36.2	6 058×2 550×2 896	5 842×2 385×2 603	−40～+80
40 ft	4 600	35 000	70.7	12 192×2 550×2 896	11 922×2 326×2 550	−40～+80

5. BX 型车组

为装运供电式集装箱,物货公司与中车集团共同研发了 BX 型车组。BX 型车组由 1 辆发电车和数辆 BX 型车组成,一个车组可装运 8 个 40 ft 供电式集装箱,如图 10-2-10 所示。

(a) 由 B_{23} 工作车作为发电车和8辆 BX_{1K} 组成的BX型车组

(b) 由发电箱作为发电车和4辆 BX_{70B} 组成的BX型车组

图 10-2-10　BX 型车组

(1)BX 型车

BX 型车是铁路为适应冷藏集装箱运输而设计制造的新型集装箱专用车,在车上设有为冷藏集装箱供电的专用设备。目前我国铁路 BX 型车为 BX_{1K}(图 10-2-11)和 BX_{70B}(图 10-2-12)两种车型。

BX$_{1K}$是在原X$_{1K}$型集装箱专用平车的基础上改造而来，可以装载一个40 ft或45 ft箱，或装载2个20 ft箱，其主要技术参数见表10-2-7。

图10-2-11　BX$_{1K}$集装箱专用平车

BX$_{70B}$型集装箱专用平车由中车齐车集团齐车公司研制，车辆全长26.366 m，载重68 t，可装载2个40 ft集装箱，是目前我国铁路最长的集装箱专用平车，其主要技术参数见表10-2-6。

图10-2-12　BX$_{70B}$集装箱专用平车

表10-2-6　BX型车主要技术参数

车型	自重(t)	载重(t)	长度(mm)	承载面长度(mm)	装载工况	供电电压(V)	最高运行速度(km/h)
BX$_{1K}$	19.8	61	14 738	13 800	2个20 ft箱 1个40 ft或45 ft箱	380	120
BX$_{70B}$	25.8	68	26 366	25 400	注1	380	120

注：工况1——2个40 ft箱，单箱总重≤34 t；
工况2——1个40 ft或45 ft箱(中部装载)，单箱总重≤35 t；
工况3——20 ft+40 ft+20 ft箱(中部40 ft箱)，40 ft单箱总重≤35 t；
工况4——4个20 ft集装箱，中部20 ft箱单箱总重≤10 t。

(2)发电车

BX型车组的发电车采用B$_{23}$工作车或40 ft发电箱。

B$_{23}$工作车为有人值乘的发电车，车上装有1、2号主柴油发电机组和3号副柴油发电机组，当1、2号主机停机时，可用3号辅发电机供电，可靠性高。

40 ft发电箱(图10-2-13)由特货公司主导研发，用BX$_{1K}$或BDL$_1$装载，于2018年8月14日开始上线运行。发电箱的箱内配备2台功能功率为100 kW的柴油发电机组及控制、输出系统，提供冷藏集装箱所需电源，并设有火灾报警及自动灭火装置，相关设施均采用导向安全设计。与B$_{23}$工作车相比，发电箱可实现无人值乘、远程监控，节省人工费用，标志着铁路冷链物流装备进入了新旧装备迭代期，逐步从有人值乘向无人值乘转变。

图10-2-13　装载于BDL$_1$上的发电箱

6.棚车

棚车属于通用货车，在一定的运输期间和区域范围内，可有条件地使用棚车代替冷藏车装运易腐货物。

典型工作任务3　组织易腐货物整车运输

任务引入

易腐货物具有季节性强、运量波动大、运输时限要求短的特点。熟悉易腐货物整车运输条件，掌握易腐货物整车发送作业、途中作业、到达作业中需重点注意的问题；强化易腐货物运输安全意识和按章办事的理念；养成科学态度与严谨的工作作风，具备办理易腐货物整车发送、途中和到达作业基本能力，是本工作任务的目标。

相关知识

1. 易腐货物的运输条件

托运人、收货人和承运人在办理易腐货物运输时，均应遵守《鲜规》“易腐货物机械冷藏车运输条件表”（表10-3-1）的规定。该表包括速冻食品、冻水产品、肉类、肉类制品、油脂类、禽蛋类、乳制品、糖果类、饮品、鲜蔬菜、鲜水果、坚果类、其他等13类，按品类顺号对各品类易腐货物的品名、热状态、装车时货物质量要求（含感官质量和承运温度）、运输温度、适用包装号或包装方法、装载方式（含装载要求和装载号）等做了具体规定。

表10-3-1　易腐货物机械冷藏车运输条件表（摘录）

<table>
<tr><th rowspan="2">品类顺号</th><th rowspan="2">货物品类</th><th rowspan="2">货物品名</th><th rowspan="2">货物热状态</th><th colspan="2">装车时货物质量要求</th><th rowspan="2">运输温度（℃）</th><th rowspan="2">适用包装号或包装</th><th colspan="2">装载方式</th><th rowspan="2">说明</th></tr>
<tr><th>感官质量</th><th>承运温度（℃）</th><th>装载要求</th><th>装载号</th></tr>
<tr><td>1</td><td colspan="10">速冻食品</td></tr>
<tr><td>1.1</td><td>速冻水果</td><td>速冻荔枝、草莓等</td><td>冻结</td><td>果面洁净，无不洁物污染。冻结良好，无结霜或粘连。无异味。产品包装完好无破损。无复冻现象</td><td>−18 ℃以下</td><td>−15 ℃以下</td><td>3</td><td>紧密堆码</td><td></td><td></td></tr>
<tr><td>⋮</td><td colspan="10">⋮</td></tr>
<tr><td>3</td><td colspan="10">肉类</td></tr>
<tr><td rowspan="3">3.1</td><td rowspan="3">猪肉</td><td rowspan="3">冻分割肉、冻猪肉、冻猪胴体、冻猪副产品及其制品（冻火腿等）</td><td rowspan="3">冻结</td><td rowspan="3">冻结良好。肌肉有光泽，红色或稍暗，脂肪乳白色或粉白色。无不良异味，无变形，无复冻现象</td><td>−18 ℃以下</td><td>−15 ℃以下</td><td rowspan="3">3（猪头、胴体可不加包装）</td><td rowspan="3">紧密堆码</td><td rowspan="3"></td><td rowspan="3"></td></tr>
<tr><td>−15 ℃以下</td><td>−12 ℃以下</td></tr>
<tr><td>−12 ℃以下</td><td>−10 ℃以下</td></tr>
<tr><td>⋮</td><td colspan="10">⋮</td></tr>
</table>

续上表

品类顺号	货物品类	货物品名	货物热状态	装车时货物质量要求		运输温度(℃)	适用包装号或包装	装载方式		说明
				感官质量	承运温度(℃)			装载要求	装载号	
10	鲜蔬菜									
10.1	叶菜类	苋菜、茴香、甜菜、菊苣、青菜、油菜、抱子甘蓝、结球甘蓝(圆白菜、包菜)芹菜、小白菜、芥菜、大白菜、羽衣甘蓝……	冷却	成熟适度、色泽正、新鲜、清洁。无腐烂、开裂、黄叶、抽薹或发芽、无异味、无冷害、冻害、病虫害及机械伤。无雨湿、水渍	0～3	0～3	3、4、5、6、7	稳固装载,留通风空隙	1、2、3、4、5、6	
			未冷却							
⋮					⋮					
13	其他									
13.1	花卉植物	花卉、盆景、盆花	未冷却	叶青翠,无枯萎迹象,主杆完整无破裂、折断,盆景完整无缺		4～10	根据货物情况选用。可用盆或不加包装。根部带泥者,用稻草、蒲包或麻布片包装,盆景外加一包装	稳固装载,留通风空隙	视货物包装情况而定	1. 需要洒水的应派人押运; 2. 为提高装载质量,可由托运人装备架子装载数层

按整车运输的易腐货物应使用冷藏车。在一定季节和区域内不易腐烂、变质、冻损的易腐货物,经托运人确认不影响货物质量的,承运人可根据托运人的要求使用棚车装运。使用棚车装运时,应按"使用棚车运输易腐货物的措施"规定办理。

(1)按一批托运的规定

①不同热状态的易腐货物不得按一批托运

不同热状态的易腐货物,运输条件区别较大。例如,禽蛋中,冰蛋是冻结货物,承运温度－18 ℃以下,运输温度－15 ℃以下。鲜蛋分冷却蛋和未冷却蛋。冷却蛋,承运温度－1～＋3 ℃,运输温度0～4 ℃;未冷却蛋运输温度5～12 ℃。至于皮蛋、盐蛋等却不一定须按易腐货物办理。

另外,易腐货物的热状态不同,对运输成本和货物质量的影响也较大。经冻结和冷却的货物运输时,不但可以减少制冷量,提高货物装载量,降低运输成本,也易于将货温尽快降低到规定的运输温度,有利于保持易腐货物的质量。因此,不同热状态的易腐货物运输条件不同,不得按一批托运。

②按一批托运的整车易腐货物,一般限运同一品名

不同品名的易腐货物,如温度要求接近,货物性质允许混装的,可按一批托运,在同一机械

冷藏车内组织混装。此时，托运人应与发站和乘务组商定运输条件，签订运输协议，并将运输条件记录在货物运单“托运人记事”栏和“机械冷藏车作业单”内。

③性质相互影响的货物，不得按一批混装运输

一般情况下，下列货物不得混装运输：具有强烈气味的货物和容易吸收异味的货物；易产生乙烯气体的货物和对乙烯敏感的货物；水果和肉类；蔬菜和乳制品。

(2)易腐货物的质量、温度和包装

托运人托运易腐货物时，货物的质量、温度和包装必须符合《鲜规》“易腐货物机械冷藏车运输条件表”和“易腐货物包装表”的规定。

①易腐货物的质量、温度和包装要求

托运的易腐货物应有良好的初始质量，必须品质新鲜。冻肉、冻禽、鱼虾、贝类等动物性易腐货物必须冻结良好，色泽正常，无不良异味，无变形，无复冻现象。植物性易腐货物中，水果必须色泽新鲜，无虫害、破裂、过熟、腐烂等现象；蔬菜必须色泽新鲜，无雨湿、水渍、腐烂等现象，瓜类无破裂。

承运温度是指装车时货物的温度。易腐货物承运时，温度是否达到承运标准，直接影响到冷量消耗和货物质量。提交运输时，易腐货物的温度必须符合规定。冻结货物的承运温度，分为－12 ℃以下、－15 ℃以下、－18 ℃以下。冷却货物的承运温度一般在 0 ℃以上，根据不同货物的运输要求和耐寒性确定适宜的承运温度范围。未冷却货物无承运温度要求。

易腐货物的包装分为箱类、筐类、袋和桶类包装，编为 9 个包装号，分别为木箱(1 号)、花格木箱(2 号)、纸箱(3 号)、钙塑箱(4 号)、塑料箱(5 号)、竹筐(6 号)、条筐(7 号)、编织袋(8 号)、桶(9 号)。包装材料应质量良好无污染，结构和规格能适应货物体积、形状的要求，便于装卸、搬运、堆码和装载。包装强度和性能须适应货物的性质，怕挤压的货物，包装必须坚固，能承受货物堆码的压力；需要通风的货物，包装应有适当的缝隙或通风孔。体大坚实的货物，如冻肉(胴体)和西瓜、哈密瓜、南瓜、冬瓜等可不要包装。

②易腐货物的质量、温度和包装检查

发站对承运货物的质量、包装及安全防护用品是否符合规定应认真抽样检查，对冻结货物和冷却货物还应抽查货物的温度。使用机械冷藏车装运时，发站应会同机械冷藏车乘务员进行抽查，并将抽查情况记录在“机械冷藏车作业单”内。货物包装和破验部位的恢复由托运人负责。

检查货物的质量，目前基本上仍采用看、闻、触摸等感官观察的方法，有待研发科学实用的检测仪表，以保证检测的客观性和准确性。检测货物的温度，体大冻结的货物、货件，可在货物、货件上钻一个深孔，深度以达到货物、货件的中心部位为宜，插入温度计并保持 5～6 min 后抽出确定温度；松散有缝隙的货物、货件，可将温度计直接插入货物、货件的中心部位测温。

货物质量、包装、温度达不到要求时，承运人有权拒绝承运货物。

(3)易腐货物的检疫

为防止病虫害的传播，控制疫情的蔓延，经由铁路运输的动植物产品和鲜活植物，应是无病和符合检疫要求的。例如，需检疫运输的肉、油脂、内脏、生皮毛、血液、骨、蹄等畜禽产品，稻麦、瓜果、蔬菜的种子和中药材等植物产品，以及苗木、盆景等鲜活植物，应凭检疫合格证明办理运输。

应提供检疫证明的鲜活货物包括：

①动物和动物产品。

②列入应施检疫的植物、植物产品名单的植物和植物产品，运出发生疫情的县级行政区域之前。

③种子、苗木和其他繁殖材料，不论是否列入应施检疫的植物、植物产品名单和运往何地。

④法律法规规定的其他情况。

入境的国际铁路联运鲜活货物凭海关的放行通知办理。

(4)易腐货物的押运

需浇水运输的鲜活植物，托运人须派押运人押运。需通风运输的易腐货物，托运人要求派人押运时，经车站同意，也可派人押运。押运人数，除特定者外，每批不应超过 2 人，托运人要求增派时，须经车站承认。对派有押运人的货物，托运人应在运单“托运人记事”栏内注明押运人的姓名、证件名称及号码。

(5)商定条件运输及试运

运输易腐货物必须按《鲜规》“易腐货物机械冷藏车运输条件表”的规定办理，以保证货物的质量。但在实际工作中，因自然环境、作业条件、生化技术的影响，提交运输的易腐货物有可能不完全符合“易腐货物机械冷藏车运输条件表”的要求。例如，水果、蔬菜在短途搬运中遭受雨淋，冻肉因缺乏冷藏、保温汽车搬运使装车时货物的温度高于规定的承运温度，葡萄使用植物生长调节剂增产降低了耐储运性等，都会造成货物不能完全符合易腐货物机械冷藏车运输条件表的要求。另外，鲜活货物的品类繁多，新产品不断出现，“易腐货物机械冷藏车运输条件表”不可能列载出所有的易腐货物品名和运输条件。使用机械冷藏车运输易腐货物，托运人如要求不按规定条件运输或运输未列名的易腐货物时，应按下列规定办理：

①商定条件运输

使用机械冷藏车装载运易腐货物，下列托运人要求不按《鲜规》规定条件办理情况，托运人应与发站和机械冷藏车乘务组商定运输条件，签订运输协议，并将运输条件记录在货物运单“托运人记事”栏和“机械冷藏车作业单”内。

a.“易腐货物机械冷藏车运输条件表”中未列名的易腐货物，如货物热状态、货物包装、装车时质量要求、运输温度及装载方式可比照类似品名货物运输时。

b. 托运人在确认货物不致出现腐烂、变质、冻损等问题的前提下，要求不按规定的条件运输时。

c. 易腐货物装车时温度高于规定或商定的承运温度上限时，经托运人确定不影响质量的。

d. 运输经过基因修改、非正常天然繁殖、使用过生长激素或经过化学药物处理等降低了耐储运性的果蔬时。

承运人按与托运人商定的运输条件或签订运输协议运输易腐货物，除承运人责任外，货物质量由托运人负责。

②易腐货物试运

使用机械冷藏车运输“易腐货物机械冷藏车运输条件表”中未列名且无法比照其他品名办理的易腐货物，应按如下规定试运：

a. 试运前，托运人应与发站商定运输条件，提出“铁路易腐货物试运申请表”一式三份，托运人、发站、发送局各一份。

b. 发站将“铁路易腐货物试运申请表”报铁路局集团公司，经批准后组织试运，铁路局集团公司将有关情况上报国铁集团备案并抄送相关铁路局集团公司。

c. 托运人应将试运批准号和运输条件记录在货物运单"托运人记事"栏和"机械冷藏车作业单"内。

d. 发站在确认首批试运货物安全抵达到站后,方可发出次批试运货物。同一发站、品名、运输条件的货物,首批试运不得超过 4 车。试运期不得超过 1 年。

e. 试运期间,如货物在运输过程中出现腐烂、变质、冻损等问题,须立即停止试运。发站应组织有关人员分析损失原因,并将结果报铁路局集团公司。需要继续试运的必须制定改进措施,重新办理试运手续。

f. 试运结束后,发站应将试运总结报铁路局集团公司,铁路局集团公司将有关情况报国铁集团。

2. 易腐货物的托运与承运

托运易腐货物时,托运人应按批提出货物运单。货物运单填写除按一般要求外,还应在"托运人记事"栏内注明下列内容:

(1)易腐货物品类顺号、热状态

例如,速冻的草莓(运输条件见表 10-3-1)填写货物运单时,应在"货物名称"栏内应填写"草莓",同时在"托运人记事"栏内填写"品类顺号 1.1、冻结"。

(2)容许运输期限(日数)

易腐货物的容许运输期限,必须依据科学实验、实践经验和专门知识,根据货物的品种、性质、采收季节、初始质量、成熟度、加工处理方法、气候、运输工具、运输方式等一系列因素确定。由于运输过程中存在各种不可控因素,有可能导致挂车和运送延误或到站后不能及时送车和卸车,为使货物质量能有更可靠的保证,易腐货物的容许运输期限至少须大于铁路规定的运到期限 3 d 以上时,发站方可承运。

(3)冷藏车的运输方式

易腐货物在不同外界气温条件下,需要采用不同的运输方式。托运人托运货物时,应按《鲜规》"易腐货物机械冷藏车运输条件表"或与承运人商定的运输条件,确定运输方式和途中服务要求,在货物运单"托运人记事"栏具体注明"途中控温""途中不控温""途中通风""途中不通风"等字样,以便铁路按要求组织运输。

(4)检疫证明的名称和号码

托运需要检疫的易腐货物时,托运人应按国家有关规定提出检疫证明,在货物运单"托运人记事"栏内注明检疫证明的名称和号码,车站凭此办理运输,并按规定在电商系统中留存证明文件的影像资料。

(5)其他需注明的事项

需派押运人运输的货物,在运单"托运人记事"栏内注明押运人的姓名、证件名称及号码;对商定条件运输的易腐货物,注明协议名称;按试运条件运输的易腐货物,注明试运批准号和运输条件记录。

发站承运易腐货物时应在货物运单"承运人记事"栏标记"三角 K"(表示装运易腐货物),纸质运单加盖△K戳记,并转记在"列车编组顺序表"记事栏内,以引起各环节运输工作人员的重视,防止易腐货物车辆在途中发生积压或滞留。

3. 车辆的选择和使用

(1)车辆选择

装运易腐货物应按规定使用冷藏车，并按"易腐货物机械冷藏车运输条件表"的规定组织运输。确因冷藏车不足，承运人可根据托运人的要求使用棚车运输，并按《鲜规》"使用棚车运输易腐货物的措施"的规定办理。

托运人要求使用棚车运输易腐货物，除承运人责任外，货物质量由托运人负责。

(2)冷藏车使用规定

冷藏车是运输易腐货物的专用车，应用于装运易腐货物。使用机械冷藏车（包括空车回送和回空代用），应由发站逐级上报国铁集团调度部，经国铁集团调度命令承认后方可使用。车站应将调度命令号码填记在"机械冷藏车（BX型车）装车通知单"（表10-3-2）内。冷藏车使用时应做到经济、合理、安全。

表10-3-2　机械冷藏车（BX型车）装车通知单

车　号	装车地点	货物品名	重量	到　站	计划装车时分	附　注
7101611	长沙东	冻猪胴体	40 t	三水西	8:20	×××专用线自装
7101612	长沙东	冻猪胴体	40 t	三水西	8:20	×××专用线自装
7101613	长沙东	冻猪胴体	40 t	三水西	8:20	×××专用线自装
7101614	长沙东	冻猪胴体	40 t	三水西	8:20	×××专用线自装
国铁集团、铁路局集团公司调度命令号码	×××××号					

注：1. 本通知单，一式两份，一份交乘务组作为准备装货的通知，一份发站存查。

2. BX型车装车时，车号填写工作车车号，"货物品名及热状态"栏填写货物品名即可，"重量"栏可不填写，需要"供电"服务的，应在附注栏注明"供电"字样。

装车站货运员（签字）站戳

20××年5月10日

机械长（签字）列车戳

20××年5月10日

①冷藏车严禁用于装运易污染、腐蚀和损坏车辆的非易腐货物。

②无包装的水果、蔬菜（西瓜、哈密瓜、南瓜、冬瓜除外）等易污染、损坏车内设备的易腐货物不得用冷藏车装运。

③机械冷藏车组可组织同一到站卸车的两站分装，或同一发站装车的两站分卸。但两分装或分卸站应为同一径路，距离不超过500 km。第一装车站的装车数或第二卸车站的卸车数不得少于全组车的一半（枢纽地区除外）。两站分装（卸）是指机械冷藏车组中不同货物车在不同车站装（卸）车，同一货物车只能在一个车站装（卸）车。

④机械冷藏车组中不同的货物车，可以装运温度要求不同的货物。每个货物车装载货物的重量，不得超过车辆的标记载重量。

(3)使用棚车运输易腐货物的措施

冷藏车不足时，在一定的运输期间和区域范围内，可有条件地使用棚车代替冷藏车装运易腐货物。

①易腐货物是否适合棚车运输，由托运人确定，并在运单“托运人记事”栏内记明“要求使用棚车，因此造成的货损自负”字样。

②运输途中各地区有外温低于－10 ℃时，使用棚车装运玻璃瓶装的酒、罐头、饮料类货物必须采取保温措施。

③采取防寒、保温、隔热措施时，所用材料应清洁无污染。

④装车作业时，对需要通风运输的水果、蔬菜等易腐货物要留有足够的通风空隙。同时可将车辆门窗开启固定，用栅栏将货物挡住，并在货物运单“承运人记事”栏注明“圈开”(表示开门窗运输)，纸质运单加盖㋲戳记，且应转记在“列车编组顺序表”记事栏内。开启的门窗最外突出部位不得超限。

⑤使用棚车运输易腐货物时，是否需要押运由托运人确定。

4. 易腐货物的装车

易腐货物装车，发站应与托运人商定易腐货物进货、车辆取送和装车时间、必要的防护措施等事项；托运人要落实货源，备齐单证，准备好必要的货物安全防护用品，避免出现货等车或车等货的现象，滞延易腐货物运输。

(1)冷藏车装车前准备

机械冷藏车(BX 型车)装车通知单是车站与机械冷藏车乘务组进行工作联系的书面凭证。使用机械冷藏车运输易腐货物时，发站应将计划装车时间、装车地点、货物品名及热状态、重量、到站等事项填记在“机械冷藏车装车(BX 型车)通知单”内，于装车前 12 h 交给乘务组；两站分装的，第二装车站应在车辆到达后及时交给乘务组。

机械冷藏车乘务组接到装车通知后，应认真检查车辆，按要求做好上水、补足油料、预冷车辆等装车前的各项准备工作。

①检查机械冷藏车的运用状态

检查机组运转情况，车内设备是否齐全良好，车内是否清洁卫生。发现状态不良不能保证货物安全和运输质量的车辆，如车体车门破损、离水格子不全或损坏、机械故障、有恶臭污染等现象，应予更换或洗刷除污消毒；遇机械冷藏车发生故障，难以在装车前及时修复，导致货物不能在规定时间进行装车时，乘务组应书面通知车站，车站应及时转告托运人妥善处理待装货物，并上报铁路局集团公司处理。

②车辆预冷

车辆预冷有利于货物降温，减少途中冷量消耗，也便于保持车内适宜的运输温度。使用机械冷藏车冷藏运输易腐货物，装车前必须预冷车辆，待车内温度降低到规定温度后(协议运输从其约定)，方可装车。

机械冷藏车车内预冷温度：冻结货物为－3～0 ℃；香蕉为 11～15 ℃，菠萝、柑橘为 9～12 ℃；其他易腐货物为 0～3 ℃。

(2)装车注意事项

易腐货物应按《鲜规》“易腐货物机械冷藏车运输条件表”“易腐货物装载方法表”规定的方法装载。车站货运员和冷藏车乘务组应对装车作业进行指导，发现问题及时联系托运人共同解决。货物装车完毕，冷藏车乘务组应检查车门是否关闭严密，及时记录车内温度并开机调温。

装车作业应使用不致损坏车体、车内设备的工具。开关车门，严禁乱砸硬撬。在采取保温、防寒、防湿等措施时，不得损坏车体，严禁以钉、钻、铆等方式损坏冷藏车车体。装车作业时，应轻拿轻放，防止造成易腐货物破裂、折断、压碰、磨损等机械损伤。

经过预冷的冷藏车装车时，应采取措施保持车内温度，避免降低预冷效果，作业过程中必须休息时，应妥善关好车门，以免浪费冷量，使货温升高。

冷藏车装车时，货物应堆码在离水格子上，不得直接堆放在车地板上；上层货物距离循环挡板最少应留出 50 mm 的空隙，不得挤碰循环挡板和挤占车体压筋之间的空隙，以免堵塞空气循环通道；货物与车门、车墙可保持一定的距离，以利于传入车内的热量或冷量能被空气吸收而不被货物直接吸收，保证货物质量，方便两侧车门能够开启。

使用棚车装运通风运输的水果、蔬菜等易腐货物，要留有足够的通风空隙。同时可将车辆门窗开启固定，用栅栏将货物挡住，开启的门窗最外突出部位不得超限。

(3)装卸时间规定

车站、冷藏车乘务组和托运人、收货人应加强装卸车组织工作，缩短装卸时间。

易腐货物作业车停站时间原则上不得超过该站的货车停留时间。单节机械冷藏车每辆装(卸)车作业时间(不包括洗车和预冷时间，下同)不得超过 3 h。货物车为 4 辆的机械冷藏车组，每组装(卸)车作业时间不得超过 6 h，每车的装(卸)车作业时间不得超过 3 h。装(卸)车期间需要制冷的，应在“机械冷藏车作业单”中注明起止时间，超过上述规定时间的，车站按规定核收有关费用。

(4)易腐货物的装载方法

易腐货物装车时，应根据货物的性质、热状态、包装、运输方式以及使用的车种，采用相应的装载方法。易腐货物的装载方法基本上可以分为两类。

①紧密堆码装载法

紧密堆码装载，可减少货物间的空隙，减缓货物本身冷量的散失，有利于保证货物质量和有效利用货车装载量。主要适用于冻肉、冻鱼、冰激凌、雪糕等冻结货物和夹冰鱼虾、贝类等冷却货物。

②留通风空隙装载法

留通风空隙的装载方法是在货物或货件间留有通风间隙和通风道，以保证空气流通，利于货物散热和车内空气循环，适用于具有包装且有热量散发的冷却货物和未冷却货物。例如，水果、蔬菜采用留空隙的装载方法，可增大货物的散热面积，以利车内冷空气在货件或货物间通畅循环，散发货物的田间热和呼吸热。

留通风空隙的装载方法编成 4 个装载号，分别为“品字形”装载法(1 号)、“一二三、三二一”装载法(2 号)、“井字形”装载法(3 号)、筐式装载法(4 号)。

a.“品字形”装载法(图 10-3-1)

奇数层与偶数层货件交错，骑缝装载。特点是在货件间形成纵向通风道，车内空气能沿车辆纵向循环，但不能上下流通，装载较牢靠。

b.“一二三、三二一”装载法(图 10-3-2)

第一层按间隔一件、二件、三件留空隙，第二层按间隔三件、二件、一件留空隙，奇数层同第一层，偶数层同第二层。特点是车内空气只能纵向流通，而且通风道相对较少，空气循环较差，但可提高装载量。

c.“井字形”装载法(图 10-3-3)

上、下层货物纵横交错码放，配置成井字形。特点是上下纵横均有通风道，空气循环较好，装载稳固。

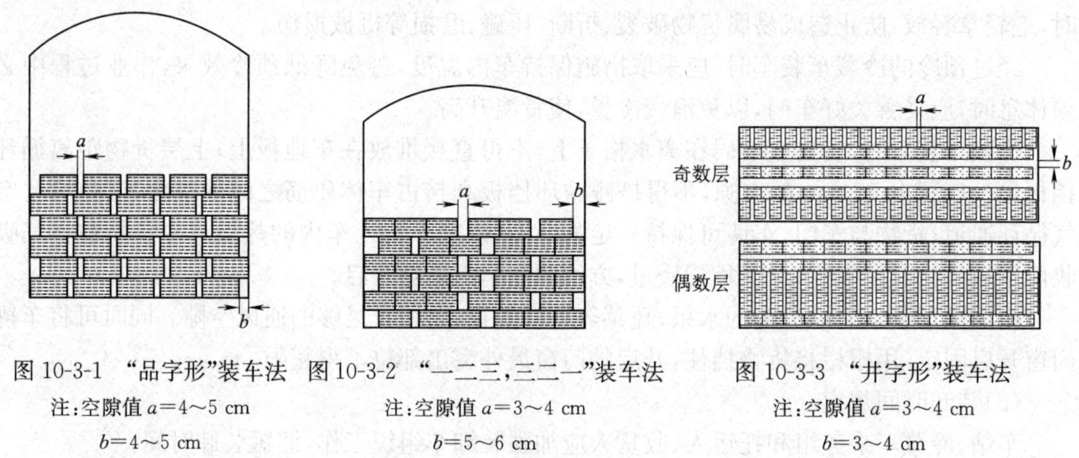

图 10-3-1 “品字形”装车法

注:空隙值 a=4~5 cm

b=4~5 cm

图 10-3-2 “一二三,三二一”装车法

注:空隙值 a=3~4 cm

b=5~6 cm

图 10-3-3 “井字形”装车法

注:空隙值 a=3~4 cm

b=3~4 cm

③筐式装载法(图 10-3-4)

筐口对装法之一如图 10-3-4(a)所示。底层两侧的箩、篓、筐等大筐口朝下,中间的大筐口朝上,第二层则方向相反。特点是货件与车墙间和两侧货件间有纵向通风道,货件上下及横向有间隙,车内空气循环较好。

筐口对装法之二如图 10-3-4(b)所示。底层及奇数层全部大筐(箱)口朝上,第二层及偶数层全部大筐(箱)口朝下。特点是货件间未设通风道,只有通风间隙,车内空气循环较差,但可多装货。为增大通风,筐内可加通风筒。

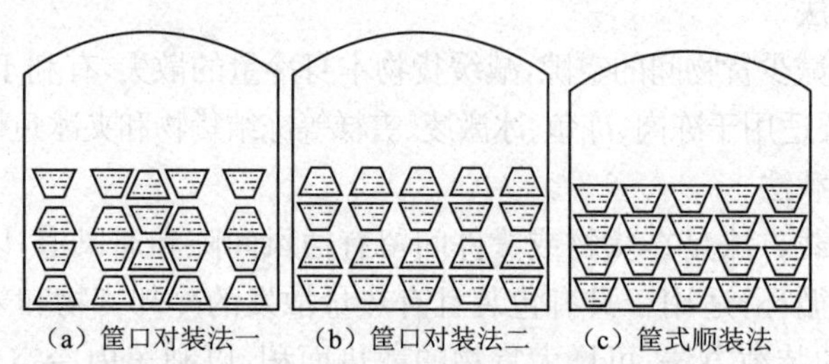
(a)筐口对装法一 (b)筐口对装法二 (c)筐式顺装法

图 10-3-4 筐式装载法

筐式顺装法如图 10-3-4(c)所示。每层的筐口大头朝上,按顺序堆装。纵、横向均有通风道,分布较均衡。

以上装载法中,“品字形”“一二三、三二一”“井字形”装载法适用于木箱、花格木箱、纸箱、钙塑箱、塑料箱等箱类包装货物;筐式装载法则适用于竹筐、条筐及梯形塑料箱包装等包装货物。未留通风道或仅有纵向通风道的装载方法,可使用有强制循环装置的机械冷藏车进行通风。

(5)填写冷藏车作业单

机械冷藏车作业单是冷藏车运输易腐货物始发、途中、到达作业情况的原始记录,也是分析事故原因,划清托运人、收货人与承运人以及铁路内部相关部门之间责任的依据。车站、铁路专用线(专用铁路)、机械冷藏车乘务组要认真按车填写“机械冷藏车作业单”(表 10-3-3),并做好传递工作。

表 10-3-3　机械冷藏车作业单

No. 00000012

一、始发站作业记录

1. 发站长沙东到站三水西车种、车型、车号B_{22}7101611 运单号BCHZA0000001。
2. 货物品名、包括热状态冻猪胴体(3.1、冻结);包装种类、状态无包装。
3. 货物质量抽查情况冻结良好,新鲜正常。
4. 货物装载方法紧密堆码。
5. 商定的运输条件按规定−10 ℃以下。
6. 车辆预冷时间　3　h,车内预冷温度　−2 ℃。
7. 货物进站时间　5　月　10　日　14　时。装车时间　5　月　10　日　14　时　20　分开始到　5　月　10　日　17　时　10　分止,其中制冷时间　5　月　10　日　14　时　20　分开始到　5　月　10　日　17　时　10　分止。
8. 装车时车内温度　−2　℃,车外温度　25　℃,货物的承运温度　−13 ℃　。
9. 试运批准号＿＿＿＿＿＿＿＿。
10. 其他需要说明情况:

托运人或经办人签字(盖章)×××。机械冷藏车机械长签字(盖章)×××。

铁路专用线(专用铁路)签字(盖章)×××;发站货运员签字(盖章)×××。

二、到站作业记录

1. 到达车次　20397　次,时间　5　月　12　日　9　时　15　分。
2. 车辆调入　5　月　12　日　11　时　35　分。卸车时间　5　月　12　日　12　时　50　分起至　5　月　12　日　16　时　20　分止,其中制冷时间　5　月　12　日　12　时　50　分开始到　5　月　12　日　16　时　20　分止。
3. 卸车时温度:车内温度　−10.2 ℃　,车外温度　29.8 ℃　。
4. 货物质量:感官观察正常冻结货物温度　−11 ℃　。
5. 车内洗刷情况符合要求。
6. 其他需要说明情况:

收货人或经办人签字(盖章)×××。机械冷藏车机械长签字(盖章)×××。

铁路专用线(专用铁路)签字(盖章)×××;到站货运员签字(盖章)×××。

三、机械冷藏车温度记录

日/时分	10/17:10	10/23:10	11/5:10	11/11:10	11/17:10	11/23:10	12/5:10	12/11:10
外温(℃)	28.6	26.5	25.2	29.7	28.3	27.9	26.4	29.6
车内温度(℃)	−10.1	−10.2	−10.6	−10.8	−10.8	−10.5	−10.8	−10.2
日/时分								
外温(℃)								
车内温度(℃)								
外温(℃)								
车内温度(℃)								
日/时分								

机械冷藏车机械长(签字)×××,列车戳

注:1. 未冷却的货物可不填记货物的承运温度。

2. 冷却及未冷却的货物以卸车时车内温度为货物交接温度。
3. 机械冷藏车温度记录填满时,可在本页反面画格填写。
4. “机械冷藏车作业单”一式三份,一份由发站留存,一份随车递送由到站保存,一份由机械冷藏车乘务组交配属单位存档。
5. 本作业单保存期为一年。

5．易腐货物车辆挂运

为确保易腐货物的质量，必须加强运输组织，做到快速运输，关键是压缩易腐货物车辆的在站停留时间，在鲜活货物运量集中的区段，应开行鲜活货物或以鲜活货物为主的班列、直达、快运等快速货物列车。在其他区段，应积极组织挂运快速货物列车。

(1)挂运要求

承运人应根据鲜活货物季节性强、运量波动大、时间要求快的特点，加强运输组织工作，对装有易腐货物的车辆应优先取送、优先编组、优先挂运，并将“三角 K”(纸质运单Ⓚ戳记)转记在列车编组顺序表内。

各级调度对装有易腐货物的车辆应重点掌握，防止途中积压，除由于在中间站装(卸)车必须编入摘挂、小运转列车外，途中均应编入快运列车或直通、直达、区段列车。

机械冷藏车调车作业时禁止溜放。需途中上水的机械冷藏车应编在列车中部，机械冷藏车组需要上水时，各车站应予以支持并免费供水。

装有易腐货物的车辆在编组站、区段站的中转停留时间，原则上不得超过车站有关去向的货车中转停留时间，中转停留超时的，车站要主动联系上级调度部门尽快安排挂运。

(2)发生滞留的处理

装有易腐货物的车辆，在运行途中不得保留。遇有特殊情况需要保留时，保留站应立即向铁路局集团公司调度、货运部门报告，同时采取措施妥善处理，并编制普通记录说明原因。

装有易腐货物的车辆，因技术状态不良等原因发生滞留不能继运时，滞留站应及时报告铁路局集团公司调度、货运部门，并尽量组织按原运输条件倒装。由于气温、技术条件等限制不能倒装又不宜在当地处理的货物，滞留站应通知发、到站及时联系托运人、收货人，并限时提出处理办法。超过要求时间未接到答复或因等候答复使货物造成损失时，由发生地铁路局集团公司与发送局协商处理。

6．易腐货物途中作业

(1)机械冷藏车控温

机械冷藏车装车完毕，乘务组应及时记录车内温度，车内温度未达到机械冷藏车易腐货物运输条件表规定的或运输协议要求的温度之前，应不间断调温。运输未冷却的易腐货物，特别是热季运输未冷却的水果、蔬菜，因货物的田间热和呼吸强度较大，装车后不易将货物温度降到适温范围，极易发生腐烂变质，应在最短时间内把车内温度降到规定或要求的范围。

运输途中，机械冷藏车乘务组应按易腐货物运输条件表的规定或运输协议商定的运输条件保持车内温度。为及时了解温度变化，正确调控车内温度，应定期对车内温度状况进行监控，在装车后及运输途中，每隔 2 h 应记录一次各车内的温度，每 6 h 填写一次“机械冷藏车作业单”。

(2)通风作业

为保证货物品质，对全程或部分区段需通风运输的易腐货物，或运输一段距离后需要对车内通风换气的易腐货物，应根据外界气温情况进行适当通风。通风分为停站通风和在途通风。

①机械冷藏车的通风

使用机械冷藏车装运水果、蔬菜和其他需要通风运输的货物时，应根据具体情况定期进行通风作业。机械冷藏车的通风是由车辆的通风装置实现的。停站和在途时，可根据车内所装货物的需要开启车辆两端的进风阀门和车顶中部的排气口，利用循环风机的运转，给车内通风换气。运输未冷却的水果、蔬菜时，为排除车内不良气体，也可进行自然通风。

②棚车的通风

棚车装运的易腐货物需要停站或在途通风时，可以将车门窗开启固定，进行自然通风。

通风作业需要车站、机械冷藏车乘务员、押运人的密切配合来完成。通风时，要注意保持货物需要的适宜温度，不能使车内温度升高或降低超出适宜的运输温度范围，进入车内的空气应干净，无水气、煤烟和尘土，以免污染货物。通风的时机，一般热季宜在夜间或清晨进行，寒季则可在白天进行，雨天、雪天和大雾天气不宜通风，寒季外界温度低于－10 ℃或车内底层温度降到 3 ℃左右时，应停止通风，以免冻坏货物。

(3)中途上水

需中途上水的机械冷藏车应编在列车中部，乘务组应提前拍发电报将有关情况通知前方上水站(上水站站名表见《鲜规》附件 13)。机械冷藏车需要上水时，各车站应予以支持并免费供水。

(4)运输变更

易腐货物需要变更到站时，可变更到站一次，且货物容许运输期限要大于重新计算的运到期限 3 d 以上。

(5)途中货运事故处理

运输途中发现易腐货物腐烂、变质、冻损、污染、生理病害、病残死亡等问题时，发现单位应立即通知车站联系托运人、收货人并妥善处理，防止货物损失扩大。

处理货物腐烂、变质情况时，应扣除运输途中的合理损耗。

7. 易腐货物到达作业

(1)卸车与交付

到达的易腐货物应及时组织卸车交付或送车交接，严禁以车代库。车站货运员和机械冷藏车乘务员应对卸车作业进行指导，发现问题及时联系托运人、收货人共同解决。

对易腐货物的到卸情况，应重点抽查货物的质量，冷藏车装运的还应抽测货物的温度和检查车内、外温度，以机械冷藏车装运的应会同乘务组进行检测。货场内卸车的易腐货物要注意场地、装卸搬运机具符合卫生要求，严防污染变质，车站应及时联系收货人，采取措施，随卸随搬，减少暂存时间，特别是冻结、冷却货物和保温、加温货物，收货人应准备搬运工具和防护用品，组织直接卸车，防止货物温升过快或发生冷害冻损。装运易腐货物的机械冷藏车，卸后应认真填写机械冷藏车作业单“到站作业记录”的各项内容。

收货人领取货物时，必须将货物的装车备品、防护用品、衬垫物品等全部搬出。

(2)到达货物损失处理

到达货物出现腐烂、变质、冻损、污染、生理病害、病残死亡等问题时，到站应立即组织卸车，及时妥善处理，防止扩大损失，并按规定编制货运记录。发现食品运输污染的，应立即向铁路食品安全监管办公室报告。收货人有异议的，不得拒绝卸车或中途停止卸车，否则因此造成的扩大损失由收货人承担。

(3)联系不到收货人或收货人拒领的处理

易腐货物运抵到站，联系不到收货人或收货人拒绝领取时，到站应自发出领货通知次日起(不能实行领货通知时，为卸车完了的次日起)或收货人拒绝领取之日起，1 d 内及时通知发站和托运人，征求处理意见。

托运人自接到通知之日起，2 d 内提出处理意见答复到站。对于超过容许运输期限仍无人领取的货物，或收货人拒领而托运人又未按规定期限提出处理意见的货物，或虽未超过上述期限，但是货物已开始腐坏、变质时，到站可按无法交付货物或依据有关规定处理。

(4)货车的清扫、洗刷除污和消毒

卸车单位负责将卸后车辆和货位清扫干净。装过鱼、贝、蟹、虾、肉类以及被其他易腐货物污染的车辆，未经洗刷除污严禁使用或排空。卸车单位必须按规定彻底洗刷除污，使车内没有残留的秽物和污水。按规定需要消毒的，由收货人依照卫生防疫部门的要求进行消毒。

收货人有洗刷、消毒设备时，由收货人自行洗刷、消毒，无条件可由到站负责洗刷、消毒。收货人及到站均无洗刷条件时，到站应根据调度命令填写“回送清单”，并在货车两侧车门及车内明显处各粘贴一张“货车洗刷回送标签”，向铁路局集团公司指定的洗刷站回送。清扫、洗刷除污费用由收货人承担。

车辆洗刷除污、消毒后适当通风、晾干后再关门。机械冷藏车洗刷除污、消毒后须经车站和乘务组检查验收，棚、敞车洗刷除污、消毒后由车站检查验收。经洗刷除污的货车达到要求时，应撤除货车洗刷回送标签，并在货车两车门内外明显处粘贴洗刷工艺合格证。

典型工作任务 4　组织易腐货物集装箱运输

任务引入

冷藏集装箱是一种可实现“门到门”运输的现代化运输方法，可以减少易腐货物在不同运输工具间换装和在待装、待搬、装卸、搬运、配送等作业过程中的暴露时间，使货物免受外温影响，在铁路鲜活货物运输中起着重要作用。掌握易腐货物集装箱运输条件、作业要求及特殊规定；强化易腐货物运输安全意识，培养按章办事和不断优化易腐货物运输组织方法的理念，具备办理易腐货物集装箱的发送、途中和到达作业基本能力，是本工作任务的目标。

相关知识

1. 托运与承运

装运易腐货物除使用冷藏集装箱外，在一定季节和区域内不易腐烂、变质、冻损的易腐货物，经托运人确认不影响货物质量的，承运人可根据托运人的要求，使用通用集装箱装运。

(1)货物的托运

托运人使用集装箱运输易腐货物时，除按一般要求办理外，还应在货物运单“托运人记事”栏注明下列事项：

①易腐货物的品类顺号、热状态，货物容许运输期限(日数)。

②托运人要求使用冷藏集装箱运输易腐货物，且途中需要供电服务时，应按规定填记“冷藏箱供电作业单”(表 10-4-1)，在货物运单“托运人记事”栏注明“BX 车供电运输”字样，并注明“运输温度”。

车站、铁路专用线(专用铁路)、冷藏车乘务组要认真填写“冷藏箱供电作业单”，并做好传递交接工作。

表 10-4-1　冷藏箱供电作业单

发站：　　　　　　　　　　　　到站：　　　　　　　　　　　工作车车号：

<table>
<tr><th colspan="9">发站作业记录</th><th colspan="5">到站作业记录</th></tr>
<tr><th>序号</th><th>箱号</th><th>货物品名</th><th>冷藏箱设定运输温度</th><th>接收冷藏箱时间</th><th>接收时冷藏箱显示温度</th><th>装车时间</th><th>装车后冷藏箱显示温度</th><th>备注</th><th>卸车时间</th><th>卸车前冷藏箱显示温度</th><th>交付时间</th><th>交付时冷藏箱显示温度</th><th>备注</th></tr>
<tr><td></td><td></td><td></td><td></td><td></td><td></td><td></td><td></td><td rowspan="7"></td><td></td><td></td><td></td><td></td><td rowspan="7"></td></tr>
<tr><td></td><td></td><td></td><td></td><td></td><td></td><td></td><td></td><td></td><td></td><td></td><td></td></tr>
<tr><td></td><td></td><td></td><td></td><td></td><td></td><td></td><td></td><td></td><td></td><td></td><td></td></tr>
<tr><td></td><td></td><td></td><td></td><td></td><td></td><td></td><td></td><td></td><td></td><td></td><td></td></tr>
<tr><td></td><td></td><td></td><td></td><td></td><td></td><td></td><td></td><td></td><td></td><td></td><td></td></tr>
<tr><td></td><td></td><td></td><td></td><td></td><td></td><td></td><td></td><td></td><td></td><td></td><td></td></tr>
<tr><td></td><td></td><td></td><td></td><td></td><td></td><td></td><td></td><td></td><td></td><td></td><td></td></tr>
<tr><td colspan="2">托运人或经办人签字(盖章)</td><td colspan="3"></td><td>冷藏车机械长签字列车戳</td><td colspan="3"></td><td colspan="2">收货人或经办人签字(盖章)</td><td></td><td>冷藏车机械长签字列车戳</td><td></td></tr>
<tr><td colspan="2">铁路专用线(专用铁路)签字(盖章)</td><td colspan="3"></td><td>发站货运员签字(盖章)</td><td colspan="3"></td><td colspan="2">铁路专用线(专用铁路)签字(盖章)</td><td></td><td>到站货运员签字(盖章)</td><td></td></tr>
</table>

<table>
<tr><th colspan="9">途中作业记录</th></tr>
<tr><th>检查时间</th><th>检查情况</th><th>检查时间</th><th>检查情况</th><th>检查时间</th><th>检查情况</th><th>检查时间</th><th>检查情况</th><td rowspan="6">途中异常情况及处置措施：</td></tr>
<tr><td></td><td></td><td></td><td></td><td></td><td></td><td></td><td></td></tr>
<tr><td></td><td></td><td></td><td></td><td></td><td></td><td></td><td></td></tr>
<tr><td></td><td></td><td></td><td></td><td></td><td></td><td></td><td></td></tr>
<tr><td></td><td></td><td></td><td></td><td></td><td></td><td></td><td></td></tr>
<tr><td></td><td></td><td></td><td></td><td></td><td></td><td></td><td></td></tr>
<tr><td></td><td></td><td></td><td></td><td></td><td></td><td></td><td></td><td>冷藏车乘务员签字(盖章)</td></tr>
</table>

填写说明：1. 所有时间均应包括月、日、时、分；温度单位为摄氏度(℃)。

2. 冷藏箱进站后直接装车的，“接收冷藏箱时间”“接收时冷藏箱显示温度”可不填写。

3. 途中检查冷藏箱温度在设定范围内、供电正常、箱体外观无异常时，在“检查情况”栏内打√即可。

4. 本单据一式三份，一份发站留存，一份随车传递送到站，一份由冷藏车乘务组交配属单位存档。无冷藏车乘务组时，发、到站分别填记一份留存。

5. 本作业单保存期为 1 年。

③凭检疫证明运输的易腐货物，比照易腐货物整车运输办理，并按规定提供检疫合格证明，在“托运人记事”栏内注明证件的名称及号码。

④其他需要声明的事项。

(2)空箱拨配

承运人应调配技术状态良好、干净清洁的集装箱，托运人在接收空集装箱时，必须检查集装箱状况，发现状态不良不能保证货物安全和运输质量的，应及时提出，承运人应予调换；对不清洁的集装箱，车站要组织清扫、洗刷。

(3)装箱作业

①铁路冷藏箱使用规定

铁路冷藏集装箱严禁用于装运易污染、腐蚀和损坏箱体的非易腐货物。无包装的水果、蔬菜（西瓜、哈密瓜、南瓜、冬瓜除外）等易污染、损坏箱体的易腐货物不得用铁路冷藏集装箱装运。

②自备冷藏箱使用要求

使用自备冷藏箱应符合铁路集装箱运输有关规定，并确保技术状态良好。

使用外挂式发电机组的冷藏箱，经发送局同意后可组织运输。运输过程中，要确保发电机组安装稳固并采取有效防脱落措施。

③装箱作业要求

使用冷藏集装箱运输时，冷藏集装箱装箱前预检和温度设置等操作，以及箱内货物的质量、温度、包装和装载，由托运人负责。

箱内货物的质量、温度、包装和装载，可参考《易腐货物机械冷藏车运输条件表》《易腐货物运输包装表》《易腐货物装载方法表》的有关规定办理，且货物装载高度不得超过箱内限高标识线。

柴电一体冷藏集装箱和外挂发电机组的冷藏集装箱，发电机所用柴油装载量不得超过油箱容积的95%。

集装箱的总重（使用外挂式发电机组的冷藏箱，指冷藏集装箱和发电机组的合计重量）不得超过集装箱标记总重、车站起重能力、货车载重等规定限制。

(4)接收重箱

使用冷藏集装箱运输易腐货物时，车站应与托运人、收货人商定冷藏集装箱进站、站内接电等事项，减少冷藏集装箱非工作状态的站内停留时间，避免发生货损。

车站接收冷藏集装箱时，冷藏集装箱的温度与托运人设定的运输温度相差明显（一般按4 ℃掌握），经托运人确认不影响货物质量的，可以组织运输，但应在“冷藏箱供电作业单”的备注栏内注明“温度不符，质量托运人自负”字样，并经托运人签认。

接收重箱时，不需要途中供电服务的，承托双方凭箱号、封印和箱体外状交接；需要途中供电服务的，承托双方凭箱号、封印、箱体外状和箱内温度交接。

易腐货物的质量、温度和包装达不到要求时，承运人有权拒绝承运。

(5)货物的承运

发站承运冷藏集装箱（无论重空）时，应在货物运单“承运人记事”栏标记“禁止溜放”（纸质运单还应加盖相应的戳记）；对装有易腐货物的集装箱还应在货物运单“承运人记事”栏标记“三角K”（纸质运单加盖⚠戳记），并转记在“列车编组顺序表”记事栏内。

2. 装车作业

冷藏集装箱应使用集装箱专用平车或共用平车装运，并遵守集装箱运输有关规定。

BX型车组，可组织同一到站卸车的两站分装，或同一发站装车的两站分卸。但两分装或分卸站应为同一径路，距离不超过500 km。第一装车站的装车数或第二卸车站的卸车数不得少于全组车的一半（枢纽地区除外）。两站分装（卸）是指车组中不同货物车在不同车站装（卸）

车，同一货物车只能在一个车站装(卸)车。

使用BX型车组运输冷藏集装箱时，发站应于装车前6 h将“机械冷藏车(BX型车)装车通知单”交给冷藏车乘务组。

冷藏集装箱装卸和搬运时，应稳起轻放，避免冲撞，防止损坏。集装箱装车后应保证落锁有效，箱门不能开启。

冷藏集装箱装车后，应在货车两侧插挂“禁止溜放”表示牌；需要途中供电服务的冷藏集装箱装车后，冷藏车乘务组负责冷藏集装箱的电源连接、温度检查，发现影响正常运输的异常情况，应及时报告和处理。

3. 车辆挂运

装运易腐货物集装箱的车辆，应比照易腐货物整车运输办理，做到快速挂运。

装载冷藏集装箱(无论空重)的车辆、BX型车组(不具备供电功能的除外)禁止溜放。BX型车组运输途中不得拆解。

需中途上水的BX型车组应编在列车中部，乘务组应提前拍发电报将有关情况通知前方上水站，BX型车组需要上水时，各车站应予以支持并免费供水。

4. 途中作业

(1)冷藏箱供电作业

BX型车组的冷藏车乘务组应做好途中供电工作，确保冷藏集装箱供电正常，并在沿途车辆技检作业时，对冷藏集装箱温度进行检查和记录，认真填写“冷藏箱供电作业单”。未配备冷藏车乘务组的，车辆配属单位要做好远程监控和应急处置工作。

(2)异常情况的处理

沿途各站发现冷藏集装箱箱门开启、油箱漏油、电源连接线脱落等问题，影响运输安全时，应及时处理和报告。甩车处理的，必要时应通知箱主单位或托运人配合处置。

运输途中发现易腐货物腐烂、变质、冻损、污染等问题时，发现单位应立即通知车站联系托运人、收货人并妥善处理，防止货物损失扩大。处理货物腐烂、变质情况时，应扣除运输途中合理消耗。

5. 到达作业

(1)卸车和交付作业

装运易腐货物的集装箱到站后，车站应组织快速卸车，及时通知收货人办理交付。

BX型车组卸车前，车站应通知冷藏车乘务组，冷藏车乘务组应按规定做好检查记录，并将冷藏集装箱电源连接线拔出和复位；具备卸车条件后，冷藏车乘务组通知车站。未配备冷藏车乘务组的，相关工作由车辆配属单位负责。

交付集装箱时，对不需要途中供电服务的，承托双方凭箱号、封印和箱体外状交接；需要途中供电服务的，承托双方凭箱号、封印、箱体外状和箱内温度交接。

联系不到收货人或收货人拒绝领取的处理，比照易腐货物整车运输办理。

(2)货物的掏箱工作

使用铁路集装箱装运易腐货物的，货物掏箱后，掏箱单位应将集装箱清扫干净，将箱门关闭良好，撤除无关标记。

被动物产品等污染的铁路箱，掏箱单位要彻底洗刷除污，保证没有残留的污水、秽物。按规定需要消毒的，由收货人按卫生部门和动物卫生监督部门要求办理。铁路箱洗刷除污、消毒后适当通风、晒干，然后再关门。铁路箱洗刷除污、消毒后须经车站检查验收。

卸车单位没有货车洗刷除污条件的，车站应根据调度命令填写“回送清单”，向铁路局集团公司指定的洗刷除污站回送。清扫、洗刷除污费用由收货人承担。

(3)货物损失处理

①基本要求

到达货物出现腐烂、变质、冻损、污染等问题时，到站应立即组织卸车，及时妥善处理，防止扩大损失，按规定编制货运记录。

②货物损失责任的划分

使用冷藏集装箱运输易腐货物，不需要途中供电服务的，在承运人的运输责任期内，箱体没有发生危及货物安全的损坏，箱号、施封号码与运单记载一致，施封有效时，箱内货物质量由托运人负责；需要途中供电服务的，在承运人的运输责任期内，箱体没有发生危及货物安全的损坏，箱号、施封号码与运单记载一致，施封有效，途中供电正常时，箱内货物质量由托运人负责。

使用自备冷藏集装箱运输易腐货物，因冷藏集装箱自身质量问题造成损失的，由托运人负责；由此需要途中倒装的，相关费用由托运人承担。

使用铁路冷藏集装箱运输易腐货物，因冷藏集装箱自身质量问题造成损失的，由箱主单位负责；因操作不当造成货物损失和冷藏集装箱故障、破损的，由使用单位负责。

典型工作任务5　组织活动物运输

任务引入

活动物运输是铁路鲜活货物运输的重要组成部分，通常指通过铁路对禽、畜、活鱼、鱼苗、蜜蜂等活动物的运输。托运人托运活动物时，必须交验规定的检疫证明。此外，运输活动物还要考虑货物的生命属性，提供运输途中需要的饲料以及饮水等维持活动物生存的必要条件，保证活动物的运输安全。了解铁路活动物运输作业流程，重点掌握活动物的特性和特殊运输规定；强化活动物运输安全意识和环保意识；具备办理活动物的发送、途中和到达作业的基本能力，是本工作任务的目标。

相关知识

1. 活动物的运输条件

(1)活动物运输种类

铁路运输活动物一般按整车运输，也可用活动物专用集装箱运输，但不能用通用集装箱运输。铁路不办理活动物零担运输。

(2)活动物运输证明

为防止动物疫病的传播，促进养殖业发展，保护人体健康，维护公共卫生安全，运输的活动物(包括家畜、家禽、鱼虾、蟹贝、蜜蜂、实验动物、观赏动物、演艺动物、野生动物等)应健康无病残，必须持有检疫合格证明。

托运活动物，托运人应按国家检疫规定提出检疫证明，在货物运单“托运人记事”栏内注明检疫证明的名称和号码，车站凭此办理运输，并按规定在铁路电商系统中留存证明文件的影像资料。

入境的国际铁路联运鲜活货物，凭海关的放行通知办理。

(3)蜜蜂运输

蜜蜂是一种特殊的活动物，蜜蜂进站时，托运人必须在蜂箱巢门外安装好纱罩，防止蜜蜂飞出蜇人，遮蔽信号，影响车站作业和行车安全。蜂箱巢门未安装纱罩的，发站不得承运。

蜜蜂运输，托运人除按规定填写货物运单外，要按车填写物品清单(一式两份，一份留站查存，一份托运人自留)，物品清单要记明蜜蜂的空箱数、有蜂箱数、押运人所带的生活用品，饲养工具及蜜蜂饲料等。押运人为放蜂需要带的狗必须装在铁笼内，并交验检疫证明。

(4)猛禽、猛兽商定条件运输

托运猛禽、猛兽时，必须有坚固可靠的包装容器，确保安全。托运人应与发站商定运输条件和运输防护方法，报发送局批准。跨局运输时，发送局应将商定的事项通知相关局。托运人应在货物运单“托运人记事”栏内注明商定的运输条件和运输防护方法。

(5)活动物的押运

活动物运输的最大特点是运输过程中要同时进行饲养工作，养运难以分离。托运活动物时，必须委派熟悉活动物习性的押运人随车押运，做好活动物的饲养、饮水、换水、洒水、看护和安全工作，并在运单“托运人记事”栏内注明押运人的姓名、证件名称及号码。经发站审核后发给“押运人须知”，并在货物运单“承运人记事”栏标记“押运人须知已发”和“R”，纸质运单应加盖R戳记。

押运人的人数，每车1～2人为限。托运人要求增派时，须经车站承认。押运人携带物品只限途中生活用品和途中需要的饲料和饲养工具，并严格遵守“押运人须知”和铁路的有关规定。

(6)活动物的途中上水

对需要途中上水的，托运人应在货物运单“托运人记事”栏内注明。发站应在货物运单“承运人记事”栏注明途中上水及上水站名称，以引起各环节运输工作人员的注意，做好沿途服务工作，及时办理运输作业，缩短在途时间。

(7)活动物的运输记事

承运活动物时，发站应在货物运单“承运人记事”栏填写“活动物”和“禁止溜放”等运输记事，并转记到“列车编组顺序表”记事栏内。

2. 活动物的装车

装运活动物的车辆能否适合所装活动物生活、生理特点的要求，是运输过程中能否为活动物创设必要的生存环境的重要前提。

(1)活动物运输车辆和运载器具

①棚车、敞车

棚车、敞车属通用货车，也可用于装运活动物。使用时，可根据需要增设装载装置、装车备品并采取相应的防护措施，用于装运马、牛、羊、猪等活动物。

②动物集装箱

动物集装箱(图10-5-1)是为装运活动物而特别设计的，设有外置式食槽，能遮蔽阳光直射，具有良好的通风条件，用于装运鸡、鸭、鹅等家禽和马、牛、羊等家畜。

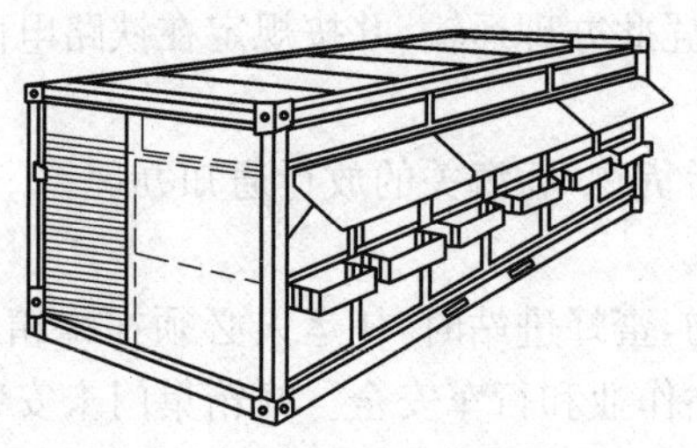

图 10-5-1　动物集装箱

(2)车辆选用

装运活动物应选用专用车辆、敞车或有窗的棚车。

装运牛、马、骡、驴、骆驼等大牲畜,应使用木(竹)地板货车,并采取有效措施将活动物拴紧;确因木(竹)地板货车不足需要使用其他货车时,应采取衬垫等防滑措施。

装运活鱼不得使用全钢棚车及车窗不能开启的棚车(采用增氧机运输的除外)。托运人随车携带增氧机时,必须配带1～2只灭火器。随车携带的动力用柴油不得超过100 kg。柴油应盛装于小口塑料桶内,口盖必须拧紧,严密不漏。严禁使用汽油动力增氧机,严禁携带汽油上车。

装运活动物,承运人应调配技术状态良好、干净清洁的铁路货车。托运人在装车前必须检查车辆状况,发现状态不良不能保证货物安全和运输质量的,应及时提出,承运人应予调换;对不清洁的车辆,车站要组织清扫、洗刷。

(3)活动物装车

装车前,应认真检查车辆。装车时,应按《加规》《超规》等规定的技术要求装载。

禽、畜可单层或多层装载,每层的装载数量由托运人根据季节、运输距离、活动物的体积及选用的车种车型等情况确定。装运活动物的车辆可开启门窗,但应采取措施防止大牲畜头部伸出,并在货物运单“承运人记事”栏标记“圈开”,纸质运单加盖㊉戳记,并转记在“列车编组顺序表”记事栏内。对开启的车门应捆绑牢固,并用栅栏将活动物挡住。开启的门窗最外突出部位不得超限。

活鱼、鱼苗运输中的生存环境,与自然的生长、养殖生态环境不同,在运输中须不断补充氧气,才能提高存活率。因此,活鱼、鱼苗装载密度不宜过大,运输用水必须清洁卫生。

蜜蜂的装载,应纵向排列、稳固堆码,并留有足够的通风道,预留押运人休息的位置。在顶部蜂箱上不准乘坐人员,不准装载自行车和其他杂物。

活动物装车后应在货车两侧插挂“禁止溜放”货车表示牌。车站在调车作业时,禁止溜放和由驼峰上解体。

3. 活动物车辆的挂运

(1)挂运要求

各级调度对装有活动物的列车、车辆应重点掌握,防止途中积压。

装有活动物的车辆,车站应及时组织挂运,除由于在中间站装(卸)车必须编入摘挂、小运转列车外,途中均应编入快运列车或直通、直达、区段列车。车辆在编组站、区段站的中转停留时间,原则上不得超过车站有关去向的货车中转停留时间,中转停留超时的,车站要主动联系上级调度部门尽快安排挂运。

(2)编组隔离要求

装蜜蜂的车辆与装载农药的车辆(有△标记)原则上不得编挂在同一列车上。如因车流不足、分别挂运有困难,在本次列车运行全程内不发生列车折角转向运行的条件下,可编入同一列车内,但应将蜜蜂车挂在农药车的前部,并隔离4辆以上。

蜜蜂车和生石灰车,编在同一列车内时,应隔离2辆以上,并将蜜蜂车挂在生石灰车的前部。

4. 活动物途中作业

(1)活动物车辆途中上水

活动物供水是一项不可忽视的工作。活动物途中的饮用水如不能及时得到补充和更换,将导致生存环境和生存条件恶化,易造成活动物中暑、缺氧、掉膘、病残、死亡。

活动物车辆在中途上水,由铁路指定的上水站免费供应。上水用具由托运人或押运人自备。对挂有需要上水的活动物车辆的列车,发站或上水站应拍发电报依次向前方上水站进行预报,上水站应将其接入备有上水设备的股道。预报电文内容和代号见表10-5-1。

表10-5-1　预报电文内容和代号表

内容	开车月、日	车次	车型车号	货物品名	到站	收货人
代号	(1)	(2)	(3)	(4)	(5)	(6)

注:1. 在电文首部冠以"上水预报"字样。

2. 整列运输时,代号(3)只报车型、车数,不报车号。代号(6)由最后一个上水站向到站预报。

(2)发现疫情的处理

运输过程中发现活动物染疫、疑似染疫、病死或死因不明时,押运人应及时通知车站。车站发现上述情况时,应及时向当地兽医主管部门、动物卫生监督机构或者动物疫病预防控制机构报告,同时拍发电报通知发、到站和上级主管部门,并采取隔离等控制措施,防止动物疫情扩散。严禁乱扔染疫、疑似染疫的活动物,病死或死因不明的活动物尸体。

活动物的排泄物以及垫料、包装物、容器等污染物应由押运人或收货人在铁路指定站或到站清除,并按动物防疫部门的规定处理,不得中途随意向车外抛撒,不得违规在中途站清扫和冲洗。

(3)蜜蜂途中作业限制

为保证铁路运输人员和作业安全,蜜蜂在车站和运输过程中不得放蜂。蜜蜂运输不办理变更到站。

5. 到达作业

活动物车辆到达后,到站负责卸车的应及时组织卸车和交付手续,及时搬出货场;收货人负责卸车的应及时办理送卸和交接手续。卸车时应采取必要的措施防止活动物发生病残死亡等事故。收货人领取货物时,必须将货物的装车备品、防护用品、衬垫物品等全部搬出。

装运活动物的车辆卸车后,必须认真进行清扫、洗刷除污,清除活动物残留的污秽物和异味。装过病死动物的车辆还应进一步按规定或依照防疫部门的处理意见进行消毒。清除的残留物、垫料、包装物、容器等污染物和洗刷消毒产生的废水,应进行无害化处理,不得污染环境。活动物车辆的洗刷除污、消毒及回送办法,参照易腐货物运输的相关规定办理。

项目小结

鲜活货物属于按特殊条件运输的货物，应在普通货物运输的基础上，重点掌握鲜活货物运输的特殊性规定，并根据鲜活货物的运输条件，正确办理易腐货物、活动物的发送、途中和到达作业，确保鲜活货物运输安全和货物运输质量，养成按章作业、安全运输的意识和严谨、细致的工作作风。

相关规范、规程与标准

1.《铁路鲜活货物运输规则》(铁总货〔2018〕180 号)。

2.《铁路集装箱运输规则》(铁货〔2022〕168 号)。

复习思考题

1. 在铁路货物运输中，什么是鲜活货物？鲜活货物如何分类？易腐货物按热状态又如何分类？

2. 试述鲜活货物的运输特点及运输要求。

3. 铁路冷藏运输设备有哪些？

4.“易腐货物机械冷藏车运输条件表”中有哪些品类顺号？指出第 10 类货物和其中的第 1 项货物的名称。

5. 何种情况下车辆需要预冷？车辆预冷的作用是什么？

6. 易腐货物托运与承运。

湛江站 3 月 6 日承运一批冷却的芹菜(叶菜类)至保定站，使用一辆 B_{10} 型冷藏车(车号 7008923)装运。托运人提出货物的容许运输期限为 19 d。该车 3 月 6 日晚装车完毕，并于次日由 22168 次列车挂出。

(1)计算该批货物的运到期限，并与货物的容许运输期限相比较，审定发站能否承运。

(2)指出冷却芹菜(叶菜类)装车时要求的感官质量、承运温度、运输温度、适用的包装号和名称。

(3)指出冷藏车装运冷却芹菜(叶菜类)装车前车内预冷的要求。

(4)指出冷却芹菜(叶菜类)在冷藏车内的装载要求、装载号和具体装载方法。

(5)填写货物运单(包括托运人、承运人填写部分)。

(6)填写机械冷藏车作业单(始发站作业记录)。

注：部分资料见教材相关内容，不足条件可结合现场实际按规章规定自拟。

7. 归纳托运和承运活动物时应注意的主要问题。

8. 活动物(蜜蜂)车辆编挂与防护。

某区段站在编组 23032 次货物列车时，因车流不足，按编组计划要求，需将一辆农药车(W_{5S}8001368)、一辆生石灰车(C_{62B}4625837)和一辆蜜蜂车(P_{64}3405098)编入该次列车。针对此情况，指出列车编组要求以及应插挂的货车表示牌和票据上应填记的规定标记，填写列车编组顺序表。

9. 鲜活货物车洗刷除污。

分析装运无包装冻肉的机械冷藏车车组和装运活牛的棚车卸车后是否需要洗刷除污，并指出依据的规定。如需洗刷除污，而收货人和到站均无洗刷设备，指出按章办理回送洗刷的具体办法。

10. 装运易腐货物的冷藏集装箱如何办理交接？

11. 铁路冷藏集装箱使用应遵守哪些规定？

12. 使用冷藏集装箱装运易腐货物，发生货物损失时责任如何划分？

项目 11　危险货物运输

项目描述

在铁路货物运输中，由于危险货物具有与一般货物所不同的危险性，在装卸、搬运、储存、包装、运输等方面都有着特殊的要求，如发生事故，对人身、财产及环境将造成不可挽回的损害，因此对它的运输安全需特别防范。

学习目标

1. 能力目标

能正确按规章办理危险货物运输业务与作业。

2. 知识目标

(1)掌握危险货物的定义、危险货物的分类及判断方法。

(2)了解危险货物的性质。

(3)熟悉危险货物的运输设备。

(4)掌握危险货物的运输组织特点。

(5)掌握危险货物罐车、剧毒品、集装箱、放射性物质的运输组织方法。

3. 素质目标

掌握危险货物运输特点，合理地利用设备，采用相应的特殊措施，保证运输安全。

相关案例——危险货物的特殊性

案例一　鞭炮运输

某托运人拟托运一批鞭炮，有哪些办理限制，需要准备什么证明文件，要办理哪些手续，铁路运输中应采取哪些特殊措施方能保证安全?

托运人应在办理该类危险货物的车站与车站签订安全协议，办理托运，托运人应出具运达地县级人民政府公安部门核发的"民用爆炸物品运输许可证""烟花爆竹道路运输许可证"。铁路运输中应按照运单中记载的条件进行保管、装车，调车时需限速连挂，编组挂运时需与相关车辆隔离，货运票据上填记相关标记，以警示。

案例二　丁烯泄漏处理

某月某日，某公司由某港进口的丁烯(32 辆罐车装运)当日 16:08 在途中站两辆车安全阀起跳，丁烯大量泄漏，严重影响站内作业，应如何处理?

危险货物泄漏应按《危规》要求进行处理：丁烯为无色气体，易燃烧、爆炸。阀门松动漏气应立即拧紧，如无法关闭时，可将气瓶浸入冷水或石灰水中；液化气体容器破裂时，应将裂口部位朝上。气瓶着火时，应向钢瓶浇洒大量冷水，或将气瓶投入水中使之冷却，同时将周围气瓶和可燃物搬离现场。

典型工作任务1 认识危险货物

任务引入

正确判定危险货物是确定货物运输条件、保证运输安全的重要手段。了解危险货物的定义，熟悉危险货物的分类，理解铁路危险货物的品名编号(以下简称“铁危编号”)，认识危险货物的特殊性，以安全运输的理念，能依据《品名表》及“易燃普通货物品名表”判定危险货物和易燃普通货物，是本工作任务的目标。

相关知识

知识点1 判定危险货物

1. 危险货物的定义

在铁路运输中，凡具有爆炸、易燃、毒害、感染、腐蚀、放射性等危险特性，在运输、装卸和储存保管过程中，容易造成人身伤亡、财产毁损和环境污染而需要特别防护的物质和物品，均属危险货物。

危险货物的危险性主要取决于货物本身的理化性质，但是与外界的环境条件也密切相关。只有严格按章办事，以科学的态度掌握危险货物的性质和变化规律，认真做好危险货物的运输、搬运、装卸、保管、防护等各项工作，控制可能导致危险货物发生事故的外界条件，才能实现危险货物的安全运输。

2. 判定危险货物的方法

危险货物的运输条件，比非危险货物要求更严格、更复杂。如果把危险货物误认为普通货物，就会降低危险货物的运输条件，如不采取特殊措施，就有可能酿成事故；如果把普通货物误认为危险货物，在运输过程中就会增加不必要的防护措施，延误货物的运送，影响铁路运输效率。怎样来判断危险货物呢？

危险货物的具体判定方法，可按下述步骤进行：

(1)在《品名表》(表11-1-1)中列载的品名，均属危险货物(特殊规定可按普通货物运输条件运输的品名除外)，均按危险货物运输条件运输。

(2)未列入《品名表》中，但国铁集团已确定并公布为危险货物，按规定办理。

(3)在《品名表》中未列载的产品且货物性质不明确的应进行性质技术鉴定，按有关条件办理运输。

知识点2 危险货物分类

1. 危险货物分类

经由铁路运输的危险货物品类繁多、性质复杂，所要求的运输条件各异。为便于制定相应的运输条件、采取相应的防护措施，一旦发生事故便于施救，根据国家公布的《危险货物分类和

表 11-1-1　铁路危险货物品名表(摘录)

铁危编号	品名	别名	主要特性	包装标志	包装类别	包装方法	特殊规定	灭火方法	洗刷除污剂编号	急救措施	联合国编号
11001	电引爆雷管[爆破用]	工程电雷管 爆破用电雷管	纸、塑料或金属管，内装起爆炸药和猛性炸药。对明火、电火花、震动、撞击均很敏感，是极不安全的起爆器材。易爆炸	1	Ⅱ	①雷管用纸盒或塑料桶等盛装塞紧，再放入木箱中塞紧，以雷管不发生摇动为准。木箱上、下部各应有箱挡两条，两端应有握柄。箱板厚度应为 15 mm。②装入纤维板箱，板厚大于或等于 3 mm，木框宽 50 mm，厚 15～18 mm。单位包装净重小于或等于 25 kg	3、4	水，不准许用砂土	1		0030
21001A	压缩氢	氢[压缩的] 氢气	无色、无味气体，相对密度 0.07。不溶于水。易燃、易爆。爆炸极限 4%～74%	2.1	Ⅱ	1		雾状水，二氧化碳	1	将中毒者移至新鲜空气处，用氧气帮助呼吸	1049
	氢和微量硅烷混合气										
31001	汽油	车用汽油 直馏汽油	无色或淡黄色透明液体，有特殊的臭味，易挥发。相对密度 0.67～0.71，沸点 40～200 ℃，闪点 −50 ℃，爆炸极限 1.3%～6.0%，有低毒，长时间吸入蒸气能引起中毒	3	Ⅱ	2、20、21	2d)，131	沙土、泡沫、干粉、二氧化碳	3	将中毒者移至新鲜空气处，给于氧气，松解患者衣服	1203
	航空汽油										
	打火机没										
42001	熔融白磷		白色或蛋黄色腊状半透明固体，有特殊臭气，比重 1.82，自燃点 30 ℃，熔点 44.1 ℃，不溶于水。在空气中自燃，燃烧时发出白色有毒烟雾。剧毒，LD_{50} = 1 mg/kg，烧伤皮肤，伤口不易愈合	4.2，6.1	Ⅰ	①按 2(甲、乙、丙)但黄磷顶面须用厚度为 15 cm 以上的水层覆盖。②装入盛水的玻璃瓶、塑料瓶或金属容器(用塑料瓶时必须装入金属容器内)。物品必须完全浸没水中，严封后现装入坚固的木箱。每箱净重不超过 10 kg，每瓶净重不超过 1 kg	30，74	雾状水、沙土	用石灰乳液浸湿撒漏处，再用大量清水冲洗	皮肤烧伤，涂擦石灰水或 5% 的硫酸铜溶液，但不可涂油。急性中毒应送医院，可洗胃，忌牛奶和脂肪	2447
	白磷[干的，或浸在水中或溶液中]	黄磷[干的，或浸在水中或溶液中] 白磷 黄磷									1381

品名编号》(GB 6944)和《危险货物品名表》(GB 12268),结合铁路运输实际情况,铁路运输的危险货物按其具有的危险性或主要危险性和运输要求划分为:爆炸品,气体,易燃液体,易燃固体、易于自燃的物质、遇水放出易燃气体的物质,氧化性物质和有机过氧化物,毒性物质和感染性物质,放射性物质,腐蚀性物质,杂项危险物质和物品九类。

各类危险货物按其性质又划分为若干项,具体类项名称见表11-1-2。

表11-1-2　危险货物类项名称及铁危编号

类号及名称	项号及名称		铁危编号
一、爆炸品	1. 有整体爆炸危险的物质和物品		11001－11149
	2. 有迸射危险,但无整体爆炸危险的物质和物品		12001－12057
	3. 有燃烧危险并有局部爆炸危险或局部迸射危险或两种危险都有,但无整体爆炸危险的物质和物品		13001－13070
	4. 不呈现重大危险的物质和物品		14001－14069
	5. 有整体爆炸危险的非常不敏感物质		15001－15005
	6. 无整体爆炸危险的极端不敏感物品		16001
二、气体	1. 易燃气体		21001－21074
	2. 非易燃无毒气体		22001－22069
	3. 毒性气体		23001－23080
三、易燃液体	1. 一级易燃液体		31001－31321
	2. 二级易燃液体		32001－32158
四、易燃固体、易于自燃的物质、遇水放出易燃气体的物质	1. 易燃固体	(一级易燃固体)	41001－41075
		(二级易燃固体)	41501－41571
	2. 易于自燃的物质	(一级自燃物质)	42001－42052
		(二级自燃物质)	42501－42537
	3. 遇水放出易燃气体的物质	(一级遇水易燃物质)	43001－43058
		(二级遇水易燃物质)	43501－43510
五、氧化性物质和有机过氧化物	1. 氧化性物质	(一级氧化性物质)	51001－51087
		(二级氧化性物质)	51501－51530
	2. 有机过氧化物		52001－52172
六、毒性物质和感染性物质	1. 毒性物质	一级毒性物质(剧毒品)	61001－61212
		二级毒性物质(有毒品)	61501－61941
	2. 感染性物质		62001－62004
七、放射性物质	六种形式:易裂变物质、低弥散放射性物质、低比活度放射性物质、表面污染物体、特殊形式放射性物质、非特殊形式放射性物质		71001－71030
八、腐蚀性物质	1. 酸性腐蚀性物质	(一级酸性腐蚀性物质)	81001－81135
		(二级酸性腐蚀性物质)	81501－81648
	2. 碱性腐蚀性物质	(一级碱性腐蚀性物质)	82001－82041
		(二级碱性腐蚀性物质)	82501－82526
	3. 其他腐蚀性物质	(一级其他腐蚀性物质)	83001－83031
		(二级其他腐蚀性物质)	83501－83516

续上表

类号及名称	项号及名称	铁危编号
九、杂项危险物质和物品，包括危害环境的物质		91001—91046 91121,91122 91161

2. 铁危编号

铁危编号是判断货物是否为危险货物的重要标志，是办理承运、配放、确定运输条件的主要依据，一旦发生事故，还是判定货物性质、采取施救措施的依据。

铁危编号由 5 位阿拉伯数字及 1 位英文大写字母组成。第 1 位数字表示该危险货物的类别；第 2 位数字表示该危险货物的项别；后 3 位数字表示该危险货物品名的顺序号。顺序号 001～500 为一级，501～999 为二级(第三类二级除外)。

如黄磷铁危编号为 42001，第一个"4"表示该物品为危险货物的第四类，第二个"2"表示该物品为第四类中的第二项，"001"表示黄磷为该项的顺序号为 001，且级别为 1 级。

同一铁危编号具有不同运输条件时，在数字编号后用英文大写字母(如 A、B、C 等)表示。如 11041A、11041B 分别表示同一铁危编号具有不同运输条件的危险货物，环三次甲基三硝胺[湿的，按质量含水≥15%]、环三次甲基三硝胺[减敏的]。同一品名，不同状态的危险货物不能比照运输。

3. 危险货物类项名称戳记

运输危险货物时，为引起作业人员的注意，须在运单承运人记事栏标记危险货物类项名称戳记。《危规》格式规定的危险货物类项名称戳记见表 2-2-5 中序号 22～46。

知识点 3　易燃普通货物

有些货物虽不属于上述九类危险货物，但易引起燃烧，在铁路运输过程中需采取防火措施，这些货物属于"易燃普通货物"，如棉花、麻类、牧草等，见表 11-1-3。

表 11-1-3　易燃普通货物品名表

序号	品　名
1	《品名表》规定之外的籽棉，皮棉，黄棉花，废棉，飞花，破籽花
2	《品名表》规定之外的各种麻类和麻屑
3	麻袋(包括废、破麻袋)，各种破布，碎布，线屑，乱线，化学纤维
4	牧草，谷草，油草，蒲草，羊草，芦苇，荻苇，玉米棒(去掉玉米的)，玉蜀黍秸，豆秸，秫秸，麦秸，蒲叶，烟秸，甘蔗渣，蒲棒，蒲棒绒，芒杆，亚麻草，烤烟叶，晒烟叶，棕叶以及其他草秸类
5	葵扇(芭蕉扇)，蒲扇，草扇，棕扇，草帽辫，草席，草帘，草包，草袋，蒲包，草绳，芦席，芦苇帘子，笤帚以及其他芦苇、草秸的制品
6	干树皮，干树枝，干树条，树枝(经脱叶加工)，带叶的竹枝，薪柴(劈柴除外)，松明子，腐朽木材(喷涂化学防火涂料的除外)
7	刨花，木屑，锯末
8	纸屑，废纸，纸浆，柏油纸，油毡纸
9	炭黑，煤粉

续上表

序号	品　名
10	粮谷壳，花生壳，笋壳
11	羊毛，驼毛，马毛，羽毛，猪鬃以及其他禽兽毛绒
12	麻黄，甘草

注：1. 用敞、平、砂石车装运易燃普通货物时，应用篷布苫盖严密，在调车或编入列车时，应进行隔离。但对干树皮、干树枝、干树条和带叶的竹枝，由于干湿程度、带叶多少不同，应否苫盖篷布由发站根据气温和运输距离在确保运输安全的原则下负责确定。

2. 腐朽木材喷防火涂料或采取其他防火措施后，可不苫盖篷布。

3. 本表未列的品名，是否也属于易燃普通货物，由发站报铁路局集团公司确定。

4. 以易燃材料做包装、捆扎、填塞物，以竹席、芦席、棉被等苫盖的非易燃货物，以及用木箱、木桶、铁桶包装的易燃普通货物，均按普通货物运输。以敞车装运时，是否应苫盖篷布，由托运人根据货物的运输安全情况负责确定。并在货物运单托运人记事栏内注明。

典型工作任务 2　了解各类危险货物的特性和操作

任务引入

危险货物种类繁多，特性各异，运输条件不尽相同。只有了解危险货物的特性及其对人体、环境的危害，才能正确确定货物运输条件、采取针对性的安全防护措施，保证货物的运输安全。了解各类危险货物特性、重点防护事项、消防方法及施救措施，能根据危险货物类项名称、铁危编号，快速判定危险货物的主要特性、重点防护事项、消防方法及施救措施，是本工作任务的目标。

相关知识

知识点 1　爆炸品

爆炸品系指受到高热、摩擦、撞击、震动或其他外界作用，能迅速发生剧烈化学反应，瞬间产生大量气体和热量，形成巨大的压力，发生爆炸，对周围环境造成破坏的物质和物品。

1. 爆炸品的范围

爆炸品包括爆炸性物质、爆炸性物品以及为产生爆炸或烟火实际效果而制造的爆炸性物质和物品中未提及的物质和物品。

(1)爆炸性物质是指固体或液体物质(或这些物质的混合物)自身能通过化学反应产生气体，其温度、压力和速度较高，能对周围环境造成破坏，包括不放出气体的烟火物质。

(2)烟火物质是指能产生热、光、声、气体或烟的效果，或产生叠加效果的物质或物质混合物，这些效果是由不起爆的自持放热化学反应产生的。

(3)爆炸性物品是指含有一种或几种爆炸性物质的物品。

铁路禁止运输过分敏感或反应性很强以致可能产生自发反应的爆炸性物质，如含 80%环四次甲基四硝胺与梯恩梯[$C_6H_2(NO_2)_3CH_3$]的干的混合物禁止运输。

2. 爆炸品的主要特性

(1)爆炸性

爆炸品的爆炸在极短时间内完成，具有反应速度快、释放大量热量、产生大量气体的特点。

如梯恩梯的性能：分解温度 130～150 ℃，爆发点 300 ℃，气体生成量 690 L/kg，爆热 3 997 kJ/kg，爆温 2 927 ℃，爆速 6 990 m/s，撞击感度 4%～8%。

所以，爆炸品一旦发生爆炸，肯定会对周围的环境造成严重破坏。

爆炸的反应速度通常用爆炸速度（以下简称“爆速”）表示，爆速一般以 8 000 m/s 为界限，高于此限的为烈性炸药，低于此限的为一般炸药。

(2)敏感性

在外界能量作用下，炸药发生爆炸的难易程度，称为炸药的敏感度。由于各种炸药的成分不同，其敏感度也不一样，敏感度一般以引起炸药爆炸所需要的最小外界能量来度量，这种能量称为起爆能。炸药的起爆能越小，其敏感度越高。某一炸药爆炸时所需的最小起爆能即为该炸药敏感度。根据铁路运输特点，与炸药敏感度有直接关系的是热感度和机械感度。

①炸药的热感度

炸药在热能的作用下发生爆炸、燃烧或分解的难易程度称为热感度，通常以爆发点、火焰感度等来表示。爆发点是指一定数量的炸药在特定的试验条件下发生爆炸时加热介质的温度。爆发点越低，则表明炸药对热的敏感度越高。炸药的火焰感度是指炸药在明火作用下发生爆炸变化能力。

②炸药的机械感度

机械感度主要表现为撞击、摩擦感度。撞击感度是指炸药在机械撞击下发生爆炸变化的能力，撞击感度可在专门的落锤仪上试验测定。摩擦感度是炸药在机械直接摩擦作用下发生爆炸的能力，炸药的摩擦感度可通过摩擦感度仪测定。

(3)吸湿性

一般炸药受潮后其性质发生变化，不易发生爆炸，这种性质称为爆炸品的吸湿性。例如，黑火药含水 2%时不易引燃，含水 15%时则不能点燃。

3. 爆炸品的分项

爆炸品按其性质、危险性和用途分为六项。

(1)有整体爆炸危险的物质和物品。整体爆炸是指瞬间能影响到几乎全部载荷的爆炸。本项物品爆炸速度极其迅速，爆炸威力极大。如电引爆雷管[爆破用]（11001）、梯恩梯（11035）、硝铵炸药（11084）。

(2)有迸射危险，但无整体爆炸危险的物质和物品。本项爆炸品爆炸时放出大量气体和热量，产生巨大推动力，导致迸射（抛射）。如火炮发射药（12008）、地面照明弹（12035）、民用火箭（12047）。

(3)有燃烧危险并有局部爆炸危险或局部迸射危险，或两种危险都有，但无整体爆炸危险的物质和物品。本项包括可产生大量辐射热的物质和物品；包件相继燃烧产生局部爆炸或迸射危险，或兼有这两种危险的物质和物品。如无烟火药（13017）、礼花弹（13056）。

(4)不呈现重大危险的物质和物品。本项包括运输中万一点燃或引发仅出现小危险的物质和物品，其影响主要限于包件自身，并预计射出的碎片不大、射程也不远。外部火烧不会引起包件内全部内装物的瞬间爆炸。如导火索（14007）、烟花、爆竹、鞭炮（14055）。

(5)有整体爆炸危险的非常不敏感物质。本项包括有整体爆炸危险性但非常不敏感，以致在正常运输条件下引发或由燃烧转为爆炸的可能性很小的物质。如B型爆破炸药(15001)、铵油炸药(15003)。

(6)无整体爆炸危险的极端不敏感物品。本项包括仅含有极端不敏感起爆物质，并且其意外引发爆炸或传播的概率可忽略不计的物品。本项物品的危险仅限于单个物品的爆炸。如极端不敏感爆炸性物品(16001)。

4. 包装要求

爆炸品的包装材料应与所装爆炸品的性质不相抵触，严密不漏、耐压、防震、衬垫妥实，并有良好的隔热作用。

5. 装卸与搬运

开关车门、车窗不得使用铁撬棍、铁钩等铁质工具，应使用时，应采取喷涂防火花涂层等防护措施。装卸搬运时，不准穿铁钉鞋，使用铁轮、铁铲头推车和叉车时，应有防火花措施，禁止使用可能发生火花的机具设备。照明应使用防爆灯具。作业时应轻拿轻放，不得摔碰、撞击、拖拉、翻滚。有整体爆炸危险的物质和物品，有迸射危险、但无整体爆炸危险的物质和物品的装载和堆码高度不得超过1.8 m。车、库内不得残留酸、碱、油脂等物质。跌落破损的货件不得装车，应另行放置，妥善处理。

6. 货物的仓储

爆炸品必须专库存放，专人保管。库房应有避雷装置、防爆灯及低压防爆开关，保持清洁，并隔绝热源与火源，在温度40 ℃以上时，要采取通风和降温措施。堆垛间及堆垛与库墙间应有0.5 m以上间隔，避免日光直晒。

7. 撒漏处理与消防

对撒漏的爆炸品应及时用水润湿，撒以松软物后轻轻收集，并通知公安和消防人员处理。禁止将收集的撒漏物品装入原包件中。

有火灾危险时，应尽可能将爆炸品转移或隔离，不能转移或隔离时，要立即组织人员疏散。扑救时，可用水或其他灭火器灭火，禁用砂土。施救人员应配备防毒面具。

知识点2 气体

对一定量的气体，在温度不变的条件下，对其加压越大，它的体积就会变得越小，利用气体的这一特性，通常用高压的方式把气体压缩到钢瓶内储运。

处于压缩状态的气体叫作压缩气体。如果对压缩气体继续施压，压缩气体就会转化为液体，这就是铁路运输中的液化气体。但是有些气体仅仅使用加压的办法并不能使其变为液体，还必须在加压的同时降低其温度。

1. 气体范围

本类气体系指符合下述两种情况之一的物质：

(1)在50 ℃时，蒸气压大于300 kPa的物质。

(2)在20 ℃及101.3 kPa标准压力下完全是气态的物质。

本类物质包括压缩气体、液化气体、溶解气体、冷冻液化气体、一种或多种气体与一种或多种其他类别物质的蒸气的混合物、充有气体的物品和气雾剂。

2. 气体的分项

根据气体在运输中的危险性主要分为三项。

(1)易燃气体。本项指在 20 ℃和 101.3 kPa 条件下符合下述两种情况之一的物质：

①与空气混合物按体积分分数小于或等于 13%可点燃的气体。

②不论易燃下限如何，燃烧范围的体积分数大于或等于 12%的气体。

如液氢(21002)、乙烷(21009)、丙烯(21018)、液化石油气(21053)。

(2)非易燃无毒气体。本项物质包括窒息性气体、氧化性气体以及不属于其他项别的气体。但不包括在温度 20 ℃时压力小于 200 kPa 的非液化或非冷冻液化气体。

①窒息性气体。会稀释或取代通常在空气中的氧气的气体，如二氧化碳(22019)。

②氧化性气体。通过提供氧气比空气更能引起或促进其他材料燃烧的气体，如液氧(22002)。

(3)毒性气体。毒性气体包括满足下列条件之一的物质：

①其毒性或腐蚀性强度达到对健康造成危害的气体。

②急性半数致死浓度 LC_{50} 值小于或等于 5 000 mL/m^3 的毒性或腐蚀性气体。

如液氯(23002)、液氨(23003)、煤气(23030)。

3. 气体主要特性

(1)气体受热膨胀

压缩气体和液化气体使用高压和低温压缩与液化，气体分子处于压缩状态，存在很大动能。充装在钢瓶内的气体当其温度升高时，压力将随之增大。这种压力大至超过钢瓶所能承受的程度时，就会导致钢瓶爆炸。例如一个氧气钢瓶的爆炸威力相当于 5 t 梯恩梯炸药的爆炸威力。

(2)容器为压力容器

因为货物的性质盛装压缩气体和液化气体的容器为压力容器，具有很大的危险性，如爆炸则具有杀伤性。安全帽、阀门、气嘴安装、关闭不到位时易折断，造成货物外泄。

(3)易燃气体和部分毒性气体的易燃性

易燃气体和一些毒性气体很容易燃烧，如氢气、甲烷气、磷化氢等，遇火即能燃烧。

(4)毒性气体的毒害性

有些气体是剧毒气体，如氰化氢气体、氯气、氨气等，对人、牲畜都有很大的毒害性。当空气中含有 0.01%～0.02%的氰化氢气体时，吸入人体内即能引起人体中毒。当充装有毒气体的钢瓶泄露时，有毒气体就会扩散到空气中，造成大面积的空气污染，由于多数有毒气体比空气重，短时间内不易扩散到高空，被污染的空气长时间与人接触，将会引起人体中毒甚至死亡。

(5)非易燃无毒气体的窒息性

有大量的非易燃无毒气体(如二氧化碳)扩散到空气中时，有可能使人体因缺氧而窒息死亡。

4. 包装要求

气体通常应以耐压的气瓶装运，部分沸点高于常温的气体，可用安瓿瓶或质量良好的玻璃、塑料、金属容器盛装，个别气体亦可采用特殊容器装运。

5. 装卸与搬运

装卸和搬运作业时，应使用抬架或搬运车，防止撞击、拖拉、摔落、滚动，防止气瓶安全帽脱落及损坏瓶嘴。装卸机械工具应有防止产生火花的措施。

气瓶装车时应平卧横放。装卸搬运时，气瓶阀不要对准人身。装卸搬运工具、工作服及手

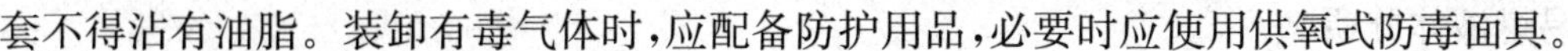

套不得沾有油脂。装卸有毒气体时，应配备防护用品，必要时应使用供氧式防毒面具。

6. 货物的仓储

气体货物应存放于阴凉通风场所，防止日晒、油污，隔绝热源与火种，当库内温度超过40 ℃时，应采取通风降温措施。

气瓶平卧放置时，堆垛不得超过5层，瓶头要朝向同一方，瓶身要填塞妥实，防止滚动；气瓶立放时要放置稳固，防止倒塌。

7. 泄漏处理与消防

阀门松动漏气应立即拧紧，如无法关闭时，可将气瓶浸入冷水或石灰水中（氨气瓶只能浸入水中）。液化气体容器破裂时，应将裂口部位朝上。

气瓶着火时，应向钢瓶浇洒大量冷水，或将气瓶投入水中使之冷却，同时将周围气瓶和可燃物搬离现场。

知识点3　易燃液体

1. 易燃液体范围

易燃液体系指闭杯闪点不高于60.5 ℃，或开杯闪点不高于65.6 ℃的液体或液体混合物，或是在液体及悬浮液中含有固体的液体，还包括在温度高于或等于其闪点的条件下提交运输的液体，和以液态在高温条件下运输或提交运输，并且在温度等于或低于最高运输温度下放出易燃蒸气的物质。符合易燃液体的定义，但闪点（闭杯）高于35 ℃而且不持续燃烧的液体不视为易燃液体。

闪点是易燃液体储存、运输和使用的一个安全指标，同时也是可燃性液体的挥发性指标。在盛有易燃液体的容器中，液体表面上的蒸气和空气形成的混合物与火焰接触初次发生蓝色火焰时的温度，即为该液体的闪点。

易燃液体的闪点是用闪点测定仪器测定的。根据测定仪器的不同，闪点又分为开杯闪点和闭杯闪点两种。开杯闪点是将易燃液体放在敞开的容器中加热所测定（称开杯法）的闪点；闭杯闪点是将易燃液体放在一个特定的密闭容器中加热所测定（称闭杯法）的闪点。

2. 易燃液体特性

(1)高度的易燃性

易燃液体的沸点较低、易挥发且闪点低，蒸气一旦接触明火甚至与火焰相隔一定距离就会燃烧，甚至爆炸。如汽油的闪点为－50 ℃。

(2)蒸气爆炸性

由于易燃液体都有很强的挥发性，当其挥发的蒸气和空气混合达到一定比例范围时，遇明火或火花后就会发生爆炸，这种比例范围称为该液体的爆炸极限。爆炸极限通常用蒸气在混合物中的体积百分比来表示，能引起燃烧爆炸的最低浓度，称为爆炸下限，能引起燃烧爆炸的最高浓度，称为爆炸上限。如乙醇的爆炸极限为3.3%～19%，环氧氯丙烷的爆炸极限为5.2%～17.5%等。下限越低，爆炸极限范围越大，其危险性越大。蒸气的浓度低于或高于爆炸极限浓度范围，都不会发生爆炸。

易燃液体除上述主要特性外，还具有高度的流动扩散性、较大的蒸气压、遇强酸及氧化剂等能发生剧烈反应而引起燃烧等特性。有的易燃液体还具有毒性，如甲醇、苯、二硫化碳等，人体吸入较多后能引起急性中毒。大多数易燃液体不溶于水，且比重小于1，所以在灭火中不应使用水扑救。

3. 易燃液体分项

易燃液体按闪点分为两项：

(1)一级易燃液体。指闭杯闪点小于 23 ℃的液体，如汽油(31001)、原油(31103A)、苯(31150)、甲醇(31158)、乙醇(31161)。

(2)二级易燃液体。指闭杯闪点介于 23～60.5 ℃的液体，如煤油(32001)、柴油(32150)、轻质燃料油(32150)。

4. 包装要求

按其闪点和初沸点(当液体蒸汽压大于等于标准大气压时第一个气泡出现的温度)不同，易燃液体分为 3 个包装类别，见表 11-2-1。

表 11-2-1　易燃液体的包装类别

包装类	闪点(闭杯)	初沸点
Ⅰ	—	≤35 ℃
Ⅱ	＜23 ℃	＞35 ℃
Ⅲ	23 ℃≤闪点≤60 ℃	＞35 ℃

包装容器应气密封口，并留有不少于 5%的膨胀余位，以防液体受热体积膨胀而致容器破裂。

5. 装卸与搬运

易燃液体具有易燃性、挥发性、爆炸性和毒害性，装卸作业前应先通风，开关车门、车窗时不应使用铁制工具猛力敲打，确需使用铁制工具时，应采取防止产生火花防护措施。作业人员不准穿铁钉鞋。装卸搬运中，不应撞击、摩擦、拖拉、翻滚。装卸机具应有防止产生火花的措施。装载钢桶包装的易燃液体，应采取防磨措施，不得倒放和卧放。

6. 货物的仓储

易燃液体应存放于阴凉通风场所，避免日晒，隔绝热源和火种。堆放应稳固，不应倒置。库内温度超过 40 ℃时，应采取通风降温措施。容器受热膨胀时，应浇洒冷水冷却，必要时应移至安全通风处放气处理。

7. 渗漏处理与消防

容器渗漏时，应及时移至安全通风处更换包装。渗出的液体可用干砂土等物覆盖后扫除干净。

灭火时，一般不宜用水，对密度大于水或能溶于水的易燃液体，可用雾状水或开花水灭火，但应注意防止液体被冲散而扩大着火范围。扑救有毒性液体的火灾，应戴防毒面具或站在上风处。发现中毒人员，应立即将其移至空气流通处，并送医诊治。

知识点 4　易燃固体、易于自燃的物质、遇水放出易燃气体的物质

本类物质是易于燃烧、自燃、遇水燃烧的固体物质，有结晶、块状、粉状、粒状、片状等多种状态，有的是浸油棉麻和易燃纤维。因为它们的燃点低，对温度和明火敏感，因此易发生火灾。本类物质按其燃烧特性分为易燃固体、易于自燃的物质、遇水放出易燃气体的物质三项。

1. 易燃固体

本项物质包括在运输环境和条件下容易燃烧或由于摩擦可能引燃或助燃的固体；可能发生强烈放热反应的自反应物质；不充分稀释可能发生爆炸的固体退敏爆炸品。

易燃固体具有闪点低，对热、撞击、摩擦均较敏感，易被外部火源点燃，燃烧迅速，并可散发出有毒烟雾或气体等特点的固体物质。

根据本项物质的危险程度，可分为两级：

(1)一级易燃固体。如红磷(41001)、硝化沥青(41033)。

(2)二级易燃固体。如硫黄(41501)、铝银粉(41503)、锰粉(41506)。

2. 易于自燃的物质

本项物质包括发火物质和自热物质。这些物质自燃点低，在空气中易于发生氧化反应，放出热量，而自行燃烧。

本项物质按其危险程度分为两级：

(1)一级自燃物质。如黄磷(42001)、钙粉(42002)。

(2)二级自燃物质。如潮湿棉花(42505)、鱼粉(42526)。

3. 遇水放出易燃气体的物质

本项物质包括与水接触或受潮可能放出易燃气体的物质，这种气体与空气混合能够形成爆炸性混合物，这种混合物极易被引燃，所产生的冲击波和火焰可能对人和环境造成危害。

本项物质按其危险程度分为两级：

(1)一级遇水易燃物质。如金属锂(43001)、金属钠(43002)、金属钾(43003)。

(2)二级遇水易燃物质。如硅钙(43503)、硅铝(43504)。

4. 本类物质的特性

(1)爆炸性

①易燃固体与氧化剂混合，形成爆炸混合物，遇火发生爆炸。

例如：氯酸钾＋硫黄→黄色爆炸。

②易燃固体与氧化剂、酸类接触或受到摩擦、撞击时能引起燃烧爆炸。

③易燃固体的粉末与空气混合，达到爆炸极限时，遇明火发生爆炸。

④遇水放出易燃气体的物质与水发生作用，生成可燃性气体，可燃气体与空气混合达到爆炸极限时，遇明火发生爆炸。

例如：$K+H_2O \rightarrow KOH+H_2\uparrow$＋热量↑。

(2)毒害性

易燃固体、自燃物品燃烧时产生有毒气体，尤其是硝基化合物和氨基化合物燃烧时生成的气体毒性更大。

(3)腐蚀性

遇湿易燃物品与水作用生成腐蚀性较强的碱。

5. 包装要求

盛装遇空气或潮气能引起反应的物质，其容器须气密封口。对缓慢氧化能自燃的物品，包装应易于通风散热。对化学性质特别敏感的钠、钾等金属，须浸没在煤油或密封于石蜡中。

6. 装卸与搬运

作业时不应摔碰、撞击、拖拉、翻滚，防止容器破损。特别注意勿使黄磷脱水，引起自燃；装卸搬运机具，应有防止产生火花的措施。雨雪天无防雨设备时，不能装卸遇水易燃物品。

7. 货物的仓储

本类物质应存放于阴凉、通风、干燥场所，防止日晒，隔绝热源和火种，与酸类、氧化性物质必须隔离存放。不准许露天存放遇水易燃物品。

8. 撒漏处理与消防

对撒漏的物品,应谨慎收集,妥善处理。撒漏的黄磷应立即浸入水中;硝化纤维应用水润湿;金属钠、钾应浸入煤油或液体石蜡中;电石、保险粉等遇水易燃物质撒漏,收集后安全处理,不应并入原货件中。

本类物品中的一些金属粉末、金属有机化合物、氨基化合物和遇水易燃物品着火时,不准许用水和二氧化碳灭火剂。扑救浸油的棉、毛、麻类制品火灾时,应注意防止复燃。对本类物质的火灾扑救,应有防毒措施。

知识点 5 氧化性物质和有机过氧化物

氧化性物质和有机过氧化物是化学性质比较活泼的一类物质,具有强氧化性,易引起燃烧、爆炸,本类物质按其组成分为氧化性物质和有机过氧化物两项。

1. 氧化性物质

氧化性物质系指易分解并产出氧和热量的物品,其本身不一定可燃,但能导致可燃物的燃烧,与粉末状可燃物能组成爆炸性混合物,对热、震动或摩擦较敏感。

本项物质按其危险性分为两级:

(1)一级氧化性物质。大多为碱金属或碱土金属的盐类,性质极不稳定,如过氧化钠(51002)、高锰酸钾等(51048)。

(2)二级氧化性物质。性质较一级氧化性物质稳定,如漂白粉(51509C)、亚硝酸钠(51525)。

2. 有机过氧化物

有机过氧化物系指分子组成中含有过氧基(-O-O-)的有机物质,属热不稳定物质,可能发生放热自加速分解等。

本项物质的主要特性有:可能发生爆炸性分解;迅速燃烧;对碰撞或摩擦敏感;与其他物质起危险反应;损害眼睛,如过氧乙酸(52051)。

有些有机过氧化物在常温下会自行加速分解,如过氧化-二-(2-氯苯甲酰)(含量≤87%,含水)(52048A)加热至45 ℃分解,所以必须控温运输;有的则需要加入一定的稳定剂方能运输,如过氧化二苯甲酰干品极不稳定,受撞击易燃烧爆炸,运输中要求含水量不少于30%。

3. 本类物质的主要特性

(1)氧化性。

本类物质具有较强的氧化性,其中大部分物品属于无机氧化剂。

(2)不稳定性。

本类物质摩擦、撞击、遇热、遇水就能分解和放出大量热量和氧气,甚至发生爆炸,如过氧化钠(Na_2O_2)遇热、摩擦时分解:$Na_2O_2 \rightarrow Na_2O + O_2\uparrow$ +热量。

(3)爆炸性。很多氧化性物质的爆炸性比较突出,特别是一些氯酸盐类、硝酸盐类及一些有机氧化性物质类。而且当其中混有可燃的杂质后,这种爆炸性更加明显。

4. 包装要求

本类物质的包装和衬垫材料应与所装物性质不相抵触。封口要严密,包装要防潮,内外包装不得沾有杂质。

5. 装卸和搬运

装车前，车内应打扫干净，保持干燥，不得残留有酸类和粉状可燃物。卸车前，应先通风后作业。装卸搬运中不能摔碰、拖拉、翻滚、摩擦和剧烈震动。搬运工具上不应残留或沾有杂质。托盘和手推车应专用，装卸机具应有防止发生火花的防护装置。

6. 货物的仓储

该类货物应存放于阴凉通风场所，防止日晒、受潮，远离酸类和可燃物，特别要远离硫黄、硝化棉、金属粉等还原性物质。亚硝酸盐类与其他氧化性物质应分库或隔离存放。堆垛不宜过高过大，注意通风散热。库内货位应保持清洁，对搬出后的货位应清扫干净。

7. 撒漏处理与消防

氧化性物质撒漏时，应扫除干净，再用水冲洗。收集的撒漏物品，不应倒入原货件内。过氧化钠等着火时，不能用水扑救；其他氧化性物质用水灭火时，要防止水溶液流至易燃、易爆物品处。

知识点6　毒性物质和感染性物质

毒性物质不仅是化工生产的重要原料与产品，而且是农业生产中不可缺少的重要物资（如农药等）。然而，毒性物质在危险货物品名中所占比例较大，也是铁路运输中造成人、畜中毒的主要物质，是车辆污染的主要污染源。因而搞好毒性物质的安全运输，意义重大。

本类货物分为毒性物质和感染性物质两项。

1. 毒性物质

毒性物质在吞食、吸入或与皮肤接触后可能损害人类健康、造成严重损伤甚至死亡。

(1)本项物质范围

毒性物质毒性的大小通常用半数致死量(LD_{50})或半数致死浓度(LC_{50})表示，其含义是指在一群实验动物中，一次染毒后引起半数动物死亡的剂量(mg/kg)或浓度(mg/L)。

毒性物质包括：经口急性毒性 $LD_{50} \leqslant 300$ mg/kg 的物质；皮肤接触急性毒性 $LD_{50} \leqslant$ 1 000 mg/kg的物质；吸入急性毒性 $LC_{50} \leqslant 4$ mg/L(蒸气、粉尘或烟雾)的物质；吸入蒸气急性毒性 $LC_{50} \leqslant 5\ 000$ mL/m^3，且在 20 ℃和标准大气压下的饱和蒸汽浓度大于或等于 1/5 LC_{50}的物质。

本项物质按毒性大小划分为两级：

①一级毒性物质。如氰化物(61001A)、砷(61001)。

②二级毒性物质。如硒粉(61502)、二级无机汞化合物(61509)、煤焦沥青(61869)、生漆(61872)、鸦片(61868)等。

2. 感染性物质

感染性物质是指在接触到它们时被传染疾病的，已知或有理由认为含有病原体的物质。

本项物质包括生物制品、诊断样品、基因突变的微生物、生物体和其他媒介。如感染性物质[对人感染](62001)、感染性物质[只对动物感染](62002)、诊断样品(62004)。

3. 包装要求

毒性物质(包括农药)在确定包装类别时，应考虑到人类意外中毒事故的经验及个别物质具有的特殊性质，如液态、高挥发性、任何特殊的渗透可能性和特殊生物效应。在缺乏人类经验时，必须以动物试验所得的数据为根据划定包装类别，见表 11-2-2。

表 11-2-2　经口摄入、经皮肤接触和吸入粉尘或烟雾的包装类别

包装类别	经口毒性 LD_{50}(mg/kg)	皮肤接触毒性 LD_{50}(mg/kg)	吸入粉尘和烟雾毒性 LC_{50}(mg/L)
Ⅰ	$LD_{50}\leqslant 5.0$	$LD_{50}\leqslant 50$	$LC_{50}\leqslant 0.2$
Ⅱ	$5.0<LD_{50}\leqslant 50$	$50<LD_{50}\leqslant 200$	$0.2<LC_{50}\leqslant 2.0$
Ⅲ	$50<LD_{50}\leqslant 300$	$200<LD_{50}\leqslant 1\,000$	$2.0<LC_{50}\leqslant 4.0$

对易挥发的液态毒性物质容器应气密封口，其他的应液密封口，固态的应严密封口。

4. 装卸与搬运

装卸车前应先行通风。装卸搬运时不应肩扛、背负，要轻拿轻放，不应撞击、摔碰、翻滚，防止包装破损。装卸易燃毒害品时，机具应有防止发生火花的措施。作业时必须穿戴防护用品，严防皮肤破损处接触毒物。作业完毕及时清洁身体后方可进食和吸烟。

5. 货物的仓储

该类物质应存放在阴凉、通风、干燥的库内，不应露天存放。与酸类应隔离存放，不准许与食品同库存放。应加强管理，严防丢失和发生误交付。

6. 撒漏处理与消防

固态毒品撒漏时，应谨慎收集处理，如氰化钠可用漂白粉或次氯酸钠处理；液态毒品渗漏时，可先用砂土、锯末等物吸收，妥善处理。被毒性物质污染的机具、车辆及仓库地面，应进行洗刷除污。

发生火灾时，对遇水能发生危险反应的毒性物质（如金属铊、锑粉、铍粉、磷化锌、磷化铝、氟化汞、氟化铅、四氰基乙烯等）不应用水灭火。

处理撒漏毒性物质和扑救毒性物质火灾时，必须穿戴防护服、口罩、手套或防护面具，施救人员要站在上风处。发现头晕、恶心、呕吐等现象时，要立即转移至空气新鲜处。

知识点 7　放射性物质

在托运的货物中，任何含有放射性核素，并且其活度和比活度均高于国家规定的豁免值的都属于放射性物质。

此类物质能自发地、不断地放出 α、β、γ 射线或中子流，具有不同的穿透能力，过量的射线照射对人体细胞有杀伤作用。有些放射性物质还具有易燃、易爆、腐蚀和毒害等危险性。

1. 放射性物质的六种形式

(1)易裂变物质。包括 ^{235}U(铀-235)、^{233}U(铀-233)、^{238}Pu(钚-238)、^{239}Pu(钚-239)和 ^{241}Pu(钚-241)。

(2)低弥散放射性物质。

(3)低比活度放射性物质(LSA-Ⅰ、LSA-Ⅱ、LSA-Ⅲ)。

(4)表面污染物体(SCO-Ⅰ、SCO-Ⅱ、SCO-Ⅲ)。

(5)特殊形式放射性物质。

(6)非殊形式放射性物质。

2. 装卸与搬运

装卸车前应先行通风，不应肩扛、背负、撞击、翻滚。应按规定控制作业时间。堆码时应将辐射水平低的放射性包装件放在辐射水平高的包装件周围。在搬运Ⅲ级(黄色)放射性物质包装件时，应在搬运机械的适当位置上安放屏蔽物或穿防护围裙，以减少人员受照剂量。

装卸、搬运放射性矿石、矿砂时，作业场所应喷水防止飞尘，作业人员应穿戴工作服、工作鞋，戴口罩和手套，作业完毕应全身清洗。

3. 货物的仓储

放射性物质的存放必须专库专用，仓库应通风良好、干燥、地面平坦，应有专人管理，按规定码放。

遇到燃烧、爆炸，可能危及放射性物质安全时，应迅速将其转移至安全处，并派专人看管。

4. 撒漏处理方法

运输中包装破损，内容物撒漏时，应立即向有关部门报告。由安全防护人员测量并划出安全区域，悬挂明显标志。

当人体受污染时，应在防护人员指导下迅速除污。若人员受到过量照射时，应立即送医救治。放射性物质的包装破损时不应运输。

知识点8 腐蚀性物质

腐蚀性物质系指与完好皮肤组织接触不超过4 h，在14 d的观察期中发现引起皮肤全厚度损毁，或在55 ℃时，对S235JR+CR型或类似型号钢或无覆盖层铝的表面均匀年腐蚀率超过6.25 mm/年的物质。

腐蚀性物质可通过化学作用使生物组织接触时对其造成严重损伤，在渗透时会严重损害甚至毁坏其他货物和运载工具。有些腐蚀性物质挥发出的蒸气能刺激眼睛、黏膜，吸入后会中毒；有些腐蚀性物质受热或遇水会形成有毒烟雾；有些无机酸性腐蚀性物质具有较强氧化性，接触可燃物易引起燃烧；有些有机腐蚀性物质具有易燃性。

1. 腐蚀性物质的特性

腐蚀品的化学性质比较活泼，能与金属、有机物及动植物机体发生化学反应，并具有毒害性及易燃性。

(1)腐蚀性

腐蚀品对人体造成灼伤。如硝酸、硫酸等对人的皮肤、眼睛及黏膜具有破坏作用；酸、碱都能与金属材料发生不同程度的反应，对金属容器、货物包装、车辆、仓库地面等造成腐蚀，如硫酸与铁发生反应，使铁质包装造成锈蚀，氢氧化钠与铅发生反应生成铅酸钠和氢气等。此外，酸、碱对棉、麻、纸张、木材等发生作用，使它们脱水碳化，从而失去使用价值。

(2)氧化性

有些酸类具有很强的氧化性。有的自身分解，释放出氧气；有的在与其他物质作用时，可以从其他物质中获得电子，将其氧化。如硝酸置于空气中，就会分解放出氧气。

(3)毒害性

腐蚀性物质中的一些强酸还具有不同程度的毒性。如发烟硝酸、发烟硫酸、氢氟酸等易挥发出有毒气体，能引起人体的局部或全身中毒。

(4)易燃性

有些有机腐蚀性物质本身易燃烧，如甲酸、醋酸等接触火源时，会立即引起燃烧。

2. 腐蚀性物质的分项

腐蚀性物质按其性质分为酸性腐蚀性物质、碱性腐蚀性物质和其他腐蚀性物质三项。

(1)酸性腐蚀性物质，根据性质强弱分为两级：

①一级酸性腐蚀性物质。如硝酸(81002)、发烟硫酸(81006)。

②二级酸性腐蚀性物质。如磷酸(81501)、醋酸(81601A)。

(2)碱性腐蚀性物质,根据性质强弱分为两级:

①一级碱性腐蚀性物质。如氢氧化钠[固态](82001A)、氧化钠(82006)。

②二级碱性腐蚀性物质。如乙醇胺(82504)、氧化钙(82522)。

(3)其他腐蚀性物质,根据性质强弱分为两级:

①一级其他腐蚀性物质。如福尔马林溶液(83012)、亚氯酸盐溶液(83001)。

②二级其他腐蚀性物质。如洗涤油(83514)、汞(83505)。

3. 包装要求

腐蚀性物质根据其危险程度分为Ⅰ、Ⅱ、Ⅲ类包装。这类货物的包装类别是根据人类经验同时考虑其他因素确定的。如缺少经验,包装类别必须根据实验数据确定。

腐蚀性物质应选用耐腐蚀容器,按所装物质性质、状态采用气密封口、液密封口或严密封口,防止泄漏、潮解或撒漏。

4. 装卸与搬运

作业前应穿戴耐腐蚀的防护用品,对易散发有毒蒸气或烟雾的腐蚀性物质,应通风作业,并使用防毒面具。货物堆码应平稳牢固,不准许肩扛、背负、撞击、拖拉、翻滚。装车前、卸车后应清扫车辆,不得留有稻草、木屑、煤炭、油脂、纸屑、碎布等可燃物。

5. 货物的仓储

本类物质应存放在清洁、通风、阴凉、干燥场所,防止日晒、雨淋。堆码应整齐稳固,不应与可燃物、氧化性物质等混存。

6. 撒漏处理与消防

发现液体酸性腐蚀性物质撒漏应及时撒上干砂土,清除干净后,再用水冲洗污染处;大量酸液溢漏时,可用石灰水中和。

着火时,不应用柱状水,以防腐蚀液体飞溅伤人;对遇水能剧烈反应及引起燃烧、爆炸或放出有毒气体的腐蚀性物质,不准许用水灭火。

知识点9　杂项危险物质和物品,包括危害环境的物质

本类物质和物品系指在运输过程中存在危险性但不满足前述8类定义的物质和物品。主要包括:以微细粉尘可危害健康的物质;会放出易燃气体的物质;锂电池(组);电容器;救生设备;一旦发生火灾可形成二噁英的物质和物品;在高温下运输或提交运输的物质;危害环境的物质;转基因微生物或转基因生物体;运输过程中存在危险,但不能满足其他类别定义的其他物质和物品。

典型工作任务3　认识危险货物包装

任务引入

运输包装是保证货物运输安全的重要防护措施。危险货物运输包装的强度、材质必须与其内容物的特性相匹配,并在包装上按规定涂打或粘贴包装储运图示标志和危险货物包装标志,以利于在运输、装卸和储存保管过程中,采取必要的防护措施,防止事故发生,保证运输安全。认识到危险货物运输包装对运输安全的重要性,了解危险货物运输包装的要求,正确检查危险货物运输包装是否符合要求,保证运输安全,是本工作任务的目标。

相关知识

知识点 1　危险货物包装作用及类别

危险货物运输包装(以下简称“包装”)是指以保障运输、储存安全为主要目的,根据危险货物性质、特点,按国家有关法规、标准,专门设计制造的包装物、容器和采取的防护技术。

危险货物包装的主要作用首先在于防止因接触雨雪、阳光、潮湿空气和杂质使产品变质或发生剧烈化学反应而造成事故;其次,减少货物在运输过程中所受的碰撞、摩擦,使其在包装保护下处于完整和相对稳定状态,从而保证安全运输;第三,防止因货物撒漏、挥发以及性质相互抵触的货物直接接触而发生事故或污染运输设备及其他货物;第四,利于装卸、搬运和仓储,做到及时运输并使车辆载重量提高。所以危险货物运输包装是保证货物在运输过程中安全、完整的基础。

危险货物包装(容器)的强度是保证危险货物包装完整、安全的基础,而包装(容器)的强度与制造包装(容器)的材质、所用材料的规格、容器的结构、制造工艺和使用期限有关。为便于测定包装材料的强度,首先根据包装(容器)内所装物品的危险和程度、运输条件和运输环境,将包装划分为若干个等级,即包装类别,然后再根按包装类别确定测试的各种量值和试验合格的标准。因此,确定各种危险货物包装类别是确定各种量值的依据,也是判定包装测试是否合格的基础。根据国铁集团“铁路危险货物运输包装性能试验规定”,除第 2 类气体和第 7 类放射性物品的包装外,其他危险货物包装按其内装物的危险程度划分为以下三种:

Ⅰ类包装:盛装具有较大危险性的货物,包装强度要求高。

Ⅱ类包装:盛装具有中等危险性的货物,包装强度要求较高。

Ⅲ类包装:盛装具有较小危险性的货物,包装强度要求一般。

例如,易燃液体的包装类别划分见表 11-2-1。

知识点 2　危险货物包装标志和包装储运图示标志

为了保证运输安全、方便指导作业,以及一旦发生事故能尽快地判定危险货物的性质,采取相应的施救方法,托运人应在每件货物的包装上牢固、清晰地标明《危险货物包装标志》(GB 190—2009,所规定的标志简称“包装标志”)和《包装储运图示标志》(GB/T 191—2008,所规定的标志简称“储运标志”)所规定的标志。

1. 包装标志

包装标志分为标记和标签。标记 4 个(表 11-3-1),标签 26 个(附录 5),其图形分别标示了 9 类危险货物的主要特性。

表 11-3-1　危险货物包装标记

序号	1	2	3
标记名称	危害环境物质和物品标记	方向标记	高温运输标记
标记图形	(符号:黑色;底色:白色)	(符号:黑色或正红色;底色:白色)	(符号:正红色;底色:白色)

(1)包装标志的规格

包装标志的整体外框为正方形,尺寸一般分为 4 种:50 mm×50 mm、100 mm×100 mm、150 mm×150 mm、250 mm×250 mm。如遇特大或特小的运输包装件,标志的尺寸可按规定适当扩大或缩小。

(2)标记的使用要求

除另有规定外,根据《危险货物品名表》确定的危险货物正式运输名称及相应编号,应标示在每个包装件上。如果是无包装物品,标记应标示在物品上、其托架上或其装卸、储存、发射装置上。

要求的所有包装件标记应明显可见而且易读,应能够经受日晒雨淋而不显著减弱其效果,应标示在包装件外表面的反衬底色上,不得与可能大大降低其效果的其他包装件标记放在一起。

(3)标签的使用要求

①储运的各种危险货物性质的区分及其应标打的标签,应按《危险货物分类和品名编号》(GB 6944)《危险货物品名表》(GB 12268)及有关国家运输主管部门相关规定选取,出口货物的标志应按我国执行的有关国际公约(规则)办理。

②标签是表现内装货物的危险性分类的规定标志。但表明包装件在装卸或贮藏时应加小心的附加标记或符号(如用伞作符号表示包装件应保持干燥),也可在包装件上适当标明。

③表明主要和次要危险性的标签应与表中所示的序号 1 至序号 9 所有式样相符。“爆炸品”次要危险性标签应使用序号 1 中带有爆炸式样标签图形。

④每一标签应在包装件尺寸够大的情况下,与正式运输名称贴在包装件的同一表面,且与正式运输名称相靠近的地方;贴在容器上不会被容器任何部分或容器配件或者任何其他标签、标记盖住或遮住的地方;当主要危险性标签和次要危险性标签都需要时,彼此紧挨着贴;当包装件形状不规则或尺寸太小以致标签无法令人满意地贴上时,可用结实、牢固的签条或其他装置挂在包装件上。

⑤标签应贴在反衬颜色的表面上。

2. 储运标志

货物包装上应按规定涂打储运标志,其目的是在运输、装卸、搬运和仓储过程中引起作业人员的注意,便于安全操作。包装储运图示标志见附录 1。

(1)储运标志的规格

储运标志的整体外框为长方形,尺寸一般分为 4 种:50 mm×70 mm、100 mm×140 mm、150 mm×210 mm、200 mm×280 mm。图形符号外框为正方形,尺寸一般分为 4 种:50 mm×50 mm、100 mm×100 mm、150 mm×150 mm、250 mm×250 mm。如果包装尺寸过大或过小,可等比例放大或缩小。

(2)储运标志颜色

标志颜色一般为黑色。如果包装的颜色使得标志显得不清晰,则应在印刷面上用适当的对比色,黑色标志最好以白色作为标志的底色。必要时,标志也可使用其他颜色,除非另有规定,一般应避免采用红色、橙色或黄色,以避免同危险品标志相混淆。

(3)储运标志使用方法

①可采用直接印刷、粘贴、拴挂、钉附及喷涂等方法。印制标志时,外框线及标志名称都要

印上,出口货物可省略中文标志名称和外框线;喷涂时,外框线及标志名称可以省略。

②一个包装件上使用相同标志的数目,应根据包装件的尺寸和形状确定。

③标志应标注在显著位置上,下列标志的使用应按如下规定:

a. 标志1"易碎物品"应标在包装件所有的端面和侧面的左上角处(见标志1的说明及示例)。

b. 标志3"向上"应标在与标志1相同的位置(标志3示例a)。当标志1和标志3同时使用时,标志3应更接近包装箱角(标志3示例b)。

c. 标志7"重心"应尽可能标在包装件所有六个面的重心位置上,否则至少也应标在包装件两个侧面和两个端面上(见标志7的说明及示例)。

d. 标志11"由此夹起"只能用于可夹持的包装件上,标注位置应为可夹持位置的两个相对面上,以确保作业时标志在作业人员的视线范围内。

e. 标志16"由此吊起"至少应标注在包装件的两个相对面上(见标志16的说明及示例)。

知识点3 危险货物包装要求

危险货物包装应符合国家有关法律、法规、标准和《危规》的要求,并与内装物的性质、特点相适应。

1. 基本要求

危险货物包装和内包装应按《品名表》及"铁路危险货物包装表"(以下简称"包装表",)的规定确定包装方法,见表11-3-2。

表11-3-2 铁路危险货物包装号及内外包装材料

包装号	外包装	内包装
1	钢质气瓶	—
2	小开口钢桶	—
3	小开口铝桶	—
4	钢塑复合桶	塑料桶(胆)
5	中开口钢桶	—
6	全开口或中开口钢桶	塑料袋、二层牛皮纸袋
7	全开口钢桶	玻璃瓶、塑料桶(罐)
8	纤维板桶、胶合板桶、硬纸板桶	塑料袋、二层牛皮纸袋
9	塑料桶	塑料袋
10	麻袋、塑料编织袋、乳胶布袋	两层塑料袋、一层塑料袋
11	复合塑料编织袋:聚丙烯三合一袋,聚乙烯三合一袋,聚丙烯二合一袋,聚乙烯二合一袋	塑料袋
12	榫槽接缝木箱	塑料袋
13	普通木箱	塑料袋、二层牛皮纸袋
14	普通木箱或半花格木箱	耐酸坛、陶瓷瓶
15	普通木箱或半花格木箱	玻璃瓶、塑料桶(罐)
16	花格箱	薄钢板桶或镀锡薄钢板桶(罐)
17	花格箱	金属涌(罐)、塑料桶

续上表

包装号	外包装	内包装
18	普通木箱	磨砂口玻璃瓶、螺纹口玻璃瓶
19	普通木箱	螺纹口玻璃瓶、塑料瓶、塑料袋
20	普通木箱	安瓿瓶
21	普通木箱	螺纹口玻璃瓶、铁盖压口玻璃瓶、塑料瓶、金属桶(罐)
22	满底板花格箱 纤维板箱、胶合板箱	螺纹口玻璃瓶、塑料瓶、镀锡薄钢板桶(罐)
23	普通木箱	螺纹口玻璃瓶、塑料瓶、复合塑料瓶、铝瓶
24	瓦楞纸箱、钙塑瓦楞纸箱	塑料瓶、两层塑料袋
25	瓦楞纸箱、钙塑瓦楞纸箱	镀锡薄钢板桶(罐)、金属桶(罐)、塑料瓶、金属软管
26	木板箱、金属箱	—

同时还应符合下列要求：

(1)包装材料材质、规格和包装结构应与所装危险货物性质和重量相适应。包装材料不得与所装物产生危险反应或削弱包装强度。

(2)充装液态货物的包装容器内至少留有5%的余量(罐车及罐式集装箱装运的液体危险货物应符合《危规》有关要求)。

(3)包装封口应根据内装物性质采用严密封口、液密封口或气密封口。装有通气孔的容器,其设计和安装应能防止货物流出和杂质、水分进入。

(4)包装应坚固完好,能抗御运输、储存和装卸过程中正常的冲击、振动和挤压,并便于装卸和搬运。

(5)包装的衬垫物不得与所装货物发生反应而降低安全性,应能防止内装物移动和起到减震及吸收作用。

(6)包装表面应保持清洁干燥,不得黏附所装物质和其他有害物质。

2. 其他要求

除上述要求外,危险货物的包装还应当满足以下要求:

(1)除盛装气体类危险货物的钢瓶外,危险货物包装不得重复使用。

(2)采用集装化运输的危险货物,包装应符合《危规》的要求,使用的集装器具应有足够的强度,能够经受堆码和多次搬运,并便于机械装卸。

(3)货物包装上应牢固、清晰地标明《危险货物包装标志》和《包装储运图示标志》中相应的包装标志和储运标志。

进出口危险货物在国内段运输时应粘贴或拴挂、喷涂相应的中文危险货物包装标志和储运标志。

(4)包装应由取得工业产品生产许可证(列入国家实行生产许可证制度工业产品目录的包装)的企业生产,除符合国家有关标准外,还应符合《铁路危险货物运输包装性能试验规定》和《铁路危险货物运输包装性能试验要求和合格标准》,并经国家质量监督检验检疫部门认定的检验机构(以下简称"包装检验机构")检验合格,出具包装检验报告。包装检验机构对检验结果负责。

放射性物质运输包装容器应符合《放射性物品运输安全管理条例》《放射性物质安全运输规程》(GB 11806)的相关规定。压力容器应当符合国家特种设备安全监督管理部门制定并公布的《移动式压力容器安全技术监察规程》《气瓶安全技术监察规程》等有关安全技术规范要求,并在经核准的检验机构出具的压力容器安全检验合格有效期内。

典型工作任务4　熟悉危险货物运输设备

任务引入

经铁路运输的危险货物种类繁多,性质各异,办理危险货物运输的车站(含专用线、专用铁路),除应执行铁路货场、专用线一般规定外,还应符合铁路危险货物办理站、专用线货运安全设备设施有关技术条件等相关规定以及有关法律、法规、规章对危险货物运输安全管理、安全作业、安全培训和应急处置等要求,确保危险货物运输安全。熟悉危险货物运输设备,培养按章作业的职业素养,具备正确合理地利用设备保证危险货物运输安全的能力,是本工作任务的目标。

相关知识

知识点1　危险货物办理站

1. 危险货物办理站定义及分类

危险货物办理站(以下简称"办理站")是站内或接轨的专用线(含专用铁路)办理危险货物发送(含换装)、到达业务的车站。按类型分为三种:

(1)站内办理站,即仅在站内办理危险货物业务的车站。

(2)专用线接轨站,即仅在接轨的专用线办理危险货物业务的车站。

(3)兼办站,即在站内和接轨的专用线均办理危险货物业务的车站。

办理站除应执行铁路货场、专用线一般规定外,还应符合铁路危险货物办理站、专用线货运安全设备设施有关技术条件等相关规定以及有关法律、法规、规章对危险货物运输安全管理、安全作业、安全培训和应急处置等要求。

2. 安全评价

站内办理站、兼办站和与国铁接轨的危险货物专用线企业应根据《安全生产法》《危险化学品安全管理条例》《铁路危险货物运输安全监督管理规定》《危险化学品建设项目安全监督管理办法》等法律、法规、规章相关规定,委托安全评价机构对本单位危险货物储存安全条件每3年进行一次安全评价,并出具安全评价报告。新建、改建危险货物装卸、储存作业场所和设施,在既有作业场所增加危险货物品类,以及危险货物新品名、新包装和首次使用铁路罐车、集装箱、专用车辆装载危险货物的,应当进行安全评价。

安全评价机构应严格按照有关法律、法规、规章和标准等规定开展安全评价工作,并对评价结果负责。安全评价报告应符合有关法律、法规、规章、标准和铁路危险货物办理站、专用线货运安全设备设施有关技术条件等相关规定。有关单位应落实安全评价报告中的整改方案,消除安全隐患。

3. 办理限制

铁路局集团公司应根据相关规定和要求，确认批准管内办理站危险货物办理限制，并报国铁集团货运部公布。

(1)站内办理时，办理限制包括办理站名称，发送、到达品名及相应的装运方式。

(2)接轨的专用线办理时，办理限制包括接轨站、专用线名称，发送、到达品名及相应的装运方式；专用线共用时，还应包括共用单位名称，发送、到达品名及相应的装运方式等。

铁路局集团公司确认办理限制前，应组织对危险货物办理条件进行安全评估，并形成安全评估报告或安全评估意见，不符合安全要求的不得批准。

4. 危险货物过轨运输协议和危险货物运输安全协议

经国铁过轨运输的非国家铁路控股的合资铁路、地方铁路(已委托铁路局集团公司管理的除外)办理危险货物业务的，铁路局集团公司应首先核对其所属铁路运输企业是否按照《铁路危险货物运输安全监督管理规定》要求，向社会公布办理危险货物的车站名称、作业地点、办理品名、装运方式等信息；然后与其所属铁路运输企业签订危险货物过轨运输协议，交换上述有关信息；按照约定的交接地点、方式、内容、条件和安全责任等，与其所属铁路运输企业办理危险货物交接。

在专用线办理危险货物运输时，产权单位应与办理站(货运中心)签订专用线运输协议和危险货物运输安全协议。危险货物运输需要共用专用线时，应由产权单位、共用单位、办理站(货运中心)签订危险货物专用线共用协议。

危险货物运输安全协议、危险货物专用线共用协议每年签订一次。首次签订协议应在办理限制公布之后、正式运输前进行；办理限制内容发生变化时，应在办理限制公布之后、运输实施前重新签订协议。

危险货物运输安全协议、危险货物专用线共用协议有效期到期前 1 个月，办理站(货运中心)应通知相关单位按规定签订新协议。逾期未签订新协议的单位，由办理站(货运中心)上报铁路局集团公司，铁路局集团公司上报国铁集团货运部，在办理限制中取消。

知识点 2　熟悉危险货物使用车辆要求

除《品名表》内有特殊规定和规定可使用集装箱方式运输外，危险货物限使用棚车装运。装运时，同一车限同一品名、同一铁危编号。

爆炸品、硝酸铵、氯酸钠、氯酸钾、黄磷和铁桶包装的一级易燃液体应选用 P_{64}、P_{64A}、P_{64AK}、P_{64AT}、P_{64GK}、P_{64GT}、P_{70} 型竹底棚车或木底棚车装运，并应对门口处金属磨耗板，端、侧墙的金属部分采用非破坏性措施进行衬垫隔离处理。如使用铁底棚车时，须经铁路局集团公司批准。

毒性物质限使用毒品专用车，如毒品专用车不足时，经铁路局集团公司批准可使用铁底棚车装运(剧毒品除外)。铁路局集团公司应指定毒品专用车保管(备用)站。毒品专用车回送时，使用“回送清单”。

《品名表》“特殊规定”栏有特殊规定的，应按特殊规定要求的车辆(或集装箱)装运。如特殊规定 27：“散装硫黄可用敞车或干散货集装箱运输。使用敞车散装运输时，车内四周及车地板应衬垫并苫盖货车篷布。”

知识点 3　了解车辆的洗刷除污

1. 必须洗刷除污的货车

装过危险货物的货车，卸后应清扫干净，并按照“谁污染，谁负责”的原则进行卸后洗刷除污。下列情况应进行洗刷除污：

(1)装过剧毒品的毒品车。

(2)发生过撒漏、受到污染(包括有刺激异味)的货车。

(3)回送检修运输过危险货物的货车。

2. 货车送洗

卸车站对需回送洗刷除污的货车，应在“回送清单”上注明货物品名及编号，并在货车两侧车门外部及车内明显处粘贴“铁路货车洗刷回送标签”各一张，如图 11-4-1 所示。

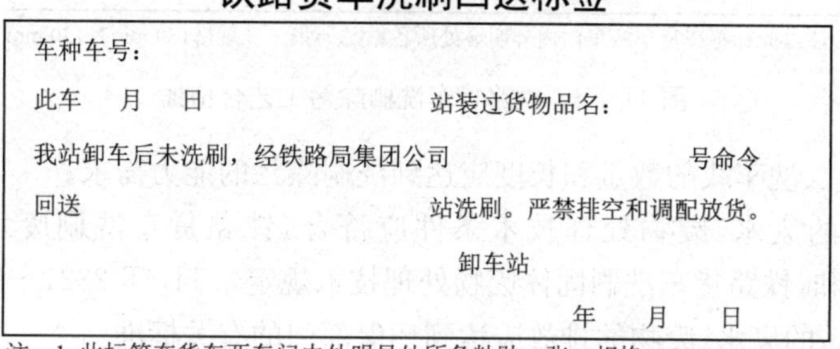
铁路货车洗刷回送标签

车种车号：

此车　月　日　　站装过货物品名：

我站卸车后未洗刷，经铁路局集团公司　　号命令

回送　　站洗刷。严禁排空和调配放货。

卸车站

年　月　日

注：1. 此标签在货车两车门内外明显处所各粘贴一张；规格：180 mm×120 mm
2. 中间粗斜线印红色。

图 11-4-1　铁路货车洗刷回送标签

3. 洗刷除污

洗刷除污时，应根据污染情况，使用其中一种或几种药剂。常用的货车洗刷除污剂有五种，见表 11-4-1。

表 11-4-1　常用的洗刷除污剂

编号	1	2	3	4	5
洗刷除污剂	水	稀盐酸(浓盐酸用水稀释 20 倍)	碱水(烧碱或纯碱用 50 倍水溶解)	硫代硫酸钠(用 20 倍水溶解)	肥皂水

货车洗刷除污工艺应符合《铁路货车洗刷除污方法》。对装过性质特殊、缺乏有效洗刷除污手段的货车，洗刷除污所(以下简称“洗刷所”)应通知卸车站，要求收货人提供有效的洗刷除污方法和药物，再次洗刷处理。

货车经洗刷除污达到要求后应撤除货车洗刷回送标签，并在货车两车门内明显处粘贴“铁路货车洗刷除污工艺合格证”(图 11-4-2)，并填写“洗刷除污登记表”。

未经洗刷除污的货车严禁使用或排空。

装过放射性物质的货车、苫盖的篷布及有关用具，卸后应由省级人民政府环境保护部门认定的有资质的辐射监测机构(以下简称“辐射监测机构”)对 α、β、γ 发射体的污染水平进行监测，监测结果应低于规定的限值，达到要求后方可排空使用。

4. 洗刷所

铁路局集团公司应按照管内货车自局洗刷、减少空车长距离回送洗刷的原则和环保达标的要求，新建或升级改造货车洗刷所，并具备下列条件：

铁路货车洗刷除污工艺合格证

洗刷工艺合格	
车种车号：	已按规定洗刷
	站
	洗刷组（签章）
	货运员（签字）
	年 月 日

注：此标签在货车两车门内外明显处所各粘贴一张。 规格180 mm×120 mm

图 11-4-2 铁路货车洗刷除污工艺合格证

(1)洗车台位数、洗车线的数量和长度应达到洗刷除污的能力需求。

(2)洗刷除污的废水、废物处理技术条件应符合《铁路货车洗刷废水处理技术条件》(TB 1797—1987)和《铁路货车洗刷固体废物处理技术规定》(TB/T 2321—1992)等的要求。

(3)洗刷除污后的废水、废物的排放应达到环保部门的有关标准。

典型工作任务 5 组织危险货物运输

任务引入

为确保危险货物运输安全，除按一般货物运输条件办理外，还应根据货物的危险特性，在货物从托运到交付整个运输的环节中，严格执行危险货物运输相关规定，在保证安全的基础上，不断提高运输效率。了解危险货物各个运输环节的作业要求，树立牢固的安全运输思想，培养按章作业的职业素养和善于合作的团队精神，具备进行危险货物运输组织基本能力，是本工作任务的目标。

相关知识

铁路危险货物运输管理，坚持"安全第一、预防为主、综合治理"的方针，在保证安全的基础上，提高运输效率。

国铁集团货运部归口管理国家铁路危险货物运输工作。铁路局集团公司是管内铁路危险货物运输管理的责任主体，各相关单位(部门)应落实领导负责制、专业负责制、岗位负责制、逐级负责制，确保铁路危险货物运输安全。

铁路危险货物运输各相关单位(部门)应建立健全铁路危险货物运输事故应急预案和信息网络，完善预警预防应急措施，定期组织应急演练，有效处置铁路危险货物运输突发事故，最大限度地减少人员伤亡、财产损失、环境污染和社会负面影响。

铁路危险货物运输各相关单位(部门)应加强危险货物运输从业人员的技术业务培训，切实提高危险货物运输人员的技术管理水平和技术业务素质，保证危险货物运输专业技术管理人员的稳定。

1. 托运危险货物安全协议与作业签认制度

(1)托运危险货物安全协议

铁路局集团公司应与托运人每年签订托运危险货物安全协议,并将托运人名称、托运品名范围、协议有效期(起止日期)等上报国铁集团货运部备案,国铁集团货运部在危险货物托运人名称表中公布。

签订托运危险货物安全协议时,铁路局集团公司应将托运人提供的相关材料扫描件或彩色照片存档,填写托运人登记表,建立托运人材料信息化档案。相关材料发生变化应及时更改、备案。

托运危险货物安全协议有效期到期前1个月,铁路局集团公司应通知托运人按规定签订新协议。逾期未签订新协议的托运人,由铁路局集团公司上报国铁集团货运部在危险货物托运人名称表中取消。

(2)作业签认制度

为落实安全责任,爆炸品、硝酸铵、剧毒品(非罐装、《品名表》"特殊规定"栏有第67条特殊规定的)、气体类和其他另有规定的危险货物运输作业实行签认制度。相关作业人员应按规定程序和作业标准进行并签认,并对作业过程内容的完整性、真实性负责,严禁漏签、代签和补签。签认单保存期半年。

运输签认制度的有关要求按"铁路危险货物运输作业签认单""铁路剧毒品运输作业签认单""危险货物罐车作业签认单"办理。

货检站未产生货检作业时,可不进行签认。

2. 托运与受理

正确地办理危险货物的托运和承运,是保证危险货物运输安全的重要环节。危险货物仅办理整车和集装箱运输。铁路轮渡不办理危险货物运输。遇特殊需求时,应按国家有关规定执行。

(1)禁止运输

禁止运输法律、法规禁止生产和运输的危险物品。

禁止运输危险性质不明以及未采取安全措施的过度敏感或者能自发反应而产生危险的物品。如高氯酸[高氯酸含量>72%](11026)、高锰酸铵(51053)等。

禁止运输《品名表》"特殊规定"栏中规定禁止运输的,如生活用液化气钢瓶。

(2)有条件运输

对易发生爆炸性分解反应或需控温运输等危险性大的货物,应由国铁集团组织研究确定运输条件。如4-亚硝基苯酚(41009)、乙酰过氧化磺酰环己烷(52012)、过氧化乙酰(52037)等。

凡性质不稳定或由于聚合、分解在运输中能引起剧烈反应的危险货物,托运人应采用加入稳定剂或抑制剂等方法,保证运输安全。如加入乙烯基甲醚、乙酰乙烯酮、丙烯醛、丙烯酸、醋酸乙烯、甲基丙烯酸甲酯等,并在货物运单"托运人记事"栏内填写"已加入稳定剂/抑制剂"字样。

(3)按普通货物条件运输

《品名表》"特殊规定"栏规定符合按普通货物运输条件的,铁路局集团公司应在其包装方法和包装标志满足危险货物要求,并使用整车或集装箱装载单一品名货物的情况下,批准其可按普通货物条件运输。托运人应在货物运单“托运人记事”栏内注明“×××(铁危编号),可按普通货物运输”。

如“特殊规定”中对于压缩氮(22005)、压缩氦(22007)以容量小于或等于 2 L 的安瓿瓶盛装,包装和包装标志满足危险货物的要求时,不作为危险货物运输。在货物运单上注明“×××(铁危编号),符合特殊规定 12,不作为危险货物运输。”

按普通货物条件运输的危险货物,限使用棚车装运。符合危险货物集装箱要求的,可使用集装箱装运,但应符合《品名表》“特殊规定”栏的特殊规定。

(4)按危险货物运输

托运人托运危险货物时,应如实表明收货人名称、货物的名称、性质、重量、数量等,不得匿报、谎报品名、性质、重量,不得在普通货物中夹带危险货物。

①发货人托运危险货物时,应向车站提出填写正确的货物运单。

a.“货物名称”栏

托运人托运危险货物时,应在货物运单“货物名称”栏内填写危险货物品名和铁危编号。

b.“托运人记事”栏

在货物运单“托运人记事”栏内填写经办人的身份证号码,对派有押运员的还需填写押运员姓名、身份证号码及联系电话。

托运爆炸品或烟花爆竹时,托运人须相应出具运达地县级人民政府公安部门核发的“民用爆炸物品运输许可证”或“烟花爆竹道路运输许可证”,并在货物运单“托运人记事”栏内注明许可证名称和号码。

c.“包装”栏

货物运单包装栏应按“包装表”的规定填写相应的外包装和内包装名称。

②办理站受理危险货物时,应符合下列规定:

a. 托运人名称与危险货物托运人名称表相统一。

b. 国家对生产、经营、储存、使用等实行许可管理的危险货物,发站还应查验收货人提供的相关证明材料并留存备查;必要时,到站应进行复查。

c. 经办人身份证与货物运单记载相统一。

d. 货物运单记载的品名、类项、编号等内容与《品名表》的规定相统一,并核查《品名表》“特殊规定”栏有无铁路危险货物运输特殊规定。

e. 发到站、办理品名、装运方式与办理限制相统一。

f. 货物品名、重量、件数与货物运单记载相统一。

g. 经办人具有培训合格证明。

h. 托运人具有包装检验合格证明文件。

i. 其他有关规定。

货物运单审核符合要求后,应在运单“承运人记事”栏标记“危险货物类项名称”“车辆编组隔离符号”“禁止溜放”或“限速连挂”“停止制动作用”等运输戳记;托运爆炸品或烟花爆竹时,还应标记“爆炸品”或“烟花爆竹”运输戳记;需要跟踪管理的剧毒品应标记“D”运输戳记等。纸质运单应加盖相应的戳记。

(5)危险货物试运

《品名表》中未列载的产品且货物性质不明确的,托运人办理运输时应委托国家安全生产监督管理部门认定的检测鉴定机构(以下简称“鉴定机构”)进行性质技术鉴定,出具鉴定报告;属于危险货物时,应办理危险货物新品名试运手续。鉴定机构对鉴定结果负责。

托运人提交技术鉴定前,需填写“铁路货物运输技术说明书”(以下简称“技术说明书”,见表 11-5-1),一式四份。托运人对填写内容和送检样品真实性负责。托运人办理新品名试运时,应向铁路局集团公司提交试运技术条件、事故应急预案和环保应急处理预案。

表 11-5-1　铁路货物运输技术说明书

<table>
<tr><td rowspan="18">申请鉴定单位填写</td><td colspan="5">申请单位声明
本单位对所填数据的真实性负责,保证送鉴样品与所托运货物一致。否则,所造成的一切损失由本单位承担经济、法律责任。
申请单位(盖章)
经办人(签字)
年　月　日</td></tr>
<tr><td>品　名</td><td colspan="2"></td><td>别　名</td><td></td></tr>
<tr><td>外文名称</td><td colspan="2"></td><td>分子式(结构式)</td><td></td></tr>
<tr><td colspan="3">成 分 及 百 分 含 量</td><td colspan="2"></td></tr>
<tr><td rowspan="5">货物主要理化性质</td><td colspan="4">颜色:　;状态:　;气味:　;相对密度:　;水中溶解度:　g/100 mL</td></tr>
<tr><td colspan="4">熔点:　℃;沸点:　℃;闪点:　℃(闭杯);燃点　℃;黏度:</td></tr>
<tr><td colspan="4">分解温度:　℃;聚合温度:　℃;控温温度:　℃;应急温度:　℃</td></tr>
<tr><td colspan="4">与酸、碱及水反应情况:</td></tr>
<tr><td colspan="4">其他有关化学性质:</td></tr>
<tr><td rowspan="4">拟用包装</td><td colspan="4">内包装(材质、规格、封口):</td></tr>
<tr><td colspan="4">衬垫(材质、方法):</td></tr>
<tr><td colspan="4">外包装(材质、规格、封口、捆扎):</td></tr>
<tr><td colspan="4">单位重量:　kg;总重:　kg;包装标志:　;包装类:</td></tr>
<tr><td rowspan="5">防护及应急措施</td><td colspan="4">作业注意事项:</td></tr>
<tr><td colspan="4">容器破损及撒漏处理方法:</td></tr>
<tr><td colspan="4">灭火方法:　;灭火禁忌:</td></tr>
<tr><td colspan="4">中毒急救措施:</td></tr>
<tr><td colspan="4">存放注意事项　;洗刷除污方法:</td></tr>
<tr><td rowspan="7">鉴定单位填写</td><td rowspan="7">货物的主要危险性</td><td>爆炸性</td><td colspan="3">爆发点:　℃;爆速:　m/s;撞击(摩擦)感度:</td></tr>
<tr><td>气体特性</td><td colspan="3">临界温度:　℃;50 ℃时蒸气压:　kPa;充装压力:　kPa</td></tr>
<tr><td>易燃性</td><td colspan="3">闪点:　℃(闭杯);爆炸极限:　;燃点:　℃;
燃烧产物:</td></tr>
<tr><td>自燃性</td><td colspan="3">自燃点:　℃</td></tr>
<tr><td>遇水易燃性</td><td colspan="3">与水反应产物:　;反应速度:　;放热量:</td></tr>
<tr><td>氧化性</td><td colspan="3">与可燃物粉末混合后燃烧、摩擦、撞击情况:</td></tr>
<tr><td>毒害性</td><td colspan="3">经口或皮肤接触半数致死量:$LD_{50}=$　mg/kg;
吸入蒸气:$LC_{50}=$　mg/m^3;
感染性:</td></tr>
</table>

续上表

<table>
<tr><td rowspan="8">鉴定单位填写</td><td rowspan="3">货物的主要危险性</td><td>放射性</td><td colspan="2">比活度：　Bq/kg;总活度：　Bq;半衰期：　;
射线类型：</td></tr>
<tr><td>腐蚀性</td><td colspan="2">与皮肤、碳钢、纤维等作用情况：</td></tr>
<tr><td>其他危险性</td><td colspan="2">水生急毒性：　;恶臭：　;其他影响运输的性质：</td></tr>
<tr><td rowspan="4">鉴定单位意见</td><td colspan="3">该货物属于:危险货物（　）;非危险货物（　）</td></tr>
<tr><td colspan="2">危险货物</td><td>非危险货物</td></tr>
<tr><td colspan="2">该货物应属危险货物第　类,第　项,
比照编号　。
比照品名　。
比照《包装表》第　包装。
包装标志：　;包装类：　。</td><td></td></tr>
<tr><td colspan="3">建议：</td></tr>
<tr><td>鉴定单位及鉴定人</td><td colspan="3">鉴定单位(公章)
年　月　日
鉴定人(签章)
年　月　日</td></tr>
<tr><td colspan="2">装车站意见</td><td colspan="3">(公章)　年　月　日</td></tr>
<tr><td colspan="2">直属站、车务段(货运中心)意见</td><td colspan="3">(公章)　年　月　日</td></tr>
<tr><td colspan="2">集团公司主管部门意见</td><td colspan="3">(公章)　年　月　日</td></tr>
<tr><td colspan="2">产品生产及托运单位</td><td colspan="3">产品生产单位：　电话：
地址：　邮编：
产品托运单位：　电话：
地址：　邮编：
托运单位(公章)　联系人(签章)年　月　日</td></tr>
</table>

注:本表A4纸(A3纸对开)两页印刷。

托运人要求采用新包装(含改变包装,下同)时,应委托包装检验机构进行包装性能试验,合格后方可办理危险货物新包装试运手续。托运人申请试运前,应填写“新运输包装申请表”,一式四份。托运人办理新包装试运时,应向铁路局集团公司提交试运技术条件。

改变氯酸盐、高氯酸盐、高氯酸、黄磷、电石等包装需经国铁集团批准。

危险货物新品名、新包装试运应符合《品名表》“特殊规定”栏的特殊规定,由铁路局集团公司批准,并报国铁集团货运部备案。经批准后,发站、铁路局集团公司、托运人各留存一份“技术说明书”和“新运输包装申请表”。试运应在指定的时间和区段内进行。跨铁路局集团公司试运时，由批准单位以电报形式通知有关铁路局集团公司。试运前办理站、托运人双方应签订试运安全运输协议。

新品名试运时，由托运人在货物运单“托运人记事”栏内注明“比照铁危编号×××新品名试运，批准号×××”字样。新包装试运时，由托运人在货物运单“托运人记事”栏内注明“新包装试运，批准号×××”字样。

试运时间2年。试运结束时，托运人应会同办理站将试运结果报主管铁路局集团公司。铁路局集团公司对试运结果进行研究后，提出试运报告、新品名铁路运输条件或新包装技术条件建议报国铁集团货运部。新品名铁路运输条件建议应包括事故应急预案和环保应急处理预案。国铁集团货运部组织专家进行技术审查，通过技术审查后，公布新品名铁路运输条件或新包装技术条件，纳入正式运输。

3. 危险货物装卸作业

危险货物装卸前，应对车辆和仓库进行必要的通风和检查。货运员应向装卸工组说明货物品名、性质、作业安全事项并准备好消防器材和安全防护用品。对车辆采取防溜、防护措施。作业时要轻拿轻放，堆码整齐稳固，防止倒塌，严禁倒放、卧装(钢瓶等特殊容器除外)。破损的包装件不准装车。

装卸具有易燃易爆性质的危险货物，装卸作业使用的照明设备及装卸机具应具有防爆性能，并能防止由于装卸作业摩擦、碰撞产生火花。

(1)装车作业

①检查车辆。检查车种车型与规定装运货物是否相符，查看门窗状态、进行透光检查，确认车辆状况是否良好。

②检查货物。检查货物品名、包装、件数与运单填写是否一致，以及货物包装是否符合规定。

③装车作业。传达安全注意事项及装载方案，检查消防器材和安全防护用品。装载货物(含国际联运换装)不得超过车辆(含集装箱，下同)标记载重量及罐车允许充装量，严禁增载和超装、超载。

④装车后工作。检查堆码及装载状态，查验门窗是否关闭良好，做好施封加锁工作等。

(2)卸车作业

①检查车辆。车辆状态及施封检查，核对票据与现车，确定卸车及堆码方法。

②卸车作业。传达安全作业注意事项及卸车方案，检查消防器材和安全防护用品。

③卸车后工作。在收货人清理车辆残存废弃物后，对受到污染的车辆，及时回送洗刷所洗刷除污。清理车辆残存废弃物交由收货人负责处理。因污染、腐蚀造成车辆损坏的，要按规定索赔。

4. 危险货物仓储

车站对危险货物按性质和要求存放到指定的仓库、雨棚等场地。遇潮或受阳光照射容易燃烧或产生有毒气体的危险货物不能在雨棚存放或露天存放。

存放保管危险货物时，应按照“铁路危险货物配放表”(表11-5-2)的规定执行。编号不同的爆炸品不得同库存放。放射性物质需建专用仓库，并与爆炸品仓库保持20 m以上的安全距离。

堆放危险货物的仓库、雨棚等场地必须清洁干燥、通风良好，配备充足有效的消防设施。货场严禁吸烟、使用明火。应划定警戒区、设置明显安全警示标志，加强警卫巡守，闲杂人员不得进入。存放危险货物的仓库作业完毕应及时锁闭库门，剧毒品必须加双锁，做到双人收发、双人保管。进入货场的机动车辆必须采取安装防火帽等防火措施。

表 11-5-2　铁路危险货物配放表

危险货物的种类和品名				品名编号	配放号	1	2	3	4	5	6	7	8	9	10	11	12
危险货物	气体	易燃气体		21001～21061，21063～21064	1	1											
		非易燃无毒气体	氧、空气、一氧化二氮（氧及氧气空钢瓶不得与油脂在同库配放）	22001，22003，22017	2	△	2										
			其他非易燃无毒气体	22005～22016，22019～22055	3			3									
		有毒气体（液氯及液氨不得在同库配放）		23001～23061	4				4								
	易燃液体			31001～31055，31058，31101～31302，31319，32001～32150，32152	5		×		×	5							
	易燃固体、易于自燃的物质、遇水放出易燃气体的物质	易燃固体（发孔剂H不得与酸性腐蚀性物质及有毒或易燃酯类危险物品配放）		41001～41062，41501～41554	6		×		×		6						
		易于自燃的物质	一级易于自燃的物质	42001～42040	7	×	×		×	×	×	7					
			二级易于自燃的物质	42501～42526	8	△	△		×	△			8				
		遇水放出易燃气体的物质（不得与含水液体货物在同库配放）		43001～43051，43501～43510	9	△	△		△			×		9			
	氧化性物质和有机过氧化物	氧化性物质	过氧化氢	51001，51501	10					×		△	△	×	10		
			亚硝酸盐、亚氯酸盐、次（亚）氯酸盐（注2）（注5）	51043～51046，51071～51074，51087，51509，51525	11	△			×	×	△	△		△		11	
			其他氧化性物质（配放号13所列品名除外）	51002～51042 51047～51067，51069 51080～51083，51502～51508，51510～51524，51526，51527	12	△			×	×	△	△		△		×	12

说明：

一、配放符号

1. 无配放符号表示可以配放；
2. △表示可以配放，堆放时至少隔离2 m；
3. ×表示不可以配放；
4. 有“注1”、“注2”……等注释时按注释规定办理。

二、注释

1. 除硝酸盐（如硝酸钠、硝酸钾或硝酸铵等）与硝酸、发烟硝酸可以混存外，其他情况皆不得混存；
2. 氧化性物质不得与松软的粉状可燃物（如煤粉、焦粉、炭黑、糖、淀粉、锯末等）混存；
3. 饮食品、粮食、饲料、药品、药材类、食用油脂及活动物不得与贴有毒性气体、毒性物质、感染性物质包装标志的物品，及有恶臭能使货物污染异味的物品，以及畜禽产品中的生皮张、生毛皮（包括碎皮）、畜禽毛、骨、蹄、角、鬃等物品混存；
4. 饮食品、粮食、饲料、药材类、食用油脂与按普通货物运输的化工原料、化学试剂、香精、香料应隔离1 m以上；
5. 漂白粉与过氧化氢、易燃物品、非食用油脂应隔离2 m以上；与饮食品、粮食、饲料、药品、药材类、食用油脂、活动物不得混存；
6. 贴有易燃液体包装标志的液态农药不得与氧化性物质和有机过氧化物混存。

续上表

危险货物			硝酸胍、高氯酸醋酐溶液、过氧化氢尿素、二氯异氰尿酸、三氯异氰尿酸、四硝基甲烷等有机过氧化物	51068，51075～51079，52001～52103	13	×			×	×	×	×		△	△	×	×	13							
危险货物	毒性物质		氰化物	61001～61005	14										×				14						
危险货物	毒性物质		其他毒性物质（注6）	61006～61205，61501～61520，61551～61941	15										△					15					
危险货物	腐蚀性物质	酸性腐蚀性物质	溴	81021	16	△				△		×	△	△				×	×	△	16				
危险货物	腐蚀性物质	酸性腐蚀性物质	发烟硝酸、硝酸、硝化酸混合物、废硝酸、废硝化混合酸、发烟硫酸、硫酸、含铬硫酸、废硫酸、淤渣硫酸、氯磺酸	81001～81004，81006～81009，81023	17	×	△	△	×	△	△	×	×	△	△	×	注1	×	×	△	△	17			
危险货物	腐蚀性物质	酸性腐蚀性物质	其他酸性腐蚀性物质	81005，81010～81020，81022，81024～81135，81501～81647	18	△			△			△		△	△	△	△	△	×	△		△	18		
危险货物	腐蚀性物质		碱性腐蚀性物质（水合肼、氨水不得与氧化性物质和有机过氧化物配放）其他腐蚀性物质	82001～82041，82526 83001～83030，83501～83514	19									△								×		19	
普通货物	易燃普通货物				20	×			×						△			△			△	×			20
普通货物	饮食品、粮食、饲料、药品、药材类、食用油脂（注3）（注4）				21	△			×	△	△	×		×	△				×	×	×	×	×	△	21
普通货物	非食用油脂				22										△						×	×			22
普通货物	活动物（注3）				23	×			×	△	△	×		×	×	△	△	△	×	×	×	×	×	×	23
普通货物	其他（注3）（注4）				24																				24
配放号						1	2	3	4	5	6	7	8	9	10	11	12	13	14	15	16	17	18	19	

5. 危险货物的押运

运输爆炸品(烟花爆竹除外)、硝酸铵、剧毒品(《品名表》"特殊规定"栏有第67条有特殊规定的)、罐车装运气体类(含空车)危险货物实行全程押运。装运剧毒品的罐车和罐式箱不需押运。其他危险货物需要押运时按有关规定办理。

押运员应当掌握所押运危险货物的性质、危害特性、包装容器、载运工具的使用特性和发生意外的应急措施。押运员押运时应携带培训合格证明,并符合《危规》相关规定。不符合规定的,禁止上车押运。

发站要对押运工具、备品、防护用品以及押运间清洁状态等进行严格检查,不符合要求的禁止运输。

押运管理工作实行区段签认负责制。货检人员应与押运员在所押运的车辆前签认,签认内容见"全程押运签认登记表"。托运人再次办理运输时(含应押运的气体类罐车返空),应出具此登记表,并由车站保留3个月。对未做到全程押运的,再次办理货物托运时车站不予受理。

运输时发现押运备品不符合要求,押运员身份与携带证件不符或押运员缺乘、漏乘时应及时甩车,做好登记,并通知发站或到站联系托运人、收货人补齐押运员或押运备品,编制普通记录后方可继运。

同一托运人、同一到站押运方式、车辆及人数规定如下:

(1)气体类6辆重(空)罐车(含带押运间车辆)以内编为1组,每组押运员不得少于2人。每列编挂不得超过3组。每组间的隔离车不得少于10辆(原则上需要用普通货物车辆隔离)。

(2)剧毒品(《品名表》"特殊规定"栏有第67条有特殊规定的)4辆(含带押运间车辆)以内编为1组,每组2人押运;2组以上押运人数由铁路局集团公司确定。

(3)硝酸铵4辆以内编为1组,每组2人押运;2组以上押运人数由铁路局集团公司确定。

(4)爆炸品(烟花爆竹除外)每车2人押运。

上述车辆编组隔离除符合本条规定外,还应遵守"铁路车辆编组隔离表"的规定。

派有押运员的车辆,要求成组连挂时,途中不得拆解。

6. 危险货物车辆的挂运要求

(1)调车作业限制

调车作业是运输过程中的一个重要环节。调车连挂时的速度高低、冲击大小,与货物的安全有密切关系。装有危险货物的车辆尤其如此。如果在调车作业中将装有危险货物的车辆和装有普通货物的车辆都用同样的方法进行溜放,很容易造成事故。但是把所有装危险货物的车辆都禁止溜放,或溜放时限速连挂,就会大大影响作业效率。

①禁止溜放

禁止溜放是指调车作业时,调动车辆时禁止溜放和由驼峰上解体。确定禁止溜放的原则是:

a. 所装货物对冲击非常敏感,易引起燃烧和爆炸等严重事故,如黄磷。

b. 一旦发生事故,易造成严重的人员伤亡,且施救困难,如剧毒品等。

c. 贵重、尖端、精密机械、仪器。

d. 能造成政治影响涉外物资,如外国展览品,使馆用品等。

e. 按组级代号的军用品。

f. 特种车辆、代用客车、跨装车组、二级以上超限货物。

g. 易碎的历史文物、展出品、出口的工艺美术品。

h. 活动物。

②限速连挂

限速连挂是指溜放或由驼峰上解体调车时，车辆连挂速度不得超过 2 km/h。

为保证调车作业安全和积极提高作业效率，相关部门制定了"铁路车辆禁止溜放和限速连挂表"，见表 11-5-3。

表 11-5-3　铁路车辆禁止溜放和限速连挂表(摘录)

序号	种　类	禁　止　溜　放 (调动这些车辆时禁止溜放和由驼峰上解体)	限　速　连　挂 (溜放或由驼峰上解体调车，车辆连挂速度不得超过 2 km/h)
1	爆炸品	有整体爆炸危险的物质和物品；有进射危险，但无整体爆炸危险的物质和物品；有燃烧危险并有局部爆炸危险或局部迸射危险或这两种危险都有，但无整体爆炸危险的物质和物品	不呈现重大危险的物质和物品；有整体爆炸危险的非常不敏感物质；无整体爆炸危险的极端不敏感物品
2	气体	罐车(含空罐车)和钢质气瓶装载的易燃气体、毒性气体	①非易燃无毒气体 ②钢质气瓶以外其他包装装载的气体类危险货物
3	易燃液体	乙醚，二硫化碳，石油醚，苯，丙酮，甲醇，乙醇，甲苯	①除禁止溜放栏内规定以外的装入玻璃或陶瓷容器的易燃液体 ②汽油
4	易燃固体、易于自燃的物质、遇水放出易燃气体的物质	硝化纤维素，黄磷，硝化纤维胶片	三硝基苯酚[含水≥30%]，六硝基二苯胺[含水>75%]，三乙基铝，浸没在煤油或密封于石蜡中的金属钠、钾、铯、锂、铷、硼氢化物
5	氧化性物质和有机过氧化物	过氧化氢，过氧化钠，过氧化钾，氯酸钠，氯酸钾，氯酸铵，高氯酸钠，高氯酸钾，高氯酸铵，硝酸胍，漂粉精和有机过氧化物	除禁止溜放栏内规定以外的装入玻璃容器的氧化性物质和有机过氧化物
6	毒性物质和感染性物质	玻璃瓶装的氯化苦、硫酸二甲酯、四乙基铅(包括溶液)、一级(剧毒)有机磷液态农药、一级(剧毒)有机锡类、磷酸三甲苯酯、硫代膦酰氯	①禁止溜放栏内的货物装入铁桶包装时 ②除禁止溜放栏内规定以外的装入玻璃或陶瓷容器的毒害性物质
7	放射性物质	二、三级运输包装或气体的放射性货物	—
8	腐蚀性物质	罐车装载以及玻璃或陶瓷容器盛装的发烟硝酸、硝酸、发烟硫酸、硫酸、三氧化硫、氯磺酸、氯化亚砜、三氯化磷、五氯化磷、氧氯化磷、氢氟酸、氯化硫酰、高氯酸、氢溴酸、溴	除禁止溜放栏内规定以外的装入玻璃或陶瓷容器的腐蚀性物质

续上表

序号	种　　类	禁　止　溜　放 （调动这些车辆时禁止溜放和由驼峰上解体）	限　速　连　挂 （溜放或由驼峰上解体调车，车辆连挂速度不得超过 2 km/h）
9	特种车辆	非工作机车，轨道起重机，机械冷藏车，大型的凹型和落下孔车，空客车及特种用途车（发电车、无线电车、轨道检查车、钢轨探伤车、电务试验车、通信车），检衡车	—
10	其他车辆	搭乘旅客的车辆，国铁集团临时指定的货物车辆	乘有押运人员的货车
11	贵重、精密货物	由发站和托运人共同确定的贵重的以及高级的精密机械、仪器仪表	电子管、收音机、电视机以及装有电子管的机械
12	易碎货物	易碎的历史文物，易碎的展览品，外贸出口的易碎工艺美术品，易碎的涉外物资（指各国驻华使、领馆公用或个人用物品，外交用品，国际礼品，展品，外侨及归国华侨的搬家货物）	鲜蛋类，生铁制品，陶瓷制品，缸砂制品，玻璃制品以及用玻璃、陶瓷、缸砂容器盛装的液体货物

注：除序号 1、2、9、10 完全禁止溜放外，其他禁止溜放栏的货物车辆可向空线溜放。

（2）车辆编组隔离

由于挂有危险货物车辆的列车在运行中接触的外界条件复杂，编入同一列车的危险货物车辆性质也各不相同，列车中除了危险货物车辆外，还有乘务人员、押运人员，为了保证人身、货物安全以及发生事故后不致使事故扩大，危险货物车辆在编入列车时，就要用普通货物车进行隔离。为此，相关部门制定了“铁路车辆编组隔离表”，见表 11-5-4。

（3）停止制动作用

某些危险货物因货物性质需停止制动作用，即关闭车辆截断塞门，使本车制动不起作用。在《品名表》“特殊规定”栏有下列特殊规定的危险货物，仅限使用停止制动作用的棚车：

①特殊规定 4：“应使用停止制动作用的棚车。”

②特殊规定 26：“含氮量小于或等于 12.6％、含水或其他润湿剂小于 32％的硝化纤维素，应使用停止制动作用的棚车并按整车办理。”

如电引爆雷管[爆破用]（11001）、重氮甲烷（11020）等货物装运时，仅限使用停止制动作用的棚车。

装运需停止制动作用的货车时，车站应书面通知所在地货车车辆段，由货车车辆段组织相关运用作业场派员关闭截断塞门并施封，封上应有“停止制动”字样。到站卸车后，车站应书面通知所在地货车车辆段，由货车车辆段组织相关运用作业场派员拆封，并确认铁路货车自动制动机技术状态良好后开启截断塞门。

（4）特殊防护事项

根据危险货物特殊性质，在调车作业和运输编组隔离、车辆技术检查、整备、检修等技术作业中须采取特殊防护事项，要有明确规定，并应书面通知有关单位和人员。有关运输票据和货车上的表示方式见表 11-5-5。

表 11-5-4　铁路车辆编组隔离表

货物种类（品名编号）		隔离标记	最少隔离辆数						备注
			距牵引的内燃、电力机车，推进运行或后部补机及使用火炉的车辆	距乘坐旅客的车辆	距装载雷管及导爆索车辆（11001，11002，11007，11008）△7	距装载除雷管及导爆索以外的爆炸品车辆△8	距装载易燃普通货物的敞车、平车	距装载高出车帮易窜动货物车辆	
气体（含空罐车）	易燃气体 非易燃无毒气体 毒性气体	△1	4	4	4	4	2	2	运输气体类危险货物重、空罐车时，每列编挂不得超过3组，每组间的隔离车不得少于10辆
一级易燃液体 一级易燃固体 一级易于自燃的物质 一级氧化性物质 有机过氧化物 一级毒性物质（剧毒品） 一级酸性腐蚀性物质 一级碱性腐蚀性物质 一级其他腐蚀性物质		△2	2	3	3	4	2	—	运输原油时，与机车及使用火炉的车辆可不隔离。 运输硝酸铵时，与机车及使用火炉的车辆隔离不少于4辆
放射性物质（矿石、矿砂除外）		△3	2	4	×	×	2	1	×标记表示不能编入同一列车
七〇七	一级	△4	4	4	4	4	4	2	一级与二级编入同一列车时，相互隔离2辆以上，停放车站时相互隔离10 m以上，严禁明火靠近
七〇七	二级	△5	4	4	4	4	4	2	
敞、平车装载的易燃普通货物及敞车装载的散装硫磺		△6	2	2	2	2	—	—	装载未涂防火剂的腐朽木材的车辆，运行在规定的区段和季节须与牵引机车隔离10辆，如隔离有困难时，各铁路局集团公司与邻局协商规定隔离办法
爆炸品	雷管及导爆索（11001，11002，11007，11008）	△7	4	4	—	4	2	2	—
爆炸品	除雷管及导爆索以外的爆炸品	△8	4	4	4	—	2	2	

注：1. 小运转列车及调车隔离规定，由铁路局集团公司自行制定。

2. 有△1标记的车辆与装运蜜蜂的车辆运输按有关规定办理。

3. 空罐车可不隔离（气体类货物除外）。

表 11-5-5 特殊防护事项表

特殊防护事项	货车上的表示	运输单据上的表示
规定禁止溜放或溜放时限速连挂的货车	在货车两侧插挂"禁止溜放"或"限速连挂"的货车表示牌	在货物运单、票据封套上标记"禁止溜放"或"限速连挂"记事或加盖相应戳记
规定编组需要隔离的货车	在货车表示牌上要记明三角标记。未限定"禁止溜放"或"限速连挂"的货车可用货车表示牌背面记明三角标记,并插于货车两侧	在货物运单、票据封套上标记规定的编组隔离标记或加盖相应戳记
规定停止制动作用的货车	在货车表示牌上记明"停止制动作用"字样	在货物运单、票据封套上标记"停止制动作用"或加盖相应戳记

派有押运员的成组危险货物车辆,要求成组连挂,不得拆解;发站应在该组车辆每一张货物运单上标记"成组连挂,不得拆解"或加盖相应戳记,并将该组票据单独装入封套(剧毒品除外),封套上标记"成组连挂,不得拆解"或加盖相应戳记。

(5)危险货物车辆的挂运

装运危险货物应快装、快卸、快取、快送、优先编组、优先挂运。站内停放危险货物车辆时,要采取安全防护措施,对重点危险货物,由车站通知公安部门派人看护巡守。

对有调车作业限制、编组隔离要求以及派有押运人的车辆,在列车编组时,应将有关事项转记到"列车编组顺序表"(运统一)记事栏内,以引起工作人员的注意。

危险货物车辆,在始发站或编组站应以最近车次挂出。货运员或车站货调应及时向站调报告危险货物的车种、车号、装完时间、存放地点,站调对危险货物车辆应重点掌握,安排最近车次挂出。各中间站装完的车辆,则由车站值班员报告列调,由列调掌握最近车次挂出。

7. 途中及到达作业

挂运危险货物车辆的列车,在货检站进行货运交接检查时,要注意检查列车内危险货物车辆编组隔离是否正确,货车上是否有规定的表示牌,运输票据上是否有规定运输戳记,使用的车种是否符合规定,应停止制动作用车辆的截断塞门是否已经关闭,应派押运人的车辆是否都有押运人。在检查中遇有货车门窗关闭不严,票据、表示牌不全或编组隔离不合规定等情况,应立即通知车站处理。

对到达的货物要及时通知收货人,做到及时交付货物,及时取送车辆。货位清空后,需及时清扫、洗刷干净。对撒漏的危险货物及废弃物,应及时通知收货人进行处理。对危险性大、撒漏严重的,要会同安监、卫生防疫、环保、消防等部门共同处理。

典型工作任务 6 组织危险货物罐车、剧毒品、集装箱、放射性物品运输

任务引入

安全生产是铁路运输永恒的主题。铁路危险货物罐车、剧毒品、集装箱运输和放射性物品的运输,除遵守危险货物运输一般要求外,还须根据危险货物特性、运输方式等,建立相应的运输管理和安全保障体系,并加以遵守,确保运输安全。了解危险货物罐车运输、剧毒品运输、集

装箱运输和放射性物品运输的特殊规定，树立牢固的安全运输思想，培养按章作业的职业素养，具备按《危规》规定组织危险货物罐车、剧毒品、集装箱运输和放射性物质运输基本能力，是本工作任务的目标。

相关知识

1. 危险货物罐车运输

罐车是车体呈罐形的运输车辆，主要是用来装载液态、气态及粉末状货物的，其中一部分属于普通货物，另一部分属于危险货物。危险罐装货物主要包括易燃液体（如汽油、煤油、苯）、毒害性及腐蚀性液体（如浓硝酸、浓硫酸）和气体（如液氯、液氨）。

按用途不同，铁路运输罐车可分轻油罐车、酸碱类罐车、液化气体罐车和粉状货物罐车；按结构特点不同，铁路运输罐车可分为有空气包和无空气包罐车、有底架和无底架罐车、上卸式和下卸式罐车等。

（1）车辆的使用

①铁路罐车的使用范围

铁路产权的罐车限装品名为原油、汽油、煤油、航空煤油、柴油、石脑油、溶剂油、轻质燃料油及非危险货物的重油、润滑油。对擅自涂改铁路产权罐车标记装运限定之外品名的，要立即扣车处理，同时追查有关责任单位、责任人的责任。厂、段修过期未修车辆不得装车运用。

②自备罐车的使用范围

危险货物自备货车过轨运输应按照《自备铁路车辆经国家铁路过轨运输管理办法》实行协议制管理。采用自备货车运输危险货物的，要有危险货物专用线（或共用专用线）及专用储运附属设备设施，运输的品类和业务范围应与设计内容一致。

自备罐车装运危险货物，品名范围及车种要求应符合《品名表》“特殊规定”栏的特殊规定。未做规定的，由所属铁路局集团公司组织研究提出安全运输条件建议，报国铁集团货运部。安全运输条件建议应包括事故应急预案和环保应急处理预案。国铁集团货运部组织专家进行技术审查，通过技术审查后公布安全运输条件。

③危险货物罐车标志

为便于识别车内所装货物的主要性质，引起作业人员的注意，罐车上除按规定涂打常用标记外，还在车体上涂打表示该货物性质的特殊标记。

装运酸、碱类的罐体为全黄色，罐体两侧纵向中部应涂刷一条宽 300 mm 黑色水平环形色带；装运煤焦油、焦油的罐体为全黑色，罐体两侧纵向中部应涂装有一条宽 300 mm 红色水平环形色带；装运黄磷的罐体为银灰色，罐体中部不涂打环形色带。

装运其他危险货物罐车罐体底色应为银灰色，罐体两侧纵向中部应涂刷一条宽 300 mm 表示货物主要特性的水平环形色带：红色表示易燃性，绿色表示氧化性，黄色表示毒性，黑色表示腐蚀性。

装运气体的罐车，罐体两侧纵向中部应涂刷一条宽 300 mm 表示货物主要特性的水平环形色带，环带上部 200 mm 宽涂蓝色；下部 100 mm 宽涂红色或黄色，分别表示易燃气体或毒性气体。环带 300 mm 为全蓝色时表示非易燃无毒气体。

罐体两侧环形色带中部（有扶梯时在扶梯右侧）以分子、分母形式喷涂货物名称及其危险性，如苯：$\dfrac{\text{苯}}{\text{易燃、有毒}}$。对遇水会剧烈反应，事故处理严禁用水的货物，还应在分母内喷涂“禁水”二字，如硫酸：$\dfrac{\text{硫酸}}{\text{腐蚀·禁水}}$。并按《危险货物包装标志》在罐体两端头两侧环形色带下方喷涂相应标志，规格为 400 mm×400 mm。

苯、粗苯、甲苯、乙苯、二甲苯可用罐体涂打“苯类”字样的自备罐车运输；汽油、煤油、航空煤油、柴油、石脑油、溶剂油、轻质燃料油可用罐体涂打“轻油类”字样的自备罐车运输。

(2)承运

承运危险货物自备货车时，应检查以下内容：

①气体类危险货物

a. 托运人或收货人的罐车产权单位名称应与“自备铁路车辆经国家铁路过轨运输证”(以下简称“过轨运输证”)的单位名称相统一。

b. 货物品名、托运人、收货人、发到站、专用线等应与办理限制相统一。

c. 货物品名应与罐体标记品名相统一。

d. 托运人提供的“铁路液化气体罐车充装记录”(以下简称“充装记录”)一式两份，一份由发站留存，一份随货物运单至到站交收货人。

e. 罐车产权单位提供的移动式压力容器使用登记证。

f. 虽符合上述五项条件，但车辆检修时间过期、证件过期、车况不良、罐体密封不严、罐体标记文字不清等有碍安全运输的不予办理运输。

②非气体类液体危险货物

非气体类液体危险货物运输时比照气体类危险货物规定办理，不检查移动式压力容器使用登记证，应检查铁路罐车容积检定证书和铁路罐车罐体检测报告。

③其他类危险货物

其他类危险货物运输比照气体类危险货物和非气体类液体危险货物运输的相应规定办理。

自备货车返空时，车站不再查验“过轨运输证”，其返空到站按空车托运人要求办理。

(3)装卸车作业

危险货物罐车装卸作业应在企业专用线内办理。

①气体类货物充装量

气体类危险货物装车单位应具有轨道衡计量设备，装运气体类危险货物罐车标记容积在 80 m^3 以上的应安装三台面轨道衡。

气体类危险货物在充装前应对空车进行检衡。充装后，需用轨道衡再对重车进行计量，严禁超装。充装量应按计算公式计算，但不得大于标记载重量；计算的充装量大于标记载重量时，充装量以标记载重量为准。

允许充装量的计算公式为

$$W_{\text{计算}}=\Phi\cdot V_{\text{标}} \tag{11-6-1}$$

当 $W_{\text{计算}}\geqslant P_{\text{标}}$ 时，

$$W_{\text{许装}}=P_{\text{标}} \tag{11-6-2}$$

当 $W_{\text{计算}}<P_{\text{标}}$ 时，

$$W_{许装}=W_{计算} \tag{11-6-3}$$

式中　$W_{计算}$——根据重量充装系数确定的计算充装量，t；

$W_{许装}$——允许充装量，t；

Φ——重量充装系数，t/m^3，见表 11-6-1；

$V_{标}$——罐车标记容积，m^3；

$P_{标}$——罐车标记载重，t。

表 11-6-1　常见介质的重量充装系数

充装介质种类	重量充装系数 Φ（t/m^3）	充装介质种类	重量充装系数 Φ（t/m^3）
液氨	0.52	混合液化石油气	0.42
液氯	1.20	正丁烷	0.51
液态二氧化硫	1.20	异丁烷	0.49
丙烯	0.43	丁烯、异丁烯	0.50
丙烷	0.42	丁二烯	0.55

注：液化气体重量充装系数，按介质在 50 ℃时罐体内留有 6%～8%气相空间及该温度下的比重求得。

检衡复核充装量公式为

$W_{空检}\geqslant W_{自重}$时，

$$W_{实装}=W_{总重}-W_{自重} \tag{11-6-4}$$

$W_{空检}<W_{自重}$时，

$$W_{实装}=W_{总重}-W_{空检} \tag{11-6-5}$$

要求 $W_{实装}$不得大于 $W_{许装}$，即 $W_{实装}\leqslant W_{许装}$。

式中　$W_{实装}$——实际充装量，t；

$W_{自重}$——罐车标记自重，t；

$W_{总重}$——重罐车检衡重量，t；

$W_{空检}$——罐车空车检衡重量，t。

【例 11-6-1】　罐装液化石油气

某托运人使用标重 40 t、自重 43.8 t、容积 96 m^3 的自备罐车装运液化石油气（编号 21053），经检衡，空车重 44.17 t，重车重 80.21 t，判断装载量是否符合铁路运输规定。

【解】　确定允许充装量

查表 11-6-1，重量充装系数为 0.42 t/m^3，已知 $P_{标}=40$ t。

$$W_{计算}=\Phi\cdot V_{标}=0.42\times 96=40.32(t)$$

因为 $W_{计算}>P_{标}$，所以 $W_{许装}=P_{标}=40$ t。

接下来，复核充装重量。已知检衡空车重 44.17 t，重车重 80.21 t；自重 43.8 t。

因为 $W_{空检}>W_{自重}$，所以 $W_{实装}=W_{总重}-W_{自重}=80.21-43.8=36.41(t)$

用该车装运液化石油气的允许充装量为标重 40 t，托运人实际装载量为 36.41 t，该石油罐车充装量符合铁路运输规定。

②充装非气体类液体危险货物

充装非气体类液体危险货物时，应根据液体货物的密度、罐车标记载重量、标记容积确定充装量。充装量不得大于罐车标记载重量；同时要留有膨胀余量，充装量上限不得大于罐体标记容积的95%，下限不得小于罐体标记容积的83%。

即允许充装量应同时符合以下重量和体积要求：

a. 允许充装体积：

$$0.83V_{标} \leqslant V_{许装} \leqslant 0.95V_{标}$$

b. 允许充装重量：

$$W=\rho \cdot V_{许装} \leqslant P_{标}$$

式中　W——允许充装量，t；

ρ——充装介质密度，t/m^3；

$V_{标}$——罐车标记容积，m^3；

$P_{标}$——罐车标记载重，t；

$V_{许装}$——罐车允许充装体积，m^3。

【例 11-6-2】 赵某托运航空汽油(编号31001)密度0.71 t/m^3，使用标重51 t，容积60 m^3的罐车装运，确定装载量。

【解】 汽油为非气体类液体危险货物。

充装体积为：

最大允许充装体积 $V_{许装}=0.95V_{标}=0.95\times60=57(m^3)$

最小允许充装体积 $V_{许装}=0.83V_{标}=0.83\times60=49.8(m^3)$

因为 $V=60\ m^3$，所以 $V_{许装}<V$。

充装重量为：

最大允许充装重量 $W=\rho \cdot V_{许装}=0.71\times60\times95\%=40.47(t)$

最小允许充装重量 $W=\rho \cdot V_{许装}=0.71\times60\times83\%=35.358(t)$

因为 $P_{标}=51$ t，所以 $W<P_{标}$。

因此用该车装运汽油的合理装载量为体积49.8～57 m^3，重量35.36～40.47 t。

③装卸作业要求

装车前，托运人应确认罐车是否良好，罐体外表应保持清洁，标记、文字应清晰易辨。罐体有漏裂，阀、盖、垫及仪表等附件、配件不齐全或作用不良的罐车禁止使用。

气体类危险货物充装前应有专人检查罐车，按规定对罐体外表面、罐体密封性能、罐体余压等进行检查，不具备充装条件的罐车严禁充装。罐车充装完毕后，充装单位应会同押运员复检充装量，检查各密封件和封车压力状况，认真详细填记"充装记录"，符合规定时，方可申请办理托运手续。卸车时必须将罐车卸净。

气体类危险货物罐车卸后罐体内应留有不低于0.05 MPa的余压。

危险货物罐车装、卸车作业后，应及时关严罐车阀件，盖好人孔盖，拧紧螺栓，严禁混入杂质。罐体外表应保持清洁，其上涂打的标记文字应清晰可辨。

(4)运输变更

气体类危险货物罐车运输不允许办理运输变更或重新托运，如遇特殊情况需要运输变更或重新托运时，需经铁路局集团公司批准。

危险货物运输变更或重新托运应符合《危规》有关要求。

2. 危险货物集装箱运输

铁路危险货物集装箱(以下简称"危货箱")除应执行铁路集装箱及其装卸场所、设施的一般规定外，还应符合《危规》规定。

(1)办理品类

危货箱仅办理《品名表》中下列品类：

①铁路通用箱

铁路通用箱可装运二级易燃固体、二级氧化性物质、二级酸性腐蚀性物质、二级碱性腐蚀性物质和二级其他腐蚀性物质。

②自备危货箱

自备危货箱投入运用前，铁路局集团公司应按《铁路危险货物集装箱编号登记簿》进行登记并编号，编号方式如：哈 TWX0001、京 TWX0001、上 TWX0001。自备危货箱除可用以装运铁路通用箱中所列品名的危险货物外，还可装运二级毒性物质。

危货箱装运上述第①、②项以外的危险货物以及使用罐式集装箱装运危险货物的，由所属铁路局集团公司组织研究提出安全运输条件建议(罐式箱还应提出框架静强度及冲击试验合格报告)，报国铁集团货运部。国铁集团货运部组织专家进行技术审查，通过技术审查后公布安全运输条件。

(2)托运与受理

危货箱同一车限装同一品名、同一铁危编号的危险货物，包装应与《危规》要求一致。运输时只允许办理一站直达并符合办理限制要求。

托运危货箱时，托运人应在货物运单“托运人记事”栏内填写箱内所装危险货物品名和铁危编号，并根据危险货物类别在箱体上拴挂相应包装标志。拴挂位置为箱门把手处(罐式箱在装卸料设施适当位置)各 1 枚，箱角吊装孔各 1 枚，共计 6 枚，需拴挂牢固，不得脱落。标志采用塑料双面彩色印刷，规格为 100 mm×100 mm。

车站受理危货箱时，应对品名、包装、标志、标记等进行核查，防止匿报、谎报危险货物或在危货箱中夹带违禁物品。

(3)装卸与堆码

危货箱的装掏箱由托运人或收货人负责，严禁在站内办理危货箱的装箱、掏箱作业。装箱时应采取安全防护措施，防止货物在运输中倒塌、窜动和撒漏。

危货箱装卸车作业前，货运员应向装卸工组说明货物性质及作业安全事项，作业时应做到轻起轻放，不得冲撞、拖拉、刮碰。

危货箱的堆码存放应符合“铁路危险货物配放表”的有关规定。

(4)危货箱的洗刷除污

收货人应负责危货箱的洗刷除污，并负责撤除拴挂的危险货物标志。无洗刷能力时，可委托铁路部门洗刷，费用由收货人负担。洗刷除污相关要求比照《危规》有关条款办理。

(5)罐式箱运输

办理罐式箱运输时，托运人、收货人、发到站、专用线、货物品名等应与办理限制相符。罐式箱限使用集装箱专用平车(含共用平车)运输。

罐式箱的标记、承运、介质充装、安全防护等安全管理要求比照“危险货物罐车”有关条款办理。

3. 剧毒品运输

(1)托运和承运

剧毒品系指《危险化学品目录》中注明的剧毒化学品。

《品名表》"特殊规定"栏有第 67 条有特殊规定的剧毒品，均实行铁路剧毒品运输跟踪管理，运输时采用剧毒品黄色专用运单，并在运单上印有骷髅图案。

未列入剧毒品跟踪管理范围的剧毒品不采用剧毒品黄色专用运单，但仍按剧毒品分类管理。

整列运输剧毒品由国铁集团确定有关运输条件。

(2)装卸作业

各铁路局集团公司要根据专用线办理剧毒品运输的情况，配齐专用线货运员。

装车作业时，货运员要会同托运人确认品名、清点件数(罐车除外)，监督托运人进行施封，并检查施封是否有效。装有剧毒品的车辆应用加固锁加固车辆门扣并安装防盗报警装置。

到站卸车时，应与押运人、收货人共同确认封印状态，并及时与收货人办理交接手续。

(3)货检作业

车站货检人员对剧毒品车辆应做重点检查，用数码相机或手持机两侧拍照(如车号、施封、门窗状况)，并存档保管至少 3 个月；运输过程中发现装有剧毒品的车辆或集装箱无封、封印无效以及有异状时，应立即甩车，并报告铁路公安部门共同清点，按规定进行处理。如发生丢失被盗等问题，立即报告铁路局集团公司和国铁集团调度、货运部门及铁路公安部门。

各级货运、运输等部门，要把剧毒品日常运输纳入每日交班内容，严格掌握发运、途中和交付的情况。

(4)计算机跟踪管理

剧毒品(《品名表》"特殊规定"栏有第 67 条有特殊规定的，第 4 项、第 5 项中下同)运输实行三级计算机跟踪管理。

①铁路剧毒品运输计算机跟踪管理应以办理站为基础，国铁集团、铁路局集团公司和车站，根据不同层次管理要求建立信息管理系统。

②计算机跟踪管理工作由国铁集团负责方案规划和监督指导，铁路局集团公司负责方案实施和日常管理，铁路信息技术部门负责软件维护、更新、完善等技术支持，保证系统正常运转。

③办理剧毒品运输的车站应具备原始信息及时发送和接收能力，要求配备相应的传输、通信、打印等信息跟踪管理设备。

④装车站要将剧毒品运单所载信息及时生成"剧毒品运输管理信息登记表"，实时报告剧毒品运输跟踪管理系统。内容包括剧毒品车的车号(集装箱类型、箱号及所装车号)、发到站、品名及编号、件数、重量和承运及装车日期等。

⑤挂有剧毒品车辆的列车，应在"运统一"记事栏中注明"D"字样，并将剧毒品车辆的车种车号、发到站、货物品名、挂运日期、挂运车次等信息及时报告给铁路局集团公司行车确报系统和剧毒品运输跟踪管理系统。

⑥中途站发现装有剧毒品的车辆或集装箱无封、封印无效以及有异状时，应立即甩车，报告所属铁路局集团公司和铁路公安部门，并共同清点。同时按规定及时以电报形式向发到站及所属铁路局集团公司和国铁集团报告有关情况。继续运送时，按第④项装车站要求办理。

⑦剧毒品到站后和卸车交付完毕后，立即将车种车号(集装箱箱型、箱号及所装车号)、发到站、托运人、收货人、品名及编号、件数、重量、到达日期、到达车次、交付日期等信息报告剧毒品运输跟踪管理系统，并在 2 h 内通知发站。

(5)剧毒品运输过程跟踪

剧毒品运输安全要作为重点纳入车站日班计划、阶段计划。车站编制日班计划、阶段计划时要重点掌握，优先安排改编和挂运。车站要根据作业情况建立剧毒品车辆登记、检查、报告和交接制度，值班站长要按技术作业过程对剧毒品车辆进行跟踪监控。

①列车出发作业

车号员要认真编制“列车编组顺序表”(运统一)，并在剧毒品车辆记事栏内标记“D”符号。发车前认真核对现车，确保出发列车编组、货运票据和“列车编组顺序表”(运统一)内容一致。发车后，要及时发出列车确报。

车站调度员(车站值班员)于列车出发后，将剧毒品车辆的挂运车次、编挂位置等及时报告铁路局集团公司调度，并将信息登录到剧毒品运输信息跟踪系统。

②列车改编作业

车站调度员(调车区长)要准确掌握剧毒品车辆信息，及时安排解编作业，正确编制调车作业计划，并在调车作业通知单上注明标记。严格执行剧毒品车辆禁止溜放和限速连挂规定。

调车指挥人员要按调车作业计划，将剧毒品车辆的作业方法、注意事项直接向司机和调车作业人员传达清楚，严格按要求进行调车作业。作业完毕，及时将剧毒品车辆有关信息向车站调度员(调车区长)报告。

③列车到达作业

车号员严格执行核对现车制度，发现列车编组、货运票据和“列车编组顺序表”(运统一)内容不一致时，及时记录并向车站调度员(调车区长)汇报。对剧毒品车辆要进行标记。

货检人员对剧毒品车辆要重点进行检查。要认真检查剧毒品车辆等状态，没有押运员的应及时通知发站派人处理并采取监护措施，同时报告铁路公安部门。

完成上述工作后应将有关情况及时报告车站调度员(调车区长)。

铁路局集团公司调度应将剧毒品运输纳入日(班)计划并负责全程跟踪。跨局运输时，各局间调度要互相进行预报，预报内容包括挂运车次、车种、车号、品名、发站、到站。各级调度部门要及时组织挂运，重点组织放行，成组运输的不得拆解，无特殊情况不得保留。挂有剧毒品的列车遇特殊情况，必须停车或保留时，要通知车站采取监护措施，同时报告铁路公安部门。

各级调度部门要掌握每天 6:00 和 18:00 装车、接入、交出、到达的剧毒品运输情况。

4. 放射性物质运输

放射性同位素与射线的应用是原子能利用的一个方面，它可以帮助人们了解物质变化的规律，分析测定物质特性，改变某些物质内部的结构，并有准确，迅速，使用方便，不受温度、压力、酸、碱等影响的优点。因此，在经济建设、国防工业、科学试验中都有着广泛的应用。

(1)托运和承运

托运放射性物质的，托运人应当持有生产、销售、使用或者处置放射性物品的有效证明，使用与所托运的放射性物品类别相适应的运输容器进行包装，配备必要的辐射监测设备、防护用品和防盗、防破坏设备，并编制运输说明书、核与辐射事故应急响应指南、装卸作业方法、安全防护指南。运输说明书应当包括放射性物品的品名、数量、物理化学形态、危害风险等内容。

①“短寿命”放射性物品

在铁路运输中，通常把半衰期少于 15 d 的放射性元素称为“短寿命”放射性物品。托运“短寿命”放射性物品时，应在运单“托运人记事”栏内注明货物容许运输期限。容许运输期限大于铁路货物运到期限 3 d 时，方可承运。

②商定运输条件

托运一类放射性物品、B 型包装件、气体放射性物品、国家管制的核材料以及《品名表》内未列载的放射性物品时，应由托运人的主管部门与国铁集团商定运输条件。

国家管制的核材料主要有：

a. 易裂变物质，包括^{233}U、^{235}U、^{239}Pu和^{241}Pu，或含有易裂变物质的材料和制品。

b. T(氚、^{3}H)，含 T 的材料和制品。

c. ^{6}Li(锂-6)，含^{6}Li的材料和制品。

d. 其他需要管制的核材料和制品。

③托运条件与证明文件

托运人托运放射性物品时，应当向办理站提交运输说明书、辐射监测报告、核与辐射事故应急响应指南、装卸作业方法、安全防护指南等资料。

托运一类放射性物品的，托运人应当委托有资质的辐射监测机构对其表面污染和辐射水平实施监测，辐射监测机构应当出具辐射监测报告。托运二类、三类放射性物品的，托运人应当对其表面污染和辐射水平实施监测，并编制辐射监测报告。

监测结果不符合国家放射性物品运输安全标准的，不得托运。

托运一类放射性物品的，托运人应当编制放射性物品运输的核与辐射安全分析报告书，报国务院核安全监管部门审查批准。

运输国家管制的核材料时，除满足《危规》相关规定外，托运人还需提交下列文件：

a. 托运一类放射性物品的，提交国务院核安全监管部门颁发的一类放射性物品运输容器设计批准书和国务院核安全监管部门颁发的一类放射性物品运输容器制造许可证；使用境外单位制造的一类放射性物品运输容器的，还应提交国务院核安全监管部门颁发的使用批准书。

b. 托运二类放射性物品的，提交运输容器设计资料报国务院核安全监管部门备案的证明和运输容器制造单位报国务院核安全监管部门备案的证明。使用境外单位制造的二类放射性物品运输容器的，还应提交运输容器材料报国务院核安全监管部门备案的证明。

c. 托运三类放射性物品的，提交运输容器设计符合国家放射性物品运输安全标准的证明文件。

d. 托运国家管制的核材料，提交国家核安全主管部门颁发的核材料许可证。

e. 进出口运输的，出具国家原子能主管部门颁发的核材料许可证及国务院对外贸易主管部门签发的进出口许可证。

f. 法律、法规规定的其他文件。

车站受理托运人提出的运输需求时，应当查验、收存托运人提供的证明文件及材料，托运人提交文件不齐全的，办理站不得承运。

(2)放射性物品的包装要求

①放射性物品的包装除应符合危险货物包装的有关规定外，还应满足下列要求：

a. 包装件应有足够的强度，保证放射性物质不泄漏和散失。内、外容器必须封严、盖紧。包装应能有效地减弱射线强度至允许水平并使放射性物品处于次临界状态。

b. 便于搬运、装卸和堆码。重量在 5 kg 以上的包装件应有提手；袋装矿石、矿砂袋口两角应扎结抓手；30 kg 以上的包装件应有提环、挂钩；50 kg 以上的包装件应清晰地标明总重。

c. 应在包装件两侧分别粘贴、喷涂或拴挂放射性货物包装标志。

②包装件和运输工具的限值应符合下列规定：

a. 货包、外包装和运输工具外表面放射性污染不得超过下列限值：β、γ和低毒性α发射体为4 Bq/cm²；所有其他α发射体为0.4 Bq/cm²。

b. 货包、外包装的运输指数不大于10，车内各包装件运输指数总和不大于50。Ⅰ类低比活度放射性物品运输指数总和不受限制。易裂变物质的货包或外包装的临界安全指数不大于50，车内各包装件临界安全指数总和不大于50。

c. 运输工具或包装件外表面任一点辐射水平不大于2 mSv/h，距运输工具2 m处的任一点辐射水平不大于0.1 mSv/h。

(3)包装等级

放射性物品包装件根据其外表面辐射水平和运输指数分为三个运输等级，见表11-6-3。

表11-6-3 放射性物品包装件运输等级

运输等级(标志颜色)	包装件外表面任意一点最大辐射水平 H(mSv/h)	运输指数TI
Ⅰ级(白色)	$H \leqslant 0.005$	TI=0(注1)
Ⅱ级(黄色)	$0.005 < H \leqslant 0.5$	0<TI≤1
Ⅲ级(黄色)	$0.5 < H \leqslant 2$	1<TI≤10
Ⅲ级(黄色)	$2 < H \leqslant 10$	TI≥10(注2)

注：1. 对于TI≤0.05的包装件均认为TI=0，其他情况TI都应取一位小数，计算TI时只进位不舍位；

2. 应按特殊规定1办理。

包装件的运输指数和表面辐射水平等级不一致时，按较高一级的确定运输等级。

(4)射线的防护

射线具有一定的电离、穿透能力，对人体有一定的损伤作用，但只要能限制在一定的限度内，避免不加防护、大剂量地长期全身照射，就不会影响健康。根据射线损害人体的途径，射线的防护可分为外照射防护和内照射防护两种。

①外照射防护

外照射是指射线在人体外产生的照射。外照射的防护，应从尽可能减少人体接受的剂量出发，采取相应的防护措施，主要有时间防护、距离防护和屏蔽防护三种。

a. 时间防护

与射线接触的时间越长，人体接受射线的剂量就越大，射线对人体的损伤也就越大。为了减少射线外照射的时间，装卸、搬运、调车等作业中，应在保证安全和质量的情况下，力求迅速；未能在规定的作业时间内完成作业时，应换班作业。装运完毕的放射性物品车辆应及时挂运。在非作业时间内，人员应尽量远离放射性物品。每人每天装卸放射性物品的时间不得超过装卸放射性物品容许作业时间表(表11-6-4)的限值。

表11-6-4 装卸放射性物品容许作业时间

包装件运输等级	包装件表面辐射水平(mSv/h)	运输指数TI	徒手作业	简单工具(距包装件表面0.5 m)	半机械化操作(距包件表面1 m)	机械化操作(距包件表面1.5 m)
Ⅰ级	≤0.005	0(注1)	6 h	—(注2)	—	—

续上表

包装件运输等级	包装件表面辐射水平(mSv/h)	运输指数TI	徒手作业	简单工具(距包装件表面0.5 m)	半机械化操作(距包件表面1 m)	机械化操作(距包件表面1.5 m)
Ⅱ级	0.01	0	4 h	6 h	—	—
	0.05	0	1.5 h	6 h	—	—
	0.1	0.1	40 min	3 h	—	—
	0.2	0.3	20 min	2 h	6 h	—
	0.3	0.6	15 min	1.5 h	6 h	—
	0.4	0.8	10 min	1 h	5 h	—
	0.5	1.0	7 min	40 min	5 h	—
Ⅲ级	0.6	1.5	×(注3)	40 min	5 h	—
	0.8	2.0	×	25 min	3.5 h	6 h
	1.0	3.0	×	20 min	2.5 h	4 h
	1.2	4.0	×	15 min	1.7 h	3 h
	1.4	5.0	×	12 min	1.5 h	2 h
	1.8	7.0	×	10 min	1 h	1.5 h
	2.0	10.0	×	8 min	30 min	1 h

注：1. 对于TI≤0.05(即0.000 5 mSv/h)的货包，其运输指数均认为0；

2."—"表示不必限制；

3."×"表示不容许。

b. 防护距离

人体接受外照射剂量的大小，在一定的时间内，与距辐射源的远近有关，一般来说，随着距离的增大而减少。因此，工作人员在非作业时应远离辐射源，在装卸、搬运作业中应增大操作距离(例如采用装卸机械、搬运工具)，避免人体直接接触放射性货件。

放射性包装件装车时，运输包装等级小的包装件应摆放在运输包装等级大的包装件周围。作业人员与放射性物品最小安全距离应符合表11-6-5的要求。每人每天装卸放射性货物的时间不得超过容许作业时间表11-6-4的限值。

表11-6-5　作业人员距放射性物品包装件外表面最小安全距离

包装件的运输指数TI	照射时间					
	1 h	2 h	4 h	10 h	24 h[1 d]	48 h[2 d]
0.2	0.5 m	0.5 m	0.5 m	0.5 m	1.0 m	1.0 m
0.5	0.5 m	0.5 m	0.5 m	1.0 m	1.5 m	1.5 m
1.0	0.5 m	0.5 m	1.0 m	1.5 m	2.5 m	2.5 m
2.0	0.5 m	1.0 m	1.5 m	2.0 m	4.0 m	4.0 m
4.0	0.5 m	1.0 m	2.0 m	3.0 m	5.0 m	5.0 m
8.0	1.0 m	2.0 m	2.5 m	4.0 m	7.0 m	7.0 m
10.0	1.5 m	2.5 m	3.0 m	5.0 m	8.0 m	8.0 m

c. 屏蔽防护

屏蔽防护是在辐射源与工作人员之间设置能减弱射线的屏蔽，以减少射线对人体的损伤，例如戴手套、眼镜或穿着铅围裙等。一般说来，任何材料都能吸收射线，但吸收不同射线的效果不一定相同，各类射线的屏蔽防护材料见表11-6-6。

表 11-6-6 各种射线的特性比较表

射线种类	带电性质	速度	空气中射程	穿透能力	电离能力	主要照射方式	防护材料
α	带正电的粒子流	2 万 km/s	10 多厘米	最弱	强	内照射	塑料、铝
β	带正负电的粒子流	20 万 km/s	20 多米	较强	较强	内、外照射	塑料、铝
γ	不带电的光子流	30 万 km/s	几百米	强	只能间接电离	外照射	铁、铅
中子流	不带电的粒子流	与 γ 相似	与 γ 相似	强	—	外照射、内照射	水、石蜡

②内照射防护

内照射是指放射性物品进入人体内的照射。内照射的危害性较大，更应注意防护。如果说外照射防护主要取决于客观条件，那么内照射的防护在很大程度上取决于工作者自己。对内照射防护可采取下列措施：

a. 防止由消化道进入体内

作业时，禁止饮食、饮水和吸烟，应注意穿工作服、戴手套和口罩。作业完毕时应换穿清洁的衣服，并对手及其他可能污染的部位进行清洗或检查。

b. 防止通过呼吸系统进入体内

为了防止放射性粉尘、烟雾、气体通过呼吸道进入人体内，在装卸作业前应通风，仓库内应保持清洁，清扫时要用潮湿的拖布拖拭，库内应有良好的通风。

c. 防止由皮肤进入体内

作业时要注意安全，防止放射性物品包装破损，特别要防止沾有放射性物品的货件损伤皮肤，身上有伤口时应禁止作业。

项目小结

危险货物运输属于铁路特殊货物运输，为保证作业安全，相关证明、要求较多，须熟练掌握《危规》的规定，严格按照危险货物的运输条件，正确办理危险货物的发送、途中和到达作业，是确保危险货物运输安全和货物运输质量及人身、设备、环境安全的关键。因此，必须树立牢固的安全运输意识，养成按章作业和严谨、细致的工作作风。

相关规范、规程与标准

1.《铁路危险货物运输管理规则》(铁总运〔2017〕164 号)。

2.《铁路危险货物品名表》(TB/T 30006—2022)。

3.《铁路危险货物运输安全监督管理规定》(交通运输部令〔2022〕24 号)。

4.《危险货物品名表》(GB 12268—2012)。

复习思考题

1. 什么是危险货物？危险货物如何分类？

2. 如何判定危险货物？

3. 简述危险货物运输包装的作用、类别及要求。

4. 危险货物装运车辆有哪些要求?

5. 简述危险货物办理站定义及分类。

6. 哪些装载过危险货物的货车必须洗刷除污?

7. 受理危险货物时应注意审查哪些内容?

8. 填写货物运单(重点为品名、托运人记载事项栏及承运人记载事项栏)。

(1)发站A,到站D,品名烟花(14055),共1 000件,20 t,托运人要求使用标重58 t的P_{64}一车装运,运价里程682 km。其他条件自设。

(2)甲站发乙站发烟硫酸(81006)一批,货重40 t,托运人要求使用标重60 t的自备罐车装运,运价里程2 022 km,其他条件自设。

9. 下列哪些货物可按普通条件运输?

漂白粉(含有效氯9%)　　碘酒(含碘30%)　　叠氮钡(含醇55%)

过氧化氢(双氧水)(含量2%)　六硝基二苯胺(含水80%)　三硝基苯酚(含水55%)

10. 危险货物装卸车作业有哪些规定?

11. 危险货物交付有哪些规定?

12."铁路危险货物配放表"何时使用,配放符号是如何规定的?

13. 装运哪些危险货物必须使用停止制动作用的货车?

14. 危险货物车辆的编挂有哪些要求,有何警示标记?

15. 危险货物车辆在编入列车隔离时,要用什么货物车进行隔离?

16. 根据题表11-1已知条件填写调车要求、编组隔离符号、是否需停止制动作用。

题表11-1

序号	货物品名	铁危编号	包装方法	调车要求	编组隔离符号	停止制动作用
1	三硝基甲苯	11035	四层厚纸袋外木箱			
2	导爆索[柔性的]	11008	捆扎外木箱			
3	焰火	13056	13塑料袋外木箱			
4	乙烷[压缩的]	21009	1钢质气瓶			
5	碘酒	32147	21塑料瓶外木箱			
6	硝化纤维素胶片	42035	金属盒外木箱			
7	硫黄	41501	散装			
8	三乙基铝	42022	2(甲)小开口钢桶			
9	金属钾	43003	浸入液体石蜡中			
10	高锰酸钾	51048	21内玻璃瓶外木箱			
11	四乙基铅	61097	2(甲)小开口钢桶			
12	四氯化碳	61554	22内玻璃瓶外木箱			
13	硝酸	81002	14陶瓷瓶外木箱			
14	氧化钙(生石灰)	82522	散装			
15	落下孔车					
16	易碎展览品					

17. 危险货物押运如何规定？
18. 自备罐车的标志如何规定？
19. 危险货物罐车气、液体充装量如何确定？
20. 剧毒品如何办理托运和承运？
21. 哪些剧毒品需全程跟踪管理？
22.“列车编组顺序表”在剧毒品车辆记事栏内标记什么符号？
23. 危险货物集装箱运输可办理哪些品名？
24. 何谓放射半衰期？何谓“短寿命”放射性物品？
25. 放射性物质射线如何防护？

项目 12　货场管理

项目描述

货场是铁路车站办理货物承运、保管、装卸和交付作业的场所，也是铁路货运产品的营销窗口。为满足货物运输的需求，安全、方便、快捷地运送货物，充分挖掘货场作业能力，必须加强对货场的管理，以保证铁路运输生产经营任务的完成。

学习目标

1. 能力目标

了解货场管理的方法。

2. 知识目标

(1)了解货场管理的主要任务和内容。

(2)掌握货场分类与配置。

(3)掌握货场设备管理的方法。

(4)熟悉影响货场能力的因素。

(5)了解货运日常管理的内容。

(6)了解专用线管理的基本知识。

3. 素质目标

具备货场管理的基本知识。

相关案例——场库面积计算

某货场拟新建一座整车发送仓库，其年度货运量统计为 800 000 t，其中有 40%的运量在专用线发送，货场内直装比重为 5%，仓库需要多大面积？

可根据年度货运量、发送的月度不均衡系数、货物保管期限、单位面积堆货量进行场库面积计算，以确定新建的整车发送仓库面积。

典型工作任务 1　认识货场管理

任务引入

货场管理一般指对铁路车站有关货运作业场所全部货物运输生产过程进行计划、组织、指挥、协调和控制，从而使整个铁路车站的货运生产有秩序、有节奏地进行。通过参观货场、查阅货运管理细则，了解货场管理的目标、任务及管理制度，提高对货场管理重要性的认识，是本工作任务的目标。

 相关知识

知识点1　货场管理的目标和任务

1. 货场管理的目标

铁路车站货场应根据运输市场和铁路现代化发展的需要，采用先进的技术设备和管理手段，不断提高工作质量和服务质量，努力创优，提高现代化管理水平，保持安全、文明、整洁、畅通，做到“服务文明化，管理科学化，作业标准化，运输集装化和装卸机械化”。

2. 货场管理的任务

(1)认真贯彻党和国家的经济政策和运输政策，以及国铁集团、铁路局集团公司颁布的有关货运规章办法。

(2)贯彻“人民铁路为人民”的宗旨，全心全意为物资单位服务，坚持“安全第一、信誉第一、用户第一”的方针。在运输质量和服务质量上，让人民满意。

(3)编制和执行货场管理细则，建立健全以岗位责任制为中心的货场各项基本作业制度，使货场作业在确保安全的前提下，不断提高经济效益和运输效益，加速车辆周转和货物送达，完成和超额完成运输任务。

(4)建立设备台账，加强现有设备管理，积极挖掘现有设备潜力，积极推广全面质量管理，开发和应用新技术新设备，不断扩大货场作业能力，提高货场工作质量和管理水平。

(5)搞好路内外联劳协作，制定货场交通管理办法，使货场到达重车卸得下、搬得出，上站货物进得来、装得上，保证货场畅通无阻。

(6)在运输安全方面，贯彻“安全第一，预防为主”的原则，防止货物损失及涉及货运责任的各类事故发生。

(7)做好货场职工政治和业务培训，重视人才的培养，不断提高货场职工政治素质和业务水平。

知识点2　货场管理的主要内容

货场管理的主要内容包括下述五个方面：

(1)货场计划管理。包括装车计划和卸车计划。

(2)货场作业管理。包括进货装车作业、卸车出货作业、出车作业和取送车作业管理。

(3)货场设备管理。包括场库与配线、货区与货位管理；装卸设备及其他货运设备的运用管理。

(4)货场安全管理。包括职工安全和业务教育、货运安全管理制度以及货运事故的防止和货物损失的处理等。

(5)铁路专用线(专用铁路)管理。

知识点3　货场管理制度

货场是铁路与托运人、收货人、短途搬运部门联系的“窗口”。为保证货场工作有秩序地进行，经济合理地利用货运设备，加速车、货周转，必须结合货场设备、作业性质、货物运量和货场

定员等具体情况建立健全各种作业管理制度，使规章规定落实到每一部门、每一工种和每一职工，使整个货场工作协调而有秩序地进行。主要基本作业管理制度如下：

1. 货装分工负责制

装卸车作业是铁路货运工作的主要生产环节。它是由货运员、装卸工组共同完成的。为了保证货运质量，提高效率，必须建立装卸车作业中的货运员、装卸工组的分工负责制。货运员应按货运规章的规定进行监装监卸；装卸工组在货运员的指导下进行装卸作业，保证货物装卸质量，提高作业效率。

2. 包区、包库或包线负责制

货场内的货区、仓库或作业线路，实行货运员包保负责制，做到分工清楚、责任明确，保证货物安全与作业安全。货运员对负责包保的区、库、线，应做到：

(1)掌握线路内作业车停留及货位使用情况。

(2)货场内做好监装监卸工作，专用线(专用铁路)内做好装卸指导工作。

(3)认真执行规章制度，保证货物安全与作业安全。

(4)认真填记有关表、簿，按规定编制记录。

3. 运输票据、货物检查交接制

交接检查是货运部门工作的基本内容之一。各种运输票据在各作业环节中的传递，应建立登记簿进行签字交接。对货物(车)在承运、装车、卸车、保管、交付以及在中转作业中各作业班组间，都应认真核对，办理签认交接。企业与铁路之间也应按规定办理交接。交接检查制的目的，是为了划清双方责任界限，保证货物安全。

在铁路全面实施“货运票据电子化”后，各货运工作岗位与货运检查岗位应按要求调整作业方式，做好本部分工作，保证作业有序进行，并保证作业安全。

4. 货物堆码制、货位管理制

为了保证货物安全和调车作业安全，便于货物的清点交接，货场内的货物堆码，应符合《铁路货物装卸安全技术要求》及有关规定。货物堆码要做到稳固整齐，整车货物要定型堆码，保持一定高度；零担货物要分批堆码，标签向外，留有通路；危险货物要按《危规》规定隔离存放。

货物堆码制还必须与货位管理制相结合，才能保证货物安全和良好的作业秩序。货位管理制要求整车货物以一车货物占用一个货位为原则，不得一车货物占用两个货位，一车货物不得在线路两侧卸车，除了集中收货统一分配的货物外，不准把不同的货物混卸在一起。要全面掌握货位的运用情况，缩短货位周转时间。对长期积压待装的货物，应与有关部门及时联系，采取措施，及时装出或搬出，加快货位周转，保持货场畅通。

5. 取送车作业制

铁路车站应做好日班装车计划和卸车预确报工作，并根据装卸作业、待装货物和货位情况，确定取送车计划，及时取送。送车要对准货位。装卸作业始末时间和取送车始末时间，均应有汇报和登记制度。

6. 货运交接检查制

为保证行车安全和货物安全，对运输中的货物(车)和运送票据，要进行交接检查。货物(车)检查应在列车的始发站、终到站、途中货检站进行。货物(车)的检查工作，由货检员负责。

7. 保价运输管理制

铁路车站应贯彻《铁路法》，切实执行《保价规则》，根据《保价办法》建立保价运输管理制。由专人负责组织货运保价工作，完成保价收入任务。

8. 施封锁请领、发放、使用、保管制

铁路车站应建立施封锁的领取、发放、使用和销毁制度，按封印号码进行登记，责任落实到个人。

9. 门卫、巡守、消防制

铁路车站应明确门卫、巡守员职责，消防设施的设置、使用制度，确保货场安全。

10. 衡器使用、维修、保管制

铁路车站应建立衡器的配备、使用、管理制度。

11. 统计分析制

车站对完成货运任务的情况应定时、定期进行统计分析，按要求及时反馈相关信息以发挥其认识、指导监督作用。

知识点 4　车站货运管理细则

为进一步规范和强化货运基础管理，明确和协调货场内各种工作关系，确保货运安全生产，根据《管规》的规定，车站（车务段、货运中心）应根据实际情况编制《车站货运管理细则》。

《车站货运管理细则》应包括以下内容：

1. 总则

《车站货运管理细则》的编制、运用范围、解释与修改、实施时间。

2. 铁路车站货场概况

(1)货场位置、占地面积、作业性质、设计能力、实际运量（年度）、主要存放货物品类。

(2)货区、货位的数量、面积、分布及分工，各种货运设备、装卸机具、消防设施的数量、分布及能力（包括货场、专用线等平面图）。

(3)办理营业范围。

(4)货场、专用线平面图。

3. 货运、装卸组织系统

(1)货运组织机构和指挥系统。

(2)装卸组织机构和指挥系统。

(3)货运车间职责。

(4)装卸车间职责。

(5)货运人员配备和分工。

(6)装卸人员配备和分工。

4. 货运计划管理

(1)整车、零担、集装箱运输计划编制方法、步骤，计划的受理与审批制度。

(2)装卸车方案、日班计划的编制、审核与执行。

(3)直达（班列）及成组装车的组织。

5. 货场基本作业管理制度

包括上述所列举的各项基本作业管理制度等。

6. 货场单项管理办法

单项管理办法包括安全、防火、设备、规章、文电、业务教育、计算机、篷布、票据、施封用具、上水、货车洗刷除污、专用线以及其他需要单独明确的办法。

7. 各工种岗位责任制

货场内各相关工种的岗位责任制。如货运经理(营业部经理)岗位责任制、货运值班员岗位责任制、货运员岗位责任制等。

8. 各项作业基本程序、内容和质量标准

货运作业标准,如《铁路货物运输服务质量》、《铁路货物装卸安全技术要求》、《铁路车站货运作业》、《铁路货物装载加固技术要求》、《铁路车站集装箱货运作业标准》、《铁路货物损失处理作业标准》、《铁路车站货车篷布运用管理作业标准》等;货运技能标准,如中华人民共和国国家职业标准《货运值班员》《铁路货运员》等;铁路局集团公司各项作业标准,如北京局集团公司《易腐货物作业标准》《危险货物运输作业标准》《铁路车站货场门卫作业》等。

9. 检查及考核办法

针对安全生产、生产竞赛、日常考核等方面建立奖惩、激励考核办法。

10. 附件

其他相关文件。

典型工作任务 2　了解货场分类与配置

任务引入

货场是铁路车站办理货物营业的场所。货场根据办理的运输种类、货运量的大小、发到货物品类的数量及作业方式,具有不同的配置形式。掌握货场分类及货场的配置类型,熟悉不同配置图的优缺点,能根据货场配置图了解其作业特点,是本工作任务的目标。

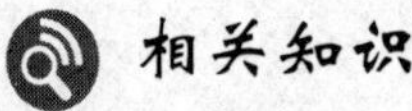

知识点 1　货场分类

货场按办理的货物运输种类及货物的品类分为综合性货场和专业性货场。

1. 综合性货场

综合性货场是指办理整车、零担、集装箱运输中两种以上运输种类及多种品类货物作业的货场。

综合性货场根据年办理货运量分为大、中、小型货场。大型货场年货运量在 100 万 t 以上;中型货场年货运量在 30 万 t 以上,未满 100 万 t;小型货场年货运量未满 30 万 t。

2. 专业性货场

专业性货场是指专门办理单项运输种类或单一货物品类的货场。有整车货场、零担货场、危险品货场、粗杂品货场、集装箱场等。

专业性货场的设置应根据货物性质及业务繁简、设备条件等实际情况确定。

货运量大、发到货物品类多的铁路车站，为避免作业过于集中和便于管理，可分设几个货场。当在同一铁路车站设有几个货场时，各货场间可按货物运输种类或办理货物的品类、方向进行合理分工。

知识点2　货场配置

货场配置类型基本上可分为尽头式、通过式和混合式三种。

1. 尽头式货场

尽头式货场是由一组以上尽头式装卸线组成的货场。其装卸线一端连接铁路车站的站线，另一端为设置车挡的终端，如图12-2-1所示。

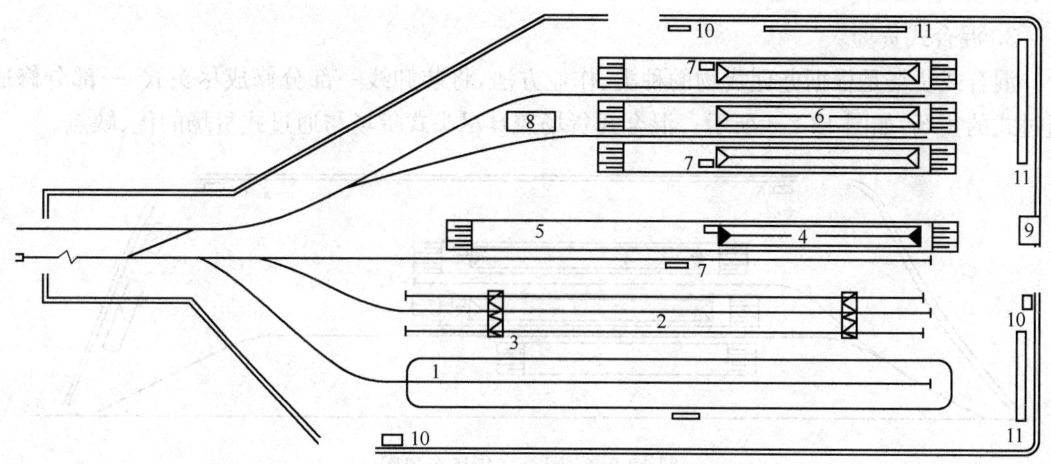

图12-2-1　尽头式货场布置图

1—货物线；2—笨重货物及集装箱场地；3—门吊；4—仓库；5—普通货物站台；6—雨棚；7—货运员办公室；8—中转货运办公室；9—货运营业室；10—门卫室；11—货场其他办公用房

此类货场的优点：布局紧凑，货场线路和通道都较短，车辆取送和货物搬运距离相对较短；线路呈扇形分布，线路与货场通道交叉少，因而进出货的搬运车辆和取送车作业干扰少，有利于作业安全；运量增加时，货场扩建比较方便。

缺点：车辆取送作业只能在货场一端进行，使作业车辆的取送受到较大限制；取送车作业与装卸作业有干扰。

2. 通过式货场

通过式货场是由一组以上贯通两端的装卸线组成的货场，其装卸线两端均与站线相连，如图12-2-2所示。

此类货场的优点：货场两端均可进行取送车作业，这对无配置调车机车的中间站利用本务机进行取送车作业而言，在上、下行方向均可进行作业，十分方便；取送车作业与装卸作业干扰少；有利于办理成组、整列的装卸作业。

缺点：货场线路较长，建设投资相对较大；取送零星车辆时走行距离较长；货场通道和装卸线交叉较多，取送车与搬运作业易产生干扰。

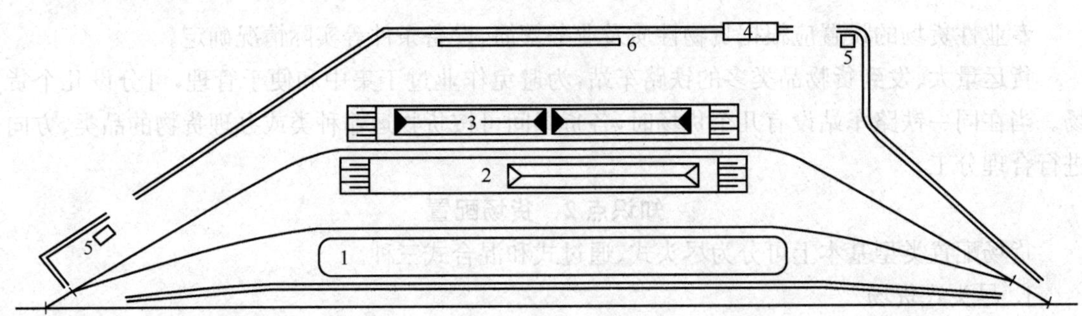

图 12-2-2　通过式货场布置图

1—堆放场；2—雨棚、站台；3—仓库；4—货运办公室；5—门卫室；6—其他办公室

3. 混合式货场

混合式货场是根据办理货物的种类、作业方法，将装卸线一部分修成尽头式，一部分修成通过式的货场，如图 12-2-3 所示。混合式货场兼具尽头式货场与通过式货场的优、缺点。

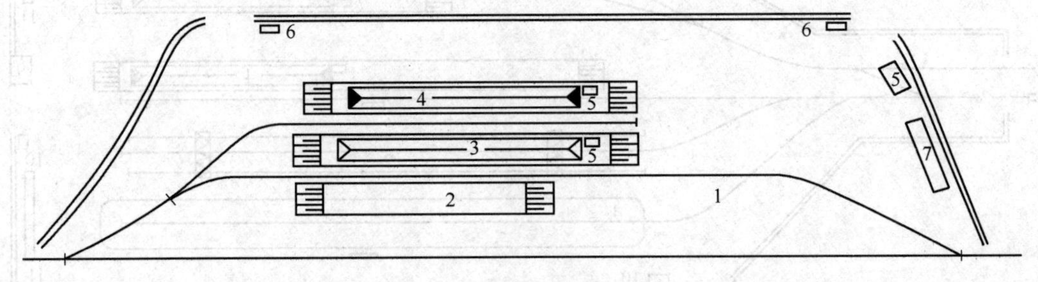

图 12-2-3　混合式货场布置图

1—堆放场；2—站台；3—雨棚；4—仓库；5—货运办公室；6—门卫室；7—其他办公室

对混合式货场的布局和使用，应根据货物品类和运量大小来确定。一般地，运量较小的货物，在尽头式装卸线作业；较大运量的货物，在通过式装卸线作业。

典型工作任务 3　管理货场设备

任务引入

货场是铁路车站办理货运营业的场所。货场应根据货运作业量、作业性质和货物品类并结合生产需要和当地条件，设置相应的设备，如货场配线、场库设备、装卸机械设备、货运计量安全检测设备、生产用房等。通过参观学习，熟悉货场各种运输设备，了解其管理要求，合理运用货场设备，提高货场设备使用能力，是本工作任务的目标。

相关知识

铁路货运场站功能包括基本功能、增值功能和配套功能三类。

基本功能主要包括货物到发、中转、装卸搬运、仓储、信息服务和安全检测监控等。

增值功能主要包括仓储、堆存、配送、联运、储运包装、销售包装、流通加工、运输代理、物流咨询与方案设计、市场交易、贸易代理、商品展示、金融物流、专业物流定制服务、设施设备租赁、物流培训和清关报关、保税等。

配套功能主要包括工商税务、银行、海关、检验检疫、物业管理、后勤服务、维修服务等。

铁路货运场站应具备全部基本功能，根据市场需求和实际条件选择设置增值功能和配套功能。

货运设备是指在车站或货车上直接用于货物装卸、运送、保管作业以及其他为办理货运业务服务的设备。铁路货运设备应能保证实现铁路货运场站功能。为了加强货运设备管理，铁路车站要设专职或兼职人员管理货运设备。货运营业站必须建立货运设备履历簿。

知识点1 货场主要设备

货场应根据货运作业量、作业性质和货物品类并结合生产需要和当地条件，设置以下设备：

1. 配线

包括装卸线、存车线、牵出线、轨道衡线等。

2. 场库设备

包括货物仓库及雨棚，各种货物站台、低货位、高架线，各种滑坡仓、漏斗仓。

3. 装卸机械

包括栈桥线及各类装卸、搬运机械及其检修设备。

4. 货运计量安全检测设备

包括轨道衡、汽车衡、电子秤、超偏载检测装置、轮重仪等。

5. 生产用房

包括货运营业厅、货运员办公室、门卫室、值班室、工间休室、工具室等。

6. 其他设备

包括货场道路及排水设备、照明设备、消防设备、货场用具(跳板、防湿枕木、防湿篷布等)、集装箱及托盘的维修保养设备、篷布修理设备、货车消毒洗刷设备等。

此外，货场内还应设置通信设备、计算机网络、监控视频等现代化设备，安装使用货运生产管理信息系统。

知识点2 货运设备设施的编号

为便于货场货运设备的运用与管理，应对货场货运设备进行编号、命名，货运设备的命名及编号应通俗、易用。

1. 货场

只有一个货场时，以站名命名；有两个以上货场时，以车站为中心按方位命名，如东货场、南货场等。

2. 货物线

一般以车站线路为基准向外按顺序编号，如货1、货2；划分货区的货场，可按货区再具体细分，如散1、散2。

3. 货物站台

以邻近线路名称命名，如货1站台、货2站台。当一条线路上有两座以上站台时，应按顺序编号，如货5一号站台、货5二号站台。

4. 货物仓库及雨棚

按顺序以数字编号，如1号货棚、3号库。也可按运输种类或用途顺序编号，如整车到达

1 库、整车到达 2 库。

5. 货位

一般用 3 位数字表示，如 508 货位，其中 5 为线路编号，08 为货位编号。以单、双号区别另一侧。

知识点 3　场库设备

1. 仓库、雨棚、雨搭

仓库是为存放怕受自然条件影响的货物、危险货物和贵重货物而修建在普通站台上的封闭式建筑物，如图 12-3-1 所示。

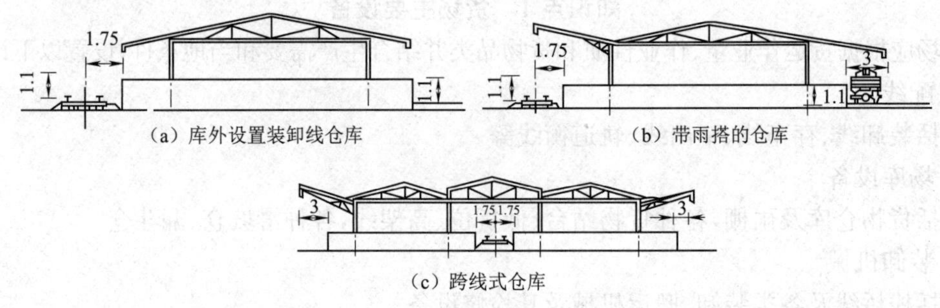

（a）库外设置装卸线仓库　（b）带雨搭的仓库

（c）跨线式仓库

图 12-3-1　仓库(单位：m)

仓库一般设计成库外布置装卸线路。但在雨雪多、风沙大、气候严寒的地区，作业量大时，也可设计为跨线仓库。其优点是货车在库内作业，不仅改善了装卸工人的劳动条件，并可保证雨雪天不中断作业，避免货物遭受湿损。

雨棚(货棚)是为避免货物受自然条件影响而修建在普通站台上的带有顶棚的建筑物。雨棚主要用于存放怕湿、怕晒货物。在多雨雪地区，作业量大的货场可根据需要采用跨线雨棚。

雨搭是仓库、雨棚的辅助防雨设备。为避免货物在装卸和搬运作业时遭受湿损，雨搭一般应伸至站台边缘。多雨地区且作业繁忙的，装卸线一侧雨搭可伸至线路中心线以远；搬运站台一侧的雨搭一般以伸出站台边缘 3 m 为宜，如图 12-3-1 所示。

2. 货物站台

货物站台是为了便于装卸车作业，主要用以存放不受自然条件影响的货物而修建的建筑物。货物站台按其结构及高度可分为普通货物站台和高站台两种。

(1)普通货物站台

普通货物站台是指站台面距轨面高度为 1.1 m 的站台。

普通货物站台按其与装卸线的配置形式可分为侧式站台和尽头式站台。

尽头式站台是用来装卸能自行移动的带轮货物，如汽车、坦克、拖拉机等。

尽头式站台可以单独设置，也可以与普通货物站台合并设置，如图 12-3-2 所示。

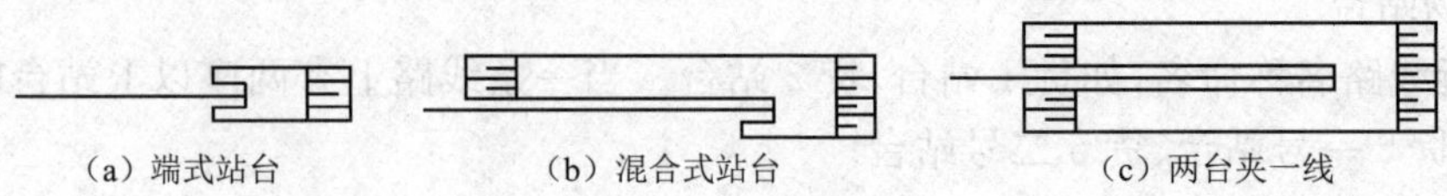

（a）端式站台　（b）混合式站台　（c）两台夹一线

图 12-3-2　尽头式站台

(2)高站台

凡站台面距轨面的高度大于 1.1 m 的站台,统称为高站台。它有利于进行散堆装货物及不易破碎的小型货物装入敞车的作业,可以节省劳力并加速货物的装车作业速度。高站台分平顶式、滑坡式和跨线漏斗式三种(后两种一般在企业内采用),如图 12-3-3 所示。

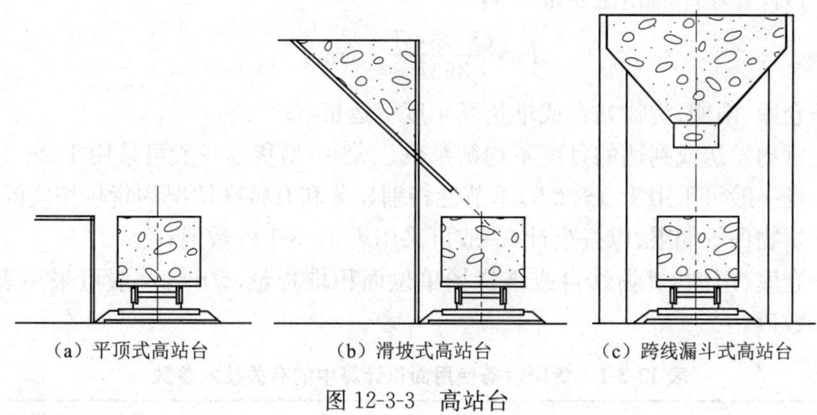

图 12-3-3 高站台

3. 堆放场

堆放场是主要用来装卸并短期存放煤炭、砂石、木材等散堆装货物、长大笨重货物的场所。按其与装卸线的水平位置分为平货位堆放场和低货位堆放场两种。

(1)平货位堆放场。一般常见的堆放场。地面用块石、沥青或混凝土筑成,地面与路基相平,如图 12-3-4 所示。

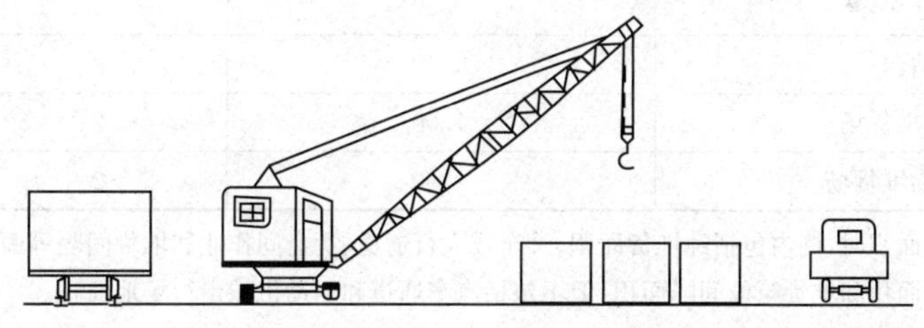

图 12-3-4 平货位堆放场

(2)低货位堆放场。货物堆放场的地面低于线路路肩的堆放场。低货位堆放场分斜坡式和直壁式,如图 12-3-5 所示。低货位堆放场适用于散堆装货物的卸车作业。利用低货位堆放场卸车,可以减轻劳动强度,提高劳动效率。

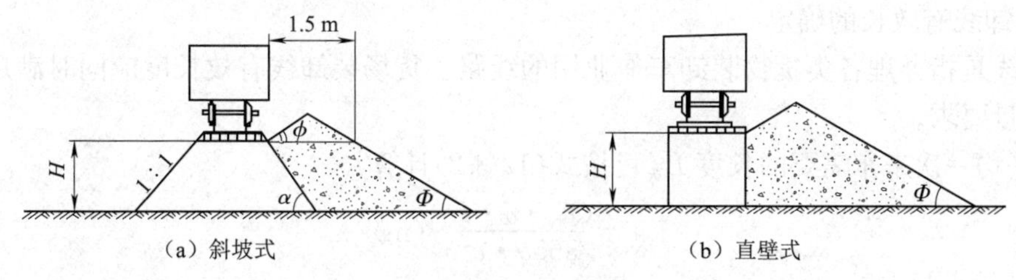

图 12-3-5 低货位堆放场

知识点 4　场库设备能力的计算

1. 场库面积需要量计算

场库的面积分有效面积和辅助面积两部分。有效面积是指直接用于堆放货物的面积；辅助面积是指用以搬运、装卸和检查货物的走行通道、货位间隔以及设置衡器等所需要的面积。可按式(12-3-1)计算场库面积需要量(F)：

$$F=\frac{Q\cdot\alpha\cdot T}{365P}\quad(\mathrm{m}^2)\tag{12-3-1}$$

式中　Q——仓库、雨棚、货物站台或堆货场年度货运量，t；

α——货物发送或到达的月度不均衡系数。大、中型货场一般可采用 1.2～1.3，小型货场一般可采用 1.5～2.0，季节性特别显著和有特殊情况的货场按实际情况计算；

T——货物保管期限，以昼夜计，一般可采用表 12-3-1 的数值；

P——仓库、雨棚、货物站台或堆货场单位面积堆货量，t/m^2，一般可采用表 12-3-1 的数值。

表 12-3-1　货场设备使用面积计算中的有关技术参数

货运设备名称		单位面积堆货量 P(t/m^2)	货物保管期限 T(d)	
			发送前	到达后
整车仓库		0.50	2	3
零担仓库	到达	0.20	—	3
	发送	0.25	2	—
危险货物仓库		0.50	2	3
混合仓库		0.30	2	3
货物站台		0.40	2	3
笨重货物堆货场		1.00	2	4
散堆装货物堆货场		1.00	2	3

注：求算堆货量的总面积时，棚内包括纯堆货面积、叉车或人行通道、货盘间作业和堆货间隔等面积；笨重货物和散堆装货物包括纯堆货面积和堆货箱位间隔面积，但不包括汽车通道和辅助机械走行场地面积。

【例 12-3-1】　场库面积计算

某车站年发送运量 80 万 t，其货场运量占 55%，试计算该场库面积为多少？

【解】　根据式 12-3-1，查表 12-3-1 得

$$F=\frac{Q\cdot\alpha\cdot T}{365P}=\frac{800\ 000\times1.2\times2\times55\%}{365\times0.5}=5\ 786.30\approx5\ 787(\mathrm{m}^2)$$

2. 装卸线有效长的确定

装卸线是指办理各类货物装卸车作业用的线路。货场装卸线有效长度应同时满足取送车和货位容量要求。

(1)平均一次来车需要的长度 $L_{铁}$ 可按式(12-3-2)计算：

$$L_{铁}=\frac{Q_{年}\cdot\alpha\cdot l}{365q\cdot c}\quad(\mathrm{m})\tag{12-3-2}$$

式中　$Q_{年}$——年度货运量，t；

α——月度货物发送或到达不均衡系数；

l——货车平均长度，m，采用14 m；

q——货车平均静载重，t；

c——每昼夜取送车次数。

(2)存放货物需要的场地长度$L_{货}$可按式(12-3-3)计算：

$$L_{货}=\frac{F}{d}=\frac{Q\cdot\alpha\cdot T}{365P\cdot d}\quad(\mathrm{m})\tag{12-3-3}$$

式中　F——存放货物需要的面积，m^2；

d——货物装卸线一侧或两侧货位的总宽度，m。

按式(12-3-2)、式(12-3-3)计算的结果，当两者较为接近时，取较大者；当两者相差较大时，则应做适当调整后确定，一般取14 m(容纳1车)的整倍数。

直线型仓库有效长度一般以容纳10～15车为宜，即140～210 m。

3. 仓库、雨棚、站台、堆放场的宽度

仓库的宽度应根据货物运量、货物品类、作业性质、装卸机械类型、取送车组长度以及仓库结构确定。小型仓库、雨棚一般以9～12 m为宜，大中型仓库、雨棚不小于15 m；库外铁路线一侧宽4 m、站台边缘距线路中心线1.75 m，汽车线一侧宽3.5 m、汽车位宽3 m。

普通货物露天站台宽度一般不小于12 m。

平顶高站台，单面站台宽12～18 m，双面站台宽20～30 m。

堆放场货位宽，堆放长大笨重货物6 m，散堆装货物5 m(按60 t/车计算)。

知识点5　货场作业区管理

1. 货场作业区的划分

货运量较大的大、中型货场，根据装卸线路的分布、装卸机械的配备、货物运输种类、作业性质、货物品类等情况，把货场划分为若干区。如按货物运输种类分为整车、零担、集装箱作业区；按办理种别分发送、到达、中转作业区；按货物品类分为成件包装货物、散堆装货物、粗杂品、笨重货物、危险货物、鲜活货物作业区；也有按东、南、西、北、中分区的。每个货区设一名货运值班员，负责该货区管理及货运组织工作。货场作业区划分时，还应考虑下列因素：

(1)货物性质。不同性质的货物对设备要求不同，成件包装货物一般属贵重、怕湿货物，应存放在仓库和雨棚内。堆装货物属不贵重、不怕湿货物，应存放在露天堆货场。笨重货物和集装箱货物，需用起重机械装卸，可集中在一个作业区，避免起重机械远距离的走动，提高起重设备的运用效率。鲜活货物需要上水，应集中在有上水设备的线路上。

(2)货物流向。在有几个方向的枢纽站及有两个以上货场时，可按方向划分货场作业。在零担发送量大的货场可按上、下行分库。

(3)运输方式。不同的运输方式，对作业区的划分有不同的要求，零担货物要求集中在一个作业区，便于掌握和管理。整车货物要求按货物性质分区。

(4)减少取送车次数和有利于双重作业。

(5)有利于货物进出和搬运作业，对大宗货物和笨重货物应固定在道路平坦和搬运距离较近的地方，同时要考虑与取送车作业不相干扰。

货场分区的目的在于合理运用货场设备，保证货物安全，便利取送车和搬运作业，促进货区、仓库、线路的专业化，使职工熟悉业务，加强责任心，提高工作质量，加快货物运输和车辆周转。

2. 货场作业区和装卸线的固定

货场作业区和装卸线的固定就是固定作业区和装卸线的使用范围。货场作业区和装卸线固定有以下优点：

(1)作业地点固定，任务明确，互不干扰。

(2)工作专业化，便于提高作业效率。

(3)便于固定装卸机械的使用。

(4)便于实施计划管理和贯彻岗位责任制。

知识点6　货位管理

货位是场库在装车前和卸车后暂时存放一辆货车装载的货物或集结一个到站或方向的货物所需要的面积。正确地划分和合理地使用货位，直接关系货场作业能力的大小。

1. 货位划分和标记

货位的划分是根据货场的具体条件因地制宜地划分。整车货位原则上要求能容纳一车的货物，其面积为 80～100 m^2，宽度为 6～8 m 为一个货位。零担货物则以集结一个去向或一个到站的货物为一个货位。集装箱货位适当增大。

货位的标记方法：整车货物货位一律采用号码制，即分别仓库、站台和堆货场按照顺序编号。发送零担货物货位可按去向、到站标记；到达零担货物货位采用号码制。集装箱货位采用号码制。货位标记应标在货位明显处，使工作人员容易看到。标记的方法可用油漆写在墙壁上、地面上，也可以用木牌或金属牌悬挂在铁丝上或钉在轨枕头上。

2. 货位的使用和掌握

货位的布局与线路的配列形式，通常有平行式和垂直式两种。平行式的配列，即货位长的一边与线路平行，一般在堆货场中划分货位时采用；垂直式的配列，即货位长的一边与线路垂直，短的一边与线路平行，一辆车长内可有多个货位，一般适用于仓库、雨棚、站台划分货位时采用。

在同一条线路上，装车和卸车货位的使用要有利于卸后车辆的利用，提高双重作业比重；有利于人身、货物、设备安全，便于装卸作业和取送车作业；有利于提高调车作业效率，按方案组织成组挂线装车。其使用形式有以下几种：

(1)一线两侧装卸货位，如图 12-3-6(a)所示。线路一侧为装车货位，另一侧为卸车货位。其优点是一批作业车数多，便于双重作业，进出货不干扰，适用于运量大且发、到量相等的铁路车站。

(2)一线装卸间隔货位，如图 12-3-6(b)所示。在一条装卸线上，装车与卸车货位间隔固定。其优点是便于双重作业，卸后利用时车辆移动距离短；缺点是调送车辆需拉开空当，进出货相互干扰。适用于运量小、装卸少、线路一侧有货位且无调车机的车站。

(3)一线装卸混合货位，如图 12-3-6(c)所示。在一条线上，一半为装车货位，一半为卸车货位。优点是卸后利用时调车行程短；缺点是一次送入作业车数少，不适合大组车作业。适用于一批作业车不多又无调车机的车站。

(4)一侧装卸平列货位，如图 12-3-6(d)所示。在线路的一侧外面是装车货位，里面是卸货车位。优点是一次作业车数多，卸后无须调动车辆就可直接装车；缺点是装车搬运距离长，进出货相互干扰。适用于受地形限制、线路不多、一侧地面宽度较大的山区站。

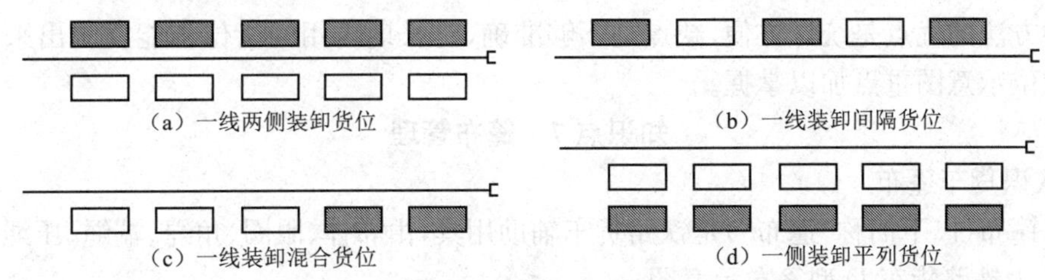

图 12-3-6　货位配置形式

货场内的进货、装卸和取送车作业，都是根据货位占用情况编制计划的。因此，货位的占用情况必须掌握。货位的占用情况，由车站货调或货运值班员掌握。掌握的方法是在办公室内悬挂货位示意图，在图上挂表示牌显示货位占用情况（如挂红表示牌表示发送货物或中转货物，挂白表示牌表示到达货物，不挂表示牌表示货位空闲），从而准确地掌握货位的占用情况，正确指挥货场进出货、装卸车和取送车作业。

3. 货位占用周转时间的计算

货位占用周转时间是指货位第一次被占用时起，至该次被占用完了（即货位完全腾空）时止的一段时间。它是衡量货位利用效率的主要指标，货位占用周转时间短，表示货位周转的快，运用效率高。

货位占用周转时间（$T_{货}$）的计算有以下两种方法：

(1)累积计算法。以一定时期内发送及到达货物占用货位的总时间（按货位分别统计，单位为 h）除以该时期的装车与出货车数之和，即

$$T_{货}=\frac{T_{发}+T_{到}}{V_{装}+V_{出}}\times\frac{1}{24}\quad(\mathrm{d})\qquad(12\text{-}3\text{-}4)$$

式中　$T_{发}$——一定时期内发送货物占货位总时间，h；

$T_{到}$——一定时期内到达货物占用货位总时间，h；

$V_{装}$——一定时期内的装车数；

$V_{出}$——一定时期内的出货车数。

这种方法所得结果准确，但须进行细致的统计工作，使用上不方便，一般不采取，只是在查标时采用。

(2)近似计算法。不按货位分别统计，每天只在 6:00 和 18:00 分别统计一次重货位数。其计算方法如下：

$$T_{货}=\frac{\text{早 6:00 重货位数}+\text{晚 18:00 重货位数}}{2\times(V_{装}+V_{出})}\qquad(12\text{-}3\text{-}5)$$

式中　$V_{装}$——当日装车数；

$V_{出}$——当日搬出车数。

在车站日常统计工作中，只统计整车到达货物货位占用周转时间，发送货物货位占用周转时间不统计。这是因为发送货物占用货位的时间车站可以控制。整车到达货物货位占用周转时间可按式(12-3-6)计算：

$$\text{到达整车货物平均占用货位时间}=\frac{\text{早 6:00 到达货物占用货位数}+\text{晚 18:00 到达货物占用货位数}}{2\times\text{当日货物搬出车数}}$$

(12-3-6)

这种方法的优点是统计方便，缺点是不够准确，对长期占用的货位不能反映出来，应用统计表或货位示意图重点加以掌握。

知识点7 篷布管理

1. 认识货车篷布

货车篷布(以下简称“篷布”)是铁路货车辅助用具，由布体、眼圈、角绳、端绳、压绳等组成。图12-3-7为铁路货车D型篷布示意图。

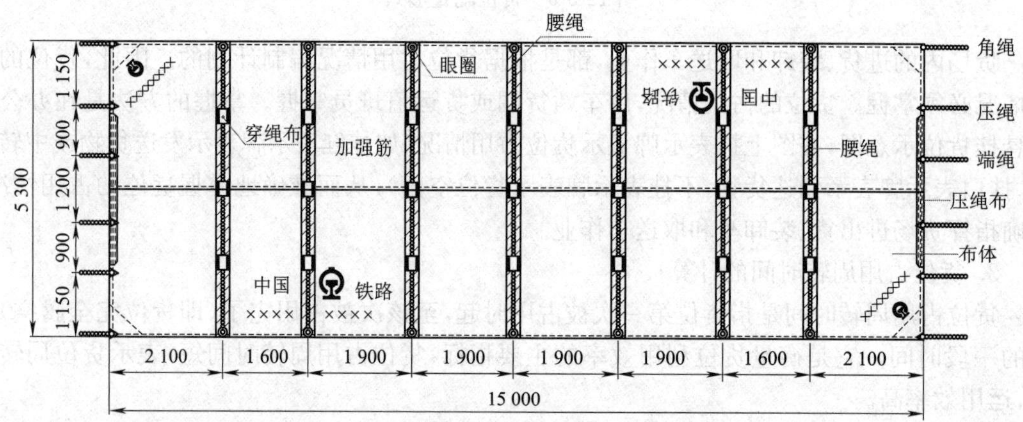

图12-3-7 铁路货车D型篷布(单位：mm)

篷布按产权分为铁路篷布和自备篷布。

铁路篷布是承运人提供的篷布。国铁集团负责全路篷布运用和统一管理；铁路局集团公司负责管内篷布的运用管理；集装箱公司负责铁路篷布购置、租赁、维修、报废等资产管理工作。铁路局集团公司负责自备篷布、篷布绳卡和篷布绳网管理。

自备篷布是托运人购置的篷布。托运人购置自备篷布时，铁路局集团公司应将托运人名称、货物品名、主要发站、购置数量等情况报国铁集团货运部申请编号。自备篷布共用时，货运中心(站段)须与产权单位、使用单位签订共用协议，明确使用、维修、质量管理、安全责任等事项。

篷布编号由国铁集团货运部统一公布。铁路篷布采用7位编号，第1位是生产年份，后6位为顺序号。自备篷布采用9位编号，前4位为生产年份和月份，后5位为顺序号。

2. 篷布的运用

篷布仅用于苫盖敞车装运的怕湿、易燃货物或其他需要苫盖篷布的货物。毒害品、腐蚀性物品及污染性物品不得使用铁路篷布。铁路篷布不得外借或挪作他用，发现时须进行纠正，并按规定核收篷布延期使用费。

装车使用的篷布必须质量良好，篷布绳齐全，标记、号码完整清晰。篷布苫盖应符合《货车篷布苫盖方法》规定，篷布折叠与打包应符合《铁路货车篷布》(TB/T 1941—2013)要求。

(1)篷布苫盖与捆绑

篷布苫盖与捆绑

发站使用篷布前，应逐张检查质量。装车使用的篷布应布体完整、无破损，眼圈完好，标记、号码完整清晰，绳索齐全、完整、无接头、插接牢固、与篷布连接正确。篷布不得横苫、垫车、苫在车内。苫盖易于损坏篷布的货物时，装车单位须采取防护措施，防护材料由托运人提供。

①基本要求

a. 货物装载高度超过端侧墙 1 m 以上或有押运人乘坐的敞车不得苫盖篷布。

b. 篷布、篷布绳网不得作为货物加固材料使用。

c. 需要加固的货物必须在苫盖篷布前捆绑加固完毕。

d. 货车绳栓上无残留的旧绳头、铁线等废弃物。

e. 货物装载高度低于车辆端侧墙时，可安置篷布支架，支架突出部位与篷布接触处应采取防磨措施。

f. 苫盖篷布不得遮盖侧墙车梯。

②篷布苫盖

a. 篷布正面(腰绳向外)纵向苫盖。货车两侧篷布下垂高度应一致。货车人力制动机一端篷布下垂遮盖端墙部分高度 300～500 mm，货车人力制动机闸盘外露，不影响人力制动机及提钩杆使用；另一端下垂遮盖端墙部分高度 600 mm 左右。

b. 每车苫盖一张篷布。车辆长度较短时，篷布多余部分可折叠在中部相邻两腰绳处的篷布下方，但不得影响压绳使用，折叠部分两腰绳对角拉紧拴固。

c. 将篷布角绳拉紧，使篷布角向内侧展开成三角形，布角两面压平后折向货车端墙，在车辆两端严密包角，使压绳压住包角。

③篷布捆绑

a. 篷布绳应绷紧，拴在货车绳栓上，不得捆绑在其他部位。

b. 货车两端篷布角绳沿货车端墙交叉后分别拴结在车辆端部的两绳栓上。角绳经货车人力制动机闸台时，应从其上方通过；经闸杆、提钩杆时，应从其内侧穿过。

c. 货车两端篷布中间的两根端绳分别垂直向下拉紧拴结在车辆端部的两绳栓上，经提钩杆时，也应从其内侧穿过。

d. 篷布每端的压绳应压住篷布包角拉紧，使篷布紧贴在车辆端墙上，分别捆绑在车辆侧部的第一个绳栓上，不得拴结在牵引钩上。

e. 腰绳应直拉拴结在车侧绳栓上。弹力绳弹力部分的拉伸长度根据装载货物的情况具体确定，不得小于 200 mm。车辆中间有绳栓的，中间的腰绳捆绑在车辆中间的绳栓上；车辆中间无绳栓的，篷布中间的腰绳分别捆绑在靠近车辆中间的绳栓上。其他腰绳从车辆两端开始，朝向车辆中部，顺序捆绑在相应绳栓上。弹力棒不紧靠眼圈时，应将弹力绳从中间收起，并将中间多余绳索折叠打两个死结后，余尾用绳卡或麻线绑 5 圈与自身绳杆捆紧。

f. 篷布绳栓结采用蝴蝶套结法或回头花结法，拴结后的绳头，应绕在自身绳杆上，至少打两个死结。绳头余尾长度 100～300 mm。

g. 除篷布自带绳索和篷布绳网外，不得使用其他绳索捆绑篷布。

④篷布绳网苫盖

苫盖篷布的敞车必须在发站加盖篷布绳网，使用篷布绳卡。篷布绳网、篷布绳卡由托运人自备，限一次性使用。

苫盖篷布绳网时，网要盖正，网眼完全张开，与篷布密贴。先从车辆两侧拴结，使篷布绳网完全盖住篷布，最后拴结车辆两端的拴结点。

⑤绳索余尾处理

篷布绳、篷布绳网系绳余尾均须使用绳卡进行加固。使用时，将拴结后的绳尾拉紧贴在自身绳杆上，绳卡头印有标记面及齿面朝向外侧，离绳尾部 50 mm 处，将锁绳绕过绳尾和绳杆后从锁绳插槽底部向上穿出，并沿锁绳插槽方向拉紧，将卡绳端锁紧齿与压块上的齿啮合，此时，绳卡进入锁紧工作状态。打开时，沿插槽反方向用力拉锁绳，绳头沿断裂槽处破坏，绳卡即可打开。

⑥苫盖后检查

苫盖篷布后，车站必须按《货车篷布苫盖方法》检查篷布苫盖质量。篷布应苫盖平坦，货物不外露；货车两侧篷布下垂高度一致；两端包角密贴，两侧线条流畅，各部位不超限；绳索拴结、捆绑位置正确，绳结牢固、无松弛脱落，捆绑在绳栓上的绳索呈蝶翅形结，绳头余尾长度 100～300 mm。货车人力制动机一端篷布下垂遮盖端板部分长度 300～500 mm；货车人力制动机闸盘外露，不影响人力制动机及提钩杆使用，另一端的下垂高度 600 mm 左右，篷布过长时可超过此长度，但不得影响压绳使用。

篷布(包括篷布绳网)苫盖完毕后，装车单位对车辆两侧(包括篷布号码)、两端篷布苫盖状态各拍照一张，留存 3 个月。

篷布苫盖符合要求后，使用铁路篷布的，将篷布号码填记在货物运单“篷布号”栏内；使用自备篷布的，应检查托运人是否在货物运单“托运人记事”栏内注明自备篷布号码。

⑦作业安全

苫揭篷布，上下时应用梯子，并有人扶护。梯子上有人时，不准移动梯子。

苫揭篷布时，车上作业人员应站在车顶部纵向中线位置，面向距车帮最近处的车外方向。苫盖篷布时，先将迎风面绳子放下拴好，随放随拉随拴；揭篷布时由车的迎风端解开绳索卷起，两侧篷布随解随卷。车上作业人员应站在上风头。

(2)途中检查

苫盖篷布的车辆编入列车时，应将货物运单或货运票据封套所记载的铁路篷布张数转记到列车编组顺序表内。编组站或区段站办理列车确报时，应将现车实际苫盖铁路篷布张数记入确报内。

货检站要严格检查篷布苫盖质量，对到达和出发的列车，作业人员应根据列车编组顺序表所记载的铁路篷布张数与现车核对，对篷布苫盖有问题的车辆，整理至符合要求后方可放行。

发现货物运输票据记载的张数、号码与实际不符时，发现单位应按实际更正，编制记录并向发到站和发到铁路局集团公司调度拍发电报，责任铁路局集团公司应于当日调整。

对运输途中的货车补苫篷布的，应在货物运单、货运票据封套、列车编组顺序表做相应修改，同时编制普通记录。

运输途中发现未按规定使用篷布绳网时，发现站须补苫后方可继续运输，相关费用向发站清算，并将漏苫处理情况电告发站、发局并抄所在铁路局集团公司、国铁集团货运部。

(3)到站卸车

卸车时，应检查篷布质量。

车站检查发现铁路篷布破损、缺少篷布绳时，应按规定处理。使用铁路篷布，货物运输票据记载的号码与实际不符时，发现单位应按实际情况在铁路货车篷布管理信息系统中更正，编制普通记录。

自备篷布由于承运人责任造成损坏、丢失时，车站应编制货运记录，由承运人负责赔偿。

铁路篷布卸车后，要送到车站指定地点。铁路篷布应固定存放地点，妥善保管，进行日常整理和晾晒，运用、待修、待报废篷布应分别码放。搬运过程中，严禁在地面拖拉篷布。

车站应及时催还未按时送回的铁路篷布，定期清查站内外的铁路篷布，发现账实不符时，及时查明原因并按规定处理。

3. 篷布管理

(1)篷布调度

为加强铁路篷布的运用管理，国铁集团和各铁路局集团公司分别设篷布调度，负责全路篷布运用和统一管理。各级篷布调度人员必须严格执行调度纪律，坚持保证重点和先回送后使用的原则，按时完成铁路篷布回送任务和各项运用指标，提高铁路篷布运用效率，保证运输生产需要。

铁路篷布跨局调整由国铁集团负责，铁路局集团公司管内调整由铁路局集团公司调度负责。

跨局篷布调整命令一般每旬发布一次；根据运输生产需求，也可随时发布调整命令。铁路局集团公司调度每旬9日前向国铁集团提报次旬篷布需求申请，国铁集团调度指挥中心在每旬末下达次旬篷布调整命令。铁路局集团公司调度要及时掌握篷布回送情况，每日16:00前将当日回送情况(回送篷布张数、回送车号)报送国铁集团调度指挥中心。

(2)篷布的回送

铁路篷布凭调度命令回送。车站应填制“回送清单”和“货车篷布交接单”。在“回送清单”内填记回送铁路篷布的总张数，并将铁路篷布号码准确填制在“货车篷布交接单”上。

运用篷布与待修、待报废篷布混装回送时，应分垛码放。

跨局回送铁路篷布限采用整车方式，每车一般不少于100张，少于100张时需经国铁集团调度中心批准。使用敞车回送时，苫盖的铁路篷布按回送铁路篷布统计。

铁路局集团公司管内可凭“回送清单”利用行李车(一批限10张以内)或采用零散货物快运方式免费回送铁路篷布。经行李车回送时，按路用品运输有关规定办理；采用零散货物快运方式回送时，凭“回送清单”办理。

铁路篷布回送，途中变更到站时，原到站与变更后到站不属同一铁路局集团公司的需经国铁集团调度中心批准，其他情况由铁路局集团公司调度批准。

铁路篷布回送，到站货运员应核对数量和号码，与实际不符时，应于24 h内向发站和发到局货运部门拍发电报。发站无异议时，到站按实收数调整；发站有异议时，应于5 d内派人赴到站复查，复查后，发、到站将结果报告发、到铁路局集团公司货运部门。

(3)篷布质量管理

篷布的质量由产权单位负责，必须符合铁道行业标准《铁路货车篷布》(TB/T 1941—2013)规定。篷布绳卡、篷布绳网必须符合国铁集团颁布的技术条件。

新造篷布每批须凭合格的产品质量检测报告，篷布绳卡、篷布绳网须凭2年内的、合格的产品质量检测报告方可在铁路运输中使用；篷布修理所须提供2年内的、合格的篷布维修产品质量检测报告。

篷布、篷布绳卡、篷布绳网的质量检验均须采用抽检方式，质量检测报告须由国家铁路产品质量监督检验中心出具。未经产品质量检验的企业以及产品质量检验不合格的企业，其生产的相应产品不得在铁路运输中使用。铁路局集团公司、集装箱公司应加强日常质量监督检查，根据需要组织质量检测，杜绝不合格产品在铁路运输中使用。

①篷布的维修

铁路篷布扣修由车站负责，一般在铁路局集团公司管内修理，跨局回送待修铁路篷布时，须经国铁集团调度指挥中心批准。自备篷布的修理由产权单位负责，各铁路局集团公司应加强对自备篷布维修的监督检查。篷布维修应严格执行篷布维修技术条件，保证篷布维修质量。

集装箱公司应加强对篷布修理所的监督检查和铁路篷布维修质量控制，保证篷布维修质量。

对修竣的铁路篷布，车站与篷布修理所按张数、号码办理交接。车站若发现篷布存在质量问题，严禁其上路使用，并及时报告铁路局集团公司货运部门；铁路局集团公司货运部门应通知集装箱公司追究责任。

②篷布的报废

修补面积达40%、修补处达200处或达到使用期限的篷布，必须报废。铁路篷布报废后，应于60 d内回送到报废地点。

篷布使用期限一般为48个月，超过48个月需继续使用的，产权单位须每6个月进行一次安全风险评估。经评估可继续使用的，自备篷布由产权单位向铁路局集团公司提出申请，铁路局集团公司同意后方可继续使用；铁路篷布由集装箱公司通知铁路局集团公司继续使用，并抄送国铁集团货运部。

(4)信息和统计

①信息管理

车站使用铁路篷布运输时，须使用铁路货车篷布管理信息系统。铁路货车篷布管理信息系统由国铁集团统一规划和推广使用。

铁路货车篷布管理信息系统对铁路篷布实行精确的号码制管理，动态跟踪铁路篷布的位置和状态，实现各作业环节信息共享和作业流程贯通，逐步实现与相关信息系统的电子数据交换。

车站应及时将装卸车、进出站、修理、报废、投入等信息录入铁路货车篷布管理信息系统。

②统计指标

铁路篷布运用考核指标为周转时间和使用率，其计算公式如下：

全路篷布周转时间＝运用数÷使用数(d)

全路篷布使用率＝使用数÷现在数

铁路局集团公司篷布周转时间＝运用数÷(使用数＋接入使用数)(d)

铁路局集团公司篷布使用率＝(使用数＋接入使用数)÷现在数

典型工作任务4　确定货场作业能力

任务引入

货场作业能力是影响运输效率的重要因素。了解影响货场作业能力的因素，综合确定货场作业能力，了解提高能力的措施，根据货场设备现状，提出切实可行的提高货场作业能力的方法，组织货物合理运输，提高运输效率，是本工作任务的目标。

相关知识

知识点1 货场作业能力的计算

货场作业能力是指货场一昼夜能办理的最大装车数和卸车数。货场作业能力取决于货场取送作业能力、装卸作业能力、货位能力和搬运能力(进货、出货)。上述几项中某项限制货场能力时,该项能力即是货场最终作业能力。

1. 取送车能力

取送车能力是指调车机一昼夜能完成货物作业车的取送车数,可按式(12-4-1)计算:

$$N_{取送}=cN_{车}\ \alpha \tag{12-4-1}$$

式中 $N_{取送}$——货场取送能力,车/d;

c——每昼夜取送车次数,次/d;

$N_{车}$——一次最大取送车辆数,车;

α——货场双重作业系数。

每昼夜取送车次数,取决于调车机作业能力、每次取送作业时间等;中间站由摘挂列车本务机担当取送作业时,则与列车运行图规定的摘挂列车开行计划相关。

2. 装卸作业能力

装卸作业能力是指一昼夜内货场能完成的装卸车数,可按式(12-4-2)计算:

$$N_{装卸}=N_{机}+N_{人} \tag{12-4-2}$$

式中 $N_{装卸}$——货场装卸作业能力,车/d;

$N_{机}$——各种装卸机械完成的装卸车数,车/d;

$N_{人}$——人力作业完成的装卸车数,车/d。

货场装卸作业能力的大小,由实际作业的机械数量、装卸工组数量和作业效率决定。

3. 货位能力

货位能力是指货场的货位每昼夜可以装卸的车数,可按式(12-4-3)计算:

$$N_{货位}=\frac{M_{货位}K}{T_{货位}}+N_{直} \tag{12-4-3}$$

式中 $N_{货位}$——货位能力,车/d;

$M_{货位}$——货场现有货位数,折合为车;

K——货位有效利用系数;

$T_{货位}$——货位周转时间,d;

$N_{直}$——每昼夜直装直卸不占用货位的车数,车/d。

4. 搬运能力(进货、出货)

搬运能力(进货、出货)是指利用搬运机械、工具和人力,一昼夜内从货场搬出、搬进货物的车数或吨数。即

$$N_{搬运}=N_{出}+N_{进} \tag{12-4-4}$$

式中 $N_{搬运}$——货场搬运能力,车/d;

$N_{出}$——每昼夜能搬出货物的车数,车/d;

$N_{进}$——每昼夜能搬进货物的车数,车/d。

提高货场进出货的搬运能力,是保证货场畅通的重要条件。为了提高货场搬运能力,除加强日常进出货组织,加强货场与其他运输单位的协作配合外,铁路货场搞好“一条龙”运输服务,是保证货场畅通的重要途径。

知识点 2　提高货场作业能力的基本措施

货场作业涉及路内外许多部门和单位。要提高货场作业能力,必须加强路内外各部门、各单位的协作配合,加强货场作业组织和管理工作,引进新技术、新设备,积极推广货场全面质量管理,不断提高货场现代化管理水平。提高货场作业能力的基本措施主要有以下几点:

1. 依靠地方政府,加强各部门、各单位的协作配合,加速出货

(1)物流配送

与物流企业签订合同,统一安排计划,统一调动车辆,加强进出货组织工作,提高货场作业能力。

(2)到达货物统一归口提货

到达货物统一归口提货是指经常有物资到达的县、地区、行业派出驻站人员,统一办理该县、地区、行业所有到达货物的领取、搬运工作。这样可以节省铁路车站到货个别通知、个别来站提取货物的在站仓储时间,节省人力、财力,货物卸后即可搬出,加速货位周转。

(3)充分发挥物资单位载货汽车的潜力

合理地把物资单位载货汽车组织起来,集中管理使用,是解决短途搬运能力不足、加速出货、保证货场畅通的重要措施,也是提高货场作业能力的好方法。

2. 加强货场计划管理,组织货场均衡作业

加强货场计划、组织均衡作业,是挖掘货场现有设备潜力的有效方法。货场只有不间断地作业,才能充分利用货位、装卸设备和搬运工具的能力,达到提高货场作业能力的目的。

3. 提高装卸机械化水平

机械装卸的特点是速度快、时间短,可以减轻工人的劳动强度,大大提高装卸效率,缩短货物在货场的停留时间,实际上提高了货场作业能力。

4. 扩大和开辟新货位

(1)开展专用线共用

专用线共用是解决货场货位能力不足的一项措施。它是把产权单位独家使用的专用线提供给附近单位共用,增加了堆货场地,也就等于给货场增加了新货位,从而减轻了货场负担,也方便了专用线附近使用单位的搬运工作。

(2)大宗货物归大堆

凡同品种、同规格,而收货人不同的大宗货物,如煤、水泥等,统一归口卸在一个大货位上,由归口单位统一收货、统一分配,可以用较少的货位卸大量的货物,从而减少货物损失,节省人力,促进装卸机械化的发展。

(3)合理配置货物线和货位

铁路局集团公司协助车站对货场及专用线的线路布置和使用情况进行全面调查,将不经常使用的线路或两线间距较小,只能一侧作业的线路拆除,重新铺设,在线路两侧开辟货位;也可以把甲站不用的线路,调拨到乙站铺设装卸线,使货场及专用线的装卸线铺设更加合理,充分发挥其作用。

5. 组织预告通知，开展代运送货上门

利用各种现代化通信手段，在货物到达或送卸前，预告物资单位准备出货。车站也可以与收货人签订协议，由铁路代办短途搬运业务送货上门。

6. 采取必要的经济制约措施，加速出货

压缩货物在货场的仓储时间，加速货物周转。如需仓储服务，按规定核收仓储费。

典型工作任务5　组织货运日常工作

任务引入

货运日常组织工作是完成货物运输任务的重要保障。了解货运日常工作的基本任务和原则，掌握货运日常装卸组织工作的方法，贯彻执行国家运输政策和铁路运输法律及规章制度，做好货运日常工作组织，是本工作任务的目标。

相关知识

知识点1　货运日常工作的基本任务及组织原则

1. 货运日常工作的基本任务

根据国家有关运输方针政策及铁路运输组织原则，与运输调度及货运计划部门紧密衔接，通过装车工作组织、卸车工作组织、货运调度工作组织，努力挖潜提效，高质量、高标准地完成铁路运输生产经营计划和重点物资运输任务。

2. 货运日常工作组织的原则

(1)贯彻执行国家运输政策和铁路运输法律及规章制度。

(2)贯彻“统筹安排、保证重点”的方针，优先安排关系国民经济、国防需要和人民日常生活必需品等重点物资及重点企业、重点用户的物资运输。

(3)坚持运输集中统一指挥的原则。

(4)坚持“一卸、二排、三装”的运输组织原则。

(5)坚持计划运输、直达运输和均衡运输的原则。

知识点2　装车工作组织

1. 日常货源情况

各级货运日常工作部门，负责掌握日常货源情况，包括：

(1)纳入快运班列和大宗货物直达列车的货物。

(2)纳入月计划、旬计划、日计划的货物。

(3)国铁集团、铁路局集团公司命令批准必须紧急装运的货物。

2. 建立货源核实制度

装车站、重点物资装车站、港口站和口岸站应根据具体情况，以各种方式进行货源核实。遇货源发生较大变化时，应及时逐级上报。

3. 装车组织

(1)积极挖掘货源、货流，最大限度地组织快运班列、大宗货物直达列车的开行。

(2)在均衡运输的基础上，本着“可远勿近、可多勿少、可整勿零”的原则，大力组织直达运输。

(3)严格使用车去向。按照国铁集团下达的定量交接数，安排发往通过限制区段的装车；按照使用车去向计划数，均衡组织到达各铁路局集团公司装车，尤其是到达主要钢厂、电厂、港口及联运出口货物的装车。

(4)充分考虑其他运输工具的衔接，装车为卸车创造条件。

4. 重点物资装车组织

(1)重点物资

重点物资是指在一定时期一定区域内，为平衡社会供求关系，保证国民经济正常运行和国防建设，保证关系国计民生的企业正常生产和人民群众基本生活而需要铁路运输的煤炭、石油、粮食、化肥、以及进口物资、国家指令性应急物资等。

①国家明确指令运输的煤炭、石油、粮食、棉花等能源和战略性物资。

②防洪抗旱、抢险救灾、支农(化肥、农药)等急需运输的物资。

③铁路生产和建设急需的钢轨、轨枕、桥梁、道岔、建筑材料、机械设备等路用材料。

④国务院各部委和各省、自治区、直辖市政府提出的关系工农业生产和人民生活急需运输的各类物资。

⑤对外贸易急需运输的国际联运、进、出口的物资。

⑥快运班列、大客户和国铁集团确定的跨局大宗直达货物。

⑦国铁集团临时指定运输的其他物资。

(2)日常装车组织要求

①对于列入月度货物运输计划(包括日常货运计划)的各类重点物资，日常工作中都要坚持“三优先”，即优先安排去向，优先安排空车，优先安排挂运，保证及时运输。除特殊情况或托运人原因外，要保质保量完成计划，不得欠装。

②对国铁集团下达的专项运输任务和必须运输的救灾物资，各级运输部门接到通知后，都要指定专人负责，主动与有关部门联系，落实货源，安排好装车日期和日历进度，保证按期完成。

③国铁集团下达的装车命令中指定装运的重点物资，各铁路局集团公司都要优先组织装运，按期装出。

知识点 3　卸车工作组织

卸车是保证运输连续不断再生产的关键环节。货运日常组织工作中必须贯彻“一卸、二排、三装”的运输组织原则，以卸保排，以卸保装。

1. 有预见地安排卸车

(1)各铁路局集团公司间于每月 26 日前通过计算机传输相互交换次月卸车资料。各铁路局集团公司、车务段、直属车站根据到卸资料，制定次月卸车安排和接卸措施。

(2)卸车量较大的铁路车站，每月 5 日前要召开收货单位和地方运输部门会议，或采取其他方式落实卸车安排和接卸措施。每旬向装车站了解到达本站的装车安排。装车站应及时提供有关资料。

(3)同一车站同日装车，到达同一到站、同一收货人的货物达到 50 车以上时，发站在装车前应及时电告到站，以做好接卸准备。

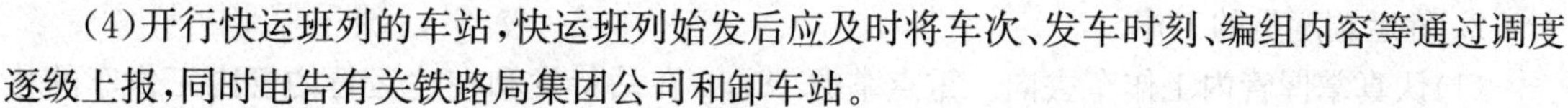

(4)开行快运班列的车站,快运班列始发后应及时将车次、发车时刻、编组内容等通过调度逐级上报,同时电告有关铁路局集团公司和卸车站。

2. 卸车站的组织

(1)根据到卸资料及厂矿港口专用线、专用铁路技术作业过程查定的有效作业时间,确定每日卸车计划,制定取送车作业方案,做到快取快送,压缩待取待送时间,加速车辆周转。

(2)对专用线及车站内由收货单位自行卸车的货物,车站接到预报后,要及时通知收货单位做好卸车准备。

(3)密切与收货单位和地方运输部门的协作,组织好地方搬运工作,做到随到随卸,随卸随搬,及时腾空货位,防止货场堵塞。

(4)加强夜间卸车组织,夜间卸车比重要达到45%以上。

3. 大点车的掌握

大点车系指在站停留超过48 h以上的待卸车。车站应按18:00待卸车分析表填记大点车的积压日期和时间,并建立台账,注明未卸原因,提出处理意见。各铁路局集团公司对待卸车超过48 h的大点车,按18:00大点车待卸车报告(运货8)逐日登记,并报国铁集团货运调度。

4. 停装或限装

由于重车积压卸车困难,要求发站必须停装或限装时,可采取限制装车、停止装车的措施。

(1)采取限制装车、停止装车的情况

①装车数超过区段通过能力和编组站作业能力时。

②装车数超过卸车地的卸车能力时。

③因自然灾害,发生事故,线路、轮渡封闭中断行车时。

④因其他原因发生车辆积压或堵塞时。

(2)申请程序

①卸车站要求发站停装和限装时,应说明原因和要求停限装的具体时间,并标明是否为快运班列或大宗货物直达列车的卸车站,以"停限装请求报告"逐级上报。

②各级货运调度收到"停限装请求报告"后,有关人员应及时处理。

③停装或限装必须以调度命令批准,逐级下达。

④车站接到停装或限装命令后,要及时将停限装的原因和具体时间通知发货单位。

(3)批准权限

①发站、到站为同一铁路局集团公司管内的停限装由铁路局集团公司批准。

②跨局的由国铁集团批准;国际联运和出口的货物必须经国铁集团批准。快运班列、口岸站进口物资原则上不准停装,特殊情况必须停装时,须报国铁集团批准。各铁路局集团公司报国铁集团的"停限装请求报告",须由调度所货运室主任批准。

对已到达卸车站收货人拒卸的重车,车站应查明原因协调解决,未经国铁集团批准,任何单位不得原车退回发站。

知识点4 货运调度工作

1. 货运调度的基本任务

编制、执行货运日班计划,及时了解和掌握装、卸车及重点物资运输情况,组织货流车流紧密衔接,质量良好地完成装、卸车和重点物资运输任务。

2. 货运调度员的工作

(1)认真掌握管内工作车去向。重点掌握18:00在站待发和在途运行的管内工作车的移动情况;对分界口接入管内重车,特别是整列重车,应及时向卸车站通报,并检查落实卸车准备工作。

(2)按阶段检查包括使用车在内的装车去向。对发往限制区段的去向必须严格掌握,不得任意超装。

(3)按阶段检查落实重点物资装运情况,掌握货源和空车来源,确保重点物资按计划完成。

(4)按阶段了解掌握主要厂矿、港口、口岸站的取送车、换装作业等情况,确保完成日班计划。

(5)必须紧急运输的防洪、抢险、救灾、防疫、抗旱、排涝、抢种、抢收等货物,可不受日计划装车的限制,分别以铁路局集团公司、国铁集团调度命令批准后组织装运。

(6)各级货运调度人员负责电传、接收"停限装请求报告"。铁路局集团公司经调度所货运室主任批准、国铁集团经调度指挥中心货运调度处长批准,发布停限装调度命令。

(7)各级货运调度应及时、准确、清晰地发布有关调度命令、填记各种表报,按规定逐级上报,并对本班工作作出简要分析。

知识点5 货运日常工作分析与考核

货运日常工作分析与考核的基本任务:掌握历年运输生产任务完成情况、重点物资完成情况、本年度任务完成进度和当前关键任务的完成情况,找出问题,总结经验,提出建议,不断提高货运日常工作组织水平。

1. 货运日常工作分析内容

下列指标按阶段(旬、月、季、年)与计划及上年同期比较,总结好的做法,分析未完成原因,并按期报国铁集团。

(1)货物发送量(装车数、静载重)完成情况。

(2)使用车去向完成情况。

(3)分品类装车完成情况。

(4)装车命令指定装运的重点物资完成情况。

(5)口岸站进出口货物装卸车及主要品类完成情况。

(6)港口站装卸车及主要品类完成情况。

(7)应卸车完成情况。

(8)主要卸车站的卸车及停时完成情况。

(9)直达列车(快运班列、大宗货物直达、始发直达、阶梯直达)、成组装车完成情况。

(10)针对某一时期工作中关键问题的专题分析。

2. 货运日常工作考核内容

(1)装车计划兑现率=(实际装车数/装车计划数)×100%。

(2)分品类装车兑现率=(品类装车数/品类计划数)×100%。

(3)直达车比重=(实际直达车数/实际装车数)×100%。

(4)重点物资装车命令兑现率=(实际装车数/指定装车数)×100%。

(5)卸车兑现率=(实际卸空车数/应卸车数)×100%。

(6)夜间卸车比重=(6:00实际卸空车数/应卸车数)×100%。

(7)待卸率=(18:00待卸车数/实际卸空车数)×100%。

3. 资料台账

各级货运日常组织部门应掌握和建立以下资料台账:

(1)装车资料。

(2)卸车资料。

(3)主要卸车站卸车能力资料。

(4)口岸站完成任务及能力资料。

(5)主要港口完成任务及能力资料。

(6)重点物资完成资料。

(7)某一时期重点专项任务完成资料。

典型工作任务6 管理专用线(专用铁路)

任务引入

专用线、专用铁路运输是铁路货物运输的重要组成部分。理解专用线、专用铁路的概念,掌握专用线管理的基本要求,根据专用线运输设备的状况,利用安全运输的理念,合理组织铁路专用线运输,是本工作任务的目标。

相关知识

知识点1 专用线(专用铁路)的概念

专用线是指厂矿企业自有的,与铁路营业网相衔接,并由铁路负责车辆取送作业的线路。

专用铁路是指货运量较大的厂矿企业自有的线路,与铁路营业网相衔接,具有相应的运输组织管理系统,以自备机车动力办理车辆取送作业的专用线。

专用线、专用铁路一般统称为专用线。

随着国民经济的迅速发展和厂矿企业的不断增加,专用线也随之增多。目前,专用线的作业量占全路总作业量的70%以上。因此,做好专用线的组织管理工作,直接影响到厂矿企业的生产和销售,也与铁路完成货物运输任务,加速车辆周转,提高效率和效益有着极大的关系。

铁路车站应该配合厂矿企业做好专用线的运输组织和管理工作。凡货主在运单上指明到达专用线卸车,则不得强制在货场或其他专用线卸车。凡货主未指定专用线卸车的,不得强制送往专用线。专用线装卸车时,铁路要加强交接检查,确保装载质量。

知识点2 专用线管理的基本要求

专用线运输是铁路运输的重要组成部分。专用线运输组织和安全管理要以《铁路专用线专用铁路管理办法》为依据,在站长的领导下统一进行。

车站和专用线企业要按照"发站从严、装车从严"的原则,根据专用线货运工作需要,配齐专用线货运员和企业运输员(即企业办理运输的人员),车站专用线货运员和企业运输员均应经过铁路的专业培训,合格后持证上岗。应保持人员的相对稳定。

专用线办理的货物运输品类,应符合《铁路专用线专用铁路名称表》的规定。需要变更时,需经铁路局集团公司批准,由国铁集团公布。

专用线内应有足够的装卸车能力，设有专人值班，做到随到随卸，随到随装。专用线货位要专用化，不得随意变更和挪用。

专用线管理的基本要求是：

(1)要具有良好的技术设备和科学的管理方法，保证企业不间断地生产，装卸车作业昼夜不停地进行，而且能保证行车安全、车辆和货物的完整。

(2)要以运输方案为中心，编制统一技术作业过程，大力组织定点、定线、定编组内容的三定列车和成组装车。在编制运输方案时，不仅要考虑提高运输效率，而且要满足企业的生产需要。

(3)为保证专用线的安全，应建立健全必要的规章制度，使专用线逐步做到作业标准化、工作制度化、卫生清扫经常化、管理货场化，达到安全、整洁、畅通的基本要求。

(4)实行经济管理。铁路和专用线要划分经济责任，建立健全统计分析制度，做到日有统计、旬有分析、月有总结。

知识点3　专用线基本制度

1. 岗位责任制

车站与专用线产权单位分别对进入专用线工作的铁路调车人员、货运员和企业运输员、装卸工等制定岗位责任制，明确工作内容、分工和责任。

2. 分区、分线、分库使用制

对于股道较多、作业量大的专用线，可根据设备的特点和作业性质，实行划分货位、线路固定使用及仓库分库管理负责制。

3. 检查交接制

对在专用线内作业的货物、车辆、篷布等，路企双方必须制定检查交接制度，明确内容和责任。铁路和企业双方应正确填写货车调送单，按规定办理交接。

4. 预确报制度

车站与企业应制定预确报制度，双方指定专人负责。车站向企业通报装车计划、到货情况和取送车预确报。企业向车站通知装卸车完了时间。

5. 统计分析制度

各级铁路货运管理部门和人员要认真编制和填写报表，建立设备和统计台账。各铁路局集团公司在每年1月将上一年度的“专用线运用情况表”报国铁集团。

知识点4　专用线作业管理

1. 送车作业

车站应按企业使用车要求拨配状态良好的货车。车站在向专用线送车前，按协议规定时间，向专用线发出送车预、确报。内容包括空、重车数，车种，货物品名，收货人，去向，编组顺序，送车时间。专用线接到预报后，应立即确定装、卸车地点，并做好接车准备。专用线运输员接到确报后，应及时打开门栏，提前到线路旁准备接车。货车送进后向调车人员指定停车位置，调车人员按其指定股道、货位停车。

货车送到后，企业应对货车上部设备进行检查，检查门、窗、底板、端侧板是否完好，门鼻、门搭扣是否齐全，车内是否干净，有无异味及回送洗刷、消毒标志等，确定是否适合所装货物。如不适用，应采取改善措施，必要时可向车站提出调换。

2. 装卸车作业

装车时，应充分利用货车的载重力和容积，但不得超过货车容许载重量。货物的装载必须防止超载、偏载、集重、亏吨、倒塌、超限和途中坠落。

企业运输员要负责监装，向装车人员说明注意事项，随时检查装载加固是否符合规定。

装车后，企业运输员负责检查车门、窗、盖、阀是否关闭妥当，需要施封的货车按规定施封，需苫盖篷布的货物，按规定苫盖好篷布。填写装车登记簿，通知车站装车完了时间。

卸车时，企业运输员要向卸车人员说明注意事项，提示卸车重点，检查安全防护设施，并负责监卸。

卸车后，企业应负责将车辆清扫干净，需要洗刷、消毒、除污的应按规定及时处理，如有困难可向车站提出协助处理，费用由委托方承担。关好车门、窗、盖、阀，拆除车辆上的支柱、挡板、三角木、铁线等，恢复车辆原来状态。检查货物堆码状态及与线路的安全距离。卸下的篷布应检查是否完整良好，需晾晒的要晾晒，并按规定将铁路货车篷布送回车站指定地点。

企业运输员要正确填写卸车登记簿，通知车站卸车完了时间。

3. 专用线的交接

铁路专用线货运员会同企业运输员，在运输协议规定的地点，使用货车调送单按铁路规定办理交接。施封的货车凭封印交接；不施封的货车、棚车、冷藏车凭车门、窗关闭状态交接；敞车、平车、砂石车不苫盖篷布的，凭货物装载状态或规定标记交接，苫盖篷布的，凭篷布现状交接。

铁路货车篷布、企业自备篷布及需要回送的货车装备物品和加固装置，应在货车(物)交接的同时一并办理交接，企业应按有关规定或协议妥善保管或回送。上述物品丢失、短少、破损时，应于交接时向车站提出，由车站专用线货运员核实后，按规定编制记录。

专用线内装车的货物，车站发现有下列状况之一时，应加以改善，达到标准后接收：

(1)凭封印交接的货车，发现封印脱落、损坏、不符、印文不清或未按施封技术要求进行施封。

(2)凭现状交接的货物，发现货物装载加固状态或所做的标记有异状或有灭失、损坏痕迹。

(3)规定应苫盖篷布的货物未苫盖、苫盖不严、使用破损篷布或篷布绳索捆绑不牢固。

(4)车门、车窗未关严(需要通风运输的货物除外)，车门插销未插牢固。

(5)使用敞车、平车或砂石车装载的货物，违反《加规》的要求。

(6)违反铁路规定的货车使用限制或特定区段装载限制。

知识点5 专用线(专用铁路)运输协议

签订专用线(专用铁路)运输协议是车站管理专用线的基本方式。新建、改扩建专用线竣工验收合格后，必须先签订专用线(专用铁路)运输协议，方可开通使用。

车站与其接轨的专用线(专用铁路)产权单位于每年12月底以前签订下年度“专用线(专用铁路)运输协议”。

专用线运输协议规定了铁路与厂矿企业双方的权利、义务和责任，是路企双方为保证质量良好地完成运输任务所应共同遵循的准则。运输协议的基本内容包括设备状况，交接地点和方法，一次(批)作业车数，装卸作业时间，预确报制度，货车清扫、洗刷、消毒工作，运输生产安全措施及费用清算等。车站在与企业签订运输协议前应征得铁路局集团公司同意，站企双方签字盖章后生效，并报铁路局集团公司备案。

铁路与企业间的运输协议，一经确定，不得随意改变。路企一方要求变更或解除已有的协议，应提前两个月提出，由双方协商确定。因变更或解除协议使一方遭受损失的，由责任方负责赔偿。当涉及铁路的设备或作业变化时，应报铁路局集团公司批准。

企业专用线产权变更后，须重新签订协议。

知识点6　专用线(含专用铁路)共用

专用线共用是指在保证专用线产权单位运输需要和专用线既有设备能力富余的前提下，与其吸引范围内的单位，共同使用该专用线办理铁路货物发到业务。

开展专用线共用是为了缓解铁路货场能力不足，保证货场畅通，挖掘专用线潜力，满足国民经济发展的需要。必须遵循下列原则：

(1)凡铁路运营主业货场工作量不饱和的，不准办理专用线共用。

(2)应坚持自愿互利、有偿共用和就地、就近、方便货主的原则。

(3)专用线办理共用的货物品类和业务范围，原则上不应与其原设计时办理的内容有别。严格控制专用线办理危险货物、超限、超长和集重货物的共用。

在保证专用线产权单位运输的条件下，由共用单位、产权单位、车站三方签订"共用协议"。车站在签订协议前应征得铁路局集团公司的同意。专用线产权单位要向当地经贸委(经委、计经委、交委、交办)申报。临时性共用要签订临时共用协议。协议签订后，必须严格执行，各负其责，组织实施。

实行共用的专用线，车站与专用线产权单位、共用单位间取送车作业和货物(车)交接，同于专用线运输的各项要求。专用线共用管理要逐步走向货场化、规范化、制度化。

总之，组织专用线共用，可以提高专用线的使用效率，减少短途搬运的距离，既提高了运输效率，又减轻了货场负担，缓和了运量与运能之间的矛盾，从而更好地为企业服务。

项目小结

通过本项目的学习，达到能够运用货场设备，合理组织货运的各项作业，从而使整个车站的货运生产有秩序、有节奏地进行。进一步达到掌握货场和专用线的装卸车作业情况，及时安排取送车，完成装卸车任务，提高货运设备运用效率。能够组织调查货源、货流，编制发展规划，提出改革运输方式的建议。

相关规范、规程与标准

1.《铁路货物运输服务质量》(TB/T 2968—2018)。

2.《货车篷布管理规则》(铁货〔2022〕102号)。

3.《铁路专用线专用铁路管理办法》(铁运〔1995〕107号)。

复习思考题

1. 何谓货场？何谓货场管理？

2. 货场管理的主要内容包括哪些？

3. 货场管理的目标是什么？

4. 货场是如何分类的？

5. 货场配置有哪几种类型？各有什么优缺点？

6. 货物站台是如何分类的？

7. 货场配线包括哪些线路？

8. 如何计算场库需要面积？

9. 如何计算装卸线有效长度？

10. 什么叫货区？如何划分货区？

11. 什么叫货位？如何划分货位？

12. 装卸货位的使用形式有哪几种？

13. 什么叫货位占用周转时间？货位占用周转时间如何计算？

14. 篷布的种类及使用范围如何？

15. 什么是货场作业能力？

16. 货场作业能力如何计算？

17. 货运日常工作组织的原则是什么？

18. 重点物资包括哪些？

19. 什么是专用线？什么是专用铁路？

20. 什么是专用线共用？专用线共用必须遵循哪些原则？

21. 某中型货场拟新建一座整车日用工业品发送仓库，统计其年度货运量为 180 000 t，其中有 20%的运量在专用线发送，货场内直装比重为 5%，仓库宽度为 15 m。

要求：

(1)计算该仓库发送货物最大日均吨数。

(2)计算该发送仓库的需要面积。

(3)确定该发送仓库的设计规格。

22. 某站煤的到达年货运量为 300 000 t，货车平均长度为 14 m，货车平均静载重为 61 t，每昼夜取送车 2 次，货物装卸线采用两侧货位，堆放场总宽度为 24 m。要求：

(1)计算平均一次送车需要装卸线有效长度。

(2)计算堆放场的需要长度。

(3)确定堆放场及货物装卸线的设计长度。

项目 13　国际铁路货物联运与国际多式联运

项目描述

国际铁路货物联运是指以一份运送票据跨及两国或两国以上铁路的货物直通运送。国际铁路货物联运简化了手续，为参加联运的国家开辟了一条经济、文化交流的便捷渠道，对我国对外交流起到了重大作用。本项目主要介绍国际铁路货物联运概况、国际铁路货物联运的基本条件、国际铁路货物联运的组织过程、国际铁路货物联运的费用、国际集装箱多式联运和亚欧铁路货物直通运输。

学习目标

1. 能力目标

了解国际铁路货物联运知识，初步具备组织国际铁路货物联运的能力。

2. 知识目标

掌握国际铁路货物联运、国际集装箱多式联运、亚欧铁路货物直通运输的概念。

3. 素质目标

具备国际铁路货物联运的基本知识，以科学、严谨的态度组织国际铁路货物联运。

相关案例——国际联运运单

某托运人在我国某站托运一批皮棉共 60 t 到白俄罗斯的明斯克站，运单由哪些部分组成，货运员如何审核运单，如何验收货物，如何收取运输费用？

国际联运运单由运单正本、运行报单、运单副本、货物交付单和货物到达通知单组成(可使用中文或俄文)。货运员应按照《国际联运办法》的规定审核运单。验收货物时根据运单填记的内容，重点审核货物的容器和包装、标记和表示牌、重量和件数等。运输费用按发送路、到达路、过境路的规定核收。

典型工作任务 1　认识国际铁路货物联运

任务引入

国际铁路货物联运是在两个或两个以上国家铁路全程运输中，使用一份运送票据，只使用铁路一种运输方式，并以参加铁路连带责任办理的货物运送，包括国际铁路货物直通联运和国际铁路货物轮渡直通联运。

国际铁路货物直通联运是指全程按统一票据(运单)办理经由两个或两个以上国家境内的铁路货物运送。

国际铁路货物轮渡直通联运是指在国际铁路直通货物联运中经过水运区段且货物从发站至到站始终在车辆中运行或自轮运行的运送方式。

了解国际铁路货物联运组织,熟悉国境站、港口站及与我国开展国际铁路货物联运的国家,掌握国际铁路货物联运的概念、铁组工作语文、相关规章及其适用范围,建立当多个联运国铁路协同完成运输任务时各联运国铁路必须遵守相关规章的观念,是本工作任务的目标。

相关知识

知识点1　国际铁路货物联运组织与铁组工作语文

1. 国际铁路货物联运组织

国际铁路货物联运始于19世纪中叶,但直到1890年欧洲各国铁路代表在伯尔尼举行的会议上,才制定了《国际铁路货物运送规则》,该规则自1893年1月1日实行。1938年10月1日该规则改称为《国际铁路货物运送公约》(以下简称《国际货约》)。以后多次修改。目前参加国际货约的国家见表13-1-1。

第二次世界大战以后,随着国际交往和贸易逐渐增多,在苏联的倡议下,苏联、捷克、罗马尼亚、东德等8个国家于1950年12月5日至18日在华沙举行了国际铁路货物联运协定代表大会,共同签订了《国际铁路货物联运协定》(以下简称《国际货协》),于1951年11月1日生效。中国于1954年1月参加《国际货协》。1956年6月在索菲亚举行的十国主管铁路运输部长会议上决定成立“铁路合作组织”(以下简称“铁组”)。铁组所有会议的决议,均需由出席会议的代表团一致通过。20世纪末,因一些国家的变化,目前参加《国际货协》的铁路见表13-1-1。

2. 铁组工作语文

铁组工作语文为中文和俄文,具有同等效力。《国际货协》各参加铁路,相互间使用本国文字办理的文书(如运单、商务记录、运输合同变更申请书、货物运送和交付阻碍通知书等),应译成铁组工作语文中的一种。译文文种的要求见表13-1-1。

表13-1-1　参加国际联运铁路一览

联运别	国家名称	铁路中文简称	路别编号	轨距(mm)	票据译文语文
参加《国际货协》的国家	中国	中铁	33	1 435	中文或俄文
	白俄罗斯	白铁	21	1 520	俄文
	保加利亚	保铁	52	1 435	俄文
	越南	越铁	32	1 435	俄文
	哈萨克斯坦	哈铁	27	1 520	俄文
	朝鲜	朝铁	30	1 435	中文或俄文
	吉尔吉斯	吉铁	59	1 520	俄文
	拉脱维亚	拉铁	25	1 520	俄文

续上表

联运别	国家名称	铁路中文简称	路别编号	轨距(mm)	票据译文语文
参加《国际货协》的国家	立陶宛	立铁	24	1 520	俄文
	摩尔多瓦	摩铁	23	1 520	俄文
	蒙古国	蒙铁	31	1 520	俄文
	俄罗斯	俄铁	20	1 520	俄文
	塔吉克斯坦	塔铁	66	1 520	俄文
	乌克兰	乌(克)铁	22	1 520	俄文
	爱沙尼亚	爱铁	26	1 520	俄文
	阿塞拜疆	阿(塞)铁	57	1 520	俄文
	阿尔巴尼亚	阿铁	41		
	格鲁吉亚	格铁	28	1 520	俄文
	伊朗	伊铁	96		俄文
	波兰	波铁	51	1 435	俄文
	土库曼斯坦	土铁	67	1 520	俄文
	乌兹别克斯坦	乌(兹)铁	29	1 520	俄文
	匈牙利	匈铁	55		
	斯洛伐克	斯铁	56		
	阿富汗				
参加《国际货约》的国家	英国、爱尔兰、挪威、瑞典、芬兰、摩洛哥、突尼斯、阿尔及利亚、西班牙、葡萄牙、意大利、法国、比利时、荷兰、卢森堡、列支敦士登、瑞士、奥地利、前南斯拉夫、匈牙利、德国、丹麦、捷克、罗马尼亚、希腊、土耳其、叙利亚、黎巴嫩、伊拉克、保加利亚、波兰				

知识点 2　国境站、港口站与联运站

1. 国境站

国与国之间邻接的车站称为国境站。我国国际联运边境站与邻国边境站见表 13-1-2。

国境站下设国际联运交接所(以下简称“交接所”),办理一国铁路向另一国铁路移交或接收货物、车辆和运送票据,计算过境路运费、在国境站发生的杂费以及翻译等工作。交接时,当轨距相同时可原车过轨,当轨距不相同时可货物换装或更换轮对。交接换装地点一律在接收铁路的进口国境站上办理。

表 13-1-2　我国与邻国铁路的国境站交接方式及换装地点

中国国境站站名	邻接国国境站站名	邻接轨距(mm)	货物交接方式	交接换装地点
丹东	新义州(朝)	1 435	货物换装	进出口均在我方国境站
集安	满浦(朝)	1 435		
图们	南阳(朝)	1 435		
满洲里	后贝加尔(俄)	1 520	货物换装或换轮过轨	进口在我方国境站 出口在对方国境站
绥芬河	格罗迭科沃(俄)	1 520		
珲春	卡梅绍瓦亚(俄)	1 520		

续上表

中国国境站站名	邻接国国境站站名	邻接轨距(mm)	货物交接方式	交接换装地点
二连	扎门乌德(蒙)	1 524	货物换装	进口在我方国境站 出口在对方国境站
凭祥	同登(越)	1 435、1 000	原车过轨	
山腰	老街(越)	1 000		
阿拉山口	多斯特克(哈)	1 520	货物换装	
霍尔果斯	阿腾科里(哈)	1 520		
磨憨	磨丁(老)	1 435	原车过轨	

2. 港口站

港口站是指设在港口附近，主要办理港口铁路的外部运输的铁路车站，如我国铁路的大连北站(大连港)、新港站(天津港)、青岛站(青岛港)、连云港东站(连云港港)、何家湾站(上海军工路港)、下元站(黄埔新港)、湛江站(湛江港)等车站。

3. 联运站

联运站是指办理国际铁路货物联运的车站。参加《国际货协》的各国铁路(除阿铁和朝铁外)在其国内开办货运业务的所有车站，都办理国际铁路货物联运。

朝铁的联运站见《国际铁路货物联运办法》(以下简称《联运办法》)。

阿铁同其他铁路不接连，我国往阿铁发货时，可发到匈牙利的布达佩斯或东欧其他某一国家的铁路车站，由发货人或收货人的代理人领取后再用其他运输工具运往阿尔巴尼亚。

越铁目前办理国际铁路货物联运的车站有同登站、老街站、海防站、安员站、甲八站、岘港站、双神站。

我国各站营业办理限制按国内《里程表》规定办理。

知识点 3　国际铁路货物联运规章

办理国际铁路货物联运的规章主要有《国际货协》《统一货价》《国际货协办事细则》等。

1.《国际货协》

《国际货协》是各参加路办理国际铁路货物联运时所要遵循的主要运输法规，它规定了货物运送条件、运送组织、运送费用计算核收办法以及铁路和发货人、收货人之间的权利和义务，对铁路和发、收货人都有约束力。

2.《统一货价》

《统一货价》规定了在过境参加《统一货价》国家的铁路时，需要办理的货物运输手续，过境运输费用、杂费和其他费用的计算与核收方法，过境里程以及货物运价等级等，对参加铁路和发、收货人都具有约束力。

3.《国境铁路协定》和《国境铁路会议议定书》

由两邻国签订，规定了国境站货物和车辆的交接条件和办法、交接列车和机车运行办法和服务方法等问题。我国与邻国间都签订有国境铁路协定。

4.《国际货协办事细则》

《国际货协办事细则》是《国际货协》各国承运人执行《国际货协》办理货运业务时铁路内部的办事程序、工作方法及调整铁路内关系准则，只适用于参加国际货协的铁路及其工作人员。

5.《货车规则》

《货车规则》内容包括总则、货车、自备货车、运送用具、集装箱和托盘、附件、附图等，适用于国际联运中交接的货车规则协约参加铁路的货车、集装箱、托盘和运送用具，以及配属于货车规则协约某一参加铁路的自备货车或出租给第三者的铁路车辆。

6.《清算规则》

《清算规则》主要对铁路财务清算部门和国境站适用。

7.《联运办法》

《联运办法》是为了便于我国铁路工作人员和企业使用，将国际铁路货物联运规章整理简化而成。各铁路局集团公司、国境站以及发、收货人与国外办理业务和交涉时，仍需根据国际铁路联运有关规章，不得引用《联运办法》。

上述国际联运规章、补充规定及《联运办法》内未规定的事项，均适用国内规章的规定。

典型工作任务 2　了解国际铁路货物联运的基本条件

任务引入

国际铁路货物联运的货物涉及两个以上国家的铁路，必须符合联运条件。了解国际铁路货物联运的范围，掌握国际铁路货物联运的办理种别、运输限制及运到期限计算，以严谨的态度组织国际铁路货物联运，是本工作任务的目标。

相关知识

知识点 1　联运范围

1.《统一货价》铁路间及其与适用《国际货协》铁路间

未参加《国际货协》而仅适用《国际货协》规定的铁路如罗马尼亚铁路（以下简称“罗铁”），称为适用货协铁路。

《统一货价》铁路间及其与适用货协铁路间的货物运送，凡按照《统一货价》过境里程表所载的经路，从发站至到站全程均用《国际货协》的运送票据办理。

2.《统一货价》铁路与不适用《国际货协》铁路间

从参加《统一货价》的铁路通过陆路国境向未参加《国际货协》并且不适用《国际货协》规定的铁路（以下简称“不适用货协铁路”）以及相反方向运送货物时，按下列规定办理：

(1)过境波兰、罗马尼亚或斯洛伐克向不适用货协铁路运送货物时，《国际货协》运送票据只办理至波兰、罗马尼亚或斯洛伐克的进口国境站为止。

(2)从未参加《国际货协》并且不适用《国际货协》规定铁路的国家，以及从保加利亚过境波兰、罗马尼亚或斯洛伐克运送货物时，用《国际货约》运送票据办理至波兰、罗马尼亚或斯洛伐克的出口国境站为止。

(3)自《国际货协》参加铁路的国家（除保加利亚外）向罗马尼亚以及相反方向运送（除向罗马尼亚国境站及相反方向的运送外）货物时，按照上述(1)和(2)办理。

(4)从与芬兰未签订直通铁路联运协定的国家过境俄罗斯铁路向芬兰运送货物时，用《国际货协》的运送票据办理至俄铁的出口国境站，而从该站至到站则用俄罗斯铁路与芬兰铁路所签订的双边协定的运送票据办理，其办理手续可比照上述(1)办理。

(5)从芬兰过境俄罗斯联邦铁路向与芬兰未签订直通铁路联运协定的国家运送货物时，从发站至俄铁的进口国境站按照俄罗斯铁路与芬兰铁路所签订现行双边协定的运送票据办理，而从该站至到站，则按照《国际货协》运送票据办理，其办理手续可比照上述(2)办理。

(6)过境匈牙利共和国铁路运送货物时，用《国际货协》运送票据办理到匈铁的进口国境站。相反方向办理运送时，由驻匈铁出口国境站的代理人按照《国际货协》的条件向铁路托运货物。

3. 通过过境铁路港口办理货物运送

(1)从《统一货价》参加铁路的国家，通过《统一货价》参加铁路的过境铁路港口，向其他任何国家以及相反方向运送货物时，用《国际货协》运送票据只能办理至过境铁路港口站为止或者从该站起开始办理。

如数个港口站同属于同一国家的铁路，则用该国铁路适用的运送票据办理运送。

(2)从《统一货价》参加铁路的国家运送货物时，发货人应在《国际货协》运单内填写本运价规程所载的相应港口站作为到站，并填写驻该站的代理人作为收货人。代理人应从铁路领取货物并办理水运手续继续运送。

(3)以上述港口站为起讫的水路运送，应按照为此种转运所制订的规章和运价规程办理。

(4)从《统一货价》参加铁路的一个国家通过该运价规程参加铁路的另一个国家的港口站运送货物时，过境港口站所在国家铁路的运费按照该运价规程计算，并根据该铁路的国内规章向收货人或通过与过境铁路签有支付运费协议的付款人(代理机构、代理人等)核收。

相反方向运送时向发货人或通过与过境铁路签有支付运费协议的付款人(代理机构、代理人等)核收。

知识点2 办理种别

国际铁路联运货物办理种别分为整车货物、零担货物、集装箱货物三种。

1. 整车货物

凡按一份运单按其体积或种类需要单独车辆运送的货物，即为整车货物。

2. 零担货物

凡按一份运单托运的一批货物，重量不超过 5 000 kg，按其体积或种类不需要单独车辆运送的货物，即为零担货物。总重超过 5 000 kg 而按其体积或种类不需要单独车辆运送的货物，根据参加运送各铁路间的商定也可按零担货物条件运送。

3. 集装箱货物

凡按一份运单托运的，用集装箱运送的货物或空的集装箱，即为集装箱货物。包括通用大吨位集装箱、通用中吨位集装箱、罐式集装箱以及冷藏集装箱等。含轮式集装箱货物。

知识点3 按一批办理的条件

一个发站按一份运单从一个发货人处承运，发往一个到站一个收货人的货物，即为一批货物。

1. 下列货物按一批货物承运

(1)装入一辆车(跨装车组)的货物，托运的货物需要装入单独车辆或者需要装入两辆或两辆以上连挂车辆(跨装车组)。

(2)装入多式运输单元、汽车运输工具的货物或者空的多式运输单元(汽车运输工具)。

(3)自轮运转货物(铁路机车车辆、铁路起重机、铁路养路机械和建筑机械等)。

2. 经发货人和承运人商定,可按一份运单办理从同一发站、同一发货人发往同一到站、同一收货人的货物运送

(1)使用两辆或两辆以上车辆(跨装车组除外)运送的同一品名的货物。

(2)超过一件的同一品名的自轮运转货物。

3. 可按一份运单办理下列运送

(1)由同一发货人装载到一辆并从同一发站发往同一到站、同一收货人且在运送途中不进行换装和换轮作业的数个集装箱内的货物或空集装箱。

(2)经发货人和承运人商定,从同一发站、同一发货人发往同一到站、同一收货人的数个集装箱内的货物或空集装箱,无论所需车辆数量如何。

知识点4　运输限制

1. 不准运送的物品

下列物品在国际联运中不准运送:

(1)属于应当参加运送的铁路的任一国家禁止运送的物品。

(2)属于应当参加运送的铁路的任一国家邮政专运物品。

(3)炸弹、弹药和热武器,但狩猎和体育用的除外。

(4)在《国际货协》附件第2号中未规定的危险货物。

(5)一件重量不足10 kg的零担货物(一件体积超过0.1 m^3的货物除外)。

(6)在换装联运中使用不能揭盖的棚车运送一件重量超过1.5 t的货物。

(7)在换装联运中使用敞车类货车运送一件重量不足100 kg的零担货物,但不适用于《国际货协》附件第2号中规定的一件最大重量不足100 kg的货物。

在履行运输合同期间,如发现承运了不准运送的物品,尽管名称正确,也应将该货物截留,按截留国家的国内法令和规章处理。

2. 准许按特定条件运送的货物

《国际货协》附件第1号第4章中规定按特定条件运输的货物,如易腐货物、动物、集装箱、多式联运单元(集装箱除外)和汽车运输工具等,准许按特定条件运送。

3. 不准在一辆车内混装的货物

下列货物不准按一份或数份运单在一辆车内混装运送:

(1)一种易腐货物同照管方法不同的另一种易腐货物。

(2)按《国际货协》附件第1号第13条的规定需要遵守保温制度或特殊照管的易腐货物与非易腐货物。

(3)危险货物与《国际货协》附件第2号规定禁止在一辆车内混装的其他货物。

(4)由发货人装车的货物与由铁路装车的货物。

(5)根据发送路国内规章不准在一辆车内混装的货物。

(6)堆装运送的货物与其他货物。

4. 不准在一辆车内托运和承运的货物

(1)数批整车货物。

(2)整车货物与其他办理种别的货物。

(3)集装箱货物与其他办理种别的货物。

(4)轮式集装箱货物与其他办理种别的货物。

知识点5　运到期限

1. 货物运到期限的确定

货物运到期限可按下列方法确定：

(1)发货人和承运人商定货物运到期限。

(2)下列情况由承运人确定货物运到期限：

①对因自身技术特性需限速运行的货物、超限货物及采用单独机车牵引的专列运送的货物，运到期限由承运人确定。

②对国际铁路—轮渡直通联运中运送的货物，其水运区段的运到期限由办理该区段运送的承运人确定。

(3)如发货人和承运人未另行商定运到期限，货物运到期限按下列方法计算：

运到期限由发送期间、运送期间和延长时间三部分组成。

①发送期间。发送期间为1昼夜。

②运送期间。运送期间按发站至到站间货物的实际运送里程计算。

在每一参加运送的铁路管内，集装箱货物，每150公里或未满为1昼夜；其他货物，每200公里或未满为1昼夜。

③在下列情况下延长两昼夜：

(a)每次将货物换装到其他轨距的车辆时。

(b)车辆、自轮运转货物每次更换另一轨距的转向架时。

(c)在国际铁路—轮渡直通联运中运送货物，每次向水运区段移交货物时。

铁路应将关于铁路有权据以延长运到期限的货物滞留原因及其滞留时间记在运单“运到期限延长”栏内。

如货物在运到期限期满前到达到站，并且承运人通知收货人到达，且可以交给收货人处理(这一事项由铁路通知收货人)，即认为运到期限业已履行。关于通知收货人的方法，按到达路现行的国内规章办理。

2. 货物实际运到日数确定

货物运到期限，自缔结运输合同的次日零时起计算，至货物到达通知单移交收货人之时为止，不足1昼夜按1昼夜计算。

如运送途中需将货物分开，则货物实际运到日数按随运单到达的那部分货物计算。

对由于与承运人无关的原因在运送途中滞留的全部时间，应从货物实际运到日数中扣除。

3. 货物运到逾期的处理

国际铁路联运货物运到逾期时，应按表13-2-1的比例向收货人以支付违约金的形式支付货物运到逾期的赔款。收货人有权在货物交付之日起2个月内向交付货物的承运人提出逾期赔偿的要求。

表 13-2-1　运到逾期赔偿额

逾期天数占运到期限天数的比例	逾期赔款额
不超过 1/10 时	运费的 6%
超过 1/10 但不超过 3/10 时	运费的 18%
超过 3/10 时	运费的 24%

下列情况承运人不支付违约金或按比例支付违约金：

(1)承运人应赔偿货物灭失的情况。

(2)若货物短少，运到逾期违约金按货物的运到部分来确定。

(3)由于承运人不能预防和不能消除的情况，造成承运人未履行货物运到期限。

(4)由于发货人或收货人的过失或由于其要求，造成承运人未履行货物运到期限。

(5)由于发货人、收货人或其授权人未执行或未适当执行海关或其他行政手续，造成承运人未履行货物运到期限。

典型工作任务 3　组织国际铁路货物联运

任务引入

国际铁路货物联运是使用单一运输单据途经两个以上国家的铁路，必须按照国际联运规章办理各项作业，保证货物安全。了解国际铁路货物联运不同环节的作业内容、要求及前后流程，熟悉国际铁路货物联运票据的种类及其填写方法和要求，具备初步办理国际铁路联运货物的托运、受理、承运、交付等基本作业的能力；培养严格遵守规章制度、按照作业程序作业的意识，是本工作任务的目标。

相关知识

知识点 1　托运

1. 运送票据

《国际货协》运单是途经多个国家铁路所使用的单一运输单据。《国际货协》规定和在实际工作中，《国际货协》的运输单据包括《国际货协》运单（国际铁路联运运单）、车辆清单、集装箱清单、启封记录、商务记录、押运人证明书、交接单、货物查询申请书、运输合同变更申请书等。

(1)《国际货协》运单组成

《国际货协》运单（图 13-3-1～图 13-3-4）是贯穿全程运输的“一份运送票据”。它是承运人、托运人之间签订的运输合同，是参与运输的多国铁路承运部门的运输责任契约，具有法律效力。发货人托运货物时，应按批提出货物运单一份。

1 运 单 正 本 — **Оригинал накладной**
（给收货人）—（Для получателя）

29 批号—Отправка №

国际货协运单 — Накладная СМГС
缔约承运人 — Договорный перевозчик

1 发货人—Отправитель

签字—Подпись

4 收货人—Получатель

2 发站—Станция отправления

3 发货人的声明—Заявления отравителя

5 到站—Станция назначения

8 车辆由何方提供—Вагон предоставлен / 9 载重量—Грузоподъёмность
10 轴数—Оси / 11 自重—Масса тары / 12 罐车类型—Тип цистерны

6 国境口岸站—Пограничные станции переходов	7 车辆—Вагон	8	9	10	11	12	换装后—После перегрузки	
							13 货物重量 Масса груза	14 件数 К-во мест

15 货物名称—Наименование груза	16 包装种类 Род упаковки	17 件数 К-во мест	18 重量（公斤） Масса (в кг)	19 封印—Пломбы	
				数量 К-во	记号—знаки

20 由何方装车—Погружено

21 确定重量的方法
Способ определения массы

22 承运人—Перевозчики	（区段自/至—участки от/до）	车站代码 (коды станций)

23 运送费用的支付—Уплата провозных платежей

24 发货人添附的文件—Документы, приложенные отправителем

25 与承运人无关的信息，供货合同号码
Информация, не предназначенная для перевозчика, № договора на поставку

26 缔结运输合同的日期 Дата заключения договора перевозки	27 到达日期—Дата прибытия	28 办理海关和其他行政手续的记载 Отметки для выполнения таможенных и других административных формальностей

图 13-3-1 《国际货协》运单第 1 张正面

注：《国际货协》运单第 2、3、4、5、6 张及运行报单（补充）正面与此图内容相同。

计算运送费用的各项 — Разделы по расчёту провозных платежей						向发货人计算的费用 Расчёты с отправителем		向收货人计算的费用 Расчёты с получателем	
А	37 区段—Участок 自—От	车站代码 Коды станций	38 里程（公里） Расстояние, км	39 计费重量（公斤） Расчётная масса, кг		44 运价货币 Валюта тарифа	45 支付货币 Валюта платежа	46 运价货币 Валюта тарифа	47 支付货币 Валюта платежа
	至—До					48	49	50	51
	40 杂费 Дополнительные сборы	=	=	=	}	52	53	54	55
	41 运价—Тариф	42 货物代码—Код груза	43 兑换率—Курс пересчёта		共计 Итого: ►	56	57	58	59
Б	37 区段—Участок 自—От	车站代码 Коды станций	38 里程（公里） Расстояние, км	39 计费重量（公斤） Расчётная масса, кг		44 运价货币 Валюта тарифа	45 支付货币 Валюта платежа	46 运价货币 Валюта тарифа	47 支付货币 Валюта платежа
	至—До					48	49	50	51
	40 杂费 Дополнительные сборы	=	=	=	}	52	53	54	55
	41 运价—Тариф	42 货物代码—Код груза	43 兑换率—Курс пересчёта		共计 Итого: ►	56	57	58	59
В	37 区段—Участок 自—От	车站代码 Коды станций	38 里程（公里） Расстояние, км	39 计费重量（公斤） Расчётная масса, кг		44 运价货币 Валюта тарифа	45 支付货币 Валюта платежа	46 运价货币 Валюта тарифа	47 支付货币 Валюта платежа
	至—До					48	49	50	51
	40 杂费 Дополнительные сборы	=	=	=	}	52	53	54	55
	41 运价—Тариф	42 货物代码—Код груза	43 兑换率—Курс пересчёта		共计 Итого: ►	56	57	58	59
Г	37 区段—Участок 自—От	车站代码 Коды станций	38 里程（公里） Расстояние, км	39 计费重量（公斤） Расчётная масса, кг		44 运价货币 Валюта тарифа	45 支付货币 Валюта платежа	46 运价货币 Валюта тарифа	47 支付货币 Валюта платежа
	至—До					48	49	50	51
	40 杂费 Дополнительные сборы	=	=	=	}	52	53	54	55
	41 运价—Тариф	42 货物代码—Код груза	43 兑换率—Курс пересчёта		共计 Итого: ►	56	57	58	59
Д	37 区段—Участок 自—От	车站代码 Коды станций	38 里程（公里） Расстояние, км	39 计费重量（公斤） Расчётная масса, кг		44 运价货币 Валюта тарифа	45 支付货币 Валюта платежа	46 运价货币 Валюта тарифа	47 支付货币 Валюта платежа
	至—До					48	49	50	51
	40 杂费 Дополнительные сборы	=	=	=	}	52	53	54	55
	41 运价—Тариф	42 货物代码—Код груза	43 兑换率—Курс пересчёта		共计 Итого: ►	56	57	58	59
Е	37 区段—Участок 自—От	车站代码 Коды станций	38 里程（公里） Расстояние, км	39 计费重量（公斤） Расчётная масса, кг		44 运价货币 Валюта тарифа	45 支付货币 Валюта платежа	46 运价货币 Валюта тарифа	47 支付货币 Валюта платежа
	至—До					48	49	50	51
	40 杂费 Дополнительные сборы	=	=	=	}	52	53	54	55
	41 运价—Тариф	42 货物代码—Код груза	43 兑换率—Курс пересчёта		共计 Итого: ►	56	57	58	59
64 计算和核收运送费用的记载—Отметки для исчисления и взимания провозных платежей					总计 Всего: ►	60	61	62	63
						65 应向发货人补收的费用—Дополнительно взыскать с отправителя за			

图 13-3-2 《国际货协》运单第 1、2、4、5 张及运行报单(补充)背面

<table>
<tr><td colspan="4">30 承运人记载—Отметки перевозчик</td><td colspan="4" rowspan="1">35 货物到达通知—Уведомление о прибытии груза</td></tr>
<tr><td colspan="4">31 商务记录—Коммерческий акт</td><td colspan="4" rowspan="3">36 交付货物—Выдача груза

收货人签字 — Подпись получателя</td></tr>
<tr><td colspan="4">32 运到期限延长—Удлинение срока доставки</td></tr>
<tr><td colspan="2">车站/Станция ……………………
滞留原因/Задержка из-за ……………………
……………………
自/От……………………时/час ……………………
至/До……………………时/час ……………………</td><td colspan="2">车站/Станция……………………
滞留原因/Задержка из-за ……………………
……………………
自/От ……………………时/час……………………
至/До ……………………时/час ……………………</td></tr>
<tr><td colspan="8">33 货物移交记载—Отметки о передаче груза</td></tr>
<tr><td colspan="2">33.1</td><td colspan="2">33.2</td><td colspan="2">33.3</td><td colspan="2">33.4</td></tr>
<tr><td colspan="2">33.5</td><td colspan="2">33.6</td><td colspan="2">33.7</td><td colspan="2">33.8</td></tr>
<tr><td colspan="2">33.9</td><td colspan="2">33.10</td><td colspan="2">33.11</td><td colspan="2">33.12</td></tr>
<tr><td colspan="8">34 通过国境站的记载—Отметки о проследовании пограничных станций</td></tr>
<tr><td colspan="2">34.1</td><td colspan="2">34.2</td><td colspan="2">34.3</td><td colspan="2">34.4</td></tr>
<tr><td colspan="2">34.5</td><td colspan="2">34.6</td><td colspan="2">34.7</td><td colspan="2">34.8</td></tr>
<tr><td colspan="2">34.9</td><td colspan="2">34.10</td><td colspan="2">34.11</td><td colspan="2">34.12</td></tr>
</table>

图 13-3-3　《国际货协》运单第 3 张背面

30 承运人记载—Отметки перевозчик	
31 商务记录—Коммерческий акт	
32 运到期限延长—Удлинение срока доставки 车站/Станция .... 车站/Станция .... 滞留原因/Задержка из-за .... 滞留原因/Задержка из-за .... 自/От .... 时/час .... 自/От .... 时/час .... 至/До .... 时/час .... 至/До .... 时/час	

33 货物移交记载—Отметки о передаче груза			
33.1	33.2	33.3	33.4
33.5	33.6	33.7	33.8
33.9	33.10	33.11	33.12

34 通过国境站的记载—Отметки о проследовании пограничных станций			
34.1	34.2	34.3	34.4
34.5	34.6	34.7	34.8
34.9	34.10	34.11	34.12

图 13-3-4　国际货协运单第 6 张背面

运单系一整套票据，由带编号的 6 联和必要份数的补充运行报单组成，运单各联作用见表 13-3-1。

表 13-3-1 《国际货协》运单组成及各联作用

编号	各张名称	各张的领收人	各张用途
1	运单正本	收货人	随同货物至到站
2	运行报单	将货物交付收货人的承运人	随同货物至到站
3	货物交付单	将货物交付收货人的承运人	随同货物至到站
4	运单副本	发货人	运输合同缔结后，交给发货人
5	货物接收单	缔约承运人	缔约承运人留存
6	货物到达通知单	收货人	随同货物至到站
无号码	补充运行报单	承运人	给货物运送途中的承运人(将货物交付收货人的承运人除外)

注：补充运行报单的份数应同参与运送的承运人数量一致(但将货物交付收货人的承运人除外)。是否需要为缔约承运人编制补充运行报单，由缔约承运人确定。

(2)《国际货协》运单填写一般说明

①《国际货协》运单左上角由承运人填写缔约承运人名称。

②记入运单、补充清单、车辆清单和集装箱清单的事项，使用黑色字体记载或打印，或采用戳印。加盖的戳记应有清晰的印文。

③在发站，由发货人和承运人通过划消纸质运单上的记载事项并记入新事项的方式，对纸质运单上的记载事项进行修改。此时，发货人和承运人仅可对各自在运单中记载的事项做修改。发货人所做修改不得超过一栏或相互关联的两栏，而且应在"发货人的声明"栏内做"已修改第……栏"的记载。承运人应加盖戳记证明其所做的修改。

承运人修改补充运行报单中的记载事项时，应加盖戳记证明。划消纸质运单的原记载事项，以及改正或修改电子运单的记载事项时，原记载事项须能辨认。

④如运单篇幅不足，不能将记载事项记入相应栏内，则按各栏将这些记载事项记入补充清单。补充清单的份数应与运单的张数一致，且贴附在运单各张后。补充清单的篇幅应与运单一致。在运单相应栏内应记载"记载事项见补充清单"。

如计算运送费用的第 A～E 项数量不足，则按运单第 1 张背面的格式编制补充清单，并从字母"Ж"开始，用字母标记后续各项。

发货人在"发货人的声明"栏内，承运人在"承运人记载"栏内注明在每张运单上所附补充清单的数量。

⑤下列情况应按规定编制车辆清单或集装箱清单：

a. 按一份运单办理两辆或两辆以上车辆装运的货物运送时，发货人应按《国际货协》附件第 1 号(《货物运送规则》)附件 2 所列载的格式编制车辆清单。

b. 按一份运单办理数个集装箱运送时，发货人应按《国际货协》附件第 1 号附件 3 所列载的格式编制集装箱清单。

车辆清单和集装箱清单各栏编号应与运单一致。车辆清单或集箱清单"共计"栏内的事项，应记入运单相应栏内。

运单各张上各附一份车辆清单或集装箱清单，在运单“车辆”栏和/或“货物名称”栏内记载“见所附清单”。

按一份运单运送两辆或两辆以上车内的货物时，如将货物从一种轨距车辆换装到另一轨距的两辆内，承运人应编制新的车辆清单，且在运单各张上各附一份，并划掉原车辆清单中记载的事项，原车辆清单也同运单运行。

补充清单、车辆清单和集装箱清单是运单不可分割的部分，在补充清单、车辆清单和集装箱清单上方应注明货批号，且这些清单应由发货人或承运人签字(取决于清单由谁编制)。

发货人在运单上所附的添附文件应贴附在运单上，以免在运送途中脱落。

(3)运单逐项填写说明

运单填写说明见表 13-3-2。

表 13-3-2 《国际货协》运单填写说明

序号	栏名称	填写内容
X1	发货人	发货人名称(应与注册文件一致)，姓名(自然人)，通信地址。 如缔约承运人对发货人进行编码，则注明由该承运人确定的发货人代码(在填写代码的格内)，还可以注明电话号、传真号(连同区号)，电子邮箱。 发货人签名(根据发送国国内法律)。发货人签名确认其在运单中所记载事项的正确性
X2	发站	发站名称及铁路简称。 发站代码(在填写代码的格内)。 从不适用《国际货协》的国家运送货物时，应注明变更运输合同法律规范的车站名称、代码及铁路简称
X3	发货人的声明	绕路运输时的具体运送经路。 发生货物运送或交付阻碍时如何处置货物的指示。 运送易腐货物时的保护措施和保温制度。 描述货物或车辆承运时查明的、发货人所提供的车辆、多式运输单元和汽车运输工具的毁损情况。 运送机动车辆、机械时，注明“易破碎零件不加防护运送”“第____号机械的钥匙”。 如经不同轨距铁路运送，注明同承运人商定的货物(包括空车)运送办法——记载“换装到另一轨距车辆”“更换到另一轨距车辆转向架(如有换轮合同，则注明合同号及其缔结日期)”或“采用变距轮对”。 发货人在其运单上所做修改的声明。 运送冻结货物时，注明货物含水量百分比和采取的预防措施(“冻结货物”“撒入石灰的数量占__%”“用油处理的数量占__%”“分层垫入锯末”等)。 变更运输合同法律规范(向不适用《国际货协》的国家运送货物)时，最终收货人的名称及其地址。 变更运输合同法律规范(向不适用《国际货协》的国家运送货物)时，注明有关寄送运单的指示。 押运人权利范围。 关于在运单上添附补充清单数量的记载。 采用其他运输方式运进/运出货物时，应记载：“采用____(运输方式)从____(始发国国名)运进”或“采用____(运输方式)运往____(终到国国名)”。 运送声明价格的货物时，记载“货物声明价格________(款额应大写)”。 记载关于采用 1 520 mm 轨距敞车类货车(特种平车除外)装载的限界货物装载和加固条件：“技术条件第____章第____项”，“第____号国家技术条件”，“第____号地方技术条件”或“第____号图”。

续上表

序号	栏名称	填写内容
X3	发货人的声明	使用发货人提供的车辆运送货物时，如运送中需将货物换装到另一轨距车辆上，应记载："在____站（换装站名称）进行货物换装后空车应交付____（空车收货人名称及其通信地址）"或"在____站（换装站名称）进行货物换装后空车应经由国境站____（注明其名称）发往____站（到达路、到站和收货人名称），承运人为____（承运人名称）"，此外应为参与运送的每一承运人注明运送费用的支付人的名称和代码。 使用敞车类货车运送有保护标记的货物时，注明关于所做保护标记的信息，这些信息应能够用来检查保护标记的完整性（做保护标记的方法、保护标记的位置、外观等）
X4	收货人	收货人名称（应与注册文件一致），姓名（自然人），通信地址。 如交付货物的承运人对收货人进行编码，则注明由该承运人确定的收货人代码（在填写代码的格内），还可注明电话号、传真号（连同区号），电子邮箱。 在向不采用国际货协的国家运送货物时，应注明在变更运输合同法律规范的车站改办运输合同的承运人简称
X5	到站	到站名称及铁路简称。 到站代码（在填写代码的格内）。 在向不采用国际货协的国家运送货物时，注明变更运输合同法律规范的车站名称和代码、铁路简称，并记载"运送至____站（终到站及到达国名称）"
X6	国境口岸站	按同缔约承运人商定的货物运送经路，注明发送国和过境国的出口国境站名称及代码、铁路简称。 在货物运送中使用轮渡时，应注明将货物转交轮渡或从轮渡接运的港口及车站名称。 如有可能从一个出口国境站通过邻国的几个进口国境站办理货物运送，还应注明运送所要通过的进口国境站名称
7～12		在运送途中换装货物时，将原车辆记载事项划消，但原字迹须能辨认，并应在下面记载货物换装后每一车辆的事项。 被换装到单独车辆内的货物多出部分与货物主要部分同时发送时，应填写该车辆的相应事项。 运送由承运人装车的集装箱，或由发货人装载到承运人提供的一辆车上，但按不同运单办理的集装箱时，各栏不予填写。 对装入由发货人提供的一辆车、但按不同运单发往同一收货人的集装箱，应将车辆事项补充记载在其中一份运单上，并在其余运单的"车辆由何方提供"栏内注明"O"
XO7	车辆	注明车号。 注明车辆所属者名称和车辆配属路简称。 使用机械冷藏车组运送货物时，应补充记载"机械冷藏车组____（注明机械冷藏车组号码），____（车组中的货车数量）"。 使用跨装车组运送货物时，应注明所有车辆的号码及"跨装"字样。 按一份运单运送两辆或两辆以上车内的货物，或按一份运单运送使用发货人提供的两辆或两辆以上车辆装运的数个集装箱时，应注明"见所附清单"。 运送自轮运转货物时，应注明设备（每台）、车辆或轨道运行机械的号码
X8	提供车辆	"п"——承运人提供车辆时； "O"——发货人提供车辆时。 实际由收货人提供的车辆，等同于发货人提供的车辆
XO9	载重量	填写车辆上记载的载重量（用t表示）。 如在车辆上标有数个载重量，则应注明最大载重量（用t表示）

续上表

序号	栏名称	填写内容
XO10	轴数	注明车辆的轴数。 运送自轮运转货物时，注明设备（每台）、车辆或轨道运行机械的轴数
XO11	自重	填写车辆上记载的自重。 当用过磅的方法确定空车重量时，车辆上记载的自重写成分子，而过磅确定的自重写成分母
XO12	罐车类型	使用 1 520 mm 轨距罐车运送货物时，应注明车号下方标记的罐车类型
O13	货物重量（换装后）	注明换装到每辆车内的货物重量。 当多出部分同货物主要部分同时发送时，应注明装载到单独车辆上的货物多出部分的重量
O14	件数（换装后）	注明换装到每辆车内的货物件数
X15	货物名称	填写通用货物品名表规定的每种货物的名称和 8 位代码。 注明货物上所作的记号、标记和号码。 运送危险货物时，还应根据《国际货协》附件第 2 号注明货物名称及信息。 运送易腐货物时，应填写“易腐”，使用棚车通风运送货物时，还应注明“通风”。 根据《国际货协》第 8 条办理特殊条件下的货物运送时，记载“特殊条件下的运送由___（注明商定特殊条件的每个承运人的简称，以及商定文件的编号和日期）商定”。 运送冻结货物时，应注明“冻结”。 运送动物时，应注明“动物”及“不准驼峰溜放”。 运送易燃货物时，应注明“易燃”及“隔离车 0—0—1”。 运送由押运人押运的货物时： 注明“由发货人的押运人押运”，如押运人使用单独车辆或押运数辆重车时，还应补充记载：“押运人所在车辆的车号为___”； 注明押运人的姓名及其通过国境所必需的证件号码，如押运人押运数辆重车或使用单独车辆时，应在押运人所使用车辆的运单上注明这些事项； 如运送途中更换了押运人，应注明“在___（更换押运人的车站和铁路名称）更换押运人”； 当押运人使用的车内安装供暖（火炉）设备时，应注明“火炉取暖”。 使用运送用具运送货物时，在货物名称下面，应注明运送该货物所使用的运送用具名称。 划虚线的格内 运送多式运输单元和汽车运输工具时，应注明下列事项： 运送汽车列车、汽车、挂车、半挂车或可用挂汽车车身时，注明多式运输单元和汽车运输工具的具体名称和识别号、汽车列车组成，并记载“___个备用轮胎”“不准驼峰溜放”。 运送通用中吨位集装箱时，记载“集装箱___（注明 9 位集装箱号）”。 运送大吨位集装箱时，应注明由 4 个拉丁字母（其中前 3 个字母表示集装箱所属者代码，最后一个字母“U”表示货运集装箱）和 7 位数字组成的 11 位集装箱识别号；在集装箱号后加破折号，其后注明表示集装箱尺寸和类型的 4 位代码，然后在括号中注明集装箱的标记总重。 按一份运单运送两个或两个以上集装箱时，应注明“见所附清单”。 使用跨装车组运送长大货物时，应注明“不准驼峰溜放”。 运送非常规货物时，应做下列记载： 经 1 520 mm 轨距铁路运送超限货物时，应注明“超限货物___（超限程度）”，经其他铁路运送时，应也注明“在___（铁路简称）是超限货物”；

续上表

序号	栏名称	填写内容
X15	货物名称	在运送带有检查架的超限货物时，在办理超限货物运送的运单上，应注明“检查架放在第__号车内”，而在办理运送带有检查架的车辆的运单上，如检查架放在空车内应注明“本车用于装载第__号车内货物的检查架”；如检查架放置车内应注明“车上放有第__号车内货物的检查架”； 运送超限货物和用特种平车运送货物时，注明“不准驼峰溜放”或“不通过驼峰”（是否必须注明这些事项，由承运人决定）； 运送按自身技术特性需限速运行的货物时，应注明“速度不得超过____ km/h”： 运送在二级或超级装载限界范围内装载的货物时，应相应注明“二级限界”或“超级限界”
O15	货物名称	变更运输合同时，应注明“运输合同已变更”，并加盖承运人戳记。 超限货物从一种轨距车辆换装到另一轨距车辆时，应注明“在____（铁路简称）是超限货物”或“超限货物____（超限程度）”。 如“货物名称”栏中虚线前或虚线后的篇幅不足，可使用整栏填写
X16	包装种类	注明车辆、多式运输单元或汽车运输工具中所装载货物的包装种类。 运送货捆货物时按分式形式注明，其中分子——货捆，分母——货捆中的每件货物的包装种类，如货物没有包装时，应注明“无包装”。 运送没有容器和包装的货物时，应注明“无包装”字样
X17	件数	在货物名称同一行上，用数字注明货物件数。 运送堆装、散装或灌装货物时，相应注明“堆装”“散装”“灌装”字样。 用敞车类货车或开顶集装箱运送货物时，如件数超过100件，则记载“堆装”字样。 运送货捆货物时用分数注明货捆数目（分子）、装入货捆中的货件总数（分母）。 采用可多次使用的运送用具运送货物时，应注明这些运送用具的数量。 使用多式运输单元或汽车运输工具运送货物时，应注明多式运输单元或汽车运输工具内装载的货物件数。使用汽车列车运送货物时，应注明汽车和挂车内的货物件数及汽车列车内的货物总件数。 运送空的多式运输单元或汽车运输工具时，应注明其数量
X18	重量（kg）	用数字注明： 在与货物名称同一行注明每种货物的毛重（含包装重量），包括自轮运转货物的重量。 多式运输单元或汽车运输工具的自重。 未包含在车辆自重内的运送用具重量。 货物总重
XO19	封印	注明无押运人押运的车辆、多式运输单元或汽车运输工具上施加的封印数量和记号。使用锁封装置时，应注明锁封装置的名称、记号、货物发送路简称
X20	由何方装车	视由何方（承运人或发货人）装车，注明“承运人”或“发货人”字样
X21	确定重量的方法	根据确定货物重量的方法，注明“用衡器（注明衡器类型）”“按标记重量”“按标准重量”“丈量法”“计量法”“计量器”
X22	承运人	应注明缔约承运人（最先注明）和接续承运人（最后注明交付货物的承运人）的简称和代码，以及每个承运人办理运送的相应区段（以车站作为各区段的界线，注明车站名称及其代码）
X23	运送费用的支付	根据“承运人”栏内的事项，按办理运送的承运人顺序注明各承运人简称、向每一承运人付款的支付人名称及付款依据（支付人代码、合同日期及合同号等）

续上表

<table>
<tr><th>序号</th><th>栏名称</th><th>填写内容</th></tr>
<tr><td>X24</td><td>发货人添附的文件</td><td>注明发货人在运单上添附的所有文件。如添附数份，应注明份数。
如运单中注明的添附文件在运送途中将被取下，则在该文件名称后面注明应取下文件的铁路简称，即“给____(取下这些文件的铁路简称)”</td></tr>
<tr><td>X25</td><td>与承运人无关的信息，供货合同号码</td><td>记入与该批货物有关，但非承运人所需的发货人信息。
如履行行政手续所需的文件未添附在运单中，而是寄往相应的行政检察机关，则应做下列记载：“____(文件的名称、号码和日期)提交____(行政检察机关的名称)”。
可记入的其他信息包括出口单位和进口单位间缔结的供货合同号码。如供货合同有两个号码：出口单位为一个号码，进口单位为另一个号码，则记入出口单位合同号码</td></tr>
<tr><td>O26</td><td>缔结运输合同的日期</td><td>在发站应加盖缔约承运人日期戳</td></tr>
<tr><td>O27</td><td>到达日期</td><td>在到站应加盖承运人日期戳。
如货物未到达，应注明“货物未到达”，并加盖承运人戳记</td></tr>
<tr><td>28</td><td>海关行政机关</td><td>办理海关和其他行政手续的记载。
做下列记载：
海关——执行海关查验；
其他国家机关——履行行政手续</td></tr>
<tr><td>O29</td><td>批号</td><td>注明货物批号</td></tr>
<tr><td colspan="3">第 3 张和第 6 张背面</td></tr>
<tr><td>O30</td><td>承运人记载</td><td>编制启封记录时，应注明“启封记录____(日期)，____铁路____车站”。
将电子运单转换为纸质运单时，应注明“电子转纸质”，并加盖承运人日期戳戳印。
取下添附文件时，应注明“在____站取下第____号____(添附文件名称)”。
承运人更换或施加封印时，应注明“标有____的封印(锁封装置)____个，更换为标有____的封印(锁封装置)____个”或“重新施加标有____的封印(锁封装置)____个，代替缺失的____封印(锁封装置)”。
承运人编制补送货物文件时，注明“____(kg/件)货物凭____(文件名称及编号)补送”。
从按一份运单办理的车组中摘下车辆时，注明“第____号车辆凭____(文件名称及编号)补送”，并加盖承运人戳记。
从按一份运单运行的车组中摘下车辆时，注明“摘车”(在车辆清单中对应被摘下车辆的车号也应注明)。
交付补送货物时，注明“补送货物已交付”，并加盖承运人日期戳。
变更运输合同时，注明“根据____(文件名称及日期)变更到____站(车站名称)收货人____(收货人名称)”，并加盖承运人戳记。
如改变运单中所载的运送经路，则应注明：
“由于____(运送阻碍的原因)改变原运送经路”，并加盖承运人戳记；
承运人为了证明影响或可能影响货物运输的某些情况在运送途中编制的文件名称及号码、编制日期、车站名称、铁路简称；
如货物重量与运单中的记载不符，但不超出本规则第 35.4 项规定的标准范围，则应注明“检查货物重量为____公斤”，并加盖承运人戳记；
如在国际货协运单上附有给收货人的、有关货物运输合同法律标准的另一国际协定的运单，则注明“____年____月____日第____号运单附后”；
“随附____(注明承运人在运单上添附补充清单的数量)”；
“____年____月____日(注明编制日期)____(注明编制记录的车站名称和铁路简称)第____号(注明记录号)车辆破损(不良)记录”。</td></tr>
</table>

续上表

序号	栏名称	填写内容
O30	承运人记载	在不同轨距铁路的相邻车站换装货物时，应注明货物换装后车辆上封印的数量和记号。 运送非常规货物时，应注明有关已商定经铁路运送的事项，如果通过铁路—轮渡联运进行运送，还应商定该货物经水运区段运送的事项
O31	商务记录	注明商务记录号和编制日期，以及编制商务记录所在的车站名称和铁路简称，并加盖编制商务记录的承运人戳记
O32	运到期限延长	注明货物滞留的车站名称和铁路简称，以及滞留时间和据以延长运到期限的滞留原因代码，并加盖承运人戳记。采用下列代码表示滞留原因： 1——履行海关和其他行政手续； 2——检查货物内容； 3——检查货物重量； 4——检查货物件数； 5——变更运输合同； 6——运送阻碍； 7——照料动物； 8——由于与承运人无关的原因修整货物装载或包装； 9——由于与承运人无关的原因造成的货物换装； 10——其他原因。 在使用代码 10“其他原因”时，应注明货物滞留的原因
O33	货物移交记载	按货物交接站一个承运人向另一承运人移交货物的顺序，加盖接收货物的承运人日期戳
O34	通过国境站的记载	按货物通过国境口岸站的顺序，在国境口岸站加盖承运人日期戳
O35	货物到达通知(第 3 张)	根据到达国国内法律填写
OS36	交付货物(第 3 张)	注明日期，以及收货人签字，还应填写到达国国内法律规定的事项。 在到站加盖承运人日期戳
第 1、2、4、5 张背面，运行报单(补充)		
OA～E	计算运送费用的各项	计算运送费用的各项用于按所采用的运价规程和每一区段分别计算每一承运人应得的运送费用
37	区段	注明计算运送费用区段的起、止站名称和代码
38	里程(km)	注明区段起、止站间的里程
39	计费重量(kg)	注明根据所采用的运价规程确定的货物计费重量
40	杂费	注明代码，如没有代码，则注明杂费和其他费用的名称，并填写根据承运人在该区段所采用的运价规程算出的、以运价货币表示的杂费款额
41	运价	注明所采用的运价号码或名称
42	货物代码	必要时，应注明通用货物品名表规定的代码，作为计算运送费用的依据
43	兑换率	注明由以运价货币表示的款额换算成以向发货人或收货人核收费用的货币表示的款额时所采用的兑换率

续上表

序号	栏名称	填写内容
44	运价货币	注明计算应向发货人核收的运送费用时采用的货币代码或名称
45	支付货币	注明向发货人核收运送费用的货币代码或名称
46	运价货币	注明计算应向收货人核收的运送费用所采用的货币代码或名称
47	支付货币	注明向收货人核收运送费用的货币代码或名称
48	运费	注明根据承运人在该区段所采用的运价规程计算的以运价货币表示的运费
49		注明根据该区段所采用的运价规程计算的、以向发货人核收费用的货币表示的运费
50		注明根据承运人在该区段所采用的运价规程计算的以运价货币表示的运费
51		注明根据该区段所采用的运价规程计算的、以向收货人核收费用的货币表示的运费。
52	总额	注明发货人支付费用时以运价货币表示的杂费及所采用的运价规程未规定的承运人费用的总额
53		注明以向发货人核收费用的货币表示的杂费及所采用的运价规程未规定的承运人费用的总额
54		注明收货人支付费用时以运价货币表示的杂费及所采用的运价规程未规定的承运人费用的总额
55		注明以向收货人核收费用的货币表示的杂费及所采用的运价规程未规定的承运人费用的总额
56	共计	注明计算运送费用相应项的第 48 和 52 栏加总所得的、以运价货币表示的总额
57		注明第 49 和 53 栏加总所得的、以向发货人核收运送费用的货币表示的总额
58		注明计算运送费用相应项的第 50 和 54 栏加总所得的、以运价货币表示的总额
59		注明第 51 和 55 栏加总所得的、以向收货人核收运送费用的货币表示的总额
		合计
60	合计	注明第 56 栏加总所得的总额
61		注明第 57 栏加总所得的总额
62		注明第 58 栏加总所得的总额
63		注明第 59 栏加总所得的总额
O64	计算和核收运送费用的记载	填写承运人计算和核收运送费用所需的记载事项，并加盖承运人戳记： 在过境铁路或到达国铁路将发现的货物重量多出部分装入单独车辆发运时，注明“发运货物重量多出部分”。 关于将一车货物换装到两车或超过两车内的原因，注明“换装到____辆车，原因是____”。 其他记载
O65	应向发货人补收的费用	填写应向发货人补收的费用(费用名称及款额)

注：序号栏中，X——由发货人填写；O——由铁路填写；XO——由发货人或铁路填写；OS——由收货人或铁路填写。

(4)运单填制注意事项

①运输合同的签订

货物的承运以运单上加盖发站日期戳为凭。在发货人提交运单中所列的全部货物、添附文件，并付清一切应付的运送费用后，应立即加盖戳记。发站还应在补充清单上加盖日期戳。

运单加盖发站日期戳后，即是运输合同缔结的凭证。

《国际货协》运单也是《国际货协》成员铁路的运输契约。每一参加全程运输的铁路，自接到附有国际货协运单的货物时起，即认为参加本次运输合同，承担连带责任，负责完成货物运送全程的运输契约，直到在到站交付货物为止。

②运单添附文件

a. 发货人必须将货物运送全程为履行运输合同和海关以及其他规章所需的添附文件牢固地附在运单上。这些文件只限与运单所记载的货物有关。发货人应将添附文件名称和份数记入运单“24 发货人添附的文件”栏内。

添附文件应随同运单一起至国境站。货物在国境站的报关手续由发货人委托口岸站代理人代为办理。托运人在发运较为复杂货物时，可提前把关检和商务文件邮寄到口岸代理处。口岸代理在看到车站运输确报后，即可提前办理口岸关、检手续，以节省口岸因关检手续产生的滞留时间。

此外，每批外贸出口货物还需根据货物性质和合同规定添附品质证明书、商品检验证书、卫生检疫证书、动物检疫证书和植物检疫证书以及装箱单、磅码单、化验单、零件清单或发运清单等有关单证。具体文件和需要份数由发货人确定。

非贸易出口货物，发货人必须在托运前办妥海关手续，在运单上添附经海关盖章发放的出口许可证件。

如发货人未在运单上添附文件，发站应检查发货人在运单“3 发货人的声明”或“24 发货人添附的文件”栏内是否做了所要求的记载。

b. 承运人无义务检查发货人在运单上所附的文件是否正确和齐全。由于没有添附文件或文件不齐全、不正确而产生的后果，发货人应对承运人负责。如因发货人未提出必要的添附文件或提出并记载在运单中的文件不齐全或不正确，致使货物运送或交付发生滞留，则应按《国际货协》第 31 条“运送费用和违约金的支付”规定的办法，向承运人支付由此产生的附加运送费用和杂费，以及国内法律规定的违约金。

如由于铁路的过失而使发货人在运单上已做记载的添附文件丢失，则铁路应对其后果负责。

③声明价格

发货人托运下列货物时，应声明货物的价格：金、银、白金及其制品，宝石，贵重毛皮及其制品，摄制的电影片，画，雕像，艺术制品，古董，家庭用品。

托运声明价格的家庭用品时，发货人应编制 3 份家庭用品清单，并注明装入每一货件（如箱等）家庭用品的名称、数量、价格以及总件数和价格总额，这一总额应与运单中声明的价格相符。清单第一份留存发站，第二份留存发货人，第三份放入家庭用品货件内，并随其运至到站。

家庭用品也可不声明价格，但发货人必须在运单“发货人的特别声明”栏内注明“不声明价格”，并签字证明。

托运其他货物，根据发货人的意愿，也可声明价格。现《国际货协》规定“承运人有权要求为声明货物价格支付杂费”。发货人在填写本栏货物的声明价格后，即被认为参加国际货物保价运输，并按规定缴纳相应保价费用。

④施封

封闭货车装运后，应在车门施封，使用只在毁坏后才能开启的施封锁封印，并应以不毁坏封印就不能触及的方法施封。封印印文必须清晰可辨,应注明下列内容:车站名称、封印号码(或施封年月日)、铁路局集团公司简称或钳子号码(发货人封车时为发货人简称)。发货人委托铁路代封时,发货人应在运单"19 封印"栏内注明"委托铁路施封"字样,由铁路以发货人责任施封。

⑤其他

在发运站报关的出口货物,是封闭型车型或容器(如棚车和集装箱)时,海关报关后要同时加上海关施封锁,其施封锁号码与海关关封上签署号码一致。

2. 货物的容器和包装

为防止货物在运送中灭失、毁损、腐坏和因其他原因降低质量,防止运输工具或其他货物的毁损、污染,以及避免对人员、动物、环境和铁路基础设施造成损害而需要装入容器或包装内的货物,托运时必须有符合上述要求的容器或包装。

如通过外部检验发现所托运货物的容器(包装)存在缺陷,可能导致货物和运输工具无法换装或灭失、短少、毁损(腐坏),则承运人可拒绝承运货物或只按特殊合同条件承运货物。

如货物容器或包装的状态不能保证继续运送,则按《国际货协》第 28 条"货物运送和交付阻碍"的规定处理货物。

发货人对没有容器或包装或者其状态不符合要求所产生的后果负责,发货人应向承运人赔偿由此而产生的损失。

3. 标记和表示牌

国际联运货件上,应按《国际货协》规定涂打清晰可辨的标记,涂写标记采用的材料应防水、牢固。

发货人应保证货件上所做或粘挂的标记、表示牌或货签的正确性,以及发货人在车辆、多式运输单元和汽车运输工具上所附的表示牌的正确性。

发货人对没有标记、表示牌或货签或者其不正确所产生的后果负责。尤其是发货人应向承运人赔偿由此而产生的损失。

4. 重量和件数

一般情况下,国际联运货物按重量和件数承运,发货人应在运单内记明货物的重量和件数。

一个货物单位或由某些货物单位捆扎而成的一捆货物等(合并货件),即为一件货物。在按标记确定重量的每个货件上,发货人应注明货件的编号、毛重和净重。如货物发送国现行国内法律未做其他规定,则车内货物的件数和重量由发货人确定。

在货物的尺寸和性质允许的条件下,承运人可要求发货人将成件货物或零星货物合并成较大的货件。

(1)仅按重量承运的货物

①堆装、散装、灌装运送的货物。

②装入容器或有包装的货物或成件货物,用敞车类货车或开顶集装箱运送,如总件数超过 100 件的货物。

(2)货物重量的确定

装入车辆或多式运输单元或汽车运输工具的货物,应根据货物种类和技术条件,用过磅或计算的方法确定总重(毛重)。

用轨道衡过磅确定货物重量时,车辆自重以车辆上标记的重量为准。若装车前对车辆自重进行了检查，则在确定货物重量时，采用过磅时确定的车辆自重。若车辆、多式运输单元或汽车运输工具的自重不包括运送货物时使用的运送用具，则应确定这些运送用具的重量并在运单上单独注明。

下列情况用计算的方法确定货物重量：

①按标记货物重量（毛重）加总计算。

对每一货件上均标有重量的有容器或包装的货物或成件货物，以及同一标准重量的货件，承运时不过磅，按每一货件标记上注明的货物重量（毛重）加总计算货物总重。但发货人应注明每一货件的编号、毛重和净重。

②按标准计算，即用货物单位的标准重量乘货物件数。

③按丈量结果计算，即用丈量得出的货物体积乘其单位体积重量。

④按灌装高度计算（酒精按未灌满的高度），并按制造商制定的罐车容量标定表确定灌装货物的体积，同时确定货温和货物密度。

⑤使用计量器或其他校准的测量器材。

5. 押运人

下列货物由发货人的押运人押运：

(1)在运送途中需要照管的货物。

(2)运送中需要照管的易腐货物，但使用承运人的机械冷藏车和承运人照管的机械冷藏集装箱、多式运输单元或汽车运输工具运送且只需遵守保温制度和保证通风的此类货物除外，如机械冷藏车、机械冷藏集装箱、多式运输单元或汽车运输工具的设备由非承运人工作人员的人照管，则将这些人视为押运人并为其办理规定的押运人文件。

(3)动物。

(4)自轮运转货物，如机车、动车组列车的车辆、铁路起重机、铁路养路和建筑机械。

(5)托运人认为需派押运人的其他货物。

每一载货车辆的押运人不得超过两名。但按一份运单使用两辆或两辆以上车辆运送货物时，车组所需的押运人数量由发货人确定。

押运人应具备相应资格，遵守相关规则以及行政规定和铁路运输安全规章，还应拥有必要的文件、器材、材料和工具，而在押运动物时，应编写动物照管日志。

承运人应根据发货人在运单中记载的押运人事项，为每个押运人办理赋予押运货物权利的“货物押运人证明书”（以下简称“证明书”）。押运人应在运送途中始终持有证明书，并按承运人的工作人员、基础设施管理者或行政检查机关的要求出示证明书。押运人在结束货物押运工作的车站将证明书退还承运人。

发货人可在货物运送期间更换押运人。如运送途中更换了押运人，发货人应注明“在____（更换押运人的车站和铁路名称）更换押运人”；承运人应将发货人在运单中填记的押运人事项划消，并记入关于其他押运人的事项。

押运人应遵守参加运送铁路的国家海关、铁路和其他方面的规定。

发货人或收货人对由于没有派押运人而引起的后果负责。由于押运人的过失而使铁路遭受损失时，由派遣押运人的发货人或收货人负责。

知识点 2　运输合同的变更

国际联运货物在发站承运后或运送途中，由于贸易合同的改变或其他原因，可以提出变更运输合同,包括变更货物到站和变更收货人。

发货人可向缔约承运人提出变更运输合同的申请;收货人只有在货物尚未通过到达国进口国境站时,才可根据《国际货协》的条件,向交付货物的承运人提出变更运输合同的申请,在到达国范围内变更货物到站、变更收货人。如货物已通过到达国的进口国境站,则收货人只能按到达国现行国内法律办理运输合同的变更。

运输合同的变更以发货人和收货人各办理一次为限。变更运输合同时,不能将一批货物分开办理。在下列情况下,承运人有权拒绝或延缓执行变更:

(1)承运人在接到变更运输合同申请书后无法执行时。

(2)可能违反铁路运营管理相关制度时。

(3)变更到站,货物价值不能抵偿运到新到站的一切预期费用时,但能立即缴付或能保证这种费用款额时除外。

(4)在变更到站的情况下,运单上记载的承运人发生变化,但新承运人未商定运送时。

知识点 3　运送阻碍的处理

货物运送发生阻碍时,如承运人已决定征求发货人的指示,则该承运人应通过缔约承运人书面征求发货人的指示。

发货人应将自己的指示通知缔约承运人,而缔约承运人将该指示转交给征求指示的承运人。

管理货物的承运人应将运单相应栏内的原事项划消,但原字迹须能辨认,并按发货人指示记入新的事项,而在"延长运到期限"栏内注明滞留原因和滞留时间。

如运单中所载的运送经路改变,则承运人应在运单"承运人记载"栏内记载"由于________(运送阻碍的原因)改变原运送经路",并加盖承运人戳记。

知识点 4　货物交付

到站在货物到达后,承运人应按国内法律规定的办法,通知运单中记载的收货人领取。收货人付清一切应付的运送费用后,承运人应将指定给收货人的运单张页及运单上添附的文件交付收货人。收货人应在"交付货物"栏内签字并填记日期,同时记入货物到达国国内法律规定记入的其他事项。

货物交付办法、货物状态的检查、货物件数和重量的确定等具体内容,详见《国际货协》附件第1号第8章。

如发生货物交付阻碍,承运人应通过缔约承运人书面征求发货人的指示。发货人应将自己的指示通知缔约承运人,而缔约承运人将该指示转达给征求指示的承运人。

知识点 5　国际铁路货物联运事故赔偿

1. 国际铁路货物联运的责任范围

承运人按《国际货协》规定的办法和范围,对发货人或收货人承担仅由运输合同产生的责任。承运人自承运货物时起,至交付货物时为止,对货物灭失、短少、毁损(腐坏)所造成的损失负责。对于承运人负有责任的货物灭失、短少、毁损(腐坏)情况,应以商务记录作为证明。承运人对货物运到逾期负责。

承运人的责任范围不应超过货物灭失时承运人应支付的赔偿额度。如承运的货物,由于下列原因发生灭失、短少、毁损(腐坏),则承运人不予负责:

(1)铁路不能预防和不能消除的情况。

(2)货物、容器、包装质量不符合要求或由于货物、容器、包装的自然和物理特性引起其毁损(腐坏)。

(3)发货人或收货人的过失或由于其要求,而不能归咎于承运人的。

(4)发货人或收货人装车或卸车所造成。

(5)货物没有运送该货物所需的容器或包装。

(6)发货人在托运货物时,使用不正确、不确切或不完全的名称,或未遵守本协定的条件。

(7)发货人将货物装入不适于运送该货物的车辆或集装箱。

(8)发货人错误地选择了易腐货物运送方法或车辆(集装箱)种类。

(9)发货人、收货人未执行或未适当执行海关或其他行政手续。

(10)与承运人无关的原因,如国家机关检查、扣留、没收货物。

2. 商务记录的编制

商务记录是具体分析事故原因、划清责任和请求赔偿的基本文件。当国际联运货物在运送途中发生货运事故或其他异常情况时,为使其能得到正确及时地处理,发现事故的车站应在发现事故当日编制商务记录。

在货物运送中或交付时,若承运人对货物进行了检查并确认下述情况,则应编制商务记录:

(1)货物名称、重量或件数与运单中记载的事项不符。

(2)货件上的标记与运单中记载的货件记号(标记)、到站和到达路、收货人、件数等事项不符。

(3)货物毁损(腐坏)。

(4)有货无票、运单缺页或有票无货(灭失)。

在运输途中,编制商务记录一式三份,两份连同所有附件由编制商务记录的承运人留存,一份附在运单上并运送至到站。在到站,编制商务记录一式三份,两份连同所有附件由编制商务记录的承运人留存,一份根据国内法律规定的办法交给收货人。

3. 赔偿请求的提出

发货人和收货人有权向承运人提出赔偿请求。赔偿请求应附有相应依据并注明赔偿款额,由发货人向缔约承运人,收货人向交付货物的承运人提出。赔偿请求以纸质形式提出,当运送参加者之间有协议时,以电子形式提出。

赔偿请求按每批货物分别提出,但下列情况除外:

(1)提出返还运送费用多收款额的赔偿请求时,可按数批货物提出。

(2)当数批货物编制一份商务记录时,应按商务记录中记载的全部批数提出赔偿请求。

如一批货物的赔偿请求额在23瑞士法郎以内(包括23瑞士法郎),则不予满足。如提出的赔偿请求额超过23瑞士法郎,而承认的应赔款额在23瑞士法郎以内(包括23瑞士法郎),则这项款额也不付给赔偿请求人。

4. 赔偿请求和诉讼

(1)赔偿请求的时效

①关于货物短少、毁损(腐坏)以及运到逾期的赔偿请求,自货物交付收货人之日起计算。

②关于货物灭失的赔偿请求,自货物运到期限期满后30 d起计算。

③关于退还运送费用多收款额的赔偿请求,自支付运送费用之日起计算。

④对于其他要求，自查明提出赔偿请求依据的情况之日起计算。

(2)提出赔偿请求时的文件要求

若使用电子运单进行运送，赔偿请求人不在赔偿请求书上添附电子运单和电子商务记录，而应在赔偿请求书内注明货物批号、发站、到站、商务记录号码和编制商务记录的承运人名称。

若使用纸质运单进行运送，赔偿请求人应在赔偿请求书上添附下列文件的原件：

①货物灭失时：

由发货人提出，须添附运单副本(运单第 4 张)。

由收货人提出，须添附运单副本(运单第 4 张)或运单正本(运单第 1 张)和货物到达通知单(运单第 6 张)，此时在运单"到达日期"栏内应有承运人关于货物未到的记载。

②货物短少、毁损(腐坏)时，由发货人或收货人提出，须添附运单正本(运单第 1 张)和货物到达通知单(运单第 6 张)，以及承运人在到站交给收货人的商务记录。

③货物运到逾期时，由发货人或收货人提出，须添附运单正本(运单第 1 张)和货物到达通知单(运单第 6 张)。

④多收运送费用时：

由发货人提出，须添附运单副本(运单第 4 张)或赔偿请求提出地现行的国内法律规定的其他文件。

由收货人提出，须添附运单正本(运单第 1 张)和货物到达通知单(运单第 6 张)。

由根据第 31 条"运送费用和违约金的支付"第 2 项支付运送费用的人提出，须添附能证明其赔偿要求的文件。

货物灭失、短少、毁损(腐坏)时，还应在赔偿请求书上添附能证明货物价格的文件。必要时，赔偿请求人应附上能作为赔偿请求依据的其他文件。

(3)诉讼条件

只有提出相应赔偿请求后，才可提起诉讼，且只可对受理赔偿请求的承运人提起诉讼。在下列情况下，可以提起诉讼：

①承运人没有在规定的赔偿请求审查期限内对赔偿请求做出答复。

②在赔偿请求审查期限内已将全部或部分拒绝赔偿请求一事通知请求人。

提起诉讼时，应向被告所在地的相应司法机关提起诉讼。

(4)诉讼时效

①关于货物运到逾期的诉讼应在 2 个月期间内提出。

②其他理由的诉讼应在 9 个月期间内提出。

4. 赔偿金额的确定

(1)货物灭失或短少的赔偿额

①损失赔偿额根据货物价格确定。当有声明价格的所运货物灭失、短少时，承运人应按声明价格，或相当于货物灭失部分的声明价格的款额向发货人或收货人赔偿。

②除以上规定的赔偿外，灭失货物或其灭失部分的运送费用，以及承运人向发货人(收货人)收取的与运送有关的其他费用，如未纳入货物价格内，则均应予以退还。

③在交付品名、质量相同且由同一发货人发往同一收货人的货物，包括运送途中换装的该货物时，如发现按一份运单运送的货物短少，而按另一份运单运送的货物多出，则在计算货物重量不足的赔偿额时，承运人可用多出的重量抵补不足的重量。

(2)货物毁损(腐坏)的赔偿额

①按《国际货协》规定承运人应向发货人或收货人赔偿货物毁损(腐坏)损失的情况下，损失赔偿额应相当于货物价值降低部分的款额。

②当运送声明价格的货物发生毁损(腐坏)时，承运人应按照相当于货物由于毁损(腐坏)而降低价格的百分比，支付作为声明价格部分的赔款。

③货物价格根据“货物灭失或短少时的赔偿额”的第①项规定办理，并参考根据到达地国内法律确定的货物价格降低额度确定。

典型工作任务4　计算国际铁路货物联运运送费用

任务引入

正确核收运输费用对维护铁路利益和客户权益具有重要意义。了解国际铁路货物运送费用的组成和相关规定以及《国际货协》过境铁路运费的计算，掌握我国铁路进出口货物运输费用和过境我国铁路货物运输费用计算，培养不断学习的精神，是本工作任务的目标。

相关知识

知识点1　国际铁路货物运送费用的组成和规定

国际铁路货物联运运送费用(包括运费、押运人乘车费、杂费及其他费用)，分为发送路的运送费用、过境路的运送费用和到达路的运送费用。国际联运货物在各国铁路运输时，基本运输费用要遵守该国的铁路运费标准。国际铁路货物联运的运输费用按下列方法核收：

(1)发送路的运送费用，按承运当日发送路国内规章规定计费，以发送国货币，在发站向发货人核收。

(2)到达路的运送费用，按承运当日(我国进口货物按进口国境站在运单上加盖日期戳当日)到达路国内规章规定，以到达国货币，在到站向收货人核收。

(3)过境路的运送费用，按承运当日《统一货价》规定计费，以瑞士法郎算出的款额，按支付当日规定的兑换率折成核收运送费用国家的货币，在发站向发货人或在到站向收货人核收。过境运送费用由谁负担由发货人决定。经过几个过境铁路运送时，准许由发货人支付一个或几个过境铁路的运送费用，而其余过境铁路的运送费用由收货人支付。

知识点2　《国际货协》过境铁路运输费用的计算

1. 计算过境运费的程序

(1)发货人应根据《通用货物品名表》在运单中填明所有货物(除危险货物外)名称，并注明《通用货物品名表》中的代码(以下简称“通用品名代码”)。

危险货物应根据《国际货协》附件第2号“危险货物运送规则”的规定，在运单中填明危险货物名称及通用品名代码。

(2)整车货物和零担货物，根据发货人在运单中所填记的通用品名代码，查《通用货物品名表》，确定货物运价等级。整车货物的运价等级共3个，其中第三等级为按轴公里计费；零担货物运价等级共2个。

通用大吨位集装箱，无论重空，均包括10 ft、20 ft、30 ft、40 ft 4个箱型；中吨位集装箱无论重空，均包括 5 m^3 以下(3 t 毛重)和 11 m^3 以下(5 t 毛重)两种箱型。

(3)计费重量单位。

计算零担货物运费时，以 100 kg 为单位，实际重量不足 100 kg 按 100 kg 计算。计算整车货物和带轮集装箱货物运费时，以吨为单位，实际重量不足 1 t，四舍五入。集装箱货物，以箱为单位。按自轮运转货物运送的机车车辆，以轴为单位。

(4)过境里程按过境路分别计算。根据发货人在运单内记载的出口国境站确定过境铁路名称，根据过境铁路名称查《统一货价》第 10 条"过境里程表"，确定出过境里程。

(5)根据货物运输种类、过境里程及运价等级查《统一货价》第 11 条"过境统一货价参加路慢运货物运费计算表"，确定该区段的运价率。

(6)过境运费的加、减成和尾数处理。

整车、零担和轮式集装箱货物，按快运运送时，运费按计算出的运费总额加 100%；而当以客运速度运送货物(随旅客列车挂运的整车货物)时，按计算出的运费总额加 200%。

集装箱货物时，按快运运送时，按计算出的运费总额加 50%；而以客运速度运送时，按计算出的运费总额加 100%。

搬家货物，其运费按计算出的运费总额减 50%核收。

过境运送费用以瑞士法郎为单位，1 瑞士法郎＝100 分。计算运送费用所得出的最终款额尾数不足 1 分时，四舍五入。

2. 整车货物、轮式集装箱货物过境运费计算

(1)整车货物过境运费计算

整车货物运费，按《统一货价》第 11 条表 2 中所列每吨货物运价费率乘以货物的计费重量(或实际重量)计算。其计算公式为

$$\text{运费}=\text{货物运价率}\times\text{计费重量(或实际重量)}\times(1+\text{加减成率}) \tag{13-4-1}$$

整车货物按照货物实际重量计算，但不得低于规定的计费重量，四轴车装载最低计费重量标准为一等货物 20 t，二等货物 30 t。

如按一批货物办理运送，且在不同轨距接轨的车站由一种轨距车辆换装到另一种轨距的两辆或数辆车的货物，换装后按各路运费计算换装到每一车辆货物的费用，运送费用应按整车货物单独计算。同时，货物计费重量按规定的办法，根据换装时所装载车辆的货物实际重量针对每一车单独确定，但不得低于车辆装载的最低计费重量标准。

如货物在运送至同一收货人、同一到站时，从两辆或数辆车向同一辆车换装两批或数批整车货物(未装入装有主要货批车辆的两批或数批整车货物)，按如下方法办理：

若车辆最低装载计费重量标准不超过根据换装至该车货批(货批中各批货物)的实际总重确定的货物计费重量，则每批货物运费(货批中的每一批货物运费)按该批货物(货批中各批货物)计费重量计算，而不参考车辆最低装载计费重量标准。

若车辆最低装载计费重量标准超过根据换装至该车货批(货批中的各批货物)的实际总重确定的货物计费重量，则每批货物运费(货批中的每一批货物运费)按各货批(货批中的每批货物)间根据车辆最低装载计费重量标准计算出的费用与货物的实际重量成比例分配的方法计算。

根据上述方法算出的 1 435 mm 轨距铁路的货物运费，不应超过该批货物按规定轴重所可能装载重量计算出的运费。在个别情况下，所承运货物重量超过其按容许轴重可能装载的

重量时,其运费应根据货物实际重量计算。

(2)轮式集装箱货物过境运费计算

轮式集装箱货物是指按一份运单提交给铁路承运的在使用前或使用后处于空或重状态的汽车列车、汽车、挂车、半挂车或可甩挂汽车车身。

轮式集装箱货物运费,不论其是否超限,均按整车一等费率计算。

3. 零担货物运费计算

零担货物运费,按《统一货价》第11条表1中所列100 kg货物运价费率乘以货物的计费重量计算。其计算公式为

$$过境运费=运价率\times计费重量\div100\times(1+加减成率) \quad (13\text{-}4\text{-}2)$$

4. 集装箱运费

采用通用中吨位集装箱、通用或专用大吨位集装箱按一张运单提交运送的货物,或通用中吨位、通用或专用大吨位空集装箱被认为是集装箱货物。集装箱运费按下式计算:

$$过境运费=运价率\times箱数\times系数\times(1+加减成率) \quad (13\text{-}4\text{-}3)$$

(1)中吨位集装箱运价率按《统一货价》第11条表4确定。

(2)通用大吨位通用集装箱的运价率按《统一货价》第11条表3确定。

(3)涂打最大标记毛重30 t及以上,实际毛重超过24 t的20 ft大吨位通用集装箱,重载运行时,按《统一货价》第11条表3中20 ft重载集装箱运价率和1.2系数计算。

超过40 ft以上重、空通用大吨位通用集装箱,按《统一货价》第11条表3中40 ft集装箱运价率确定,系数采用1.2。

(4)大吨位重、空罐式集装箱的运价率,按《统一货价》第11条表3确定,系数采用1.40。

(5)重、空冷藏集装箱的运价率,按《统一货价》第11条3号表确定,系数采用1.35。

采用私有柴油发电车运送重、空冷藏集装箱时,柴油发电车费用按照每轴公里0.12瑞士法郎的运价率另行核收。

(6)除第(4)项、第(5)项所列集装箱外,专用集装箱的运价率按《统一货价》第11条表3确定。

(7)使用货主私有车辆和铁路出租的车辆运送的重、空集装箱的运费,减成15%。

5. 按自轮运转货物运送的机车车辆运费计算

按自轮运转货物运送的机车车辆运费,按《统一货价》第11条表2中所列三等运价费率乘按自轮运转货物运送的机车车辆轴数计算。

使用上述车辆所装运不同轨距的转向架或轮对以及这些车辆在运送中必需的配件或其他材料,免收运送费用。

6. 押运人乘车费

发货人或收货人的押运人乘车费及随身携带货物的费用,每起始100 km按12.00瑞士法郎的费率核收。

押运人乘坐单独车辆时,在押运人乘车费中应按如下费率另行核收车辆走行公里费:

(1)乘坐货车时,按每轴公里0.23瑞士法郎核收。

(2)乘坐私有货车或铁路出租的铁路货车时,按每轴公里0.20瑞士法郎核收。

(3)乘坐属于铁路的客车时,按每轴公里0.35瑞士法郎核收。

(4)乘坐私有客车或铁路出租的铁路客车时,按每轴公里0.30瑞士法郎核收。

7. 其他运费

国际铁路货物联运中的合装货物、跨装货物及超限货物、灌装货物、危险货物、易腐货物、动物、运送用具、由单独机车挂运的货物、尸体和骨灰罐的运费，按《统一货价》第8条中“特殊运价规定”计算。

8. 杂费及其他费用

过境运费中涉及的杂费及其他费用见表13-4-1。

表13-4-1　杂费及其他费用

杂费名称	计算单位	费率(瑞士法郎)
1. 换装费 将货物从一种轨距车辆换装入另一轨距车辆以及更换转向架时，应按照下列费率收费：		
1.1 包装货物和成件货物换装费	100 kg	1.41
1.2 散装和堆装货物换装费	100 kg	1.00
1.3 灌装货物换装(包括加温)费	100 kg	0.80
1.4 国际货协第5条第4项第1～5款中所载的货物换装费，按照换装路现行国内运价规程的规定核收；若未作规定时，就按照实际费用核收	按铁路现行国内规章	
1.5 集装箱换装费：		
1.5.1 容积为5 m^3(最大净重为3 t)和容积为11 m^3(最大净重为5 t)的中吨位重、空集装箱	集装箱	17.60
1.5.2 大吨位重集装箱	集装箱	68.00
1.5.3 大吨位空集装箱	集装箱	34.00
1.6 轮式集装箱货物换装费：		
1.6.1 汽车列车、汽车、挂车、半挂车和可甩挂汽车车身重车	货批	88
1.6.2 汽车列车、汽车、挂车、半挂车和可拆卸汽车车体空车(用于铁路货物运送之前或之后)	货批	44
2. 货物的声明价格费 快运或慢运货物的声明价格费，无论运送距离的远近，均按所声明的价格核收： * 不满150瑞士法郎的按150瑞士法郎计算 ** 每一铁路费用按运送里程分别核收	每150瑞士法郎的货物声明价格 *	2.00 **
3. 与所运货物验关有关的费用 为补偿铁路所支付与所运货物验关有关的一切费用(一次性核收，作为每一过境铁路的收益)，核收如下费用：		
3.1 整车货物	货批	4.00
3.2 集装箱货物	货批	4.00
3.3 轮式集装箱货物	货批	4.00
3.4 零担货物	货批	2.00
4. 运送票据改办费 由一种运输法的运送票据更换成另一种运输法的运送票据的改办费	运单	8.00

续上表

杂费名称	计算单位	费率(瑞士法郎)
5. 铁路提供设备和用具的费用 国境站换装货物由铁路供给的设备、用具和装车用的加固材料(支柱、铁丝、钉子、垫木、麻垫等)费,不分车辆载重量大小,均按车辆核收 5.1 按国际货协附件第14号规定的装载加固办法办理的货物	每车	112.61
6. 在国境站施封的杂费 在将货物从一种轨距的车辆换装到另一轨距的车辆时,核收施封杂费: 6.1 封锁装置 6.2 封印	车 集装箱 车 集装箱	25.00 15.00 7.00 5.00
7. 因发货人或收货人过失造成车辆或集装箱在过境铁路滞留时,应核收归滞留路收益的滞留费。滞留费费率为: 7.1 两轴车 7.2 四轴和四轴以上车辆 7.3 凹型平车和冷藏车 7.4 $3.0\ m^3$<内容积<$5.7\ m^3$ 的中吨位集装箱 7.5 $5.7\ m^3$<内容积<$11.0\ m^3$ 的中吨位集装箱 7.6 10 ft 集装箱 7.7 20 ft 集装箱 7.8 30 ft 和 40 ft 集装箱 注: 计算滞留费时,车辆或集装箱滞留时间不足整小时,按整小时计。 如车辆中运送的一个或几个集装箱被卸下,并单独滞留,则集装箱滞留费按照对相应种类集装箱规定的上述费率计算。 在其他情况下,集装箱滞留费按照对二轴车或四轴车规定的相应费率计算。 核收费用的车辆或集装箱滞留时间,按照过境铁路现行国内规定计算	车小时 车小时 车小时 箱小时 箱小时 箱小时 箱小时 箱小时	2.70 4.00 6.70 0.40 0.80 1.00 2.00 4.00
8. 使用保温车运送时的冷藏运费,以及加温运送时的燃料供应费,按国内运价规程费率计算: 8.1 白俄罗斯共和国、保加利亚共和国、吉尔吉斯斯坦共和国、摩尔多瓦共、乌兹别克斯坦共和国和爱沙尼亚共和国铁路的冷藏运输费率 8.1.1 在白、吉、乌(兹)三路使用任何载重量的保温车运送时,不论里程远近由铁路供给燃料的费用,不论车辆载重量大小,运送里程在250 km以内按8.8瑞士法郎核收;以后每增加250 km加收4.4瑞士法郎 8.1.2 在保铁用任何载重量的保温车运送时,冰箱加冰费,不论运送里程远近由保铁供给车辆加温燃料的费用,不论车辆载重量大小和运送里程远近 注:只有在各路确实对车辆供冰或燃料的情况下,才向保铁核收上述的冷藏运输费	每车 每车	350 43.88

续上表

杂费名称	计算单位	费率(瑞士法郎)
8.1.3 在摩铁加温和加冷运送货物时,提供燃料的费用,不论载重量大小和里程远近	每车	13.17
8.1.4 在爱铁加温和加冷运送货物时,铁路提供燃料的费用,不论载重量大小和里程远近	每车	360.00
8.2—8.5 阿(塞)、哈、中、蒙、俄、乌(克)各路的冷藏运输费率载于本条 8.2—8.5 表格中	每车	315.00
9. 换轮费 重车、私有空车、铁路出租的铁路空车以及按自轮运转货物运送的机车车辆更换另一轨距转向架的费用 装有数批货物的合装车,其换轮费按每张运单分别核收	轴 100 kg(不满 100 kg 的按 100 kg 计算)	70.00 1.80
10. 动物运送时饮水费用	每车	30.00
11. 其他费用和支出 在过境铁路(其中包括国境站)发生的本运价规程中未做规定的杂费和其他费用,按照这些费用发生当日该国的现行国内规章计算,并将本国货币计的费用金额换算成瑞士法郎后以瑞士法郎为单位填写在运送票据中	—	—
12. 港口站发生的费用和其他支出 如果本运价规程中未对港口站发生的费用和其他支出的费率做出规定,则这些费用和支出按照港口站所属铁路的现行费率计算	—	—

知识点 3　我国铁路进出口货物运输费用计算

进出口货物运输费用,我国境内铁路发生的运输费用按《价规》有关规定,一律在我国核收,包括运费、铁路建设基金、印花税费、杂费等。

1. 国际铁路联运进出口货物国内段的运输费用

(1)出口货物国内段的运费

国际铁路联运出口货物国内段的运费,除下列规定外,均适用《价规》一般规定:

①运价里程应将国境站至国境线的里程计算在内,运价率按发站承运当日实行的运价率计算。

【例 13-4-1】 托运人在甲站托运两个 20 ft 通用箱自二连站过境到俄罗斯,内装日用百货,已知甲站至二连站运价里程为 1 040 m,试计算运费。

【解】 查二连站至国境线里程为 5 km,则运价里程为 1 045 km。

运费=(基价 1+基价 2×运价里程)×(1+加减乘率)×箱数

=(440+3.185×1 045)×(1+0)×2≈7 536.70(元)

②出口整车货物在国境站过秤发现超载(即超过国际联运容许的增载 5%)时,对卸下的超载部分货物,从发站至国境站的里程,按整车运价率核收运费、卸费和暂存费,并按《国际货协》的规定加收上述运费五倍的罚款。

(2)进口货物国内段的运费

国际铁路联运进口货物国内段运费,在国境站向收货人(托运人)或其在国境站的代理人核收，除下列特殊规定外，均适用《价规》一般规定。

①计费重量

进口整车货物，按下列规定计费重量计费：

a. 以一辆车或数辆车接运一批货物以及数辆车套装接运数批货物(包括换装剩余的整车补送货物)，按接运车辆标重计费。货物重量超过标重时，按货物实际重量计费。

b. 以一辆车接运数批货物，每批按30 t计费，超过30 t按货物实际重量计费。

c. 原车过轨不换装货物，按车辆标重计费，货物重量超过标重时，按货物重量计费。

d. 汽车按接运车辆标重计费。发送路用双层平车装运的小轿车，换轮直达到站时，每车计费重量为90 t。

②运价里程

运价里程应将国境站至国境线的里程计算在内。

进口货物在国境站应收货人的代理人要求受理货物运输变更时，运费按进口国境线至新到站的里程通算。

③运价率

运价率按进口国境站在运单上加盖日期戳当日实行的运价率计算。

(3)进、出口货物杂费

进、出口货物在国境站上发生的杂费，在国境站向收货人(托运人)或其在国境站的代理人核收。杂费按实际发生和发生当日实行的费率计算。

①换装费

进口货物在国境站的换装费，集装箱按国内标准规定计算。整车货物按下列规定计算：

a. 普通整车货物16元/t，其中炭黑、沥青、焦油及按危险货物运送条件运送的货物32元/t。

b. 笨重货物每件重量501～1 000 kg的18元/t，1 001～3 000 kg的22元/t，3 001～5 000 kg的28元/t，5 001～8 000 kg的35元/t，8 001～15 000 kg的42元/t，15 001～20 000 kg的52元/t，20 001～80 000 kg的68元/t，超过80 t的80元/t。

笨重危险货物按上述标准加50%计算。

c. 液体货物：原油(按货物重量，以下同)22元/t，剧毒品100元/t，有毒品60元/t，其他液体货物50元/t。

每年11月1日至次年3月31日的冬季换装作业需加温时，每吨加收8元。

d. 发送路用专用货车装运的小轿车，换装费按24元/t计算。

②声明价格费

进、出口货物声明价格费，按运单记载的声明价格的3‰计算。

③换轮作业费

进口货物在国境站的换轮作业，按319元/轴收取换轮作业费。

④货车滞留费

进、出口货物由于托运人、收货人原因，造成货车在国境站上滞留时，应按货车滞留日数(不包括铁路正常办理手续的时间)，从货车到达次日起，不足1 d按1 d，核收货车滞留费，每车每日120元。超过5 d，从第6日起，每车每日核收滞留费240元。超过10 d，从第11日起，每车每日核收滞留费480元。

危险货物货车滞留费在上述标准基础上每车每日另加10%。

⑤其他

进、出口货物落地时，货物装卸费和仓储费等按“铁路杂费”的规定计费。

2. 进出口货物运输费用的交付

出口货物在我国境内铁路发生的运输费用全部在发运车站交付，在货物跨越国境线(零公里)后的铁路运费、换装费则由境外运输代理人或收货人交付。

进口货物在境外铁路运输费用由发货人或运输代理人交付，在边境口岸交接后(即货物跨越国境线后)发生的所有费用(包括换装费和到达站的国内运费)，一律在我国国境口岸车站核收。

知识点 4　过境我国货物铁路运输费用计算

过境我国货物铁路运输，执行《国际货协》规章程序和单据，过境运送费用的主要依据是铁组《统一货价》和国内的《价规》及其附件。其运输形式为从国境口岸车站或海运港口接受货物，监管运输到另外的国境口岸车站或海运港口出境。

过境货物铁路运输费用一律在我国进口国境口岸车站和海运港口车站核收。

1. 中国铁路过境里程的规定

铁道部国际合作司(2012)铁外字第 2445 号电：根据国内铁路货物运输经路调整，以及货运营业办理条件变化，公布新的《中国铁路过境里程表》，并列入《统一货价》第 10 条过境里程表中，自 2012 年 8 月 15 日施行。

2. 过境运费优惠计算系数

由于《统一货价》规定的过境运输费率较高，各国铁路对过境运输都有相应的优惠，我国铁路也提供了减成优惠政策，公布了各口岸间的过境铁路运输里程，并在 2014 年 3 月 18 日“中国铁路总公司关于修改过境货物运费计算系数的通知”(铁国际电 2014—48 号)确认过境运费优惠计算系数，见表 13-4-2。

表 13-4-2　过境货物运费计算系数

过境路	办理种别			
	整车货物一等	整车货物二等	20 ft 集装箱	40 ft 集装箱
由二连国境站接入过境中国铁路经国境站(港口站)出境及反方向	0.50	0.70	0.60	0.50
由阿拉山口国境站接入过境中国铁路经国境站(港口站)出境以及相反方向	0.40	0.70	0.50	0.40
其他过境中国铁路运输经路	0.45	0.70	0.50	0.40

注：根据该表系数计算出的整车货物过境运费，如低于该货物运价等级所规定的最小计费重量标准计算出的运费，则按该货物运价等级所规定的最小计费重量标准计算运费。

3. 过境运费汇率变更规定

2011 年 8 月 1 日，铁道部通知根据《统一货价》计算的以瑞士法郎表示的过境货物运费和杂费，其汇率定为 1 瑞士法郎＝7.82 元人民币，以此比价折合为人民币向代理人核收。

4. 过境中国铁路货物运输费用的计算与核收

(1)过境中国铁路国际联运货物是指由境外启运，过境中国铁路继续运往境外的国际联运货物，包括：

①经中国铁路国境站接入，通过中国铁路运送并经另一国境站出境运往其他国家的货物。

②经中国铁路国境站接入，通过中国铁路运送并经一港口站转运到其他国家的货物。

③经中国港口站接入，通过中国铁路运送并经一国境站运往其他国家的货物。

(2)我国铁路规定，过境货物的运输必须由国家有关主管部门批准、认可的具有国际货物运输代理经营资格并有过境货物运输代理业务范围的企业办理。凡是以过境货物报关单向海关申报并在国际货协运单上加盖“海关监管货物”戳记的均视为过境货物。我国过境货物铁路运输执行《国际货协》，以《统一货价》第 10 条过境里程表中“中华人民共和国铁路过境里程表”计算过境里程，按《统一货价》计费。过境货物运送费用一律在接入国境站或港口站(由港口接入时)向发货人或代理人核收。

(3)过境货物运费按《统一货价》规定的费率与“过境货物运费计算系数表”规定的系数相乘计算。过境货物的运价等级根据《通用货物品名表》的规定计算。

过境货物在国境站或港口站所发生的杂费，按照国内规定计费。国内规章未规定而《统一货价》规定的费率，按《统一货价》的规定计算。

过境货物的运费和杂费，均使用国内运费杂费收据核收，并按运输收入报缴。车站在运费杂费收据“附记”栏内注明“过境中铁运送费用”。

典型工作任务 5　认识国际集装箱多式联运

任务引入

国际多式联运以其手续简便、责任单一、安全快捷、节省费用和门到门运输的优点，得到快速发展。理解多式联运的概念，了解《联合国国际货物多式联运公约》的基本内容，培养不断优化运输组织方法的意识，是本工作任务的目标。

相关知识

知识点 1　国际多式联运的定义及特征

国际多式联运通常是以集装箱为运输单元，将不同的运输方式有机组合起来，构成连续的综合性的一体化货物运输。《联合国国际货物多式联运公约》将国际多式联运定义为按照多式联运合同，以至少两种不同的运输方式，由多式联运经营人将货物从一国境内接收货物的地点运至另一国境内指定交付货物的地点的运输。故国际多式联运的基本特征有：

(1)必须有多式联运合同，明确规定多式联运经营人(承运人)和托运人之间的权利、义务、责任、豁免等。

(2)货物全程运输由多式联运经营人签发一张多式联运单据并核收全程运输费用。

(3)多式联运必须是至少两种不同运输方式的连贯运输。

(4)多式联运经营人接管的货物必须是国际货物。

(5)多式联运经营人必须对全程运输负责。多式联运经营人在联运业务中作为总承运人，对货主负有履行合同的责任，并承担自接管货物起至交付货物时止的全程运输责任，以及对货物在运输中因灭失、损坏或延迟交付所造成的损失负赔偿责任。

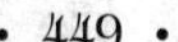

知识点2　国际多式联运的优越性

多式联运是货物运输的一种高级组织形式，它集中了各种运输方式的特点，与单一运输方式相比具有许多优越性，主要表现在：

1. 手续简便、责任单一

不论全程运输距离有多远、使用多少种运输工具、途中要经过多少次转运、涉及多少国家的进出境、不同国家运价体系有多大差距，货主只要办理一次托运、签订一个合同、支付一笔运费、取得一份联运单据，就可把货物从起运地运至到达地，一旦发生问题，也只要找一个多式联运经营人便可以解决问题。

2. 安全快捷

多式联运中，货物从发货人仓库装箱、验关铅封后直接运至收货人仓库交货，中途无须拆箱倒载，减少很多中间环节，即使经多次换装，也丝毫不触及箱内货物，货损、货差和偷窃丢失事故大为减少。由于是连贯运输，各个运输环节和各种运输工具之间配合密切、衔接紧凑，减少在途停留时间。因此，多式联运可做到安全快捷。

3. 节省费用

多式联运中，货物装箱或装上第一程运输工具后就可取得联运单据进行结汇，结汇时间早，有利于加速货物资金的周转，减少利息支出。采用集装箱运输，还可以节省货物包装费用和保险费用。

4. 是实现门到门运输的有效途径

多式联运通常是以集装箱为载体，便于交接检查，有利于实现门到门运输。

知识点3　我国国际集装箱多式联运

自1973年以来，为适应和配合我国对外贸易往来的发展需要，我国进出口货物的运输也开始采用国际多式联运方式。经过多年的建设与发展，目前我国的集装箱国际多式联运硬件条件已基本形成和趋向成熟。与此同时，我国集装箱国际多式联运的软环境，如管理体制、市场培育和规范、运营组织、信息与进出口单证处理、政策法规等方面，都有明显改善；人力资源方面，已形成相当规模和具有较丰富经验的开展国际贸易、处理进出口货运业务的专业队伍。目前，在我国参与国际货物多式联运活动的有中远海、中外运和香港东方海外等公司，也有国外包括丹麦马士基、美国海陆和日本邮船等公司。随着西部大开发、内地经济的发展和对外贸易势头的日益强劲，我国的国际多式联运必将进一步发展。

知识点4　联合国国际货物多式联运公约

《联合国国际货物多式联运公约》（以下简称《公约》）于1980年5月24日在日内瓦召开的联合国贸易和发展会议全权代表会上，由与会的84个贸发会议成员一致通过。

《公约》是关于国际货物多式联运中的管理、经营人的赔偿责任及期间、法律管辖等的国际协议，旨在对多式联运经营人和托运人之间的权利义务关系进行规定，解决因国际货物多式联运的发展而带来的一系列法律问题。

《公约》由总则、单据、联运人的赔偿责任、发货人的赔偿责任、索赔和诉讼、补充规定、海关事项及最后条款等八个部分组成，共40条。

国际多式联合运输是指按照多式联运合同，以至少两种不同的运输方式，由多式联运经营人将货物从一国境内接收货物的地点运往另一国境内指定交付货物的地点。

1.《公约》所规定的国际多式联运需同时具备的条件

(1)必须有一个多式联运合同。

(2)必须使用一份包括全程的多式联运单据。

(3)必须至少是两种不同运输方式的连贯运输。

(4)必须是国际间的货物运输。

(5)必须由一个多式联运经营人对全程运输总负责。

(6)必须是全程单一的运费费率。

2. 公约的主要内容

(1)多式联运合同双方当事人的法律地位

多式联运合同的双方当事人分别为多式联运经营人和发货人。"多式联运经营人"(简称联运人)是指其本人或通过其代其行事的他人订立多式联运合同的任何人,其人是委托人,而不是发货人的代理人和参加多式联运的承运人的代理人或代表他们行事之人,承担履行合同的责任。因此,在发货人将货物交由联运人收管后,不论货物在运输过程中的哪个运输阶段发生灭失或损坏,联运人均须以"本人"的身份直接负赔偿责任。

(2)多式联运合同和多式联运单据

按照《公约》的有关规定,多式联运合同是指联运人凭以收取运费、负责完成或组织完成国际多式联运的合同。多式联运单据是指证明多式联运合同以及证明联运人接管货物并负责按照合同条款交付货物的单据。多式联运单据中应当包括货物的品类、标志、包数或件数、货物的毛重、危险货物的性质、货物的外表状况、联运人的名称和地址、发货人的名称、收货人的名称、联运人接管货物的地点和日期、交货地点、多式联运单据的签发地点和日期、联运人或其授权人的签字等。不过,多式联运单据中若缺少上述内容中的一项或数项,并不影响其作为多式联运单据的法律性质。

(3)联运人的赔偿责任

联运人对多式联运单据项下货物的责任期间,是从其接管该货物之时起至交付货物时为止。《公约》对联运人的赔偿责任采取了"推定过失原则",即除非联运人能证明他和他的受雇或代理人为避免损害事故的发生及其后果已经采取了一切所能合理要求的措施,否则就推定联运人对事故的发生是有过失的,因而应对货物在其掌管期间所发生的灭失、损坏或延迟交货负赔偿责任。

(4)发货人的赔偿责任

如果联运人遭受的损失是由于发货人的过失或疏忽,或者其受雇人或代理人在其受雇范围内行事时的过失或疏忽造成的,发货人对这种损失应负赔偿责任。如果损失是由于发货人的受雇人或代理人本身的过失或疏忽所造成的,该受雇人或代理人对这种损失应负赔偿责任。

(5)索赔与诉讼

索赔与诉讼内容由灭失、损坏或延迟交货的通知,诉讼时效,管辖,仲裁四个方面构成。

典型工作任务 6　了解亚欧铁路货物直通运输

任务引入

大陆桥运输是指以集装箱为主要运输工具,以贯穿大陆的铁路和公路运输系统作为中间桥梁，把大陆两端的海洋连接起来形成海—陆—海的运输方式。中欧班列是依托西伯利亚大陆桥和新亚欧大陆桥运行于中国与欧洲以及“一带一路”沿线国家间的集装箱等国际铁路联运班列，是亚欧铁路货物直通运输的典范，对促进中欧经济往来及“一带一路”沿线各国的经济发展做出了重要贡献。

理解大陆桥运输概念，认识亚欧铁路货物直通运输，了解中欧班列运输发展和组织方式，培养不断优化运输组织方法，提高运输效益的意识，是本工作任务的目标。

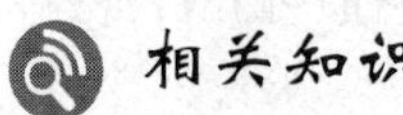

知识点1　认识大陆桥运输

大陆桥运输是指以集装箱为主要运输工具，以贯穿大陆上的铁路和公路运输系统作为中间桥梁，把大陆两端的海洋连接起来形成海—陆—海的运输方式。因其陆上运输主要依托国际铁路来完成，大陆桥运输又称为国际铁路集装箱运输。

大陆桥运输诞生于1967年，当时因中东战争，苏伊士运河关闭，航运中断，而巴拿马运河又堵塞，亚洲东部至欧洲间的船舶只好改道绕航南非好望角或南美，造成航程距离倍增，运输时间延长，加上当时油价飞涨，海运成本上升，此时正值集装箱运输兴起，于是大陆桥运输应运而生。1967年底首次开辟了从亚洲东部到欧洲的货运，使用了美国大陆桥运输路线，把原来的全程海运，改为海—陆—海运输方式，取得了较好的经济效果，达到了缩短运程、降低运输成本、加速货物运输的目的。大陆桥运输就此形成。

大陆桥运输的优越性主要表现在可简化理货、搬运、装卸、储存、保管等作业环节；集装箱经海关铅封，中途不用开箱检验，可迅速转换运输工具；缩短货物运输时间，节省运输费用；提高货运质量，降低运输成本。

目前，世界上的大陆桥主要有北美大陆桥、南美大陆桥、西伯利亚大陆桥、新亚欧大陆桥以及南亚大陆桥等。其中西伯利亚大陆桥和新亚欧大陆桥为亚欧铁路货物直通运输提供了有力的支撑。

1. 西伯利亚大陆桥

西伯利亚大陆桥又称第一亚欧大陆桥，是由亚洲东部海运至俄罗斯东部港口，跨越西伯利亚铁路，再以铁路、公路或海路将集装箱运往西欧或西亚、东欧地区或相反方向，这条大陆桥东起霍纳德卡港和东方港，西至荷兰鹿特丹，已有百年历史。

西伯利亚大陆桥运输具有下列特点：

(1)运距短、时间快。西伯利亚大陆桥全长约13 000 km。若将一批货物从我国天津运至赫尔辛基，海运运距为23 200 km，时间为60 d，大陆桥运距为9 485 km，比海运减少13 715 km，运输时间提前了40 d左右。

(2)费用少。费用包括运杂费和包装费用。从中国至欧洲内陆、伊朗、阿富汗的大陆桥运费比海运少。大陆桥运输可节省外包装材料，因此可以降低货物运输成本。

(3)手续简便。大陆桥运输属于多式联运，因此托运人只需办理一次托运，凭一张运输单据，即可从发货地直接装箱发运，完成全部手续。

(4)结汇快。运输公司接受发货单位委托后，将货物装箱完毕施封后，立即签发联运提单，发货单位即可凭联运提单向银行办理结汇。

2. 新亚欧大陆桥

新亚欧大陆桥又称第二亚欧大陆桥，是指从中国连云港经新疆阿拉山口西至荷兰鹿特丹及相反方向的运输线路。这条大陆桥东起我国连云港，通过陇海线、兰新线，从新疆阿拉山口出境，穿越中亚地区，连接俄罗斯、德国等欧洲国家，抵达鹿特丹，开通于 1992 年。

新亚欧大陆桥与西伯利亚大陆桥相比具有以下特点：

(1)运程短、运期短、运费少。新亚欧大陆桥全长 10 837 km，西伯利亚大陆桥全长 13 000 km，可缩短运程 2 163 km，缩短运期 4 d 左右，显然还可以减少运费。根据中国铁路现行规定，由阿拉山口的国境站接入过境，经国境站和港口站出境及其相反方向，过境大吨位集装箱货物运费的计算系数为 0.3，运费还可以减少。

(2)东桥头堡具有多桥头堡的条件。新亚欧大陆桥除连云港主桥头堡之外，还有北面的青岛、日照，南面的上海、宁波、福州、厦门、广州、湛江港口和深圳北站等，在货流、箱流、车流和运输组织上具有充分的回旋余地。西伯利亚大陆桥只有同属一个港并相距很近的纳霍德卡和东方港，基本上是独桥头堡。

(3)东桥头堡无封冻期。新亚欧大陆桥东桥头堡的海港中最北面的青岛港位于北纬 36°，最南面的湛江港位于北纬 21.2°，均为全年不冻港。

知识点 2　亚欧铁路货物直通运输概述

1. 亚欧铁路货物直通运输历史

欧洲、亚洲、非洲是连在一起的大陆，铁路运输是陆地物流的最佳渠道。目前在欧洲、亚洲、非洲大陆的国际铁路货物联运中，存在两大国际铁路运输组织。

一是国际铁路运输政府间组织(以下简称“国际铁路运输组织”)，以欧洲、北非国家为主，其使用的运输法规为《国际货约》；二是铁路合作组织(铁组)，其采用的运输法规为《国际铁路货物联运协定》。

按原规定，自《国际货协》国家往参加《国际货约》国家运送货物时，先按国际货协运单办理至参加《国际货协》的最后一个过境路的出口过境站，由其用《国际货约》运单将货物转发送至《国际货约》参加国的最终到站。这就涉及《国际货协》和《国际货约》两个不同的国际铁路货物运输法规的适用、运价和外汇的差异、责任的划分等问题。这给货主和运输部门，尤其是给同时参加两个协定的国家，造成诸多不便。

1953 年《国际货约》的执行机构“伯尔尼国际铁路联运中央事务局”就已经开始和《国际货协》方面接触，开始了两个铁路组织直通运输的联系。1982 年，铁组与国际铁路运输组织恢复了对话，成立了共同工作组，研究《国际货协》和《国际货约》中对实际办理运送业务有重要意义的条款接近或统一的可能性。1997 年 6 月 3 日，铁组第二十五届部长会议在乌兹别克斯坦首都塔什干举行，签署了《亚欧多式联运的组织和运营问题协定》。

2003 年 2 月，铁组和国际铁路运输组织签署了“铁组和国际铁路运输组织间合作的共同观点”文件，这是铁组在不同运输法规体系——铁组和国际铁路运输组织体系共存的条件下开展合作的基本文件。2006 年 8 月 1 日，在联合国欧经委内陆运输委员会第 68 次会议上通过的《采用国际货协运单的铁路运输货物过境国际海关公约》，也是国际铁路运输简化过境手续的重要成果。

为实现货物运送全程按一份运单办理，铁组与国际铁路运输组织成立了联合工作组，共同编制统一《国际货约》/《国际货协》运单(以下简称“统一运单”)，并在乌克兰首先进行了试运行，效果很好。此后白俄罗斯、德国、捷克、乌克兰、波兰、俄罗斯等铁路在与《国际货约》成员间办理铁路货物运输时，均采用统一运单。

2. 亚欧大陆桥直通运单指导手册颁布

2011 年 12 月，铁道部国际合作司将《国际货约/国际货协运单指导手册》(以下简称《运单指导手册》)作为《国际货协》附件第 22 号正式颁布。《运单指导手册》规定了统一运单的样式及其填写和使用规则，其目的在于代替在转发地点从《国际货协》运单向《国际货约》运单改办，或者从《国际货约》运单向《国际货协》运单改办的传统运输体系。

《运单指导手册》中对于亚欧直通铁路运输运单的样式、使用文字、填制内容说明、成员铁路、适用条件、费用支付、运输经路及转发地点、协议原则均做了详尽规定。参加《运单指导手册》的成员铁路由《国际货协》和《国际货约》两个国际铁路组织的成员铁路组成，适用《运单指导手册》的《国际货约》成员铁路有 22 个，《国际货协》成员铁路有 14 个。

(1)《运单指导手册》适用范围

《运单指导手册》对国际铁路运输委员会成员及其客户，以及国际货协参加者及其收、发货人均具有约束力，并适用于以下货物：

①既适用《国际货约》统一法律规定，又适用《国际货协》的货物。

②按统一运单提交运送的货物。

③《运单指导手册》附件 1 所载的《国际货约》和《国际货协》承运人运送的货物。

④在转发地点由《国际货约》或《国际货协》承运人运送的货物。

在《国际货约》范围内，《运单指导手册》的规定仅在客户与承运人之间，以及承运人相互间有此约定的情况下方可适用。采用统一运单也证明有此约定。在《国际货协》范围内，《运单指导手册》的规定仅在适用本指导手册的《国际货协》参加者声明的经路上适用。

(2)统一运单的特点

新编制的统一运单，是对《国际货协》运单和《国际货约》运单的物理合并，保留了《国际货协》运单原有各栏内容，只是在次序上对部分栏进行了调整，同时新增了《国际货约》运单部分内容，以及与办理转发运手续相关的内容，与《国际货协》运单相比，新运单主要有以下特点：

①增加了运单语文种类。新运单的印制和填写除中、俄文外，还可采用英文、德文或法文中的一种。

②统一了运送票据，并未改变运输法规的属性。在《国际货协》适用范围内采用时，新运单作为《国际货协》运单使用，适用《国际货协》的规定；在《国际货约》适用范围内采用时，作为《国际货约》运单使用，适用《国际货约》规定。

③采用新运单不改变《国际货约》和《国际货协》中关于责任、赔偿请求等相关规定。

(3)统一运单对亚欧货物直通运输的影响

统一运单的使用，将《国际货协》与《国际货约》不同组织间货物运输方式，由原来的换票运输改为简单的直通运输，简化了运输手续，缩短了货物在途时间，节省了运输费用。据了解，与传统运单相比，采用统一运单，每车可节省费用约 40 欧元，每列可缩短停留时间 16 h 以上。统一运单的使用，促进了亚欧货物直通运输的发展。

2012 年以前，尽管我国与欧洲国家之间的贸易量很大，但实际经铁路运送的货物运量很小。直到 2012 年我国才对经满洲里、二连、阿拉山口三个口岸到欧洲国家的集装箱运输，试验采用统一运单。

2017 年 7 月 1 日，我国铁路颁布了新版《运单指导手册》，正式采用统一运单。亚欧铁路货物直通运输进入蓬勃发展期。

2022 年 7 月 1 日，国家铁路局重新颁布了《运单指导手册》，目前适用《运单指导手册》的《国际货约》成员铁路有 34 个，《国际货协》成员铁路有 17 个，见表 13-6-1。

表 13-6-1　《国际货约/国际货协运单指导手册》参加者一览

国际货约成员	国际货协参加者
波罗的海穆克兰港口铁路有限责任公司(BPRM)	阿塞拜疆共和国
保铁货运股份公司(BDZ TP)	白俄罗斯共和国
罗马尼亚铁路集团(GFR)	保加利亚共和国
吉肖富货运股份公司(GYSEV CARGO)	匈牙利
爱沙尼亚 ERS 股份公司(ERS Railways)	格鲁吉亚
伊朗伊斯兰共和国铁路(RAI)	哈萨克斯坦共和国
阿塞拜疆铁路股份公司(AZ)	中华人民共和国
德国国际运输物流有限公司(ITL)	吉尔吉斯共和国
德铁申克股份公司(德国)(DB Schenker Rail Deutschland)	拉脱维亚共和国
德铁申克股份公司(波兰)(DB Schenker Rail Polska)	立陶宛共和国
立陶宛海运股份公司(AB DFDS Seaways Lithuania)	摩尔多瓦共和国
拉脱维亚铁路(LDZ)	蒙古国
立陶宛铁路股份公司(LG)	波兰共和国
波兰国家铁路(PKP AG)	俄罗斯联邦
国际铁路运输股份公司(Railtrans international)	斯洛伐克共和国
奥地利铁路货运股份公司(RCA)	乌克兰
Carrier 铁路货运股份公司(RCC)	爱沙尼亚共和国
匈牙利铁路货运股份公司(RCH)	
比利时铁路(SNCB/NMBS)	
斯洛伐克铁路货运股份公司(ZSSK CARGO)	
意大利国家铁路(Trenitalia S. p. A.)	
乌克兰铁路股份公司(UZ)	
卢森堡铁路货运公司(CFL Cargo)	
捷克铁路货运股份公司(CDC)	
罗马尼亚国有铁路货运股份公司(CFR Marfa)	
法国国有铁路公司(SNCF)	
南高加索铁路股份公司(SCR)	
瑞士联邦铁路(SBB)	
斯洛文尼亚铁路(SŽ)	
斯洛伐克铁路运输公司(СЗДС)	
UNICOM TRANZIT 公司(UTZ)	
BREB GmbH & Co. KG 公司(BREB)	
Carrier 铁路货运股份公司波兰分公司(RCC-PL)	
LOTOS 铁路有限责任公司(LOTOS 铁路公司)	

知识点 3　我国亚欧铁路货物直通运输

1．亚欧铁路直通货物运输的运输经路

目前，亚欧间主要铁路运输通道有西伯利亚大陆桥和新亚欧大陆桥。

西伯利亚大陆桥通道东起俄罗斯的纳霍德卡，沿西伯利亚大铁路，经俄罗斯、白俄罗斯至欧盟国家。该通道经两个铁路口岸与中国铁路网相连，形成与其衔接的两条通道，一条由我国的二连口岸，过境蒙古国与西伯利亚铁路的乌兰乌德站连接；另一条由我国的满洲里口岸出境，与西伯利亚铁路的卡雷姆斯科连接。

新亚欧大陆桥通道东起我国的连云港，由阿拉山口口岸和霍尔果斯口岸出境，过境哈萨克斯坦、俄罗斯、白俄罗斯至欧盟国家。

(1)满洲里过境通道

即:满洲里(中)—俄罗斯—白俄罗斯—欧盟国家，全程 7 678 km，其中，俄罗斯境内 7 069 km，白俄罗斯境内 609 km。

该通道是通过西伯利亚铁路继续过境俄罗斯、东欧到西欧的大陆桥通道。在我国主要以大连港口群(包括大连、营口、鲅鱼圈等港口)和天津港口为桥头堡，辐射东北、华北等地区，通过沈大线、京哈线沈哈段、滨洲线等铁路在满洲里与俄罗斯铁路接轨，然后通过西伯利亚大铁路去往欧洲。

(2)二连过境通道

即:二连(中)—蒙古国—俄罗斯—白俄罗斯—欧盟国家，全程 8 030 km，其中，蒙古国境内 1 110 km，俄罗斯境内 6 311 km，白俄罗斯境内 609 km。

该通道是过境蒙古国铁路衔接西伯利亚大陆桥的通道。在我国主要以天津、青岛、上海、大连等港口为桥头堡，辐射华北、华东和东北等地区，通过京沪线、丰沙线、京包线、集二线等铁路在二连站与蒙古国铁路接轨，然后通过蒙古国铁路连接西伯利亚铁路去往欧洲。

(3)阿拉山口过境通道

即:阿拉山口(中)—哈萨克斯坦—俄罗斯—白俄罗斯—欧盟国家，全程 5 439 km，其中，哈萨克斯坦境内 1 910 km，俄罗斯境内 2 920 km，白俄罗斯境内 609 km。

该通道是过境我国的新亚欧大陆桥通道。它东起太平洋西岸连云港等中国东部沿海港口，西可达大西洋东岸荷兰的鹿特丹、比利时的安特卫普等港口，横贯亚欧两大洲中部地带。我国国内基本以东部各沿海港口为桥头堡(包括连云港、上海、宁波、青岛、天津等)，通过陇海铁路、兰新铁路，从新疆阿拉山口站换装出境进入中亚，与哈萨克斯坦土西铁路多斯特克站接轨，进而分成北、中、南三条通道通往欧洲。

(4)霍尔果斯过境通道

即:霍尔果斯(中)—哈萨克斯坦—俄罗斯—白俄罗斯—欧盟国家，其中国境内通道基本与阿拉山口通道一致。

阿拉山口和霍尔果斯通道出境后，还可形成分支到达莫斯科的路线，向南可经哈尔科夫抵基辅，再到西欧的经路和分支通过乌兹别克斯坦进入土库曼斯坦，经谢拉赫斯(土库曼斯坦)/萨拉赫斯(伊朗)边境站至伊朗的马什哈德，再经德黑兰向西进入土耳其，然后穿越整个土耳其，从伊斯坦布尔跨过博斯普鲁斯海峡进入欧洲铁路网的经路。

2. 亚欧国际快速铁路货运直达班列

我国亚欧铁路直通运输起步较晚。2004 年 11 月 1 日，乌鲁木齐至德国南部城市因格尔施塔特的集装箱专列发运，揭开了我国亚欧铁路直通运输的序幕。自 2004 年 11 月起，我国铁路先后自乌鲁木齐站、上海杨浦站、深圳北站、北京大红门站、青岛铁路集装箱中心等地组织了亚欧铁路直通运输专列。

2011年3月19日，“渝新欧”专列满载重庆制造的电子产品从重庆西站出发，国内段经过达州、安康、西安、兰州、乌鲁木齐和阿拉山口，国际段经过哈萨克斯坦、俄罗斯、白俄罗斯、波兰，最后到达目的地德国杜伊斯堡，开启了国际快速铁路货运直达班列创新发展的序章。

随着亚欧铁路直通集装箱班列的迅速发展，2015年6月8日，“蓉欧快铁”正式与“渝新欧”“郑欧”等全国16个城市开往欧洲的39条线路上的列车更名为“中欧班列”。

知识点4 中欧班列

中欧班列是由中国铁路总公司组织，按照固定车次、线路、班期和全程运行时刻开行，运行于中国与欧洲以及“一带一路”沿线国家间的集装箱等国际铁路联运班列。

中欧班列通道不仅连通欧洲及沿线国家，也连通东亚、东南亚及其他地区；不仅是铁路通道，也是多式联运走廊。至2021年底，我国开行中欧班列的有重庆、成都、西安、郑州、苏州、武汉、长沙、义乌、哈尔滨等50多个城市，开通中欧班列线路共70余条，通达欧洲23个国家的180多个城市，年开行1.5万余列，运输货品达5万余种，对促进中欧经济往来及“一带一路”沿线各国的经济发展做出了重要贡献。

1. 中欧班列品牌建设

中欧班列品牌建设工作由推进“一带一路”建设工作领导小组办公室（国家发改委）统筹协调指导，各部门相互配合，国铁集团负责具体实施。

（1）发展目标

统一品牌建设、统一班列命名、统一品牌标识、统一品牌使用、统一品牌宣传，通过共同努力，将中欧班列打造为具有国际竞争力和信誉度的国际著名物流品牌。

（2）统一管理

将中欧班列作为国家推动建设的“一带一路”物流品牌，在推进“一带一路”建设工作领导小组办公室统筹协调指导下，由国铁集团持有并负责建设与管理。

（3）统一名称

由国铁集团组织，按照固定车次、线路、班期和全程运行时刻开行，运行于中国与欧洲以及“一带一路”沿线国家间的集装箱等铁路国际联运列车，统一名称为“中欧班列”。

（4）统一标识

班列的中文表述为“中欧班列（×××—×××）”，英文全称表述为“CHINARAILWAY Express（×××—×××）”，英文简称表述为“CRexpress（×××—×××）”。其中，括号中的“×××—×××”是为便于各地方突出区域特色，开展中欧班列营销宣传，在中欧班列后加的“始发地—终到地”作为副品牌注册、宣传，如中欧班列（郑州—汉堡）。

班列的设计标识如图13-6-1所示。标识以“中国红”和“力量黑”为主色调，凸显出中国铁路稳重、诚信、包容、负责和富有实力的品牌形象。标识将CR字母与嵌入了路微、英文单词“express”的飞驰列车造型相结合，体现了行业特征，视觉冲击力较强，蕴含不断向前的动势，也代表着中欧班列锐意进取、不断开拓的实干精神。

图13-6-1 中欧班列标识

中欧班列作为国家支持创建的品牌，品牌标识可授权国内各地方政府平台、公司使用。为打造中欧班列品牌，国铁集团在国内及境外中欧班列途经、始发和到达国家注册了“中欧班列”商标，制定了《“中欧班列”商标使用管理办法》，规范“中欧班列”商标管理和使用，促进中欧班列健康发展。

2. 中欧班列客户服务和价格管理

为向客户提供优质的中欧班列服务，国铁集团按照“统一品牌标志、统一运输组织、统一全程价格、统一服务标准、统一经营团队、统一协调平台”，强化机制和装备保障的原则，指定集装箱公司组建了专门的中欧班列客服中心和单证中心，为客户提供联运单证处理信息追踪、专业客服和专属品牌服务等，并根据客户个性化需求，提供“门到门”运输、集装箱使用、代理理货、代理报关及综合物流等特色增值服务。

为提升中欧班列价格竞争力，国铁集团明确中欧班列国内段铁路运价由国铁集团统一调整，各铁路局集团公司未经国铁集团批准不得出台与其相关的价格调整措施

3. 中欧班列运输组织方案

作为中欧间除海运、空运外的第三种物流方式，时效和价格是中欧班列的比较优势和核心竞争力。为提升中欧班列运输时效竞争力，中欧班列在发展之初，实施了欧洲方向按照速度标尺 120 km/h、亚洲方向按照速度标尺 80 km/h 铺画运行图，根据中欧班列境内外运输组织特点，采取了“临时图定结合”“境内外结合”的独特运输组织模式。

(1)班列通道和主要线路

中欧班列按货源和出境口岸不同，分西、中、东三个通道组织开行。西部通道班列主要吸引中西部地区与欧洲间的进出口货源，经陇海、兰新等线路运输，从阿拉山口(霍尔果斯)口岸出入境。中部通道班列主要吸引华北、华中地区与欧洲间的进出口货源，经京广、集二等线路运输，从二连口岸出入境。东部通道班列，主要吸引华东和华南沿海、东北地区与欧洲间的进出口货源，经京沪、哈大等线路运输，从满洲里(绥芬河)口岸出入境。

(2)临时开行方案

中欧班列临时开行方案是针对未纳入中欧班列图定开行方案以及图定开行方案无法满足开行需求而制定的运输组织方式。一般适用于处于市场培育期的新增中欧班列运输需求，以及受线路能力、牵引质量、轴重等因素限制无法按照图定开行方案开行的中欧班列运输需求。

临时开行方案中，中欧班列按照技术直达列车方式开行，使用符合 80 km/h 速度标尺的普通货车编组，按调度命令指定的日期、车次、运行经路等要求开行。

(3)图定开行方案

中欧班列图定开行方案是针对一段时期内开行稳定、达到一定开行频次而纳入运行图的运输组织方式，主要包含车次、装车组织站、始发(技术)站、到达(技术)站、卸车组织站、编组内容、运行经路、开行周期、速度标尺等内容，运输部门根据开行方案铺画中欧班列运行图。

图定开行中欧班列一般按不低于 1 000 km/昼夜铺画运行图，使用车辆、编组要求、牵引重量应符合时速 120 km/h 货物列车运行图相关技术条件。

为紧密对接市场需求、充分利用口岸和线路运输能力，按照“利用率低取消”“临时稳定入图”“线路能力充分利用”等原则，根据口岸能力和既有图定线路利用率情况，对图定开行方案进行优化调整，近年来一般每个季度优化调整一次。

4. 境内外铁路运输协调

中欧班列开行需要经过货物集结、运输组织、口岸换装交接、进出境检查、通关报关、信息交换等诸多流程，是一项复杂的系统工程。在保证境内运输组织的同时也必须保证境外运输组织高效运转，才能让中欧班列取得竞争优势。2017 年，在中国铁路的倡议推动下，中国、白俄罗斯、德国、哈萨克斯坦、蒙古国、波兰、俄罗斯七国铁路成立了中欧班列运输联合工作组，下设秘书处、运输组织和营销专家工作组、信息协作专家工作组，建立了中欧班列国际铁路合作机制。在七国铁路中欧班列运输联合工作组框架下，根据中国段、宽轨段、欧洲段铁路运输特点，联合制定了《中欧班列合并优化编组运输组织协作办法》《中欧班列发生运输组织障碍时相互通报信息和协作办法》《中欧班列周运输预报办法》等合作文件，共同提升中欧班列全程运输组织效率和运行速度，打造中欧班列核心竞争力。

(1)《中欧班列周运输预报办法》

为提高中欧班列运输组织效率，压缩国境站作业时间，根据七国铁路制定的《中欧班列周运输预报办法》，各方铁路指定相应部门人员负责协调开展中欧班列周运输计划预报工作。班列始发国于每周五向参与运送的铁路通报下一周的预报信息，并注明运行经路、国境口岸等必要信息。每日向接运方通报前一日中欧班列实际发运情况，以便接运方合理安排运输组织调度，保证班列在口岸顺利通行。

(2)《中欧班列发生运输组织障碍时相互通报信息和协作办法》

中欧班列运输组织复杂，途经国家多，运行途中存在不可控风险，可能会遇到各种障碍。为保障中欧班列运输安全，不断提高中欧班列运行品质和客户服务水平，根据七国铁路制定的《中欧班列发生运输组织障碍时相互通报信息和协作办法》，当班列运行途中发生运输障碍时，事发国家铁路应及时通知所有参与运输铁路发生障碍的详细情况和消除阻碍的预计时间，同时始发、终到铁路应及时通知发货人和收货人。

(3)《中欧班列合并优化编组运输组织协作办法》

为有效利用宽轨段车辆和通过能力，以及加快口岸站换装速度，根据七国铁路制定的《中欧班列合并优化编组运输组织协作办法》，在准轨和宽轨转化的口岸站实施“三并二”或“二并一”集并运输。参与集并运输的中欧班列实施“三并二”集并运输后，每列班列装运不少于 61 个 40 ft 的集装箱；实施“二并一”集并运输后，班列装运不少于 82 个 40 ft 的集装箱，参与集并的班列应保证欧洲段的承运人唯一，不允许不同到站混编。

集并运输组织需要各国铁路的密切配合，参与集并运输的班列自始发站发车后，发运国铁路应在规定的时间内通报班列车次、集装箱箱型、发车时间、到达口岸时间等所需预报信息，其他各方铁路严格对集并列车按照时刻表盯控，优先放行集并列车，保证编组列车在宽轨段全程运输的完整性。

5. 中欧班列车辆要求

为保证运行速度 120 km/h 中欧班列的运输安全，对车辆使用应重点做到：

(1)车辆部门要根据中欧班列开行计划，提前选扣足够数量的符合开行 120 km/h 要求的集装箱专用平车及共用平车。

(2)运行速度 120 km/h 及以上的中欧班列不得使用敞车，始发站货物装车前必须选用“120 km/h 货物快运车辆信息库”中的集装箱专用平车或共用平车，未纳入信息库的车辆不得编入 120 km/h 中欧班列。

(3)对运行速度 120 km/h 及以上的中欧班列，保证编组不大于 50 辆，计长不超过 70.0，牵引质量不超过 2 500 t，车辆轴重不大于 18 t，每辆总重不大于 72 t。始发站须通过汽车衡、钩头秤等称重装置，对每个集装箱进行称重，必须保证车辆总重不超过 72 t。

项目小结

目前，国际铁路货物联运与国际多式联运在我国已得到快速发展，本项目在介绍国际铁路货物联运、国际集装箱多式联运及亚欧铁路货物直通运输知识的基础上，培养组织国际铁路货物联运的能力，培养用科学、严谨的态度，不断优化运输组织的思想。

相关规范、规程与标准

1.《铁路货物运价规则》(铁运〔2005〕46 号)。

2.《国际铁路联运协定/国际铁路货物联运协定办事细则》(2021.7.1)。

3.《国际铁路货物联运统一过境运价规程》(2014.1.1)。

4.《国际铁路货物联运通用货物品名表》(2022.6.1)。

复习思考题

1. 参加《国际货协》的有哪些国家的铁路？
2. 国际铁路联运主要规章有哪些？
3. 办理国际铁路联运的车站是怎样规定的？
4. 国际铁路联运整车和零担货物办理的基本条件有哪些？
5. 国际铁路联运中不准运送的货物有哪些？
6. 国际铁路联运不准按一份或数份运单在一辆车内混装运送是如何规定的？
7. 在国际铁路联运中，不准在一辆车内托运的货物有哪些？
8. 国际铁路联运货物的运到期限如何计算？
9. 国际铁路联运运单填写有哪些规定？
10. 托运国际铁路联运货物时应添附哪些文件？
11. 国际铁路联运货物对包装、标记、重量和件数有哪些规定？
12. 国际铁路联运货物的赔偿请求权限和提赔期限是怎样规定的？
13. 何谓国际多式联运？国际多式联运有哪些特征？
14. 国际多式联运有何优越性？
15. 什么是大陆桥？世界上的大陆桥有哪些？
16. 什么是中欧班列？中欧班列运输通道有哪些？

参 考 文 献

[1] 李树章．铁路货运组织[M]. 上海:上海交通大学出版社,2017.
[2] 李树章,郝丽娟．铁路货运检查[M]. 北京:北京理工大学出版社,2016.
[3] 铁路职工岗位培训教材编审委员会．货运检查员[M]. 北京:中国铁道出版社,2011.
[4] 杨建秋．铁路行车组织[M]. 上海:上海交通大学出版社,2017.
[5]《2013 版国际铁路货物联运操作实务》编写组．2015 版国际铁路货物联运操作实务[M]. 北京:中国铁道出版社,2016.
[6] 中国国家铁路集团有限公司．铁路货物运输[M]. 北京:中国铁道出版社有限公司,2022.
[7] 郎茂祥．铁路货物运输[M]. 北京:中国铁道出版社有限公司,2022.
[8] 中国铁路总公司．铁路技术管理规程:普速铁路部分[S]. 北京:中国铁道出版社,2014.
[9] 中华人民共和国铁道部．铁路货物运输规程[S]. 北京:中国铁道出版社,1991.
[10] 中国铁路总公司．铁路危险货物运输管理规则[S]. 北京:中国铁道出版社,2017.
[11] 中华人民共和国铁道部．铁路危险货物品名表[S]. 北京:中国铁道出版社,2009.
[12] 中国铁路总公司．铁路货物装载加固规则[S]. 北京:中国铁道出版社,2015.
[13] 中国国家铁路集团有限公司．铁路集装箱运输规则[S]. 北京:中国铁道出版社有限公司,2022.
[14] 中国铁路总公司．铁路超限超重货物运输规则[S]. 北京:中国铁道出版社,2016.
[15] 中国铁路总公司．铁路鲜活货物运输规则[S]. 北京:中国铁道出版社,2018.
[16] 中国铁路总公司．铁路保价运输规则[S]. 北京:中国铁道出版社有限公司,2019.
[17] 中国铁路总公司．铁路货运安全管理规则[S]. 北京:中国铁道出版社,2015.
[18] 中华人民共和国铁道部．铁路货物运输管理规则[S]. 北京:中国铁道出版社,2000.
[19] 中国国家铁路集团有限公司．货车篷布管理规则[S]. 北京:中国铁道出版社有限公司,2022.
[20] 中国铁路总公司．铁路货物损失处理规则[S]. 北京:中国铁道出版社,2018.
[21] 中国铁路总公司．铁路货运检查管理规则[S]. 北京:中国铁道出版社,2016.
[22] 中国铁路总公司．铁路货物装卸安全技术规则[S]. 北京:中国铁道出版社,2015.
[23] 中华人民共和国铁道部．电气化铁路有关人员电气安全规则[S]. 北京:中国铁道出版社,2013.
[24] 中国铁路总公司．铁路货运计量安全检测设备运用管理规则[S]. 北京:中国铁道出版社,2016.
[25] 铁道部国际合作司．国际铁路货物联运统一过境运价规程[S]. 北京:中国铁道出版社,2012.

附　录

附录1　包装储运图示标志

序号	标志名称	图形符号	标　志	含　义	说明及示例
1	易碎物品		易碎物品	表明运输包装件内装易碎物品，搬运时应小心轻放	标志1"易碎物品"应标在包装件所有的端面和侧面的左上角处。 位置示例
2	禁用手钩		禁用手钩	表明搬运运输包装件时禁用手钩	—
3	向上		向上	表明该运输包装件在运输时应竖直向上	标志3"向上"应标在与标志1相同的位置[见位置示例(a)]。当标志1和标志3同时使用时，标志3应更接近包装箱角[见位置示例(b)]。 位置示例 (a)　(b) (c)
4	怕晒		怕晒	表明该运输包装件不能直接照晒	—
5	怕辐射		怕辐射	表明该物品一旦受辐射会变质或损坏	—
6	怕雨		怕雨	表明该运输包装件怕雨淋	—
7	重心		重心	表明该包装件的重心位置，便于起吊	标志7"重心"应尽可能标在包装件所有六个面的重心位置上，否则至少也应标在包装件2个侧面和2个端面上(见位置示例)。 位置示例 该标志应标在实际位置上

续上表

序号	标志名称	图形符号	标 志	含 义	说明及示例
8	禁止翻滚		禁止翻滚	表明搬运时不能翻滚该运输包装件	—
9	此面禁用手推车		此面禁用手推车	表明搬运货物时此面禁止放在手推车上	—
10	禁用叉车		禁用叉车	表明不能用升降叉车搬运的包装件	—
11	由此夹起		由此夹起	表明搬运货物时可夹持的面	标志11“由此夹起”只能用于可夹持的包装件上，标注位置应为可夹持位置的两个相对面上，以确保作业时标志在作业人员的视线范围内
12	此处不能卡夹		此处不能卡夹	表明搬运货物时不能夹持的面	—
13	堆码质量极限	…kg_{max}	…kg_{max} 堆码质量极限	表明该运输包装件所能承受的最大质量极限	—
14	堆码层数极限	n	n 堆码层数极限	表明可堆码相同运输包装件的最大层数	包含该包装件，n表示从底层到顶层的总层数
15	禁止堆码		禁止堆码	表明该包装件只能单层放置	—
16	由此吊起		由此吊起	表明起吊货物时挂绳索的位置	标志16“由此吊起”至少应标注在包装件的两个相对面上(见位置示例)。 位置示例 应标在实际起吊位置上
17	温度极限		温度极限	表明该运输包装件应该保持的温度范围	…℃$_{min}$ …℃$_{max}$ (a) …℃$_{min}$ …℃$_{max}$ (b)

附录 2　常用平车技术参数表

序号	车型	自重(t)	载重(t)	面积(m^2)	车底架长×宽(mm)	最大宽×高(mm)	钩舌内侧距离(mm)	轴数	车体材质	构造速度(km/h)	转向架中心距(mm)	地板面至轨面高(mm)	空车重心高度(mm)	转向架		车钩	特点
														型号	轴距(mm)		
1	N_{17AK}	19.7/20.8/20.2/20.6	60	38.7	13 000×2 980	3 180×1 937	13 938	4	木地板	120	9 000	1 211	723	转 K2	1 750	13 号	有活动的端板,均为木地板,无网纹地板
2	N_{17AT}	19.7/20.8/20.2/20.6	60	38.7	13 000×2 980	3 180×1 937	13 938	4	木地板	120	9 000	1 211	723	转 8AB	1 750	13 号	有活动的端板,均为木地板,无网纹地板
3	N_{17GK}	19.7/20.8/20.2/20.6	60	38.7	13 000×2 980	3 176×1 937	13 938	4	木地板 铁地板	120	9 000	1 211	723	转 K2	1 750	13 号	有活动的端板,均为木地板,无网纹地板
4	N_{17GT}	19.7/20.8/20.2/20.6	60	38.7	13 000×2 980	3 176×1 937	13 938	4	木地板 铁地板	120	9 000	1 211	723	转 8AB	1 750	13 号	有活动的端板,均为木地板,无网纹地板
5	N_{17K}	19.7/20.8/20.2/20.6	60	38.7	13 000×2 980	3 176×1 927	13 938	4	木地板	120	9 000	1 211	723	转 K2	1 750	13 号	有活动的端板,均为木地板,无网纹地板
6	N_{17T}	19.5/20.7/20.2/20.6	60	38.7	13 000×2 980	3 176×1 927	13 938	4	木地板	120	9 000	1 209	723	转 8AB	1 750	13 号	有活动的端板,均为木地板,无网纹地板
7	NX_{17AK}	22.5	60	38.7	13 000×2 980	3 176×1 937	13 938	4	木地板	120	9 000	1 211	768	转 K2	1 750	13 号	有活动的端板,均为木地板,有活动锁头,无网纹地板
8	NX_{17AT}	22.5	60	38.7	13 000×2 980	3 176×1 937	13 938	4	木地板	120	9 000	1 211	768	转 8AB	1 750	13 号	有活动的端板,均为木地板,有活动锁头,无网纹地板
9	NX_{17BK}	22.9	61	45.1	15 400×2 960	3 165×1 416	16 338	4	木地板	120	10 920	1 214	740	转 K2	1 750	13 号	有活动的端板,均为木地板,有活动锁头,无网纹地板
10	NX_{17BT}	22.9	61	45.1	15 400×2 960	3 165×1 418	16 338	4	木地板	120	10 920	1 216	740	转 8B (转 8AB)	1 750	13 号	有活动的端板,均为木地板,有活动锁头,无网纹地板

续上表

序号	车型	自重(t)	载重(t)	面积(m^2)	车底架长×宽(mm)	最大宽×高(mm)	钩舌内侧距离(mm)	轴数	车体材质	构造速度(km/h)	转向架中心距(mm)	地板面至轨面高(mm)	空车重心高度(mm)	转向架		车钩	特点
														型号	轴距(mm)		
11	NX_{17BH}	22.8	61	45.1	15 400×2 960	3 165×1 409	16 338	4	木地板	120	10 920	1 207	740	转 K4	1 750	13 号	有活动的端板，均为木地板，有活动锁头，无网纹地板
12	NX_{17K}	22.4	60	38.7	13 000×2 980	3 170×1 486	13 938	4	木地板	120	9 000	1 212	730	转 K2	1 750	13 号	有活动的端板，均为木地板，有活动锁头，无网纹地板
13	NX_{17T}	22.5	60	38.7	13 000×2 980	3 170×1 490	13 938	4	木地板	120	9 000	1 216	777	转 8B(转 8AB)	1 750	13 号	有活动的端板，均为木地板，有活动锁头，两侧无网纹地板
14	NX_{70}	23.8	70	45.6	15 400×2 960	3 157×1 418	16 366	4	木地板	120	10 920	1 216	738	转 K6	1 830	17 型	有活动的端板，均为木地板，有活动锁头，无网纹地板
15	NX_{70A}	23.8	70	38.7	13 000×2 980	3 180×1 393	13 966	4	木地板	120	9 000	1 216	727	转 K6	1 830	17 型	有活动的端板，均为木地板，有活动锁头，无网纹地板
16	NX_{70H}	23.8	70	45.6	15 400×2 960	3 157×1 418	16 366	4	木地板	120	10 920	1 216	738	转 K5	1 800	17 型	有活动的端板，均为木地板，有活动锁头，无网纹地板

附录3　长大货物车技术参数表

序号	车型	自重(t)	载重(t)	车体长×宽(mm)	最大宽×高(mm)	车辆长度(mm)	轴数	车体材质	构造速度(km/h)	通过最小曲线半径(m)	转向架中心距(mm)	底架心盘中心距(mm)	地板面至轨面高(mm)	空车重心高度(mm)	车底架	
															中梁	侧梁
1	D_{2}	166.8	160	23 300×2 780	2 780×2 187	35 429	16	全钢	80	180	5 800	22 200	承载面 950	1 032	钢板焊接	钢板焊接
2	D_{2A}	136	210	24 150×2 760	2 760×2 533	36 880	16	全钢	80	180	6 300	23 050	承载面 930	1 072	钢板焊接	钢板焊接
3	D_{2G}	148.5	210	23 800×2 780	2 780×2 359	36 330	16	全钢	80	180	6 200	22 700	承载面 950	1 047	钢板焊接	钢板焊接
4	D_{9A}	35.8	90	16 100×3 100	3 100×1 659	21 130	6	全钢	120	145	15 500	15 500	承载面 730	641	钢板焊接	钢板焊接
5	D_{10}	36	90	19 400×3 000	3 140×2 196	20 338	6	全钢	80	145	14 800	14 800	承载面 777	652	钢板焊接	钢板焊接
6	D_{10A}	36	90	20 020×3 000	3 000×1 450	20 958	6	全钢	120	145	15 420	15 420	690	610		
7	D_{12K}	47.8	120	17 020×3 000	3 000×1 852	24 230	8	全钢	100	145	3 100	16 200	承载面 850	700.5	钢板焊接	钢板焊接
8	D_{15}	48.9	150	17 480×2 700	2 773×2 031	24830	8	全钢	90	150	3 250	16 700	承载面 900	748	钢板焊接	钢板焊接
9	D_{15A}	49.6	150	18 050×2 846	2 846×1 935	26 330	8	全钢	120	145	3 350	17 350	850	680	钢板焊接	钢板焊接
10	D_{15B}	50	150	17 450×2 900	2 900×2 150	25 606	8	全钢	120	145	3 300	16 750	2 150 中部 800	680		
11	D_{17A}	44.5	155	19 500×2 950	2 950×2 000	27 780	8	全钢	80	145	3 350	18 800	2 000	920	钢板焊接	钢板焊接
12	D_{18A}	135.4	180	23 540×2 800	2 800×2 259	35 470	16	全钢	80	180	5 700	22 440	承载面 930	970	焊接结构	焊接结构
13	D_{22A}	44	120	25 000×3 000	3 180×1 080	25 930	8	全钢	120	180	17 800	17 800	1 080	552	钢板焊接	钢板焊接
14	D_{22B}	48	120	25 000×3 000	3 180×1 350	25 966	8	木地板	100	180	17 800	17 800	1 350	745	钢板焊接	钢板焊接
15	D_{23G}	70.7	265	19 170×3 128	3 128×2 050	30 950	16	全钢	80	180	5 700	18 000	1 500	794	鱼腹	鱼腹
16	D_{25}	86	250	18 900×2 940	2 940×3 860	34 146	16		90	145	3 000	18 000	1 650	950		钢板焊接
17	D_{25A}	142	250	26 670×2 630	2 630×2 563	40 910	16	全钢	80	180	7 810	25 570	承载面 1 080	1 115	钢板焊接	钢板焊接
18	D_{26}	140	260	26 000×2 680	2 680×2 850	41 396	16	全钢	空 80 重 70	145	3 000	2 5200	1 150			钢板焊接
19	D_{26A}	73.6	260	17 500×3 170	3 170×2 000	32 138	16	全钢	空 90 重 60	145	3 000	小底架 6 900 大底架 16 500	1 600	720	焊接	焊接

续上表

序号	车型	自重(t)	载重(t)	车体长×宽(mm)	最大宽×高(mm)	车辆长度(mm)	轴数	车体材质	构造速度(km/h)	通过最小曲线半径(m)	转向架中心距(mm)	底架心盘中心距(mm)	地板面至轨面高(mm)	空车重心高度(mm)	车底架	
															中梁	侧梁
20	D_{26AK}	75.6	260	17 500×3 280	3 280×2 000	32 130	16	全钢	空 100 重 50	145	3 000	小底架 6 900 大底架 16 500	1 620	720	焊接	焊接
21	D_{26B}	107	290	26 800× 4 100(重) 28 000× 2 900(空)	4 100× 3 400(重) 2 900× 3 400(空)	40 096	16	全钢	空 90 重 50	145	3 000	23 900	3 400	1 377		钢板焊接
22	D_{28}	120	280	26 300×2 680	2 714×2 730	41 696	16	全钢	空 100 重 50	145	3 000	25 500	2 730 中部 1 160	1 000		
23	D_{30G}	101	370	11 800×3 380	3 380×4 735	42 668	20	全钢	空 80 重 50	180	11 000	22 380	1 735	700	钢板焊接	钢板焊接
24	D_{32}	226	320	34 700×2 900	2 920×4 366	58 860	24	全钢	空 100 重 50	180	3 250	大底架 12 050 中底架 6 600 凹底架 33 800	中部 1 150	1 570		
25	D_{32}	175	350	35 100×2 900	3 000×4 191	59 560	24	全钢	空 80 重 50	180	3 250	大底架 12 050 中底架 6 600 侧承梁 34 500	3 790	1 650		
26	D_{32A}	240	320	37 700×2 760	3 000×4 280	61 910	24	全钢	100(空) 重 50	外导向 150 中导向 180 内导向 260	5 800	36 900	承载面 1 225	1 430		
27	D_{38}	227	380	26 950×3 000	3 000×5 075	52 718 (空)	32	全钢	空 90 重 50	空车： 中导向 150 重车： 外导向 150 中导向 180 内导向 250	5 800	大底架 12 900 钳形梁(空) 26 150		1 750	钢板焊接	钢板焊接

续上表

序号	车型	自重(t)	载重(t)	车体长×宽(mm)	最大宽×高(mm)	车辆长度(mm)	轴数	车体材质	构造速度(km/h)	通过最小曲线半径(m)	转向架中心距(mm)	底架心盘中心距(mm)	地板面至轨面高(mm)	空车重心高度(mm)	车底架	
															中梁	侧梁
28	D_{45}	202	450	41 600×2 110	3 000×4 390	69 580	28	全钢	空 100 重 50	180	3 250	大底架 14 250 中部中底架 6 600 端部中底架 4 825 侧承梁 40 900	承载面 4 130	1 810	钢板焊接	钢板焊接
29	D_{70}	26.6	70	19 462×2 950	3 142×1 975	20 400	4	全钢	90	180	15 500	15 500	1 169	798	鱼腹	鱼腹
30	DA_{21}	122.8	210	25 030×2 700	2 700×2 965	37 996	16	全钢	120	180	6 500	24 130	承载面 940	1 035	钢板焊接	钢板焊接
31	DA_{25}	127.4	250	26 160×2 700	2 700×3 050	40 026	16	全钢	120	180	7 400	25 260	承载面 1 050	1 087	钢板焊接	钢板焊接
32	DA_{37}	200	370	38 100×3 000	3 000×4 340	61 416	24	全钢	100(空) 60(重)	外导向 145 中导向 180 内导向 300	4 750	大底架 13 200 凹底架 37 300	承载面 (圆弧底部) 1 380(空) 1 100(重)	1 380	钢板焊接	钢板焊接
33	DK_{17A}	45	155	19 500×2 950	2 950×2 000	27 780 (13B 钩) 27 816 (17 型钩)	8	全钢	120	145	3 350	18 800	2 000	920	钢板焊接	钢板焊接
34	DK_{23}	心盘梁采用一字形梁 70 心盘梁采用十字形梁 73	一字形梁 230 十字形梁 227	25 340×2 880 (一字梁空车位) 27 440×2 880 (十字梁短臂空车位) 26 320×4 000 (十字梁长臂重车位)	2 880×3 060 (一字梁或十字梁短臂位) 4 000×3 060 (十字梁长臂位)	35 290	12	全钢	120(空) 重 80	145	5 800	23 440	承载面 3 060	1 220		钢板焊接

续上表

序号	车型	自重(t)	载重(t)	车体长×宽(mm)	最大宽×高(mm)	车辆长度(mm)	轴数	车体材质	构造速度(km/h)	通过最小曲线半径(m)	转向架中心距(mm)	底架心盘中心距(mm)	地板面至轨面高(mm)	空车重心高度(mm)	车底架	
															中梁	侧梁
35	DK_{29}	110	290	空 30 700×2 700 重 29 300×4 100	空 2 700×3 400 重 4 100×3 400	42 796	16	全钢	100(空) 60(重)	145	3 000	26 600	承载面 3 400	1 381		
36	DK_{36}	200	360	空 38 040×3 000 重 38 040×4 000	空 3 000×4 340 重 4 000×4 340	61 010	24	全钢	100(空) 60(重)	150(外导向) 180(中导向) 260(内导向)	5 800	36 000	承载面 3 720	1 974		
37	DK_{36A}	182	360	空 56 980×3 000 重 56 980×4 030	3 000×4 225(空) 4 030×4 225(重)	56 980(13B 钩)/ 57 016(17 型车钩)	24	全钢	100(空) 60(重)	外导向 145 中导向 180 内导向 250	4 500	大底架 12 450 侧承梁 34 000	承载面 3 760	1 750	钢板焊接	钢板焊接
38	DL_1	26	74	13 000×2 980	3 146×1 645	13 966	4	全钢	120(空)	145	9 000	9 000	桥梁承载面 1 500	772	H630 型钢	H630 型钢
39	DQ_{35}	185	350	23 590×3 000	3 000×4 662	短连挂 45 520 重车 56 660	24	全钢	100(空) 60(重)	空车:145 重车: 外导向 145 内导向 180	4 500	大底架 12 050 钳形梁(空) 22 890		1 780	钢板焊接	钢板焊接
40	DQ_{45}	208	450	27 360×3 000	3 000×4 703	53 456 (空) 65 186 (重)	28	全钢	100(空) 60(重)	空车:145 重车: 外导向 145 中导向 180 内导向 250	5 500	大底架 14 500 钳形梁(空) 26 640		1 700	钢板焊接	钢板焊接
41	DNX_{17K}	20.8 22	60	13 000×2 980	3 176×1 486	13 930	4	木地板	120	145	9 000	9 000	1 212	740	H512 型钢	H512 型钢

附录 4 通用敞车技术参数表

序号	车型	自重（t）	载重（t）	容积（m^3）	车内长×宽×高（mm）	最大宽×高（mm）	车辆长度（mm）	轴数	车体材质	构造速度（km/h）	转向架中心距（mm）	地板面至轨面高（mm）	空车重心高度（mm）	车底架	转向架		车钩	备注
														长×宽（mm）	型号	轴距（mm）		
1	C_{62A*}	21.7	60	71.6	12 500×2 890×2 000	3 196×3 095	13 438	4	普碳钢	85	8 700	1 083	1 000	12 500×2 900	转 8A	1 750	13 号	通用敞车
2	C_{62A*K} C_{62AK}	22.1	60	71.6	12 500×2 890×2 000	3 196×3 102	13 438	4	普碳钢	120	8 700	1 090	1 000	12 500×2 900	转 K2	1 750	13 号	通用敞车
3	C_{62A*T} C_{62AT}	22	60	71.6	12 500×2 890×2 000	3 196×3 099	13 438	4	普碳钢	100	8 700	1 087	1 000	12 500×2 900	转 8B 或转 8AB	1 750	13 号	通用敞车
4	C_{62BK}	22.7	60	71.6	12 500×2 890×2 000	3 242×3 102	13 438	4	耐候钢	120	8 700	1 090	1 000	12 500×2 900	转 K2	1 750	13 号	通用敞车
5	C_{62BT}	22.6	60	71.6	12 500×2 890×2 000	3 242×3 099	13 438	4	耐候钢	100	8 700	1 087	1 000	12 500×2 900	转 8B 或转 8AB	1 750	13 号	通用敞车
6	C_{64AT}	23.5	60	91.3	13 000×2 890×2 450	3 242×3 541	13 948	4	耐候钢	120	9 210	1 081	1 126	13 010×2 900	转 8AB	1750	13 号	焦炭专用车
7	C_{64K}	22.9	61	73.3	12 490×2 890×2 050	3 242×3 142	13 438	4	全钢	120	8 700	1 082	1 000	12 500×2 900	转 K2	1 750	13 号	通用敞车
8	C_{64H}	22.5	61	73.3	12 490×2 890×2 051	3 242×3 143	13 438	4	全钢	120	8 700	1 082	1 000	12 500×2 900	转 K4	1 750	13 或 13A	通用敞车
9	C_{64T}	22.8	61	73.3	12 490×2 890×2 050	3 242×3 142	13 438	4	全钢	100	8 700	1 082	1 000	12 500×2 900	转 8B 或转 8AB	1 750	13 号	通用敞车
10	C_{70} C_{70H}	23.8	70	77	13 000×2 890×2 050	3 180×3 143	13 976	4	高强钢	120	9 210	1 083	1 085	13 010×2 900	转 K6 转 K5	1 830、1 800	17 型	通用敞车
11	C_{70E} C_{70EH}	24	70	80.8	13 000×2 890×2 150	3 180×3 243	13 976	4	高强钢	120	9 210	1 083	1 102	13 010×2 900	转 K6 转 K5	1 830、1 800	17 型	通用敞车

续上表

序号	车型	自重(t)	载重(t)	容积(m^3)	车内长×宽×高(mm)	最大宽×高(mm)	车辆长度(mm)	轴数	车体材质	构造速度(km/h)	转向架中心距(mm)	地板面至轨面高(mm)	空车重心高度(mm)	车底架	转向架		车钩	备注
														长×宽(mm)	型号	轴距(mm)		
12	C_{70B} C_{70BH}	23.8	70	77	13 000×2 890×2 050	3 180×3 143	13 976	4	不锈钢	120	9 210	1 083	1 085	13 010×2 900	转 K6 转 K5	1 830、1 800	17 型	通用敞车
13	C_{80E} C_{80EH} C_{80EF}	26.5	80	92	13 000×2 900×2 430	3 190×3 530	13 976	4	高强钢	100	9 210	1 090	1 087	13 010×3 001	DZ1 DZ2 DZ3	1 860	17 型	通用敞车

附录 5　危险货物包装标签

序号	标签名称	标签图形	对应的危险货物类项号
1	爆炸性物质或物品	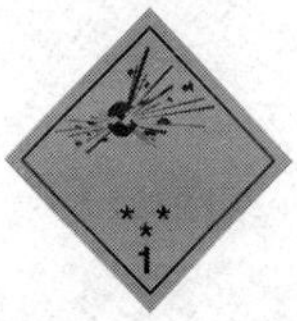 （符号:黑色;底色:橙红色）	1.1 1.2 1.3
		 （符号:黑色;底色:橙红色）	1.4
		 （符号:黑色;底色:橙红色）	1.5
		 （符号:黑色;底色:橙红色） * *项号的位置——如果爆炸性是次要危险性,留空白 *配装组字母的位置——如果爆炸性是次要危险性,留空白	1.6
2	易燃气体	 （符号:黑色;底色:正红色）  （符号:白色;底色:正红色）	2.1
2	非易燃无毒气体	 （符号:黑色;底色:绿色）  （符号:白色;底色:绿色）	2.2
	毒性气体	 （符号:黑色;底色:白色）	2.3
3	易燃液体	 （符号:黑色;底色:正红色）  （符号:白色;底色:正红色）	3
4	易燃固体	 （符号:黑色;底色:白色红条）	4.1
	易于自燃的物质	 （符号:黑色,底色:上白下红）	4.2

续上表

序号	标签名称	标签图形	对应的危险货物类项号
4	遇水放出易燃气体的物质	 （符号：黑色；底色：蓝色）  （符号：白色；底色：蓝色）	4.3
5	氧化性物质	 （符号：黑色；底色：柠檬黄色）	5.1
	有机过氧化物	 （符号：黑色；底色：红色和柠檬黄色）  （符号：白色；底色：红色和柠檬黄色）	5.2
6	毒性物质	 （符号：黑色；底色：白色）	6.1

序号	标签名称	标签图形	对应的危险货物类项号
6	感染性物质	 （符号：黑色；底色：白色）	6.2
7	一级放射性物质	 （符号：黑色；底色：白色，附一条红竖条） 黑色文字，在标签下半部分写上： “放射性” “内装物” “放射性强度” 在“放射性”样之后应有一条红竖条	7A
	二级放射性物质	 （符号：黑色；底色：上黄下白，附两条红竖条） 黑色文字，在标签下半部分写上： “放射性” “内装物” “放射性强度” 在一个黑边框格内写上：“运输指数” 在“放射性”字样之后应有两条红竖条	7B

续上表

序号	标签名称	标签图形	对应的危险货物类项号	序号	标签名称	标签图形	对应的危险货物类项号
7	三级放射性物质	（符号：黑色；底色：上黄下白，附三条红竖条） 黑色文字，在标签下半部分写上： “放射性” “内装物” “放射性强度” 在一个黑边框格内写上：“运输指数” 在“放射性”字样之后应有三条红竖条	7C	8	腐蚀性物质	（符号：黑色；底色：上白下黑）	8
	裂变性物质	（符号：黑色；底色：白色） 黑色文字 在标签上半部分写上：“易裂变” 在标签下半部分的一个黑边框格内写上：“临界安全指数”	7E	9	杂项危险物质和物品	（符号：黑色；底色：白色）	9